Bali

SELAMAT DATANG !

Nichées au cœur même de l'archipel de la Petite Sonde, les îles de Bali et de Lombok se font face.

Bali l'hindouiste rayonne sur l'archipel, déverse ses effluves d'encens au creux de ses rizières, de ses cascades, jusqu'à ses villages les plus isolés. Elle entretient sa culture comme un trésor, parsemant ses trottoirs d'offrandes fleuries à chaque pas. Son artisanat s'effeuille entre sculpture, peinture, danse, musique... Presque tout en elle respire la fibre artistique. La solennité des cérémonies détonne avec la légèreté de l'humour balinais, le sourire d'une population qui ouvre grand les bras à l'étranger. Ses plages volcaniques le disputent aux montagnes qui dessinent sa silhouette, et l'on y passera aussi aisément une retraite monacale qu'un séjour de fêtes ininterrompues. Bijou serti à la perfection, Bali est pour tout un chacun l'île des dieux.

Lombok exhale quant à elle d'un parfum hautement différent de celui de Bali, voguant au rythme des lunes. Authentique, secrète, elle est pudique et ne se dévoile qu'à qui souhaite réellement la découvrir. Pimentée, elle répand l'arôme entêtant de sa culture sasak, unique au monde. Un langage et un islam endémiques, autant d'éléments qui forcent le respect compte tenu des multiples invasions dont elle fut l'objet. Fière de cette identité qu'elle a su préserver, c'est en douceur qu'on l'appréhende.

PEFC
10-31-1510
Certifié PEFC
Ce produit est issu de forêts gérées durablement et de sources contrôlées
www.pefc-france.org

Retrouvez cette offre en page 38

SOMMAIRE

Forêt sacrée des singes. © TRUBAVIN / SHUTTERSTOCK.COM

Pura Ulun Danu Bratan temple. © HAPPYSTOCK / SHUTTERSTOCK.COM

6 INSPIRER

Quand partir ? Quels sont les atouts phares de Bali ? Les conseils pratiques qui vont vous faciliter la vie sur place ? Toutes les infos pratiques sont ici !

6 : Quand y aller ?
8 : Les bonnes raisons d'y aller
11 : Les 12 mots-clés
14 : Tableau des distances
16 : Idées de séjour
21 : Pratique

39 DÉCOUVRIR

Les dossiers pratiques, qui permettent de découvrir la culture balinaise, son histoire, son art... Sa faune et flore ou encore sa géographie... Tout est là !

40 : Surf
43 : Géographie
46 : Nature
49 : Climat
51 : Environnement
53 : Histoire
63 : Les enjeux actuels
65 : Beaux-arts
68 : Architecture
73 : Musiques et scènes
77 : Littérature
80 : A l'écran
82 : Société
85 : Population
87 : Religions
91 : Que rapporter ?
93 : Sports et loisirs
95 : Gastronomie
98 : Agenda

101 SUD DE BALI

C'est votre point d'arrivée : Denpasar ! Que visiter dans la capitale et ses environs ? Puis direction les îles Nusa, pour faire un peu de plongée !

105 : Denpasar et ses environs
155 : Presqu'île de Bukit
174 : Nusa Penida
191 : Nusa Lembongan et Nusa Ceningan

Îles Gili. © WONDERFUL NATURE - SHUTTERSTOCK.COM

201 UBUD ET LE CENTRE

Au cœur de Bali, partez à la rencontre de la ville d'Ubud et sa région, découvrez les rizières, assistez à un spectacle de danse, visitez les temples...

209 : **Ubud et ses environs**
258 : **Centre-Est**
263 : **Centre-Ouest**

267 OUEST DE BALI

C'est la région la moins touristique et par conséquent peut être la plus préservée ! Découvrez le seul parc national de l'île, allez vous initier au surf...

272 : **Côte sud-ouest**
277 : **Côte nord-ouest**

283 NORD DE BALI

C'est ici qu'on fait l'ascension du mont Batur ! La région offre aussi de nombreuses randonnées, de beaux jardins botaniques à découvrir, et de nombreux temples.

287 : **Côte nord**
301 : **Lac et volcan Batur**
307 : **Bedugul et ses environs**

315 EST DE BALI

Plongez pour découvrir un ancien cargo américain échoué, faites du snorkeling, visitez le plus vieux village de l'île, faites l'ascension du mont Agung...

319 : **Région de Klungkung**
323 : **Région de Karangasem**

355 LOMBOK ET LES ÎLES GILI

Partez à la découverte de ses îles incroyables et de leurs richesses, notamment en profitant de la faune marine ! De quoi séduire toute la famille !

359 : **Lombok**
383 : **Îles Gili**

407 ORGANISER SON SÉJOUR

Toutes les informations pratiques pour organiser son séjour et se faciliter la vie : des conseils concernant l'argent, la santé, l'accessibilité...

413 : **S'y rendre**
417 : **Séjours & Circuits**
422 : **Se loger**
423 : **Se déplacer**
425 : **S'informer**
426 : **Rester**
428 : **Index**

Rizières à Ubud. © CSONDY - ISTOCKPHOTO.COM

La plage de Amed. © GALYNA ANDRUSHKO / SHUTTERSTOCK.COM

PARC NATIONAL
BALI BARAT
PEMUTERAN
SINGARAJA
SEMBIRAN
LOVINA
Seririt
Subaya
MUNDUK
BATUR
TRUNYAN
LAC BRATAN
Pupuan
NEGARA
Yeh Sumbul
TARO
MONT GUNUNG
AGUNG
SEBATU
BESAKI
MEDEWI BEACH
TEGALLALANG
BANGLI
UBUD
SIDEME
SAYAN
MAS
MENGWI
CANGGU
SUKAWATI
KLUNGKU
Hutan
BATUBULAN
SEMINYAK
TOYAPAKEH
SANUR
KUTA
CRYSTAL BAY
JIMBARAN
BALANGAN
DREAMLAND BEACH
NUSA DUA
NUSA PE
ULUWATU
PHILIPPINES
INDONÉSIE
BALI
AUSTRALIE

Mer de Bali
.AMBEN
AMED
Lipah
:TAGANGGA
Amlapura
NDIDASA
GILI MENO
GILI AIR
GILI TRAWANGAN
Tanjung
Bayan
GUNUNG RINJANI
Kecamatan Sembelia
SENGGIGI
MATARAM
Selong
Gerung
Praya
SA CENINGAN
SEKOTONG BAY
LES GILIS DU SUD LOMBOK
Tibu Samut
Tanjung Skuie
KUTA
20 KM

QUAND Y ALLER

JANVIER	FÉVRIER	MARS
23° / 32°	23° / 32°	23° / 32°
	NYALE *(KUTA)* Sur la plage de Kuta, les Sasaks récoltent des vers marins (Nyales) fluorescents pour les manger. C'est la fête toute la nuit !	**MELASTI** Quelques jours avant la Nyepi, Melasti est une cérémonie de purification accompagnée de grandes processions dans toute l'île. **NYEPI** Journée de silence et de méditation marquant le nouvel an balinais à Bali. Le lendemain, un couvre-feu est mis en place.
$	$	$

JUILLET	AOÛT	SEPTEMBRE
20° / 31°	22° / 30°	22° / 31°
BALI KITE SURF FESTIVAL *(SANUR)* Un festival tout en couleurs au début de la saison des vents ! Un orchestre traditionnel de gamelan accompagne les festivités. **FESTIVAL DE CERF-VOLANT** *(SANUR)* Chaque année au mois de juillet se tient le festival de cerfs-volants géants de Sanur qui attire des Balinais de toute l'île.	**FÊTE DE L'INDÉPENDANCE** Tous les ans, le 17 août marque la célébration de la fête nationale indonésienne partout dans le pays.	**MEKEPUNG** *(NEGARA)*  © CATWALKPHOTOS - SHUTTERSTOCK.COM Les courses de buffles colorés sont l'une des attractions les plus pittoresques de la région. Venez tôt pour trouver une place !
$	$	$

L'île aux mille dieux est aussi l'île aux mille fêtes religieuses, colorées et impressionnantes. On se procure aisément le calendrier des principaux événements culturels dans les offices de tourisme et les agences de voyages. Il est impossible de les répertorier tellement elles sont nombreuses. A noter, les fêtes sont calculées par rapport au calendrier balinais de 210 jours, aussi les dates changent-elles énormément d'une année sur l'autre.

AVRIL

22° / 33°

GALUNGAN

Cette fête très importante dure 10 jours et a lieu tous les 210 jours pour célébrer la victoire des bons esprits contre les mauvais.

$ $

MAI

22° / 32°

BALI SPIRIT YOGA FESTIVAL
(UBUD)

Sur une semaine, un festival de musique, de danse et de yoga pour les amateurs de découvertes et de la culture balinaise !

$

JUIN

21° / 31°

BALI ARTS FESTIVAL
(DENPASAR)

© DENIS MOSKVINOV - SHUTTERSTOCK.COM

Ce festival propose des spectacles de danse, du théâtre, des ateliers artisanaux... Parfait pour découvrir l'art de Bali !

$

OCTOBRE

22° / 32°

FESTIVAL DE LITTÉRATURE D'UBUD
(UBUD)

Le rendez-vous annuel des écrivains et éditeurs de l'île, qu'ils soient Balinais ou internationaux ! Accessible avec un pass.

CARNAVAL DE KUTA
(KUTA)

Le carnaval est célébré en souvenir des attentats de 2002. C'est l'événement à ne pas manquer : musiques, danses, spectacles...

$

NOVEMBRE

22° / 33°

PERANG TOPAT

Prières pour de bonnes récoltes et de bons présages, et batailles de riz gluant durant cette fête au sein du Temple de Lombok.

$

DÉCEMBRE

22° / 32°

$

LES BONNES RAISONS D'Y ALLER

© NACIVET ART PHOTOGRAPHY

PAYSAGES EN SPECTACLE
Une nature chatoyante, un climat chaud et humide, on l'appelle l'île bénie des dieux.

L'ARTISANAT À FLEUR DE PEAU
Bali est connue dans le monde entier pour son artisanat unique et délicat.

© DIMA FADEEV - SHUTTERSTOCK.COM

© STOCKFAMILY - SHUTTERSTOCK.COM

QUIÉTUDE ET ÉQUILIBRE
Laissez-vous emporter par cette atmosphère de sérénité qui règne chez les Balinais.

© ERIKDEGRAAF - ISTOCKPHOTO.COM

UNE TRADITION VIVANTE

Temples et offrandes quotidiennes témoignent du lien qui unit les Balinais avec les dieux.

© NUTURE - ISTOCKPHOTO.COM

LE PARADIS DES SPORTS D'EAU

Surf, plongée sous-marine, snorkeling... Vous ne saurez où donner de la tête !

© LUCKYBUSINESS - ISTOCKPHOTO.COM

DES VACANCES BIEN-ÊTRE

Entre nature sauvage et plages paradisiaques, Bali invite à la détente et à la relaxation.

© SPACE_CAT - SHUTTERSTOCK.COM

UNE GASTRONOMIE SAVOUREUSE

A goûter absolument ! Des mets délicieux, pleins de saveurs et d'épices vous attendent...

LES BONNES RAISONS D'Y ALLER

DES DANSES TRADITIONNELLES

Laissez-vous envoûter par les danses traditionnelles pleines de significations.

© ANEK.SOOWANNAPHOOM - SHUTTERSTOCK.COM

© CREATIVAIMAGES - ISTOCKPHOTO.COM

LA MER OMNIPRÉSENTE

Plages de sable blanc et eau turquoise, elle vous tend les bras...

LA DIVERSITÉ DE LA NATURE

Une faune et flore qui ne cesseront de vous émerveiller par sa diversité inégalée.

© BILETSKIY_EVGENIY - ISTOCKPHOTO.COM

LES 12 MOTS-CLÉS

#CANANG

Canang signifie « offrandes ». Elles rythment la journée, la semaine, le mois, l'année et la vie des Balinais. L'offrande faite quotidiennement aux dieux ponctue la journée (lever du soleil, zénith, coucher du soleil) tandis que des cérémonies plus importantes marquent les rites de passage de chaque individu (naissance, mariage, mort).

© CERRO_PHOTOGRAPHY - ISTOCKPHOTO.COM

#DANSE

Tous les enfants balinais sont initiés à la danse traditionnelle, et chaque village possède ses troupes de danseurs. Ceux-ci font don de leur art aux dieux par des spectacles se tenant les jours importants. Les touristes peuvent observer tous les styles de danse possibles à Ubud, car la cité concentre le plus grand nombre de troupes.

#DURIAN

Le goût est aussi puissant que l'odeur est forte et la passion tenace. On dit qu'on ne peut pas tomber amoureux du durian, en revanche, on en devient accro au fur et à mesure. Fruit roi de l'Asie, le durian est une bénédiction pour le cultivateur, car c'est le fruit le plus cher et sa récolte demande peu de travail : on attend qu'il tombe !

© ALEX LIEW - ISTOCKPHOTO.COM

#FÊTE

Synonyme de Kuta. *Happy hours* au coucher du soleil, discothèques en plein air où viennent mixer des DJ du monde entier, bars où la bière coule à flot, soirée mousse ou encore concerts de musique live, il y en aura pour tous les goûts ! Certains touristes viennent uniquement à Bali pour les fêtes de Kuta, qui sont réputées mondialement.

#FLEURS

Les jolies fleurs tropicales sont omniprésentes, embaumant l'air de leur parfum doux, sucré, acidulé ou enivrant, et ravissant les yeux de leurs couleurs éclatantes. Frangipanier, ilang-ilang, jasmin, bougainvillier, orchidée... On en fait des offrandes, des colliers, des encens, pour le bonheur de votre odorat et même des bains de fleurs...

© YANA TATEVOSIAN - ISTOCKPHOTO.COM

#FONDS MARINS

Malgré les dégâts qu'ont subis les récifs coralliens autour de la côte au fil des années, Bali possède toujours de magnifiques sites de plongée et de snorkeling. Dans une eau turquoise, on nage avec des poissons de toutes les formes et de toutes les couleurs évoluant au-dessus de coraux tout aussi surprenants. Tout simplement magique !

#KRETEK

La *kretek*, cigarette parfumée au clou de girofle, constitue à elle seule l'un des arômes principaux de l'Indonésie. C'est elle qui vous accueillera à votre descente d'avion, c'est encore elle qui vous suivra ou vous précédera durant votre voyage. L'Indonésie est obligée d'importer des clous pour subvenir à la consommation nationale.

LES 12 MOTS-CLÉS

#LOSMEN

« *Losmen* » signifie logement chez l'habitant. Il s'agit d'une pension à la balinaise : quelques chambres ont été ajoutées dans l'enceinte de la maison familiale et sont louées à des visiteurs pour un prix modeste. Souvent la cour de la maison abrite un joli jardin. Choisir ce mode d'hébergement permet une immersion au cœur de la population.

#MACAQUE

Ces animaux malins vivent dans toutes les forêts de Bali, et, pour peu qu'un temple s'y cache, ils y élisent domicile sachant que les hommes les nourriront. En effet, ils sont considérés comme sacrés et nul ne peut se risquer à les laisser mourir de faim. Vous rencontrerez de nombreux singes à Bali lors de visites de temples et de forêts.

© LLEEROGERS - ISTOCKPHOTO.COM

#MANDI

Ce mot signifie « prendre un bain » : à part dans certains hôtels, les douches étaient assez rares il y a quelques années. La douche balinaise consiste en un réservoir d'eau fraîche équipé d'un petit récipient pour s'arroser. Ne vous plongez pas dans le baquet, mais puisez l'eau à l'aide de votre récipient et aspergez-vous le corps.

#PURA

Pura signifie « temple ». À Bali, en dehors des innombrables temples, chaque village, chaque quartier, chaque bâtiment et chaque carrefour possède un temple qui reçoit des offrandes. Les rizières et lieux de culture ont également des temples. En résumé, s'ils sont omniprésents, c'est aussi parce que les esprits et les dieux sont partout.

#TAWAR

C'est un exercice auquel vous n'êtes peut-être pas habitué, mais que vous allez devoir pratiquer rapidement sur place. Le marchandage concerne tous les prix, excepté ceux des hôtels, restaurants, transports qui ont des prix fixes. Ne pinaillez quand même pas trop ! Gardez le sourire, et n'élevez pas la voix, restez agréable et négociez !

VOUS ÊTES D'ICI, SI...

▸ **Vous saluez les Balinais**, très à cheval sur la politesse. En apprenant les différentes salutations de la journée et de la nuit – *selamat pagi* (matin), *selamat siang* (midi), *selamat sore* (après-midi), *selamat malam* (soir) et *selamat tidur* (nuit) –, vous manifesterez votre intérêt pour le peuple balinais et celui-ci vous le rendra bien.

▸ **Vous portez un *sarong*** (tissu entouré autour de la taille couvrant les jambes, pareil à un paréo) et un *sash* (ceinture nouée autour de la taille) dans tous les temples et lieux sacrés que vous visitez, autrement vous risquez de heurter la sensibilité des Balinais ou, simplement, de ne pas pouvoir entrer.

▸ **Surtout, vous ne piétinez pas les offrandes** qui viennent d'être faites sur le sol devant les maisons. Sans oublier que vous ne recueillez pas de corail vivant dans la mer, ce dernier a déjà subi assez de ravages et ne pousse que de quelques petits millimètres par an...

INTERVIEW

MON BALI

AVEC MAÏ TRAN MANH SUNG, AUTEURE DU GUIDE

Pourquoi cet amour pour Bali ?

C'est la gentillesse des Balinais qui vous fait apprécier l'endroit, leur sourire chaleureux, leur accueil sincère… On se sent toujours bienvenu, presque privilégié. Les interactions sont douces, pleines de bienveillance et d'authenticité, c'est ce qui fait que Bali est empreinte de cette atmosphère si particulière, presque magique, qui vous enveloppe dès votre arrivée, et c'est ce qui fait que j'ai décidé d'y poser mes valises.

Un souvenir qui éveille vos sens ?

Les odeurs d'encens ! En traversant les villages ou en visitant les temples, ces effluves légers et envoûtants m'enveloppent toujours. Avec les fleurs de frangipanier, c'est un parfum unique qui apaise immédiatement et vous transporte. Un souvenir olfactif qui reste gravé à jamais.

Qu'est-ce qui vous a emmenée à Bali pour la première fois ?

Étant plongeuse, Bali était bien entendu sur ma liste des destinations à faire. Le Triangle de corail est un pur bonheur : des récifs incroyablement colorés, des tortues qui nagent à vos côtés… et la quête du Mola Mola. Ce poisson-lune géant rare, insaisissable, et fascinant. Le croiser, c'est comme une légende vivante.

Bali, c'est aussi un état d'esprit, non ?

Absolument ! Vous trouverez la sérénité à chaque coin : dans les rizières verdoyantes, au bord de l'océan au coucher du soleil, ou en vous baladant dans les petits villages. Bali est une île où l'on respire profondément, où chaque instant semble inviter à la relaxation.

Un coup de cœur hors des sentiers battus ?

Un atelier d'artisans dans un petit village, loin des foules touristiques. On y sculpte le bois à la main, dans une ambiance conviviale, presque familiale. Passer quelques heures avec ces artisans locaux, c'était authentique et simple, comme si j'entrais un peu dans l'âme de Bali, ces petits moments de partage qui rendent le voyage inoubliable.

DISTANCES
TEMPS DE TRAJET

	DENPASAR	KUTA	JIMBARAN	TOYAPAKEH	UBUD
DENPASAR		9 KM 🚗 30mn 🚌 45mn	18 KM 🚗 45mn 🚌 1h30		26 KM 🚗 1h 🚌 2h
KUTA	9 KM 🚗 30mn 🚌 45mn		12 KM 🚗 30mn 🚌 1h15		34 KM 🚗 1h30 🚌 2h30
JIMBARAN	18 KM 🚗 45mn 🚌 1h30	12 KM 🚗 30mn 🚌 1h15			42 KM 🚗 1h30 🚌 3h30
TOYAPAKEH					
UBUD	26 KM 🚗 1h 🚌 2h	34 KM 🚗 1h30 🚌 2h30	42 KM 🚗 1h30 🚌 3h30		
GIANYAR	34 KM 🚗 1h30	45 KM 🚗 1h30	53 KM 🚗 1h45		13 KM 🚗 30mn
TEGALLALANG	38 KM 🚗 1h30	49 KM 🚗 1h30	54 KM 🚗 1h30		10 KM 🚗 30mn
PEMUTERAN	127 KM 🚗 3h30	134 KM 🚗 3h30	143 KM 🚗 4h		119 KM 🚗 3h
TABANAN	42 KM 🚗 1h30	48 KM 🚗 1h45	58 KM 🚗 2h		43 KM 🚗 1h30
LOVINA	82 KM 🚗 2h30	89 KM 🚗 2h30	97 KM 🚗 3h		73 KM 🚗 2h
MUNDUK	73 KM 🚗 2h	79 KM 🚗 2h30	88 KM 🚗 2h30		64 KM 🚗 1h45
CANDIDASA	52 KM 🚗 1h30	60 KM 🚗 1h30	69 KM 🚗 1h45		45 KM 🚗 1h15

À Bali, il est extrêmement facile de se déplacer d'un endroit à l'autre : les infrastructures routières sont bonnes, et l'on trouve très facilement (à chaque coin de rue) une voiture avec chauffeur. Sinon, on peut s'adresser à n'importe quelle agence de voyages qui se chargera de tout. Il suffit d'entrer dans la première d'entre elles, d'énoncer sa destination et c'est parti. Pour autant, négociez toujours les prix.

GIANYAR	TEGALLALANG	PEMUTERAN	TABANAN	LOVINA	MUNDUK	CANDIDASA
34 KM 1h30	**38 KM** 1h30	**127 KM** 3h30	**42 KM** 1h30	**82 KM** 2h30	**73 KM** 2h	**52 KM** 1h30
45 KM 1h30	**49 KM** 1h30	**134 KM** 3h30	**48 KM** 1h45	**89 KM** 2h30	**79 KM** 2h30	**60 KM** 1h30
53 KM 1h45	**54 KM** 1h30	**143 KM** 4h	**58 KM** 2h	**97 KM** 3h	**88 KM** 2h30	**69 KM** 1h45
13 KM 30mn	**10 KM** 30mn	**119 KM** 3h	**43 KM** 1h30	**73 KM** 2h	**64 KM** 1h45	**45 KM** 1h15
	10 KM 30mn	**127 KM** 3h15	**52 KM** 1h45	**80 KM** 2h30	**72 KM** 2h	**57 KM** 1h30
10 KM 30mn		**128 KM** 3h30	**55 KM** 1h45	**81 KM** 2h30	**73 KM** 2h	**53 KM** 1h30
127 KM 3h15	**128 KM** 3h30		**81 KM** 2h15	**47 KM** 1h30	**55 KM** 1h30	**158 KM** 4h
52 KM 1h45	**55 KM** 1h45	**81 KM** 2h15		**57 KM** 1h45	**40 KM** 1h30	**80 KM** 2h30
80 KM 2h30	**81 KM** 2h30	**47 KM** 1h30	**57 KM** 1h45		**25 KM** 45mn	**111 KM** 3h
72 KM 2h	**73 KM** 2h	**55 KM** 1h30	**40 KM** 1h30	**25 KM** 45mn		**109 KM** 2h45
57 KM 1h30	**53 KM** 1h30	**158 KM** 4h	**80 KM** 2h30	**111 KM** 3h	**109 KM** 2h45	

IDÉES DE SÉJOUR

Bali est une petite île au relief accidenté, mais densément peuplée ; ainsi, des axes routiers la quadrillent en long et en large et il est facile de s'y déplacer. Néanmoins, la circulation est rarement fluide et l'on ne peut pas rouler vite, car les routes traversent les villages : la vitesse moyenne plafonne donc généralement à 30 km/h. L'idéal, pour ne pas avoir à conduire trop longtemps tous les jours, est de se fixer dans un site touristique pendant 2 ou 3 jours, depuis lequel on rayonnera dans les environs avant de changer de base pour explorer une région différente. Ces considérations sont surtout valables si l'on décide de louer un véhicule sans chauffeur (ici on roule à gauche). Si l'on vient de France, une semaine est la durée minimale de séjour à consacrer à Bali. En trois semaines, on a un très bon aperçu de l'île. Un séjour plus long permet d'allier une vraie détente avec une immersion plus dense.

LES INCONTOURNABLES DE BALI

Bali est une petite île magique, parfaite lors d'un court séjour d'une semaine pour allier détente et découverte de la culture locale.

› Jour 1 - Arrivée et repos sur la plage

Arrivée à l'aéroport international de Ngurah Rai. Installation dans son hôtel près de la plage, suivant les goûts et le budget de chacun : Kuta ★★ (p.124), Seminyak ★★ (p.129), Sanur ★★ (p.112) ou Nusa Dua ★★ (p.156).

› Jour 2 - Activités nautiques et farniente sous le soleil

Journée farniente sur la plage ou activités diverses (surf, voile, jet-ski). Le soir, dîner de fruits de mer ou de poisson grillé sur la plage de Jimbaran.

› Jour 3 - Visite d'Ubud

Départ pour Ubud ★★★★ (p.209) : visite du palais, de la forêt aux Singes (p.211)et d'un des deux grands musées. En soirée, spectacle de danse legong.

› Jour 4 - Excursion autour d'Ubud pour découvrir la vie locale

Excursion à Ubud, à vélo ou à moto : visite, au choix, des villages d'artisans ou des temples de la région. En soirée, apéritif près de la rivière pour un coucher du soleil magique sur les rizières.

› Jour 5 - Randonnée dans la montagne

Départ très matinal pour le mont Batur ★★ (p.305) et son lac, randonnée au sommet pour y admirer le lever du soleil. Au retour à Ubud, tour à pied dans les rizières pour profiter du paysage.

› Jour 6 - Retour dans le Sud

Retour dans le sud du pays : excursion pour visiter le temple de Tanah Lot ★ (p.263) au coucher du soleil.

Temple Ulun Danu Beratan.

Rizières de la région de Karansagem.

› Jour 7 - Dernier jour shopping et détente

Journée détente : shopping, plage, détente. Vol retour en fin de journée.

BALI, TOUR DE L'ÎLE EN TROIS SEMAINES

Bali réserve bien des surprises, et trois semaines ne sont pas de trop pour découvrir toutes les facettes de cette île. Entre visites de temples, journées plage, snorkeling, surf, trek dans la nature et découverte de l'artisanat local, un séjour bien rempli.

› Jour 1 - Arrivée à Semiyak

Arrivée à **Denpasar** ★ (p.105) et transfert dans un hôtel de **Seminyak** ★★ (p.129). Détente sur la plage, dîner de fruits de mer en plein air sur la plage.

› Jour 2 - Premières activités, entre mer et terre

Cours de surf à **Kuta** ★★ (p.124) ou à **Legian** ★ (p.127) ou massage sur la plage. Shopping à **Seminyak** (p.129) puis excursion au temple de Tanah Lot pour le coucher du soleil. Dîner dans un resto chic et soirée festive dans l'un des bars ou discothèques de la plage de **Legian** (p.127) (ou concert dans un bar de **Seminyak** (p.129)).

› Jour 3 - Magnifique péninsule de Bukit

Matinée à la plage, puis visite du parc culturel de la péninsule de Bukit suivie du coucher du soleil sur le temple d'**Uluwatu** ★★ (p.169).

› Jour 4 - Découverte de la vie locale à Ubud

Route pour **Ubud** ★★★★ (p.209) en passant par les villages d'artisans. Spectacle de danse legong ou kecak et dîner traditionnel.

› Jour 5 - Trek dans les rizières

Au petit matin, trek dans les rizières d'Ubud ou sortie en rafting (à organiser la veille). Après-midi : visite des villages d'artisans de l'agglomération d'Ubud en passant par la **forêt sacrée des Singes** (p.211). Dîner balinais dans l'un des restaurants de la ville.

› Jour 6 - Excursion autour de Ubud

Visite des sites des environs d'Ubud : **Yeh Puluh** (p.245)au sud-est, puis **Pura Gunung Kawi** (p.255) et les mausolées de **Gunung Kawi** (p.256) et, enfin, les sources sacrées de Tirta Empul. Avant le coucher du soleil, retour à Ubud par le village de **Petulu** (p.248) où, chaque soir, viennent dormir des milliers de hérons et d'aigrettes. Éventuellement, spectacle d'une danse différente.

› Jour 7 - En route pour l'est

Départ vers l'est : passage au marché de **Gianyar** ★ (p.261) et déjeuner de poisson sur l'authentique plage de Lebih. A **Klungkung** ★★ (p.319), visite du palais aquatique et du marché. Magnifique route des rizières jusqu'à **Sidemen** ★★★ (p.326). Nuit à Sidemen.

› Jour 8 - Défilé de paysages verdoyants

Belle route vers **Iseh** (p.333) au nord, puis **Amlapura** ★ (p.348) à l'est, par les terres. Visite du palais aquatique de Tirtagganga, nuit sur place.

› Jour 9 - Trek et soirée détente

Trekking matinal dans les rizières et les champs des environs de **Tirtagangga** ★★ (p.346) sur les pentes du volcan Agung. Route pour **Amed** ★★★ (p.338). Choix d'hôtel, massage sur la plage, dîner et bonne nuit de repos.

› Jour 10 - Exploration du monde aquatique

Snorkeling (masque et tuba) sur la plage d'Amed ou plongée sous-marine (à organiser la veille) à l'épave de Tulamben ★★ (p.336). Détente.

› Jour 11 - Sur la route du nord

Départ pour le nord de Bali (Lovina ★★ (p.289)). Sur la route, visite des temples de Pura Ponjok Batu (p.299), du Pura Dalem de Jagaraga et du Pura Maduwe Karang. Arrêt fraîcheur aux sources de Yeh Sanih ★ (p.297). Nuit à Lovina.

› Jour 12 - Farniente à Lovina

Détente à Lovina : plage, massage, bon restaurant et soirée musicale.

› Jour 13 - Sources chaudes de Banja

Au petit matin, observation des dauphins au large de Lovina (à réserver la veille). L'après-midi, visite des sources chaudes de Banjar et du seul monastère bouddhiste de l'île.

› Jour 14 - Journée snorkeling

Départ de Lovina tôt le matin pour une excursion sous-marine à l'île de Menjangan, dans le parc national Bali Barat ★★★ (p.280), en snorkeling ou en plongée. Visite du temple Pura Pulaki. Après-midi détente, dîner et nuit dans le village de Pemuteran ★★ (p.277).

› Jour 15 - Découverte de la faune et flore dans le parc national Bali Barat

Randonnée matinale dans le parc national de 3 ou 5 heures au choix au départ de Labuan Lalang (à organiser la veille). Arrivée à Celik ★★ (p.259), visite du musée archéologique de Gilimanuk (p.282) et route pour Medewi ★★ (p.274). Nuit à Medewi.

› Jour 16 - Autour de Medewi

Surf pour les amateurs ou exploration de l'arrière-pays de Medewi. Nuit à Yeh Gangga ★ (p.265).

› Jour 17 - Aperçu de l'artisanat local

Visite du village de céramistes de Pejaten ★ (p.265) puis route vers Tabanan ★★ (p.272). Escale au musée du *subak* (p.272) puis route jusqu'à Wongayagede. Nuit sur place.

› Jour 18 - Impressionants temples

Visite du temple Pura Luhur Batukau, route pour Jatiluwih et redescente vers Mengwi ★★ (p.154). Visite du temple jardin Pura Taman Ayun. Nuit au Puri Taman Sari (p.321), auberge princière.

› Jour 19 - Temple de Denpasar et journée plage

Visite du musée et du temple de Denpasar. Route pour Sanur ★★ (p.112). Plage, massage ou shopping.

› Jour 20 - Dernier jour, dernières activités

A Sanur, activité nautique au choix le matin : parachute ascensionnel, planche à voile... Visite du musée Mayeur (p.114). Puis départ pour l'aéroport et retour à la maison.

SURFER SUR LA VAGUE BALINAISE

Cet itinéraire est réservé aux surfeurs désireux d'essayer les différents spots de l'île. Les jours calmes, on pourra piocher dans les idées de séjours courts ou longs.

Balangan Beach.

› Jour 1 - Première sortie surf sur la plage de Kuta

Mise en jambe sur la plage de Kuta ★★ (p.124), la plus célèbre, idéale pour les débutants sans pour autant être dénuée d'intérêt pour les surfeurs confirmés.

› Jour 2 - Plages noires de Canggu

Journée à Canggu ★★★ (p.149) plus au nord, dans un décor radicalement différent : sable noir, plage déserte et méchantes vagues.

› Jour 3 - Attention, réservé aux pros

On continue la côte jusqu'à Balian Beach (p.266) à Lalang Lingah. Réservé aux experts…

› Jour 4 - La plage de Medewi, un « must do »

Medewi ★★ (p.274), minuscule village avec sa plage envahie de surfeurs en toutes saison, la Mecque du surf à Bali.

› Jour 5 - La Sud, paradis des surfers

Retour dans le Sud : cap sur la péninsule de Bukit. Ici, les spots abondent, tous plus captivants les uns que les autres : Uluwatu ★★ (p.169), le plus célèbre, est au pied de la falaise.

› Jour 6 - Vagues épiques à Padang Padang

On s'attaque à de grands spots : Dream Beach, Impossible, Bingin ★ (p.168) et Padang Padang (peut-être le meilleur spot de l'île).

› Jour 7 - Spot de luxe

On finit le tour de la péninsule par Nusa Dua ★★ (p.156), repaire d'hôtels de luxe qui abrite aussi quelques *breaks*.

› Jour 8 - Cap sur Nusa Lembongan

Cap sur Sanur ★★ (p.112) pour prendre le bateau jusqu'à Nusa Lembongan. Au large de ses plages de sable blanc, au niveau du récif viennent s'écraser les déferlantes.

› Jour 9 - Dernières glissades sur les eaux turquoise

Journée surf sur l'un des sept spots de Nusa Lembongan.

› Jour 10 - Journée farniente et retour

Matinée détente, puis retour à Sanur (p.112) puis à Denpasar ★ (p.105).

LES FONDS SOUS-MARINS DE BALI

Bali, îles aux eaux claires et à la faune et la flore aquatiques magiques : l'occasion d'un séjour parfait pour partir à l'exploration des fonds sous-marins.

Fonds-marins de Bali.

› Jour 1 - Découverte de la barrière de corail

Cap sur Padang Bai ★ (p.352)pour une journée de plongée dans les sites alentour comme Blue Lagoon (p.352) et d'autres sur la barrière de corail.

› Jour 2 - Plongée en eaux turquoise de Nusa Lembongan

Départ pour Nusa Penida. Plongée dans les sites bordant l'île et nuit à Nusa Lembongan. Le lendemain, plongée autour de Nusa Lembongan et Nusa Ceningan ★★★ (p.199).

› Jour 3 - Plongée en eaux turquoise de Nusa Lembongan

Deuxième journée plongée autour de Nusa Lembongan et Nusa Ceningan.

› Jour 4 - Les îlots de Candidasa

Retour sur la terre ferme et direction les îlots de Candidasa ★★ (p.324). Nuit à Candidasa.

› Jour 5 - Exploration d'une épave à Aas

Route pour Amed ★★★ (p.338). Plongée vers le site de l'épave japonaise à Aas. Snorkeling sur la plage d'Amed.

› Jour 6 - Tulamben, un spot à ne pas manquer

Plongée à Tulamben ★★ (p.336), le spot le plus célèbre : une grande épave américaine. Nuit à Lovina ★★ (p.289).

› Jour 7 - Observation de la faune sous-marine
Plongée au masque et au tuba au large de Lovina, après une observation des dauphins au lever du soleil.

› Jour 8 - Plongée dans les eaux de cristal
Plongée à Menjangan, île au large de la côte nord appartenant au Parc national Bali Barat ★★★ (p.280). Ses eaux protégées sont les plus claires de Bali (le matin).

› Jour 9 - Pemuteran
Snorkeling dans la barrière de corail artificielle de Pemuteran ★★ (p.277).

› Jour 10 - Dernière journée détente
Route vers le sud et repos avant le départ.

LES GRANDS TEMPLES DE BALI

Bali est parfaite pour un pèlerinage spirituel à la découverte des nombreux temples qui couvrent l'île, tous plus majestueux les uns que les autres.

› Jour 1 - Arrivée et première visite
Arrivée à Denpasar ★ (p.105). Visite du Pura Jagathnata (p.107) de la capitale et du Museum. Coucher de soleil au Pura Uluwatu, temple directionnel perché sur une falaise de la péninsule de Bukit. Dîner sur la plage de Jimbaran ★★ (p.160).

› Jour 2 - Viste d'un des plus beaux temples de Bali
Visite du temple Taman Ayun de Mengwi ★★ (p.154) et du Pura Ulun Danau Bratan (p.307) au bord du lac du même nom, à Bedugul. Nuit à Lovina ★★ (p.289).

› Jour 3 - Défilé de temples, tous plus impressionnants les uns que les autres
Excursion vers les temples de Pura Beiji, Pura Maduwe Karang, Pura Ponjok Batu (p.299), qui se distinguent par leurs tailles imposantes ou leurs bas-reliefs mettant en scène des colons hollandais et leurs moyens de transport modernes. Nuit dans les environs.

› Jour 4 - Autour du lac de Batur
Descente vers le lac Batur (p.303). Visite du temple Pura Ulun Danau Batur puis marche autour du lac à la découverte des autres petits temples. Nuit sur place.

› Jour 5 - Visite du « temple mère » de l'île
Tôt le matin, visite du plus grand temple de l'île, le complexe de Pura Besakih sur les pentes du volcan Agung. Nuit à Tirtagangga ★★ (p.346).

› Jour 6 - Vers les hauteurs
A l'aube, découverte du Pura Lempuyang (p.347) puis ascension à pied jusqu'au temple de Pura Luhur Lempuyang. Retour à Tirtagangga, visite du palais aquatique. Nuit à Candidasa ★★ (p.324).

› Jour 7 - Journée maléfique
Tôt le matin départ pour Padang Bai ★ (p.352) d'où l'on prend un bateau pour Nusa Penida, l'île où réside l'esprit maléfique le plus puissant de Bali, Jero Gede Macaling. Visite du Pura Dalem Penataran Ped (p.185). Retour à Bali (les Balinais ne se risquent jamais à dormir sur Nusa Penida). Nuit à Padang Bai.

› Jour 8 - Balade au calme
Visite du Pura Goa Lawah, la grotte aux chauves-souris. Visite des jardins aquatiques de la ville de Klungkung ★★ (p.319). Route pour Ubud ★★★★ (p.209).

› Jour 9 - Temples autour d'Ubud
Visite du Pura Gunung Kawi (p.255) et du Pura Tirta Empul au nord d'Ubud. A Ubud, le Pura Saraswati (p.213), dédié à la déesse hindoue de l'éducation, est agrémenté d'un étang à lotus. Le soir, spectacle de danse traditionnelle au Pura Dalem d'Ubud.

› Jour 10 - Excursion dans la vallée sacrée de Petanu
Visite des temples de la vallée sacrée de Petanu au sud d'Ubud. Coucher de soleil au Pura Tanah Lot (p.263).

› Jour 11 - En route vers l'ouest
Les plus courageux feront la route jusqu'au Pura Rambut Siwi (p.274), grand temple de la côte ouest de Bali attribué à la mémoire de Nirartha, comme Tanah Lot et d'autres temples côtiers. Nuit à Balian Beach (p.266), une belle plage (aux eaux dangereuses) qui posséderait une énergie spirituelle forte.

› Jour 12 - Escapade dans la nature verdoyante
Cap sur le village de Wongayagede au pied du mont Batukau. À quelques kilomètres, le grand temple directionnel Pura Luhur Batukau lové dans un écrin de nature. Nuit à Wongayagede.

› Jour 13 - Derniers temples sur le chemin du retour
Retour vers le sud par la forêt sacrée des Singes de Sangeh (p.211). Visite du temple de Petitgentet au-dessus de Seminyak ★★ (p.129), nuit à Seminyak.

› Jour 14 - Journée détente et retour à la réalité
Détente méritée et préparation au départ.

PRATIQUE

SE REPÉRER / SE DÉPLACER

DE L'AÉROPORT AU CENTRE-VILLE

Aéroport international de Ngurah Rai. On l'appelle de façon générique l'aéroport de Denpasar, mais il se trouve en réalité bien au sud de la ville, plus près de Kuta et de Jimbaran que de la capitale, et est situé sur le détroit reliant Bali et la péninsule de Bukit. Ainsi, pour loger près de l'aéroport, choisissez des hébergements à Tuban/Kuta. L'aéroport possède des distributeurs pour cartes Visa, MasterCard et Cirrus à l'intérieur et à l'extérieur. En arrivant, vous pourrez vous connecter gratuitement au wifi de l'aéroport. D'ailleurs, les arrivées se font au rez-de-chaussée et les départs sont au troisième étage. Des restaurants et *fast foods* vous attendent et, à côté, plusieurs restaurants indonésiens en plein air servent une cuisine correcte et peu chère. Des bureaux de change officient, le taux est moins intéressant qu'à Kuta ou en ville. Vous pourrez aussi y poster votre courrier.

Pratique : vous pourrez faire votre e-visa en ligne directement sur le site officiel www.molina.imigrasi.go.id, ce qui vous permettra d'éviter les files d'attente et d'utiliser les portails automatiques.

Depuis l'aéroport à Denpasar, vers Kuta, Legian et Seminyak. À l'aéroport, le comptoir officiel des taxis (avec un tableau indiquant les tarifs pour les destinations principales de l'île) se situe juste à droite de la sortie du terminal international. On y achète son ticket pour le taxi. On peut aussi négocier avec un particulier dans le parking, mais mieux vaut connaître les prix au préalable, car ils demandent souvent des sommes exorbitantes. L'aéroport est distant d'une dizaine de kilomètres de la capitale, on peut circuler entre les deux par taxi prépayé avec ce système (environ 200 000 Rp – mais les prix varient avec le cours du pétrole) ou taxi avec taximètre depuis Denpasar. Compter 30 minutes en heures creuses, le double en temps normal.

Si vous avez déjà une réservation auprès d'un hôtel, négociez un transfert, parfois plus intéressant financièrement.

ARRIVÉE EN BATEAU

Des ferries assurent des liaisons régulières entre Lombok, Bali et Nusa Tenggara. Il est très facile, quoique un peu long, de passer d'une île à une autre. Depuis Bali, on peut rejoindre Java (de Gilimanuk) en 30 minutes ; et Lombok en 5 à 6 heures en ferry public, ou compter 2h30 en bateau rapide.

TRANSPORTS EN COMMUN

En avion. Il n'existe pas de ligne intérieure à Bali, l'île est trop petite. Pour rejoindre Lombok, vous pourrez néanmoins emprunter l'une des compagnies indonésiennes fiables comme Garuda.

Bémos. À Bali, les transports publics étaient majoritairement composés de bémos et de quelques minibus. Les bémos sont des minibus (style Nissan Vanette), en général assez vieux, qui contiennent une quinzaine de passagers. Il est désormais très difficile d'en trouver, car de nombreuses lignes ont été supprimées par le gouvernement. Possibilité d'en voir de manière ponctuelle dans les marchés locaux. Si vous vous laissez tenter, il est compliqué de connaître le tarif local, les conducteurs essayant toujours de faire payer les touristes plus cher ! Observez ce que paient les autres voyageurs ou demandez-leur discrètement. Vis-à-vis du conducteur, faites comme si vous connaissiez le tarif.

Bus touristiques. À Bali, vu les distances, les grands bus de tourisme sont rares. Ils sont relativement confortables ; vous aurez l'air conditionné, des toilettes et, si vous avez de la chance, une télévision avec des airs de karaoké repris en chœur par votre voisin... Ces bus-là partent à une heure précise, on achète son billet à l'avance auprès d'une agence de voyages qui vous organise tout le trajet.

4069 kgCO_2e / personne

Aller-retour Paris-Denpasar

→ Le calcul de cette consommation CO_2 est fait à partir de Paris. L'idée est ici de montrer concrètement l'empreinte carbone de ce trajet, même s'il n'existe pas d'autre alternative que l'avion pour se rendre dans cette destination de manière directe.

VÉLO, TROTTINETTE & CO

Moto/scooter. La moto demeure le meilleur moyen de se déplacer pour les voyageurs qui aiment la découverte et les surprises. Elle vous permet de vous glisser dans les embouteillages, de vous arrêter partout, de prendre les sentiers peu carrossables, de vous embourber aussi.
Sachez néanmoins que la conduite en moto demande de la dextérité, des réflexes et toujours de l'anticipation, surtout à Bali. Tout d'abord, on roule à gauche. Le loueur vous demandera votre permis de conduire international. La plupart des voyageurs n'ont pas l'habitude de la moto et s'imaginent que sa conduite se révélera simple et facile. Que nenni ! Elle demande au contraire beaucoup de précision. Les principaux inconvénients de la moto sont les risques liés à la circulation. Lorsque vous croisez une voiture, cette dernière prendra toute la largeur de la route pour effectuer un dépassement et ne se rabattra qu'au dernier moment. L'utilisation des feux clignotants est aussi... hypothétique. La pratique de la moto est donc un exercice difficile et fatigant. La vigilance de tous les instants devient épuisante. Le port du casque est obligatoire, même si les Indonésiens ne le mettent en général pas (ou alors il s'agit d'une coquille de noix qui ne protège rien). Ne suivez donc pas leur exemple, n'oubliez pas que vous n'êtes pas immortel. Pluies, vents, chaleur intense vous en feront voir de toutes les couleurs. N'oubliez pas le pot d'échappement : il devient très vite brûlant et lorsque vous devez incliner la moto pour une raison intempestive, c'est là, au creux du mollet, que la brûlure fait souffrir.... Regardez autour de vous et vous verrez que nombre d'étrangers inattentifs en gardent une belle cicatrice. Le permis international est obligatoire, sous peine d'amende si vous vous faites contrôler par la police.

Bicyclette. La petite reine n'est pas vraiment employée en Indonésie, même si les touristes l'utilisent beaucoup à Bali. La bicyclette est un moyen agréable de visiter une ville et ses alentours. Son allure modérée vous permet de prendre votre temps et de jouir des paysages et des situations de la vie quotidienne indonésienne. Bien sûr, les pentes des routes, les collines et les petits chemins vous demanderont effort et prudence. Évitez la bicyclette à Denpasar et dans les zones très fréquentées, cela peut s'avérer particulièrement dangereux. Vous pouvez louer des bicyclettes dans les principaux centres touristiques à Bali pour 50 000 Rp par jour.

AVEC UN CHAUFFEUR

De nombreuses agences proposent de louer un véhicule avec chauffeur. Il s'agit du moyen le plus sûr et le plus confortable afin de visiter Bali sans encombre. Moyennant un prix de 600 000 Rp par jour, vous pouvez vous faire conduire aux quatre coins de l'île. Néanmoins, il est important de bien vous mettre d'accord sur le prix et l'itinéraire dès le début de la journée afin d'éviter tout malentendu ou surcoût intempestif.

D'une manière générale, les taxis sont pourvus de compteur. Lorsqu'il n'y en a pas, vous devez fixer le prix de la course à l'avance avec le chauffeur. C'est impératif, sinon vous pourriez avoir des surprises en arrivant à votre destination. Les meilleurs taxis de Bali sont les Blue Bird, reconnaissables de loin à leur couleur bleu ciel et avec compteur.

Véritable révolution des transports en Indonésie, les applications comme Gojek ou Grab proposent de réserver votre moto-taxi ou bien votre voiture avec chauffeur en quelques clics. À un prix défiant toute concurrence, vous pouvez utiliser cette application très facilement dans les grandes villes.
L'avantage : c'est fiable et au juste prix. Le tarif est calculé par l'application, cela revient généralement deux fois moins cher que le taxi. Pour l'utilisation, il vous faut télécharger l'application et avoir une connexion Internet.
Comment faire ? Télécharger une (ou les deux) application – Indiquer la destination et où venir vous récupérer – Vérifier le prix de la course et valider la commande. Vous payez directement en ligne ou en espèces et l'application vous demande de noter le chauffeur à la fin de la course. En route !

EN VOITURE

À Bali, il est extrêmement facile de se déplacer d'un endroit à l'autre : les infrastructures routières sont bonnes (si l'on ne tient pas compte du style de conduite de certains conducteurs...), et l'on trouve très facilement (à chaque coin de rue) une voiture avec chauffeur. Sinon, on peut s'adresser à n'importe quelle agence de voyages qui se chargera de tout. Il suffit d'entrer dans la première d'entre elles, d'énoncer sa destination et c'est parti. Pour autant, négociez toujours les prix. Un facteur est toujours à prendre en compte néanmoins : les embouteillages, nombreux sur cette île densément peuplée, notamment dans la région de Kuta où l'on peut rester bloqué de longs moments pendant les heures de pointe. Ainsi, le jour de votre départ, pensez à partir en avance...

Réseau routier. Le réseau routier constitue le moyen de communication le moins onéreux, mais de loin le plus fatigant. Les routes de Bali, bien que goudronnées, sont tout simplement épuisantes. Seules exceptions, le By Pass ou Sunset Road dans le sud de l'île autour de Denpasar, et la toute nouvelle « autoroute sur l'eau », payante, de 12 km, qui relie Benoa à Nusa Dua.

Conduite. À Bali, les accidents de la route sont la première cause de mortalité des touristes. En Indonésie, on roule à gauche, mais les camions et les bus roulent au milieu. Si vous êtes en scooter, le seul recours est de vous précipiter dans le fossé. Les piétons, les cyclistes, les calèches et la conduite aléatoire des centaines de scooters et motos vous désarçonnent à tout bout de champ et votre cœur s'affole lorsqu'on double en troisième position en mangeant la bordure ou quand votre chauffeur, sans aucune visibilité, emboîte la roue de ses collègues qui doublent déjà à la queue leu leu. Les accidents sont fréquents et sont toujours mis sur le compte des étrangers. Prudence donc. Vous devez compter sur les véhicules non éclairés la nuit, la traversée intempestive de chiens ou de poules qui vous font faire des embardées. Autres dangers : les enfants en bas âge qui jouent ou marchent au bord de la route, les motos elles-mêmes qui déboîtent ou démarrent subitement et l'utilisation hypothétique et souvent trompeuse des clignotants. Attention aux travaux sur la route ainsi qu'à la signalisation parfois différente de la nôtre en Europe, voire absente. Un trou mal éclairé, un tas de gravillons ou un chien qui traverse subrepticement peuvent vite devenir meurtriers. Les routes de montagne ont parfois des pentes vertigineuses et le revêtement est maltraité par les eaux de ruissellement. En cas de crevaison, les *bengkel* (garages) pourront effectuer les réparations, mais gare à la facturation. Si vous louez un véhicule, demandez s'il y a une franchise ou lisez bien le contrat entre les lignes. En cas d'accident, rendez-vous immédiatement au poste de police le plus proche. Roulez doucement pour ne pas renverser quelqu'un (on ne le répétera jamais assez) !

Il vaut mieux avoir le permis international. Idéalement, faites votre demande tôt, au moins trois mois avant. Vous pouvez faire la demande en ligne.

LES ATTRAPE-TOURISTES

Auto-stop. À déconseiller, on ne sait jamais sur qui l'on tombe. De toute façon, ce n'est pas dans la culture nationale ; faire du stop reviendra généralement à arrêter le premier taxi qui va dans votre direction... et de payer son trajet comme tout le monde.

LES PHRASES CLÉS

Bonjour, comment puis-je me rendre à...
Halo, bagaimana saya bisa pergi ke...

Est-ce loin à pied ? Y a-t-il le métro ou un bus... pour y aller ?
Apakah jauh jika berjalan kaki? Adakah kereta bawah tanah atau bus yang bisa saya naiki untuk sampai ke sana?

Pouvez-vous me montrer cet endroit sur la carte s'il vous plait ?
Bisakah Anda menunjukkan saya tempat ini di peta?

Où puis-je acheter les tickets de transport ? Est-ce que je peux payer en carte de crédit ?
Di mana saya bisa membeli tiket transportasi? - Bisakah saya membayar dengan kartu kredit?

Où est la sortie ? A gauche, à droite ou tout droit ?
Di mana pintu keluarnya? Belok kiri, kanan, atau lurus?

Je suis perdu et je suis en retard, s'il vous plait, aidez-moi ! Merci beaucoup !
Saya tersesat dan saya terlambat, tolong bantu saya! Terima kasih banyak!

A VOIR / A FAIRE

HORAIRES

Pour les horaires, la plupart des temples sont ouverts tous les jours, avec des horaires qui sont approximativement entre 7h et 18h - soit le lever et le coucher du soleil.

A RÉSERVER

Pour les excursions types balades, visites guidées ou excursions sportives, nous vous conseillons de réserver quelques jours à l'avance. Pour le reste, ce n'est pas forcément nécessaire.

LES ÉVÉNEMENTS

Le calendrier indonésien comporte, comme chez nous, de nombreuses fêtes.

Si Bali est une île à majorité hindouiste, l'Indonésie demeure le plus grand pays musulman du monde. Ainsi, le rythme du pays est quelque peu impacté pendant le mois de Ramadan.

Attention, à Bali, le jour de « *nyepi* » (« le jour du Silence »), en mars, tout est fermé. C'est une fête hindoue (nouvel an) pendant laquelle personne ne travaille. Même l'aéroport est fermé ce jour-là pour un respect total du jour le

© OLEH_SLOBODENIUK -ISTOCKPHOTO.COM

plus sacré. Il n'y a pas d'électricité, et on ne peut pas sortir de chez soi. C'est un jour de prière. Le nouvel an se dit en indonésien « *Tahun Baru* ». C'est également un jour férié.

Les manifestations religieuses sont innombrables et souvent magnifiques. Pour connaître les dates exactes des manifestations locales, procurez-vous le *Calendar of Events*, disponible dans tous les offices de tourisme et à l'ambassade d'Indonésie à Paris, ou consultez le *Jakarta Post*, le *Bali Post* ou encore *Hello Bali*. Voici quelques festivités :
- en avril : vendredi et dimanche de Pâques ; anniversaire de la naissance du prophète Mohammed.
- en mai : anniversaire de la naissance, l'illumination et la mort de Bouddha.
- 17 août : jour de l'indépendance.
et aussi : le jour de Noël et le jour de l'an (1er janvier) sont fériés, ainsi que le 15 août (Sainte-Marie, Assomption).

FUMEURS

Il est interdit de fumer dans la plupart des lieux publics et on évitera également de le faire dans les temples.

LES ATTRAPE-TOURISTES

Tous les singes « à café », les *Kopi luwak*, sont en captivité. Il vous sera impossible d'en voir en liberté.

C'EST TRÈS LOCAL

Dans les temples, on porte le *sarong*. Ce vêtement est la pièce maîtresse de la tenue traditionnelle des Balinais.
Il s'agit d'une étoffe de tissu rectangulaire mise autour de la taille, d'au moins un mètre de largeur, qui vous sera indispensable afin de visiter les temples.

LES PHRASES CLÉS

Bonjour, puis-je avoir deux entrées adultes et un enfant s'il vous plait ?
Halo, bisakah saya membeli dua tiket untuk dewasa dan dua untuk anak kecil?

Le tarif enfant est jusqu'à quel âge ? Et pour les seniors, est-ce qu'il y a une réduction ?
Berapa usia yang terhitung sebagai anak kecil? Apakah ada diskon OAP?

Est-ce qu'il y a des visites guidées en français ou un audioguide ?
Apakah tersedia wisata dengan pemandu berbahasa Prancis atau panduan audio?

Combien de temps faut-il pour faire la visite ?
Berapa lama kunjungan berlangsung?

J'ai du mal à monter les escaliers, avez-vous un ascenseur ?
Saya lelah menggunakan tangga, apakah ada lift?

Excusez-moi, pouvez-vous me dire où sont les toilettes ? Merci beaucoup.
Permisi, bisakah Anda memberi tahu saya di mana toiletnya? Terima kasih banyak.

BUDGET / BONS PLANS

Ne soyez pas avare de jus de fruits ; on en trouve partout à des prix dérisoires – 10 000 Rp à 20 000 Rp pour un jus tout frais pressé. Un délice ! Attention simplement à demander sans glaçons si on vous en propose. Vous verrez aussi de très nombreux vendeurs de fruits dans la rue, qui poussent une petite carriole sur roues, remplie de fruits frais.

C'EST TRÈS LOCAL

Les touristes qui passent plusieurs jours, voire semaines, à Bali ne connaissent que rarement la cuisine balinaise. Ils goûteront plutôt à la cuisine indonésienne, mais quasiment jamais aux recettes locales qui se préparent avant tout pour des occasions particulières. Il est assez rare que des voyageurs se frottent au *lawar* (préparation rituelle faite de hachis de viande et de légumes liés avec du sang de porc) ou tout simplement à un *semur lidah* (langue de bœuf, en sauce sucrée à la noix de muscade) ou encore à un *be sampi mesitsit* (miettes de bœuf séché sautées aux épices). Le *nasi goreng* (riz frit) et *mie goreng* (nouilles frites) sont les deux plats de base du peuple indonésien. Vous risquez de vous retrouver au régime *goreng* sec si vous sortez des sentiers battus. Le *nasi campur*, riz blanc accompagné de légumes et viande est également très populaire dans les *warungs*, ces petits restaurants de rue.

▶ **Bali est producteur du café le plus cher au monde,** le café Luwak. Le luwak n'est pas une région ou un type de caféier, mais une sorte de petit blaireau qui vit en Asie du Sud-Est. Le passage par le système digestif du luwak aurait le mérite d'enrichir l'arôme des grains de café et de le décaféiner naturellement. Ainsi, les agriculteurs récoltent les excréments du petit animal, les nettoient, les font sécher au soleil puis les torréfient pour en faire un café vendu jusqu'à 1 200 US $ le kilo. À Bali, on vous proposera d'en déguster pour 10 000 Rp (au minimum) la tasse. Le parfum est supposé être doux, subtil et peu amer. Inattendu. Attention aux escroqueries, car il y a plus de café Luwak dans le commerce qu'il n'y a de caféiers et de civettes à Bali.

À ÉVITER

Ne mangez pas de la main gauche, considérée comme impure. Ne rendez ni ne ramassez l'argent de la main gauche pour les mêmes raisons. Lorsque vous donnez quelque chose, donnez-le des deux mains. Lors d'une fête de temple, évitez de vous trouver sur une hauteur qui domine le prêtre, ce qui constitue un grave manque de respect.

FUMEURS

Il est généralement interdit de fumer dans les espaces fermés. En revanche, il est souvent permis de fumer dans les espaces extérieurs, tels que les terrasses ou les zones en plein air (jardins...). Avant d'allumer une cigarette, assurez-vous de respecter les consignes spécifiques du lieu afin de ne pas enfreindre les règles en vigueur.

LES PHRASES CLÉS

Bonjour, je voudrais réserver une table pour deux personnes pour ce midi ou ce soir.
Halo, saya hari ini ingin memesan meja untuk dua orang saat makan siang atau makan malam.

Avez-vous un menu en français ou en anglais ?
Apakah Anda memiliki menu berbahasa Prancis atau Inggris?

Je suis végétarien, y a t-il des plats sans viande ?
Saya vegetarian, adakah hidangan yang tidak mengandung daging?

Je n'ai vraiment plus faim mais avez-vous une carte des desserts ?
Saya kenyang sekarang, tapi bisakah saya melihat menu hidangan penutup untuk berjaga-jaga?

Puis-je avoir l'addition s'il vous plait ? Je peux payer par carte ou en espèces ?
Bolehkah saya meminta tagihannya? Bisakah saya membayar dengan kartu, atau Anda perlu uang tunai?

C'était très bon, nous reviendrons. Merci et à bientôt.
Hidangannya lezat, kami akan kembali lagi. Terima kasih, sampai jumpa lagi.

PRATIQUE

FAIRE UNE PAUSE

HORAIRES

Les endroits « *chill* » pour faire une pause ferment souvent tôt.
Les endroits prisés offrant une belle vue méritent d'être réservés en haute saison, ou de venir tôt.

BUDGET / BONS PLANS

Il y en a pour tous les budgets, mais évidemment les endroits touristiques, en bord de mer ou vue mer, sont un peu plus chers qu'ailleurs. Cependant, le coût de la vie reste bien inférieur à celui en France.

A PARTIR DE QUEL ÂGE

L'âge légal pour l'alcool est de 21 ans. Attention, l'alcool est restreint en Indonésie, Bali fait figure d'exception pour l'instant en raison de l'affluence touristique et des influences religieuses « plus ouvertes » que dans le reste du pays.

FUMEURS

Dans la plupart des espaces fermés, il est généralement interdit de fumer. En revanche, il est souvent permis de fumer dans les espaces extérieurs, tels que les terrasses ou les zones en plein air.

LES PHRASES CLÉS

Bonjour, quelle est la spécialité de la maison ? Nous voulons découvrir.
Halo, apa yang khusus di sini? Kami ingin mencobanya.

Avez-vous de la place en terrasse ?
Apakah Anda memiliki kamar di balkon?

Quel est votre nom ? Je m'appelle… Ravi de vous rencontrer !
Siapa nama Anda? Saya... Senang bertemu Anda!

A votre santé ! Zut, j'ai renversé mon verre… pouvez-vous m'aider ?
Bersulang! Oh tidak, saya menjatuhkan minuman saya...dapatkah Anda membantu saya?

C'était très bon. Nous allons reprendre la même chose s'il vous plait.
Minumannya enak. Kita akan minum bersama lagi.

(SE) FAIRE PLAISIR

HORAIRES

Les bureaux et administrations ouvrent généralement du lundi au jeudi de 8h à 15h ou de 9h à 16h, et les vendredis de 8h à 11h. Certains bureaux sont parfois ouverts le samedi jusqu'à midi. Les magasins situés dans les centres commerciaux sont ouverts en général jusqu'à 21h. De petites échoppes ou des boutiques en ville proposent leurs produits jusqu'au tard le soir (22h ou 23h). Enfin, vous trouverez dans la conurbation Kuta/Legian/Seminyak, ou encore dans les grands centres urbains, des petits supermarchés (de type K Mart) ouverts 24h/24 et 7j/7.

BUDGET / BONS PLANS

Avis aux amateurs de décoration balinaise, pourquoi ne pas acheter vos meubles ici et vous renseigner sur les moyens de livraison en France ? Ça peut valoir le coup !

LES ATTRAPE-TOURISTES

Attention à ce que vous achetez ! Notamment aux contrefaçons de sacs et vêtements qui peuvent être nombreuses.

LES PHRASES CLÉS

Bonjour, c'est superbe, mais combien ça coûte ?
Halo, baju itu menakjubkan, tapi berapa harganya?

Vous auriez ma taille ? Où se trouvent les cabines d'essayage ?
Adakah ukuran saya? Di mana kamar ganti?

Est ce que je pourrai vous le rapporter et l'échanger si ça ne va pas ?
Bisakah saya menukarnya jika tidak cocok?

J'ai trop dépensé aujourd'hui, pouvez-vous me faire une réduction sympa ?
Saya hari ini sudah berbelanja terlalu banyak, adakah diskon?

Je prendrai celui-ci. Pouvez-vous me faire un paquet cadeau ?
Saya akan ambil yang ini. Bisakah Anda membungkusnya dengan cantik?

Vous prenez la carte de crédit ? Où puis-je trouver un distributeur de billets ?
Apakah Anda menerima kartu kredit? Di mana saya dapat menemukan ATM di sekitar sini?

BUDGET / BONS PLANS

Massages. On en trouve partout : dans les salons spécialisés, les spas des hôtels (de luxe, mais pas seulement), sur la plage... Sachez que, bien souvent, on paie surtout le cadre : un massage dans le palace du coin ne sera pas forcément meilleur que celui de la vieille femme sur la plage... Et sachez que sur la plage on propose bien des massages, et non d'autres services bien moins nobles.

C'EST TRÈS LOCAL

Plongée. Bali n'a jamais été considérée comme le plus beau site de plongée d'Indonésie. Les eaux sont parfois troubles et le corail a souffert de la pollution de l'océan. Néanmoins, de nombreux endroits valent le coup d'œil. Les plus célèbres sites de plongée se trouvent sur la côte est, entre Sanur et le Nord-Est du côté de Tulamben et d'Amed. Les îles de Nusa Penida, Nusa Lembongan ont des fonds riches en faune et en flore. À l'extrême ouest, l'île de Menjangan, inhabitée et protégée, semble être l'un des plus beaux sites de plongée, tandis que les 7 000 hectares de coraux du Bali Barat National Park, non loin de Gilimanuk et de Menjangan, vous réservent de belles surprises.
Pour plonger en profondeur, il vous faudra prendre contact avec les organismes de plongée locaux et ne pas oublier vos diplômes. Prenez contact dès votre arrivée ou réservez en spécifiant ce que vous savez faire et votre niveau technique. Les organisateurs pourront ainsi constituer des noyaux homogènes. Les principales certifications comme les PADI, SSI, CMAS et POSSI sont reconnues.

Hormis la danse et la musique que la majeure partie d'entre eux apprennent dès le plus jeune âge, les Balinais s'adonnent aux courses de buffles et aux combats de coqs. Certains se passionnent également pour les concours de chant d'oiseaux domestiques. Lors de toutes ces activités, les Balinais adorent parier.

VOS PAPIERS SVP

Les stages de plongée. Bon nombre de centres agréés pour la plongée à Bali accueillent les plongeurs certifiés, mais peu vous offriront la possibilité technique de vous faire passer un brevet. Plusieurs centres vous proposent des stages d'initiation qui comportent des cours théoriques et pratiques en eau peu profonde.
Soyez suffisamment lucide pour ne pas accepter de la part de vos instructeurs des plongées au-delà de 12 m si vous êtes débutant. Ils n'ont pas les moyens de secours suffisants en cas de souci. Si vous êtes un plongeur chevronné, vous aurez tôt fait de vous rendre compte de l'amateurisme de certains centres. Il vous suffira de faire appel à un centre confirmé dont le matériel est d'excellente qualité et neuf. Les prix des stages d'initiation sont pour la plupart peu onéreux et ne devraient pas dépasser 50 US$ pour une plongée.

LES PHRASES CLÉS

Bonjour, comment puis-je me rendre à… ? Est-ce loin ?
Halo, bagaimana saya dapat pergi ke...? -Apakah jauh?

J'aimerais aller courir. Il y a un coin sympa pour cela dans la ville ?
Saya ingin lari. Apakah ada tempat yang bagus sekitar kota untuk berjalan-jalan?

J'adore cuisiner. Savez-vous où je peux trouver des cours de cuisine ?
Saya suka memasak. Tahukah Anda di mana saya dapat mengikuti kelas memasak?

Vous pourriez m'indiquer une salle de sport pas très loin ?
Bisakah Anda memberi tahu saya gym umum terdekat?

Quel est le sport national ?
Olahraga nasional apa?

Pensez-vous que nous pourrions voir cela ou même participer ?
Apakah menurut Anda kami dapat menontonnya di suatu tempat, atau mungkin ingin mencobanya?

SORTIR

HORAIRES

Certains coins de l'île sont réputés pour faire la fête, et pas d'inquiétude sur les horaires, ça ferme tard ! Les discothèques n'ont pas d'horaires de fermeture fixes, donc cela peut beaucoup varier selon les saisons et les endroits.

BUDGET / BONS PLANS

Le coût de la vie n'étant pas élevé à Bali, les établissements de fête sont « bon marché », mais soyez vigilant à la qualité de l'alcool qui vous y sera servi. Attention cependant, dans les clubs huppés, les prix peuvent vite monter.

TRANSPORTS NOCTURNES

Attention à l'alcool au volant ! Beaucoup de touristes prennent le scooter en ayant bu, ce que nous déconseillons formellement. N'hésitez surtout pas à faire appel au taxi, comme Grab ou Gojek, les tarifs y sont peu élevés et c'est bien plus sûr ! Afin de pallier à tout problème, évitez de prendre des taxis motos directement dans la rue hors des applications citées précédemment, on ne sait jamais.

A PARTIR DE QUEL ÂGE

A partir de 21 ans, l'alcool est interdit en dessous de cet âge.

C'EST TRÈS LOCAL

Ne manquez pas les bars et discothèques en bord de mer pour faire la fête sur la plage. Très sympa quand il fait chaud ou pour expérimenter des vacances en immersion dans le film « The Beach ».

FUMEURS

Dans la plupart des espaces fermés, il sera généralement interdit de fumer. En revanche, il est souvent permis de fumer dans les espaces extérieurs, tels que les terrasses ou les zones en plein air.

LES PHRASES CLÉS

Bonsoir, comment puis-je me rendre à…
Selamat malam, bagaimana saya bisa pergi ke...

Est ce que cet endroit est tranquille ? Il n'y a pas de problème de sécurité ?
Apakah tempatnya tenang? Apakah ada masalah keamanan?

J'aimerais voir un spectacle typique ! Qu'est-ce qu'il y a en ce moment ?
Saya ingin melihat pertunjukan tradisional! Apa yang terjadi saat ini?

Je ne comprends pas… pouvez-vous répéter s'il vous plait ? Merci.
Saya tidak mengerti, bisakah Anda mengulanginya? Terima kasih.

Est-ce que je peux vous offrir un verre ? Quel est le meilleur cocktail de la maison ?
Bisakah saya membelikan Anda minuman? - Apa koktail rumahan terbaik?

J'ai la gueule de bois, auriez-vous quelque chose pour que j'aille mieux ?
Saya mabuk, adakah sesuatu yang bisa meredakannya?

SE LOGER

BUDGET / BONS PLANS

On trouve à se loger à tous les prix à Bali et le rapport qualité-prix dans les zones touristiques est excellent. En revanche, lorsqu'on sort des zones touristiques, le choix est beaucoup plus restreint. Les petits hôtels ou pensions offrent en général des commodités moins confortables (les salles de bain n'ont souvent que de l'eau froide).

Hôtels

- Bien et pas cher. Dans les zones touristiques, on peut très bien se loger autour de 300 000 Rp. Pour ce prix, vous aurez une chambre propre, avec salle de douche privée et ventilateur, dans un hôtel simple qui peut être joli. Pour espérer avoir une piscine et l'air conditionné, il vous faudra quand même monter jusqu'à 400 000 Rp, voire un peu plus.

Dans cette gamme de prix, on trouve avant tout des *losmen*, des sortes de pensions dans lesquelles louer une à plusieurs chambres dans une maison familiale à petit prix.

- Confort et charme. Ici aussi, on trouve une très grande disparité selon le lieu où l'on se trouve. À Bali, les hôtels de cette catégorie, autour de 600 000 Rp - 900 000 Rp, sont généralement excellents. Ils offrent tout le confort occidental (salle de bain nickel, grandes chambres, télévision, air conditionné) et, en plus, ont généralement un charme fou : petite piscine, décoration soignée, jardin ou parc tropical... Tout cela au prix d'un hôtel basique en France. Ces hôtels sont la spécialité de Bali qui en compte des centaines dans les quatre coins de l'île. C'est pourquoi elle est l'une des destinations préférées des jeunes mariés en lune de miel.

- Luxe. Voici le type d'hôtel qui sera le même un peu partout ! À Kuta, à Legian, à Seminyak, Nusa Dua, on trouve toutes les grandes enseignes internationales : Mercure, Sofitel, Hilton... Vous trouverez également de très beaux établissements indonésiens, moins standardisés, mais tout aussi charmants, voire (très souvent) plus authentiques. Pas de limites dans les prix, qui peuvent atteindre des sommets (parfois jusqu'à 5 000 € la chambre paradisiaque) ; les tarifs des services et restaurants s'alignent sur la taille du portefeuille de la clientèle et sont comparables aux prix occidentaux. Ces hôtels proposent généralement une foule de services et d'activités. Un service impeccable et un décor de rêve à des prix abordables pour une clientèle plus large que celle qui fréquente habituellement les palaces en Europe, puisque, en basse saison, le prix de certains hôtels de luxe débute à 1 500 000 Rp.

Campings
Le concept du Glamping est de plus en plus répandu sur Bali, et pour les aficionados, vous pourrez également trouver quelques campings à proprement parler, en tente. La pratique devenant de plus en plus populaire pour la jeunesse indonésienne des villes également.

Bons plans
Et si vous profitiez de votre séjour à Bali, à Lombok ou sur les îles Gili pour vous offrir une villa de rêve ? Cela peut être très économique si vous êtes en groupe ou si vous souhaitez vivre une expérience assez extraordinaire... Dans tous les cas, sachez également qu'à Bali, on peut négocier les prix des chambres à la baisse en cas de longs séjours.

À RÉSERVER

En haute saison - principalement juillet et août, ainsi qu'autour des fêtes de fin d'année - il est préférable de réserver si vous ne souhaitez pas vous retrouver qu'avec des hôtels hors budget - surtout si vous êtes en famille. Sinon, sur place, vous trouverez toujours des bons plans, mais pas forcément avec le niveau de confort que vous voulez...

C'EST TRÈS LOCAL

« *Losmen, Guesthouse* ou *Homestay* » signifie logement chez l'habitant. Il s'agit d'une pension à la balinaise : quelques chambres ont été ajoutées dans l'enceinte de la maison familiale et sont louées à des visiteurs pour un prix modeste. Souvent la cour de la maison abrite un joli jardin. Choisir ce mode d'hébergement permet d'assister au déroulement de la vie quotidienne des Balinais, au demeurant fort accueillants.

FUMEURS

Il est en général interdit de fumer dans les chambres et à l'intérieur des établissements hôteliers. Profitez des espaces extérieurs ou du balcon !

LES PHRASES CLÉS

Bonjour, avez-vous de la disponibilité pour une chambre double pour ce soir ou demain soir ?
Halo, apakah Anda memiliki kamar double malam ini atau besok?

Avez-vous un code wifi… les enfants ne tiendront pas sans !
Apakah Anda memiliki kode Wi-FI... kalau tidak anak-anak saya akan menjadi gila!

C'est bruyant, est ce que je peux changer de chambre ?
Kamar ini berisik, bisakah saya pindah ke kamar yang berbeda?

Jusqu'à quelle heure est-ce que nous pouvons aller à la salle de sport et à la piscine ?
Jam berapa kolam renang dan gym tutup?

Est-ce que je peux laisser mon bagage et revenir plus tard le récupérer ?
Bisakah saya menitipkan koper saya dan kembali lagi nanti untuk mengambilnya?

Est-ce que vous pouvez nous appeler un taxi ? Merci beaucoup.
Bisakah Anda memesan taksi untuk kami? Terima kasih banyak.

ALLO ?

L'indicatif téléphonique national de l'Indonésie et donc de Bali est le 0062 ou +62. Les indicatifs téléphoniques régionaux à Bali vont de 361 à 368, et précèdent le numéro.

Préfixes des portables. Tous les numéros ne comportant pas d'indicatif régional commençant par 36 sont des portables. La plupart des numéros de portables commencent par un 8. Un numéro de téléphone comporte entre 8 et 10 chiffres, les 3 chiffres de l'indicatif régional étant compris.
Si vous avez souscrit à l'option internationale, votre téléphone portable français fonctionnera sûrement sur le réseau indonésien, mais recevoir ou émettre des appels depuis votre numéro français sera extrêmement onéreux. Vous pouvez également acheter une carte SIM ; pour cela, il vous faudra présenter votre passeport pour enregistrement. Elle fonctionnera à condition d'avoir fait débloquer votre téléphone portable de France. On conseille la compagnie Telkomsel ou XL qui vendent les cartes SIM aux environs de 50 000 Rp avec un crédit.

Qui paie quoi ? La règle est la même chez tous les opérateurs. Lorsque vous utilisez votre téléphone français à l'étranger (sauf dans les 27 pays de l'Union européenne depuis juin 2017), vous payez la communication, que vous émettiez l'appel ou que vous le receviez. Dans le cas d'un appel reçu, votre correspondant paie lui aussi, mais seulement le prix d'une communication locale. Tous les appels passés depuis ou vers l'étranger sont hors forfait, y compris ceux vers la boîte vocale.

ACCESSIBILITÉ

Dommage pour cette destination très prisée, mais la présence assez permanente d'escaliers (cela fait partie de la recherche d'harmonie balinaise) et le relief montagneux de l'île n'invitent pas à un séjour serein pour les personnes à mobilité réduite. Dans le même ordre d'idées, les personnes âgées et/ou à la constitution fragile ne pourront pas profiter de tous les trésors de l'île. Ou du moins il faudra débourser une somme conséquente pour avoir accès à des activités et à un hébergement facile d'accès.
Pour autant, si vous présentez un handicap physique ou mental ou que vous partez en vacances avec une personne dans cette situation, différents organismes et associations s'adressent à vous pour vous aider à organiser votre séjour sur place.

Voyager avec des enfants. Vous pouvez voyager avec vos enfants sans aucun problème. En plus, les Balinais adorent les familles qui voyagent. Parmi les points positifs : les hôtels de catégorie moyenne ou supérieure qui proposent souvent des services de baby-sitting, la possibilité d'avoir accès à des sièges bébé dans les restaurants (même ceux de moyenne gamme) ou encore l'accès facile à des couches ou tout autre objet nécessaire à l'hygiène de vos chères têtes blondes. Néanmoins, faites très attention à ce que vous leur donnez à manger et, surtout, faites-les boire souvent, car on se déshydrate très vite sous les tropiques.

© GALITSKAYA - STOCK.ADOBE.COM

SANTÉ

Il convient d'être vigilant sur un certain nombre de choses afin de ne pas avoir à subir de désagréments de santé au cours de votre voyage, pouvant aller même jusqu'à l'écourter.

Accidents de la circulation. Ils représentent 30 % des causes de rapatriement dans le monde. Conduisez prudemment et vérifiez l'état de votre véhicule. Le trafic est très dense en Indonésie. Faites très attention en traversant les rues. Il n'y a presque pas de passage pour piétons. Et surtout, attention en moto, particulièrement exposée. Même si c'est désagréable dans un pays tropical, de grâce, mettez un casque.

Eau. Il est impensable de boire au robinet : n'utilisez que les bouteilles d'eau fournies dans les hôtels ou vos propres bouteilles et vérifiez que les bouteilles d'eau minérale sont bien scellées.

Mer et plages. Les plages sont magnifiques mais pas toutes autorisées à la baignade. Renseignez-vous. Les courants sont parfois dangereux et il faut donc être prudent : ne vous baignez pas seul, trop loin de la côte, ou après un repas trop copieux (de surcroît bien arrosé). Évitez de plonger soudainement dans l'eau après une exposition prolongée au soleil : pénétrez dans l'eau progressivement. Méfiez-vous des oursins, coraux, poissons pierre, requins et méduses. Donc, évitez de marcher pieds nus dans les lagons.

Piqûres et morsures. Les zones touristiques sont impaludées, mais les zones rurales présentent un facteur de risque. La prévention contre le paludisme nécessite un traitement antérieur au départ. Les premiers symptômes de cette maladie peuvent se déclencher plusieurs mois après votre retour, laquelle peut s'avérer mortelle si elle n'est pas traitée à temps. Voilà donc une bonne raison d'éviter autant que possible les piqûres de moustiques et autres bestioles. Les moustiques ont des habitudes et des horaires : en plein soleil, vous ne risquez quasiment rien ; par contre, entre le coucher et le lever de l'astre diurne, c'est l'heure du casse-croûte de ces petites bêtes volantes. L'eau (lacs, marécages) et les espaces ombragés (forêts, jungles) sont leurs habitats favoris : il ne vous reste plus qu'à laisser le moins de peau possible à la portée de leur appétit vorace (pantalon, sweat à manches longues, chaussettes). La nuit, la meilleure protection reste la moustiquaire que vous pouvez, pour plus d'efficacité, vaporiser d'un spray antimoustique.
Pour les autres cas de piqûres (abeilles, guêpes, taons, scorpions), morsures (tiques, araignées, serpents) ou coupures, il n'existe pas vraiment de moyens préventifs. Il faut donc rester attentif à l'environnement : secouer vêtements et chaussures avant de les enfiler, soulever les draps du lit plutôt que de sauter dedans sans regarder. Les plaies dans les climats chauds et humides mettent longtemps à cicatriser et peuvent même s'infecter : il convient donc de les traiter le plus rapidement possible avec un antiseptique et de les laisser le plus souvent à l'air libre plutôt que de les couvrir d'un pansement.

Soleil. Attention aux brûlures dues au soleil. Le soleil des tropiques frappe vite ! Il faut se montrer prudent et éviter les expositions trop longues. Lors des marches éprouvantes en forêt ou des ascensions de volcans, n'hésitez pas à vous arrêter fréquemment pour récupérer. Escalader un volcan aux heures chaudes est absurde. Portez un couvre-chef. Utilisez des écrans solaires efficaces et n'hésitez pas à vous couvrir avec des vêtements en toile légère et des chapeaux à larges bords. Les enfants à la peau claire sont particulièrement vulnérables. À signaler que la brise marine est trompeuse et que les nuages qui règnent parfois dans le ciel indonésien ne filtrent pas forcément les U.V. : on ressent la chaleur du coup de soleil sur la peau alors qu'il est déjà trop tard. L'excès de rayonnement solaire est dangereux pour la peau ; à court terme, les coups de soleil et autres allergies solaires ne sont pas si graves, mais à long terme les rayonnements U.V. provoquent un vieillissement accéléré de la peau avec certaines conséquences : cancer de la peau au pire, mais à coup sûr perte d'élasticité de la peau (vieillissement irréversible).
L'idéal serait de ne pas vous exposer trop longtemps chaque jour. À défaut, utilisez des écrans solaires ayant un degré de protection suffisant, mais aussi des châles, écharpes, chemises flottantes et chapeaux à larges bords. Évitez les heures les plus chaudes, en milieu de journée. Tenez compte de votre « capital soleil », c'est-à-dire de votre capacité génétique à réparer les dégradations de l'épiderme.

Conseils. Pour recevoir des conseils avant votre voyage, n'hésitez pas à consulter votre médecin. Vous pouvez aussi vous adresser à la société de médecine des voyages du centre médical de l'Institut Pasteur au 01 45 68 80 88

(www.pasteur.fr/fr/sante/centre-medical) ou vous rendre sur le site du ministère des Affaires étrangères à la rubrique « Conseils aux voyageurs » (www.diplomatie.gouv.fr/voyageurs).
En cas de maladie ou de problème grave durant votre voyage, consultez rapidement un pharmacien puis un médecin.

Médecins parlant français. Pour une urgence en français, contacter le consulat honoraire à Denpasar au +62 361 4730 834 ou l'ambassade de France à Jakarta au +62 21 2355 7600.

Hôpitaux – Cliniques – Pharmacies. Les meilleurs hôpitaux de la région se trouvent à Bangkok et à Singapour. À l'exception de l'hôpital de Denpasar et de quelques cliniques privées, on ne conseille généralement pas trop les hôpitaux sur les îles. Pour les accidents sérieux, si une intervention chirurgicale s'avère indispensable, faites jouer votre assurance immédiatement et faites-vous rapatrier en France ou à Singapour. Souscrivez donc une police d'assurance avant le départ. Les médecins pourront vous donner des conseils par téléphone. Les grands hôtels internationaux pourront aussi vous indiquer l'adresse d'un bon médecin.

Trousse à pharmacie. Il est prudent d'emmener avec soi des médicaments de première nécessité ou des médicaments prescrits par votre médecin dans le cadre d'un traitement, par exemple.
La trousse du parfait petit voyageur devra au minimum se composer :
- de Doliprane® pour les maux de tête et fièvre (surtout pas d'aspirine, proscrite dans ces régions du monde où sévit la fièvre dengue),
- d'un antidiarrhéique tel qu'Imodium® (les comprimés se prennent après chaque selle),
- d'un antiseptique cutané,
- d'une pommade antimoustique,
- des crèmes pour soigner brûlures et coups de soleil (type Biafine®).

Également, vous pourrez emporter un réhydratant en cas de diarrhée, un médicament contre le mal des transports, éventuellement une couverture de survie (simple toile très légère comportant un côté aluminé) pour les aventuriers.
Si vous portez des lunettes, prenez une paire de rechange, et si vous suivez un traitement, n'oubliez pas d'emporter votre ordonnance (et si possible, une ordonnance traduite en anglais).

URGENCES SUR PLACE

Les meilleurs hôpitaux de la région se trouvent à Bangkok et à Singapour. À l'exception de l'hôpital de Denpasar et de quelques cliniques privées, on ne conseille généralement pas trop les hôpitaux sur les îles. Pour les accidents sérieux, si une intervention chirurgicale s'avère indispensable, faites jouer votre assurance immédiatement et faites-vous rapatrier en France ou à Singapour. Souscrivez donc une police d'assurance avant le départ. Les médecins pourront vous donner des conseils par téléphone. Les grands hôtels internationaux pourront aussi vous indiquer l'adresse d'un bon médecin.

SÉCURITÉ

Dangers potentiels et conseils :

Femme voyageant seule. Bali, grande référence pour les *backpackers*, souvent australiens, voit de très nombreuses femmes voyager seules chaque année. Les Indonésiens restent un peu surpris lorsqu'une femme est parfaitement seule (la plupart des touristes voyagent au moins avec une amie), mais leur étonnement suscitera le plus souvent en tout et pour tout quelques questions amicales.
Généralement, si un homme se fait plus insistant, un mari imaginaire qui va vous rejoindre dans quelques jours suffira à l'éloigner. L'alliance seule est peu utile ; préférez une photo bien en évidence dans votre portefeuille de vous et votre amoureux, réel ou supposé. Si la photo montre un enfant, c'est le laissez-passer assuré.
Mesure la plus élémentaire : habillez-vous décemment. Si la tenue de plage est acceptée en bord de mer, se promener seule en haut de maillot de bain en ville expose au risque (quasi-certain) de se faire accoster par un personnage collant, comme partout ailleurs dans le monde.
En général, plus on s'habille modestement (jupes ou shorts au niveau du genou, épaules couvertes), plus on évite les ennuis. Et si vous avez affaire à quelqu'un de vraiment insistant, montrez-vous la plus prude possible.
En effet, dans la plupart des pays du monde, la libération de la femme se résume à l'équation suivante : femme occidentale = femme facile.
Dernier danger : les gigolos balinais. L'île est désormais célèbre pour ces hommes qui vendent leurs services aux riches Occidentales esseulées, directement ou non (« mon oncle vient de mourir, je n'ai pas d'argent pour payer les funérailles »). Si vous êtes une femme seule, vous êtes une proie potentielle.

Depuis les attentats de Bali en octobre 2002 et 2005 et ceux de Jakarta en juillet 2009, et dernièrement en janvier 2016, le pays est très instable dans certaines régions. Ces événements ont dissuadé de nombreux touristes de se rendre en Indonésie. Cependant à Bali, durement touchée par les bombes à deux reprises, vous serez accueillie à bras ouverts par une population avide d'échanges, profondément ouverte et pacifiste.

Pendant votre séjour, il est recommandé d'avoir sous la main en toutes circonstances votre passeport, le numéro d'appel de votre assurance rapatriement, les numéros d'appel de votre ambassade ou consulat, les numéros de vos chèques de voyage, le numéro de téléphone et le fax de votre banque, et votre permis de conduire national et international si vous conduisez. Photocopiez vos documents importants : billet d'avion, passeport. Conservez ces documents dans deux endroits différents.
Le plus sûr est d'avoir une ceinture ventrale ou une pochette discrète autour du cou que l'on glisse sous sa chemise ou son T-shirt. Dans votre hôtel, méfiez-vous de la fenêtre et de la porte de la salle d'eau : fermez-les bien. Dans les hôtels de catégories moyenne et luxe, préférez utiliser les coffres-forts (*safe*, en anglais) pour y mettre vos affaires à l'abri.

Méfiez-vous de certains guides malhonnêtes qui vous conduisent dans des boutiques où ils perçoivent un pourcentage. D'autres guides vous demanderont des tarifs exorbitants pour des excursions que vous auriez pu effectuer tout seul. Ils sont en général extrêmement collants et vous aurez bien du mal à vous en « débarrasser ». Pour choisir un guide, prenez votre temps et discutez avec lui ou passez par une agence de voyages. Il existe des guides agréés, renseignez-vous auprès des bureaux de tourisme.

Pour connaître les dernières informations sur la sécurité sur place, consultez la rubrique « Conseils aux voyageurs » du site du ministère des Affaires étrangères : www.diplomatie.gouv.fr/voyageurs. Sachez cependant que le site dresse une liste exhaustive des dangers potentiels et que cela donne parfois une image un peu alarmiste de la situation réelle du pays.

Drogues. Sévèrement réprimés, les paradis artificiels existent surtout dans les zones touristiques. Les revendeurs que vous rencontrerez vous proposeront des *magic mushrooms* (champignons hallucinogènes) et de la marijuana. Pour doubler leur commission, ils iront parfois vous dénoncer à la police, quand ce ne sont pas eux-mêmes des policiers en civil. Il n'y a pas d'hésitation : la drogue est à prohiber absolument. D'autant qu'il ne faut pas espérer trouver une quelconque différenciation entre drogues dures et drogues douces... Ainsi, vous aurez certainement remarqué les grands panneaux des aéroports internationaux : avant même le « Bienvenue à Bali », vous avez le « *drugs... death penalty* ! ». Et le gouvernement ne plaisante pas avec ça ; tous les ans, au moins un procès très médiatique concernant des étrangers risquant leur tête défraie la chronique, et les autorités, contentes de faire un exemple, ne se montrent pas vraiment sensibles aux pressions des ambassades qui tentent de protéger leurs ressortissants.

© ARTEM BELIAIKIN - SHUTTERSTOCK.COM

LGBTQ

Bali est une destination très accueillante et sa population est ouverte et tolérante. Cependant, on considère comme une marque de respect de la part des uns et des autres de ne pas être trop démonstratif en couple (ceci s'applique bien évidemment autant pour les hétérosexuels que pour les homosexuels). On évitera donc de s'embrasser et de le manifester de façon trop visible et/ou bruyante, et les élans de tendresse, bien que l'on coure peu de risques d'avoir des signes de désapprobation pour autant. Seminyak possède un quartier entièrement dédié à la vie gay dans la rue Jl. Dhyana Pura et, dans toute l'île, un certain nombre d'hôtels plutôt trendy (boutique, hôtels, etc.) sont ouvertement gay friendly. La plage Batu Belig Beach, située à Seminyak, est réputée auprès de la communauté gay. Cette dernière se trouve à proximité de l'hôtel W Bali.

AMBASSADE ET CONSULATS

- **Ambassade d'Indonésie à Paris**
47, rue Cortambert (16e arrondissement)
01 45 03 07 60
www.amb-indonesie.fr
- **Ambassade de France à Jakarta**
https://id.ambafrance.org/
Jl. MH. Thamrin n°20 Jakarta Pusat 10350
(accès Jl. Sunda)
Tél. : (62-21) 2355 7600
- **Consulat français de Bali**
Griya Abasan No.18, Padangsambian Klod, Kec. Denpasar Bar., Kota Denpasar
Tél. : +62 811 39601401

POSTE

Les bureaux de poste sont en général ouverts du lundi au vendredi de 8h à 15h et le samedi jusqu'à 13h. Les postes sont présentes dans chaque ville et gros village, et elles sont plutôt efficaces. Vous pourrez acheter des timbres auprès des nombreux vendeurs de cartes postales (environ 10 000 Rp la carte). Comptez une dizaine de jours pour le délai d'acheminement.

MÉDIAS LOCAUX

L'Indonésie est un des pays du monde où la liberté de la presse est la moins respectée. En 2019, le pays était classé 124e sur 180 États par l'association Reporters sans Frontières (classement 2019 des pays selon l'indice de liberté de la presse). L'intimidation des journalistes est chose courante, et les morts mystérieuses de personnes exerçant cette profession défraient régulièrement la chronique.
En janvier 2016, un journaliste de France 24 s'est vu refuser un visa pour réaliser un reportage en Papouasie, alors même que le président Joko Widodo a annoncé en mai 2015 l'ouverture totale de la région aux journalistes. Pourquoi ? Il semblerait que des exactions soient menées par le gouvernement sur le peuple papou d'Indonésie et qu'il chercherait à les dissimuler.
Ceci fait aussi écho à l'affaire de Valentine Bourrat et de Thomas Dandois, deux journalistes français, qui ont été arrêtés en Papouasie en août 2014 alors qu'ils réalisaient un documentaire pour Arte sur des rebelles séparatistes papous sans visa de presse. Ils sont restés 10 semaines en détention.

LES PHRASES CLÉS

Bonjour, mon téléphone ne fonctionne pas, pouvez-vous m'aider s'il vous plait ?
Halo, telepon saya rusak, bisakah Anda membantu saya?

Je ne me sens pas bien, pouvez-vous m'amener à l'hôpital le plus proche ?
Saya sakit, bisakah Anda mengantar saya ke rumah sakit terdekat?

Est-ce que vous avez un médecin qui parle français ?
Apakah Anda mempunyai dokter yang berbahasa Prancis?

Je viens de me faire voler mes papiers, où est le poste de Police le plus proche ?
Paspor saya baru saja dicuri, di mana kantor polisi terdekat?

Est-ce un quartier dangereux ou je peux y aller sans crainte ?
Apakah tempat ini berbahaya atau bisakah saya berjalan-jalan tanpa khawatir?

Avez-vous des timbres pour une carte postale à envoyer en France ? C'est combien ?
Apakah Anda mempunyai prangko untuk kartu pos yang dikirimkan ke Prancis? Berapa harganya?

DÉCOUVRIR

Partez à la découverte de Bali ! Découvrez son histoire, les spécificités de sa géographie, son climat... Apprenez-en plus sur sa faune et sa flore, sur sa culture de la danse traditionnelle, sur son cinéma, en passant par sa gastronomie, sa littérature... Si vous vous demandez que ramener de vos vacances, laissez-vous inspirer par notre dossier à ce sujet. En organisant votre séjour et votre parcours, profitez-en pour regarder l'agenda ! Cette partie « Découvrir », c'est aussi l'occasion de s'intéresser aux enjeux actuels de l'île, à sa population, à sa religion et ses traditions... Et ne manquez pas notre dossier spécifique sur le surf ! Riche en conseils pour appréhender ce sport incontournable de l'île, avec des bons plans et des conseils, que vous soyez novices ou expérimentés ! Il ne nous reste plus qu'à vous souhaiter une très belle lecture, qui vous embarquera aussitôt pour l'île bénie des dieux !

SURF

Bali est La Mecque du surf en Asie. Les Australiens, venus en masse pour capter les belles vagues dans les années 1970, ont initié bon nombre de jeunes Balinais. Petit à petit, Bali a acquis une notoriété mondiale et offre de superbes spots, pour débutants comme la célébrissime plage de Kuta, ou réservés aux experts sous les falaises d'Uluwatu. Les vagues balinaises attirent surtout à chaque saison sèche (quand souffle le vent) des surfeurs du monde entier, venant se mêler aux locaux, dont certains sont de vrais champions de la glisse. Il se déroule au moins une fois par an une grande compétition internationale de surf. Toutes les boutiques de surf ou les agences spécialisées qui vous proposent de vous emmener directement au spot en bateau sont concentrées à Kuta et Legian, au sud. Les heures des marées, les renseignements précis sur les endroits et les spécificités de chaque spot sont consultables dans certains bars et clubs de Kuta.

Kuta, le spot le plus célèbre pour les débutants

Ici, les vagues se cassent sur des fonds sablonneux. Le long de la plage, à partir de l'aéroport, à marée haute, toute la plage de Kuta offre de jolies vagues. Les *breaks*, comme on les appelle dans le jargon du surf, deviennent de plus en plus forts à mesure de votre déplacement vers le nord. Cela nécessite alors une bonne condition physique et un certain savoir-faire. C'est là que vous rencontrerez le plus de surfeurs sympathiques et ouverts. Bon nombre d'entre eux sont Balinais, mais vous pourrez recueillir plusieurs tuyaux auprès des Australiens, Européens et Japonais.

Plus au nord, Seminyak et Petit-Gent offrent de beaux breaks mais souvent assez loin de la plage. A 1 km au large de Kuta, les *reef breaks* (plus dangereux car les vagues cassent alors sur les récifs) sont accessibles si vous louez les services d'un *outrigger*. Vous aurez le choix entre demander au pilote de vous laisser sur place et de revenir vous chercher plus tard, ou lui suggérer de rester pendant la durée de votre art. Cet endroit, comme la majorité des spots de Bali, commence à être connu. La première partie de la vague ne pose pas de problème pour un surfeur averti, mais à partir de 2,20 m, elle se casse.

De l'autre côté, les droites (vagues qui se dirigent vers la droite depuis le point de vue du surfeur) sont aussi dangereuses à marée basse que marée montante. Certains y ont laissé quelques lambeaux. Un *outrigger* est nécessaire.

Bien plus au nord, sur une plage accessible par la route à partir de Krobokan, le site plus excentré de Canggu offre des vagues de 1,80 m au maximum. Plus loin, Medewi est connu pour sa gauche cassée en début de marée haute, et Balian pour sa déferlante gauche.

© HAGEN PRODUCTION - SHUTTERSTOCK.COM

Spot de Padang-Padang.

Où surfer selon la saison ?

Il est difficile de dresser une carte exhaustive des meilleurs endroits, car tout bon surfeur possède ses propres spots et les garde jalousement. Cela se comprend du fait de l'affluence qui ne cesse d'augmenter chaque année. Il est ainsi peu plaisant de surfer parmi une marée humaine. Si vous dénichez un spot rare, libre à vous de le dévoiler ou non... Pendant la mousson sèche (d'avril à octobre), les alizés venant d'Australie forment de belles vagues à l'ouest, entre Uluwatu et Gilimanuk à l'extrême ouest de Bali, et à l'est à Nusa Lembongan où le surf semble être praticable pendant toute l'année. Pendant la mousson humide (de novembre à mars), la côte est préférable en raison des vents du nord-est qui amènent les pluies. En fait, de nombreux endroits sont potentiellement aptes au surf mais cela nécessite une bonne connaissance des marées et des récifs.

Surf à Uluwatu.

Parmi les locaux qui ont su se faire une place dans le monde du surf, citons Rizal Tandjung (la quarantaine) qui a surfé à plusieurs reprises aux côtés du célébrissime Kelly Slater, son fils Varun, et l'étoile montante du surf indonésien Branson Meydi (né en 2004).

Uluwatu, l'un des plus beaux spots du monde pour les confirmés

Uluwatu reste célèbre pour son site de surf situé à l'est du temple sacré construit par Nirartha, l'ancêtre des brahmanes bouddhistes-shivaïtes de Bali. On accède au site de Suluban après un petit périple de 3 km depuis la route principale, par des escaliers et un chemin sinueux dans une gorge. Au-dessus d'une grotte, des *warungs* en enfilade vous permettent de vous reposer ou de vous restaurer. Le dernier se trouve à l'aplomb de la falaise et vous découvrez le spectacle hallucinant de la houle la plus célèbre d'Asie. Une houle longue et fascinante par son amplitude, qui s'enfle et forme les « tubes » les plus étonnants. Ils n'ont pas la hauteur d'Hawaï, mais ils portent tous les démons de la mer balinaise. Il y a une dizaine de *breaks* différents, répartis sur 120°.

Si c'est votre première rencontre avec Uluwatu, mieux vaut prendre contact avant de vous lancer dans l'aventure avec les habitués, occupés à raconter leurs exploits dans les quelques *losmen* abritant les innombrables planches de surf. Ils vous donneront de bons conseils. Un rapide coup d'œil vous permettra de juger où les surfeurs captent la vague.

Padang-Padang et Bingin

Toujours sur la péninsule de Bukit. Il faut remonter vers le nord pour l'atteindre. Après avoir marché le long de la falaise, des escaliers vous mèneront au site de Padang-Padang où vous découvrirez des tubes enveloppant qui nécessitent une bonne expérience. Encore plus au nord, les tubes rapides de Bingin, près de Labuan Sait, vous attendent par la route, à partir de Pecatu. Chaque année en juillet-août se déroule le très sélectif Rip Curl Padang Padang qui n'invite que les surfeurs pros, et en octobre le Hurley Bingin Open.

Encore plus au nord, entre Jimbaran et Labuan Sait, la plage de Balangan vous offrira des vagues moins hautes, mais tout aussi dangereuses. En raison de son accès plus difficile, ce site est moins fréquenté que les autres. Au sud, à environ 5 km de Pecatu, la plage de Nyang-Nyang, accessible par un long escalier qui descend de la terrasse d'un restaurant magnifique avec une vue panoramique à 180°, offre des droites classiques avec une amplitude de 1,80 m au maximum. Il vaut mieux y aller sans la brise du large, assez tôt le matin.

Bien s'équiper, les conseils

Pour les petits *breaks*, une petite planche suffira mais pour Uluwatu ou les tubes de Padang-Padang, il vous faudra un « Gun », une longue planche spéciale pour les grosses vagues. Louez de préférence le matériel sur place. Sinon, évitez de prendre plus de deux planches, car la douane vous mettra des bâtons dans les roues. Ils vous demanderont une caution, pensant que vous voulez les revendre sur place. N'oubliez pas que vous serez dans une mer tropicale chaude (de 22 à 28 °C) suivant les saisons et les courants. Une combinaison à manches courtes est bienvenue, surtout au mois de juillet qui reste le mois le plus frais de l'année avec parfois des vents rafraîchissants. Cette combinaison peut aussi protéger les maladroits lorsqu'ils iront se fracasser contre les récifs. Emportez, dans ce cas, non pas de l'alcool à 90 degrés qui referme et rétrécit la plaie, mais de la Bétadine ou l'équivalent de l'eau oxygénée, et des sparadraps pour eau de mer. Il vous faudra également de bonnes chaussures pour affronter les récifs et marcher le long des falaises.

GÉOGRAPHIE

Bali, surnommée l'île des Dieux, en raison de la quantité impressionnante de lieux de culte de l'hindouisme balinais, se situe presque au centre de l'archipel indonésien, dans l'hémisphère sud, à 8° en dessous de la ligne de l'équateur. Il s'agit d'une des plus petites îles (parmi les 13 000 d'Indonésie), en forme de losange couché, agrémentée d'une presqu'île (Bukit) dans la partie sud. Bali est bordée par l'océan Indien au sud, la mer de Chine au nord, et a pour voisines les îles de Java à 2,3 km à l'ouest, et Lombok à 23 km à l'est, séparées par des détroits. D'une superficie d'environ 5 630 km², Bali s'étend sur 80 km du nord au sud et sur 140 km d'est en ouest. Denpasar est sa capitale. Ne vous méprenez pas en pensant la parcourir rapidement. Bien que les côtes soient des plaines, le nord du pays est traversé par une chaîne de volcans. Ainsi, vous profiterez de belles plages de sable noir dans certaines parties de l'île.

Bienvenue sur l'une des îles les plus volcaniques au monde

Bien qu'entourée d'eau, Bali fait partie de l'archipel soumis à la plus grande activité volcanique au monde. L'Indonésie se trouve en effet à la jonction de deux plaques tectoniques, eurasienne et indo-australienne, ce qui a provoqué la formation de nombreux volcans. Bali se situe sur le chemin de la « ceinture de feu du Pacifique » : près de 450 volcans émergés (soit 75 % des volcans de la planète) qui suivent une courbe presque droite dans l'océan Pacifique, sur environ 40 000 km. Ces derniers sont situés sur les côtes des pays ou sur les îles à la limite des plaques tectoniques et des principales failles océaniques de la planète, de la Patagonie aux îles Tonga, en passant par l'Alaska, le Japon et l'Indonésie.

Vous découvrirez les volcans de Bali dans le nord de l'île, selon un axe ouest-est, les volcans d'ouest formés en premier. Ainsi, la majorité de la surface de l'île est recouverte d'un magma volcanique.

La chaîne volcanique demeure très active avec deux grands volcans, le Gunung Agung (3 142 mètres) et le Gunung Batur (1 717 mètres) qui dominent le nord-est de l'île de Bali. Cette activité volcanique a permis une grande fertilité. Mais les éruptions meurtrières du Batur et du Gunung Agung en 1963 ont aussi dévasté les régions situées à l'est et ont contraint de nombreux Balinais à émigrer dans d'autres régions d'Indonésie. Les Balinais considèrent comme un miracle le fait que le temple de Besakih ait été épargné.

DÉCOUVRIR

Les volcans Gunung Agung et Gunung Batur.

© R.M. NUNES - SHUTTERSTOCK.COM

La falaise d'Uluwatu.

Le Gunung Agung, resté inactif depuis cette triste année, s'est réveillé en 2017 puis en 2019 sans faire heureusement aucune victime. Il connaît donc des éruptions régulières avec des nuages de cendres qui se forment et se déplacent, provoquant parfois la fermeture de l'espace aérien. Le gouvernement indonésien invite à une extrême vigilance et interdit la zone sur 4 km autour du cratère. Il est préférable de bien se tenir informé sur l'évolution de l'activité du volcan. Il est d'ailleurs vivement recommandé de consulter le site de l'ambassade de France en Indonésie : www.id.ambafrance.org.

Quant au volcan Batur, sa dernière éruption date de 2000. En vous baladant au bord de ses trois cratères, vous jouirez d'une belle vue sur la région et parfois sur le volcan Rinjani de l'île de Lombok. Il n'est d'ailleurs pas rare de croiser des singes.

Le Bratan, caldeira aux trois lacs

Les principaux autres sommets de l'île sont le Batukaru (2 278 mètres) et l'Abang (2 152 mètres). Cette chaîne montagneuse et volcanique méridionale, équilibrée par un grand plateau calcaire, qu'on appelle la « bukit » (colline), divise Bali en deux régions fort distinctes. La partie nord, réduite à une bande côtière assez étroite, s'élève assez rapidement vers les flancs montagneux et présente un climat sec propice à la culture du café. Ce versant ne connaît que deux rivières qui irriguent deux périmètres de rizières, une autour de Singaraja et l'autre autour de Seririt.

Le mont Batukaru, montagne sacrée pour les habitants, est le deuxième plus haut sommet de Bali. Au cours d'une randonnée en pleine forêt, l'excursion vous demandera environ 5 heures, en partant de Pura Luhur Batukaru, au centre de l'île. Sur votre chemin, vous croiserez à 900 mètres d'altitude le temple de Batukaru, l'un des temples incontournables de Bali.

Une caldeira est un cratère volcanique. Le Bratan, près de Munduk et Bedugul, est de ce type, long de 11 km et large de 6 km. Il possède de belles forêts tropicales ainsi que trois lacs : le Bratan, le Tambligan et le Buyan. On y trouve également des sources chaudes du fait de l'activité géothermique. Le lac Bratan est le plus impressionnant. On y tire l'eau pour irriguer les plantations. On y accède en scooter ou en voiture. Parvenu aux 1 500 mètres d'altitude, vous admirerez le temple d'Ulan Danau qui date du XVIe siècle.

La diversité des paysages sur le territoire balinais

Les eaux qui entourent Bali sont remplies de récifs coralliens que les amateurs de plongée sous-marine apprécieront d'explorer. La partie sud, qui s'étend du nord au sud par paliers successifs, se prête merveilleusement à la culture du riz en terrasses. Les rivières, nombreuses, ont construit des gorges où viennent s'arrêter les terrasses qui laissent bientôt surgir la végétation naturelle et luxuriante. Le sud-ouest apparaît comme une suite de langues de terre irriguées et de champs secs d'où jaillissent des plantations de cocotiers. Quant au Sud-Est, l'éruption du Gunung Agung (1963-1964) en a tellement bouleversé le paysage que la région de Karangasem, autrefois l'une des plus riches de Bali, a laissé place à un paysage fantasmagorique, meurtri par de gros débris volcaniques. L'ouest de Bali, peu connu des touristes, abrite à la fois des zones arides et des forêts développées sur des reliefs accidentés. Cette partie de l'île mérite l'attention tout particulièrement pour ses cultures originales de girofliers et de café, l'unique parc national de l'île, mais également son littoral offrant d'excellents spots pour les surfeurs chevronnés.

A l'est, les pentes du volcan Seraja ont permis l'émergence de prairies et de cultures sèches. Quant à la péninsule de Bukit et l'île de Nusa Penida, aux reliefs calcaires, les terres y permettent la croissance de kapokiers (dont l'on extrait la fibre végétale pour produire du kapok) et de buissons de type presque méditerranéen. Les plages sont généralement de sable noir volcanique, excepté dans le sud de l'île (Kuta-Legian-Seminyak et la péninsule de Bukit) et le nord (Lovina). On a coutume de dire que Bali est une île volcanique entièrement vouée à la culture des rizières en terrasse. Rien n'est moins vrai. Les terres irriguées ne représentent que 15 % de l'ensemble des terres alors que les terres de cultures sèches s'évaluent maintenant à environ 50 %.

Des grottes naturelles ou réalisées par l'humain

Les Indonésiens vouent un véritable culte aux grottes, considérées comme mystérieuses et magiques. Beaucoup y viennent pour prier et méditer. A travers l'archipel, on retrouve deux sortes de grottes : celles formées suite à l'éruption de volcans, la lave en fusion laissant derrière elle des tunnels souterrains lors de sa descente ; les grottes de calcaire ou de grès formées par l'érosion des rivières et de l'eau de pluie, tunnels et souterrains ainsi formés. Les grottes de Bali sont principalement de type calcaire, plus récentes (10 000 ans). La grotte de la chauve-souris, Goa Lawah, au sud-est attire de nombreux touristes. La grotte de l'éléphant, Goa Gaja, n'est pas une grotte naturelle mais a été réalisée à partir d'un ancien temple. Elle se situe à seulement 2 km d'Ubud. Le site est classé au patrimoine mondial de l'Unesco depuis 1995.

Un dernier phénomène géologique est celui de la falaise Uluwatu de la péninsule de Bukit, composée de calcaire et formée par l'érosion de la mer. Perché au flanc de cette falaise, le temple d'Uluwatu (XIe siècle) est l'un des plus beaux et emblématiques de Bali qu'il ne faudra pas manquer de visiter. Petite mise en garde contre les singes du coin qui ont fait des touristes leur cible : ce sont de malicieux petits voleurs d'objets et de nourriture à même le sac !

La péninsule de Prapat Agung, au nord-ouest, partie du parc national Bali Barat abrite elle aussi des montagnes de calcaire. L'île de Nusa Penida, située à l'est de Bali est un plateau calcaire très aride qui complète ce tableau de la formation calcaire balinaise à explorer.

Une bonne hydrographie pour les amateurs de rafting mais pas que...

Débutant ou confirmé, les rivières de Bali vous offriront la possibilité de vivre de belles descentes en rafting avec des forces de courant variables. Trois principales rivières sont à retenir. L'Ayung, dans la région d'Ubud, est la plus longue rivière. Elle prend sa source dans les montagnes du nord et parcours près de 70 kilomètres à travers Bangli, Badung et Gianyar. Sa course se termine dans le détroit de Badung à Sanur. A l'est de l'île, la Telaga Waja prend sa source au Mont Abang. Elle sillonne la région de Rendang avant de se jeter dans la mer de Bali. On apprécie ses eaux bien limpides. Au sud-est, à Bakas, la rivière Melangit tient une bonne notoriété chez les amateurs de rafting qui s'adonneront à ce sport à sensation en traversant une belle forêt tropicale.

La rivière de Petanu, rivière sacrée, correspond au centre historique de Bali, car les premiers royaumes y sont nés. On ne retrouve pas moins d'une quarantaine de temples sur cette étroite bande de terre... De plus, les paysages : rivières, rizières et forêt, y sont magnifiques.

Des rizières au patrimoine de l'Unesco

Les rizières de Jatiluwih, au centre de Bali, sont inscrites au patrimoine mondial de l'Unesco depuis 2012. Et on comprend pourquoi quand on arrive sur place... Elles sont situées à 600 mètres d'altitude. Ce sont les plus belles rizières en terrasse de Bali, en forme d'amphithéâtre naturel. Le riz traditionnel de Jatiluwih est rouge et sa maturation est bien plus longue que le riz blanc. Il est servi en thé dans les quelques *warungs* du village. Il faut savoir que les méthodes ancestrales du XXIe siècle sont encore appliquées et seuls des engrais naturels sont utilisés. Jatiluwih signifie « vraiment beau ». Vous serez conquis.

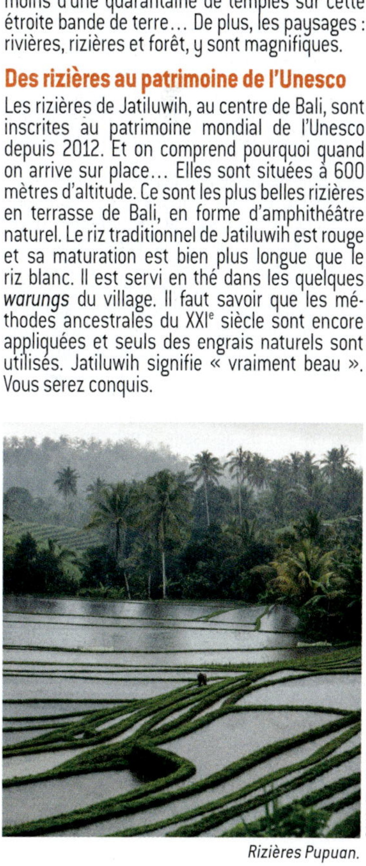

Rizières Pupuan.

NATURE

L'imaginaire ligne Wallace marque le passage d'une biodiversité asiatique à australienne. À Bali, la faune et la flore sont asiatiques, tandis que celles de sa voisine Lombok, à l'est, sont typées australiennes. L'île des Dieux regorge de plantes tropicales surprenantes, endémiques pour certaines. Le banyan est l'arbre sacré de Bali. Y sont aussi présents des cocotiers, des palmiers, des bambous... et de nombreuses fleurs, comme l'hibiscus ou le magnolia, pour ne citer qu'elles. La majeure partie de la faune de Bali, hormis celle des fonds marins, est domestique ! Elle est typiquement indo-malaise et sur ses deux espèces endémiques, le tigre de Bali et l'étourneau de Rothschild au plumage blanc, seule la seconde subsiste encore, et difficilement puisqu'elle est actuellement menacée d'extinction. Si le *birdwatching* est l'une de vos passions, rendez-vous dans le seul parc naturel de l'île au nord-ouest, le parc Bali Barat, fief de nombreuses espèces aviaires.

Les espèces terrestres de la faune balinaise

Les canards sont partout dans le paysage. Ils marchent debout, à la queue leu leu, suivant un homme ou un enfant muni d'un bambou coiffé d'un drapeau. On les utilise pour les offrandes et pour les repas de fête ou de cérémonie. Certaines recettes tout à fait savoureuses, comme le *bebek tutu*, font partie des mets les plus délicats.

Les Balinais possèdent quasi tous une kyrielle de chiens qui, contrairement à l'impression qu'ils donnent, ne sont jamais errants. Preuve en est le grand nombre de *petshops* que l'on peut croiser un peu partout, en ville comme à la campagne. Pelés, galeux et postés à tous les deux mètres, les chiens semblent au moins aussi nombreux que les hommes. Parfois couchés au milieu de la route ou la traversant assez nonchalamment pour que l'on risque à tout moment de les écraser, ils demeurent, malgré leur apparence un peu effrayante, très calmes et quasi jamais agressifs. Il est cependant de bon ton d'éviter les rassemblements canins car c'est là que l'agressivité peut dégénérer en combat général.

Les cochons (*babi*), souvent de couleur noire, ont le dos creusé et le ventre pendant. Ils sont élevés également pour leur chair et pour la préparation des offrandes dans différentes cérémonies. Les poulets sont élevés pour leur chair ou pour les offrandes, mais le coq constitue un domaine à part. Le Balinais l'élève pour les combats et il représente pour lui un animal doué de mille talents. Parfois même, le propriétaire parera son champion des couleurs les plus improbables en le teignant « pour le fun ».

Les singes, des macaques, sont omniprésents sur les deux îles où les forêts aux singes abondent, mais aussi dans de nombreux temples. Ils ont la réputation d'exceller dans le vol, en leur présence, faites donc attention à vos affaires et surveillez régulièrement votre sac.

Les vaches balinaises sont gracieuses et ont des yeux de biche. Les Balinais élèvent des vaches à viande pour les sacrifices ou pour les vendre, mais ils n'en consomment jamais en dehors des sacrifices, cet animal étant sacré chez les hindouistes. Dans le parc national de Bali Barat, on peut observer des singes noirs, des cerfs, et des varans qui continuent à se reproduire en toute tranquillité.

Les courses de buffles

Le buffle balinais est présent exclusivement pour les travaux des champs, et l'on n'en verra donc que peu. Célèbre pour ses courses de buffles ou *mekepung*, Negara est le théâtre de courses certains dimanches entre juillet et octobre. Lors de la fête de l'indépendance – le 17 août – l'une des plus importantes *mekepung* est organisée. Les attelages réunissent deux à quatre buffles, coiffés (comme seuls les Balinais peuvent le faire) et les cornes emmaillotées. Ces bestiaux ont fière allure et la course, longue de deux kilomètres, provoque l'enthousiasme délirant des spectateurs. Les équipes sont choisies en fonction de leur situation par rapport à la rivière Ijo Gading. Avant la course proprement dite, les *kerbau* (buffles) paradent devant la foule comme des majorettes. L'attelage est confectionné en bois et laisse la place à un pilote. Les gagnants font marquer des points à leur équipe, mais on note également le style du pilote et de l'attelage. Les spéculations vont bon train, même si les paris ont été interdits à Bali en 1981. Ces courses gratuites sont situées un peu partout dans les environs et du côté de Delod Berawan.

Espèces marines

Les tortues formaient, il y a encore quelques années, un plat de choix pour les touristes. Bien

© CATWALKPHOTOS - SHUTTERSTOCK.COM

Course de buffles, Mekepung.

qu'elles figurent encore dans les cérémonies balinaises sous forme de *satay* (notamment lors du limage de dents), elles ont disparu de la carte des restaurants. Il reste toutefois certains endroits où l'on peut acheter des boîtes, des peignes et des pinces à cheveux en écaille… À éviter absolument ! Fort heureusement, les tortues, désormais classées parmi les espèces protégées, se sont réfugiées aux abords de l'île de Menjangan, au large du parc Bali Barat. Lors de sessions de plongée ou de *snorkeling* dans les eaux balinaises, on pourra admirer raies Manta, requins (inoffensifs : pointe blanche, requins nourrices etc.), mola-mola (ou poissons lune), poissons crocodile, hippocampes pygmées, murènes, poissons empereur, barracudas, étoiles de mer et encore moult autres espèces. Les coraux de la famille corail champignon constituent un refuge naturel pour beaucoup de poissons.

Les fonds marins de Pemuteran

La barrière de corail de Pemuteran, au nord-ouest de l'île, a été considérablement endommagée au cours des décennies passées, à cause de pratiques de pêche violente et du courant chaud d'El Niño qui a tué une bonne partie de la vie sous-marine à la fin des années 1990. Depuis lors, le réchauffement climatique n'arrange rien. Pour observer la barrière de corail qui subsiste, il faut prendre un bateau et se rendre à quelques kilomètres au large. On peut alors observer la faune marine la plus variée de Bali. Et bientôt, ce sera possible de le faire sur les plages de Pemuteran : en effet, un grand programme pour réimplanter le corail le long de la côte est mené. La technique fort astucieuse consiste à faire passer un faible courant sur un cadre de métal en forme de grilles. Le principe de l'électrolyse se met alors en marche et des minéraux se déposent sur les grilles. Ces minéraux attirent les coraux qui s'en nourrissent. Et les poissons ne tardent pas à affluer. L'avantage de cette technique artificielle, mais non polluante, c'est sa vitesse : en raison de l'abondance de substances minérales, le corail se développe plus vite. Les résultats sont très encourageants et l'on peut d'ores et déjà observer aux masques et au tuba les nouveaux coraux, en comparaison avec les vieux squelettes gris qui traînent dans l'eau. Le club Yos Dive, l'hôtel Taman Sari et l'Archipelago Dive Club sont à l'origine de cette grande campagne appelée Pemuteran Karang Lestari Coral Conservation Project. La technique Biorock®Process a été déposée et est à l'œuvre dans d'autres régions du monde comme les Maldives ou les Seychelles. On peut observer cette culture artificielle de corail BIOROCK devant les hôtels Taman Sari et Pondok Sari de manière libre avec masque et tuba.

Une végétation variée

C'est surtout dans l'ouest, dans le parc national de Bali Barat, que l'on trouve les plus anciennes variétés végétales. Ce parc couvre actuellement plus de 90 000 ha de zones protégées, si l'on compte le parc lui-même (19 000 ha), les 50 000 ha d'espaces protégés à l'intérieur des terres et les 10 000 ha de récifs coralliens situés au large de la côte nord-ouest de l'île. On ne peut que saluer cette politique de l'environnement après les dégâts naturels provoqués par un tourisme sauvage dans le sud de Bali. On peut distinguer quatre types de forêt. La forêt pluviale dite de plaine, surtout à l'ouest, abrite des espèces rares, des arbres énormes et une faune préservée qui échappent encore au tourisme et à ses nuisances. La forêt à feuilles caduques au nord-ouest, dans des régions accidentées et difficiles à atteindre, comprend principalement des sapotilliers.

© JAN WILLEM VAN HOFWEGEN - SHUTTERSTOCK.COM

Banyan.

La savane est le royaume des palmiers *lontar* : leur tronc est long et mince comme celui d'un cocotier et les feuilles sont concentrées au sommet en bouquets. Vous pourrez également observer les arbres crocodiles (*panggal buaya*), appelés ainsi à cause des écailles de leurs troncs et de leur bois de satin blanc, et les bois de rose (*sonokeleing*), avec leurs troncs noueux pouvant dépasser 25 mètres, utilisés en ébénisterie pour leurs reflets violacés. La forêt dite de montagne, rarement en dessous de 1 500 m, abrite notamment des casuarinas et des filaos.

Les arbres

Les banyans (sorte de ficus géants) sont sacrés et l'on peut voir les Balinais les vêtir de tissus à damier noir et blanc. Leurs racines aériennes leur permettent de se développer à l'infini et de nourrir une faune importante (calaos, chauves-souris, singes et écureuils). Certains d'entre eux, plusieurs fois centenaires, font l'objet d'une profonde vénération dans toute l'île. Dans les temples, vous pourrez apprécier les troncs noueux des frangipaniers qui apportent les fleurs nécessaires aux offrandes. Les bambous, de toutes tailles (certains peuvent atteindre trente à quarante centimètres de diamètre), poussent dans toute l'île et servent aussi bien à la construction de maison et la confection des meubles qu'à la taille des baguettes de satay, aux résonateurs des lames du gamelan comme aux lames mêmes de certains gamelans.

Les palmiers sont de plusieurs sortes : *lontar*, à sucre qui sert à composer les offrandes ou à faire du feu dans les cuisines, les cocotiers dont on utilise évidemment les noix pour en extraire la pulpe, l'écorce dans la production de nattes entre autres, et enfin les feuilles pour la fabrication des chapeaux, des paniers et des chaussures.

Vous observerez aussi d'autres arbres, comme le *pangge baya* ou l'ébène, plus rare, mais présent dans certaines régions. Le *bois pule* (prononcez « poulé ») est une sorte de balsa, extrêmement léger et qu'on utilise pour la sculpture des masques de danse.

Les fleurs

On trouve une multitude de fleurs plus exotiques les unes que les autres. Les Balinais raffolant des plantes, les rues de chaque village sont multicolores et embaument abondamment. On reconnaîtra facilement les hibiscus rouges, roses et blancs, les jasmins, les bougainvilliers, les lauriers roses et blancs, les nénuphars qui protègent les crapauds buffles, les lotus, les *poinsettias* et autres. Mais on découvrira avec ravissement les *angsoka* aux grappes rouges et orangées, les *cempaka* jaunes (magnolias) au parfum si enivrant, les frangipaniers roses ou jaunes au parfum acidulé, les *manori* et les centaines d'orchidées, du blanc capiteux au noir inquiétant. Bref, partout, dans les temples et les jardins, sur le bord des routes et dans les pépinières, les fleurs abondent. Souvent, en se promenant, on voit des lys grimpants, les *sungsang*, non loin de fleurs au parfum désagréable mais à la beauté fraîche, les *lantana* ou *kerasi*.

Les cultures

Bali et Lombok cultivent essentiellement le café, le tabac, le riz et les arbres fruitiers. Ces derniers offrent une variété et une quantité suffisantes pour nourrir toute la population de l'île : *jackfruit*, pastèque, banane, ananas, melon, pomme, mangue, papaye, goyave, *salak* (ou fruit serpent en raison de sa peau ressemblant à ce reptile, de la taille d'une noisette, à la chair blanche et au goût sucré proche de l'ananas et de la fraise, un régal !), citron vert, etc., on n'a que l'embarras du choix. Les cocotiers, très largement employés pour la construction, les vêtements et la cuisine, forment un peu partout sur le territoire de larges ensembles de plantations, prétexte à de jolis clichés. Pour aller à la découverte des différentes espèces, une visite au jardin botanique de Bedugul fait partie des excursions de choix.

dijiwasanctuaries.com
arkamaradijiwaubud
Arkamara Dijiwa Ubud

dijiwasanctuaries.com
beehousedijiwaubud
Beehouse Dijiwa Ubud

dijiwasanctuaries.com
purisaraswatidijiwaubud
Puri Saraswati Dijiwa Ubud

dijiwasanctuaries.com
theartinidijiwaubud
The Artini Dijiwa Ubud

CLIMAT

Bali, soumise au régime de la mousson, connaît deux saisons : sèche d'avril à octobre, humide de novembre à mars. La température moyenne est de 26 °C. Le taux d'humidité en saison humide peut atteindre 95 %, alors que la moyenne dans l'année reste autour de 75 %. Le mois de février est considéré comme le plus chaud (moyenne 29 °C), tandis que le mois de juillet demeure le plus frais (moyenne 27 °C). Bali est une île montagneuse, ce qui implique d'importantes variations de température en fonction de l'altitude. Le sud, à partir de Denpasar, jouit d'un microclimat qui le met à l'abri des précipitations. Quant à la presqu'île de Bukit, la sécheresse en fait une terre désolée et vouée à la culture du kapokier. Bali se situant proche de la ligne de l'équateur, le jour se lève et se couche donc pratiquement à la même heure toute l'année (6h et 18h30). Le jour le plus court, fin juin, et le plus long, fin décembre, n'ont qu'une heure de différence !

La saison sèche : d'avril à octobre

Bali se situe dans l'hémisphère sud, ses saisons sont donc inversées par rapport à celles de la France, mais le climat est bien différent du fait du taux d'humidité et des températures en moyenne toujours plus élevées. La mousson est un phénomène climatique qui touche principalement les pays d'Asie. Il s'agit de vents allant de la mer vers la terre, ou inversement, de la terre vers la mer, chassant alors l'humidité accumulée. Certaines années, il arrive que les deux saisons soient décalées d'un mois.

La saison sèche est dominée par des vents du sud-est. La meilleure période pour se rendre à Bali reste incontestablement le mois de juin, où il n'y a pas encore trop de touristes, une faible humidité et peu de précipitations. Car saison sèche ne signifie pas forcément aucune pluie. Elles se font plus rares et surviennent généralement en fin de journée et la nuit, ce qui vous laisse toute la journée pour profiter de la plage, des randonnées, et des activités qu'offre Bali.

Les températures lors de la saison sèche sont comprises entre 24 et 32 °C la journée. Durant la soirée, elles ont tendance à baisser de façon plus conséquente que lors de la saison humide. La crème solaire et le couvre-chef sont indispensables car le soleil tape fort : en une heure la peau a vite fait d'attraper un coup de soleil ! En août, le temps est sec, mais il fait le plus frais, constat tout à fait relatif pour un Occidental : 26 °C environ.

DÉCOUVRIR

La saison sèche est idéale pour découvrir Bali.

© JOAKIMBKK - ISTOCKPHOTO.COM

La région du volcan Agung est plus fraiche.

La saison humide : de novembre à mars

La saison humide est dominée par des vents venant du nord-est. Evitez de venir en janvier car il s'agit du mois le plus défavorable qui combine pluies intenses et forte chaleur (près de 25 jours de pluie et 245 mm de précipitations en décembre et janvier). Durant la saison des pluies, de novembre à mars, les averses sont fortes, généralement localisées et l'humidité élevée. Il n'est donc pas impossible d'avoir du beau temps sur les côtes alors que les montagnes et volcans sont arrosés. Comme il s'agit de la saison chaude, l'atmosphère peut être difficile à supporter et il vous faudra un temps d'acclimatation. Néanmoins, l'ensoleillement reste bien présent.

Tout au long de l'année, à Bali, il est impossible de dresser un tableau précis des types de précipitation. On y a connu des saisons dites humides sans pluie avec des chaleurs infernales, et des mois d'août à Ubud avec des pluies quotidiennes et un pull léger. De manière générale, les pluies sont plus fréquentes dans le nord que dans le sud de l'île. Bien que les épisodes de pluie soient rarement longs, il arrive qu'ils perdurent durant la saison humide plusieurs jours, accompagnés d'orages. Il n'est pas rare que les températures dépassent les 30 °C.

Attention aux variations de température : penser à la (petite) laine

Le nord de Bali est traversé par une chaîne volcanique, la « ceinture de feu du Pacifique », où demeure toujours en activité le très réputé volcan Gunung Agung (3 142 m), le plus haut de l'île. Dans cette région, le temps est plus frais. Si vous envisagez de vous y rendre, des vêtements plus chauds (veste, pull, pantalon) et imperméables (anorak, parapluie) sont indispensables. C'est de ces variations de température là dont il est question, puisque la différence de température entre la saison sèche et humide est de l'ordre de 2 °C en moyenne. La petite laine, pour accompagner une tenue légère ne sera pas de refus durant la soirée. Pour la randonnée et l'ascension des montagnes, n'oubliez pas d'emporter avec vous de bonnes chaussures de marche.

Quant à la température de l'eau, elle reste idéale toute l'année, aux alentours de 29 °C.

Des cyclones à Bali ?

Le tsunami de 2004 qui a frappé en premier l'Indonésie suite au séisme de magnitude 9,1 sur l'échelle de Richter, le 26 décembre, a très peu touché Bali, une chance quand on connaît l'ampleur de cette catastrophe naturelle (près de 250 000 victimes !). Néanmoins, les séismes sont susceptibles de survenir car l'archipel se trouve à la convergence de deux plaques tectoniques. Concernant les cyclones tropicaux, la position de Bali, proche de l'équateur, lui permet d'éviter de se trouver sur le passage direct des cyclones, typhons ou tempêtes. De janvier à avril, le risque est le plus élevé. Généralement non touchée à l'inverse de ses voisines Java et les îles de la Sonde orientale, ces événements apportent sur Bali des vents et pluies intenses durant quelques jours. En 2013, le cyclone Narelle apporta des vents forts, une pluie intense, des vagues de 5 mètres de hauteur, la chute d'arbres, près de Denpasar. En mars 2019, la tempête tropicale Savannah engendra d'assez conséquents dommages aux abords de Buleleng.

ENVIRONNEMENT

Bali, « l'île des Dieux », convoque un imaginaire lié à sa culture, fondée sur la recherche d'une certaine harmonie avec le vivant, mais aussi à ses plages de sable blanc, ses montagnes et ses collines façonnées par les rizières séculaires. Avec la construction des premiers hôtels dans les années 1950, l'île a embrassé le tourisme de masse. L'activité représente environ 3 millions de visiteurs par an. Elle a engendré une hausse du niveau de vie des habitants, mais aussi, revers de la médaille, de nombreux impacts environnementaux. L'artificialisation des sols, la fragmentation de milieux naturels, les consommations d'eau et d'énergie, les rejets d'eaux usées et la prolifération des déchets, notamment plastiques, sont autant d'aspects qui contribuent à détruire ce qui faisait précisément les charmes de l'île. Face à la situation, des initiatives émergent qui tendent à mobiliser l'ensemble des parties prenantes : communautés locales, ONG, visiteurs.

Parcs nationaux

L'île compte un seul parc national, le Taman Nasional Bali Barat (parc national de Bali occidental). Cette aire protégée accueille une grande variété d'écosystèmes (mangroves, savanes, prairies, forêt pluviale, espaces marins) et une remarquable diversité faunistique et floristique.

Les défis de l'agriculture

L'île a fondé son développement sur la riziculture, avant l'avènement du tourisme. Deux de ces rizières sont aujourd'hui classées au patrimoine mondial de l'UNESCO, mais un certain nombre d'entre elles ont été vendues pour la construction de complexes hôteliers. La riziculture ancestrale était fondée sur des « communs », à savoir la mutualisation des ressources dont l'eau, et la coopération. Aujourd'hui ces communs s'effritent, et l'eau est surconsommée pour les infrastructures touristiques. Dans un pays où plus de 70 % de la population est composée de riziculteurs, des conflits liés à l'eau se dessinent entre agriculteurs et hôteliers. Les milieux sont aussi affectés par de nouvelles pratiques, à savoir l'introduction de pesticides qui induisent des impacts environnementaux et sanitaires.

Et le tourisme fut

Les années 1960 voient le développement d'un tourisme de masse, matérialisé par la construction de complexes hôteliers puis d'un aéroport. Si le tourisme a engendré de meilleures conditions de vie pour de nombreux habitants, il a aussi contribué à l'effritement d'une partie de la culture locale, fondée sur le Tri Hita Karana, philosophie qui prône la recherche d'une certaine harmonie avec le vivant. Les matériaux naturels de construction (dont le bambou) ont été remplacés par le ciment, les feuilles de bananiers utilisées comme emballages ont cédé la place au plastique.

© NACIVET ART PHOTOGRAPHY

© WASKITOKW - SHUTTERSTOCK.COM

Étourneaux de Rothschild dans le parc national de Bali occidental.

L'assainissement des eaux domestiques dont celles liées au tourisme est encore insuffisant. L'introduction du plastique et la forte augmentation de la production de déchets n'ont pas été suivies par la mise en place d'un système de collecte et de traitement des déchets suffisant et adéquat. La construction d'un premier aéroport - et le projet de construction d'un second - génère un nombre croissant de visiteurs... et de gaz à effet de serre, et ce dans un contexte de changement climatique, déjà palpable dans l'île. Le réchauffement climatique engendre notamment une hausse de la température de la mer, qui a des effets délétères pour les coraux. Il contribue également à une plus grande intensité de certains phénomènes (pluies, sécheresse), en même temps qu'il réduirait la saison des pluies, ce qui affecte la biodiversité mais aussi les activités anthropiques dont l'agriculture.

Les ravages du plastique

Les faits sont parlants : en 2019, un cachalot est retrouvé échoué sur les côtes indonésiennes. L'autopsie révèle 6 kg de plastiques dans son estomac. L'image de Bali est aussi celle de monticules de déchets qui jonchent les plages et la mer. Le flux de déchets est lié à différents facteurs. L'introduction progressive du plastique dans les emballages et le tourisme de masse ont contribué à augmenter significativement la production de déchets dans l'île. L'interdiction d'importation de déchets plastiques en Chine, qui ne souhaite plus être la décharge de nombreux pays (dont des pays européens) a reporté le flux de ces déchets vers l'Indonésie, où le retraitement est insuffisant. Cette situation génère de fortes problématiques environnementales et sanitaires. Ainsi, en 2017, Bali a dû déclarer un « état d'urgence déchets » face à une situation devenue intenable. Seule une partie des déchets est envoyée dans des filières de recyclage, l'autre partie étant disséminée dans la nature, déposée dans des décharges ou brûlée. Ces faits révèlent une pollution globale, qui ne peut être jugulée que par une réduction à la source des déchets, qui passe notamment par une interdiction ou une limitation drastique du plastique. Parmi les actions mises en place, dans l'île, des sensibilisations ont été menées auprès des enfants mais aussi des professionnels. La pollution est parfois invisible à l'œil nu, comme celle liée aux microplastiques et nanoplastiques présents dans nos vêtements, produits ménagers et cosmétiques qui, après avoir transité par la machine à laver, se retrouvent dans les rivières et les océans. Des actions de prévention existent, comme l'interdiction du plastique à usage unique à Bali en 2019, ou des démarches « zéro déchet », mises en œuvre dans certains commerces de l'île par exemple. Bien choisir ses produits de consommation – en prenant soin aussi de bien lire les étiquettes – est une façon de réduire la pollution plastique. Sachez enfin qu'il est possible d'installer des filtres à microplastiques dans les machines à laver. Pour aller plus loin : www.zerowastefrance.org.

Des initiatives se mettent en place

Diverses initiatives se déploient sur l'île afin de préserver la biodiversité, limiter les pollutions et s'adapter au changement climatique. Elles reposent notamment sur la sensibilisation des habitants, mais aussi des touristes à la gestion des déchets et à la pollution plastique des océans. Ainsi l'association travaille à la collecte et au recyclage des déchets de l'île. (www.PeduliAlam.org). Des ONG œuvrent également sur le terrain afin de mettre en place des programmes de préservation des massifs coralliens, comme la Fondation Reef Check (www.ReefCheck.org). Une école « écologique », dénommée Green School, initiée par des Anglo-Saxons, a été créée dans une démarche de cohérence et d'inclusion : écomatériaux, ventilation naturelle, cantine bio, recrutement mixte, apprentissage orienté vers l'écologie, travaux pratiques, etc. On citera également 4Ocean, entreprise à mission fondée par deux anciens étudiants de Floride, après un voyage à Bali, qui leur a révélé l'ampleur de la pollution plastique. 4Ocean a déjà nettoyé plus de 7 800 tonnes de déchets depuis 2017 dans le monde. L'entreprise déploie son action à Bali, où elle réalise également des actions de sensibilisation et emploie des salariés locaux (www.4ocean.com). Face à la crise écologique, chaque geste compte et nous pouvons tous agir. Pour mesurer votre empreinte carbone : https://nosgestesclimat.fr/simulateur/bilan. Pour aider à préserver la biodiversité marine, pensez par exemple à des alternatives aux crèmes solaires à filtre chimique.

HISTOIRE

L'histoire de Bali, île de l'archipel indonésien des îles de la Sonde, est étroitement liée à celle de Java, sa voisine distante de 2,4 kilomètres par le détroit de Bali. On sait peu de choses sur l'âge de pierre à Bali. Bien qu'on ait trouvé des fossiles humains à Java datant de 500 000 ans, les plus anciens témoignages de la présence humaine à Bali, outils de pierre et poteries, datent tout au plus de 3000 av. J.-C. On a souvent avancé l'explication du recouvrement de ces objets par d'épaisses couches de lave et de cendres. Du fait des migrations de populations entre l'Asie du sud-est et l'Australie, on peut penser en effet qu'il y a des similitudes entre les peuples primitifs du Pacifique et les peuples primitifs indonésiens. De royaumes en royaumes qui ont régné sur Bali, de la colonisation des Pays-Bas, et de la lutte pour l'indépendance, sans oublier la gestion des phénomènes climatologiques, parcourons les moments clés de son histoire.

ENVIRON 500 000 AV. J.-C Apparition de l'homme de Java.

-600 +800

Âge de bronze

Les plus beaux témoignages de cet âge du bronze sont les fameux tambours (*mokko*). C'est à Bali qu'on a découvert la fameuse « lune de Péjéng » dans la Pura Penataran Sasih. Bien qu'on lui donne le nom de tambour, il n'y a aucune membrane qu'il faille frapper. Le tambour résonne de lui-même. Aussi est-il un véritable instrument à percussion. Selon la légende, il s'agit de la roue du char de la déesse de la Lune (Sasih signifie lune) qui se serait détachée et serait tombée du ciel.

© MANUEL ASCANIO - SHUTTERSTOCK.COM

Lune de Péjéeng.

VIIE S. AP. J.-C Fondation de l'Empire Srivijaya, à l'emplacement de l'actuel Palembang, sud de Sumatra.

732 Sanjaya fonde l'Empire Mataram, au centre puis à l'est de Java.

778-824 Construction du temple de Borobudur sous l'Empire Mataram.

DÉCOUVRIR

Les royaumes indianisés

914 La plus ancienne inscription découverte à Bali date de 914 (charte de Blanjong). Il s'agit d'une petite colonne de pierre trouvée à Sanur faisant référence à l'Adipatih Sri Kesari Varmma, c'est-à-dire au roi Sri Kesari Varmma, mention faite en vieux balinais et en sanskrit. Il semble bien que le vieux balinais soit donc, dès cette époque, mis en évidence et se soit déjà affranchi du sanskrit. On y fait mention de « walidwipa », île de Bali.

1016 Victoire de Srivijaya sur Mataram.

1019-1049 Bien qu'un texte javanais, le *Carita Parahyangan* atteste des conquêtes de Bali par la dynastie Sanjaya en 730, l'hindouisme se propage à Bali sous le règne du roi Airlangga entre 1019 et 1049.

Airlangga

990-1049 Airlangga est le fils d'une princesse javanaise et du roi balinais Udayana. Réfugié dans l'est de Java lorsque son oncle perd le pouvoir, Airlangga reconquiert peu à peu le royaume javanais et devient roi.

On peut penser que des liens particulièrement étroits furent tissés pendant son règne et le courant du XIIe siècle. A sa mort, il partagea son territoire en deux parties, le royaume de Janggala et celui de Kédiri qui brigua la royauté de son voisin et l'annexa au milieu du XIIe siècle.

FIN XIIE S., DÉBUT XIIIE S Bali conserve une partie de son autonomie pendant les règnes des princes Jayasakti (1146-1150) et Jayapangus (1178- 1181). En 1222, Ken Arock décide de construire une nouvelle capitale à Malang (Singosari). Son successeur, Kertanegara, envahit Bali en 1284, mais doit faire face à l'invasion mongole de l'empereur Kubilai Khan en 1292.

L'empire Mojopahit (XIIIe-XIVe siècles)

1293 Alors que les troupes chinoises tentent de s'installer sur le territoire javanais, Ràden Wijaya les utilise contre l'un des successeurs de Kertanagara, puis se retourne contre ces mêmes envahisseurs. En 1293, il installe la nouvelle capitale près de Trowulan (Java). Cette nouvelle dynastie prend le nom de Mojopahit.

1343 Gajah Mada envahit Bali et la soumet de nouveau à l'influence de Mojopahit en battant le roi balinais Dalem Bedaulu.

1350-1389 L'empire Mojopahit connait sa plus haute gloire sous le règne de Hayam Wuruk (de 1350 à 1389) et de son ministre Gajah Mada. Pendant cette époque troublée de Java, Bali reprend une partie de son autonomie, d'autant plus que la dynastie de Péjéng accroit sa puissance.

XIVe SIÈCLE

Dalem Bedaulu

Ce roi aura une destinée légendaire pour les Balinais. Lorsque Gajah Mada vint à Bali, il se rend auprès du roi Bedaulu, connu pour ses pouvoirs magiques. Ce roi, pour prouver sa force et ses pouvoirs surnaturels, s'était coupé la tête et l'avait remise ensuite à sa place sans la moindre trace de blessure. Cette fanfaronnade entraîna la colère de Shiva qui décida de remplacer la tête du roi par une tête de cochon. Depuis ce jour, le roi porta le nom de Bèda Ulu, « tête différente ». Il était interdit de lever la tête pour le dévisager sous peine de mort. A partir de là, le souverain, affaibli, vit sa suprématie remise en question.

1365 C'est dans le poème « Nagarakertagama » que l'on découvre le nom des contrées subordonnées à Majahapit.

XVe SIÈCLE

Naissance du royaume de Gélgél

Gajah Mada décide alors de mettre sur pied une expédition contre les souverains balinais et instaure une vassalité placée sous ses ordres, à Samprangan, près de Gianyar.

Le vassal I Dewa Ketut Tegal Besung, frère du dalem de Mojohapit qu'il juge incompétent, décide de quitter Samprangan. Il s'installe à Gélgél afin d'établir une cour inspirée de celle de Mojopahit. Gélgél restera le plus important royaume balinais jusqu'à la seconde moitié du XVIIe siècle.

1478 A la suite de plusieurs querelles de succession, le royaume de Majahapit disparaît. (chute en 1527).

1511 Les Portugais conquièrent Malacca, en Malaisie.

1519 Arrivée des premiers explorateurs à Bali. D'abord, sans aller sur l'île avec Magellan, puis en 1580 où Francis Drake pose pied et l'explore.

1540 (FIN DU XVIe S.) L'empire javanais en pleine déconfiture, certaines figures charismatiques, dont le prêtre Nirartha, se réfugient à Bali. Elles semblent avoir introduit les prémices de ce qui va constituer les principes actuels de la religion balinaise et de sa pérennité par les grands principes sacerdotaux. Cette fine fleur de l'empire Mojopahit, poètes, musiciens, danseurs, peintres, demande protection aux rois balinais, qui les accueillent avec ferveur.

1596-1597

L'émergence des seigneuries

Une flotte hollandaise de 4 galions, dirigée par Cornelis de Houtman s'embarque pour Banten avec des cartes de navigation portugaises. Cette expédition est considérée comme une réussite. Une vingtaine de voyages sont entrepris, toujours avec succès.

Cornelis de Houtman découvre Bali lors de son deuxième voyage en 1597 qu'il surnomme « jeune Hollande ». Il se lie d'amitié avec le roi de Gélgél.

DÉBUT XVIIe S — A cette époque, les raffinements de la cour atteignent leur apogée. Plusieurs seigneurs, vassaux de Gélgél n'en manifestent pas moins une certaine indépendance et assoient leur pouvoir sur des petits fiefs. Certains vont même jusqu'à braver l'autorité du Déwa Agung. Ce sera le cas de Gusti Agung Maruti, Premier ministre du roi, qui le chasse et s'installe sur le trône. Le roi et les princes chassés chercheront une alliance auprès de leurs anciens vassaux avant de fonder un nouveau royaume à Klungkung. Dès cette remise en cause de la toute-puissance de la royauté, une pléiade de petits royaumes ou de seigneuries va acquérir peu à peu son indépendance par rapport à Klungkung et à Gélgél. Ce dernier va d'ailleurs disparaître au milieu du XVIIe siècle.

1602 — Naissance de la Compagnie néerlandaise des Indes orientales (VOC).

1619 — La VOC installe son siège à Batavia. Il s'agit de Jayakarta (Jakarta) renommée par les Néerlandais en l'honneur de la tribu germanique des Bataves. La VOC est très active dans les Moluques (est Indonésie), Java, Sumatra, mais peu à Bali. Néanmoins, avec la mise en place d'un marché d'esclaves, les Balinais en profitent pour vendre leurs prisonniers.

1641 — Chute de Malacca aux mains des Hollandais.

ANNÉES 1660 — D'autres seigneuries s'organisent, comme celles de Buleleng (nord de Bali) et de Karangkasem. C'est paradoxalement l'esclavage qui va aider ces petits fiefs à s'affranchir de la tutelle royale. La présence des Néerlandais à Java va permettre aux royaumes balinais de monnayer leurs esclaves fort prisés. De plus, cette situation d'atomisation des forces royales balinaises conforte la politique d'expansion hollandaise. Bali ne constitue pas une menace et ses rois lui fournissent la main-d'œuvre nécessaire à l'imposition d'un mode de vie colonial. Le royaume de Mengwi s'implante à Java-Est tandis que Karangasem conquiert Lombok. Peu à peu, un ensemble de seigneuries a réussi à imposer sa spécificité : Klungkung, Badung, Tabanan, Karangasem, Buleleng, Gianyar, Bangli, Jimbrana et Mengwi forment l'ossature des différents pouvoirs royaux.

1684 — Surapati, ancien esclave balinais échappé de Batavia et réfugié dans les montagnes sud de la ville, attaque une troupe de la VOC. Ses descendants participeront à différentes guerres entre princes javanais contre la VOC, jusqu'à la capture en 1777 du dernier représentant de la lignée.

1799 — La VOC est acculée à la faillite à la fin du XVIIIe siècle, et cette situation va entraîner le début de l'empire colonial hollandais avec ses exigences morales et ses codes de conduite. Les royaumes balinais s'adonnant à l'esclavage vont en souffrir. Leur marché se tarit et ils sont obligés de chercher d'autres débouchés.

1808-1810 — Les Pays-Bas devenus une province française, Bali se retrouve en contact avec une administration franco-néerlandaise. Le « maréchal de fer » Daendels est choisi comme gouverneur général.

1811-1816 — Occupation de Java par les Anglais. A la fin de cette période, les Anglais restituent les Indes orientales aux Néerlandais.

1825-1830 Révolte de Diponegoro ou guerre de Java.

La conquête hollandaise

1846 Les Hollandais choisissent le prétexte du pillage d'une épave par des Balinais pour conquérir Bali par le nord. Une flottille de 23 bateaux de guerre et 3 000 hommes armés de fusils débarquent à Buleleng en juin 1846 et se battent contre au moins 50 000 Balinais armés de kriss et de lances. Le palais de Singaraja est détruit et les Hollandais imposent au rajah de Buleleng, dans des conditions humiliantes, de signer un traité de soumission, de payer une amende de réparation de 400 000 *guilders* et d'accepter l'installation d'une garnison permanente.

1848-1849 La violation de ce traité amène les Hollandais à mener une autre expédition punitive en juin 1848. Ils s'opposent à un jeune prince, Gusti Ketut Jelantik, qui prend la tête de l'armée balinaise et oblige les Hollandais à capituler, après avoir été encerclés dans le fort de Jagaraga. Cette situation vexante pour les Hollandais les contraint à constituer une armée dont le but déclaré est à présent de soumettre Bali par tous les moyens.

En avril 1849, ils réunissent 60 vaisseaux de guerre, 5 000 hommes d'infanterie et 4 000 mercenaires pour combattre les 20 000 hommes qu'avait pu réunir le rajah de Buleleng. Gusti Ketut Jelantik, à présent héros national, est tué et Buleleng soumis. Les autres royaumes, peu enclins à s'allier avec leurs congénères, sont néanmoins résignés à obéir aux exigences hollandaises. Buleleng et Jembrana dépendent de l'administration du gouvernement hollandais tandis que le contrôle politique et économique est subordonné à des contrôleurs coloniaux (le premier : Heer van Bloemen Waanders).

1849-1894 Les Hollandais domptent les royaumes rebelles, consolident leur pouvoir et développent la culture du café.

En 1894, ils combattent les rois balinais de Lombok et imposent le contrôle juridique et militaire sur l'île.

1895-1900 Les royaumes de Karangasem et de Gianyar, sur le conseil du roi d'Ubud, reconnaissent la souveraineté hollandaise tout en gardant un semblant d'autonomie. Il ne reste plus que les trois royaumes du Sud pour affronter l'autorité coloniale : Badung, Klungkung et Tabanan.

La tragédie balinaise

1904-1908 En 1904, une nouvelle fois, les Hollandais prennent pour prétexte un nouveau pillage d'épave chinoise au large de Sanur pour étendre leur domination sur le sud de Bali.

Le roi de Badung refuse d'indemniser le bateau chinois battant pavillon hollandais. Le 14 septembre 1906, les troupes hollandaises débarquent au nord de Sanur et, le 20 septembre bombardent Badung (actuelle Denpasar). Le roi de Pemecutan, sa famille et ses sujets se suicident ou achèvent eux-mêmes leurs blessés, accomplissant le *puputan*, le combat à mort, sacrifice rituel (plus de 4 000 morts).

Les troupes hollandaises décident de marcher vers l'Ouest et de soumettre le rajah de Tabanan qui leur échappe en se suicidant. Ne reste qu'un seul royaume rebelle : Klungkung, qui tombe entre leurs mains après un nouveau *puputan* en 1908.

ANNÉES 1910 — Suite à ses massacres qui suscitent une grande émotion aux Pays-Bas, le gouvernement colonial entreprend d'imposer sa conception d'une « politique éthique ». Cependant, refusant de prendre en compte les subtilités hiérarchiques balinaises, un système de corvées quasiment esclavagistes est mis en place : le Kerja Rodi.

1917 — Une gigantesque éruption du Batur, suivie d'un tremblement de terre, fait de nombreuses victimes en 1917.
Les Hollandais, fortement critiqués par la colonie elle-même, décident de renforcer leur politique « humanitaire » en multipliant les hôpitaux, pacifiant les quelques soubresauts de résistance à l'autorité hollandaise et entreprennent de redonner progressivement aux royaumes pacifiés leur autonomie et l'application de leurs propres lois.

1924 — Début du tourisme avec l'instauration d'un service de liaison maritime hebdomadaire entre Singapour, Batavia et Bali.

1920 — Fondation du PKI (parti nationaliste indonésien).

1927 — Interdiction du PKI.

1929 — En 1929, la restauration de la légitimité des royaumes est assurée lors d'une grande cérémonie qui se déroule à Besakih (temple mère de Bali).
La crise de 1929 a des répercussions sur la colonie, mais, peu à peu, les fonctionnaires et administrateurs hollandais entreprennent une véritable mise en valeur des attraits touristiques balinais pour effacer leur image désastreuse de colons impitoyables. Bali est présentée comme un paradis aux touristes étrangers qui s'y rendent.

1942 — Invasion de l'Indonésie par le Japon.

17 AOÛT 1945 — Indépendance de l'archipel. Les Balinais se mobilisent afin de mettre la main sur l'arsenal de la marine japonaise qui a administré l'île pendant la guerre.
Débute alors une lutte entre les Balinais acquis à l'idée d'indépendance et les gouvernants traditionnels qui voient ainsi leur pouvoir et leurs privilèges fondre dans une nouvelle hiérarchie du pouvoir.

20 NOVEMBRE 1946 — Un jeune colonel résistant de 29 ans, Ngurah Rai, périt dans un bombardement à Marga avec 95 combattants après une bataille qui, aux yeux des Balinais, ressemblait aux *puputan* passés. La résistance défaite, les Hollandais décident de baser le quartier général de leur « république d'Indonésie de l'Est » (NIT) en nommant le prince de Gianyar, Anak Agung Gedé Agung, Premier ministre du nouvel Etat, qui répond ainsi à la République révolutionnaire de Sukarno installée à Java.

1948 — Après la tentative hollandaise d'envahir Jogjakarta, le prince balinais se retourne contre les Hollandais et précipite la chute de l'Etat d'Indonésie orientale. Victoire définitive de l'indépendance.

27 DÉCEMBRE 1949

Les Hollandais accordent l'indépendance. Sukarno est élu premier président du pays.

SUKARNO (1901-1970)

Malgré la lutte des factions dans les années qui suivent la véritable prise en main du pouvoir, Bali reste fidèle à Sukarno pour des raisons politiques et sentimentales. La mère du président est balinaise. Cette attitude lui vaudra de devenir une région distincte en 1958 et d'inciter Sukarno à encourager le tourisme indonésien à Bali.

ANNÉES 1950-1960

La tempête politique après l'indépendance

Pendant ces années d'incertitude politique, la société balinaise se trouve divisée en deux fortes convictions. Les hautes castes (surtout les *satria* et *wesya*) soutiennent le PNI (Parti nationaliste indonésien) tandis que les *sudra* ainsi qu'une partie de la haute caste des brahmanes, soutiennent le PKI.

30 SEPTEMBRE 1965

Coup d'Etat

On a d'abord cru que c'était un coup d'Etat fomenté par le PKI, d'où une répression des communistes (entre 400 000 et 700 000 morts en Indonésie). C'est pourtant le dauphin de Sukarno, le général Suharto, aidé par les militaires, qui en fut apparemment l'instigateur.

ANNÉES 1970

L'Ordre Nouveau : Années Suharto

On assiste à une reprise de la croissance économique, mais due uniquement au pétrole et à la révolution verte. Suharto rêve de modernité à l'américaine. La capitale se couvre de buildings, Bali est appelée à s'ouvrir aux touristes.

Mais un parti politique dirige alors tout sans partage : le Golkar, le parti de Suharto, implacable avec les partis d'opposition qui ont alors bien du mal à faire face à cet ogre.

1975

Après l'effondrement du colonialisme portugais, l'armée indonésienne envahit le Timor-Oriental, avec l'approbation et les armes des Etats-Unis. En vain, le conseil de sécurité des Nations unies ordonne le retrait de l'Indonésie du Timor-Oriental : en quelques mois, des milliers de Timorais sont tués et les réserves pétrolières du Timor-Oriental annexées.

Le Timor finira par redevenir indépendant en 2002.

1ER MAI 1998

Le pays qui a sombré dans des problèmes économiques (inflation, révoltes étudiantes, confiance trahie entre le peuple et son gouvernement...), Suharto est poussé à la démission. Habibie, 61 ans, est élu président.

1ER JUILLET 2001

Abduraham Wahib (élu en octobre 1999) est destitué et remplacé par la vice-présidente Megawati Sukarnoputri, fille de Sukarno. Elle devient la première femme présidente d'un pays musulman et fera scandale en enlevant son voile devant les caméras.

12 OCTOBRE 2002

Le choc des attentats-suicides

Attentat contre des installations touristiques à Bali (202 morts, touristes principalement) qui brisent le mythe du paradis balinais et sèment l'incompréhension au sein du peuple balinais. Deux bombes kamikazes explosent dans un bar et club de Kuta, et une troisième au consulat américain de Denpasar (sans victime).

Ces événements furent les premiers attentats suicides massifs dans la zone, et les pires en Indonésie à ce jour.

33 Indonésiens ont été condamnés à deux ans et demi de prison. Il semblerait que l'organisation extrémiste islamique Jemaah Islamiyah considérait comme lieu de péché les bars à touristes. Leur leader spirituel, Abu Bakar Ba'asyir, fut arrêté en 2004 et condamné à deux ans et demi de prison, puis libéré en 2006. Trois des kamikazes condamnés à mort ont été exécutés le 8 novembre 2008. En mars 2010, l'un des cerveaux de l'attentat, Dulmatin, a été tué par la police indonésienne lors d'un raid.

2004

Elections législatives et présidentielle : Susilo Bambang Yudhoyono est élu président (61 % des voix face à la présidente sortante).

10 OCTOBRE 2005

Trois ans après l'attentat le plus sanglant d'Indonésie, Bali et son économie touristique ont de nouveau été ébranlées par des attentats perpétrés dans plusieurs restaurants extérieurs à Jimbaran et un situé au coeur de Kuta. 27 personnes y ont trouvé la mort, dont 3 terroristes.

02 AOÛT 2007

La Commission européenne des transports inscrit toutes les compagnies aériennes indonésiennes sur la liste noire des compagnies dangereuses, y compris la compagnie nationale Garuda.

1ER OCTOBRE 2010

Tsunami à Sumatra Ouest, 500 victimes. Eruption du volcan Merapi à Java, 300 victimes. Plusieurs centaines de milliers de personnes sont évacuées.

2014

Joko Widodo, surnommé Jokowi, est élu président de l'Indonésie. Son accession au pouvoir marque un tournant, car c'est la première fois de l'histoire indonésienne qu'un candidat issu de la classe moyenne, et sans lien politique, militaire ou familial avec l'ancienne dictature, accède à cette fonction.

2015

Près de 4 millions de touristes recensés dans l'année.

2017

Lancement du programme des Nations unies pour l'environnement (UNEP), lors du sommet mondial des océans à Bali (CleanSea).

1ER NOVEMBRE 2017

Le volcan Agung entre en éruption. 25 000 personnes sont évacuées.

TOP 10

PERSONNAGES HISTORIQUES

Natifs de Bali, Indonésiens ou étrangers du temps de la colonisation de l'île des dieux, les grandes figures historiques de ce top 10 ont évidemment marqué les esprits. En bien ou en mal, leurs actions ont traversé les siècles et contribué au façonnement politique, social, religieux et artistique de Bali aujourd'hui.

MEGAWATI SUKARNOPUTRI

Fille de Sukarno, elle a été la première femme présidente à la tête d'un pays musulman de 2001 à 2004.

SUHARTO

Ce général a dirigé l'Indonésie durant 32 ans avec une poigne de fer. Il démissionne en 1998.

© PRACHAYA ROEKDEETHAWEESAB - SHUTTERSTOCK.COM

GUSTI NGURAH RAI

Héros de guerre, ce lieutenant-colonel a participé aux combats pour l'indépendance de l'Indonésie.

© PRACHAYA ROEKDEETHAWEESAB - SHUTTERSTOCK.COM

SUSILO BAMBANG YUDHOYONO

C'est le premier président à avoir été élu au suffrage universel direct.

© HAPELINIUM - SHUTTERSTOCK.COM

DANGHYANG NIRARTHA

Ce grand prêtre, considéré comme le principal fondateur de l'hindouisme balinais, a fait construire les temples les plus sacrés de l'île.

© LEODAPHNE - ISTOCKPHOTO.COM

SUKARNO

Premier président de l'Indonésie après la proclamation de l'indépendance le 17 août 1945.

© PRACHAYA ROEKDEETHAWEESAB - SHUTTERSTOCK.COM

JOKO WIDODO

Réélu en 2019, Jokowi a été président de l'Indonésie jusqu'en 2024.

© PHOTOWALKING - SHUTTERSTOCK.COM

MADS JOHANSEN LANGE

Commerçant danois surnommé « le roi blanc de Bali ». Un des premiers exportateurs de l'artisanat balinais.

GAJAH MADA

Premier ministre du royaume javanais de Majapahit, il mena avec succès la conquête de Bali.

YENNY WAHID

Cette femme politique est la fille de l'ancien président Wahid. Elle n'hésite pas à élever la voix contre le radicalisme.

JUILLET-AOÛT 2018 Série de séismes sur l'île de Lombok. Le premier de magnitude 6,4 a lieu le 29 juillet. Le deuxième frappe l'île le 5 août, et il est enregistré à 7 sur l'échelle de Richter. Puis le 9 août, Lombok est à nouveau touchée avec un séisme de magnitude 5,9. Ces séismes ont fait 555 morts et près de 1 500 blessés.

2019 Réélection du président sortant, Joko Widodo, face à Prabowo Subianto.

La crise du Covid-19

2020 L'état d'urgence sanitaire en Indonésie est annoncé à la mi-mars, sans confinement mais avec des mesures de distanciation sociale. Fermeture des frontières aux étrangers.

2021 La fermeture des frontières aux étrangers a fortement impacté l'économie du pays et de Bali qui vit principalement de son activité touristique.
A la mi-juillet, le gouvernement indonésien annonce plus de 2,5 millions de cas positifs au Covid-19 dont 67 000 décès.
Bali fait partie des zones prioritaires pour la vaccination.

La réouverture des frontières

2022 Bali commence à sortir de la crise après la réouverture progressive des frontières. Le tourisme, pilier économique de l'île, reprend lentement, mais les restrictions sanitaires restent en place pour assurer la sécurité des visiteurs et des habitants. Les vaccins sont largement déployés, notamment dans les zones touristiques, et l'île atteint un taux de vaccination élevé. Cependant, l'île fait face à des défis économiques importants, avec des secteurs touchés comme l'hôtellerie et la restauration qui peinent à retrouver leur dynamisme d'avant la pandémie.

L'après COVID-19

2023 Avec la levée des principales restrictions sanitaires, Bali connaît un net rebond de son activité touristique. Les hôtels, restaurants et commerces rouvrent progressivement, tandis que les voyageurs internationaux reviennent en nombre. Les autorités locales continuent de promouvoir des protocoles sanitaires pour assurer la sécurité des visiteurs. L'île, qui dépend largement du tourisme, retrouve peu à peu sa vitalité économique.

Élections présidentielles

2024 Les dernières élections présidentielles indonésiennes ont eu lieu le 14 février 2024. Prabowo Subianto, le ministre de la Défense et ancien commandant des forces spéciales, a remporté la victoire dès le premier tour avec 59,5% des voix. La prise de fonction du président Subianto est prévue pour le 20 octobre 2024, conformément aux dispositions constitutionnelles. À ses côtés, Gibran Rakabuming Raka, le fils du président sortant, a été nommé vice-président. Prabowo a un passé militaire controversé, concernant notamment des accusations liées aux droits de l'homme, mais il a su s'attirer le soutien des jeunes électeurs grâce à une forte présence sur les réseaux sociaux.

LES ENJEUX ACTUELS

Les enjeux de Bali sont fortement liés à ceux du pays dans son ensemble. La corruption, bien ancrée dans certaines sphères de la société, complique la mise en place de réformes. De plus, les relations avec l'Australie sont souvent délicates, notamment à la suite de plusieurs affaires judiciaires impliquant des ressortissants australiens. Le défi principal pour Bali reste cependant le tourisme, qui génère plus de la moitié des ressources économiques de l'île. Le Covid-19 a frappé lourdement l'économie, poussant à une réévaluation de la dépendance au tourisme. Des initiatives ont été prises pour diversifier les sources de revenus et renforcer la résilience économique. En 2019, un projet de loi national visant à interdire les relations sexuelles hors mariage et entre personnes du même sexe a été repoussé après de vives protestations. Son adoption aurait eu des conséquences négatives, pour les droits humains et sur le tourisme de l'île.

La lutte contre la corruption en Indonésie

À Bali, la corruption est profondément ancrée dans le système, exacerbée par des salaires de fonctionnaires très bas. En cas de problème, même ceux qui semblent insolubles, de nombreuses personnes se tournent vers la corruption, considérée comme presque inévitable. L'Indonésie est d'ailleurs régulièrement classée parmi les pays les plus corrompus au monde. Sous le régime de Suharto, la corruption a atteint des sommets avec le « capitalisme de copains », qui favorisait le détournement de fonds publics et le népotisme. Sa famille et ses proches ont ainsi amassé une fortune colossale, estimée entre 15 et 25 milliards de dollars. Cette culture politique perdure, d'autant plus que la décentralisation, entamée à la fin du XXe siècle, a élargi le réseau de corruption, rendant nécessaire de « payer tout le monde », au-delà du clan de Suharto. Susilo Bambang Yudhoyono, président de 2004 à 2014, avait promis lors de sa première campagne électorale que la lutte contre la corruption serait le premier de ses défis : quelques mois après son accession au pouvoir, il avait commencé à impulser des arrestations et des procès, comme celui d'un ancien gouverneur de la province d'Aceh, considérée comme l'une des plus corrompues. Une commission d'éradication de la corruption a aussi été mise en place.

Le dernier président Joko Widodo avait également fait de la lutte anti-corruption son cheval de bataille. Mais le combat est difficile, car la corruption est monnaie courante, vraiment ancrée dans les mœurs. À voir ce que mettra en place le nouveau président, Prabowo Subianto, arrivé à la présidence en octobre 2024.

© BANG RICCI - SHUTTERSTOCK.COM

Prabowo Subianto.

© LUKAS UHER - SHUTTERSTOCK.COM

Le tourisme, indispensable à l'économie du pays.

Les enjeux politiques

Depuis l'indépendance du Timor en 2002, les relations avec l'Australie se sont détériorées. L'envoi de troupes australiennes à la frontière des deux Timor, sous l'égide des Nations Unies, a été perçu comme une provocation par l'Indonésie, méfiante envers la puissance australienne. Les attentats de Bali ont également exacerbé les tensions : le 12 octobre 2002, une attaque à la bombe à Kuta a coûté la vie à 202 personnes, principalement des jeunes Australiens. En 2005, d'autres attentats ont fait des victimes indonésiennes à Jimbaran. Bien que les touristes australiens soient revenus en force à Bali, les relations diplomatiques se sont tendues en 2015, après l'exécution de deux Australiens pour trafic de drogue. Actuellement, les relations entre ces deux pays voisins se caractérisent par une façade de cordialité.

Le plus grand enjeu pour Bali : le tourisme, manne financière depuis des décennies

En 2001, avant l'attentat dévastateur qui a frappé Bali, l'archipel accueillait 5,15 millions de touristes, générant 5,4 milliards de dollars de revenus. En août, Bali recevait en moyenne un million de visiteurs par mois ! Cependant, la crise a lourdement impacté l'île, où 90 % des habitants dépendaient de l'industrie touristique, que ce soit des serveurs aux pêcheurs en passant par les artistes. Après l'attentat de 2002, les rues de Kuta étaient vides et le chômage explosait, provoquant des tensions locales. Depuis les attentats de 2005, Bali a diversifié son économie, attirant des entreprises de services. En 2019, près de 6 millions de touristes étrangers et 10 millions d'Indonésiens ont visité l'île, témoignant d'un secteur toujours central.

Un retour dans le nord pour certains Balinais

La pandémie de Covid-19 a gravement touché les travailleurs du secteur touristique à Bali, entraînant des licenciements massifs, une réduction des salaires et des heures de travail. Les Balinais originaires du nord rural, venus travailler dans le tourisme au sud, ont dû retourner dans leurs villages pour subsister, se tournant vers l'agriculture et la pêche, bien moins rémunératrices. Avec 25 % des revenus du transport et de l'alimentation liés au tourisme, la chute de ce secteur a entraîné un exode. Cependant, ce retour de main-d'œuvre a profité à la région nord. En juin 2021, le président indonésien a approuvé dix mesures pour soutenir la reprise économique, incluant des formations et des prêts à taux réduit.

L'après-pandémie

Depuis 2021, Bali fait face à plusieurs défis majeurs. La reprise du tourisme est cruciale, mais elle doit s'accompagner d'une gestion plus durable des ressources. Le développement d'infrastructures pour accueillir des événements internationaux est en pleine expansion, tout en essayant de diversifier l'économie pour ne plus être uniquement dépendant du tourisme. La protection de l'environnement, mise en lumière par les effets de la pandémie, est désormais une priorité, avec des initiatives visant à réduire les déchets et promouvoir un tourisme plus responsable. La montée du numérique et la création d'emplois dans les secteurs technologiques sont également en cours, notamment pour attirer des travailleurs à distance et des entreprises internationales. L'amélioration des compétences locales à travers des programmes de formation reste un enjeu clé pour assurer un avenir plus résilient et indépendant à l'île.

BEAUX-ARTS

À Bali, la tradition picturale est avant tout considérée comme un devoir collectif de s'entourer de beauté. D'ailleurs, il n'existe pas d'équivalent aux mots « art » ou « artiste » dans la langue balinaise. C'est d'autant plus étonnant que l'esprit de créativité imprègne le quotidien. Chacun y va de son talent pour servir le bien commun et la religion. Sans doute que la beauté de l'archipel indonésien, en particulier de l'île des dieux, inspire l'harmonie. Les étrangers qui ont durablement posé leurs valises sur l'île au cours de son histoire ne s'y sont pas trompés. Du temps des colons à nos jours, la rencontre est synonyme d'émulsion. Ainsi a émergé le centre d'Ubud, cœur palpitant de la création balinaise. Les échanges se poursuivent : les apprentissages ancestraux se transmettent à Keliki, tandis que le jeune centre Allcaps fait connaître la culture urbaine à Bali. Le Dernier Paradis éblouira tous ses visiteurs !

Origine des arts balinais

Les premiers arts balinais remontent à la période pré-hindoue. Après avoir pratiqué l'animisme et le culte des ancêtres, les îles adoptent les croyances indiennes comme toute l'Asie du Sud-Est. Le bouddhisme et l'hindouisme dominent la culture locale pendant des siècles. Cela est encore plus vraie à Sumatra et Java. Mais lorsque l'islam prend le contrôle de Java au XVIe siècle, les princes hindous prennent la fuite avec leurs fidèles et leurs artisans et s'établissent à Bali.

Peintures, sculptures, masques avaient alors non seulement un usage religieux, mais leurs dessins suivaient des règles symboliques et attribuaient les places reflétant leurs fonctions religieuses. Par exemple, les statues pratima, les effigies des dieux visiteurs, devaient être fabriquées dans des matériaux appropriés avec des iconographies spécifiques et laissées dans les autels des sanctuaires. En revanche, les bas-reliefs racontant la descente de l'homme en enfer restaient dans la partie basse du temple et sa partie la plus impure. Même les joyaux restaient imprégnés de signification religieuse. Les kriss, comme symboles de la descendance, étaient forgés par les pandéqui, devaient traverser des rites spéciaux pour exercer leurs talents. De même, les sangging en peinture comme les undagi en architecture. Et la facture de tous ces objets devait être réglée par un calendrier d'interdits et de rites. Quelques jours et quelques heures étaient propices, d'autres non, et il y avait un jeu complexe de cérémonies propres à des lontars « apporté à la vie » (uripanga), ou des masques et des armes dotés de pouvoirs magiques (kepasupati).

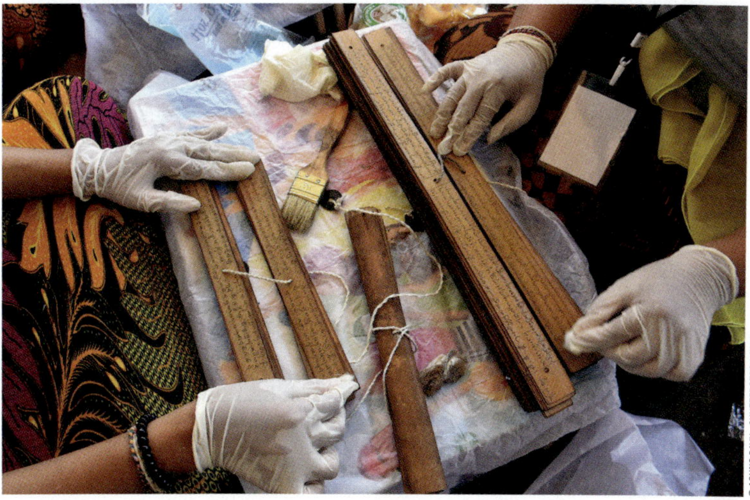

© AGUNG BAYU - SHUTTERSTOCK.COM

Restauration et entretien des lontars.

Détail du plafond peint du palais de Klungkung.

En raison de ce contexte, la peinture était le reflet de la responsabilité de chacun devant la communauté. L'artiste était le convoyeur des symboles traditionnels, des enseignements et des contes. Les lontars illustrés, les prasi, existent encore aujourd'hui, et on peut encore les voir à Singaraja à Sukawati et à Karangasem.Les peintures, faites sur un coton local, devaient contenir des scènes narratives et être assignées à des endroits précis pour cette fonction. Les panneaux « parba » dans les temples devaient être décorés avec des figures de dieux pendant que la peinture des vêtements devait contenir des illustrations qu'on ne découvrait que dans certaines circonstances, les mariages par exemple. Les peintures classiques devaient être proches du wayang kulit. Les Balinais aiment encore regarder le wayang jusqu'aux premières heures du matin. Et les peintres étaient ceux qui découpaient les figures dans le cuir en racontant les mêmes histoires et utilisant la même iconographie. Dans leur fonction de porteurs des valeurs traditionnelles, les artistes balinais furent pendant des siècles protégés par les cours des royaumes. Le résultat est tangible dans les gria, les maisons de brahmanes, les temples et les palais. Les plus connues sont celles peintes au plafond du Kertagosa à Klungkung, qui était la cour de justice du royaume. Les artisans étaient ceux du village de Kamasan. Et leur inspiration était tirée du wayang et des épopées du Ramayana et du Mahabharata. Ils étaient connus également pour les fameux calendriers balinais.

Ubud et Klungklung

Au XVIe siècle, alors que l'Islam exerce sa domination, Bali devient la terre d'exil de princes hindous et d'artisans indonésiens. La production artistique à l'ère hindoue dépend essentiellement des princes et de leur entourage. Les palais et les pavillons étaient ornés de panneaux de bois, de peintures et d'objets tout aussi finement travaillés. La décoration, la musique et les danses participent aux rituels religieux. C'est ce lien entre beauté et rites qui explique pourquoi les arts balinais sont toujours restés vigoureux. Chacun mettait son talent au service des grands événements : sculpteurs, danseurs, musiciens alliaient leurs compétences.

Dans les premières années du XXe siècle, les Hollandais exercent leur domination sur l'île, notamment à travers le système éducatif. La colonie est contrainte de s'ouvrir au tourisme, changement qui se reflète dans les arts balinais. Les artisans commencent à envisager leurs réalisations comme de l'art. Ils expérimentent des techniques, des genres et des thèmes. L'influence occidentale secoue les conventions en vigueur depuis des siècles. Les représentations des épopées hindoues cèdent la place aux scènes de la vie quotidienne et au paysage. Cette progression est retracée au musée de Bali à Denpasar (p.106) qui expose les différents arts balinais de la préhistoire au XXe siècle. Toujours à Denpasar, le centre d'arts Werdi Budaya associe expositions et ventes de créations locales.

Le centre culturel s'est néanmoins établi à Ubud ★★★★ (p.209). Walter Spies (1895-1942), musicien et peintre, arrive à Ubud en 1927 à l'invitation du roi d'Ubud, Cokorda Raka Sukawati, qui sent le rôle que pouvait jouer la culture et l'art. Grâce à Walter Spies, les peintres de la région d'Ubud et des environs adoptent de nouvelles techniques et cherchent l'inspiration dans des thèmes différents. La révolution artistique est lancée. Un autre Européen, le peintre hollandais Rudolf Bonnet (1895-1978) s'installe à Ubud en 1929, renforçant l'influence artistique européenne.
Ces artistes expatriés capturent sur la toile les paysages balinais, la vie quotidienne, les mille détails de la vie religieuse. Ils travaillent aussi d'après modèle vivant et incitent les Balinais à faire de même. Pour cela, ils distribuent le papier, la toile, les pinceaux et les couleurs aux Balinais habitués à peindre sur des découpes de toile de Nusa Penida, à l'aide de pigments naturels. Le concept de l'espace diffère dans l'art balinais. Tout l'espace de la toile est rempli, sans recourir à la perspective. Spies et Bonnet introduisent une nouvelle approche de l'espace et de sa représentation et guident leurs confrères locaux dans l'élaboration d'une conscience individuelle. Ces derniers commencent à signer leurs œuvres et à devenir, au sens européen du terme, des « artistes ». Ce mouvement s'étend au-delà du petit village d'Ubud. Bientôt, des peintres viennent de partout demander conseil. Inspirés par cet enthousiasme, Bonnet, Spies et le roi d'Ubud fondent l'association « Pitamaha » en 1936. La tradition s'est perpétuée jusqu'à ce jour, Ubud restant le cœur de la création balinaise, là où les artistes partagent volontiers leur savoir.

La peinture traditionnelle a son centre à l'est de Bali, à Klungkung, également appelé Emarapura. Siège du dernier royaume à résister à la colonisation, la cité a connu l'âge d'or des temps anciens. Non loin, le Gunarsa Museum of Classical & Modern Art ((p.319)Museum Seni Lukis Klasik Baliest) a été dirigé par Nyoman Gunarsa, (1944-2017) maître incontesté de l'art moderne balinais. Après une formation académique, le peintre se tourne vers un style expressionniste marqué par les mouvements et les tonalités des danses indonésiennes. Il fonde le groupe Sanggar Dewata Indonesia en 1970, puis organise des expositions dans le monde entier, sans pour autant quitter son île natale. Maintes fois primé, il ouvre deux musées sur l'île, à Yogyakarta et à Klungklung.

Nouvelles tendances picturales

Après une période de crise durant la Seconde Guerre mondiale et la période de l'après-indépendance, Bali connaît une nouvelle flambée de création dans les années 1960 et 1970. Arie Smit (1916), arrivé en 1956 et installé à Penestanan, distribue des couleurs à la jeunesse et déclenche l'apparition d'un nouveau style fait de surlignages épais et de sujets extravagants. Un travail sur la couleur se ressent également. Pendant ce temps, les artistes de Batuan s'adonnent aux joies du détail en développant une véritable école de miniatures, d'une beauté époustouflante fondée sur le principe du lavis d'encre de Chine. Peu à peu, Bali attire les peintres nationaux, javanais et d'autres parties de l'Indonésie, comme Affandi, Srihadi et bien d'autres. Leur production, longtemps prisonnière de l'académisme européen domine à présent le marché. Maintenant une nouvelle génération de peintres, venant des académies de Java et de Denpasar, se sont attaqués avec succès à la peinture abstraite. Tusan utilise les offrandes balinaises pour créer un cubisme « à la balinaise », Gunarsa transforme la danse balinaise et le théâtre pour faire de l'action-painting. Mais un seul semble dominer la scène : Made Wianta a su établir son propre style dans une recherche subtile des couleurs, créant des volumes abstraits mis en valeur par une utilisation systématique et productive du détail.

Hier et demain

A Keliki, à 15 minutes d'Ubud, la peinture traditionnelle perdure au cœur d'une communauté de peintres. De la formation à la vente, les techniques sont transmises par les aînés. Concrètement, le « style Keliki » est une variante de la miniature traditionnelle peinte selon la technique de la tempera. Le dessin est tracé au crayon sur un papier épais, résistant à l'eau. En partant du noir profond, l'encre de Chine est délavée afin d'obtenir une gamme de dégradés de gris. L'artiste peut ensuite colorer ses aplats. La technique exige un geste sûr qui fait la spécificité du miniaturiste balinais.

Sur une note contemporaine, une multitude de fresques et graffitis recouvrent les murs du sud de Bali, à partir de Canggu. Pour trouver le centre de la culture urbaine locale, il faut longer la route Raya Canggu en direction de Tanah Lot. Matériel, vêtements, galerie d'art spécialisée, tout est réuni pour faire des heureux. A l'origine d'Allcaps, l'envie de Julien Thorax de proposer un lieu d'échange, où il soit possible de peindre sur la plage ou près des rizières. La localité était avant son installation un village de pêcheurs qui attiraient une faune branchée. Allcaps propose des circuits street art pour découvrir Bali à travers la culture urbaine, en plus du festival TROPICA. Cette manifestation fait en prime de l'Artivisme. Environnement et égalité des sexes sont défendus à cette occasion, entre décors peints et cadre naturel.

ARCHITECTURE

A Bali, nature et architecture forment un ensemble harmonieux régi par un ordre spirituel qui ne laisse rien au hasard. Les temples, dont les hautes tours à toits multiples jalonnent le territoire, en sont les fiers représentants. L'habitat traditionnel est lui aussi le fruit de cette conception quasi magique de l'architecture. Une spiritualité qui s'accompagne d'une grande fonctionnalité, permise par le recours à des matériaux aux propriétés étonnantes, le bambou en tête. Bali, c'est aussi la splendeur des palais et jardins des royaumes passés. Les influences hollandaises, chinoises ou arabes traduisent, elles, l'histoire souvent mouvementée de l'île. Une caractéristique qu'elle partage avec sa voisine Lombok. Aujourd'hui, face aux écueils du tourisme de masse, de nombreux architectes défendent l'identité de Bali, alliant tradition et innovation, dans des projets… souvent étonnants !

Honorer les dieux

Si beaucoup sont de construction récente (ne vous fiez pas à leur délicate patine qui n'est, en réalité, que le résultat de l'érosion de la pierre tendre dans laquelle ils sont taillés !), les temples ou pura se font l'écho de traditions anciennes. La plupart sont érigés sur d'anciens sites animistes, occupés, pour certains, depuis la Préhistoire, comme le laisse penser la présence d'imposantes stèles et pierres dressées mégalithiques. Autre influence phare : celle de la culture hindo-javanaise qui fut notamment véhiculée par le prêtre-architecte javanais Dang Hyang Nirartha, qui, au XVIe siècle, fit construire ou reconstruire un grand nombre de temples. C'est d'ailleurs à lui que l'on doit les Kerobokan ou temples de la mer, série d'édifices jalonnant la côte sud notamment. Mais les temples les plus importants de l'île sont les Kahyangan Jagad ou temples directionnels marquant les points cardinaux et assurant une protection totale de l'île. A ces temples d'état s'ajoutent de grands temples de montagnes, de lacs ou bien encore des temples agricoles. Aucun détail de leur conception n'est laissé au hasard. Tout repose sur la philosophie du Tri Hita Karana, visant à une relation harmonieuse entre les mondes céleste (swah), humains (bwah) et souterrains (bhur), ainsi que sur un ordre de pureté qui se traduit par des axes directionnels précis : de l'amont pur et divin, kaja, symbolisé par la montagne sacrée, à l'aval, négatif et impur, kelod, symbolisé par la mer ; de l'Est (kangin) à l'Ouest (kauch), naissance et mort du soleil. Ces pura sont des enceintes sacrées organisées autour de 3 cours aux niveaux ascendants de sainteté. On pénètre dans la cour extérieure, jaba pura, par un candi bentar, porche monumental en pierre à la silhouette fendue symbolisant la montagne sacrée divisée entre les forces positives et négatives. La cour médiane, jabah tengah où s'élèvent différents pavillons utilitaires (bale) et sanctuaires secondaires, est reliée à la cour intérieure ou jeroan, lieu le plus sacré du temple abritant les autels dédiés aux grandes divinités, par un kori agung, porche monumental de pierre finement ciselée, agrémenté d'un escalier et d'une porte à deux battants. Ces cours abritent différents autels et sanctuaires, dont certains se distinguent par leurs formes uniques. Le padmasana, trône au lotus, est situé dans l'angle le plus sacré du temple et dresse vers le ciel un siège vide symbolisant le dieu suprême, souvent soutenu par les symboles de la tortue porteuse de l'univers enserrée par des serpents naga. Le meru symbolise, lui, tout à la fois la montagne sacrée des hindous et la divinité vénérée dans le pura. Il se caractérise par des toits de chaume à étages, au nombre toujours impair pouvant aller de 3 à 11. Les plus élaborés possèdent des toits en feuilles de palmier sucrier noir, matériau très coûteux. Les pelinggih, eux, sont des autels composés d'un socle en maçonnerie et d'une niche montée sur pilotis et coiffée de chaume ; tandis que les candi, très rares, se caractérisent par une structure carrée surplombée d'un toit à étages pyramidal rappelant les temples de l'ancienne java. Une tour de guet, ou kulkul, disposée à un angle du mur d'enceinte, protège l'ensemble. L'ornementation est un autre élément phare de ces temples, dont le foisonnement décoratif a parfois été qualifié de baroque. Partout s'affichent de somptueuses et étonnantes sculptures. Figures célestes ou démoniaques, entrelacs floraux, bas-reliefs retraçant les grandes épopées divines, et incrustations de porcelaine de Chine… le décor des pura est d'une incroyable richesse. Tout comme les matériaux qu'ils emploient et qui permettent de magnifiques jeux de couleurs et de textures, à l'image de la brique rouge, du grès rose, des coraux aux teintes grisées ou irisées ou du paras, stuc

© PANUTC - SHUTTERSTOCK.COM

Temple de Besakih.

volcanique gris, poreux et léger très utilisé par les sculpteurs de Batubulan. Certains temples sont sublimés par une alternance de pierre calcaire blanche et de pierre volcanique noire, rappelant la complémentarité des contraires dans un motif en damier. Les grands temples se comptent par centaines à Bali, difficile donc de tous les citer ! Mais parmi les plus étonnants, notons : le grand complexe religieux Besakih, le **Pura Maospahit** (p.107) à Denpasar, le **Pura Luhur Uluwatu** (p.170), ou bien encore le Pura Puncak Pulisan, le plus haut de Bali !

Art d'habiter balinais

En plus de respecter les règles du Tri Hita Karana, les Balinais s'en remettent également aux conseils des Undagi, prêtres-architectes, qui conçoivent les maisons selon des mesures précises assurant l'harmonie entre la demeure et son occupant. Pour ce faire, l'Undagi établit une mesure-étalon à partir des proportions mêmes du propriétaire ! Les villages balinais s'organisent, à l'image des grands temples, selon l'axe kaja/kelod et se divisent en trois parties, symbolisées par trois petits temples. Le Pura Dalem, temple des morts, se situe en aval du village, du côté impur, où ils côtoient le cimetière. Au centre se trouve le Pura Desah ou temple communal dédié aux divinités protectrices du village ; tandis que le Pura Puseh, où sont vénérés les ancêtres fondateurs, se situe en amont. La vie du village s'organise également autour d'espaces communaux phares : le wantilan, grand préau communal que l'on reconnaît à ses toits en pagode à plusieurs étages reposant sur de nombreux piliers ; le bale agung, grand pavillon sacré de réunion, hérité de la tradition javanaise des pavillons bâtis sur des amas de pierres ; le bale banjar, pavillon rectangulaire ; et le pasar ou marché qui possède lui aussi son pura. L'espace résidentiel du village se divise en enclos domestiques séparés les uns des autres par des murs d'argile ou de brique. Protégeant l'intimité des familles, ce mur revêt aussi une fonction symbolique, comme en témoigne l'aling-aling, pan de mur en retrait nécessitant un contournement et protégeant donc des esprits maléfiques qui ne savent se déplacer qu'en ligne droite ! Ces murs abritent différents bale ou pavillons organisés autour de la cour ou natah, centre symbolique du microcosme familial. La cuisine ou paon se situe le plus au sud, dans la zone impure, tandis que le bale meten, pavillon des maîtres reconnaissables à sa structure fermée et ses nombreux piliers, est situé le plus en amont de l'enclos. Autre élément phare : le lumbung, grenier à riz sur pilotis. Chaque pavillon est flanqué de niches destinées à recevoir les offrandes protectrices. Portail de pierre ou d'argile avec une couverture de chaume simple ou en feuilles d'alang-alang tressées, ou portail en briques ouvragées, pierres finement sculptés et toits de tuiles… les entrées des enclos illustrent le niveau de vie des propriétaires. Ces villages se font également les témoins des riches potentialités des matériaux naturels employés. Dans la région de Mengwi et de Tabanan, les murs en brique sont ainsi montés sans mortier. Profitant d'une propriété particulière de l'argile de la région, les maçons frottent les briques les unes contre les autres jusqu'à ce qu'elles produisent une fine poussière qui, une fois imbibée d'eau, agit comme une puissante colle. Le palmier lontar est extrêmement résistant. Ses feuilles nervurées servent à fabriquer nattes tressées, toitures et clôtures.

Le vétiver est également très résistant. Ses feuilles peuvent être tressées et ses jeunes pousses être employées pour la couverture des toits, tandis que ses fines racines ondulées servent à confectionner des stores parfumés. Mais le matériau phare reste évidemment le bambou. On l'emploie pour les poteaux, poutres et chevrons, les cloisons amovibles ou bien encore les toits en bardeaux. La tradition veut qu'il soit toujours découpé verticalement et disposé dans le sens de la coupe afin de ne pas rompre le flux de la vie. Parmi les plus beaux villages traditionnels, ne manquez pas Tenganan ★ (p.332) et Penglipuran.

Palais et jardins royaux

Des grands royaumes qui se partagèrent l'île, nous sont parvenus de somptueux palais ou puri. Végétation luxuriante et eau purificatrice y sont également omniprésentes. Bon nombre de ces palais possèdent d'ailleurs un pavillon flottant, bale kambang, trônant fièrement au cœur d'un vaste bassin d'agrément. Passionné d'architecture, le rajah de Karangasem se fit ériger le Taman Tirtagangga, organisé autour d'une fontaine sacrée. Ses jardins, étagés en trois niveaux, offrent un riche décor de statues, sculptures et bassins ornementaux. Un candi bentar décoré de porcelaine de Chine en marque même l'entrée ! Une richesse décorative que l'on retrouve dans le Puri Agung (p.349) Karangasem dont l'enceinte et l'imposant porche pyramidal laissent imaginer ce qu'il fut au temps de sa splendeur, lorsque ses portes et boiseries étaient dorées à l'or fin et que ses murs de brique rouge étaient incrustés de porcelaine de Chine. Le Taman Gili - Puri Semarapura porte, lui, la marque du riche royaume de Klungkung (p.320). Cet immense palais, baptisé « le jardin de l'île », était alors le centre symbolique du royaume et son organisation originelle était inspirée des mandalas, système établissant des correspondances de lettres, formes et couleurs avec les points cardinaux et les grandes divinités vénérées.

Influences extérieures

Singaraja possède encore quelques intéressants témoins de la présence hollandaise à Bali. Sur le vieux port, sont encore visibles hangars aux lignes sobres et épurés rappelant l'Art déco et maisons coloniales aux tuiles de terre. Mais les plus étonnants témoins de cette présence européenne à Bali sont sans aucun doute les villages de Belimbingsari et Palasari, tous deux fondés dans les années 30. Le premier est le village protestant. Il a été conçu selon un plan orthogonal avec de larges rues bordées d'imposantes villas mêlant foisonnement décoratif balinais et codes classiques européens. Son temple est un parfait exemple de syncrétisme, ses cours, son porche fendu et sa toiture en forme de diamant supporté par 18 piliers blancs rappelant les pura balinais. Le second est le village catholique, construit sur le même modèle orthogonal. Il possède la plus grande église de l'Est indonésien, qui mêle éléments gothiques et ornements en pierres volcaniques directement inspirés des temples hindo-balinais. Autre influence importante à Bali : celle de la communauté chinoise. A côté de leurs nombreuses et pittoresques échoppes, les Chinois se sont

Puri Agung Karangesem.

également fait ériger des temples que l'on reconnaît à leurs toits en pagode aux extrémités recourbées et à leurs tuiles rouges vernissées. L'influence musulmane, elle, se fait sentir dans les élégantes mosquées de l'île, telles la Masjid Agung Jamik avec son beau minaret et sa coupole dorée, et la Masjid Nur teintées de roses aux accents résolument indiens, toutes deux à Singaraja.

Bali contemporain

Alors que dans les années 30, les Hollandais avaient souhaité faire de Bali un jardin d'éden à préserver à tout prix pour satisfaire les premiers touristes en quête d'authenticité, la pression touristique qui s'en est suivie a, elle, radicalement changé le visage de l'île… alors même que l'indignation suscitée dans les années 60 par la construction du Bali Beach Hotel, structure de 10 étages, avait engendré la promulgation d'une loi interdisant la construction de bâtiments plus hauts que le faîte des palmiers et protégeant en théorie l'île des affres de la spéculation immobilière. Fort heureusement, certains promoteurs et architectes ont, très tôt, préféré une approche sensible et discrète du bâti. Dès les années 60, Wija Waworuntu imagine le Tandjung Sari à Sanur, avec ses 27 bungalows traditionnels. Un modèle qui sera suivi par l'architecte Peter Muller à qui l'on doit l'Amandari près d'Ubud et l'Oberoi à Seminyak, tous deux faisant la part belle aux matériaux naturels. Ils sont nombreux ces hôtels écologiques et durables à se faire l'écho des traditions balinaises. Le Purilumbung Cottages offre ainsi des logements dans des greniers à riz réaménagés. Plus « extravagant », mais toujours en lien avec la tradition balinaise, ne manquez pas le Bajra Sandhi Monument (p.106) à Denpasar. Cette structure en béton recouverte de parements d'andésite suit la forme d'une fleur de lotus. Etonnant ! Tout comme l'est la Pyramide de Plastique créée en 1993 par le peintre indonésien Teguh Ostenrik et réalisée en briques faites de déchets plastiques compactés… une manière insolite d'éveiller les consciences sur les questions environnementales. Aujourd'hui, Bali se fait terre d'innovation en matière d'architecture durable en bambou. Elora Hardy y réalise de somptueuses demeures légères et poétiques, tandis que la BambooU(niversity) attire les architectes et ingénieurs du monde entier. Parmi les plus beaux projets récents, ne manquez pas The Arch de la Green School, superbe structure composée d'arches de bambou de 14 m de haut et de 19 m de portée, s'entrecroisant dans un élégant jeu de force et de tressage.

Escapade à Lombok

L'habitat traditionnel de l'île est d'une richesse étonnante… tout comme les règles à respecter pour sa construction. Cette dernière doit commencer un jour propice défini, qui correspond toujours à une date impaire, et la charpente doit impérativement être terminée le jour même sous peine de grands malheurs ! Les villages s'organisent autour d'enclos domestiques ceints d'un mur abritant le beruga, pavillon ouvert, le bale tani, pavillon familial, et le lumbung, grenier à riz sur pilotis. De plan le plus souvent rectangulaire, ces bâtiments possèdent une ossature en bambou, un toit de chaume ou de roseau et des murs en treillis de bambou ou de nervures de feuilles de palmier rempli par un mélange de pisé ou de boue compactée. Cet habitat sasak (la principale ethnie de l'île) est à voir dans de très beaux villages comme Sade. A Batu Nampar, Sekotong et Tanjung Luar, vous pourrez observer de belles maisons en bois sur pilotis. Quant aux bale de Lombok, vous ne pouvez pas les manquer… ils sont partout. Petites structures en teck ou en bambou constituées d'une plateforme en bois tressé et d'un toit de chaume, ils invitent à la détente ! Lombok voit aussi se côtoyer somptueux pura et puri d'inspiration hindo-javanaise (Pura Meru, complexe de Narmada, Pura Lingsar…) et élégantes mosquées et maisons arabes comme à Mataram. Mais le site le plus étonnant est sans conteste le Masjid Kuno Bayan Beleq, le plus ancien lieu de culte Wetu-Telu de l'île. Le syncrétisme opéré par ce culte entre hindouisme, islam et animisme, se lit dans son architecture. Posée sur un soubassement de gros galets, sa structure de bambou, parfaitement carrée, supporte un élégant toit de chaume. Aucune décoration ne vient troubler l'harmonie parfaite des matériaux !

Temple Ulun Danu Tamblingan.

MUSIQUES ET SCÈNES

Si Bali et l'Indonésie partagent forcément un air de famille prononcé dans leur musique, la première a su cultiver avec le temps de nombreuses singularités. L'île abrite par exemple une ribambelle de gamelans uniques, piliers sonores de l'identité balinaise comme le *gong kebyar*, style populaire moderne, parmi les plus représentés. Mais l'autre spécialité, pour ne pas dire trésor, de l'île, ce sont évidemment les danses. Toutes traversées par un raffinement et une grâce hors du commun, les danses balinaises sont le résultat d'une passion, d'une dévotion et d'un enseignement généralisés. Tous les enfants balinais, filles ou garçons, sont initiés à la danse traditionnelle, ainsi chaque village possède ses troupes de danseurs et de danseuses. Ceux-ci font don de leur art aux dieux par des spectacles se tenant les jours importants. Les touristes sont souvent aux premières loges pour les observer, à Ubud par exemple, où *barong*, *kecak* et *legong* sont représentés quotidiennement.

La musique traditionnelle

Bien qu'également caractéristique de la musique javanaise, le gamelan est de loin l'emblème de la musique balinaise. Venant du terme javanais *gamel* qui signifie « marteau » et du verbe tenir, frapper ou manipuler, le terme gamelan désigne un ensemble instrumental – un grand corps sonore – composé de gongs, de métallophones à lames et éventuellement des xylophones en bronze et en bambou.

D'ailleurs, même s'il existe plusieurs types de gamelans conviant des flûtes, des vielles à cordes (rebab) et des tambours – portant tous un nom spécifique de gamelan – cet ensemble balinais reste indéniablement associé à l'idée de percussions et à celle de métallophones.

Inhérente au gamelan est l'idée d'un ensemble fonctionnant comme un seul corps. Le gamelan est presque, même, un seul et même instrument dont chaque musicien est en charge d'une partie de la ligne mélodique générale. De plus, il n'y a pas de chef d'orchestre proprement dit, même si le *kendang* (tambour) joue un rôle de leader. Cet esprit de corps est accentué par le fait que tous les instruments d'un gamelan doivent être fabriqués en même temps et par le même forgeron – le *pandé*. C'est ce dernier qui accorde d'une manière définitive, les instruments du gamelan. Il s'agit donc d'un son unique d'ensemble et on ne peut pas créer un autre gamelan en le composant d'instruments dispersés appartenant à d'autres gamelans. Aussi, dans tout gamelan, certains instruments sont couplés (mâle / femelle) et accordés de telle façon que joués seuls, sans leur binôme, ils sonnent faux.

Autre point important, le gamelan sert avant tout une fonction rituelle. On n'écoute peu ou pas le gamelan en concert. Sa représentation s'accompagne toujours d'offrandes et de rites. Parmi les formes modernes du gamelan balinais, une des plus importantes (et des plus exportées) est le *kebyar*, style fameux pour son énergie. C'est via le kebyar (ou *gong kebyar*) que l'on peut goûter le mieux à l'art du jeu, la coloration de l'orchestration, la complexité rythmique et toute la vitalité de la musique balinaise. La musique jouée par le kebyar consiste essentiellement en de nouvelles compositions librement adaptées de morceaux anciens. Le style du Sud est plus conservateur et délicat que celui du Nord, lequel est un peu criard, syncopé avec des tendances révolutionnaires. Visible dans les concours, le gamelan *gong kebyar* est devenu un élément essentiel des cérémonies hindoues modernes de Bali. Il est requis pour les cérémonies annuelles d'anniversaire des temples, ou en accompagnement des danses sacrées.

Manifestement le *gong kebyar* est une forme moderne du *gong gedé*, ancien grand orchestre de gamelan datant des XVe et XVIe siècles, indispensable aux cérémonies publiques et fêtes de temple, jouant toute la nuit. Les mélodies du *gong gedé* sont jouées avec de grands gongs, et exhalent une majesté grave et uniforme, dépourvue des délicates modulations du *kebyar*. Datant approximativement de la même époque, le gamelan *semar pegulingan* est une ancienne structure issue du XVIIe siècle, jouant à l'origine près des chambres à coucher du palais pour endormir le roi et ses concubines – le nom est dérivé de Semara, dieu de l'amour dans la mythologie balinaise. Désormais, *le semar pegulingan* sert essentiellement à accompagner le *legong* (voir le paragraphe « La danse ») et on peut le voir et l'entendre à Peliatan (village justement célèbre pour la qualité de son *legong*).

Autre style très visible à Bali : le gamelan *beleganjur*. Plus ou moins équivalent de la fanfare militaire occidentale, le but originel du *beleganjur* était d'accompagner les armées au combat. Néanmoins, il a aujourd'hui perdu sa vocation guerrière et se joue dans les festivals ou concours et demeure essentiel aux cérémonies religieuses hindoues de Bali, telles que les parades *ogoh-ogoh* qui précèdent le Nouvel An balinais, Nyepi.

Moins traditionnel et plus profane dans ses racines mais parfaitement authentique, le *joged bumbung* est une variante de gamelan où les instruments sont principalement fabriqués en bambou. L'ensemble tire son nom du *joged*, une danse tout en flirt qui consiste pour des femmes à inviter dans l'assistance un partenaire masculin en lui tendant une ceinture. Elles choisissent généralement le timide qui cherche à se cacher ou le frimeur pour qu'il soit la cible des moqueries de ses amis. Les chorégraphies sont le plus souvent improvisées mimant des scènes de ménage, ou d'autres plus osées. Cette danse – et par extension le gamelan l'accompagnant – est devenue très populaire à Bali et l'on peut voir facilement des *jogèd bumbung* dans les villages de toute l'île.

Le gamelan est partout à Bali et la moindre cérémonie est l'occasion d'entendre l'un de ces ensembles. Même dans des fêtes inattendues comme Nyale, sur la plage de Kuta, grand rituel où des milliers de Sasaks se rassemblent pour récolter des vers marins fluorescents puis les manger (en grillade ou cru). La fête dure toute la nuit, ponctuée par des spectacles de gamelan.

Autrement, certains villages sont réputés pour leur gamelan, comme **Ubud** ★★★★ (p.209) ou **Sebatu** ★★ (p.254), dont l'orchestre est apprécié des Français car il tourne régulièrement dans l'hexagone depuis longtemps. Un passage à Sebatu est l'occasion d'entendre son extraordinaire *semar pegulingan*. Hors des festivités, il est bon de noter qu'à Sanur, le restaurant **Tandjung Sari** (p.118) a la réputation de proposer quelques belles représentations de gamelan de temps en temps.

La danse

Avec le gamelan, la danse est l'autre grande discipline nationale. Voilà comment le pays soulève une telle passion et une telle richesse et parvient à atteindre un tel degré de perfection. Au cours des siècles, la danse a atteint ici un niveau technique hors du commun, nourri par une formation et une pratique rigoureuses. Elle ne laisse aucune place à l'improvisation ou à la performance individuelle. Cependant, le danseur jouit d'une certaine marge de liberté en fonction de sa renommée ou de son charisme.

Historiquement, à Bali, la danse est un art populaire et, surtout, un art religieux qui puise sa force dans les cérémonies et tout particulièrement les *odalan*, les anniversaires de temples.

À titre comparatif, à Java, le danseur est un homme de cour ou même quelquefois le prince lui-même, tandis qu'à Bali, le danseur est la plupart du temps un villageois, quelle que soit sa caste. La danse est ici en mouvement, fortement campée sur la rapidité des nouveaux

Le gamelan est un instrument de musique traditionnel.

modes de musique et souvent spectaculaire par la violence des émotions, l'ardeur, le déchaînement musical et la succession des gestes. Une culture de l'excellence permise par un apprentissage sacerdotal pouvant durer des années, jusqu'à ce que l'élève soit imprégné de l'esprit de chaque geste, de sa signification dans l'ensemble de la danse et de son éventuelle autonomie par rapport au gamelan.

En 1971, les autorités balinaises ont décidé de classifier les danses du pays en trois catégories :

- **Les « sacrées » *wali***, qu'on ne peut montrer que dans les cérémonies qui nécessitent une purification : *gabor*, *sanghyang dedari*, *rejang*, *baris gedé*, *sanghyang legong*, *berutuk*, *mendet*, *baris pendet*.
- **Les danses « cérémonielles » *bebali*,** qui accompagnent la cérémonie, mais ne sont pas la cérémonie elle-même : *gambuh*, *topeng pajegan*, *wayang wong*.
- **Les danses profanes *balih-balihan*,** qu'on peut vendre au tout venant (entendre « les touristes ») : *sendratari*, *legong*, *kebyar*, *janger*, *tari tani*, *parwa*, *arja*, *baris*, *panyembrana*, *topeng panca*, *prembon*, *jogèd*, *abuang kalah*, *gebyog*, *cakapung*, *godogan*, *taruna jaya*).

Parmi ces dernières, quelques-unes sont essentielles à connaître (et à voir), à commencer par le *barong*. Possiblement la plus puissante des figures mythologiques balinaises, le *barong* est une sorte de lion, « Seigneur de la forêt » et chef des forces du bien. Durant la représentation – cérémonie purificatrice - il est généralement représenté par une armature en rotin couverte de poils et un masque magnifique de lion, portés par deux hommes qui ont pour mission de le faire danser. S'ensuit une chorégraphie complexe et très codifiée, axée autour de transes impressionnantes.

Autre incontournable, le *legong* est exécuté lors de certaines fêtes, publiques ou privées. Il ne s'agit en aucun cas d'une danse sacrée. Accompagnée du gamelan et exprimant la quintessence de la féminité et de la grâce, cette danse très codifiée impose des gestes précis aux danseuses vêtues de tissus de brocart vert rehaussés d'or et aux têtes couronnées. C'est sans surprise la danse préférée des touristes qui se bousculent pour en voir notamment à Ubud ★★★★ (p.209).

Également accompagnée du gamelan, le *baris* est une danse martiale imitant les mouvements du guerrier. En solo, la danse s'appelle le *baris Tunggal*, fascinante du point de vue technique d'autant plus que ses mouvements sont devenus la base de toute danse balinaise masculine. Il existe une vingtaine de sortes de *baris* sur l'île dont la plupart sont collectives. Ces dernières rassemblent douze à vingt danseurs exécutant un certain nombre de mouvements assez rudimentaires comme simuler une bataille avec leurs lances.

Dans les années 1930, un jeune danseur allait bouleverser le paysage chorégraphique balinais avec une nouvelle danse qui alliait la virilité farouche des danses épiques comme le *baris* à la délicatesse du *legong*. La nouveauté tenait au fait que le danseur ne se levait jamais, ne bougeant qu'au-dessus de la taille en accentuant ainsi les mouvements du torse, des bras et des mains et concentrant l'attention sur l'expression du visage du danseur. Cette danse s'appelle le *kebyar duduk*, elle naquit en écho aux rythmes rapides du gamelan *gong kebyar* et elle a inscrit à tout jamais le nom de Mario dans l'histoire balinaise.

Contemporain du *kebyar*, le *kecak* (prononcer « *kechak* »), apparaît dans les années 1930 et demeure parmi les chorégraphies emblématiques de l'île. Basée sur l'histoire du *Ramayana* (le grand poème épique balinais), la danse *kecak* est également connue sous le nom de « chant du singe » et voit un chœur d'une centaine d'hommes, torses nus et habillés du tissu *poleng*, assis en cercles concentriques et chanter « *chak* » de manière percussive en bougeant leurs mains et leurs bras. Les mots, gestes et onomatopées ont pour but d'exorciser les mauvais esprits. Dans les années 1930, Walter Spies, peintre et musicien allemand, s'est profondément intéressé à ce rituel alors qu'il vivait à Bali. Il l'a chorégraphié afin d'être joué devant un public de touristes occidentaux. C'est cette chorégraphie que l'on voit aujourd'hui partout sur l'île, notamment au Pura Luhur d'Uluwatu (p.170).

Autre chorégraphie créée par Mario, *oleg tambulilingan* ou la « danse de l'abeille » est souvent représentée dans un spectacle de *legong*. Au départ, la danse était un solo puis fut ajouté par la suite le rôle du bourdon qui vient flirter avec la belle abeille. La danse fait ressortir les caractères de coquetterie et les caprices de la douce jeune fille tandis que l'homme tente de la séduire en imitant les poses et gestes du *kebyar*.

Remontant au XVIe siècle, le *gambuh* est sans doute la plus ancienne danse balinaise, encore qu'il faille plutôt la ranger dans le répertoire du théâtre chanté. Probablement originaire de Java, le *gambuh* raconte l'histoire du prince javanais Panji, prince de Koripan qui veut épouser Raden Galuh, princesse de Daha. D'une beauté majestueuse, ce théâtre chanté et dansé n'avance pas grâce à une trame narrative, mais par la présentation successive de personnages, précédés et accompagnés de leurs serviteurs. Une représentation complète de *gambuh* compte environ 25 acteurs et danseurs et dure de 7 à 9 heures selon le répertoire. Traditionnellement, le *gambuh* n'était dansé que par des hommes, mais à présent, hommes et femmes peuvent l'interpréter.

Se situant également à la frontière de la danse, le *rejang* est à ranger parmi les rites. Uniquement exécutée dans un temple, elle concerne le genre féminin dans son ensemble, quel que soit l'âge. Toutes dansent ensemble, alignées dans un mouvement très lent processionnel et enchaînent deux pas en avant puis un pas en arrière. Les mouvements des mains sont exécutés assez bas, à hauteur des hanches et consistent en de longs retournements de la face des mains.

Le rejang peut notamment se voir à l'odalan du Pura Dalem de Batuan. C'est d'ailleurs à Batuan que sont nés et que vivent encore les plus grands danseurs de Bali. Autrement, Ubud est une des grandes villes balinaises de la danse et son Palais Royal donne chaque soir des représentations de danse. À l'est d'Ubud, on trouve le **Pura Abianbase** (p.261), où des danses traditionnelles sont souvent représentées grâce à une dizaine de troupes qui rivalisent de virtuosité. Elles vous permettront de voir les *legong, barong kedingkling, wayang wong* et le vrai *cak*, l'ancêtre du *kecak*. Citons aussi le Aman Budaya Ou Art Center de Kuta qui offre une bonne synthèse de ce que les artistes contemporains balinais peuvent produire dans les arts de la danse, de la musique et de la peinture et qui, chaque année, entre mi-juin et mi-juillet, accueille un grand festival de danses classiques ou contemporaines : le Bali artFestivasl.

Le théâtre

Partagé avec Java, le *wayang kulit*, le théâtre d'ombres est une grande spécialité balinaise. Dans ce théâtre, les marionnettes - en cuir de vache, finement ciselées et colorées – sont manipulées par le *dalang* (récitant) devant un écran. Le dalang prête sa voix à tous les personnages, chante et dirige l'orchestre de gamelan qui se tient – généralement - derrière lui. Il est littéralement un homme-orchestre, à la fois compositeur, linguiste, danseur, orateur et bien sûr acteur pour valoriser le texte, les événements et situations épiques. Les représentations du wayang ont lieu lors de cérémonies diverses (*yadnya*) mais néanmoins importantes, comme les mariages ou les limages de dents. Le wayang est à la fois un divertissement mais aussi un concentré de culture, de jeux de mots, d'à-propos politiques, de mysticismes et de croyances religieuses qui ravissent les Balinais, grands et petits.

À Bali, on peut distinguer cinq types de wayang : *Ramayana*, *Parwa*, *Calonarang*, *Gambuh* et *Cupak*. Les wayang s'inspirant du Ramayana et du Parwa sont plus ancrés dans l'imagination collective que les trois derniers. Le théâtre d'ombres figure le monde. Il met en scène le principe des contraires et de l'équilibre (*Ruwa Bineda*).

Pratique nocturne, le wayang peut également se jouer en plein jour. Dans ce cas, les figures sont plantées dans le tronc d'un bananier ou d'un palmier et les marionnettes sont manipulées au vu et au su de tous. Le wayang de jour s'appelle le *wayang lemah*.

Certains villages sont réputés pour la qualité de leur wayang kulit. C'est par exemple le cas de Sukawati. La bourgade est un des centres artistiques de Bali et abrite, par exemple, de nombreux brahmanes qui ont pérennisé l'art du *dalang*. Autrement, à Denpasar, on peut parfois, au temple de Jagatnatha (**Pura Jagatnatha** (p.107)), assister à un spectacle de marionnettes traditionnelles en cuir devant l'entrée. Citons également Oka Kartini à Ubud, où est joué tous les mercredis, vendredi et dimanche à 20h, un spectacle d'ombres chinoises.

Wayang Kuilt.

LITTÉRATURE

À Bali, où s'applique le calendrier *pawukon* qui ne compte que 210 jours, le dernier jour de l'année est férié car est célébré l'anniversaire de Sarasvati, la déesse de la Sagesse, du Savoir et des Arts. Les livres sont bénis et honorés durant ces festivités… Il est pourtant formellement interdit d'en ouvrir un de toute la journée ! Ce qui ressemble à un paradoxe trouve écho dans une île où la culture est sacrée – ce qui a été maintes fois confirmé, par exemple lorsque Bali est devenue dépositaire de l'histoire du Majapahit ou lorsque les Hollandais appuyèrent en 1928 la création de la Kirtya de Singaraja pour tenter de gommer la violence et l'assimilation coloniales – et où cependant la littérature peine aujourd'hui à se déployer, voire à trouver un public. Si les autres arts, danses ou musique, font la joie des visiteurs, de rares textes peuvent toutefois leur apporter un éclairage unique sur un peuple qui garde encore ses secrets.

L'héritage javanais

Au regard des 4 millions d'habitants que compte Bali, la vingtaine de librairies et bibliothèques qui ressortent d'une simple recherche sur internet peut sembler décevante. Pourtant, bien que les livres contemporains se fassent rares ou se destinent essentiellement à un public intéressé par la question religieuse, l'île peut néanmoins s'enorgueillir d'un riche passé littéraire que l'on se plairait à faire remonter au VIIIe siècle grâce aux « stupika » retrouvées près de Pejeng. Ces figurines d'argiles, ornées de textes bouddhistes, ont effectivement été datées de cette époque lointaine. Guère plus récent, à Sanur s'admire un pilier de pierre, dit Prasasti Blanjong, gravé a priori en l'honneur de Sri Kesari. Trois chiffres paraissent mentionner une date que l'on rapprocherait de l'année 914 de notre calendrier. Cependant, si l'on s'en tient à des supports plus conventionnels, et bien qu'à Bali ceux-ci soient volontiers faits de feuilles de palmier (lontar) et non de notre traditionnel papier, il est d'usage de scinder la littérature en trois phases qui correspondent à trois langues : vieux-javanais, moyen-javanais et balinais. Avant d'évoquer ces époques, il est nécessaire de recontextualiser en rappelant les liens qui unirent Bali et sa proche voisine, Java, car c'est bien sur cette île que commence l'histoire, doux mélange de réalité et de fiction. Ainsi, le *Nagarakertagama*, attribué au poète de cour Mpu Prapanca qui l'aurait écrit en en 1365, raconte comment Gajah Mada, Premier ministre de Hayam Wuruk, le souverain fondateur du royaume javanais de Majapahit, aurait conquis Bali après en avoir vaincu le roi, décrit comme un monstre à tête de cochon doté de pouvoirs magiques. Il est dit alors que cette victoire s'accompagna d'un enrichissement culturel puisque, au contact des Javanais, les Balinais s'ouvrirent à de nouvelles formes artistiques, théâtre, danse et musique, et furent initiés à différents courants en sculpture, architecture et peinture. La légende veut encore que quand le Majapahit céda à son tour à l'invasion des Musulmans du royaume de Demak en 1527, les artistes et religieux javanais trouvèrent refuge à Bali. Dans les faits, à l'heure de cette guerre, le mythique Majapahit n'existait déjà plus, mais il est par contre vrai que d'une manière ou d'une autre Bali se trouva récipiendaire d'une culture qui n'était initialement pas la sienne, et qu'elle la préserva à l'image d'un gardien de musée. Cet héritage se concrétise dans la littérature en vieux-javanais et moyen-javanais, orale et manuscrite, dont il est bien difficile de juger si elle est legs ou si elle est l'œuvre de Balinais. Le fait que certains documents aient été retrouvés sur l'île ne confirme ni l'un ni l'autre, mais la question reste toujours sensible à notre époque. Ce corpus comprend le ***Nagarakertagama***, précédemment cité, qui est un long poème épique à la gloire d'Hayam Wuruk dont des copies ont été disséminées à Bali mais aussi à Lombok, une autre île de l'archipel de la Sonde, auquel on pourrait associer le *Paranton* (*Livre des Rois*), généalogie des souverains javanais depuis l'ère du Singasari, royaume qui avait précédé le Majapahit. Mais cet ensemble s'étoffe également de « kidung » écrites en moyen-javanais. Ces chansons de geste peuvent être chroniques guerrières comme dans le *Kidung Rangga Lawe* qui raconte la révolte du prince de Tuban contre le roi de Majapahit, mais également histoires d'amour tragiques à l'instar du *Kidung Sunda* dans lequel une demande en mariage vire à la lutte de clans, ou du *Calon Arang*, du nom d'une sorcière qui sema la désolation car sa fille ne trouvait pas de prétendants. Enfin, certains textes de la dernière période s'intéressent plus spécifiquement à l'histoire de Bali, ils appartiennent au registre des « balads », ces chroniques dont les historiens cherchent encore à démêler le vrai du faux. L'ensemble de ces manuscrits est généralement classé par les intellectuels en six catégories, les manuels – mystiques ou scientifiques – représentant une part non négligeable.

Colonisation et indépendance

L'union entre Java et Bali s'achève à la fin du XVIIIe siècle lorsque les derniers princes du Blambangan, à l'est de Java, se détachent du royaume de Mengwi, prêtent allégeance à la VOC (Compagnie néerlandaise des Indes Orientales) et se convertissent à l'islam. De nouveaux venus sont en effet présents sur cette scène du bout du monde, et l'arrivée des Anglais au début du XIXe siècle n'arrange rien aux guerres de territoire. Le mitan du siècle n'est guère plus serein, les Néerlandais s'imposant au nord de Bali par une violence dont le paroxysme sera atteint lors d'une troisième expédition militaire à laquelle le roi de Buleleng et sa cour rétorqueront par un « puputan », un suicide collectif… Les raisons qui poussent les Hollandais à assouplir leur joug au début du XXe siècle, notamment en préservant la culture locale, sont certainement nombreuses mais se traduisent en littérature par la création en 1928 d'un musée-bibliothèque dans l'ancien palais royal de Singaraja, devenu Maison de la Culture, qui abrite désormais plus de 3 000 manuscrits sur ôles.

D'aucuns assurent que les années 1930 et 1950 se montrent favorables à l'apparition d'écrivains – bien que l'on puisse penser que ceux-ci explorent surtout la voie nationaliste, mais seule la renommée de deux auteurs a vraiment franchi les frontières, qu'elles soient géographiques ou linguistiques. Le premier est Putu Oka Sukanta, né en 1939, qui s'empare de la plume alors qu'il n'a que 16 ans. Ses aspirations seront interrompues par la peine de prison qu'il subira en 1966, à une époque où son pays – indépendant depuis 1949 – vit de graves troubles politiques. Surmontant la censure en publiant à l'étranger, il est à l'origine d'une œuvre abondante dont le lecteur français aura la chance d'avoir un aperçu grâce au Forum Jakarta-Paris qui a traduit *Le Voyage du poète* en 2010, et aux éditions Les Indes savantes qui ont publié ses mémoires en 2013 sous le titre *Dignité !* Ces titres sont néanmoins à chercher sur le marché de l'occasion, tout comme *Télégramme* (Picquier, 1992) qui est pourtant une bonne porte d'entrée sur le travail de Putu Wijaya, écrivain prolixe et multiforme qui a vu le jour en 1944. Fou de théâtre depuis toujours, il s'est tour à tour fait journaliste, romancier, directeur de troupe et cinéaste, une passion qui lui a valu une belle réputation et plusieurs récompenses, tant en Indonésie qu'en Europe. Pour conclure sur une note optimiste, le UWRF (Ubud Writers & Readers Festival) comptabilisait autour de 15 000 visiteurs en 2023, contre 300 lors de la première édition de 2002, preuve s'il en faut que la littérature balinaise est très attendue. Ce chiffre, toutefois en baisse par rapport aux années précédentes, s'explique notamment à cause des restrictions post-COVID qui ont eu un impact sur la participation internationale.

TOP 10

LECTURE

Mal connue, pas traduite, peu féconde, la littérature balinaise ne jouit pas de conditions optimales pour parsemer les tables de nos librairies. Il est pourtant possible de faire connaissance avec l'île paradisiaque grâce à quelques ouvrages de référence, dans tous les styles, de l'essai à la romance.

BALI

Une édition de luxe bilingue qui magnifie les photographies de Quentin de Biey, aussi à l'aise avec l'art du portrait qu'avec celui du paysage.
Quentin de Brieu, *éditions Louis Vuitton.*

BALI : 50 ANS DE CHANGEMENTS

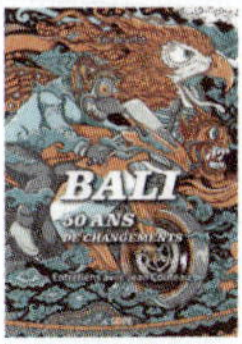

© ÉDITIONS GOPE

En 16 chapitres et autant d'entretiens avec Jean Couteau, journaliste installé en Indonésie depuis 50 ans, un retour sur ce dernier demi-siècle.
Jean Couteau et Eric Buvelot, *éditions Gope.*

SANG ET VOLUPTÉ À BALI

© ÉDITIONS DU SONNEUR

Au début du XXe siècle, la colonisation par les Néerlandais entraîne un suicide collectif au sein de la population native. Retour sur cet épisode tragique.
Vicki Baum, *éditions du Sonneur.*

MANGE, PRIE, AIME

© ÉDITIONS LE LIVRE DE POCHE

Un changement radical de vie qui se fera en trois étapes, l'ultime étant Bali où Elizabeth Gilbert découvrira le secret de la sérénité retrouvée.
Elizabeth Gilbert, *éditions Le Livre de Poche.*

LE BONHEUR ÉTAIT LÀ

© ÉDITIONS HUGO ROMANS

Enzo, atteint d'une grave maladie, s'exile à Bali. Il demande à sa meilleure amie de le rejoindre pour l'aider à secourir les enfants des rues.
Claire Zamora, *éditions Hugo Romans.*

BALI, JAVA, EN RÊVANT

© ÉDITIONS FOLIO

Un périple très personnel amène l'auteure à réfléchir à ses besoins : évasion, philosophie et imagination.
Christine Jordis, *éditions Folio.*

LA COMPLAINTE DE GECKO

© ÉDITIONS DIDIER JEUNESSE

Un conte balinais pour les enfants à partir de 3 ans, ou l'apprentissage de l'art du vivre-ensemble.
Marie Brigone et Élodie Nouhen, *éditions Didier Jeunesse.*

QUELQUE CHOSE DE BALI

© ÉDITIONS NANIKA

Un portrait intime des Balinais, de leurs valeurs et de leurs traditions, à travers leur vécu et leur quotidien.
Alexia Dréau, *éditions Nanika.*

BOROBOUDOUR

© ÉDITIONS DU SONNEUR

En décembre 1950, un an après la proclamation de l'indépendance, l'auteur s'aventure à Bali et en revient avec un portrait singulier de l'île.
Roger Vailland, *éditions du Sonneur.*

KO, TRAQUE À BALI

© ÉDITIONS LE LIVRE DE POCHE

La fille d'un cheikh de Dubaï est enlevée. Kali et Odys vont enquêter à Bali, où elle a été vue pour la dernière fois.
Alex de Brienne, *éditions Le Livre de Poche.*

A L'ÉCRAN

Traversé tout au long du XXe siècle par le colonialisme ou la censure des régimes autoritaires, le cinéma indonésien a eu des difficultés à s'imposer jusque dans les années 1970-1980, où films d'action, comédies et mélodrames hauts en couleur ont prospéré, marquant profondément la culture populaire. Il ne se limite néanmoins pas à ce registre pop : on trouve aujourd'hui un cinéma indépendant émergent, qui, à travers le documentaire ou la fiction, traite des préoccupations sociales et politiques qui touchent l'Indonésie contemporaine (religion, genre, inégalités, etc.). Bien que les salles de cinéma proposent encore 99 % de films américains, le cinéma d'auteur indonésien se fait remarquer sur la scène internationale, renouvelant l'image du pays. Et l'île de Bali, avec sa culture et son paysage uniques, constitue une source d'inspiration sans limite pour les réalisateurs du monde entier, qu'il s'agisse de films romantiques ou de documentaires engagés.

D'un cinéma colonial à un cinéma national

Dans la première partie du XXe siècle, ce sont principalement des productions étrangères, en majorité américaines, qui sont diffusées en Indonésie. Si quelques films documentaires locaux voient le jour, ils restent minoritaires, et il faut attendre 1926 pour voir sur les écrans le premier film produit en Indonésie : *Loetoeng Kasaroeng* des néerlandais G. Kruger et L. Heuveldorp, malheureusement disparu aujourd'hui. Au cours des années 1930, à l'instar de la fratrie Wong, nombreux sont les réalisateurs et producteurs chinois à s'intéresser à la scène indonésienne, et la majorité de l'industrie cinématographique appartient à des familles chinoises. Avec la Grande Dépression, la production locale est fortement ralentie, et seules les productions hollywoodiennes se maintiennent sur les écrans.

Alors que les films s'adressent avant tout à un public chinois, ils commencent néanmoins à s'ouvrir à un public natif et se détournent peu à peu de thèmes mythologiques pour s'inspirer de la réalité locale. Représentatif de cette tendance, le drame amoureux *Terang Boelan* (Pleine Lune) d'Albert Balink rencontre un franc succès en 1937. Cela marque un tournant dans la production locale qui se développe significativement au cours des années 1940, aussi bien dans la lignée romantique de *Terang Boelan,* que dans une veine plus intellectuelle et engagée, dans le contexte d'un mouvement nationaliste alors en plein essor.

Après des décennies difficiles, le renouveau des années 1970-1980

Mais l'occupation japonaise met une fin brutale à cette période prospère, accaparant les moyens de production pour le cinéma de propagande. Avec le gouvernement Soekarno, la production locale reprend mais le cinéma est utilisé exclusivement à des fins nationalistes et anti-impérialistes tandis que les importations étrangères sont interdites. Avec le régime du Nouvel Ordre de Soeharto, la censure est sans compromis, mais quelques figures pionnières émergent néanmoins, à l'instar d'Usmar Ismail, premier grand réalisateur indonésien. Son film le plus connu à l'étranger est *Fighters for Freedom* (1961), qui relate la lutte d'indépendance indonésienne contre les occupants hollandais et français. Un incontournable pour comprendre l'histoire politique du pays !

Il faut attendre les années 1970-1980 pour que l'industrie nationale s'épanouisse réellement, avec un cinéma populaire qui rencontre un franc succès. Ce cinéma local compte de nombreuses comédies comme celles qui font jouer la fameuse troupe des « Warkop » ou l'épique *Naga Bonar* (1987, avec une suite en 2007), ainsi que des films d'action comme *Catatan si Boy* (1989). L'industrie locale est très dynamique, pour le meilleur comme pour le pire, avec un bon nombre de mélodrames et films d'arts martiaux à l'affiche. Mais un cinéma plus politique se développe aussi, avec notamment le film *Tjoet Nja 'Dhien* (1988) d'Eros Jarot, sélectionné au Festival de Cannes en 1989. Cette prospérité ralentit néanmoins dans les années 1990, le cinéma américain et le cinéma hongkongais prenant le dessus, et la production locale se limite souvent à des séries B.

Un cinéma indépendant en plein développement

Depuis les années 2000 néanmoins, le cinéma indonésien connaît un essor de plus en plus important. Avec la fin du régime de Soeharto, un cinéma indépendant a pu se développer, avec

Le Tanah Lot a servi de décor dans le film de Marc Esposito, Toute la Beauté du Monde.

des films abordant des sujets plus politiques comme la religion, les discriminations liées au genre ou la condition des minorités ethniques. On pense par exemple à *Lovely Man* de Teddy Soeriaatmadja qui relate la rencontre entre une jeune femme musulmane très pratiquante et son père, une prostituée transgenre. Présenté au Festival international du film de Busan en Corée du Sud en 2011, le film a connu un grand succès à l'international mais a été très critiqué en Indonésie par des groupes religieux. Un autre réalisateur clé du cinéma d'auteur contemporain indonésien est Garin Nugroho. Avec son film de 2018 *Memories of my body,* très applaudi par la critique locale et internationale, il livre des représentations contrastées de la masculinité et de la féminité, incarnées au sein d'un même corps, renouant ainsi avec les traditions indonésiennes où cinq genres différents sont reconnus.

Découvrir Bali à travers le cinéma contemporain

Pour se préparer à découvrir Bali, rien de tel que le visionnage de quelques films clés qui mettent en scène l'île des dieux. Les deux documentaires du réalisateur balinais Putu Kusuma Widjaja *The North Wind* (2010) et *On mother's Head* (2013), permettent de découvrir la vie quotidienne des Balinais et les difficultés auxquelles ils doivent faire face, loin des clichés touristiques. On n'y découvre pas les plages de sable blanc mais plutôt, avec simplicité et sincérité, comment la population fait pour subvenir à ses besoins au quotidien. Deux autres documentaires pour comprendre l'île dans toute sa complexité sont *Cowboys in Paradise* d'Amit Virmani (2011), qui dévoile le tourisme sexuel qui sévit à Bali et *The Act of Killing* de Joshua Oppenheimer (2013), un film violent qui traite du massacre des communistes indonésiens en 1965. Deux réalisatrices françaises, Sandrine Chopin et Elsa Émilie Martin, présentent également avec *Mama Christine* la rencontre entre une enfant balinaise et une femme d'affaires française, qui décide de s'engager dans l'éducation de la jeunesse balinaise à travers l'action humanitaire. Dans un genre plus romantique, on trouve côté cinéma français *Toute la beauté du monde* de Marc Esposito (2006), où l'on découvre notamment les rizières de Jatiluwih, le Tanah Lot ou encore Ubud. Sans oublier le très populaire *Mange, prie, aime* de Ryan Murphy, qui met en scène Julia Roberts en quête de l'âme sœur au sein de paysages balinais superbement filmés.

Pour une expérience cinématographique sur place, ne pas manquer le Minikino Film Week / Bali International Short Film Festival, un événement annuel fondé en 2015 qui propose des courts-métrages d'ici et d'ailleurs, avec une volonté de faire du visionnage une vraie expérience collective, avec des projections suivies de discussions, de débats, etc. Le festival se tient dans une dizaine d'espaces différents sur l'île, des « cinémas pop-up » qui permettent de la découvrir hors de sentiers touristiques.

SOCIÉTÉ

La structure sociale des Balinais est complexe. Le premier lien est déterminé par sa parenté (*wangsa*) et sa caste (*kasta*), établie au XVIe siècle par les Javanais. Le second lien par son village, son clan, son *banjar*. À présent, il est de bon ton de prendre ce problème de castes avec le sourire, mais qui vit à Bali un petit moment sait bien que les relations de castes demeurent une structure essentielle. Dans le *Rig Veda*, le plus vieux texte liturgique mondial, la bouche du dieu devint la caste des brahmanes, ses bras devinrent les *satria*, ses cuisses les *wesya* et ses pieds les *sudra*. Les castes ont donc métaphoriquement l'apparence d'un corps et quand on sait à Bali ce qu'on réserve aux pieds… La société est également marquée par des rites de passage : à l'âge adulte pour les adolescents ou dans la société pour les mariés. Vous l'aurez donc compris, cette société hindouiste est très attachée à ses coutumes et ses traditions.

Le système de caste

Les Javanais introduisirent le système de castes lorsqu'ils conquirent Bali en 1343. Avec ses princes vassaux, ses rois guerriers et ses marchands, cette institution sociale va chercher ses racines dans l'Inde profonde, environ en 4000 av. J.-C., quand Brahma fut sacrifié et coupé en petits morceaux pour créer les choses de ce monde. Le mythe védique justifiait une stricte division féodale de la société, mais Bali hérita d'un système déjà fortement édulcoré par les Indo-Javanais. A la fin du XVIe siècle, le système de castes javanais s'était établi dans toute l'île et perdure encore.

Les castes sont l'une des conséquences des principes du karma et samsara, c'est-à-dire de la foi en la fructification de ses propres actes (*karma phala*), ou dans le processus de la naissance et de la mort (*samsara*), c'est l'existence du système de caste balinais avec lequel l'individu hérite de son statut comme étant la conséquence des actes de la vie antérieure. A Bali, on ne peut donc perdre sa caste, puisque c'est la naissance et la vie antérieure qui gèrent et définissent l'avenir et le retour dans son propre système de parenté. Il y a pourtant une exception et elle est de taille : une femme *satria* par exemple perdra les avantages de sa caste si elle se marie avec un *sudra* – l'inverse en revanche est moins vrai. Mais avec le temps et le développement du tourisme, on peut voir à Bali des phénomènes sociaux qui ont largement dépassé les problèmes de castes et du pouvoir qui leur étaient auparavant dévolus. A présent, on peut voir des *satria* chauffeurs de taxi emmener un *sudra* fort riche à l'aéroport !

A la tête de cette hiérarchie, *Triwangsa* qui signifie les trois peuples, à savoir les brahmanes, les *satria* et les *wesia*, ou les prêtres, les guerriers et les marchands. Ces trois castes privilégiées constituent environ 10 % de la population, et sont respectées par les *sudra*, les roturiers.

La caste des *sudra* représente 90 % de la population balinaise et forme ce qu'on pourrait appeler la roture. Ceux qui appartiennent à cette caste ont échappé aux principes de rejet indien comme les « Intouchables » à qui on ne confie que certaines tâches considérées comme impures. Pourtant, ils possèdent certains privilèges, en particulier le privilège quasiment religieux de choisir parmi eux les *sungguhu* pour chasser les mauvais esprits et autres démons qui hantent la vie et les nuits balinaises.

Les enfants et l'éducation

Les plus petits sont pris en charge par les plus grands. Ils sont libres et ont tout l'espace à leur disposition. Les garçons d'un côté, les filles de l'autre, ils parcourent les rizières en emmenant les canards, attrapent les libellules et les embrochent sur de petites badines de bambou. Les plus gracieux apprennent la danse, d'autres, assis sur les genoux de leur père et mains dans les mains, s'initient à la musique, le soir, au *banjar*. Le reste vit malicieusement, occupe et délimite l'espace de leur culture. Ils forment des petites bandes et arpentent le village, quelquefois suivent les touristes, offrent leur savoir-faire. Les enfants balinais sont peu bruyants. Ils pleurent peu, les accès de colère sont rares. Certaines cérémonies viennent marquer la fin de l'enfance, celles du limage de dents par exemple qui souligne le passage de l'enfance à l'adolescence. Cette cérémonie, importante et spectaculaire, consiste à limer et égaliser les dents pour empêcher toutes similitudes avec les dents d'animaux, acérées et pointues, signes de bestialité et d'impureté.

La plupart des enfants balinais vont à l'école (qui a lieu le matin) jusqu'à l'âge de 16 ans.

© ROSIE FRASER - SHUTTERSTOCK.COM

Ecolières à Ubud.

Excepté dans les villages ruraux très pauvres, quand les parents ont besoin de l'aide de leurs enfants à la ferme ou aux champs, les enfants balinais apprennent donc à lire et à écrire l'indonésien, ce qui explique le très haut taux d'alphabétisation de l'île comparé au reste de l'Indonésie. L'apprentissage de l'anglais est bien moins développé, mais reste également une langue enseignée à l'école.

De surprenants rites liés au mariage

C'est la fonction naturelle de tout être humain adulte. Au départ, les travaux d'approche, pendant la fin de l'adolescence. Aux bains, par exemple. Les jeunes hommes et les jeunes filles peuvent prendre leur bain quotidien à distance respectueuse dans la rivière, en jetant quelques coups d'œil furtifs. Toutes ces joutes de regards font partie de la « drague », que ce soit du côté des filles comme des garçons. Après le bain, le soir, selon la disposition des maisons, on se retrouve à plusieurs, au marché de nuit, où l'on discute et rit. L'affaire devient plus sérieuse quand la fille accepte de se faire conduire quelque part sur la motocyclette du prétendant. Assise en amazone, elle défie les copines en riant sous cape. C'est là un témoignage de confiance que le garçon se fera fort de mettre à profit. Après deux ou trois *jogèd bumbung* (spectacles musicaux) et quatre ou cinq *drama gong* (théâtres balinais), l'affaire est dans le sac. Le prétendant ira chez la fiancée en faisant sa demande avec peur et défi, tandis qu'elle lui apportera thé et café en baissant la tête avec pudeur et respect. Les copains attendent dehors. Les familles s'en mêlent et il faut convenir de toutes les cérémonies, rites et jours propices au mariage… Ou alors il y a enlèvement de la jeune fille sur la *sepeda motor* du prétendant qui l'emmène dans la forêt sans autre forme de procès. Le père de la fiancée s'époumone, le village entre en ébullition, des bandes de jeunes s'organisent pour retrouver les fugueurs… et ne les trouvent pas. La romance se termine par le retour satisfait et l'œil lumineux du couple fugueur. Le vin est tiré, il faut le boire. Le mariage sera décidé par consentement forcé avec parfois du soulagement chez les deux familles qui n'ont plus besoin de dépenser tant d'argent pour les fiançailles et les cérémonies du mariage.

Santé et retraite

Le régime de santé balinais est calqué sur la politique du gouvernement indonésien. En 2010, le gouvernement indonésien a mis en place une réforme intitulée « *Healthy Indonesia 2010* », afin de faciliter l'accès aux soins, notamment pour les habitants pauvres vivant en milieu rural. Cette politique est toujours en cours et tend à combler ces inégalités. Les provinces bénéficient d'une plus grande autonomie pour la gestion et la mise en place d'équipements en évaluant les besoins auprès des populations directement sur le terrain. Ainsi, la population bénéficie de la sécurité sociale qui est financée par l'État, avec une épargne obligatoire des citoyens et de l'entreprise pour laquelle ils travaillent le cas échéant, dans un fonds de prévoyance. Concernant les infrastructures, hôpitaux publics et cliniques privées sont présents surtout dans les grandes villes avec tous les équipements modernes nécessaires. L'accès aux soins n'est donc pas une problématique sur l'île, excepté dans les villages éloignés et pour les populations à faibles revenus.

© PAULPRESCOTT72 - ISTOCKPHOTO.COM

Mariage traditionnel balinais.

En revanche, les cliniques privées du sud sont réputées offrir des soins de meilleure qualité. L'assurance santé universelle a été mise en place en 2014. Ainsi, l'espérance de vie a tendance à augmenter ces dernières décennies : 69 ans pour les hommes et 73 ans pour les femmes, alors qu'en 1990, elle était de 53 ans en moyenne pour les hommes et les femmes confondus. Dans le même temps, le taux de mortalité tend à diminuer puisqu'il est estimé à 6 %.

En Indonésie, les salariés sont couverts par un régime de retraite à cotisations définies mis en place dans les entreprises. L'âge normal de la retraite est fixé à 58 ans, mais ce n'est pas une obligation.

Les coutumes balinaises

Cette société hindouiste qu'est la société balinaise, tout en étant localisée dans un pays musulman et en vivant au contact d'étrangers, surtout depuis le développement du tourisme, est très attachée à ses traditions et à ses coutumes. Même si elle est très fortement hiérarchisée, le respect de l'autre, quelle que soit sa caste, y est une valeur dominante. Chacun s'adresse à son interlocuteur en haut balinais, dans le style soutenu qu'exigent les circonstances. Pour éviter l'impair lorsqu'on parle à un inconnu, le plus simple est de recourir à l'ambigu *Ibu* (mère) pour « madame » ou *Bapak* (père) pour « monsieur ». Il existe aussi, en guise de salut, un clin d'œil balinais mais utilisé seulement entre amis. La communication physique est importante pour les Balinais. Vous pourrez voir des enfants ou même des adultes du même sexe se tenir par la main ou par les doigts sans que cela n'implique la moindre connotation sexuelle.

En revanche, et cela vaut pour le touriste, on se gardera d'embrasser son ami(e) ou son conjoint dans la rue : cela serait très mal vu. Le sourire étant la manière la plus simple d'établir le contact, et les Balinais n'étant pas méfiants, ils sourient en toute occasion. Les Balinais parlent toujours doucement, sans élever la voix et sans montrer la moindre émotion. Si l'on parle un peu trop fort, ils croient qu'on est en colère et sont paralysés.

Pour les Balinais, la partie inférieure du corps est impure. Ainsi, désigner quelque chose avec son pied peut être pris pour une grave insulte par un Balinais. Pour des raisons similaires, il y a peu encore, il était inconvenant de porter des shorts. Le milieu du corps étant neutre, les Balinaises allaient autrefois les seins nus. La tête passe pour la partie du corps la plus sacrée. La fontanelle étant considérée comme la porte de Shiva, par laquelle l'âme vient au corps, personne ne doit toucher le haut de la tête de quelqu'un d'autre.

Les Balinais et les Indonésiens en général sont un peuple très propre. Ils se baignent au moins deux fois par jour, tôt le matin et en fin d'après-midi, au coucher du soleil. Ne leur rendez pas visite à ces moments-là. Ils ont l'habitude aussi de se coucher tôt, alors n'allez pas chez eux après 21h. Excepté lors des grandes occasions comme le mariage, les gens ont l'habitude de se rendre visite les uns aux autres sans prévenir. S'il vous arrive de le faire, apportez un *oleh-oleh* (souvenir) qui fera toujours plaisir. Si c'est à vous qu'un cadeau est offert, vous êtes redevable d'un cadeau en retour. Lors des cérémonies, la place que chacun occupe dépend de son statut social. Si vous êtes invité à déjeuner ou à dîner chez un Balinais, ne soyez pas surpris qu'il garde le silence. L'action de manger est une pratique individuelle qui ne s'accompagne pas forcément de discussions. Certaines personnes peuvent s'isoler pour manger et le font très rapidement.

POPULATION

On évalue la population de Bali à plus de 4 millions d'habitants (700 hab/km²), répartis entre hindouistes (93%), musulmans (6%), chrétiens (1%) et une poignée de bouddhistes. Bali comptait 2 100 000 habitants en 1970, la population a doublé en 40 ans ! On peut parler de surpopulation, ce qui n'est pas à confondre avec une explosion démographique. En fait, il s'agit d'un vaste mouvement d'immigration. Cette surpopulation a des conséquences sur le modelage du paysage balinais. Le développement urbain a entraîné une plus grande mobilité à l'intérieur de l'île. Les Javanais (musulmans) sont nombreux à avoir quitté leur île natale pour tenter leur chance dans l'industrie du tourisme de Bali. En Indonésie, plus de 540 dialectes sont parlés, parmi lesquels les langues régionales de chaque île. Le balinais, langue maternelle de beaucoup d'autochtones, est souvent parlé avant la *bahasa Indonesia*, langue officielle du pays depuis 1928.

Une population principalement répartie dans le sud

La présence de musulmans à Bali, île majoritairement hindouiste, s'explique ainsi : dans les années 1930, 2 % des Balinais musulmans de souche étaient constitués de mercenaires auprès des anciens royaumes. Ces anciens serfs, marchands ou médecins pratiquaient l'échange traditionnel de femmes et occupaient des terres inhabitées sous la protection des rois balinais locaux.

Par la suite, une nouvelle vague de musulmans arriva en tant que fonctionnaires sous la férule des Hollandais et se sont implantés, se mariant avec des Balinaises ou amenant leurs femmes avec eux. Les nouveaux musulmans sont arrivés dans les années 1970 en tant que marchands.

L'île des Dieux vivant principalement du tourisme, les Balinais du nord rural ont migré vers le sud, là où se concentre le plus gros du tourisme. La capitale Denpasar, proche de l'aéroport est la plus peuplée avec près de 900 000 millions d'habitants. Kuta et Ubud, dans le centre, culturel, font partie du top 3 des régions les plus peuplées de Bali. L'exception de ce classement concerne Singaraja, proche de Buleleng, dans le nord qui compte pas moins de 100 000 habitants.

Beaucoup de Balinais, implantés aux alentours directs de Denpasar depuis peu, participent à la vie de nouveaux *banjars* mais gardent néanmoins des liens avec leur *banjar* d'origine, ce qui déséquilibre la répartition des tâches sociales. A l'origine, le *banjar* correspondait à un groupe de maisons avec son temple et son autel, mais, de nos jours, les *banjar* ont été dispersés et ne correspondent plus à une organisation strictement territoriale. Deux *banjar* peuvent occuper le même territoire et ses membres habiter à plusieurs kilomètres du noyau de la communauté. Il constitue une communauté appelée *banjar suka duka*, ou « association partageant la joie et la peine ». Ses fonctions spécifiques (les *ayahan*) vont en effet de l'aide apportée à un de ses membres dans la préparation de son mariage ou pour répondre à une requête du gouvernement local, à la construction d'une tour de crémation au cimetière. Mais ces fonctions incluent également des activités liées à la vie d'un temple : entretien, préparation d'une cérémonie, etc.

Une langue officielle, un dialecte local et une langue touristique

Tout État moderne a besoin d'un moyen de communication commun à tous. C'est ainsi que les différents langages régionaux de l'archipel se sont progressivement et imperceptiblement immiscés dans la *bahasa Indonesia*, devenue langue officielle du pays en 1928. Le deuxième congrès indonésien de la jeunesse avait alors encouragé la formation d'une langue nationale unifiée : « *Satu nusa, satu bangsa, satu bahasa* » (un pays, un peuple, une langue). L'indonésien (*bahasa Indonesia*) est en grande partie dérivé du malais, dont il est très proche, et émaillé de sanskrit, d'arabe, de persan, de chinois, de néerlandais, de portugais et plus récemment de français et d'anglais, mais à toute petite dose.

Cette langue est plus complexe qu'il n'y paraît pour un francophone, avec des suffixes et affixes accolés à des mots qui en forment de nouveaux. Sans oublier le niveau de langage, soutenu ou familier, qu'il est très important d'appliquer lorsque l'on communique avec un Indonésien.

À Bali, où les enfants sont largement scolarisés, il est très rare que les habitants ne parlent pas indonésien, sauf dans les régions rurales très pauvres et reculées.

© SOLSTOCK - ISTOCKPHOTO.COM

Le balinais est parlé par une grande partie des habitants de l'île, bien qu'il tende à être oublié. Cette langue possède plusieurs niveaux en rapport avec le système de castes et compte beaucoup de dialectes. Peu de gens, hormis les notables, se risquent à l'employer, de peur de commettre un impair. Son écriture, très complexe, est en train de se perdre (presque aucun Balinais, hormis certains représentants de la caste de brahmanes, ne sait écrire le balinais). Les premiers écrits balinais remonteraient au XIe siècle. L'écriture proviendrait de l'écriture *palava*, originaire du sud de l'Inde.

À Lombok, si l'indonésien est très largement répandu, c'est le *sasak* qui est à l'honneur, puisque plus de 85 % des habitants sont issus de cette ethnie. Également appelé *bali sasak*, ce langage d'origine austronésienne comporte également des formes de politesse et dérive plus directement du balinais que de l'indonésien. Contrairement à ceux de Bali, les habitants de Lombok parlant anglais ne sont pas légion, car l'île attire moins de touristes, donc il n'est pas superflu de connaître quelques formules indispensables en *sasak*.

Les Bali-Aga de Bali, minorité résistante

Ce qu'on appelle les Bali-Aga, ou Balinais d'origine, sont les communautés qui ont échappé à l'influence indo-javanaise de Majapahit et des cours balinaises qui s'en sont inspirées. Leur différence tient en deux points essentiels : ils ont gardé leurs lois coutumières (*Adat*) et leurs terres. Quelques villages, comme Tenganan, trahissent encore leurs lointaines coutumes que l'on peut souvent rattacher à d'autres coutumes nousantariennes encore en vigueur dans le reste de l'archipel et tout particulièrement à Nusa Tenggara. *Aga* signifie montagne et désigne évidemment les endroits qui ont pu le plus facilement échapper aux influences étrangères en défendant leurs terres moins accessibles. Des chroniques font état d'un village appelé Aga, sur les pentes du mont Raung, à Java-Est d'où serait venu Rsi Markandya, dont on dit qu'il fut le fondateur du premier temple de Besakih au VIIIe siècle. La culture *bali-aga* serait alors un mélange d'influences venant de l'ouest par Java et ses civilisations remontant avant Majapahit, et d'influences venant de l'est et du nord-est, en particulier des Nousantariens qui auraient investi les différentes îles avant de parvenir à Bali. Au centre du village de Tenganan se situe le *balé agung*, ou pavillon du conseil. Les *Bali-Aga* ont conservé de nombreux bâtiments collectifs qui font penser à certaines entités architecturales et politiques encore en vigueur à Sumba ou même à Kalimantan. Les arts *bali-aga* ne connaissent pas le divertissement ou le concert musical. L'art est ici rituel et correspond à des fonctions et une esthétique précises. Ainsi, la beauté du *rejang* réside plus dans l'atmosphère de grandeur et de déférence aux ancêtres qu'aux vêtements d'apparat et aux magnifiques coiffures constituées de fleurs d'or martelées.

RELIGIONS

L'hindouisme est la religion la plus importante de Bali. Une incongruité dans ce qui est considéré comme le plus grand pays musulman au monde ! À Lombok, l'écrasante majorité des habitants est musulmane. Il y a peu de sociétés où la religion tienne un rôle aussi important qu'à Bali, où célébrations et offrandes semblent se succéder de façon presque ininterrompue. Les Balinais pensent ou agissent toujours en se référant à la direction de la montagne, demeure des dieux. Ils ne commencent pas un travail sans avoir au préalable consulté un prêtre pour savoir si le jour et l'heure sont favorables, données déterminées par la place des dieux et des démons dans la roue cosmique du temps. Dans la mythologie balinaise, Barong (lion à crinière) et Rangda (sorcière) représentent respectivement le bien et le mal. Ils symbolisent la dualité bien-mal présente en chaque être humain. On les célèbre lors de danses où le bien parvient à triompher du mal.

L'hindouisme balinais

La religion pratiquée par la majorité des Balinais est une branche locale de l'hindouisme appelée *Agama Hindu Dharma*. L'hindouisme balinais est un amalgame de croyances indigènes, de bouddhisme et de shivaïsme d'origine indienne. L'hindouisme est shivaïque alors que le bouddhisme appartient à la forme tantrique du bouddhisme dit du Grand Véhicule que l'on retrouve en Chine, au Tibet, en Corée et au Japon. Le nom d'*Agama Hindu Dharma* est le produit d'une récente rationalisation de la religion, qui s'appelait auparavant *Agama Tirta*, ou « religion de l'eau lustrale », ou *Agama Siwabuddha*, un mélange de shivaïsme et de bouddhisme originaires du Java classique. La philosophie indienne a fourni le cadre théologique tandis que les croyances indigènes ont nourri les rituels. C'est dans le culte des éléments naturels et des ancêtres que ces dernières croyances sont les plus visibles.

La nature y est perçue comme un « pouvoir » et chacune de ses composantes est l'émanation d'un ou plusieurs esprits qui ont leurs autels et sont nourris par différentes offrandes (*sajen*), faites de produits locaux agricoles. Un autre aspect de cet animisme apparaît dans le rôle que joue la montagne comme refuge des dieux et des ancêtres.

Quand un Balinais meurt, le rituel de la mort est signifié comme un « retour à la maison », vers le « vieux pays » au-dessus de la montagne. Comme l'origine de l'eau est localisée dans les volcans, desquels vient le courroux des dieux, la montagne occupe le pôle de la pureté, *kaja*, alors que le pôle de l'impureté est *kelod*, la mer. Cet axe *kaja-kelod* détermine l'organisation spatiale des rites et des architectures aussi bien que les gestes de la vie : par exemple, on dort la tête dans la direction de la montagne.

L'hindouisme balinais est la religion la plus pratiquée.

Besoin de nature ? Par ici la sortie !
petit futé.com
Avis et conseils rédigés par des auteurs du cru depuis 45 ans
SELJALANDSFOSS - ISLANDE
63° 36' 56.243'' N 19° 59' 18.848'' W

Les ancêtres et les dieux gardent ainsi continuellement le contact avec les vivants. Danses et offrandes les font descendre pendant les fêtes de temple, où ils sont les bienvenus, mais ils peuvent aussi être appelés à se manifester grâce aux supplications d'un médium. La religion balinaise est connue dans le monde entier pour la magnificence de ses rituels.

La conception de l'existence

Conformément à la croyance hindouiste, toute âme est soumise au principe de transmigration (*samsara*). L'incarnation, qui lie l'âme au corps, est une condition infernale que chacun s'efforce d'interrompre par le *moksa*, ou illumination ultime. Dans le *moksa*, l'âme individuelle et le corps rejoignent leurs équivalents cosmiques. Pour l'âme, l'âme divine, appelée *paramatma*, et pour le corps, les cinq éléments primordiaux, à savoir le feu, l'eau, la terre, l'air et l'éther.

La réincarnation d'une âme humaine est un processus à la fois humain et cosmique. Quand un homme et une femme font l'amour, leur union est le résultat de forces cosmiques, de deux principes mâle (*purusa*) et femelle (*pradana*) : ils participent ainsi de la rencontre divine du dieu amour Asmara et de la déesse lune Ratih. Dans l'union sexuelle s'unissent les éléments rouge et blanc du désir (*kama bang* et *kala petak*) comme symboles respectifs du sperme et de l'ovule. Cette union cosmique est accompagnée de la descente d'une âme ancestrale qui arrive tout droit de la bouche de l'enfer ou de son domicile au-dessus de la montagne. A partir de ce processus de fécondation se crée le « petit monde » (*bhwana alit*) qui est, en tant qu'être humain, une combinaison de matière et d'esprit. Toutes les phases suivantes de la vie, de la grossesse à la naissance, de la naissance à la mort, et éventuellement de la mort à l'après-mort, seront accompagnées de cérémonies rituelles. La fonction de ces rituels est d'attacher l'âme au corps, avant la naissance, et de l'accueillir au monde, puis de l'accompagner tout au long de son existence, et finalement de l'aider à échapper aux liens terrestres et de rejoindre le vieux pays des origines où elle fusionnera avec l'âme du monde (*paramatma*).

Les offrandes rituelles

De simples offrandes sont préparées chaque jour (au moins trois fois par jour), alors que d'autres sont soignées pour des circonstances exceptionnelles. Ces *canang* doivent être esthétiquement réussies et elles nécessitent une grande dépense de temps et d'énergie. Les feuilles de palmier sont découpées minutieusement, tressées et épinglées ensemble en des formes décoratives (*jejaitan*). Des gâteaux de riz multicolores (*jajan*) sont modelés en de petites sculptures et même en des scènes entières à la symbolique significative. A bien des égards, les offrandes sont une expression de l'art balinais. Une ordinaire *pula gembal* comporte des douzaines de figurines de pâtes de riz différentes dans un panier en feuilles de palme. Dans une cérémonie importante, un *odalan* par exemple, ces figurines forment un cône spectaculaire que les Balinaises portent sur leur tête, jusqu'au temple, lors de gigantesques processions. En plus des *canangs* faites par la communauté, chaque famille apporte les siennes. Ces offrandes prendront place dans le temple selon leur destination et leur fonction. Celles dédiées aux dieux et aux ancêtres seront placées sur des autels élevés, arrangés par le *pemangku*, et celles offertes au démon resteront sur le sol. La grande différence est que ces dernières contiennent de la viande crue, contrairement à celles, cuisinées, destinées aux ancêtres ou aux dieux.

© NACIVET ART PHOTOGRAPHY

Temple Ulun Danu Beratan.

Les rites sacrificiels

Les rites ont pour but d'apaiser les forces et les puissances qui peuvent provoquer, dans le déroulement harmonieux des choses, des perturbations telles que mauvaises récoltes, éruptions volcaniques, périodes de sécheresse… Les *caru*, offrandes sacrificielles, sont destinées non pas à l'anéantissement, impossible, des puissances démoniaques, mais au rétablissement du bon équilibre de toutes choses. Dans ces propitiations, les sacrifices d'animaux et la présence du sang ont une importance cruciale. Pour les *caru* importants, on préparera des *satay* (*saté* et *jejatah*) faits de différents morceaux de porc, de canard, de bœuf et de tortue, ainsi que le *lawar*, un hachis de viande contenant du sang, de la noix de coco et certains légumes.

DÉCOUVRIR

Église catholique de Palasari.

Pour le rite d'apaisement et de purification destiné aux gardiens des points cardinaux, on sacrifiera un bœuf vers le sud, un canard vers l'ouest, une chèvre noire vers le nord, une oie vers l'est et, au centre, une poule aux diverses couleurs. Les démons appréciant grandement le sang des coqs de combat, le combat rituel de coqs (*tabuh getib*) est encore important.

Les rites funéraires

Dans la conception cyclique balinaise, la mort est le retour aux origines. Les rites quotidiens sont la réalisation symbolique du passage vers la libération. A leur mort, les corps ne sont pas immédiatement brûlés, pour des raisons essentiellement pécuniaires. Ils sont généralement enterrés jusqu'à une date propice ou jusqu'à une crémation collective. Seule la noblesse peut se permettre une crémation quelques jours ou quelques semaines après la mort. Dans tous les cas, la raison de la crémation est la même. Le corps, ou son effigie, est brûlé et les cendres dispersées dans la mer, ce qui signifie que les composants matériels, les éléments qui constituent le corps humain, rejoignent leur équivalent cosmique, les cinq éléments (*Panca Maha Butha*).

Le rituel de la crémation est relié à un symbolisme cosmique. La tour de crémation est une réplique du cosmos. Le corps est mis dans le monde central des humains (*madiapada*). Le sarcophage, dans lequel le corps est brûlé, est le véhicule de l'envol de l'âme. La crémation n'est en aucun cas l'occasion de démonstrations de deuil, d'affliction ou de douleur. On expose d'abord le corps dans la demeure du défunt. Le pavillon est richement décoré de rubans, de fleurs, de miroirs… Puis, on place le corps dans un sarcophage que l'on recouvre d'un linceul (*rubrub*). Les jours précédant la crémation, les villageois (les membres du ou des *banjar*) construisent un pavillon en bambou (*balé pawedaan*) dans lequel le *pedanda* viendra préparer les eaux lustrales essentielles à la purification. Lorsque le rituel est enfin accompli, le moment est venu d'accompagner le corps vers le *pura dalem*, lieu de la crémation. On hisse le corps dans une niche (*balé spatika*) de la tour par un escalier (*raren*). La tour repose sur une base carrée de bambou. Les tours de crémation des *satria* peuvent atteindre vingt-cinq mètres de haut et sont pagodées (*tumpang*), c'est-à-dire que, comme les *meru* des temples, elles possèdent un nombre impair de toits superposés, pouvant aller jusqu'à onze. La tour de crémation est parfois précédée d'un long serpent décoré, le *nagabanda*, qui est supposé devenir le véhicule du défunt dans sa quête des lieux célestes. On placera ensuite le sarcophage sur le bûcher, après avoir procédé à de nouvelles purifications. Auparavant, le feu rituel était observé complètement ; à présent, on asperge le bûcher de matières inflammables. Les flammes mettront quelques minutes à envahir le sarcophage et la tour.

Les communautés religieuses chrétiennes

Les chrétiens, voulant s'implanter à Bali, furent découragés à la fois par les Balinais et par les Hollandais. On leur demanda de s'implanter dans l'Ouest, le plus loin possible de la « balinité » afin de préserver la population de ces influences religieuses extérieures. C'est pourquoi les deux villages sont perchés dans les collines de l'ouest de Bali, au nord du village de Melaya, là où personne ne voulait vivre. Les protestants s'installèrent dans le village de Belimbingsari, tandis que les catholiques choisirent le site de Palasari. Pour leurs édifices religieux, tous deux s'inspirèrent curieusement de l'architecture balinaise, en utilisant le *kulkul* ou le *meru*, ou en imitant les façades de temple. Leurs églises valent le coup d'œil. Celle de Palasari est un gigantesque édifice de pierre blanche rappelant l'architecture baroque du Nouveau Monde. Le temple protestant de Belimbingsari est moins impressionnant, mais il est étonnant de voir les influences balinaises, jusque dans les statues chrétiennes !

QUE RAPPORTER ?

Avant de partir à Bali, gardez de la place dans votre valise, car il y a de fortes chances pour que vous reveniez avec plusieurs souvenirs. L'île des Dieux est connue pour son artisanat riche et son orfèvrerie. Le textile et la maroquinerie plairont autant aux personnes en quête d'une tenue de plage, de vêtements de grande marque à bas prix, que d'habits traditionnels. Quelques spécialités balinaises, épices, café et liqueurs, qui supportent bien le voyage en avion, raviront les papilles de vos proches. Les plus téméraires pourront revenir avec un souvenir indélébile qui est le tatouage traditionnel à l'aiguille. Un conseil, évitez les phrases en balinais si vous n'êtes pas certains de la traduction... Hormis dans les magasins, les prix sur les marchés ne sont généralement pas affichés, il faut alors absolument négocier ! Une astuce : venir dès l'ouverture pour faire baisser les prix. La première vente porte bonheur au vendeur.

Attention à la provenance et à la qualité des textiles

L'Indonésie est réputée pour son artisanat textile dont les plus belles étoffes parent les costumes traditionnels de cérémonie. La technique de l'ikat, ancienne, consiste à teindre le fil avant de le tisser. A partir de ces tissus en soie et en coton sont confectionnés les *sarongs*, sortes de paréos que l'on met autour de la taille, indispensables pour visiter les temples. On en achète un peu partout sur l'île. Mais c'est à Legian que viennent se fournir la plupart des boutiques de Bali. Achetez-les donc directement auprès du « fournisseur » à tarifs compétitifs, et avec un large choix de couleurs et de modèles.

Sans entrer dans les détails des autres techniques d'ikat, sachez que si l'on vous vend un tissu *geringsing* en vous certifiant qu'il est vrai, ne vous laissez pas avoir. Tissé à Tenganan par les Bali-Aga, ce modèle est très rare et très coûteux. Les Bali-Aga ne les vendent pas. L'on vous aura alors surtout proposé des copies faites à Java. Enfin, prenez garde à la vente de couvertures de l'île de Sumba qui sont pratiquement toutes des faux, tissées à Java en série et que l'on vend à des prix exorbitants, entre 500 et 3 000 dollars. Même les boutiques des grands hôtels le font !

Pour trouver de belles pièces neuves, rendez-vous au marché de Denpasar.

Les *prada* consistent en placage de feuilles d'or ou de peintures d'or sur un batik ou une pièce de tissu finie. On l'utilise beaucoup dans les costumes de danse et on le trouve en abondance au marché de Sukawati.

Les marques de vêtements balinaises sont vendues dans de nombreuses boutiques et sur les marchés. A bas prix vous agrémenterez votre garde-robe de tee-shirts, shorts, maillots de bain, tuniques... Rendez-vous par exemple dans la boutique Biasa de Seminyak ou au marché d'artisanat de Kuta, où l'on y trouve essentiellement de la fripe malgré son nom trompeur.

Objets en noix de coco et souvenirs classiques

Ce fruit typique d'Indonésie que vous aimerez boire ou manger est aussi utilisé pour fabriquer de beaux objets à partir de son écorce. Vous trouverez alors des sacs, boucles d'oreilles, objets de décoration et bien d'autres en noix de coco.

La vannerie, qui consiste à tresser des fibres végétales, s'ajoute aux autres arts de l'île. Sacs, paniers, boîtes... le choix est vaste selon vos préférences et celles des personnes à qui vous penserez rapporter un souvenir.

Bien entendu, dans les lieux touristiques, vous tomberez sur d'innombrables boutiques de souvenirs en tout genre, classiques, comme des cartes postales, tasses, tee-shirts et autres objets « *I love Bali* »... Peu authentiques mais qui marqueront votre passage sur l'île des Dieux.

Un bijou en argent

Un autre souvenir incontournable à rapporter est un bijou en argent. À Bali, l'argent à 95 ou 92,5 % provient des mines de Java et Sumatra. Le village de Celuk est considéré comme le fief de l'orfèvrerie et plus particulièrement du bijou en filigrane. Une mise en garde néanmoins si vous vous rendez à Celuk avec un tour-opérateur ou un guide : ces derniers perçoivent une commission allant jusqu'à 60 % des ventes effectuées dans les boutiques où l'on vous aura déposé ; ce ne sont peut-être pas alors les meilleures boutiques. De nombreux joailliers se trouvent à Denpasar, Seminyak comme Reva Jewellery (p.137), Ubud, Kuta, Legian et Sanur. Ces derniers pourront vous sertir sur demande des bijoux, assurant alors une pièce d'orfèvrerie unique.

Peinture, céramique et sculpture

Les galeries d'art et les boutiques d'artisanat sont bien établies sur le territoire. La peinture (scènes traditionnelles peintes sur toile) fait partie des nombreux talents balinais, tout comme les objets en céramique. Visitez le marché d'artisanat d'Ubud.

© EVANS WINANDA WIRGA - SHUTTERSTOCK.COM

Confection de batik.

Dans le village de Mas, principalement, vous rencontrerez le long de la route de nombreuses galeries de sculpture sur bois, comme la Tantra Gallery. Les pièces sont variées et le talent indéniable. Les masques en bois constituent un beau souvenir authentique à rapporter. C'est un savoir-faire transmis de génération en génération. Les masques représentent des animaux, dieux ou démons. Le plus sacré est celui du Barong, l'équilibre entre le bien et le mal. Les sculpteurs vous raconteront même la signification du masque choisi, puisqu'ils sont tous uniques lorsque vous achetez auprès d'artisans. Pour faciliter le transport, optez pour un format miniature. A noter qu'un peu partout à Bali sont en vente des sculptures de Bouddha. Or, les Balinais ne sont pas bouddhistes mais hindouistes.

Encens, huiles essentielles et cosmétiques

Quelle est cette bonne odeur à l'entrée des temples ou des boutiques ? Il s'agit probablement d'encens aromatique nommé dupa. Vous en trouverez partout sur l'île avec plusieurs choix d'odeur. Une fois allumés les dupas ont des vertus relaxantes.

Du côté des produits de beauté, les cosmétiques (savons, huiles de massage, produits de gommage, crèmes...) sont produits à partir d'herbes et fleurs locales, surtout la citronnelle.

Gastronomie

Sur les marchés, dans les magasins de souvenirs ou dans les supermarchés, plusieurs spécialités balinaises pourront repartir avec vous afin d'emporter des saveurs balinaises pour poursuivre le voyage jusque dans la bouche. Il s'agit de la *pie susu*, de mini tartes au lait vendues emballées à l'unité ou en boîte. Pour un réveil énergique, achetez le café kintamani, au goût fruité de miel et citron.

Parmi les innombrables épices, le piment est le condiment phare de la cuisine indonésienne et balinaise. Il en existe sept variétés. Vous en trouverez au marché d'Ubud. Si votre palais occidental n'est pas habitué, optez pour le piment le moins fort et demandez conseil.

La fleur de sel récoltée à Bali est d'excellente qualité. Il est possible d'en acheter auprès des vendeurs ambulants à Ubud.

Les boissons locales typiques sont toutes alcoolisées. Cela commence par le *tuak*, décoction blanchâtre à base de vin de palme, que l'on peut définir comme du cidre très acide. Vous en croiserez au bord des routes dans des bouteilles en plastique.

On ne se l'imagine pas forcément mais il existe bel et bien du vin balinais. Les vignes sont cultivées dans le nord à Sanggalangit, les chais dans le sud à Sanur. Les bonnes bouteilles coûtent moins de 15 euros.

Enfin, l'arak est un alcool fort compris entre 35 et 50 % qui se vend dans beaucoup de boutiques souvenirs. Prenez bien de l'arak commercialisé et non vendu à la sauvette car on ne sait pas ce qu'il contient alors et cela peut s'avérer dangereux à la consommation.

Musique et marionnettes

Comment repartir avec l'un des imposants instruments traditionnels de Bali, gamelan, genggong, guntang, rindik entre autres ? En achetant une version miniature vendue sur les marchés locaux, ou dans des magasins de musique à Ubud et autour de Denpasar principalement.

Vous remarquerez que beaucoup de locaux portent un collier avec un grelot. Il s'agit d'une boule de Gamelan, en argent, fabriquée à la main. Le bruit entendu en agitant un peu le collier est apaisant et supposé réduire le stress. Chaque modèle est unique.

Les marionnettes du *warang kulit* (théâtre d'ombres), en cuir et en bois, montées sur des tiges en bambou sont emblématiques de la culture indonésienne. A rapporter sans hésiter, mais attention à leur taille assez grande, entre 25 et 70 cm.

SPORTS ET LOISIRS

À Bali, si certains bars diffusent du football, de la boxe thaïe ou du mmA, ce sont certaines activités traditionnelles qui déplacent les foules comme les très populaires courses de buffles. Même interdits, les combats de coqs (clandestins) continuent à être organisés dans les montagnes. Côté activités, la superbe nature sauvage balinaise offre une foule de possibilités aux visiteurs. Dans l'eau, on peut s'adonner aux joies du surf, de la plongée sous-marine, du snorkeling, de la planche à voile, de la pêche et de toutes les activités nautiques motorisées (jet-ski, ski nautique, bouées tractées, parachute ascensionnel, etc.). De nombreux visiteurs aiment les excursions en bateau pour observer les dauphins sauvages, très nombreux vers Lovina Beach. Mais sur terre aussi, les options ne manquent pas, entre les randonnées pour partir à l'assaut des volcans, le rafting, le VTT ou le golf. Les sportifs ne s'ennuieront pas à Bali !

Les traditionnelles courses de buffles

Les courses de buffles traditionnelles, le Mekepung, ont lieu chaque année entre septembre et octobre à Negara sur la côte ouest et au mois d'août à Lovina au nord de Bali. L'attelage réunit deux buffles blancs, coiffés et les cornes emmaillotées. Ces deux bestiaux ont fière allure et la course, longue de deux kilomètres, provoque l'enthousiasme délirant des spectateurs. Les équipes sont choisies en fonction de leur situation par rapport à la rivière Ijo Gading. Avant la course proprement dite, les *kerbau* (buffles) paradent devant la foule comme des majorettes. L'attelage est confectionné en bois et laisse la place à un pilote. Les gagnants font marquer des points à leur équipe, mais on note également le style du pilote et de l'attelage. Les spéculations vont bon train, même si les paris ont été interdits à Bali en 1981.

Une destination mythique pour le surf

Bali est La Mecque du surf en Asie : des spots pour débutants de la célébrissime plage de Kuta (p.124)aux *breaks* réservés aux plus experts des *riders* sous les falaises d'Uluwatu, les vagues balinaises attirent à chaque saison sèche (d'avril à octobre, quand souffle le vent) des surfeurs du monde entier, qui viennent se mêler aux locaux. Il existe généralement une fois par an une grande compétition internationale de surf. Petit à petit, Bali a acquis une notoriété mondiale et offre tout simplement l'un des plus beaux spots d'Asie du Sud-Est. À noter, toutes les boutiques de surf ou les agences spécialisées sont concentrées dans le sud de l'île, à Kuta et Legian.

De beaux spots de plongée

Malgré les immenses dégâts qu'ont subis les récifs coralliens autour de la côte, Bali possède toujours de magnifiques sites de plongée sous-marine ou de snorkeling. Le panorama est mille fois plus beau que dans un aquarium tropical. Dans une eau turquoise, on nage avec des poissons de toutes les formes et de toutes les couleurs évoluant au-dessus de coraux tout aussi surprenants.

Les plus célèbres sites de plongée se trouvent sur la côte est, entre Sanur et le Nord-Est du côté de Tulamben et d'Amed. Les îles de Nusa Penida, Nusa Lembongan ont des fonds riches en faune et en flore. À l'extrême ouest, l'îlot de Menjangan, inhabité et protégé, semble être l'un des plus beaux sites de plongée, tandis que les 7 000 hectares de coraux du Parc national Bali Barat, non loin de Gilimanuk et de Menjangan vous réservent de belles surprises.

Il vous faudra prendre contact avec les organismes de plongée locaux et ne pas oublier vos diplômes. Faites-le dès votre arrivée (voire avant) ou réservez en spécifiant ce que vous savez faire et votre niveau technique. Les organisateurs pourront ainsi constituer des noyaux homogènes.

Les principales certifications comme les PADI, SSI ou cmAS sont reconnues. Vous trouverez sur place tout l'équipement dont vous avez besoin mais quelquefois en piètre état. Vous louerez des combinaisons assez épaisses en raison de la température de l'eau en dessous de 20 mètres.

Bon nombre de centres agréés pour la plongée à Bali accueillent les plongeurs certifiés, mais peu vous offriront la possibilité technique de vous faire passer un brevet. Plusieurs centres vous proposent des stages d'initiation qui comportent des cours théoriques et pratiques en eau peu profonde. Les prix des stages d'initiation sont pour la plupart peu onéreux et ne devraient pas dépasser 50 US$ pour une plongée.

© KRISTINA VACKOVA - SHUTTERSTOCK.COM

Exploration des fonds-marins balinais vers Nusa Penida.

Sur terre, de belles possibilités

▶ **Randonnée.** Les îles de Bali et de Lombok offrent de belles possibilités de balades aux visiteurs. L'ascension du volcan Batur (p.304) (1 717 m) est, pour beaucoup, l'un des « sommets » d'un séjour à Bali. On peut soit la réaliser avec une agence depuis Ubud ou le nord de l'île de Bali, soit contracter directement un guide local dans la région du lac. Pour les randonneurs, il faut aussi citer le volcan Batukaru, le deuxième plus haut sommet de Bali (2 276 m), les lacs volcaniques de Tamblingan et Buyan, l'ascension du Mont Gunung Agung, le toit de Bali (3 142 m), les rizières de Sidemen ou encore l'ascension du Mont Rinjani à Lombok (un trek exigeant de trois jours en général, mais compliqué à organiser depuis le tremblement de terre de 2018 ; renseignez-vous).

▶ **Descente ou balade en VTT.** Les sessions de VTT se font principalement au départ d'Ubud, mais c'est possible depuis toute l'île. On vous monte en voiture et vous redescendez en vélo, visitant les villages ou vous effectuez toute la randonnée sur votre monture. Compter entre 40 et 80 $US (vélo, équipement et déjeuner compris).

▶ **Rafting et kayak.** Amateurs de sensations fortes, on vous emmènera au centre de l'île, dans les zones montagneuses évidemment. Les meilleurs spots sont vers la rivière (sungai) Ayung, près d'Ubud, et dans l'est sur la Sungai Telagawaja, près de Muncan. Sur la côte sud-ouest, on peut citer Medewi et Balian. Question organisation, on vient vous chercher à votre hôtel et on vous y ramène en général. Et les excursions comprennent le déjeuner. Pour avoir assez d'eau, la période la plus indiquée pour le rafting est la saison humide, soit de novembre à mars-avril.

▶ **Golf.** L'île compte quatre terrains de golf de renommée internationale : le Bali National Golf Club (p.160) en bord de mer à Nusa Dua ; le Bali Handara Kosaido Country Club, au bord d'un lac et perché à plus de 1000 mètres d'altitude à Bedugul ; le Bali Beach Golf Course, un petit parcours de neuf trous dans la station touristique de Sanur ; et, enfin, le New Kuta Golf, qui surplombe les falaises du Bukit.

Spas, yoga et massages

On trouve des spas partout pour se faire du bien et tester des thérapies en tout genre. Dans les hôtels haut de gamme, mais pas seulement. Vous pourrez aussi vous initier ou vous perfectionner en yoga, une fois encore dans les hôtels, les spas ou les centres spécialisés. Ubud est le haut lieu du yoga à Bali. Quant aux massages, on vous en proposera partout. Bref, n'hésitez pas à vous faire chouchouter !

GASTRONOMIE

Enclave hindoue dans un pays à 86 % musulman, Bali fait figure d'ovni dans le paysage gastronomique indonésien. Héritière d'un passé riche et complexe, cette petite île volcanique comme le reste de l'archipel offre des terres fertiles où pousse le riz, élément essentiel de la cuisine balinaise. Une cuisine qui – tout en cultivant ses propres caractéristiques – reprend les basiques de la gastronomie indonésienne faisant honneur au tempeh, au lait de coco, aux nouilles ainsi qu'à une foule de légumes, que l'on déguste dans les *warungs*. Attention aux palais sensibles, les spécialités balinaises peuvent être très pimentées. En effet ici on utilise une diversité presque déconcertante d'épices, dont certaines sont quasiment introuvables en Europe. La noix de coco, le riz et le sucre de palme sont monnaie courante en pâtisserie, sans oublier de succulents fruits tropicaux. Enfin, à Bali vous pourrez siroter le *kopi luwak*, le café le plus cher du monde.

Produits caractéristiques et restaurants

Pierre angulaire du quotidien des Balinais comme des Indonésiens en général, le riz est omniprésent. On retrouve sur l'île des rizières en terrasse spectaculaires et des systèmes d'irrigation (subak) vieux de plusieurs siècles. Mais les cendres volcaniques rendent aussi les sols balinais très fertiles pour une foule de légumes : tomate, patate douce, épinards, citrouille, haricots verts, soja, concombre, chou bok choy, etc. Bali est unique en Indonésie car ici la viande de bœuf – très commune dans le reste du pays – est quasiment inexistante sur cette île majoritairement hindoue alors que le porc très rare ailleurs en Indonésie est largement consommé. Le poulet – très populaire – et le canard viennent compléter le tableau. Poissons, crevettes et calamars sont également très appréciés. Les végétariens et les végans goûteront au tempeh une sorte de pain de graines de soja fermentées grâce à une levure, donnant un produit ressemblant à du nougat mais au goût de champignons et de noix. Le tofu est également commun.

La cuisine balinaise fait un usage extrêmement généreux d'épices en tout genre et pour les palais non avisés elle peut paraître parfois un peu trop pimentée. On retrouve des dizaines d'aromates différents dont plusieurs sont natifs d'Indonésie comme le clou de girofle ou la noix de muscade. Le bumbu ou basa gede est une pâte d'épices fraîches utilisée dans un nombre incalculable de plats balinais. Elle se compose d'ail, de piment, d'échalote, de noix de muscade, de gingembre, de curcuma, de sucre de palme, de cumin et de pâte de crevettes, mais peut contenir de nombreux autres ingrédients.

Parmi les autres condiments citons la sauce soja claire, le *kecap manis* (une sauce de soja caramélisée épaisse), le terasi (pâte de crevettes) ainsi que les sambal qui sont des sauces ou des relishes avec comme ingrédient commun le piment. On retrouve ainsi le *sambal kecap* (sauce soja, piment, échalote), le *sambal matah* (émincé de piment, ail, citronnelle) et le sambal embe (échalote caramélisée et piment).

Si la cuisine balinaise se déguste dans tout type de restaurants, le warung est le lieu à découvrir pour les amoureux d'authenticité. Quelques tables, des bancs délimités par des toiles suspendues, des planches ou des bambous, ici la cuisine est souvent bien meilleure que dans les restaurants chics pour touristes. Le warung est le point de rendez-vous des locaux, on mange, on discute, on boit du café, bref c'est un lieu social inimitable à tout petit prix. Sinon régalez-vous auprès des vendeurs ambulants – kaki lima – qui proposent plein d'en-cas savoureux. Pour un peu plus de confort cependant, les rumah makan sont des warungs construits en dur sous forme de grandes cantines.

Bakso.

© ARIYANI TEDJO - SHUTTERSTOCK.COM

Nasi goreng.

Spécialités indonésiennes et balinaises

On retrouve bien sûr à Bali les grands classiques de la cuisine nationale comme l'immanquable *nasi goreng* – le plat national indonésien – du riz sauté au *kecap manis* avec crevettes, poulet, œuf au plat et légumes ou le *mie goreng*, où le riz est remplacé par des nouilles de blé. Les satés/satays sont de petites brochettes de viande (bœuf, poulet, agneau, porc, etc.) servies avec une sauce crémeuse et pimentée à la cacahuète (*bumbu kacang*). Beaucoup de plats sont accompagnés de *nasi lemak* ou riz infusé au lait de coco.

Parmi les plats de viande les plus prisés de Bali, le *bebek betutu* est souvent réservé aux grandes occasions. Ce canard garni de pâte d'épices (*bumbu*) puis enveloppé dans des feuilles de bananier nécessite une très longue cuisson. Sinon, autre plat de fête, le *babi guling* est un cochon de lait rôti à la broche farci de piments, d'ail et de gingembre. L'*iga babi* est une recette de ribs de porc laqué au piment et au *kecap manis* alors que le *soto babi* est une soupe de porc finement épicée. Enfin l'*urutan* est une saucisse de porc.

Sinon goûtez au *sate lilit* à base de viande hachée (porc, poulet, poisson) épicée et pressée autour d'un bâton de citronnelle plus grillée. Le *bakso* est un type de boulettes de viande de bœuf que l'on savoure souvent grillées ou servies avec des nouilles dans un bouillon. Côté mer on retrouve beaucoup de poissons, crustacés et mollusques simplement grillés. Quant au *mujair nyat-nyat* c'est un poisson d'eau douce – tilapia – garni avec une pâte d'épices (*bumbu*). Citons aussi le *telur balado*, des œufs durs dans une sauce pimentée.

Plat complet, le *nasi campur* est un cône de riz servi avec des satés, du tempeh, des cubes de bœuf, du curry de légumes et des chips soufflées aux crevettes (*kropok*). Sinon le *nasi jinggo* est une portion de riz enveloppée de feuilles de bananier avec diverses accompagnement (poulet frit, nouilles, etc.). Côté légumes goûtez au *jukut urab*, un mélange de légumes sautés avec de la noix de coco râpée ou au *lawar* qui y ressemble beaucoup mais continent un peu de viande hachée. Enfin le *tipat cantok* est une salade servie avec une sauce aux arachides contenant du *tipat* (boulettes de riz vapeur) et des légumes variés.

Desserts et fruits

Les desserts balinais – à l'image de l'Asie du Sud-Est – sont relativement simples avec comme ingrédients récurrents le trio riz-coco-sucre de palme. Citons le laklak, une petite crêpe à la noix de coco râpée et au sucre de palme fondu, souvent colorée en vert. Le bubur sumsum est une bouillie de riz avec sauce au sucre de palme et noix de coco râpée alors que le bubur injin est un porridge de riz gluant noir avec la même garniture. Les bantal (coussin en indonésien) sont des paquets de riz gluant, noix de coco, sucre et fruits (souvent bananes) enveloppés dans des feuilles de palmiers. Les sumpings sont des types de gâteaux à la farine de riz enveloppés dans des feuilles de bananier et cuits à la vapeur. Ils peuvent contenir de la citrouille (sumping waluh) ou à la banane (sumping biu). Mais on retrouvera également une quantité incroyable de fruits tropicaux savoureux. Bien sûr il y a les incontournables mangues, bananes, ananas ou papayes. Mais d'autres espèces plus rares méritent le détour. Comme le ramboutan (une sorte de litchi poilu), le mangoustan (un fruit violet à la peau épaisse qui cache une pulpe blanche sucrée et délicate) et le salak ou fruit du serpent (un fruit brun à la peau écailleuse qui renferme une chair blanche au léger goût d'ananas, souvent préservé dans du sirop).

On n'oubliera pas le jacquier – un énorme fruit à la peau verte et bosselée – dont la chair dense et fibreuse est très appréciée comme un substitut à la viande pour les currys.
Mais bien sûr impossible de ne pas citer le durian. Cet énorme fruit ressemblant à une masse médiévale couverte de piquants renferme une chair jaune et crémeuse. Son odeur prenante, à mi-chemin entre un oignon en décomposition et des chaussettes sales, l'a rendu interdit dans les avions ou dans les chambres d'hôtel ! Son goût est apparemment plus doux, voire délicieux et incomparable selon les locaux. A tester donc.

Café, boissons fraîches et alcool

On retrouve en Indonésie le café le plus cher au monde, le kopi luwak dont le nom vient du luwak un petit mammifère proche de la genette d'Europe. Cet animal raffole en effet des baies de café. Ses enzymes digestifs n'attaquent pas cependant les graines qui sont ensuite récupérées dans les excréments du luwak, nettoyées et torréfiées. Cette pré-digestion donnerait au café un goût inimitable. Une rareté qui a un coût: entre 200 et 1000 €/kg soit 50 € la tasse de café!
Attention toutefois il existe non seulement beaucoup de contrefaçon, mais surtout ce procédé a entraîné une dérive beaucoup moins glorieuse : les luwaks sont bien souvent enfermés dans de minuscules cages et gavés de baies de caféier pour produire plus vite le fameux kopi luwak. Bien se renseigner en amont. On trouvera également du thé (teh) indonésien, généralement parfumé au jasmin et fumé. On apprécie le teh panas manis (thé chaud sucré), le teh panas tampa gula (non sucré), le teh jeruk panas (thé chaud à l'orange), le teh jeruk nipis panas (thé chaud au citron), le teh jahe (thé au gingembre), etc.

Il existe aussi de nombreux jus de fruits. Testez par exemple l'es jeruk, sorte d'orangeade au calamansi, un agrume à mi-chemin entre un citron vert et une mandarine, incroyablement parfumé. Sinon l'es buah est une mixture aux couleurs fluo, composée de lait concentré, de divers sirops, de noix de coco râpée, de cubes de gelée, et de glace pilée. On aime ou on déteste.
Bien que majoritairement musulmane, l'Indonésie a gardé de la présence coloniale néerlandaise un certain savoir-faire concernant le brassage de la bière (bir) avec notamment la création de la première brasserie du pays, fondée par Heineken en 1929. On retrouve dans le pays plusieurs variétés de bière blonde, les plus connues étant la Bintang, l'Anker et la Bali Hai qui, malgré son nom, est brassée à Java. La seule bière artisanale fabriquée à Bali, dans le nord de l'île, près de Lovina, est la Storm (le brasseur est allemand). Bien que difficile à trouver, elle est excellente.
Si historiquement il n'existe pas de viticulture à Bali, depuis la fin des années 1990 quelques vignerons ont tenté l'expérience. Ainsi on produit du vin rosé Hatten qui est vinifié à Sanur, au sud-est de l'île, mais dont les raisins viennent du nord de Bali, près de Singaraja. Sans être un grand cru, il est fort agréable, léger et acidulé. Il est aussi bien moins cher que les vins importés d'Europe ou d'Australie.
Les moins frileux s'essayeront à l'arak, un alcool fort (35-50°) à base de riz ou de vin de palme fermenté puis distillé, que l'on mélange à du miel (arak maduh) et à du citron ou encore à du soda. Dans les villages reculés, on vous en proposera peut-être un distillé maison en guise de bienvenue, et dans les stations balnéaires de l'île, il est à la base de nombreux cocktails. A ne pas confondre avec l'arak libanais, une eau-de-vie de raisin parfumée à l'anis. Enfin le brem est un vin de riz gluant (5-14°). Assez sucré, il peut se boire frais au repas.

Torréfaction traditionnelle du kopi.

AGENDA

Votre séjour à Bali sera très certainement l'opportunité d'assister à un festival artistique ou à une fête religieuse, tant ils font partie intégrante de la vie balinaise. L'île, réputée pour la richesse de son patrimoine culturel, est le théâtre de nombreuses célébrations, allant des festivals traditionnels aux anniversaires des temples. En effet, chaque temple balinais célèbre sa fondation lors d'une cérémonie appelée « *odalan* », et avec des milliers de temples dispersés à travers l'île, il y a de fortes chances que vous soyez témoin de l'un d'eux durant votre séjour. La particularité de Bali réside également dans son calendrier unique de 210 jours, ce qui entraîne des variations considérables dans les dates de ces festivités d'une année à l'autre. Si vous êtes curieux de découvrir les traditions locales, les événements culturels de Bali rythment l'année et sont une porte ouverte sur l'âme spirituelle et artistique de l'île.

NYALE

KUTA

Vers février/mars à Lombok.

Sur la plage de Kuta, des milliers de Sasaks se rassemblent pour récolter des vers marins (les Nyales) fluorescents puis pour les manger (en grillade ou crus) et profiter de leurs prétendues vertus aphrodisiaques. La fête dure toute la nuit, ponctuée par des joutes poétiques et des spectacles de gamelan. Pittoresque et traditionnelle, cette pratique est considérée comme annonciatrice d'une bonne récolte pour l'année à venir mais pas seulement. On associe la fertilité de la terre à la fécondité humaine, et les adolescents sont à la fête durant la pêche.

NYEPI

29 mars 2025 et 19 mars 2026.

C'est le Nouvel An balinais (en fait hindou) et la principale fête. Le lendemain de la cérémonie, un couvre-feu très strict est instauré dans toute l'île ; aucun avion, bus, voiture ou bateau ne peut circuler, ni même aucun piéton, sauf exception pour les musulmans si la célébration tombe un vendredi. Il est également interdit de faire du bruit, d'utiliser l'électricité, la lumière, d'écouter de la musique. Place à la méditation, et même au jeûne pour certains. Si vous venez quelques jours avant, vous pouvez assister au rituel de purification.

MELASTI

En général, 3 jours avant la fête du Nyepi.

Célébrée partout dans l'île quelques jours avant la Nyepi (le Nouvel An Hindou), le Melasti est une cérémonie de purification accompagnée de grandes processions dans toute l'île. Des effigies et d'autres symboles sacrés sont transportés dans des temples. Les cortèges se dirigent ensuite vers la mer pour s'y purifier. Une cérémonie à ne pas manquer tant les processions organisées pour le Melasti sont impressionnantes. Un parfait exemple de la culture des rituels hindouistes, qui fait honneur au surnom de Bali : « l'Île des Dieux ». On adore.

BALI SPIRIT YOGA FESTIVAL

UBUD

www.balispiritfestival.com

Au printemps, entre mars et mai, dates variables d'année en année. En 2025 : du 7 au 11 mai.

Un festival de musique, de danse et de yoga qui rassemble des globetrotteurs du monde entier. Plus d'une centaine d'ateliers sont proposés et étalés sur quatre jours et cinq nuits. Un événement à ne pas manquer pour tous les curieux de la culture balinaise, mais aussi pour les amoureux de la méditation, du yoga, du bien-être et de la naturopathie. Le Bali Spirit Yoga Festival est ce que l'on peut faire de mieux pour apprendre ou réviser différentes postures de yoga, se détendre et prendre le temps d'apprécier des cours donnés par des spécialistes.

BALI ARTS FESTIVAL

DENPASAR

De mi-juin à mi-août : les dates peuvent changer d'année en année.

Le festival de Denpasar propose des spectacles de danse, du théâtre, des ateliers artisanaux, etc. Cet événement est une occasion idéale pour découvrir la scène culturelle balinaise, tant il regroupe tout ce qui peut se faire dans le folklore de l'île. De nombreuses expositions et performances sont organisées chaque jour à toute heure de la journée. Une véritable célébration de toute la beauté que l'Indonésie peut offrir, et nous invitons toutes et tous à s'y rendre. Un rendez-vous incontournable pour les amateurs d'art, mais pas seulement.

MEKEPUNG

NEGARA

De la mi-juin à la mi-novembre.

Chaque mois durant une semaine, des courses de buffles traditionnelles ont lieu à Negara, Jembrana et Lovina. Le nom de ces courses est dérivé du mot « kepung » qui se traduit par « chasse ». Ce sont des buffles qui se chassent les uns les autres lors de courses de buffles colorées, l'une des attractions les plus pittoresques de la région. Pensez à venir tôt pour essayer de trouver une bonne place, et quand on dit « tôt »… c'est très tôt. Le départ de la course est lancé à 7h30 du matin et elles sont si appréciées que les places sont chères…

FESTIVAL DE CERF-VOLANT

SANUR

A la mi-juillet.

Chaque année au mois de juillet se tient le festival de cerfs-volants géants de Sanur qui attire des Balinais de toute l'île pour la beauté des couleurs et la vocation religieuse. Des équipes de différents quartiers (*banjar*) s'affrontent dans le ciel avec des cerfs-volants pouvant mesurer jusqu'à 10 mètres. La plupart représentent des poissons, des oiseaux, des chauves-souris ou des feuilles, de couleurs blanche, noire et rouge. La saison des vents s'étend de juin à septembre, époque à laquelle les Balinais s'essayent à leur sport favori sur la plage.

FÊTE DE L'INDÉPENDANCE

Le 17 août.

La fête nationale indonésienne est célébrée tous les ans, le 17 août, pour célébrer l'indépendance proclamée en 1945 face aux Pays-Bas. Chaque 17 août, le pays regorge alors de célébrations et de festivités : vous aurez l'embarras du choix ! Le point culminant des célébrations se déroule au Palais Merdeka à Jakarta avec la cérémonie de levée du drapeau national, présidée par le président et le vice-président de l'Indonésie. Vous retrouverez les couleurs du drapeau indonésien partout : le rouge et le blanc semblent se draper sur tous les bâtiments.

BALI KITE SURF FESTIVAL

SANUR

Festival annuel tenu entre juillet et août.

Si vous êtes de passage, ça mérite d'y jeter un œil, il y a de l'ambiance ! Le festival se déroule habituellement le long de la côte orientale de Padanggalak, juste au nord de Sanur. Il mêle des équipes internationales et des amateurs. Un orchestre traditionnel de gamelan accompagne le festival, en ajoutant un esprit joyeux à la fête. Quant aux dates, elles sont changeantes, mais toujours comprises entre juillet et août, et coïncident avec le début de la saison des vents. Un festival de couleurs à ne surtout pas manquer dans ce paysage paradisiaque.

GALUNGAN

En fonction du calendrier balinais de 210 jours. En 2025, il se tiendra le 23 avril et le 19 novembre ; en 2026, le 17 juin.

C'est une fête très importante de Bali. Elle a lieu selon le calendrier *Pawukon* de 210 jours pour célébrer la victoire des bons esprits contre les mauvais et vénérer les esprits ancêtres qui sont convoqués. Elle dure 10 jours pendant lesquels rituels et offrandes se succèdent. Le dernier jour est un événement à part entière ; c'est le Kuningan qui marque le retour des ancêtres chez eux. Durant cette période, les rues sont recouvertes des Penjor (pôles de bambou décorés) installés devant chaque maison. Attention, beaucoup de commerces sont fermés le jour de Galungan.

CARNAVAL DE KUTA

KUTA

En octobre.

Le Kuta Karnival est un événement annuel inspiré par les tragiques attentats de Bali en 2002, et qui se tient sur la magnifique plage de Kuta au sud de Bali. Les visiteurs peuvent s'attendre à une variété d'activités, y compris une cérémonie d'ouverture avec un festival de cerfs-volants, des expositions d'arts balinais, des projections de films en plein air, une foire gastronomique, des compétitions de sculpture sur sable et des sessions DJ. Il propose également des concours de surf et de foot et une multitude d'événements musicaux.

FESTIVAL DE LITTÉRATURE D'UBUD

UBUD

www.ubudwritersfestival.com

Pendant une semaine en octobre.

Conçu par Janet DeNeefe et sa famille en réponse au traumatisme des attentats de Bali de 2002, le festival de littérature d'Ubud est rapidement devenu le rendez-vous annuel des écrivains et éditeurs non seulement indonésiens, mais aussi internationaux. Des rencontres et des ateliers artistiques sont ouverts à tous les possesseurs de pass (disponibles sur le site Internet). On peut également assister à des premières de films, des dîners, des concerts et des spectacles.

PERANG TOPAT

En novembre ou décembre.

Également connue sous le nom de Perang Ketupat, la fête de Perang Topat se tient au sein du Temple de Lombok en novembre ou en décembre selon l'avancement du calendrier sasak. Les célébrations, offrant de bons présages et une bonne moisson, sont assez cocasses. Séparés en deux équipes (hindous et Wetu Telu), les fidèles se jettent les uns sur les autres des feuilles de palmiers remplies de riz gluant. Le tout se fait dans une ambiance très bon enfant et les locaux sont ravis de partager cette fête ludique et amusante avec les touristes.

SUD DE BALI

La partie méridionale de Bali est la plus peuplée, mais aussi la plus touristique de l'île et par conséquent la plus riche. Elle offre sans conteste certaines des plus belles plages, des plus grands hôtels, ainsi que le plus grand nombre de restaurants, bars ou night-clubs de Bali... En bref, tout ce qui réjouira les jeunes et autres noctambules qui souhaitent assouvir la folie d'un été. La péninsule de Bukit est appréciée des surfeurs pour ses spots sauvages, et des amateurs de luxe pour l'enclave exclusive de Nusa Dua, qui concentre les hôtels les plus onéreux de l'île. Le temple d'Uluwatu, dramatiquement perché sur une falaise, attire aussi un grand nombre de visiteurs. Mais pour certains, le Sud symbolise le tourisme de masse : rues bondées en haute saison, trafic routier, pollutions, sollicitations à outrance...

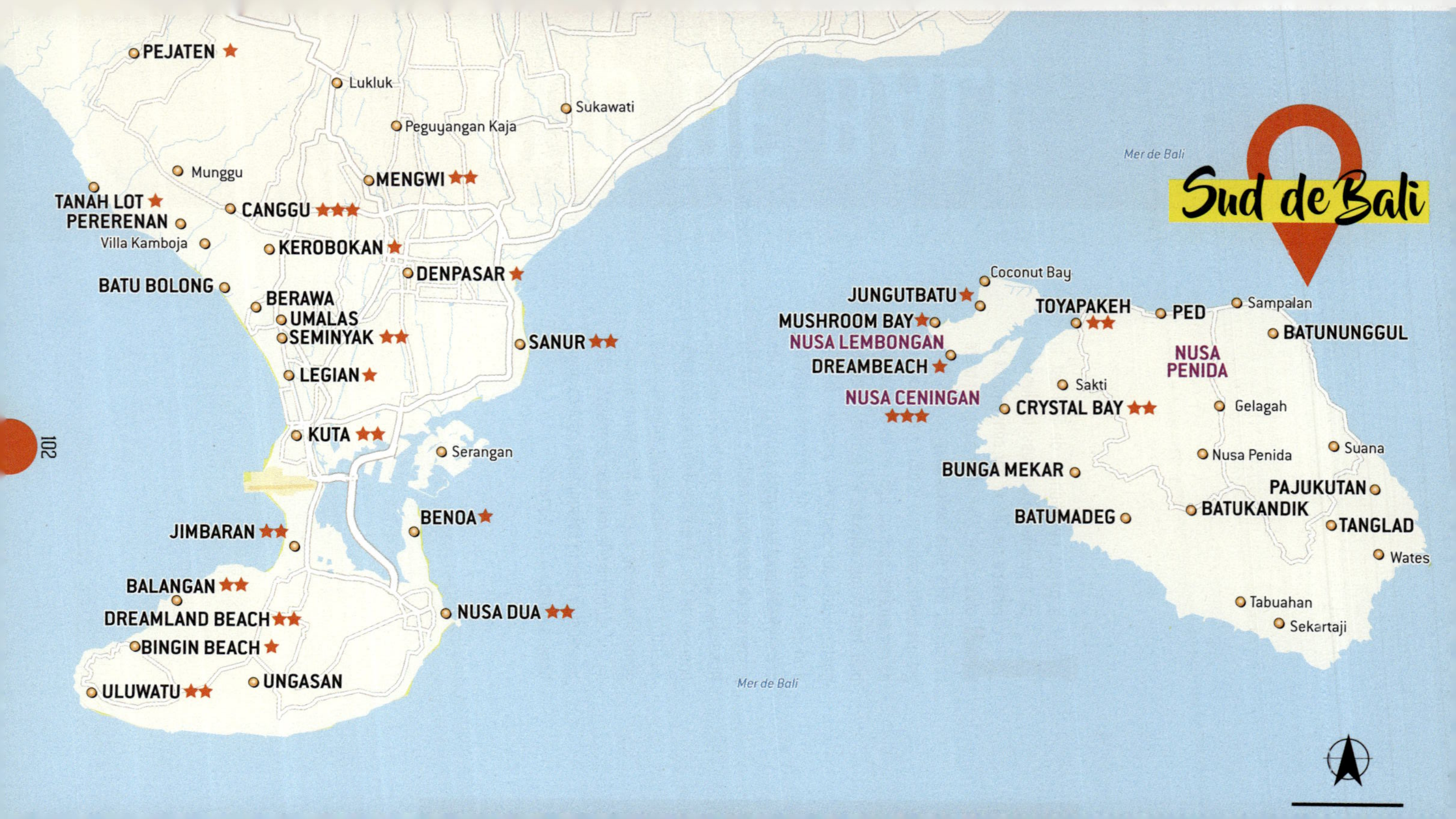
Sud de Bali
Mer de Bali
PEJATEN
Lukluk
Sukawati
Peguyangan Kaja
Munggu
MENGWI
TANAH LOT
CANGGU
PERERENAN
Villa Kamboja
KEROBOKAN
DENPASAR
BATU BOLONG
BERAWA
UMALAS
SEMINYAK
SANUR
LEGIAN
KUTA
Serangan
BENOA
JIMBARAN
BALANGAN
DREAMLAND BEACH
NUSA DUA
BINGIN BEACH
UNGASAN
ULUWATU
Mer de Bali
Coconut Bay
JUNGUTBATU
TOYAPAKEH
PED
Sampalan
MUSHROOM BAY
BATUNUNGGUL
NUSA LEMBONGAN
NUSA PENIDA
DREAMBEACH
Sakti
NUSA CENINGAN
CRYSTAL BAY
Gelagah
Suana
Nusa Penida
BUNGA MEKAR
PAJUKUTAN
BATUKANDIK
BATUMADEG
TANGLAD
Wates
Tabuahan
Sekartaji

PAGES

●● DENPASAR ET SES ENVIRONS

105

Denpasar, en tant que capitale administrative de Bali, est avant tout un centre urbain animé, où la vie locale bat son plein bien plus que le tourisme. Sa circulation dense et son architecture « moderne des années 70 » font de cette ville une immersion dans la Bali quotidienne, loin des décors exotiques qu'on imagine. Cependant, les visiteurs peuvent y apprécier un aperçu du mode de vie urbain balinais en explorant des sites comme le marché de Badung ou le temple Pura Jagatnatha, témoins du patrimoine local. Ce sont surtout les alentours de Denpasar qui attirent les voyageurs : à l'ouest, les plages de Kuta, Seminyak et Canggu se sont développées pour offrir de nombreux hébergements, restaurants, bars et lieux de divertissement prisés par les touristes, et Sanur à l'est. Ces stations balnéaires, plus détendues, proposent aussi une multitude d'activités en bord de mer, pour une expérience complète entre détente côtière et immersion culturelle dans la vie balinaise.

DENPASAR ★

105

Située jadis au confluent d'influences chinoises (visibles encore dans l'architecture de son centre-ville), bugis (de Makassar) et européennes, Denpasar est devenue capitale de Bali en 1958. C'est un bon point de départ pour arpenter la région !

112 SANUR ★★
124 KUTA ★★
127 LEGIAN ★
129 SEMINYAK ★★
138 KEROBOKAN ★
143 BERAWA
144 BATU BOLONG
146 UMALAS
147 PERERENAN
149 CANGGU ★★★
154 MENGWI ★★

●● PRESQU'ÎLE DE BUKIT

155

Au sud de Kuta, après l'aéroport, la péninsule de Bukit est une parcelle de terre calcaire aride accrochée à Bali par un petit détroit de sable où se trouve le village de Jimbaran. La péninsule de Bukit est particulièrement fréquentée par les surfeurs en raison de ses nombreux spots (de haut niveau) qui ponctuent ses côtes acérées. Mais les vacanciers séjournant à Kuta aiment aussi l'explorer le temps d'une journée qu'ils achèvent le plus souvent au superbe temple d'Uluwatu à l'heure du coucher du soleil. Enfin, le nord-est de Bukit abrite le complexe hôtelier le plus luxueux de l'île : Nusa Dua. Cette enclave avait au départ été conçue par les autorités pour préserver les Balinais du contact des touristes étrangers. Bien peu de voyageurs indépendants choisissent néanmoins de séjourner dans ce paradis quelque peu artificiel... A moins de vouloir rester au Ritz Carlton ou au Mandarin Oriental.

155 BENOA ★
156 NUSA DUA ★★
160 JIMBARAN ★★
166 BALANGAN - BALANGAN BEACH ★★
167 DREAMLAND BEACH ★★
168 BINGIN - BINGIN BEACH ★
169 ULUWATU ★★
172 UNGASAN

SUD DE BALI

PAGES

174 ●● NUSA PENIDA

Peu peuplée, elle est considérée par les Balinais comme la demeure du terrible I Macaling (qui vit au Pura Dalem Pentaran, à Ped), figure de la malchance, de la maladie et du malheur. L'île fait l'objet de pèlerinages des Balinais qui viennent conjurer le mauvais sort en réalisant des offrandes au grand dieu, prévenant ainsi la maladie et autres calamités. Les possibilités d'hébergement se développent de plus en plus à Nusa Penida, mais sont concentrées principalement à Sampalan et à Toyapapeh.

On compte trois îles dans l'archipel des îles Nusa à Bali (Nusa voulant dire « île ») : Nusa Penida la plus grande, Nusa Lembongan face à Bali, et entre les deux la plus petite mais non sans charme, Nusa Ceningan. Nous l'avons incluse dans la partie Sud de Bali du guide, car la majorité des voyageurs s'y rendent depuis Sanur. Nusa Lembongan attire surtout les amateurs de surf et les plongeurs de surface, ainsi que les amoureux du farniente.

La plus grande des trois îles, Nusa Penida, est le légendaire repaire du mythique et démoniaque Jero Gedé Metjaling, l'entité divine la plus importante aux yeux des Balinais, et de sa femme Jero Lu, que la danse *barong landung* met en scène. L'île a servi longtemps de lieu d'exil aux indésirables de la cour de Klungkung. Aujourd'hui, Nusa Penida attire de plus en plus de touristes grâce à la beauté de ses paysages et de ses fonds marins.

174 TOYAPAKEH ★★
179 CRYSTAL BAY ★★
181 BUNGA MEKAR
182 BATUMADEG
182 BATUKANDIK
183 TANGLAD
183 PEJUKUTAN
185 PED
188 BATUNUNGGUL

191 ●● NUSA LEMBONGAN ET NUSA CENINGAN

Nusa Lembongan draine de nombreux voyageurs désirant s'évader du tourisme de masse de Bali. Ses magnifiques plages de sable blanc ont vu des hôtels et autres *homestays* s'ouvrir en abondance depuis les dix dernières années. Une oasis paradisiaque, qui se parcourt facilement à vélo ou à moto. Elle se trouve à une trentaine de minutes en bateau de Bali. Sable blanc, eau turquoise pour la baignade, spot idéal de surf, plongée et snorkeling, couchers de soleil incroyables... Les pêcheurs retapent leur bateau, les enfants jouent avec des cerfs-volants, les femmes ramassent les algues à la main face à Ceningan... Sur les petites routes sinueuses au cœur de l'île entre les temples et les cimetières hindous, on y croise des poules, des canards et des villages typiques. Bref, un havre de paix, où l'on vit au ralenti.

Nusa Ceningan, nichée entre ses deux grandes sœurs Lembongan et Penida, vous charmera par sa beauté sauvage. Avec ses plages de sable doré, ses lagons d'un bleu éclatant et ses falaises rocheuses surplombant l'océan, elle est un véritable havre de paix pour les amateurs de nature. L'île offre une atmosphère authentique et tranquille, avec des petits villages de pêcheurs, des palmiers ondulant sous la brise et des spots de plongée parfaits pour explorer les récifs coralliens.

191 JUNGUTBATU ★
197 DREAMBEACH ★
197 MUSHROOM BAY ★
199 NUSA CENINGAN ★★★

DENPASAR ★

Denpasar, autrefois nommée *Badung* du royaume dont elle fut la capitale, est une ville riche en histoire et en culture, abritant plus d'un million d'habitants. Son nom signifie « à l'est du marché ».
La ville, qui a pris le rôle de capitale de Bali en 1958, est un carrefour d'influences chinoises, bugis de Makassar et européennes, encore visibles dans son architecture urbaine. Historiquement marquée par le tragique *puputan* (suicide collectif) au palais de *Pemecutan* en 1906 face aux Hollandais, Denpasar s'est ensuite dotée de structures modernes comme des écoles, une poste, et des infrastructures routières et portuaires.
Denpasar, qui s'étendait initialement autour des plaines rizicoles, a intégré des villages tels que Kesiman, Kedaton, Panjer, Glogor, Tonja, Tohpati, Sempidi et Kuta. Ce développement rapide mêle architecture traditionnelle et style contemporain « néo-cosmique », basé sur les principes des tri Mandala et des tri Angga.
Bien que souvent délaissée par les voyageurs, en faveur de la côte plus touristique, Denpasar offre un musée intéressant, des marchés, et quelques temples, conservant ainsi une authenticité plus marquée que les régions côtières avoisinantes.

Se restaurer

Loin des zones touristiques habituelles, vous avez l'opportunité unique de découvrir la cuisine quotidienne des Balinais, réputée pour son excellence et sa richesse en épices. La Jalan Teuku Umar est l'endroit idéal pour explorer une variété de restaurants offrant le meilleur de la gastronomie locale et asiatique.
Pour une expérience culinaire authentique, les marchés de Denpasar sont incontournables. Derrière le *Kumbasari Shopping Complex*, près de la Jalan Gajah Mada, se trouve le *pasar malam* (marché de nuit), un lieu vibrant où se côtoient des dizaines d'étals proposant des spécialités savoureuses telles que le *nasi rames*, le *nasi goreng*, le *nasi campur*, le *babi guling*, le *satay*, le *martabak* et le *pangsit mie*. Chaque pasar malam à Denpasar a ses propres spécialités et charme unique.
Les marchés de Kereneng et de Tegal, situés près des gares routières éponymes, sont particulièrement remarquables. Colorés et animés, ils offrent une variété de plats balinais, javanais et sumatrais à des prix abordables. Ces marchés sont reconnus parmi les meilleurs d'Asie pour leur street food, faisant de Denpasar un véritable paradis pour les amateurs de cuisine de rue.

Tourisme

Visiter Denpasar est une expérience agréable si vous avez un moyen de transport personnel. Si ce n'est pas le cas, envisagez de louer un scooter, ce qui vous donnera la liberté d'explorer des sites fascinants comme le *Kampung Arab* au nord, ou le temple de *Kesiman*. N'oubliez pas que pour entrer dans les temples, il est essentiel d'être couvert des jambes et des épaules et de porter une écharpe autour de la taille. Si vous êtes à Bali durant l'*odalan* de Kesiman, ne manquez pas l'occasion d'assister aux impressionnantes transes, un spectacle unique à Bali.
Denpasar n'est pas aussi touristique que d'autres parties de Bali, ce qui se reflète dans un choix plus restreint d'hébergements, souvent avec un rapport qualité-prix inférieur. Cependant, les belles plages de Sanur ne sont qu'à une demi-heure de route. Pour une soirée animée, tant les locaux que les touristes se dirigent vers les zones côtières de Kuta, Legian et Seminyak, connues pour leur vie nocturne dynamique.

Transports

- **Depuis l'aéroport**, rejoindre Denpasar, Kuta, Legian ou Seminyak est aisé. À l'aéroport, vous trouverez un comptoir officiel de taxis, juste à droite en sortant du terminal international, où les tarifs vers les principales destinations de l'île sont clairement affichés. Achetez votre ticket de taxi là, ou négociez avec un chauffeur privé dans le parking, en connaissant les prix à l'avance pour éviter les surcoûts. L'aéroport est à environ dix kilomètres de la capitale.
En taxi, comptez environ 200 000 Rp (varie avec le prix du pétrole), ou optez pour un taxi avec taximètre depuis Denpasar, avec un trajet d'environ 20 minutes en heures creuses et le double aux heures de pointe. Si vous avez réservé un hôtel, renseignez-vous sur un éventuel transfert.

- **Pour circuler dans Denpasar**, louer une petite moto est une option, bien qu'elle puisse être dangereuse pour les non-initiés car la circulation, comme dans toutes les grandes villes asiatiques est un grand capharnaüm. Les prix varient entre 70 000 et 100 000 Rp par jour, en fonction du modèle et de votre capacité à négocier. Une alternative plus sûre est le moto-taxi, adapté si vous n'avez pas beaucoup de bagages. Cependant, ces véhicules sont souvent peu ou pas assurés, et en cas d'incident, vous pourriez être tenu responsable.
Les *dokars*, des charrettes tirées par des chevaux, sont une autre manière pittoresque de se déplacer, surtout autour du marché tôt le matin.

Vous pouvez négocier un tarif horaire avec les conducteurs, qui parlent rarement anglais, aux croisements des rues JL Kartini et JL Gajah Mada.
Pour les déplacements en taxi, optez pour les Bali Blue Bird Taxis, reconnaissables à leur couleur bleu ciel et équipés de taximètres et de climatisation.
Enfin, pour une location de voiture, il est préférable de s'adresser à des agences à Kuta ou Sanur, bien que des options soient disponibles à Denpasar, souvent à des tarifs moins compétitifs que dans les zones touristiques.
La plupart des habitants ou touristes de longue date optent pour les applications GoJek ou Grab, qui permettent de se déplacer à moindre coup.

BAJRA SANDHI MONUMENT ★★

Jl. Raya Puputan No.142, Panjer, Denpasar Selatan, Kota Denpasar ✆ +62 361 264517
Ouvert du lundi au samedi de 8h à 18h. Entrée : 50 000 Rp.

Ce musée-monument, a été inauguré en 2003 pour commémorer la culture balinaise depuis la Préhistoire jusqu'à l'indépendance. Le thème principal est d'immortaliser la bataille et le courage balinais à travers, entre autres, le *puputan* de Badung et le sacrifice de la population devant l'envahisseur. La culture et les traditions sont également traitées via des tableaux dont le dessein est de peindre l'esprit balinais. Du haut du monument, une jolie vue sur la ville et ses environs. C'est un des sites majeurs de Denpasar, celui qui attire le plus de visiteurs.

MUSEUM BALI ★★★

Jl. Mayor Wisnu No.1, Dangin Puri, Kec. Denpasar Tim., Kota Denpasar
Du lundi au jeudi de 8h à 15h et vendredi de 8h à 12h30. Entrée 20 000 Rp. Des guides proposent la visite à 100 000 Rp.

Le musée fut construit en 1910 à l'initiative d'un Hollandais qui voulut arrêter l'hémorragie que constituait le pillage des œuvres d'art balinaises vers les Pays-Bas et les Etats-Unis. Le musée est constitué de plusieurs pavillons de style traditionnel qui reproduisent l'architecture des palais et des temples. A l'intérieur, les présentoirs sont démunis d'explications et sont plutôt sobres. En revanche, on peut y voir de nombreux masques, *kriss*, peintures et sculptures qui retracent de façon vivante l'histoire et surtout le style balinais. Il s'agit certainement du meilleur musée de Bali pour découvrir la culture de l'île, comprendre ses traditions et son histoire.

▸ **Au nord, un pavillon** renferme les masques et costumes de Rangda et du *barong*. Il y a même un *barong landung* que les touristes ont peu de chance de voir pendant leur séjour, à moins d'être présent aux bonnes dates. Dans le bâtiment principal, on peut voir quelques objets préhistoriques, les sarcophages de pierre datant du IIe siècle avant J.-C. et des cages en bambou ou en rotin pour transporter les coqs de combat. Deux photographies noir et blanc du *puputan* sur lesquelles on voit les troupes hollandaises débarquant à Sanur et les corps des Balinais jonchant le sol.

▸ **Dans le pavillon sud,** construit curieusement dans le style du Nord, vous pourrez y voir des tissus traditionnels comme le *songket*, le *prada* et divers *ikat* mais aussi le *geringsing*, ou *double-ikat*, l'un des derniers tissages à double trame teintée venant de Tenganan.

Pasar Badung - Marché de Badung.

PASAR BADUNG - MARCHÉ DE BADUNG ★

Jl. Sulawesi, Dauh Puri Kangin, pasar badung, Kota Denpasar

Ouvert tous les jours de 06h à 17h.

C'est le plus grand marché de l'île et une superbe énergie s'en dégage. En 2016, un incendie a ravagé les échoppes, mais les traces du sinistre ont disparu. Idéal pour faire vos emplettes (sans oubliez de marchander), vous trouverez des produits des 4 coins de l'île : paniers, nattes, objets en rotin et en latanier, mais aussi fruits, fleurs et épices. Les habitants s'y fournissent pour les offrandes.

A savoir que la partie « alimentation » est ouverte tôt le matin et jusqu'à 17h.

PATUNG CATUR MUKA ★

Dangin Puri Kauh

Accès libre.

Cette statue à quatre faces en pierre volcanique est désormais considérée comme le kilomètre zéro de la capitale balinaise. Ne la manquez pas ! Mais son rôle principal est de veiller sur les démons ou mauvais esprits qui hantent les carrefours. Ces quatre statues représentant les quatre visages de Brahma, entité divine suprême de l'hindouisme, sont orientées vers les quatre points cardinaux. Le monument d'environ neuf mètres de haut fut érigé en 1973 sous la tutelle de l'artiste balinais I Gusti Nyoman, un artiste originaire d'Ubud.

PUPUTAN SQUARE ★★

Jl Gajah Mada

Accès libre.

Le monument commémore le *puputan* qui signifie « combat jusqu'à la fin ». Il s'agit du fameux puputan de Badung, en 1906, qui a vu l'attaque des Hollandais contre les rajahs de Badung. Ceux-ci, devant les Hollandais armés de fusils et de canons, opposèrent leurs vêtements blancs, leurs *kriss* et bijoux en or et se suicidèrent devant les troupes hollandaises plutôt que de se battre. Les soldats se précipitèrent sur les agonisants pour leur voler leurs bijoux. Le monument représente un homme, une femme et 2 enfants brandissant des *kriss* face aux fusils hollandais.

PURA JAGATNATHA ★★

Jl. Surapati, Dangin Puri, Kec. Denpasar Tim., Kota Denpasar

Ouvert tous les jours. Location du sarong : 20 000 Rp.

Le temple de Jagatnatha fut construit en 1953 pour le dieu suprême Sang Hyang Widhi qui affirme l'attachement au monothéisme de l'hindouisme. En effet, pour répondre au premier des 5 principes du Pancasila, il fallait que l'hindouisme renonce au panthéon indien et à la Trimurti. Le sanctuaire de Sang Hyang Widhi, construit en corail, repose sur la tortue qui représente le monde et les *naga* (serpents) qui veillent sur elle. Tout autour, de nombreuses sculptures racontent les épisodes du *Ramayana* et du *Mahabharata*. Son architecture est détaillée et des panneaux d'affichage détaillent les spécificités de celle-ci. Dans ce temple, le plus important de la capitale, en dehors des offrandes rituelles quotidiennes des fidèles, les cérémonies vont bon train, particulièrement au moment de la pleine lune quand tous les jeunes gens s'y rendent en pèlerinage. Habillés dans leur costume traditionnel, les Balinais s'adonnent à toutes sortes d'offrandes dans les nombreux autels du temple. A la tombée de la nuit, la fête religieuse est à son paroxysme, et avec un peu de chance, on peut assister à un spectacle de marionnettes traditionnelles en cuir qui a parfois lieu devant l'entrée du temple sur une petite scène montée pour l'événement. N'oubliez pas de porter votre sarong et la ceinture qui va avec pour votre visite (le personnel du temple peut vous louer cela si vous n'en possédez pas).

Si la faim vous prend, vous trouverez à proximité, sur un grand terrain, de très nombreux vendeurs de nourriture autour du temple.

PURA MAOSPAHIT ★★

Jl. Sutomo No.6, Pemecutan Kaja, Kec. Denpasar Utara, Kota Denpasar

✆ +62 821 4509 0493

Ouvert tous les jours de 6h à 18h.

Ce temple date du XIVe siècle et son architecture trahit sans conteste son influence javanaise de la période Mojopahit. Il fut partiellement détruit en 1917 par l'éruption du Gunung Batur. L'entrée du temple se trouve dans la petite venelle au sud. Vous pénétrez dans le temple par le *candi bentar* en jetant un coup d'œil sur le *kulkul* (tronc en bois évidé qui sonne ou « bat » l'alarme). Le *candi bentar*, étroite porte en brique, dessert les différentes cours dont celle du milieu, protégée par les grandes statues du Garuda et du géant Batara Bayu (dieu du vent).

SUD DE BALI

LES PRÉNOMS, TOUTE UNE HISTOIRE !

À Bali, le choix des prénoms est lié à l'ordre de naissance. Au 12e jour de vie, lors de la cérémonie du *Mapag rare*, un prénom est attribué à l'enfant. Le 1er enfant sera nommé Wayan ou Putu, ou Gede (réservé aux garçons), le 2e Made ou Kadek, le 3e Nyoman ou Komang, et le 4e s'appellera Ketut. Après le 4e enfant, la liste recommence, créant une situation où plusieurs membres de la famille peuvent porter le même prénom. Autrefois, dans les familles nombreuses, cela pouvait entraîner une certaine confusion.

Il existe un système simple pour distinguer les garçons des filles : on placera tout simplement « I » devant le prénom d'un garçon et « Ni » devant celui d'une fille. Par exemple, si un garçon s'appelle Made, son prénom complet sera « I Made », tandis qu'une fille portant le même prénom sera appelée « Ni Made ».

À 3 mois, la cérémonie du *Panca Maha Butta* est célébrée pour harmoniser les 5 éléments fondamentaux de l'univers dans l'âme de l'enfant : l'eau, la terre, le feu, l'air et l'espace. Cette cérémonie vise à révéler les aspects physiques et psychologiques de l'enfant, le connectant ainsi à la nature et à l'univers qui l'entoure.

À 6 mois, la cérémonie du *Nyama Catur* confère à l'enfant un nom spirituel, renforçant son lien avec sa famille et la dimension spirituelle qui joue un rôle central dans la culture balinaise. Ces traditions permettent de structurer la vie de l'enfant, tout en le reliant à ses ancêtres et aux éléments cosmiques.

Et vous, quel est votre prénom balinais ?

SUD DE BALI

PURA TAMBANG BADUNG ★

Jl. Gunung Merapi, Pemecutan, Kec. Denpasar Bar., Kota Denpasar

Ouvert tous les jours.

Temple historique. Ce lieu sacré, l'un des plus anciens de Bali, témoigne d'une riche histoire, ayant été fondé avant le règne d'Anglurah Pemecutan. Il a été agrandi par le roi de Badung puis géré par Puri Agung Pemecutan. Rénové en 1928 puis en 1990, le temple couvre deux hectares et se divise en trois zones, avec des sanctuaires principalement dans la zone centrale. Il présente une architecture unique et des sanctuaires dédiés à différentes divinités, reflétant la splendeur d'un royaume et offrant un aperçu de l'héritage culturel et spirituel de Bali.

TAMAN WERDHI BUDAYA ART CENTRE ★

Jl. Nusa Indah No.1, Panjer, Denpasar Selatan

Ouvert du lundi au samedi de 7h30 à 15h30.

Ce que les Français appellent le centre d'art dramatique a pour nom en indonésien Taman Wedhi Budaya. Sur la route de Sanur et érigé en 1973, le centre offre une bonne synthèse de ce que les artistes contemporains balinais peuvent produire dans les arts de la danse, de la musique et de la peinture. La période à ne pas manquer est entre mi-juin et mi-juillet, durant laquelle se déroule un festival permettant de voir des danses classiques ou contemporaines (www.baliartfestival.com).

BALI TOURS & TRAVEL

Jl. Hangtuah No 21 Unit 2 Komplek Sanur Raya Sanur

✆ +62 361 287720

www.balitours-travel.com

Agence de voyage locale. Ouvert du lundi au samedi de 08h à 17h.

Une des plus anciennes agences de l'île, puisqu'elle est née en 1950. Spécialisée dans l'organisation de mariage, de voyages de noces et d'autres business trip, BTT propose également une large gamme de prestations sur Bali et Lombok. Une valeur sûre, maintes fois vécue et appréciée par nos lecteurs. Les guides, à l'écoute, divertissants et bienveillants, sauront sans aucun problème vous proposer de belles visites et s'adapter à vos envies de voyage, qu'elles concernent le Bali touristique ou le Bali « secret », hors des sentiers battus.

YOUR BALI DRIVER

Jl. Kubung Batu Jl. Taman Griya No.1A No.5, Jimbaran, Kec. Kuta Sel., Kabupaten Badung

✆ +62 818 562867

www.yourbalidriver.com

Chauffeur et guide local expérimenté.

Découvrir l'île des dieux avec un Balinais expérimenté, c'est la formule choisie par Your Bali Driver. Un guide privé vous accompagne à bord de son véhicule et planifie un itinéraire à votre convenance. Avec plus de 15 ans d'expérience et plus de 10 000 clients satisfaits, Your Bali Driver est une valeur sûre à ne pas manquer si vous souhaitez disposer à la fois d'un chauffeur et d'un guide dont la mission est de vous faire passer le meilleur séjour possible. Possibilité de réserver sur le web et le meilleur prix est garanti.

NAKULA FAMILIAR INN €

Jl. Nakula No.4, Dauh Puri Kaja, Kec. Denpasar Utara
✆ +62 361 226446
nakulafamiliarinn.com
Chambre double à partir de 675 000 Rp. Wifi.

A 5 minutes à pied du centre, ce homestay propre et confortable propose un très bon rapport qualité/prix de Denpasar. Huit chambres simples et bien aménagées qui disposent d'un petit balcon. Le propriétaire, le chaleureux Sunu, a toujours le sourire et vous aidera dans la découverte de la ville. Un service navette depuis l'aéroport est disponible pour 200 000 Rp. Il suffit de demander, Sunu et son adorable équipe s'occupent de tout. Une adresse sympathique où il fait bon poser ses valises avant d'explorer l'île ou de reprendre l'avion.

BABI GULING CANDRA €

Jl. Teuku Umar No.140, Dauh Puri Kauh, Kec. Denpasar Bar., Kota Denpasar
✆ +62 878 1833 9779
Plats à partir de 40 000 Rp.

On dit que c'est l'un des meilleurs « Babi Guling » de Denpasar, et c'est un véritable exploit lorsque l'on connaît le nombre d'établissements proposant ce plat typique de Bali et de l'Indonésie en général. Les tranches de porc grillées sont servies avec du piment coupé, du riz et un bol de soupe épicée. Une sorte de fast-food balinais fréquenté par les locaux. On conseille sans hésitation, cette adresse est un incontournable pour tous les gourmands. Bien évidemment, son succès fait qu'il vaut mieux éviter d'y aller pendant les moments de rush.

GULA BALI THE JOGLO €

Jl. Merdeka II No.16, Sumerta Kelod, Kec. Denpasar Tim., Kota Denpasar
✆ +62 821 4557 0188
Ouvert tous les jours de 10h à 17h30.

Sous un pavillon traditionnel appelé *joglo* donnant sur des jardins, on nous sert une cuisine indonésienne et des spécialités balinaises. Beaucoup de locaux s'y retrouvent à l'heure du déjeuner, car le restaurant est situé dans le quartier administratif de Renon. Une bonne adresse à garder dans un coin de sa tête à toute heure de la journée. S'installer pour profiter d'un petit-déjeuner relaxant ou simplement un dessert en passant, le Warung (parfois écrit Waroeng) Gula Bali saura combler toutes les faims avec sa cuisine traditionnelle.

RESTORAN ATOOM BARU €

Jl. Gajah Mada No.108, Pemecutan, Kec. Denpasar Bar., Kota Denpasar
✆ +62 361 426709
Ouvert tous les jours de 11h00 à 19h45. Plats à partir de 50 000 Rp.

Cet établissement, spécialisé en cuisine chinoise, propose une excellente sélection de plats tels que le cap cai, poissons, fruits de mer, nouilles frites traditionnelles, porc frit, et tofu mijoté. Le service est chaleureux et attentionné, avec un personnel réactif. La qualité des mets est louée, notamment le tofu qui rappelle les saveurs originelles chinoises. Les nouilles sautées sont savoureuses. Le restaurant respecte les demandes spécifiques telles que la non-utilisation des MSG ou la réduction du sel. Une expérience culinaire chinoise authentique.

WARUNG NASI BALI €

Jl. Gn. Tangkuban Perahu, Padangsambian, Kec. Denpasar Bar., Denpasar Barat
✆ +62 817 351894
Ouvert tous les jours de 9h à 21h. Plats à partir de 35 000 Rp.

Le Warung Nasi Bali, réputé pour offrir le meilleur *nasi campur* (riz blanc entouré de différents plats de légumes et de viandes cuisinés, chacune à sa manière) de l'île, est un incontournable pour les gourmets et les amateurs de cuisine indonésienne de rue. Ouvert tôt, généralement vers 9h00, même le dimanche, contrairement aux informations en ligne. Ce joyau culinaire, situé stratégiquement en face du marché, se distingue comme une excellente cantine. Un lieu idéal pour savourer des saveurs authentiques dans une ambiance de « boui-boui » typiquement balinais.

WARUNG SATRIA €

Jl. Kedondong No.11A, Dangin Puri Kauh, Kec. Denpasar Utara, Kota Denpasar
✆ +62 361 235993
Ouvert tous les jours de 8h30 à 20h.

Authentique petit warung indonésien où l'on mange d'excellents plats locaux, situé non loin du marché aux oiseaux. Si l'adresse ne paie pas de mine, mais elle vaut absolument le coup d'œil. Connue dans le quartier de Denpasar, elle doit sa réputation à un excellent Nasi Campur (plat de riz blanc accompagné de la garniture de votre choix, souvent épicé) ainsi qu'à ses desserts à la banane et à la noix de coco délicieux (quoique peut-être un peu bourratifs après avoir dévoré votre Nasi Campur). Accueil adorable, prix abordables.

NYEPI ET LES OGOH-OGOH

Nyepi, aussi appelé le « Jour du Silence », est une célébration marquant la nouvelle année balinaise et se déroulant entre mars et avril, selon le calendrier hindou saka. Cette fête est dédiée à la méditation, à l'introspection et à la purification. Contrairement à la plupart des cérémonies religieuses balinaises, Nyepi se distingue par son atmosphère paisible, mais les festivités qui précèdent sont aussi impressionnantes que marquantes.

Quelques jours avant Nyepi, les Balinais participent aux cérémonies de Melasti. En procession, ils se rendent vers la mer ou des sources d'eau pour purifier les objets sacrés et se débarrasser des énergies négatives. La veille de Nyepi, lors de la cérémonie *Ngerupuk*, se déroule la procession des *Ogoh-Ogoh*. Ces effigies démoniaques gigantesques, colorées et impressionnantes, sont fabriquées en bambou et papier mâché, peintes et sculptées par chaque *banjar* (communauté de village) durant les semaines précédentes. Certaines de ces statues peuvent atteindre plus de 4 mètres de hauteur et nécessitent au moins 15 hommes pour être transportées sur leur podium de bambou. La conception de ces figures demande des semaines de préparation, chaque communauté apportant ses talents artistiques et sa ferveur religieuse pour concevoir des monstres spectaculaires destinés à représenter les forces du mal.

Le début de la procession est marqué par des offrandes placées aux intersections des routes, attirant les démons, qui, selon la tradition, aiment fréquenter ces endroits et perturber les humains. On y dépose des offrandes attrayantes pour apaiser ces esprits malveillants. Le prêtre, accompagné des habitants, y mène des prières et des rituels pour éloigner les mauvais esprits. Les habitants tournent ensuite autour de ces tapis d'offrandes en faisant du bruit avec des morceaux de bambou ou des instruments bruyants, ajoutant une ambiance saisissante à cette cérémonie.

Quand la nuit tombe, l'île entière entre dans un grand vacarme : des pétards, des casseroles, des cymbales et des gongs sont utilisés pour chasser les mauvais esprits. Les processions de *Ogoh-Ogoh* prennent place à travers les rues, où les habitants mènent ces gigantesques effigies de démons, tournant et simulant des combats lorsqu'ils se croisent. Ce tintamarre est destiné soit à effrayer les esprits pour qu'ils quittent l'île, soit, selon une autre interprétation, à attirer leur attention afin qu'ils repèrent les offrandes et se satisfassent avant de repartir.

Traditionnellement, la procession se termine par la crémation des *Ogoh-Ogoh* à proximité de la mer ou d'une rivière, signifiant la destruction des mauvaises influences. De nos jours, il n'est pas rare de voir ces statues décorant les routes pendant quelques semaines supplémentaires après Nyepi. Parfois, les habitants y ajoutent une pancarte « À vendre », offrant une touche humoristique à l'événement, car personne n'oserait sérieusement acheter un démon géant !

Le jour même de Nyepi, premier jour du nouveau cycle saka, l'île entière s'immobilise. Le silence et le respect de règles strictes instaurent une atmosphère de recueillement unique au monde. Tous les commerces ferment, ainsi que l'aéroport, et les habitants comme les visiteurs doivent rester chez eux. Nyepi est régi par les *Catur Brata Penyepian*, quatre interdictions précises : pas de feu ni de lumière (*amati geni*), pas de voyage (*amati lelungan*), pas de travail (*amati karya*), et pas de divertissement ni de distractions (*amati lelanguan*). Cette journée de silence est l'occasion pour les Balinais de se concentrer sur la prière et la méditation.

Le silence et le calme absolu de l'île durant Nyepi sont aussi pensés pour tromper les rares esprits restés sur l'île. Les rues désertes, et aucun signe de vie, leur font croire que les humains ont fui et décident de faire de même, convaincus qu'ils n'ont plus rien à perturber. Cette tradition est ainsi perçue non seulement comme une pause spirituelle mais aussi comme une manière subtile d'assurer la protection de l'île en évitant de susciter l'attention des mauvais esprits.

Nyepi est un précieux moment de renouveau spirituel, permettant à chacun de réfléchir à l'année écoulée en harmonie avec la nature et la divinité. C'est une expérience puissante de purification et de contemplation, où l'île tout entière se plonge dans le silence, offrant un contraste frappant avec le tumulte du monde moderne. Pour ceux qui ont l'opportunité d'assister à cette journée et aux cérémonies qui la précèdent, c'est une expérience inoubliable, illustrant la profondeur de la spiritualité balinaise.

WARUNG WARDANI - YUDISTIRA €

Jl. Yudistira No.2, Dangin Puri Kauh, Kec. Denpasar Utara, Kota Denpasar
✆ +62 361 224398
Ouvert tous les jours de 8h à 16h. Plats à partir de 22 000 Rp.

On sert ici un excellent Nasi Campur, du riz blanc accompagné de légumes et de viandes. Des recettes typiques et des ingrédients frais pour une addition légère, voilà de quoi vous réjouir ! Un établissement où l'on se sent bien, où l'on mange bien et d'où l'on repart serein. On adore le Boeuf Satay. Le Warung Wardani est l'étape parfaite, que ce soit à votre arrivée avant même d'aller poser vos bagages à l'hôtel ou le jour de votre départ avant de courir pour attraper votre avion.

BALE UDANG MANG ENGKING KUTA €€

Jl. Nakula No.88, Pemecutan Klod, Kec. Denpasar Bar., Kota Denpasar
✆ +62 817 6780002
www.baleudang.com
Ouvert tous les jours de 11h à 22h. Menu à partir de 700 000 Rp.

Une belle adresse qui met à l'honneur la cuisine indonésienne. Dans un cadre enchanteur, vous pouvez profiter d'un dîner à la lumière tamisée dans l'un des pavillons au bord du plan d'eau et vous laisser chouchouter par un personnel aux petits soins. Ici la spécialité c'est la crevette, vous la trouvez sous toutes ses formes et c'est divin ! Nous recommandons particulièrement ce restaurant pour son cadre romantique parfait pour passer un moment enchanteur.

IKAN BAKAR CIANJUR RENON €€

Jl. Cok Agung Tresna, Sumerta Kelod, Kec. Denpasar Tim., Kota Denpasar ✆ +62 361 230015
www.ibcgroup.co.id
Ouvert tous les jours de 10h à 21h45. Plats à partir de 50 000 Rp.

Ce restaurant javanais sert des plats balinais et javanais notamment à base de poisson et ne désemplit pas (*Ikan Bakar* signifie « poisson grillé »). Cadre agréable, calme malgré la proximité avec le tumulte extérieur, et la clientèle aisée dans ce quartier d'affaires. Le Ikan Bakar est un lieu où touristes et travailleurs se mélangent pour partager un bon repas à des prix qui ne sont pas des plus abordables mais qui valent absolument le coup, le tout servi par un personnel souriant. La soupe de poisson est l'un des nombreux *musts* du menu.

INTERNATIONAL RESTAURANT HONGKONG €€

Jl. Gajah Mada No.99, Pemecutan, Kec. Denpasar Bar., Kota Denpasar
✆ +62 361 434845
Ouvert tous les jours de 10h à 21h. Plats à partir de 50 000 Rp.

Cuisine chinoise du « Sichuan » et fruits de mer à la vapeur au menu. A proximité du marché célèbre pour ses étalages de tissus et ses tailleurs, c'est LE restaurant chinois de la ville. Doté d'une grande salle un peu froide, la nourriture vaut cependant le déplacement et nous vous conseillons même les plats végétariens. A noter que les portions de ce restaurant sont très généreuses et disponibles en trois « tailles ». Nous ne conseillons le large qu'aux clients vraiment affamés...

LIMESTONES BALI RESTAURANT €€

Jl. Bedahulu No.25, Peguyangan, Kec. Denpasar Utara, Kota Denpasar
✆ +62 877 5064 5833
Ouvert tous les jours de 11h à 22h. Plats à partir de 50 000 Rp. Ribs à 80 000 Rp.

Ce restaurant ne tire pas son épingle du jeu par sa seule décoration originale, mais surtout parce qu'il propose une belle carte sympathique. Il vous est conseillé de réserver pour déguster la spécialité du chef qui n'est autre que le cochon de lait balinais épicé avec du bumbu bali soit la pâte de curry balinaise, de la citronnelle, du curcuma ou encore du chili. Une explosion de goûts servie par une équipe agréable et agrémentée de douce musique Jazz.

PASAR SENI KUMBASARI ★

Jl. Gajah Mada, Pemecutan, Kec. Denpasar Bar., Kota Denpasar
Ouvert tous les jours de 8h à 18h.

A deux pas du Pasar Badung, ce marché est spécialisé dans les textiles balinais, javanais et indiens (cotons, soies) mais offre également des étalages vendant des épices, des fruits et des légumes. Lieu idéal pour vous acheter un batik balinais, et à voir si vous êtes de passage à Denpasar, si la culture et le mode de vie vous intéressent. Les clients et les vendeurs sont quasi exclusivement des locaux. Attention toutefois, l'endroit n'est pas des plus propres et l'ambiance peut être oppressante, en particulier si vous voyagez seul(e).

SUD DE BALI

SANUR ★★

S'étendant sur plus de 15 kilomètres, la baie de Sanur fut, avant que Kuta ne la supplante, l'une des premières stations balnéaires quand le gouvernement de Suharto décida d'y construire le plus grand hôtel de Bali au bord de l'eau. Moins luxueuse que Nusa Dua, Sanur offre cependant un grand choix d'hôtels dans toutes les gammes de prix et s'avère être bien plus calme que sa petite sœur Kuta devenue grande. Ce n'est en effet pas le même type de clientèle qui vient fréquenter ses petites plages de sable blanc (artificiel) ; ici, les familles et les retraités sont majoritaires.

Avec sa promenade pédestre longeant le bord de mer, Sanur a la faveur des vacanciers en quête de tranquillité et de confort, ainsi que d'une mer calme convenant à la baignade des enfants. Mais à marée basse, l'eau se retire loin et il est impossible de se baigner. Les possibilités d'activités nautiques y sont variées tant aux abords de la plage que dans les environs.

Si les discothèques ne sont pas légion, nombre de restaurants proposent de la musique *live* avec des groupes locaux, et, même en basse saison, Sanur conserve un peu de vie grâce à la population d'expatriés et aux nombreux musiciens balinais qui y vivent. C'est de Sanur que partent les bateaux à destination de l'île de la paisible île de Nusa Lembongan d'où l'on peut rejoindre Nusa Penida.

Histoire

C'est à Sanur que débarquèrent les Hollandais en 1906, et c'est de ce petit village qu'ils atteignirent Denpasar pour provoquer le fameux *puputan* (suicide collectif) de sinistre mémoire. Sanur était un petit village de pêcheurs et d'agriculteurs où siégeait néanmoins une forte proportion de brahmanes. Plus tard, dans les années 1930, Sanur accueillit le photographe Jack Mershon et sa femme chorégraphe Katharane, et plusieurs artistes comme Adrien Jean Le Mayeur de Merfrès qui épousa une danseuse balinaise (Ni Pollok) de Légong, réputée pour son talent et sa beauté. Les frères Neuhaus s'y installèrent également et créèrent un aquarium et une galerie d'art. Ces étrangers, tous séduits par l'art de vivre balinais, font partie de la vague d'Européens et Américains qui, à Sanur comme à Ubud, contribuèrent à faire connaître Bali comme un véritable paradis. Les touristes commencèrent à affluer du monde entier et très curieusement, à l'instar des tour-opérateurs actuels, achetaient un *package* de 5 jours pour visiter l'île. La Compagnie Néerlandaise des Indes décida de construire un hôtel à Sanur (le Sindhu Beach Hotel) et un autre à Kuta (le Kuta Beach Hotel) dans les années 1950. C'est la première tentative de construction d'hôtel à la balinaise relayée par une agence de tourisme. Sous l'impulsion du président Sukarno, le Bali Beach Hotel fut construit au titre des dommages de guerre avec des capitaux japonais en 1962, mais ne fut inauguré qu'en 1966 peu après les événements dramatiques qui suivirent le coup d'État. Par la suite, afin de contrebalancer l'expérience désastreuse de l'architecture du Bali Beach qui émut les autorités religieuses et administratives, le premier hôtel à créer une ambiance à la balinaise fut le Tanjung Sari, devenu célèbre en France par le roman de Muriel Cerf, *Le Diable vert*. Il persista à représenter le modèle de l'architecture touristique autochtone, en mêlant les arts balinais traditionnels et des éléments de modernité. Peu à peu, les prix des terrains grimpèrent, car Sanur s'avérait être la seule station balnéaire de Bali. Le Tanjung Sari, de taille modeste, demeura un hôtel presque bon marché, alors que les nouveaux venus attiraient une clientèle aisée. A présent, Sanur reste le village de la haute société locale et de la *jet-set*, qui jette son dévolu sur les hôtels les plus chics. Ses plages ne sont pas particulièrement belles, avec des récifs qui surgissent à marée basse au loin, mais l'atmosphère du village dégage un parfum légèrement désuet. La manne touristique, plus vieille qu'à Kuta, préfère une tranquillité d'apparat.

AEROXSPACE ADVENTURE

Jl. Bypass Ngurah Rai No.999, Sidakarya, Denpasar Selatan © +62 878 1699 1999
www.aeroxspace.id
Ouvert tous les jours de 9h à 21h. Ticket à partir de 175 000 Rp ; ticket moins de 110 cm : 75 000 Rp.

Le plus grand parc d'aventures en intérieur de Bali, conçu pour encourager les adolescents et les adultes à déconnecter des écrans et se reconnecter à l'activité physique. Situé au cœur de Sanur, AeroXSpace propose des attractions uniques qui repoussent vos limites, vous permettant de grimper des structures vertigineuses et de vous élever toujours plus haut. Avec une zone dédiée aux tout-petits, un espace de restauration, un espace lounge et trois salles d'anniversaire, une expérience inoubliable garantie pour les petits et les grands.

GOLDEN KRIS TOURS

Jl. Bypass Ngurah Rai No.7, Sanur Kaja, Denpasar Selatan, Kota Denpasar
✆ +62 361 289225
www.goldenkristours.com
Du lundi au vendredi de 8h à 19h, le samedi de 8h à 17h.

Golden Kris Tours est une agence de voyage fondée en 1972, qui propose des services de voyage à Bali et dans tout l'archipel indonésien. Cette agence professionnelle met l'accent sur le tourisme responsable et la promotion des expériences culturelles et authentiques. Elle soutient également la promotion des produits locaux. Cette équipe locale est passionnée par la constante découverte des meilleures attractions de Bali. N'hésitez pas à les contacter pour l'organisation d'un programme personnalisé qui correspondra aux besoins de chacun.

MAISON AURELIA €€

Jl. Danau Tamblingan, Sanur, Denpasar Selatan, Kota Denpasar
✆ +62 361 4721111
Chambre double à partir de 1 500 000 Rp. Piscine, spa « Lotus », gym.

© POOL - MAISON AURÉLIA

Un bijou de boutique-hôtel au cœur de Sanur, vous charmera par l'alliance parfaite du style balinais et du confort moderne, avec une touche artistique et coloniale. Ses magnifiques chambres, spa, salle de sport, et son extérieur féerique avec piscine et jardin luxuriant, promettent un séjour inoubliable. Détendez-vous entouré de verdure. Malgré ses 42 chambres, l'hôtel offre une ambiance intimiste. Les appartements incluent un salon commun, parfait pour des moments entre amis. Situé près des restaurants, cafés, boutiques et à 7 minutes de la plage.

ANDRE SEWATAMA RENT A CAR

Jl. Bypass Ngurah Rai No.330, Sanur, Denpasar Selatan, Kota Denpasar
✆ +62 361 288359
www.andre-sewatama-bali.com
Transferts à l'aéroport gratuits. Suzuki Katana 20 € par jour. Berline 25 €, SUV 35 €, camionnette 9 adultes 46 €.

© ANDRE SEWATAMA RENT A CAR

Si vous avez l'intention de louer, c'est ici ! D'origine allemande et arrivé à Bali il y a plus de 50 ans, André parle couramment le français ! On adore ses petits 4x4 safari de 2005 et ses bons conseils sur la conduite à Bali. Il propose aussi (et surtout !) une assurance responsabilité au tiers (sous réserve d'obtention du permis international ou d'une attestation de demande de permis international en France). Une bonne agence, où l'on peut également louer des SUV et camionnettes.

SEAQUEST ADVENTURE

Jalan Tukad Nyali, Gg SMA 6, nomor 2, Sanur Kaja, Denpasar Sel., Sanur Kaja, Denpasar Selatan, Kota Denpasar ✆ +62 821 4453 3853
www.seaquest-adventure.com/fr
Ouvert du lundi au vendredi de 9h à 19h. Agence locale spécialisée dans les croisières en Indonésie.

Cette agence propose des voyages à bord du Cahaya Mandiri, une goélette traditionnelle en bois de 26 mètres de long. Les croisières offrent des expériences uniques, telles que l'observation des fonds marins en palmes, masque et tuba, l'exploration de sites naturels exceptionnels et la découverte de villages locaux. Les croisières sont limitées à 8 personnes. SeaQuest Adventure propose différentes croisières, notamment vers les îles de Raja Ampat, l'archipel de Komodo, les petites îles de la Sonde et d'autres destinations en Indonésie.

INTERCONTINENTAL BALI SANUR RESORT €€€

Jl. Kusuma Sari No.8, Sanur,
Denpasar Selatan, Kota Denpasar
✆ +62 361 6201888
www.intercontinental.com/balisanur
Chambre double à partir de 3 600 000 Rp. Accès à la plage, gym, 4 restaurants, Spa, club pour enfant.

© INTERCONTINENTAL SANUR

Superbe. Voici l'un des hôtels les plus luxueux de Sanur. À proximité de la plage, agrémenté de son immense piscine avec vue sur l'océan et un service de haute qualité, c'est une belle parenthèse pour se reposer dans le sud de Bali. Le temps s'arrête et on aime profiter de chaque instant pour se rendre au Spa ou encore déjeuner dans l'un des restaurants de l'hôtel. Idéal pour les familles, cet établissement dispose d'une aire de jeux et d'une piscine pour les enfants.

BALI KOMANG GUEST HOUSE SANUR €

Jl. Sekuta Gg. Bambu, Sanur, Denpasar Selatan, Kota Denpasar
✆ +62 818 0539 7068
Chambre double à partir de 485 000 Rp. Petit déjeuner 35 000 Rp.

Un joli petit homestay familial aux chambres propres et fonctionnelles agrémentées d'un beau jardin ombragé et d'une piscine agréable. L'hôte accompagné de son équipe est d'une grande gentillesse. L'emplacement est calme tout en étant proche des commerces et des différentes commodités nécessaires. Le petit déjeuner est également très bon. En bref, un lieu avec un rapport qualité/prix imbattable, où le personnel se plie en quatre pour satisfaire les besoins de ses clients.

MUSÉE LE MAYEUR ★

Jl. Hang Tuah, Sanur Kaja, Denpasar Selatan, Kota Denpasar
Ouvert tous les jours de 8h à 15h30. Ticket 100 000 Rp.

Cette maison fut construite dans le style balinais avec des volets sculptés. Le musée comporte un certain nombre d'épreuves d'artistes et de toiles qui ont souffert avec le temps. Mais on peut se rendre compte du cheminement artistique du peintre à travers l'impressionnisme puis certaines tendances expressionnistes et en tout cas une tendresse pour les couleurs balinaises. Certaines toiles datent de la Seconde Guerre mondiale pendant laquelle Le Mayeur dut avoir recours aux fibres de palme en lieu et place de la toile pour peindre.

Adrien Jean Le Mayeur (1880-1958) vint pour la première fois à Bali en 1932. Il s'établit à Sanur après avoir vécu à Denpasar et avoir connu la célèbre danseuse de légong Ni Pollok avec qui il se maria en 1935. Il avait 55 ans quand elle n'en avait que 15 ! Après avoir loué puis acheté le terrain, ils firent construire la maison qui fut donnée au gouvernement indonésien à la mort de Ni Pollok en 1985 et qui fut alors transformée en musée.

Les afficionados de Le Mayeur et les amateurs d'art en général seront ravis de voir les tableaux de ce peintre exposés, mais pour les autres, réservez cette visite pour un jour de pluie. En effet, les conditions de présentation des œuvres ne sont pas optimales, les salles sont mal éclairées et humides, et vous faites la visite seul(e). Un autre intérêt de la visite est la maison en elle-même, représentative d'une alliance des cultures architecturales européennes et asiatiques, et le jardin est plaisant en plus d'être peu visité.

MAI GUESTHOUSE SANUR €

Sanur, Denpasar Selatan, Denpasar City
✆ +62 819 3302 3025
Chambre double à partir de 245 000 Rp.

Un petit établissement tenu par une petite famille balinaise. Les chambres sont spacieuses, impeccables, bien équipées avec beaucoup de rangements : lit, armoire, porte-vêtements, et même une chaise et une table d'extérieur. La chambre et la salle de bain sont très propres, avec une bonne climatisation et une eau chaude à forte pression. Un hébergement confortable et propre au prix imbattable et le personnel est accueillant, toujours prêt à vous aider. L'emplacement est idéal, avec un excellent rapport qualité-prix, proche de la plage et de bons restaurants.

BALI BEACH HOTEL - SANUR €€€

Jl. Hang Tuah, Sanur Kaja, Denpasar Selatan, Kota Denpasar ✆ +62 361 2012000
www.balibeachsanur.com

À partir de 3 000 000 Rp. Spa, restaurants, gym, activités en tous genres proposées tout au long de la journée.

Petit frère du « Meru », l'hôtel partage le même espace et restaurant, avec une approche légèrement moins haut de gamme. Contrairement à son homologue, il ne dispose que d'une seule piscine, où se concentrent la plupart des activités matinales. Un petit rappel historique : l'ancien Bali Beach Hotel, construit en 1966 par l'ex-dirigeant Soekarno, était l'un des premiers grands hôtels de Bali. Il visait à dynamiser le tourisme à Sanur. Aujourd'hui, l'hôtel rénové offre l'une des plus belles vues sur l'océan, grâce à sa hauteur, devant l'une des plus belles plages.

HOLIDAY INN BALI SANUR €€

Jl. Kusuma Sari No.4, Sanur, Denpasar Selatan, Kota Denpasar
✆ +62 361 2098999
www.ihg.com
Chambre double à partir de 1 800 000 Rp. Bon petit déjeuner, restaurant, musique acoustique le soir.

© HOLIDAY INN BALI SANUR

Moderne, propre, à deux minutes de la plage, l'emplacement de cet établissement est idéal, proche de bons restaurants et de toutes les commodités nécessaires. La propriété est magnifique, avec un personnel toujours souriant, serviable et aux petits soins toujours prêt à aider. Les chambres sont spacieuses et bien agencées comme dans les autres adresses de la chaîne. Le petit-déjeuner servi sous forme de buffet est varié et de bonne qualité. Vous trouverez ici un excellent rapport qualité-prix, surtout pour les familles qui seront ravies par les infrastructures.

SUKA HOMESTAY €

Jl. Sedap Malam Gg. Ancak No.2, Sanur, Denpasar Selatan, Kota Denpasar
✆ +62 896 9004 2000
Chambre double à partir de 300 000 Rp. Petit déjeuner.

Magnifique petit homestay géré par une famille adorable ! Le jardin est magnifique, l'accueil chaleureux, et les chambres sont spacieuses, propres et confortables. Un lieu paisible, impeccable et très agréable, même s'il est légèrement éloigné du centre et du port. La douche offre une bonne pression, et les hôtes sont d'une grande gentillesse. Véritable coup de cœur pour cet endroit magique ! Idéal pour profiter des levers de soleil sur les plages, vous ne voudrez plus repartir. Très bon rapport qualité/prix, un coup de cœur pour petit budget.

ATELIERTE VILLA - ATELIER TE DESIGNER GUESTHOUSE €€

Jl. Tirta Ening No.24, Sanur Kauh, Denpasar Selatan, Kota Denpasar
✆ +62 361 281249
www.atelierte.net
Chambre double à partir de 1 700 000 Rp.

Un hôtel charmant et magnifique, avec un personnel souriant et attentionné, qui fait tout pour rendre votre séjour agréable. Vous serez charmés par la décoration raffinée et le confort du lieu, tout est fantastique, un véritable havre de paix au design parfaitement pensé. Les chambres sont spacieuses, très propres, avec du mobilier neuf et bien pensé. Le petit déjeuner est savoureux, vous adorerez les jus fraîchement pressés, sans eau, ni sucre ajouté !

GUILDWOOD VILLA BALI €€

Gg. 3 No.30, Sanur, Denpasar Selatan, Kota Denpasar
✆ +62 811 3804224
Chambre double chez l'habitant à partir de 800 000 Rp. Piscine.

Un véritable séjour chez l'habitant, avec une chambre privée au sein de la demeure familiale. La propriété est magnifique, avec un jardin paisible et une piscine propice à la détente. La maison est grande et accueillante, avec un billard américain à l'étage. La chambre est spacieuse, confortable et impeccablement propre. L'emplacement est calme, tout en étant proche des restaurants, commerces et bars. Vous pouvez aussi déguster quelques plats sur place, et le petit-déjeuner est délicieux. Nana et Lina, les hôtes, sont adorables et toujours prêtes à aider.

KLUMPU BALI RESORT €€

Jl. Kesari No.16B, Sanur, Denpasar Selatan, Kota Denpasar
✆ +62 811 2030402
www.klumpu.com
Chambre double à partir de 3 800 000 Rp.

Emplacement idéal, service impeccable et personnel attentionné. L'établissement, charmant et bien situé à Sanur, offre un cadre paisible et agréable. Cet hôtel à taille humaine, avec ses 7 ou 8 bungalows autour d'une jolie piscine, offre un séjour personnalisé avec un personnel discret mais souriant, toujours disponible. Le petit déjeuner est délicieux et généreux, et les plats du restaurant sont tout aussi savoureux. Parmi les services proposés : des vélos de qualité, 15 minutes de massage offertes à l'arrivée, et un transfert gratuit depuis l'aéroport.

© SUMITRA LUXURY VILLAS

© SUMITRA LUXURY VILLAS

© SUMITRA LUXURY VILLAS

SUMITRA LUXURY VILLAS A PRAMANA EXPERIENCE €€€

Jl. Tirta Empul, Intaran, Sanur, Denpasar Selatan, Kota Denpasar ✆ +6282286868644
www.sumitrahotels.com

Villa avec piscine privée à partir de 7 300 000 Rp. Restaurant, confection d'offrandes, cours de cuisine, vélo.

Une véritable perle offrant une expérience haut de gamme, à quelques minutes de la plage. Cet hôtel mêle élégance contemporaine et charme balinais. Les villas spacieuses sont décorées avec goût, offrant tout le confort moderne avec une vue imprenable sur l'océan. Le restaurant propose une cuisine raffinée, fusionnant saveurs locales et internationales. Avec son spa relaxant, le Sumitra est l'endroit idéal pour se ressourcer tout en profitant des trésors de Sanur et de ses environs.

© SUMITRA LUXURY VILLAS

© SUMITRA LUXURY VILLAS

VILLA KAMPUNG KECIL BOUTIQUE HOTEL €€

Jl. Kutat Lestari No.98, Sanur Kauh, Denpasar Selatan, Kota Denpasar
✆ +62 811 388265
www.kampungkecil.com
Chambre double à partir de 2 500 000 Rp.

Un véritable havre de paix au cœur de Sanur qui se compose de six villas en teck javanais antique, ornées d'antiquités venues de toute l'Indonésie, équipées comme de véritables maisons de vacances, avec cuisines fonctionnelles, salons et vastes vérandas. Chaque villa dispose de chambres avec salles de bains attenantes, inspirées par la nature. Vous trouverez une magnifique piscine naturelle, entourée de jardins tropicaux luxuriants. Le personnel est incroyable !

HYATT REGENCY BALI €€€

Jl. Danau Tamblingan No.89, Sanur, Bali, Kota Denpasar ✆ +62 361 281234
www.hyatt.com
Chambre double à partir de 3 400 000 Rp. Suite familiale à partir de 6 500 000 Rp. Petit déjeuner 400 000 Rp.

Véritable joyau en bord de mer, cet hôtel combine avec brio confort et luxe avec un service impeccable. Offrant un petit déjeuner de rêve, plusieurs piscines, un jardin somptueux et une salle de sport, il ne laisse rien au hasard. Son brunch dominical, le meilleur de l'île, attire des visiteurs et les expatriés de toute l'île avec ses produits de haute qualité, champagne et foie gras. Le site en lui-même est magnifique, le personnel est accueillant, et l'emplacement est idéal près de restaurants et sites d'intérêt. Les massages au spa sont incroyables.

PURI SANTRIAN BEACH RESORT & SPA €€€

Jl. Cemara No.35, Sanur, Denpasar Selatan, Kota Denpasar
✆ +62 361 288009
www.santrian.com
Chambre double à partir de 2 300 000 Rp. Petit déjeuner. Piscine.

Un des plus anciens hôtels de la zone au charme balinais authentique. Un beau jardin, deux types de chambres, plus modernes ou plus traditionnelles disposées près des piscines, côté jardin ou côté plage. Sports et activités d'eau à foison, trois piscines, restaurant et courts de tennis... on s'y sent bien, d'autant que l'hôtel est bien placé, proche de toutes les commodités. Également réputé pour proposer l'un des meilleurs petits-déjeuners de la ville.

SEGARA VILLAGE HOTEL €€€

Jl. Segara Ayu, Sanur, Denpasar Selatan, Kota Denpasar ✆ +62 361 288407
www.segaravillage.com
Chambre double à partir de 4 200 000 Rp.

Un charmant écrin en bord de mer qui marie habilement modernité et traditions balinaises. C'est un incontournable en ville. Ses chambres, baignées de lumière grâce à leurs murs entièrement vitrés, offrent une vue imprenable sur un jardin luxuriant abritant des arbres centenaires, dont un Bayan sacré. Parfait pour les familles, il dispose d'un vaste espace de jeux et d'un club enfants, avec une piscine équipée de toboggans. Le complexe compte aussi une piscine « naturelle » enchâssée dans le jardin et un restaurant face à la mer.

TANDJUNG SARI €€€

Jl. Danau Tamblingan No.41, Sanur, Denpasar Selatan, Kota Denpasar ✆ +62 361 288441
www.tandjungsarihotel.com
Bungalow pour 2 personnes à partir de 5 600 000 Rp. Petit déjeuner. Piscine. Réductions sur le site Internet.

Pavillons traditionnels exclusivement meublés et décorés d'artefacts et de tissus, superbement conçus dans le pur style balinais. Une immense piscine bordée d'arbres avec des fontaines qui inspirent à la relaxation. Le personnel est accueillant et attentionné. Restaurant excellent. Installé sur la plage, c'est assurément l'un des meilleurs établissements de Sanur. Petite anecdote : La romancière française Muriel Cerf lui a consacré un récit, *Le Diable vert*, qui raconte son aventure amoureuse avec le propriétaire de l'hôtel en 1970.

MINT COTTAGE SANUR €€

Jl. Pengiyasan II No.8, Sanur Kauh, Denpasar Selatan, Kota Denpasar
Villa avec une chambre, pour 2 personnes, à partir de 2 500 000 Rp.

Vous serez accueillis chaleureusement par Ibu Arya, Putu et leur équipe, qui s'assureront tout au long de votre séjour que tout soit parfait et que vous ne manquiez de rien. La villa est calme, impeccable, avec tout le nécessaire pour cuisiner, un distributeur d'eau et un grand réfrigérateur. Tout ici sent le neuf, du linge de maison aux matelas et oreillers confortables. La piscine privée, joliment éclairée la nuit, est idéale pour une baignade tranquille. Bien que l'emplacement soit un peu isolé, Sanur et ses plages sont à seulement 4 minutes en taxi.

THE MERU SANUR €€€

Jl. Hang Tuah, Sanur Kaja, Denpasar Selatan, Kota Denpasar

✆ +62 361 2012 0000 - www.themerusanur.com

Chambre double à partir de 5 000 000 Rp. Spa, gym, activités gratuites yoga, aquagym, boxe. Restaurant. Vélos gratuits.

Ouvert en mars 2024, ce nouvel établissement à Sanur s'inscrit dans la lignée des hôtels de luxe de la ville. Le Meru, qui signifie « pique » en bahasa, est situé au nord de Sanur, à environ 30 minutes de l'aéroport (sans embouteillages). Ce complexe propose des chambres de standing, dans un style qui marie modernité et traditions indonésiennes. L'accent est mis sur les nombreuses activités gratuites offertes aux clients, que ce soit les exercices dans la grande piscine face à la mer ou les divertissements pour enfants au *kids club*. Chacun y trouvera son bonheur !

LUHTU'S COFFEE SHOP €

Jl. Pantai Sindhu No.15, Sanur, Denpasar Selatan, Kota Denpasar
✆ +62 821 4605 0576

Ouvert tous les jours de 07h à 22h. Petit déjeuner à partir de 35 000 Rp. Jus de fruits frais à partir de 25 000 Rp.

Les pieds dans le sable, profitez de la vue et de l'agitation de la plage avec une bonne tasse de café ou de cappuccino et une petite douceur pour accompagner votre boisson. Service souriant et rapide pour les gens pressés de partir à l'aventure ou voulant juste un dernier petit-déjeuner en ville avant de retourner à l'aéroport. Spécialités locales, sandwichs clubs, fish and chips... Le Luhtu's Coffee Shop a tout ce qu'il faut pour satisfaire vos papilles tout autant que vos pupilles grâce à son cadre romantique et paradisiaque.

MD WARUNG €

Jl. Betngandang I No.3a, Sanur Kauh, Denpasar Selatan, Kota Denpasar
✆ +62 852 3227 5555

Ouvert du lundi au samedi de 09h à 22. Pizzas à partir de 40 000 Rp.

En quête d'un bon warung pas trop cher à Sanur ? Vous pouvez vous diriger sans doute et sans crainte vers le MD Warung ! On savoure une cuisine d'inspiration indienne, asiatique et bien sûr avec sa touche de gastronomie balinaise. La nourriture est excellente avec par exemple des boulettes de viande kefta, de l'agneau toujours très tendre, et épicé à la perfection. Il y a aussi de nombreux choix végétariens, comme par exemple les currys de lentilles et pommes de terre parfaitement assaisonnés. Excellent rapport qualité-prix.

ROSETTA COFFEE SHOP €

Jl. Pantai Sindhu No.15, Sanur, Denpasar Selatan, Kota Denpasar
✆ +62 822 3622 7184

Ouvert tous les jours de 7h à 23h. Plats à partir de 35 000 Rp. Petit déjeuner à partir de 30 000 Rp.

Idéal pour prendre son café ou un cocktail sous les rayons du soleil, ou pour profiter de la plage. Un charmant petit café sur la plage, au milieu de l'agitation des chalands et des vendeurs de rue. Prix très abordable, beaucoup de choix sur une carte partagée entre la cuisine locale ou continentale. Avis aux gourmands : les portions sont copieuses ! Personnel aux petits soins. Si vous êtes pressés, vous pouvez également prendre à emporter mais nous vous conseillons vraiment de prendre votre temps et de vous installer pour vous détendre et profiter du cadre.

SAIGON CAFE SANUR €

Jl. Sudamala No.55, 57, 59, Sanur, Denpasar Selatan, Kota Denpasar
✆ +628123928395

Ouvert tous les jours de 08h à 23h. Plats à partir de 50 000 Rp

Si au départ le Saigon Cafe Sanur ne paie pas de mine, on y découvre rapidement un très bon restaurant indo-vietnamien. On y savoure au choix une belle salade qu'on accompagne volontiers de rouleaux frits de légumes ou à la viande, d'un traditionnel Pho (une soupe traditionnelle à base de légumes, de viande et de nouilles de riz) ou encore les Banh Mi - des sandwichs vietnamiens avec du « pain de blé », la traduction littérale de Banh Mi. Dans l'ensemble, très bon rapport qualité-prix. On peut également prendre à emporter. On recommande !

SANUR NIGHT MARKET €

Jl. Danau Tamblingan No.10, Sanur, Denpasar Selatan, Kota Denpasar

Le marché de nuit, petites échoppes de restauration. Ouvert tous les jours de 16h à 22h.

Le marché nocturne de Sanur est une expérience incontournable pour quiconque visite Bali. Vivant et coloré, il offre un aperçu authentique de la culture balinaise. Stand après stand, les visiteurs peuvent déguster une variété de plats locaux, des satays épicés aux délicieux desserts balinais, le tout à des prix défiant toute concurrence. C'est aussi l'endroit parfait pour dénicher des souvenirs uniques, des artisanats aux vêtements traditionnels. L'ambiance est électrique, baignée dans les odeurs alléchantes de la cuisine de rue et les sons de la vie nocturne.

WARUNG BLANJONG €

Jl. Sudamala No.55, 57, 59, Sanur, Denpasar Selatan, Kota Denpasar
✆ +62 361 285613

Ouvert tous les jours de 7h à 22h. Plats à partir de 30 000 Rp.

Un excellent rapport qualité-prix avec des spécialités balinaises comme les brochettes de *saté* ou bien des *pepes be pashi*, poisson cuit à la vapeur dans une feuille de bananier. L'un des meilleurs *warungs* de la zone. On valide absolument tout sur leur menu, véritable caverne d'Ali Baba de saveurs diverses. Le personnel est accueillant et le cadre très agréable, bien décoré et propre. Service parfait. Profitez de ce restaurant pour vous restaurer et vous éloigner du brouhaha des rues commerçantes pour ce moment de gourmandise.

WARUNG SANUR SEGAR €

Jl. Pasar, Sindu, Sanur, Denpasar Selatan, Kota Denpasar ✆ +62 812 3760 0256

Ouvert tous les jours de 11h à 19h. Sandwiches et wraps à 30 000 Rp. Plats locaux de 15 000 Rp à 25 000 Rp.

Pour un prix imbattable, vous repartez l'estomac bien rempli avec la satisfaction de n'avoir pas dépensé grand-chose. Petit joyau à la devanture bleu marine bien caché sous une toiture à l'ombre des rayons du soleil, le Sanur Segar est un *warung* qui ne paie pas de mine de prime abord. Et pourtant leurs sandwiches et quesadillas sont excellents, tout comme leurs jus sont succulents. Il faut compter un temps d'attente plus long que la moyenne, mais cela vaut absolument le coup ! L'ambiance est relaxante, parfaite pour s'installer et profiter du temps qui passe.

YUKIMARU €

Jl. Karang Sari No.10, Sanur, Denpasar Selatan, Kota Denpasar

✆ +62 361 4493980

Ouvert tous les jours de 18h à 23h.

Ce petit restaurant japonais caché à Sanur est un véritable trésor. Les plats sont réconfortants, avec des saveurs douces et équilibrées. De nombreuses options végétaliennes et végétariennes sont proposées, et le personnel est adorable. Certes, l'attente peut être un peu longue, mais tout est fait maison, ce qui vaut largement la peine. N'hésitez pas à essayer les palourdes au beurre Asari, l'aubergine miso ou encore le tofu soyeux, vous ne serez pas déçu ! Petit bijou à découvrir, mais n'oubliez pas de réserver, car l'endroit est intime.

MASSIMO €€

Jl. Danau Tamblingan No.228, Sanur, Denpasar Selatan, Kota Denpasar ✆ +62 361 288942

www.massimobali.com

Ouvert tous les jours de 9h à 23h. Plats et pizzas à partir de 75 000 Rp. Terrasse.

© MASSIMO

Un restaurant iconique en ville, détour obligé pour ceux qui souhaitent savourer une pizza ou de délicieuses pâtes avec une mozzarella ou burrata faite maison. Transalpin chaleureux et volubile, le chef Massimo devenu ambassadeur local de la cuisine italienne offre aux passants les glaces confectionnées dans son atelier. Pour les curieux de l'artisanat italien et de la gastronomie en général, il vous est possible d'aller observer cet atelier au fond du restaurant en traversant la terrasse intérieure. On vous conseille de réserver, le lieu est connu et reconnu !

BARBAROSSA SANUR €€

Jl. Danau Poso No.01, Sanur, Denpasar Selatan, Kota Denpasar

✆ +62 821 3754 3917

www.barbarossabali.com

Ouvert tous les jours de 8h à 23h.

De prime abord, la devanture est un peu « impersonnelle », mais l'établissement est agréable avec une nourriture et un service impeccable. L'endroit, bien que petit, est chaleureux, et le personnel vous accueille avec le sourire. Les plats sont réalisés avec des ingrédients frais, notamment les sauces des pâtes et des pizzas. On aura une petite faiblesse pour leur glace au caramel salé, un régal. Vous pouvez aussi venir déguster un petit déjeuner délicieux dans une ambiance amicale, avec une bonne sélection de jus et de bons cafés.

JALAPENO €€

Jl. Danau Tamblingan No.102, Sanur, Denpasar Selatan, Kota Denpasar

✆ +62 813 3996 1875

www.jalapenobali.com

Ouvert tous les jours de 12h à 22h.

L'adresse rêvée pour les amateurs de saveurs mexicaines authentiques. Ce restaurant cosy offre une explosion de goûts, des tacos croustillants aux enchiladas savoureuses, le tout préparé avec des ingrédients frais et colorés. Ne manquez pas de goûter à leurs margaritas maison, réputées pour être les meilleures de la ville. Les portions généreuses et les prix abordables font de Jalapeno le lieu idéal pour satisfaire vos envies de cuisine mexicaine sans quitter Bali. Pour parfaire le tout, musique live le weekend ! Un *must try* !

LILLA PANTAI €€

Jl. Duyung, Sanur, Denpasar Selatan, Kota Denpasar

✆ +62 877 6777 5050

Ouvert tous les jours de 07h à 22h30

Lieu confortable et accueillant, avec une équipe très sympathique. L'emplacement est idéal, avec une jolie décoration, une vue splendide et une ambiance sympathique les pieds dans le sable. Le menu est excellent, et le service, dirigé par Made, est impeccable. Les cocktails sont délicieux et la nourriture surpasse d'autres établissements de la zone. Chaque plat est soigneusement préparé et savoureux, on recommande le thon et les rouleaux de printemps, tout simplement délicieux. Un barista talentueux, également pâtissier, mérite une mention spéciale.

MONA LISA RESTAURANT €€

Jl. Danau Tamblingan No.98, Sanur, Denpasar Selatan, Kota Denpasar

✆ +62 813 5307 1079

Ouvert tous les jours de 12h à 23h. Plats à partir de 55 000 Rp.

Ce restaurant propose une ambiance cosy, une terrasse ainsi qu'une belle salle intérieure où le personnel, nombreux et attentif, s'active pour vous servir. Le service est de bonne qualité, l'accueil est chaleureux et l'attention portée aux clients est constante. Les plats, aussi savoureux que raffinés, sont présentés avec un soin. Que vous optiez pour une cuisine locale ou européenne, vous ne serez pas déçu. Cet établissement est probablement l'un des meilleurs de la ville dans sa catégorie. Mention spéciale pour les « pepes » de thon et le riz frit !

PESCADO BALI SANUR €€

Jl. Duyung No.3, Sanur, Denpasar Selatan, Kota Denpasar

✆ +62 821 4582 6933

www.pescadobali.com

Ouvert tous les jours de 11h à 22h.

Un des restaurants incontournables de la ville de Sanur qui propose principalement d'excellentes spécialités espagnoles. À la carte, on y découvre une large sélection de plats de fruits de mer, de très bons tapas espagnols à partager (ou pas !), et bien sûr la traditionnelle paëlla... Seul bémol, les portions pourraient être un peu plus conséquentes. La carte des cocktails devrait également ravir les plus gourmets, avec de bons choix et des sélections originales. Service très sympathique, bonne ambiance et personnel aux petits soins.

WHITE ORCHID SANUR €€

Jl. Danau Tamblingan No.85, Sanur, Denpasar Selatan, Kota Denpasar

✆ +62 361 283875

Ouvert tous les jours de 7h à 23h. Plats à partir de 40 000 Rp.

Jolie terrasse pour profiter d'un dîner indonésien dans une ambiance agréable et presque gastronomique (avec des prix légèrement au-dessus de la moyenne de Bali). Au menu : des plats traditionnels, des plateaux de fruits de mer et quelques propositions western. Le service est impeccable, le personnel est aux petits oignons avec ses clients. Le soir venu, il y a souvent des concerts proposés aux clients. Adresse recommandée, que ce soit pour boire un cocktail en écoutant de la musique ou pour passer toute la soirée et y déguster de succulents plats.

CASABLANCA

Jl. Danau Tamblingan No.120, Sanur, Denpasar Selatan, Kota Denpasar

✆ +62 811 3809939

www.casablancasanur.com

Ouvert tous les jours de 17h à 01h du matin.

Tout d'abord, il vaut mieux arriver avant 20h pour avoir une bonne place au vu du succès de ce lieu festif et coloré. Et pour cause, il est l'un des rares endroits où l'on peut assister à des concerts en live tous les soirs en ville. La musique est variée et il y en a pour tous les goûts : Reggae, pop, rock...En ce qui concerne la nourriture, vous avez le choix entre des snacks de bar classiques, quelques choix internationaux et surtout, de la nourriture locale succulente. Un lieu parfait pour une soirée musicale en bonne compagnie.

RITA GIFT SHOP

Jl. Danau Tamblingan No.81, Sanur, Denpasar Selatan, Kota Denpasar

✆ +62 361 282362

Ouvert tous les jours de 08h à 22h.

Un choix impressionnant d'objets de qualité à rapporter pour soi ou pour offrir. De beaux souvenirs, faits à la main, allant de la lampe harmonieuse aux boucles d'oreilles fabriquées avec goût. Et le tout à prix raisonnables ! Cette jolie petite boutique, qui attire aisément l'œil par son éclairage doux et les couleurs qui se dégagent de ses larges vitrines décorées avec goût, se révèle pleine de surprises. Les amateurs de lieux en marge des « classiques touristiques » seront ravis de découvrir cette adresse que nous recommandons chaleureusement.

BALI BREIZH DIVERS

N°464 A, Jl. Bypass Ngurah Rai, Sanur Kauh, Denpasar Selatan ✆ +62 812 4618 8744
www.balibreizhdivers.com

Centre de plongée PADI 5 offrant des plongées, safaris plongée et formation PADI. Baptême à partir de 1 650 000 Rp.*

Voici un centre PADI 5 Star à taille humaine qui organise des sorties à la demande selon vos envies et votre niveau d'expérience. Ils proposent également des safaris à la carte, des plongées loisirs, différentes visites et activités *via* des partenaires et des hébergements adaptés à votre budget, du logement chez l'habitant aux hôtels de luxe. Les formations PADI sont données en français ou en anglais avec un manuel fourni dans votre langue. Le prix des prestations comprend le transfert depuis et vers votre hôtel, deux plongées, le déjeuner et de l'eau.

BALI DIVING ACADEMY

corner of, Jl. Sekuta Gg. Kalpataru, Sanur, Denpasar Selatan, Kota Denpasar
✆ +62 877 6004 8543
www.scubali.com

Centre de plongée PADI 5. Sorties à la journée, formations PADI. Packages avec nuits sur place.*

Ce club, certifié écologique, propose des sorties à Pemuteran, Nusa Lembongan (raies mantas, tortues et poissons-lunes), Menjangan Island, Tulamben, Amed (épave *The Liberty*) et Padang Bay. Vous trouverez ici toutes les formations PADI ainsi que des packages avec nuitées sur place. Vous ne serez pas plus de 4 personnes par guide à chaque sortie et vous pourrez ainsi profiter de votre exploration en tout confort et sécurité. Les circuits sont adaptables selon le niveau. Bali Diving Academy propose aussi des cours d'apnée et des ateliers de photo sous-marine !

DUNE ATLANTIS DIVING INTERNATIONAL

Jl. Bypass Ngurah Rai.96E, Sanur Kauh, Sanur, Denpasar Selatan, Kota Denpasar
✆ +62 8123 805767 - www.atlantis-bali-diving.com

Départ depuis toute l'île. Possibilité de sortie palmes-masque-tuba, sortie plongée à partir de 145$. FFESSM et PADI 5.*

Une référence à Bali et dans le pays ! Ouvert à Bali en 1996, c'est le premier centre à faire découvrir les fonds marins de l'archipel indonésien au grand public. Une équipe expérimentée et professionnelle vous propose des cours en français allant de débutant à moniteur, sortie à la journée et safari-plongée… Les explorations ont lieu à Tulamben, Amed, Padang Bai, Gili, les îles Nusa et Menjangan avec transfert inclus. Pour les amoureux de la mer souhaitant faire vivre leur passion !

POWER OF NOW OASIS

Jl. Retro Beach, Sanur Kauh, Denpasar Selatan, Kota Denpasar ✆ +62 878 6153 4535
www.powerofnowoasis.com

Ouvert tous les jours de 7h30 à 18h30, sauf le mercredi jusqu'à 15h30. Cours de yoga. 100 000 Rp par session.

Pour les amateurs de quiétude, ambiance résolument détendue et bon enfant. Dans une gigantesque maison en bambou située face à la mer, ces cours de yoga et de méditation sont ouverts à tous, pour le plus grand bonheur de chacun. Si vous souhaitez vous détendre dans un magnifique décor, cet endroit est fait pour vous, qu'il s'agisse d'une session rapide entre deux visites de monuments ou de sessions plus régulières durant votre séjour (tarifs dégressifs). L'établissement offre également des soins ayurvédiques, et le personnel est aux petits soins.

SUD DE BALI

Plage de Sanur.

KUTA ★★

Kuta est reconnu pour sa vie nocturne vibrante et son riche tissu culturel. Bien longtemps un simple village de pêcheurs, Kuta est à présent l'une des stations balnéaires les plus populaires et les plus bouillonnantes de Bali, attirant des visiteurs du monde entier. Le cœur battant de Kuta est bien entendu sa plage, s'étendant sur des kilomètres de sable, bordée par les eaux turquoise de l'océan Indien. Cette plage est un paradis pour les surfeurs, offrant des vagues parfaites pour tous les niveaux, des débutants aux plus expérimentés. Les couchers de soleil à Kuta sont légendaires, offrant un spectacle à ne pas manquer.

Au-delà de la plage, Kuta regorge d'activités. Les rues sont bordées de boutiques, de spas, de restaurants et de cafés, offrant un large éventail de shopping et de gastronomie. La cuisine locale est un mélange de saveurs indonésiennes traditionnelles et d'influences internationales. Les amateurs de shopping trouveront leur bonheur parmi les nombreux magasins vendant de l'artisanat balinais, des vêtements de plage, et bien plus encore avec les grandes enseignes internationales. Quand le soleil se couche, Kuta se transforme. La ville prend vie avec ses nombreux bars, clubs et discothèques. La vie nocturne est l'une des principales attractions de Kuta, avec une ambiance festive et énergique jusqu'aux premières lueurs de l'aube.

Sports / Loisirs

▶ **Renseignez-vous bien** avant de vous jeter à l'eau car dû aux courants forts et aux lames fréquentes surtout à marée descendante, la baignade peut être parfois dangereuse. Présence de surveillance sur certaines plages (de Kuta à Legian). Méfiez-vous donc si vous n'êtes pas un nageur émérite.

Transports

La circulation est assez cauchemardesque à Kuta... La solution de meilleur rapport qualité-prix est de faire appel aux *shuttles* proposés par des agences à tous les coins de rue. Les taxis Blue Bird, Gojek ou Grab n'ont officiellement pas le droit de venir chercher les clients à Kuta mais peuvent généralement les déposer. On vous harponnera dans la rue... Il faut veiller à bien négocier le prix avant la course.

▶ **Comment y accéder et en partir**. De l'aéroport international, compter 30 minutes en taxi, pour environ 200 000 Rp - 250 000 Rp avec compteur.

SUD DE BALI

PLAGE DE KUTA ★★

www.kutabeachbalii.com

On peut y louer un transat et un parasol pendant la journée, s'y faire masser par l'une des masseuses agréées, s'y faire servir une boisson glacée et s'y baigner entre les drapeaux rayés rouge et jaune, là où la plage est surveillée. L'eau n'est pas très propre (c'est un euphémisme), alors évitez de boire la tasse. Le week-end, la plage de Kuta est plus joyeuse quand les familles balinaises viennent s'y détendre. Mais ce qui a rendu Kuta célèbre dans le monde entier, c'est avant tout son coucher de soleil (entre 17h et 18h30 selon la saison) réellement magnifique quand le ciel est découvert. Le rouge du soleil couchant y est vraiment intense avant de disparaître derrière l'océan et inonde la plage d'une lumière divine. Enfin, la plage de Kuta attire les surfeurs de tous niveaux. La meilleure époque de l'année pour surfer à Kuta s'étend d'avril à octobre (avec les plus grosses vagues en juillet-août). Spot idéal pour les débutants, car ils peuvent y apprendre les rudiments sans danger, car il n'y a ni coraux ni rochers, pour un atterrissage en douceur. Ceux qui ne veulent pas investir dans un cours de surf (50 US$ la demi-journée) pourront se contenter de louer une longboard sur la plage et de se jeter à l'eau comme on dit, en apprenant sur le tas, ou de trouver un professeur informel dans les flots. Des bodyboards sont aussi à louer. On peut faire réparer sa propre planche dans l'un des petits ateliers présents dans les Poppies Lanes. Le spot de surf pour débutants se trouve au niveau du bout de la Jalan Pantai Kuta.

PERAMA TOUR ET TRAVEL

Jln Legian No.39, Kuta, Badung Regency
✆ +62 361 751875
www.peramatour.com
Ouvert tous les jours de 06h30 à 22h. Voiture privée à partir de 600 000 Rp pour 6h.

Établie depuis 1969 à Bali par la famille Perama, cette entreprise familiale connait bien sa terre et ses richesses ! Elle a développé un service de transfert et de location entre les différentes villes et îles de Bali et Lombok, et propose des activités variées comme le rafting, trekking, vélo, sports d'eau... Mais c'est surtout dans la mise en place de voyage organisé entre Bali, Lombok et Komodo que l'entreprise excelle ! Voyage de 12 arrêts sur les 3 îles avec visites de villages, cascades, plages et réserves naturelles, activités.

AIRPORT TAXI

✆ +62 361 751 011
Services de taxi entre l'aéroport et lieu de résidence.

Service de taxis à l'aéroport à prix abordables. Vous pouvez réserver à l'avance pour être réceptionnés sitôt sortis de l'avion et vos bagages récupérés. Chauffeurs ponctuels, actifs et enthousiastes. Voitures propres et confortables. Commencez votre séjour sans stress grâce à leur service irréprochable. N'hésitez surtout pas à les contacter si vous désirez du confort, de la sécurité, de la rapidité et de l'efficacité, que vous voyagiez pour le travail ou pour des vacances bien méritées. Faites confiance aux avis de plusieurs milliers de clients satisfaits.

BUDI TAXI

jalan tukad Yeh aya IX no 61B, Denpasar renon
✆ +62 813 3802 5036
Chauffeur privé.

Toujours tout sourire, ce chauffeur privé connaît très bien Bali. Il parle anglais et possède un véhicule climatisé avec jusqu'à 7 places assises. Légèrement plus cher que la moyenne, mais tarif dégressif et négociable si vous voyagez en groupe. N'hésitez pas à le contacter dès votre sortie de l'avion et laissez-le vous guider jusqu'à votre hôtel au début de votre séjour, jusqu'à l'aéroport à la fin, et n'importe où durant votre exploration de Bali, d'autant plus que Kuta est aussi grand qu'empli de mystères et d'endroits fabuleux à découvrir.

BAGUS DISCOVERY GROUP

Jl. Bypass Ngurah Rai No.300B, Tuban, Kec. Kuta, Kabupaten Badung
✆ +62 361 751223
https://www.bagus-discovery.com
Ouvert du lundi au vendredi de 09h à 17h. Le samedi de 09h à midi.

Ce groupe hôtelier propose des circuits uniques dans des établissements situés au nord et à l'est de Bali. Leur offre « Authentic Bali » inclut un séjour minimum de 7 jours et 6 nuits, avec hébergement, transport et excursions. Le voyage commence sur la côte est de Bali, à Karangasem, avec 2 nuits au Puri Bagus Candidasa, suivi de 2 nuits au Bagus Agro Pelaga, 2 nuits au Puri Bagus Lovina et une dernière nuit au Bagus Jati. Le forfait comprend également les transferts depuis l'aéroport ou le sud de Bali ainsi que les déplacements pour les visites.

GREEN GARDEN HOTEL €€

Jl. Kartika Plaza No.9, Kuta, Kec. Kuta, Kabupaten Badung
✆ +62 361 761023
greenbali.com
Chambre double à partir de 630 000 Rp.

Pour cet hôtel récemment refait à neuf situé à deux pas des plages de Kuta, les quelque vingt-cinq chambres sont spacieuses et confortables. La plupart d'entre elles donnent sur la piscine centrale de l'établissement et ses quelques touches de verdure. Le personnel est disponible et prêt à aider en cas de besoin. On recommande les chambres du fond pour ceux qui cherchent à être plus au calme. Vous trouverez sur place un restaurant et un petit bar. Les jus de fruits frais y sont excellents. L'un des plus : la navette pour l'aéroport sur simple demande.

SWISS-BELHOTEL INTERNATIONAL €€

Kuta Central Park, Blok Promenade I
No. 28 Jalan Patih Jelantik,
✆ +62 361 4727180
www.swiss-belhotel.com
Chambre double à partir de 500 000 Rp.

A Bali, les hôtels de cette chaîne se concentrent dans la partie Sud de l'île (Legian, Kuta, Nusa Dua, Jimbaran, Petitenget...) et offrent différents standings. Entre le Swiss-Belexpress Kuta, le Swiss-Belhotel Petitenget, le Swiss-Belhotel Rainforest à Kuta, le Swiss-Belhotel Segara à Nusa Dua, le Swiss-Belhotel Tuban, le Swiss-Belinn Legian, le Swiss-Belresort Pecatu, le Swiss-Belresort Watu Jimbar et le Zest Hotel Legian, il y en a pour tous les goûts et tous les budgets.

POPPIES HOTEL €€€

Jl. Poppies Lane I No.19, Kuta, Kec. Kuta, Kabupaten Badung
✆ +62 361 751059
www.poppiesbali.com
Chambre double à partir de 1 700 000 Rp. Piscine. Restaurant.

De beaux bungalows de caractère parsèment un jardin luxuriant qui abrite des sculptures, des petits ponts et une piscine croulant sous de sublimes fleurs. Décoration intérieure balinaise magnifique (meubles sculptés, batiks...). Le restaurant est l'une des plus vieilles institutions de Kuta. A l'époque, il se tenait sous une paillote aux murs de bambou tressé et l'on y mangeait en tailleur... Des *packages* (séjour hôtel + restaurant) sont régulièrement proposés sur le site Internet. Belle adresse où la réservation est indispensable.

POPPIES RESTAURANT €€

Jln Legian Jl. Poppies I No.16, Kuta, Badung Regency
✆ +62 361 751059
www.poppiesbali.com
Ouvert tous les jours de 08h à 23h. Plats à partir de 65 000 Rp.

Véritable institution à Kuta, ce restaurant est tellement populaire qu'il est impératif de réserver sa table, surtout en haute saison. La maîtresse de maison est Zenok, la fameuse Balinaise qui a créé le premier *warung* à destination des touristes dans les années 1960. On dîne ici dans une lumière tamisée, agréablement séparé des regards des curieux. En revanche, dans le jardin, les tables sont un peu les unes sur les autres. Depuis sa création, le restaurant s'est agrandi pour abriter désormais un hôtel. Un des meilleurs établissements de la zone !

WARUNG INDONESIA €

Jl Popies II Gg. Ronta, Kuta, Kec. Kuta, Kabupaten Badung
✆ +62 812 3811 1913
Ouvert tous les jours 24h/24. Plats à partir de 25 000 Rp.

Une expérience locale. Cette adresse correspond au warung traditionnel balinais. Les plats sont bons, frais, servis généreusement par des locaux avec le sourire et détendus. Excellent rapport qualité-prix. On recommande le nasi goreng arrosé d'un jus de fruits frais. La cuisine est traditionnelle, populaire, excellente et servie par un personnel souriant. Ici, pas de chichis, l'ambiance est bonne, l'accueil est simple et la cuisine sans prétention alors qu'elle en aurait tout à fait le droit ! Profitez de leur carte variée et de leurs très bonnes boissons !

DEKOM BALI SURF SCHOOL

Jl. Pantai Kuta Pande Mas No.1, Kuta, Kec. Kuta, Kabupaten Badung ✆ +62 812 4617 2525
dekomsurf.com
Ouvert tous les jours de 08h à 17h. Cours privé de 4/5 heures : 900 000 Rp. Cours en groupe (3 élèves max) : 500 000 Rp.

Une équipe de professionnels vous initie au surf dans les meilleures conditions qui soient. C'est le spot idéal pour apprendre à surfer. Les grands et les petits ont le choix de prendre des cours collectifs ou privés, mais il y a un instructeur pour 3 personnes au maximum, ce qui garantit un excellent suivi et un apprentissage dans de bonnes conditions. Planches logotées aux couleurs de l'école, vestiaires et casiers pour être tranquilles. Dekom est une école qui mise sur la qualité et le professionnalisme. Une bonne adresse à retenir.

KORI RESTAURANT & BAR KUTA €€

Jln Legian Jl. Poppies II, Kuta, Badung Regency
✆ +62 361 758605
www.korirestaurant.co.id
Ouvert tous les jours de 10h à 23h. Plats à partir de 80 000 Rp le midi.

Cuisine succulente dans un cadre enchanteur à la décoration chic et moderne. Légèrement caché (les meilleures adresses) derrière un mur de pierre, prenez place autour d'une des tables dans le jardin et préparez-vous à une soirée que vous n'oublierez pas. Le chef indonésien sait ce qu'il fait. Au menu, des salades inventives et craquantes, du poisson mitonné à la balinaise, mais aussi des spécialités internationales (comme leur succulent Pain à l'Ail). Romantique et savoureux.

WATERBOM BALI

Jl. Kartika Plaza, Tuban, Kec. Kuta, Kabupaten Badung ✆ +62 361 755676
www.waterbom-bali.com
De 9h à 18h. Entrée à partir de 535 000 Rp pour les adultes, 385 000 Rp pour les enfants.

Sur près de 4 ha de terrain, une multitude d'attractions aquatiques, dont d'immenses toboggans, certains à dévaler sur une bouée ou sur un raft. Des dizaines de piscines, une *lazy river* le long de laquelle on se laisse porter seul ou à plusieurs... Chaque année une nouvelle attraction encore plus sensationnelle voit le jour. Waterbom a reçu de nombreux prix dont celui du meilleur parc aquatique de Bali. Tout l'endroit est particulièrement propre et bien entretenu, le personnel est sympathique ! Une journée de folie en famille garantie qui ravira grands et petits !

LEGIAN ★

Dans les années 1970, Legian est devenue le refuge des hippies et babas cool en quête d'alternatives à Kuta, alors submergée par le tourisme. À cette époque, Legian, avec ses *losmen* abordables, rappelait les débuts de Kuta. Cependant, au fil du temps, Legian a connu une augmentation de sa fréquentation, se rapprochant de l'atmosphère de Kuta, surtout dans sa partie sud. La zone est désormais caractérisée par une multitude de boutiques de souvenirs, des sollicitations incessantes et des rues étroites et encombrées, le tout dans un cadre architectural construit rapidement et sans grand attrait, coincé entre Seminyak la branchée et Kuta la fêtarde.

INDONESIA IMPRESSIONS TOUR

Legian, Kuta, Badung Regency
✆ +62 819 9993 7788
www.indonesiaimpressiontour.com
Agence présente sur Java et Bali. « Culture & Tour éducatif » ou « Nature et vie sauvage ».

Vivez la magie de l'Indonésie lors des tours organisés par ce spécialiste de la nature et de la culture indonésienne. Les circuits, individuels ou en groupe, permettent de voyager à travers l'archipel indonésien dans des endroits bien souvent méconnus, notamment les jardins du Mont Batur, le lac de Kintamani. Vous passerez ensuite votre nuit dans le village traditionnel de Penglipuran où rien ne semble avoir changé depuis plusieurs années, une capsule hors du temps pour se ressourcer.

SURIWATHI HOTEL €€

Jl. Sahadewa No.12, Legian, Kec. Kuta, Kabupaten Badung ✆ +62 361 753162
www.suriwathi.com
Chambre double à partir de 550 000 Rp. Petit déjeuner. Piscine.

Une cinquantaine de chambres dans un joli petit complexe de patios arborés sympathiques construits dans un style néo-balinais trônant devant une piscine. L'atmosphère est familiale et les chambres sont toutes bien tenues. Les deluxe sont de meilleur rapport qualité-prix que les entrées de gamme. Massage au bord de la piscine (en supplément) et location de véhicules proposés. À environ 200 m du front de mer, il est parfait pour celles et ceux qui veulent un pied-à-terre proche des magnifiques paysages de la ville. Bon rapport qualité/prix et proche de tout.

THREE BROTHERS BUNGALOWS & VILLAS €€

Jln Legian, Tengah, Legian, Kuta, Badung Regency
✆ +62 361 751566
www.threebrothersbungalows.com
Chambre double à partir de 1 600 000 Rp.

Historiquement un des premiers *losmen* de Legian. Une jolie myriade de bungalows disséminés dans un grand jardin ombragé ! Une grande piscine meuble à présent le jardin. Quelle que soit leur catégorie, les chambres sont décorées avec soin et possèdent parfois une jolie salle de bains extérieure avec eau chaude. Les hébergements possèdent toutes une terrasse privative. Un bon lieu de détente et un bon point de départ à petit prix pour explorer la région.

ANEMA VILLA SEMINYAK €€€

Kresna, Jl. Sri Rama, Legian, Kec. Kuta, Kabupaten Badung ✆ +62 361 755548
www.anemavillaseminyak.com
Villa pour 2 personnes à partir de 1 500 000 Rp.

Non loin du centre animé de Legian et Seminyak, ce magnifique complexe vous offre le luxe d'une villa calme, proche des activités que vous propose la ville. Situé à 20 minutes de l'aéroport, un très bon point de chute à votre arrivée, idéal pour vous reposer après un long voyage. Dans un style de chambre sain et épuré, lumineuse et spacieuse, chaque villa dispose d'une cuisine équipée, d'un coin salon et d'un coin repas s'ouvrant sur votre piscine privée. Le staff sera aux petits soins et vous prodiguera un service exclusif grâce à leur disponibilité et amabilité.

ASTAGINA RESORT VILLA AND SPA BALI €€€

Gg. Bulan No.8, Legian, Kec. Kuta, Kabupaten Badung ✆ +62 361 4741000
astaginaresort.com
Chambre double à partir de 1 900 000 Rp. Petit déjeuner. Piscine.

À quelques minutes à pied de la plage Double Six, cet hôtel luxueux propose des villas avec piscine privée. Pour ceux qui le préfèrent, 2 grandes piscines sont à disposition, parfaites pour se détendre après une journée d'exploration. Le petit-déjeuner en buffet est varié, et il est aussi possible de commander des repas en chambre. Le cadre est tropical, et les chambres tout confort, idéales pour un séjour reposant. Difficile de résister à ce cadre enchanteur au personnel chaleureux.

BALI MANDIRA RESORT & SPA €€€

Jl. Padma No.2, Legian, Kec. Kuta, Kabupaten Badung ✆ +62 361 751381
www.balimandira.com
Chambre double à partir de 2 900 000 Rp. Petit déjeuner. Piscine.

Situé directement sur la plage de Legian, le Bali Mandira est constitué de chambres très bien tenues avec tout le confort d'un hôtel de luxe. Les villas de style balinais et moderne possèdent chacune une piscine privée et une grande terrasse. Le confort se mêle à la tradition architecturale dans une explosion de couleurs et de sens : sens de l'accueil et son personnel accueillant ; sens du plaisir grâce aux chambres magnifiques ; sens de la beauté avec ce lieu magnifiquement agencé.

PULLMAN BALI LEGIAN BEACH €€€

Jl. Melasti No.1, Legian, Kec. Kuta, Kabupaten Badung ✆ +62 361 762500
www.accorhotels.com
Chambre double à partir de 1 500 000 Rp. Petit déjeuner. Piscine.

Cadre enchanteur pour cet hôtel face à la célèbre plage de Legian. Ce complexe de 351 chambres est doté de plusieurs piscines, dont celle située sur le toit, splendide en fin de journée pour assister au coucher du soleil et se baigner avec les derniers rayons de lumière. Au calme et pourtant proche de la vie nocturne, vous serez au cœur de la vie trépidante de Kuta/Legian. L'établissement propose des prestations de haut standing pour un séjour d'exception. Une adresse prestigieuse.

TOMMY'S CAFÉ €

Jl. Werkudara No.520, Legian, Kec. Kuta, Kabupaten Badung
✆ +62 361 732836
Ouvert du lundi au samedi de 08h à 17h. Plats à partir de 40 000 Rp.

Une institution dans le quartier à deux pas de Seminyak avec des prix abordables. Un endroit charmant qui propose exclusivement des produits frais et des plats inspirés de la cuisine australienne. Les végétariens et végétaliens n'ont pas été oubliés, car vous pouvez manger des légumes sans crainte, ou même siroter un délicieux café glacé (leur produit phare que même les Australiens de souche s'arrachent !), car tout est préparé avec de l'eau purifiée ! Jolie adresse, donc, néanmoins assez petite et donc rapidement pleine ! Mais ça vaut le coup !

WARUNG MURAH DOUBLE SIX €

Jl. Arjuna No. 99, Legian, Kuta, Seminyak, Kec. Kuta, Kabupaten Badung ✆ +62 361 732082
Ouvert tous les jours de 9h à 21h30. Plats à partir de 25 000 Rp.

Cantine locale très fréquentée. Ici on vous sert avec le sourire sans se moquer de vous, car les prix sont très abordables. Produits frais et simples que vous choisissez parmi les plats disposés derrière la vitrine. Un véritable *warung* (commerce/restaurant familial) en plein cœur de Kuta, souvent recommandé par les locaux (meilleur gage de qualité !). Large choix dans la carte, y compris pour les clients végétariens et vegans. Si vous cherchez un établissement où manger un très bon repas à des prix bas, cette adresse est faite pour vous !

WARUNG PADMASARI €

Jl. Arjuna No. 99, Legian, Kuta, Seminyak, Kec. Kuta, Kabupaten Badung
✆ +62 812 3610 9808
Ouvert tous les jours de 9h30 à 22h. Plats à partir de 35 000 Rp.

En plein centre de Legian, ce *warung* (commerce familial) nous rappelle que nous sommes bien à Bali. Cuisine authentique à prix doux pour cette adresse où l'accueil est adorable, souriant. On se croirait à la maison. Chips locales, Gado-Gado ou encore Mie Goreng, vous pouvez y aller les yeux fermés et vous ne pourrez vous empêcher d'y retourner avant votre départ ! Nous recommandons tout particulièrement les Ayam Bumbu pour ceux qui aiment les épices, le Gado Gado, le Kaye Aram ainsi que le Canard frit et leur Nasi Goreng absolument délicieux.

FELICITY ESPRESSO €€

Jl. Arjuna Jl. Double Six No.99x, Seminyak, Kuta, Badung Regency ✆ +62 821 4617 7656
sacredgroundbali.com
Ouvert tous les jours de 7h à 22h. Salades 50 000 Rp. Pizzas entre 68 000 Rp et 90 000 Rp. Burgers 80 000 Rp.

Ici, on vous sert toute la journée dans une ambiance détendue. Des formules petits déjeuners, déjeuners et dîners sont possibles. Adresse excellente, car elle sélectionne les meilleurs produits avant de vous les servir avec par exemple, les croissants de chez *Monsieur Spoon*, le café de chez *Revolver Espresso* ou encore les glaces artisanales de chez *Playground*. On aime autant pour sa nourriture, ses cafés et son staff agréable qui saura sans souci vous conseiller si vous ne savez que choisir dans leur carte remplie de choses succulentes !

YAMMA YAA LEGIAN €€

Jln Arjuna Double Six Legian Kaja Kuta, Legian, Kec. Kuta, Kabupaten Badung
✆ +62 812 4619 0856
Ouvert tous les jours de 11h à 23h. Pizza à partir de 75 000 Rp.

Cet établissement sympathique et souvent plein propose un très grand choix de pizzas avec la possibilité de les personnaliser. Cuites au four à bois, avec une pâte très croustillante, les amateurs de pizzas ne seront pas déçus (la capricciosa, notamment, est à tomber). À consommer avec un petit verre de vin italien pour en faire ressortir toutes les saveurs. Dans un quartier animé, donc bien placé, cette adresse attire les foules. Komeng et son équipe seront ravis de vous accueillir le temps d'un dîner et pourquoi pas toute la soirée !

AZUL BEACH CLUB

Jl. Padma No.2, Legian, Kec. Kuta, Kabupaten Badung
✆ +62 361 765759
www.azulbali.com
Ouvert tous les jours de 7h à 23h. Cocktails 100 000 Rp.

Des cocktails artisanaux dont les ingrédients sont des produits locaux sélectionnés avec le plus grand soin, voici la proposition de ce bar. Le décor est sublime avec des touches bleu azur. Une fois installé, on ne veut plus partir ! Vous vous sentirez comme dans votre nouveau chez-vous. Laissez-vous servir par le staff aux petits soins avec ses clients. Heureusement, il n'y a pas que les cocktails à savourer ici, leur nourriture n'est pas en reste. Glaces, mezzes, Jalapenos... On ne sait plus où donner de la tête, alors piquez une tête dans la piscine !

UNCLE NORM'S

Jl. Melasti, Legian, Kec. Kuta, Kabupaten Badung
✆ +62 878 6485 5252
Ouvert tous les jours de 10h à minuit trente. Concert live tous les soirs à 20h.

Une adresse à l'ambiance australienne où l'équipe est omniprésente autour du bar central et dans la salle où sont disposées une dizaine de tables. L'ambiance est conviviale et vous ne serez pas surpris de le voir souvent apparaître sur les listes d'établissements à visiter. La carte propose tous les plats typiques indonésiens, nasi goreng, tofu et nouilles... Concerts, repas, snacks, boissons, etc. organisés et servis par un personnel adorable qui ne fait pas mentir leur slogan « Venez en tant qu'invité, repartez en membre de la famille » !

Y SPORTS BAR

Jl. Padma Utara No.4, Legian, Kec. Kuta, Kabupaten Badung ✆ +62 819 9163 0855
www.ysportsbarbali.com
Ouvert tous les jours de 9h à minuit. Nocturnes les vendredis et samedi jusqu'a 01h du matin. Concert live.

Voici un bar où le sport se met dans tous ses états, du bar en bois central surmonté de nombreux écrans de télévision aux tables joliment dressées et donnant sur le jardin attenant. Une adresse aux boissons fraîches et au service avenant. En plus, on y aime tous les sports ! La nourriture est bonne, les bières sont fraîches et l'ambiance est chaleureuse. L'endroit parfait pour se retrouver entre fans de sport et rencontrer d'autres supporters de ses équipes préférées autant que ceux de l'équipe adverse. Une compétition saine dans un super cadre !

SEMINYAK ★★

Située au nord de Kuta, dans le prolongement de Kuta et de Legian, Seminyak est chic et prisée par les Européens. C'est ici qu'habite une grande partie de la communauté d'expatriés. Dans les cafés branchés, on sert des *latte* au lait de soja et des brunchs à base de quinoa, la décoration des bars et des restos est digne des boîtes berlinoises ou londoniennes, le tout agrémenté de musique electro/house. On trouve des boutiques *design* dans la ville. Malgré son image légèrement surfaite, Seminyak réserve de bonnes surprises. Le choix des restaurants et des bars est le meilleur de tout Bali en matière d'ambiance et de budget. Et cela vaut le détour !

Plage de Seminyak.

BLUE KARMA DIJIWA SEMINYAK €€

Gg. Bima No.2, Seminyak, Kec. Kuta, Kabupaten Badung
✆ +62 361 737898

Suite à partir de 2 400 000 Rp. Villa à partir de 7 500 000 Rp. Restaurant, Spa, cours de patisserie balinaise.

© BLUE KARMA DIJIWA SEMINYAK

Idéalement situé, à distance de marche de nombreux lieux d'intérêt, c'est un véritable havre de paix en pleine ville. Ce magnifique resort offre des chambres confortables, une belle piscine et un restaurant délicieux avec un petit-déjeuner soigné digne d'un grand établissement. Le personnel est exceptionnel, toujours souriant et attentionné, faisant tout pour rendre votre séjour le plus agréable possible. Leur générosité et leur bienveillance marqueront votre expérience.

KUSUMA RESORT €

Jl. Arjuna Gg. Raja No.6, Seminyak, Kec. Kuta, Kabupaten Badung
✆ +62 361 734897
www.kusumaresort.com

Chambre double à partir de 1 600 000 Rp. Petit déjeuner 80 000 Rp.

À seulement dix minutes à pied de la plage, l'hôtel est entouré de restaurants et de boutiques. Le personnel, chaleureux et toujours disponible, se fera un plaisir de répondre à vos demandes pour vous faire passer un séjour agréable. Niché dans un cadre verdoyant, cet endroit est un véritable havre de paix pour se détendre après une journée animée en ville. Les chambres sont spacieuses et bien entretenues. Même si l'établissement date un peu, c'est une excellente option pour un séjour agréable. Excellent rapport qualité/prix.

GRAND MERCURE BALI SEMINYAK €€

Jl. Arjuna No.40, Seminyak, Kec. Kuta, Kabupaten Badung ✆ +62 361 9342900
www.all.accor.com

Chambre double à partir de 2 600 000 Rp. A 100 m de la plage. Spa, piscine centrale, kids club, salle de fitness.

Un classique Accord avec un emplacement idéal non-loin de la plage. Situé dans une rue animée, près de toutes les commodités (restaurants, activités, magasins) et parfait pour flâner et faire du shopping. La piscine avec transats et l'espace enfants satisferont couples et familles. Le petit-déjeuner propose une variété de plats locaux et internationaux. Activités bien-être, enfants et musique live sont offertes. Un excellent choix pour ceux recherchant confort et déplacement facile.

KIMA SURF CAMP €€

Jalan Camplung Tanduk Gang Puri Kubu II No. 63B, Kec. Kuta ✆ +62 361 736737
www.kimasurf.com

Lit en dortoir à partir de 20 euros/pers incluant petit-déjeuner, Tshirt de bienvenue, yoga, cours théorique de surf...

Certainement l'un des meilleurs camps de surfeurs de l'île. Plusieurs types d'hébergements sont disponibles comme des dortoirs, des tipis ou bien des chambres doubles plus confortables. Chacun peut trouver son bonheur et pratiquer sa passion du surf au quotidien. Le prix comprend donc les sessions, le petit déjeuner, le transfert aéroport et la location d'un VTT. Spot idéal pour surfeurs aimant le confort. N'attendez plus pour visiter les meilleurs spots de Bali tous les jours si l'envie vous en prend, que vous soyez un débutant ou bien un vétéran des vagues !

COURTYARD BALI SEMINYAK RESORT €€

Jalan Camplung Tanduk, Sp Jl. Dhyana Pura No.103
✆ +62 361 8499200 - www.marriott.com

Chambre double à partir de 2 000 000 Rp. Restaurant, Spa, gym, activités pour les enfants, location de vélos.

Cet hôtel luxueux et moderne propose des chambres élégantes, équipées de tout le confort nécessaire. Les installations incluent une vaste piscine entourée de palmiers, un centre de remise en forme et un spa de luxe. Les gourmets apprécieront le restaurant Seminyak Kitchen, offrant une cuisine internationale et locale. Avec son atmosphère décontractée et ses services haut de gamme, l'établissement est parfait pour un séjour relaxant et sophistiqué.

RAJA GARDENS HOTEL €€

Jl. Camplung Tanduk, Seminyak, Kec. Kuta, Kabupaten Badung
✆ +62 361 9348957
www.jdw757.wixsite.com
Chambre double à partir de 1 100 000 Rp. Petit-déjeuner. Piscine.

A 150 mètres de la plage de Seminyak, voici une petite adresse qui ravira les amoureux de la végétation. Les 6 bungalows sont entourés d'un grand jardin tropical et se pressent autour de la piscine de 18 mètres. Les salles de bain sont semi-ouvertes et l'on se sent ici véritablement en harmonie avec la nature. Un havre de paix à l'écart de la ville bruyante, aucun risque d'être dérangé par la circulation. La décoration des chambres est assez « vieillotte », mais ceux qui aiment les lits à baldaquin seront ravis de ce retour dans le passé.

THE ELYSIAN BOUTIQUE VILLA HOTEL €€€

Jl. Sari Dewi No.18, Seminyak, Kuta, Kabupaten Badung
✆ +62 361 730999
www.theelysian.com
Villa à partir de 4 300 000 Rp. Piscine. Petit déjeuner.

Situé à seulement quelques minutes à pied d'une multitude de restaurants, bars et boutiques ainsi que de la plage de Seminyak, cet hôtel propose 26 villas privatives de 1 ou 2 chambres. Toutes sont dotées d'une piscine et d'une terrasse avec transats pour se la couler douce. Le resort comprend aussi une piscine commune, un restaurant et un spa. On est ici au cœur même d'un écrin de verdure, la végétation tropicale est omniprésente dans chaque villa.

LE JARDIN VILLAS SEMINYAK €€€

Jl. Sarinande No.7, Seminyak, Kec. Kuta, Kabupaten Badung ✆ +62 818 0623 0000
www.lejardinvillas.com
Villas avec piscine privée à partir de 7 000 000 Rp. Spa.

Niché au cœur d'une végétation tropicale luxuriante, cet hôtel de charme vous promet un séjour intimiste dans un cadre élégant, loin de l'agitation urbaine. Avec seulement 11 chambres, chacune des villas est équipée d'une bonne literie et d'une piscine privée. Une navette gratuite est à votre disposition pour rejoindre le centre-ville, qui se trouve également à 25 minutes à pied. La plage est à quelques pas, offrant un cadre idéal pour se détendre et profiter du calme environnant.

HARRIS HOTEL SEMINYAK €€

Jl. Drupadi No.99, Seminyak, Kec. Kuta, Kabupaten Badung
✆ +62 361 849 9288
www.discoverasr.com
Chambre double à partir de 760 000 Rp. Piscine, restaurant, parking.

A quelques minutes de la plage à pied, le Harris Hotel Seminyak est un hôtel moderne et accueillant qui propose 231 chambres en plein centre-ville. Il propose un accès facile aux restaurants, boutiques et lieux animés de la région. Avec ses chambres lumineuses, décorées dans un style épuré, l'hôtel crée une ambiance à la fois contemporaine et chaleureuse. Les clients peuvent profiter d'une piscine extérieure, d'un spa, d'une salle de sport bien équipée, d'un Kid's club, une boutique, un bar à jus de fruits, de plusieurs restaurants et un bar. Idéal en famille !

© HARRIS HOTEL SEMINYAK

© HARRIS HOTEL SEMINYAK

HOTEL INDIGO BALI SEMINYAK BEACH €€€

Jl. Camplung Tanduk No.10, Seminyak, Kec. Kuta, Kabupaten Badung ✆ +62 361 2099999
www.ihg.com/hotelindigo
Chambre double à partir de 4 000 000 Rp. 6 restaurants, un spa, une salle de gym. Aqua yoga, taïchi et aqua-stretching.

Ce joyau mêle tradition et modernité. Face à la plage, c'est un des lieux les plus convoités de la ville avec une offre culinaire variée impressionnante, 19 villas et 289 chambres dotées d'une décoration alliant contemporain et traditionnel, un spa sur le thème de l'eau, 5 piscines, différentes activités (boxe, plantation d'arbres, surf, yoga, cuisine...), un bar de plage et un restaurant japonais.

THE OBEROI BEACH RESORT BALI €€€

Seminyak Beach, Jl. Kayu Aya, Seminyak, Kuta, Bali
✆ +62 361 730 361
www.oberoihotels.com
Chambre double à partir de 5 800 000 Rp. Petit déjeuner. Piscine.

Toujours à la pointe du raffinement, voici l'un des hôtels les plus réputés de l'île, conçu en 1975 par Peter Muller, le talentueux architecte à qui l'on doit le célèbre Amandari à Sayan. L'Oberoi est le parfait exemple d'une intégration réussie dans l'environnement. Le cadre est superbe, verdoyant et chaleureux, incarnant l'essence de l'architecture balinaise, le confort extrême en prime. Difficile de quitter ce havre de paix en face de la mer quand on y a goûté...

THE KAYANA SEMINYAK €€€

Jl. Petitenget
✆ +62 811 3856628
www.thekayana.com/seminyak
Chambre double à partir de 5 200 000 Rp. Spa et restaurant. Piscine.

Un endroit de rêve pour vos vacances ! Un hôtel quatre étoiles mélangeant modernité et traditions balinaises doté d'une piscine à débordement et entouré d'une végétation luxuriante. Tout ici invite à la relaxation et à la détente, à commencer par un service aux petits soins, un spa merveilleux avec des massages traditionnels, des cours de yoga et un excellent restaurant... Sa réputation le précède, le Kayana conviendra parfaitement au séjour entre amoureux ! Cerise sur le gâteau : vous êtes en plein centre, les nuisances en moins.

THE SAMAYA SEMINYAK €€€

Seminyak Beach, Jl. Laksmana, Seminyak, Kuta, Badung Regency ✆ +62 361 731149
www.thesamayabali.com/seminyak
Chambre double à partir de 8 800 000 Rp. Cours de cuisine, peinture sur cerfs-volants, yoga, excursions. Bar, piscine.

Le Samaya Seminyak est avant tout le seul hôtel de la ville qui propose des villas avec un accès direct à la plage. Une piscine en lagon, un petit déjeuner disponible à n'importe quelle heure de la journée, un Spa à 10 mètres de la mer, des villas gigantesques avec une décoration typiquement balinaise et un espace extérieur mêlant petit jardin et piscine privée. Si c'est du luxe que vous cherchez, ne cherchez plus. Leurs villas sont exceptionnelles. Le plus : l'excellent restaurant qui donne sur la plage. Magique en fin de soirée.

THE LEGIAN SEMINYAK BALI €€€

Jl. Kayu Aya, Seminyak, Kec. Kuta, Kabupaten Badung ✆ +62 361 730622
www.lhm-hotels.com/legian-bali
Chambre double à partir de 7 000 000 Rp.

Situé sur la plage de Seminyak, c'est un des hôtels de luxe les plus prestigieux de la région. Il dispose d'un cadre exceptionnel avec une piscine face à la mer et un jardin luxuriant. Le restaurant fait également honneur à la réputation de l'hôtel. Le coucher de soleil est un spectacle époustouflant. Le personnel est aux petits soins et discret offrant un service et un petit-déjeuner de qualité. Tous les éléments sont réunis pour un séjour d'exception. Vous pourrez également profiter de cours de yoga, d'une salle de gym et d'un magnifique spa.

VILLA KUBU SEMINYAK €€€

Jl. Plawa Gg. Ratna, Seminyak, Kec. Kuta, Kabupaten Badung
✆ +62 857 8376 6553
www.kubuvillasseminyak.com
Villa pour 2 personnes avec piscine privée à partir de 3 250 000 Rp. Petit déjeuner.

Une magnifique propriété aux charmantes villas décorées avec soin et avec de jolies piscines et de splendides jardins. L'emplacement est idéal : au cœur des commerces et restaurants, tout en étant niché dans une rue calme agrémentée de magnifiques bougainvilliers. Pour un quartier animé, le lieu est étonnamment paisible, où seuls les chants d'oiseaux se font entendre. Les villas, spacieuses et parfaitement équipées, sont parfaitement entretenues. Le personnel est exceptionnel, et le petit-déjeuner vous sera servi en chambre.

© DOUBLE SIX - ROOF TOP

© DOUBLE SIX - SEMINYAK BEACH

© DOUBLE SIX - SUNSET BAR

DOUBLE SIX LUXURY HOTEL €€€

Jl. Pantai Legian Jl. Double Six No.66,
Seminyak, Kec. Kuta, Kabupaten Badung
✆ +62 361 730466 - www.double-six.com
Chambres double à partir de 5 200 000 Rp.
Spa, 2 restaurants - The Plantation Grill et un restaurant Italien.

Superbe hôtel 5 étoiles dominant la plage de Double Six, où luxe et grandeur se conjuguent. L'une des attractions principales est sa piscine lagon de 120 mètres. Le service, à la hauteur de ce standing, est irréprochable. Vous y trouverez une salle de sport, des cours de yoga, un spa avec luminothérapie, des circuits d'eau et un hammam. La terrasse rooftop de 1 700 m² offre une vue à couper le souffle sur la baie. Chaque suite dispose d'une vue sur l'océan et d'une magnifique salle de bain. Sans conteste une référence incontournable pour un séjour d'exception.

© DOUBLE SIX

© THE PLANTATION GRILL - SEMINYAK

TONYS VILLAS AND RESORT, SEMINYAK - BALI €€

KerobokanJl. Petitenget Kerobokan Kuta Utara ✆ +623614736166
www.balitonys.com
Chambre double à partir de 900 000 Rp, 1 200 000 Rp la suite, 2 500 000 Rp la villa. Spa, restaurant, cours de cuisine.

L'hôtel offre un point de départ idéal pour explorer la région. Découvrez de magnifiques chambres dont certaines avec piscine privée ! Le cadre, doté d'un jardin somptueux, garantit un séjour mémorable dans des bungalows soigneusement aménagés. Profitez des 3 magnifiques piscines, d'une literie de haute qualité et d'un petit déjeuner délicieux. Le personnel, d'une grande gentillesse, est toujours prêt à vous accueillir.

BALI JE T'AIME €€

Jl. Pantai Berawa No.69, Canggu, Kec. Kuta Utara, Kabupaten Badung
✆ +62 361 9077090
www.balijetaime.com
Large choix de villas privées avec piscine.

Dirigée par Gregory, un Français installé sur l'île depuis de nombreuses années, l'agence *Bali Je T'aime* est un interlocuteur privilégié pour la location de villa à Bali. L'équipe sélectionne les plus belles demeures (de une à six/sept chambres), d'un confort et d'un charme uniques. Service professionnel et personnalisé, l'agence dispose d'un bureau, bien pratique pour éviter les mauvaises surprises. Le site web recense toutes les villas disponibles, avec photos, infos et descriptions. Accueil à l'aéroport. Vous êtes entre de bonnes mains !

BALICOSY VILLA - ONE BEDROOM VILLAS €€€

Jl. Pandawa No.3, Legian, Kec. Kuta, Kabupaten Badung ✆ +62 813 3338 2301
www.balicosy.com
Villa avec piscine à partir de 4 500 000 Rp. Réservé aux adultes.

Vous aimez les belles villas tout équipées ? En voici qui offrent tout le confort moderne avec un jardin et une piscine ! Vous aimez garder votre indépendance tout en bénéficiant des prestations d'un hôtel ? BaliCosy Villas répond à ces besoins et propose la location de quatre superbes villas au décor moderne et idéalement situées. Bounsy et Alex, les charmants propriétaires, sont là pour vous communiquer leur passion de l'île et vous faire passer le meilleur séjour qui soit !

BO$$MAN €€

Jl. Kayu Cendana No.8B, Kerobokan Kelod, Kec. Kuta Utara, Kabupaten Badung
✆ +62 812 3916 7070
www.bossmanbali.com
Ouvert tous les jours de 11h à 05h du matin. Burgers à partir de 95 000 Rp.

Les meilleurs burgers de Bali. Ne pas hésiter à franchir le pas de la porte si une envie subite de burgers vous prend ! C'est frais, c'est généreux et original avec 6 recettes au catalogue dont celle avec le *babi guling*, une autre au bacon ou encore au poulet. Les sauces sont maison et on accorde de l'importance au service, ce qui ne gâche rien. Une ambiance jeune, *bad ass* et hip-hop parfaite pour vivre une expérience sociale tout en dévorant de délicieux hamburgers. Ouvert jusqu'à 4h du matin car, pour les citer, « Le Boss n'a pas le temps de dormir ! ».

BO & BUN €€

Jl. Raya Basangkasa Br. Basangkasa No.26, Seminyak, Kec. Kuta, Kabupaten Badung
✆ +62 859 3549 3484
www.eatcompany.co/boandbun
Ouvert tous les jours de 10h à 23h. Plats à partir de 100 000 Rp.

Joli restaurant proposant de la cuisine asiatique, particulièrement vietnamienne dans un charmant décor de bistro français romantique. Fondée en septembre 2014, Bo & Bun a réussi à créer des saveurs exotiques de toute l'Asie avec des produits frais cultivés localement et des ingrédients de qualité. Le chef ne sert que les plats qu'il aime cuisiner et manger. Tout est pensé ici pour que vous passiez le meilleur des moments, autant par l'ambiance que par la qualité des produits et de la cuisine. En conclusion, on vous le recommande chaudement !

CAFE BALI €€

Jalan Laksmana (Kayu Aya Seminyak Kuta, Kerobokan Kelod, Kec. Kuta) Utara, Kabupaten Badung ✆ +62 361 736484
www.cafebaliseminyak.com
Ouvert tous les jours de 07h30 à 23h. Plats à partir de 80 000 Rp.

Excellent restaurant au cadre charmant, avec une terrasse devant le restaurant et une autre derrière qui permet d'être plus au calme. Cette adresse est très populaire et toujours bondée. Et pour cause : la carte est variée et de qualité, le service souriant, et les prix sont doux. Menu du jour qui change quotidiennement avec une sélection de vin importés. On recommande le tartare de bœuf avec des frites, bon et efficace. Réservations fortement conseillées le midi et indispensables le soir en haute saison. La carte des petits déjeuners est également variée.

LA FAVELA €€

Jalan Laksamana Oberoi No.177X, Seminyak, Kec. Kuta, Kabupaten Badung
www.lafavelabali.com
Ouvert tous les jours de 19h à 23h pour le diner. Tapas 65 000 Rp. Plats à partir de 125 000 Rp. Tenue correcte exigée.

Un lieu insolite et probablement unique au monde. Cet établissement pourrait également avoir sa place dans la rubrique des musées. Ce bar-restaurant s'étale sur plusieurs niveaux. Pour les repas qui nécessitent du calme, il y a trois salons aménagés dans une ancienne maison avec une décoration typique de la mamie latine où le temps s'est arrêté il y a... 50 ans. Pour ceux qui souhaitent se mélanger, le patio avec sa végétation luxuriante est également très agréable. Le soir, l'endroit se transforme... Une ambiance énorme avec parfois des Djs jusqu'au petit matin.

KILO KITCHEN BALI - SEMINYAK €€

Jl. Drupadi No.22, Seminyak, Kec. Kuta, Kabupaten Badung
✆ +62 812 4616 7618
www.kilokitchen.com/bali
Ouvert tous les jours de 07h à 23h. Bowl à partir de 80 000 Rp. Plats de 75 000 Rp à 250 000 Rp.

Restaurant branché de Seminyak, le *Kilo Kitchen* est également une excellente table. La carte est un mélange entre diverses influences asiatiques adaptées en copieuses tapas ou plats à partager. Nous vous conseillons le ceviche, le tartare de thon, les raviolis de crevette... et le fondant au chocolat ! Idéal pour passer un agréable moment ou organiser un rendez-vous. Très beau décor design, urbain et moderne. Le personnel est adorable et accueillant.

MADE'S WARUNG €€

Seminyak, Jl. Raya Seminyak, Banjar, Seminyak, Kuta, Badung Regency
✆ +62 361 732130
www.madeswarung.com
Ouvert tous les jours de 11h à 22h. Nasi campur à partir de 65 000 Rp.

Cette adresse est une institution puisqu'il s'agit de l'un des tout premiers lieux fréquentés par les touristes à Bali. Ici on sert une cuisine locale avec tous les classiques indonésiens. Des spectacles de danses balinaises ont parfois lieu en soirée. Sans aucun doute, l'adresse à ne pas manquer même si les prix ont subi une bonne inflation avec le succès du Warung. Si vous pensez ne pas avoir de place, pas d'inquiétude ! L'établissement peut accueillir 400 sièges, donc même s'il a beaucoup de succès, vous pourrez vous installer sans peine !

MOZZARELLA RESTAURANT & BAR €€

Jl. Dhyana Pura No.6, Seminyak, Kec. Kuta, Kabupaten Badung
✆ +62 361 734720
www.mozzarella-resto.com
Ouvert tous les jours de 11h à 22h30. Plats à partir de 100 000 Rp.

Dans un bel endroit, vous voici en train de déguster un plat de pâtes (parfaitement cuites et assaisonnées) ou un beau morceau de poisson. Les prix sont abordables et valent absolument ce qui vous est servi. Le service est attentionné (on vous demande votre nom à l'entrée pour que vous puissiez vous sentir comme à la maison) et surtout, la cuisine est de qualité. Certains soirs, des concerts ont même lieu au sein de l'établissement. Adresse à ne pas manquer !

NEON PALMS €€

Jl. Kayu Aya No.22 2nd floor, Seminyak, Kec. Kuta, Kabupaten Badung ✆ +62 813 5379 4644
www.neonpalms.com
Ouvert tous les jours de 8h à 22h. Salades 65 000 Rp. Tapas à partir de 45 000 Rp. Plats à partir de 120 000 Rp.

Dans une ambiance tropicale, venez vous détendre au Néon Palmas pour déguster une salade fraîcheur accompagnée d'un jus de fruits frais. Cadre bien inspiré qui nous donne envie de prolonger la journée à cette adresse. Une très bonne adresse pour tous les goûts et toutes les bouches, y compris les végétariens et les végétaliens qui apprécieront des plats pensés et faits pour eux. Un endroit magnifique au personnel sympathique, parfait pour manger quelque chose de simple, de délicieux et de rapide. Situé en plein milieu d'un quartier commerçant.

SEA CIRCUS €€

Jl. Kayu Aya No.22, Seminyak, Kec. Kuta, Kabupaten Badung
✆ +62 821 4789 7995
www.seacircus-bali.com
Ouvert tous les jours de 7h30 à 22h. Plats à partager entre 30 000 Rp et 110 000 Rp.

Vous marchez dans les rues de Seminyak et voyez une devanture cyan recouverte de graffitis, vous vous arrêtez, attiré par l'ambiance du lieu, et vous ne serez pas déçu ! La nourriture ici est délicieuse, et les boissons ne sont pas en reste. Tapas avec de petites assiettes à partager à toute heure de la journée, sans oublier un choix varié de tacos, de burgers et de *bowls*, Sea Circus tient toutes ses promesses. Personnel adorable qui aime ce qu'il fait et voir leurs clients satisfaits. Ambiance décontractée et colorée, on recommande vivement.

THE JUNCTION HOUSE €€

Kayu Aya No.3 Seminyak Kerobokan Kelod Kuta Utara, Seminyak, Kec. Kuta, Kabupaten Badung
✆ +62 361 735610
thejunctionhousebali.com
Ouvert tous les jours de 07h30 à 23h. Plats de 65 000 Rp à 180 000 Rp.

Superbe ! Cet établissement met en avant la French Touch avec une décoration représentant des appartements parisiens. Le concept vaut à lui seul le coup d'œil ! La cuisine, le salon... vous choisissez la pièce qui vous convient pour déguster un petit déjeuner, un brunch ou un dîner. Ceviche au thon, recettes indonésiennes, steak/frites ; il y en a pour tous les goûts. Belle adresse à découvrir. Un lieu agréable situé à un point central et stratégique du quartier de Seminyak, proche de tout. L'endroit parfait pour une halte culinaire durant la journée !

BAMBU €€€

Jl. Petitenget No.198, Kerobokan Kelod, Kec. Kuta Utara
✆ +62 361 8469797
Ouvert de 18h à minuit. Entrée à partir de 70 000 Rp. Plat à partir de 115 000 Rp.

Cuisine indonésienne de haute qualité dans cet établissement créé par l'équipe de la Lucciola. Décor à la fois balinais et moderne, la terrasse entourée d'eau est sublime et le personnel en tenue traditionnelle vous accueille de la meilleure des manières. Une explosion de saveur qui a déjà conquis des milliers de personnes dans l'assiette et autour de l'assiette (l'architecture, le pont suspendu...). Réservation fortement recommandée car le restaurant est assailli autant par les habitués que par les curieux désireux de découvrir cette expérience.

MAURI RESTAURANT €€€

Jl. Petitenget No.100, Seminyak, Kec. Kuta Utara, Kabupaten Badung ✆ +62 817 776177
www.mauri-restaurant.com
Ouvert tous les jours de 18h30 à 23h et le vendredi, samedi, dimanche de midi à 15h. Menu dégustation à 550 000 Rp.

Cadre d'exception pour une cuisine tout aussi remarquable. Pour commencer la soirée, le bar à l'étage offre un cadre sublime. Puis vient l'heure du dîner où les plats les plus raffinés de cuisine italienne, avec leur touche traditionnelle, s'enchaînent sous nos yeux émerveillés. Les produits sont sélectionnés avec des agriculteurs balinais et aussi en provenance directe du jardin du chef. Leur menu découverte permet de goûter un peu de tout, et rien ne vous décevra. Mention spéciale au Chef Maurizio, qui n'hésite pas à discuter avec ses clients. On recommande.

THE PLANTATION GRILL SEMINYAK €€€

Double Six Luxury Hotel - Fourth Floor
✆ + 62 361 734300
www.plantationgrillbali.com
Ouvert tous les jours de 18h à 23h. Cocktails 120 000 Rp. Compter 400 000 Rp le dîner par pers. Tenue correcte exigée.

Ambiance chic et atmosphère feutrée. Dans l'emblématique hôtel Double Six, The Plantation vous propulse dans le passé, dans les années 1920 à Chicago. Design industriel avec une touche tropicale, vous vous retrouvez autour d'une des meilleures tables de la ville. Ici on déguste une bonne pièce de viande, des fruits de mer cuits au bois et au charbon, des frites maison, sans parler des fabuleux burgers. Tout est frais et servi avec élégance. Une belle adresse.

HUT BALI (SHELTER BALI)

Jl. Drupadi 1 No.2b, Seminyak, Kec. Kuta, Kabupaten Badung
✆ +62 813 37706471
www.sheltercafebali.com
Ouvert tous les jours de 07h à 17h. Brunch 75 000 Rp.

Sur la terrasse ouverte à l'étage, les plantes suspendues au plafond donnent une allure de petite jungle à ce charmant café prisé pour ses brunchs. On conseille le *nanu bowls*, un muesli mélangé avec le fruit du dragon et de la noix de coco râpée servie dans une noix de coco. Un régal 100% sain ! Le Shelter Bali est l'endroit parfait pour bien commencer sa journée grâce à leurs fruits frais, leurs toasts, leurs avocats et des jus de fruits originaux. Venez assez tôt car à partir de 11h, c'est complet malgré la discrétion de l'établissement.

MOTEL MEXICOLA

Jl. Kayu Jati No.9X, Kerobokan Kelod, Kec. Kuta Utara, Kabupaten Badung
✆ +62 361 736688
www.motelmexicola.info/seminyak
Ouvert tous les jours de 11h à 1h du matin. Cocktails environ 130 000 Rp.

Dans une ambiance à la décoration mexicaine hyper kitsch, Motel Mexicola propose d'excellents cocktails accompagnés de ceviche, de tacos et de quesadillas. Vous l'aurez compris, vous êtes bien loin de Bali, mais l'ambiance est très sympa. Le Motel Mexicola n'est donc pas pour ceux qui cherchent à s'imprégner totalement de la culture balinaise, mais il peut être un bon point d'arrêt pour s'aérer l'esprit (et les papilles) entre deux Nasi Campur. L'établissement est souvent bondé dans une ambiance de folie, pensez bien à réserver !

MRS SIPPY

Jl. Taman Ganesha, Gang Gagak 8 Kerobokan Kelod Kuta Utara Kerobokan Kelod, Seminyak, Kec. Kuta Utara, Kabupaten Badung
✆ +62 361 6202022 - www.mrssippybali.com
Ouvert tous les jours de 10h à 21h. Cocktails 140 000 Rp. Beach club.

Tendance. Ce beach club fait sans conteste partie des adresses du moment. Pour se relaxer avec ses amis au bord de la piscine en sirotant une boisson dans une ambiance festive, ne cherchez plus : Mrs Sippy est l'adresse qu'il vous faut ! La piscine d'eau salée tient toutes ses promesses, mais il est préférable de réserver les lits qui bordent le bassin en amont afin de pouvoir se prélasser. Restaurant, bar, magasin, espaces de détente dont un VIP, soirées dansantes avec DJ, et même un plongeoir pour la piscine ! L'endroit parfait pour faire la fête.

LA PLANCHA

Jalan Mesari Beach, Seminyak, Kec. Kuta, Kabupaten Badung
✆ + 62 878 6141 6310
laplancha-bali.com
Ouvert tous les jours de 10h à 23h. Front de mer.

Souvent copiée, jamais égalée. Le soir pour le coucher du soleil c'est là qu'il faut être pour siroter un cocktail. Sur la plage, face à la mer, des poufs, accompagnés de leur ombrelles multicolores, vous accueillent les bras ouverts pour se lover. C'est l'endroit prisé des touristes et des locaux qui apprécient l'ambiance faite par la musique branchée et de bonnes tapas à déguster dans un décor idyllique en particulier au moment du crépuscule. Evidemment, l'endroit est vite assiégé donc il est conseillé de s'y rendre tôt pour réserver sa place.

POTATO HEAD BEACH CLUB

Jl. Petitenget No.51B, Kerobokan Kelod, Kuta Utara, Kabupaten Badung
✆ +62 361 4737979
Ouvert tous les jours de 09h à minuit. Nocturne le vendredi et samedi jusqu'à 02h.

Tout simplement une icône de Seminyak, réputée pour son design architectural unique et son ambiance incomparable. Avec une piscine à débordement face à l'océan et un accès direct à la plage, ce lieu offre une expérience culinaire et de loisirs exceptionnelle. Sa carte fusion, mêlant influences indonésiennes et internationales, promet des plats délicieux et inventifs. Les couchers de soleil y sont magiques, accompagnés de cocktails créatifs. L'endroit est également célèbre pour ses événements, accueillant DJs et artistes du monde entier, c'est un incontournable.

REVA JEWELLERY

Jl. Raya Seminyak No.57, Seminyak, Bali, Kabupaten Badung
✆ +62 813 3853 9150
www.revajewellery.com
Ouvert de 10h à 21h. Une seconde boutique est aussi présente à Nusa Dua dans le centre commercial « Bali Collection ».

© REVA JEWELLERY BY LAURENT LEGER

Travail réalisé par Laurent Léger dans la sublime boutique/ atelier Rêva. Chaque pièce est unique, car la fabrication est réalisée à la main. La plupart des bijoux sont en argent d'Indonésie et vous trouverez de belles pièces en or. Le design est moderne au look épuré et chaque pièce est sertie à la main dans la tradition joaillière française. Pierres fines aux couleurs naturelles, précieuses ou semi-précieuses, cristaux de Swarovski, bois précieux et nacres blanches viennent parfaire les créations. Fabrication de bijoux sur-mesure.

REVOLVER SEMINYAK

Jl. Kayu Aya No.Gang 51, Seminyak, Kec. Kuta Utara, Kabupaten Badung ✆ +62 812 3842 8343
www.revolverbali.com
Ouvert tous les jours de 7h à 11h. Café de 25 000 Rp à 50 000 Rp. Pâtisserie de 45 000 Rp à 60 000 Rp.

Un bon café ce n'est pas chose aisée à trouver sur l'île des dieux. *Revolver* l'a bien compris et souhaite nous apporter le meilleur dans notre tasse. Une belle sélection de producteurs a été mise en place par la maison. Une valeur sûre. Une ambiance cosy, légèrement speakeasy dans l'esprit et une cuisine excellente. On conseille absolument, notamment pour leurs jus healthy et leurs brunchs. La clientèle est principalement composée de touristes et d'occidentaux en général. Attention, l'endroit est très populaire donc facilement rempli.

JARI MENARI

Jl. Raya Basangkasa No.47, Seminyak, Kec. Kuta, Kabupaten Badung
✆ +62 811 3811 4411
www.jarimenari.com
Ouvert tous les jours entre 9h et 19h. Massage à partir de 450 000 Rp. Réservation conseillée.

Les mains savantes qui « dansent » sur votre corps sont réputées sur toute l'île pour leur dextérité et leur efficacité. Dès votre arrivée, vous laissez le monde extérieur derrière vous en mettant vos effets personnels dans un casier et en revêtant un sari et des tongs. Les massages sont 100 % balinais et procurés par des hommes uniquement, dans un cadre enchanteur. Jari Menari forme de nombreux masseurs pour l'ouverture de nouveaux spas. Massage à domicile possible. Ne manquez pas leur offre massage intégrale sur 90 min qui est divin.

LA FAVELA

Jalan Laksamana Oberoi No.177X, Seminyak, Kec. Kuta, Kabupaten Badung
www.lafavelabali.com
Ouvert tous les jours jusqu'au petit matin. Port de chaussures fermées exigé.

C'est l'un des clubs de nuit incontournables et des plus populaires à Bali. Avec son décor inspiré des favelas brésiliennes, ses murs colorés de graffitis et sa végétation luxuriante, l'ambiance y est à la fois bohème et festive. Ce lieu éclectique propose une musique variée, du hip-hop à la house, attirant une foule diverse. Les espaces intérieurs et extérieurs se prêtent aussi bien à la danse qu'à la détente. Très prisée des locaux et des touristes, La Favela garantit des soirées mémorables dans une atmosphère conviviale et unique.

KU DE TA

Jl. Kayu Aya No.9, Seminyak, Kec. Kuta, Kabupaten Badung ✆ +62 361 736969
www.kudeta.com
Ouvert tous les jours de 8h à minuit. Plats à partir de 120 000 Rp. Cocktail 160 000 Rp. Bière 65 000 Rp.

Bar et restaurant à l'ambiance chill out et chic pour le KU DE TA. Un endroit où on aime se montrer. Des DJ du monde entier s'y produisent. Comme à Ibiza ou à Paris, le bar a sorti des compilations des meilleurs morceaux *trip hop*, *house* sur la plage de Seminyak, parfait pour un *sunset* distingué. Les cocktails y sont très bien faits, la nourriture est excellente. Peu conseillé pour les petits budgets mais le prix vaut largement la qualité du service, de la localisation et de la soirée inoubliable que vous passerez les pieds dans le sable.

RED CARPET CHAMPAGNE BAR

Jl. Kayu Aya No.42, Seminyak, Kec. Kuta Utara, Kabupaten Badung
✆ +62 361 9342794
redcarpetchampagnebar.com
Ouvert tous les jours de 15h à 02h30 du matin. Tenue correcte exigée.

On vous déroule le tapis rouge et la star, c'est vous ! Une belle carte de champagnes vous est proposée avec plus de 200 références. Service irréprochable, les serveurs habillés en grooms vous font déguster des huîtres ou encore des tapas maison. Nombreuses animations, n'hésitez pas à vous renseigner. Le Red Carpet tient toutes ses promesses. Les prix sont tout à fait abordables au vu de l'endroit, et le personnel est adorable. En plein milieu d'un quartier très vivant, il peut être la première comme la dernière étape de votre séjour nocturne.

KEROBOKAN ★

Saturées, les villes de Kuta, Legian et Seminyak s'étendent et déversent le flot de touristes dans les quartiers limitrophes. Au début des années 2000, Kerobokan n'était qu'un simple petit village, mais désormais la ville de Seminyak s'est étendue jusque-là. Désormais, de nombreux hôtels, restaurants et établissements orientés haut de gamme sont venus s'installer et ont fait la joie des touristes venus faire la fête. Il se produit désormais le même phénomène de Kerobokan jusqu'à Canggu, cette dernière étant devenue très *hispter*... Ce changement s'est peut-être fait au détriment d'un certain charme... A vous de vous faire une idée si vous passez par là !

M BOUTIQUE HOSTEL €

No.8M, Jl. Petitenget, Kerobokan, Kec. Kuta Utara, Kabupaten Badung ✆ +62 361 4734142
www.mboutiquehostel.com
Lit capsule à partir de 225 000 Rp. Accès Wifi. Piscine.

Sympathique auberge de jeunesse située au cœur de la zone touristique, offrant une expérience unique avec ses lits capsules minimalistes dans des dortoirs au design moderne et soigné. Chaque détail est pensé avec soin, et la décoration tendance contribue à l'ambiance chaleureuse. Son emplacement central est un véritable atout. Malgré les dortoirs, les lits capsules offrent une bonne isolation pour un sommeil paisible. Le petit-déjeuner est inclus, et l'établissement est agrémenté d'une piscine agréable parfaite pour des moments de détente entre amis.

BALINEA HOLIDAY HOMES €€

Jl. Merta Agung No.11, Kerobokan, Kec. Kuta Utara, Kabupaten Badung
✆ +62 823 3393 3199
www.bali-nea.com
Chambre double à partir de 1 500 000 Rp. Petit déjeuner. Piscine.

Loin de la frénésie du sud de l'île, ce petit établissement dispose de quelques chambres avec salle de bain semi-ouverte le long d'une agréable piscine et de 2 appartements avec salon et petite piscine. Grande salle commune pour les petits déjeuners. Fraîchement rénové et légèrement éloigné de la zone touristique, mais toutefois à distance de marche de nombreux restaurants, c'est le lieu idéal pour séjourner au calme. Le maître-mot ici est la détente, et le personnel sympathique s'assurera que vous ne manquiez de rien durant votre séjour.

ALILA SEMINYAK €€€

Jl. Taman Ganesha Jl. Petitenget No.9, Seminyak, Bali, Kabupaten Badung ✆ +62 361 3021 888
www.alilahotels.com/seminyak
Chambre double à partir de 4 400 000 Rp. 240 chambres et suites contemporaines de 46 à 177 m², un penthouse (811 m2).

En bord de plage, cet *eco-resort* a été conçu dans la recherche du respect de l'environnement avec des matériaux de construction locaux et recyclables, un système de récupération des eaux de pluie, des éclairages basse consommation et un fonctionnement sans papier. Petit-déjeuner exceptionnel en mode self service (buffet), avec un très grand choix de sucré comme de salé. Également disponible, un menu à la carte. Magnifique endroit pour admirer le soleil se coucher, un cocktail à la main, les pieds dans le sable. Le service est impeccable.

SWARGA ODYSSEY

Jl. Mertanadi No.86E, Kerobokan Kelod, Kec. Kuta Utara, Kabupaten Badung ✆ +33 9 77 19 91 98
www.swarga-odyssey.com
Tarif sur demande.

Agence francophone basée à Bali, Swarga Odyssey transcende le voyage en créant des circuits sur mesure hors des sentiers battus, mêlant expériences immersives et authenticité. Adaptée à toutes les bourses, leurs séjours invitent à découvrir l'essence même de l'Indonésie, ses populations et ses cultures. Loin du tourisme de masse, l'agence intègre au mieux une dimension écologique à ses tours. Le succès de cette agence à taille humaine repose sur un accompagnement de qualité et un principe simple : « On ne vous enverra jamais là où on n'aurait pas envie d'aller ».

MOOKILAND PARK BALI

Jl. Raya Kedampang, Kerobokan Kelod, Kec. Kuta Utara, Kabupaten Badung ✆ +62 823 3907 3897
www.balimookilandpark.com
Structures et châteaux gonflables géants. Ouvert tous les jours de 09h à 21h30. Ticket à partir de 195 000 Rp.

© MOOKILAND

Ce nouveau parc en vogue est le plus grand parc de châteaux gonflables de l'île. Glissades vertigineuses et parcours d'obstacles, tyrolienne et trampoline pour un maximum de fun dans un environnement sûr et propre. Avec une pléiade d'activités stimulantes, Mookiland promet une journée de folie pour petits et grands car ici ces gonflables géants sont accessibles aussi aux adultes ! Ouvert jusqu'au soir, le parc offre une échappée ombragée d'après-midi. Le restaurant est là pour une pose gourmande, glaces et pop-corn au tournant. Relevez le challenge en famille !

THE SANTAI CANGGU BY LIFESTYLERETREATS €€€

Jl. Bumbak No.88, Kerobokan, Kec. Kuta Utara, Kabupaten Badung
✆ +62 857 3733 3536
www.lifestyleretreats.com/the-santai
Villa pour 2 personnes à partir de 5 000 000 Rp. Offres sur le site web de l'établissement.

Voici un magnifique complexe hôtelier haut de gamme, composé de 11 jolies villas. Projet réalisé par Studio Tonton, *santai* signifie se détendre et tient toutes ses promesses. Spa, piscine, salle de bains extérieure, quiétude permanente des lieux... L'établissement est parfait pour les couples comme pour les groupes d'amis et les familles. L'accueil est chaleureux et le personnel aux petits soins avec ses résidents. L'hôtel met à disposition des navettes gratuites.

07.AM BAKER'S CLUB

Jl. Bumbak Dauh No.88, Kerobokan, Kec. Kuta Utara, Kabupaten Badung
✆ +62 811 3850303
www.sevenambakers.com
Ouvert tous les jours de 07h à 19h.

Une adresse pour les gourmands ! Le spot à ne pas manquer pour les amateurs de pâtisseries et de petits-déjeuners gourmands. Ce café cosy, réputé pour ses viennoiseries fraîches et ses pains artisanaux, vous accueille dès l'aube avec des odeurs alléchantes de croissants au beurre, brioches dorées et autres délices. Leurs spécialités ? Les croissants qui sentent bon la France, les baguettes, les cinnamon rolls et les éclairs qui fondent en bouche. Avec un cadre chaleureux parfait pour une pause matinale ou un brunch détendu entre amis.

INGKA €

Jl. Mertanadi No.80, Kerobokan Kelod, Kec. Kuta Utara, Kabupaten Badung
✆ +62 361 735219
Ouvert tous les jours de 08h à 22h. Plat à partir de 75 000 Rp.

Endroit charmant avec une ambiance agréable, parfait pour se retrouver entre amis ou travailler à distance. La carte est bonne, avec des prix très attractifs. Entre le nasi goreng, le curry vert thaï, les pâtes au saumon, le cordon bleu, ou le pad thaï, on ne sait que choisir et il y en a pour tous les goûts ! Tout est délicieux et les portions sont généreuses. La décoration est soignée, et une petite galerie d'art se trouve dans la salle arrière, après une cour ouverte où vous trouverez un petit bassin avec des carpes... Charmant et relaxant au possible !

XICH LO KEROBOKAN €

Xich Lo Kerobokan
✆ +62 813 3717 2997
Ouvert tous les jours de 08h à 22h. Plats 50 000 Rp.

Le charmant petit restaurant vietnamien du coin de la rue ! Le lieu est semi-ouvert, les plats sont frais et délicieux, et le personnel, toujours accueillant. On recommande vivement le *pho* traditionnel qui est toujours excellent, et le dessert au sago et à la mangue, un vrai délice. Les ailes de poulet à la citronnelle, tendres et savoureuses, sont également à recommander. Les tarifs sont très corrects et le rapport qualité-prix est très bon. Si vous aimez la cuisine vietnamienne, c'est l'endroit idéal, avec des options pour carnivores et végétariens.

MAMASAN BALI €€

Jl. Raya Kerobokan No.135, Kerobokan Kelod, Kec. Kuta Utara, Kabupaten Badung
✆ +62 813 3942 3033 - www.mamasanbali.com
Ouvert tous les jours de 12h à 14h30 et de 17h30 à 22h30. Plats entre 70 000 Rp et 110 000 Rp. Réservation conseillée.

Même chef que le Sarong, Will Meyrick. Sur deux niveaux, ce restaurant propose une carte très appréciée de plats venus de Chine, d'Inde, de Malaisie, Singapour, Thaïlande, Cambodge, Vietnam et bien sûr d'Indonésie. On déguste une cuisine élaborée et aux saveurs exotiques dans un décor vintage retro très élégant. Les plats sont copieux à des prix très raisonnables au vu de la qualité de ce que l'on nous sert dans les assiettes ! Les desserts et les cocktails sont absolument délicieux. Nous recommandons particulièrement le poisson frit.

MONSIEUR SPOON PETITENGET €€

Petitenget St No.112-A, Kerobokan, Kuta Utara, Badung Regency ✆ +62 877 6155 6575
www.monsieurspoon.com
Ouvert tous les jours de 7h à 22h. Petit-déjeuner, brunch et lunch en service en continu de 50 000 Rp à 90 000 Rp.

Les meilleurs croissants et pâtisseries de Bali se trouvent sans aucun doute chez Monsieur Spoon. Depuis 2012, cette boulangerie française familiale propose des viennoiseries, des gâteaux, du pain, d'appétissants sandwichs, et autres gourmandises pour notre plus grand bonheur. La star de la maison est le croissant au beurre comme en France, mais vous pouvez aussi y déjeuner. Les jus frais sont excellents. Si vous saturez des noodles et du riz, frappez à cette porte !

SHIMA TEPPANYAKI & SHABU SHABU €€

Petitenget St No.5E, Kerobokan Kelod, Kuta Utara, Badung Regency
✆ +62 859 5858 7396
www.shimateppanyaki.com
Ouvert tous les jours de 12h30 à 22h30.

Une destination prisée pour les amateurs de cuisine japonaise. Ce restaurant propose une expérience culinaire interactive où les chefs préparent les plats directement devant vous, sur des plaques chauffantes traditionnelles. Le menu met à l'honneur des ingrédients frais et de qualité, allant des fruits de mer aux viandes tendres, le tout agrémenté de sauces savoureuses. L'ambiance conviviale et le spectacle culinaire font de chaque repas un moment unique. Une expérience mémorable.

© SHANTI TRAVEL

© SHANTI TRAVEL

© SHANTI TRAVEL

SHANTI TRAVEL

88x Jl.Penghubengan Kauh, Badung, Kuta Utara, Kerobokan Kelod, Kuta Utara
✆ +62 361 734595 - www.shantitravel.com

Ouvert du lundi au vendredi de 07h à 18h. Différents circuits disponibles en Indonésie et dans toute l'Asie du Sud-Est.

Implantée en Indonésie depuis 2013, cette agence de voyage locale à visage humain propose des voyages entièrement sur mesure misant sur la qualité de son expertise sur le terrain. Des experts voyages francophones, qui habitent sur place, vous conseillent sur l'Indonésie où chaque circuit propose de sortir des sentiers battus. En allant au contact des populations, on s'imprègne de leur culture. Petits plus : vous disposerez d'une assistance 24h/24 et 7j/7 et d'une carte SIM téléphonique locale à votre arrivée en plus des services compris dans le circuit.

© SHANTI TRAVEL

© SHANTI TRAVEL

LA LUCCIOLA €€€

Kerobokan, Jl. Kayu Aya, Seminyak, Kec. Kuta Utara, Kabupaten Badung
✆ +62 361 730838
www.laluccialabali.com

Ouvert de 9h à minuit. Plats entre 100 000 Rp et 400 000 Rp.

En bord de mer, cette adresse propose un cadre sublime devant la plage et compte parmi les tables incontournables de la ville et mieux vaut réserver. Dans l'assiette, des propositions italiennes comme des pâtes fraîches, des risottos et autres spécialités. Leur cuisine est bonne, fraîche et locale, avec une attention toute particulière accordée au service. Le personnel est toujours souriant, accueillant et sera ravi de vous conseiller si vous ne savez que choisir sur leur carte ! Restaurant romantique par excellence avec un merveilleux coucher de soleil.

SARDINE RESTAURANT €€€

Jl. Petitenget No.21, Kerobokan Kelod, Kec. Kuta Utara, Kabupaten Badung ✆ +62 877 7818 7390
www.sardinebali.com

Ouvert du lundi au samedi de midi à minuit et le dimanche de 18h à minuit. Entrées 150 000 Rp. Plats 170 000 Rp.

Bordant une rizière éclairée par des guirlandes, le spectacle visuel et gustatif est remarquable. La carte, centrée sur des produits de la mer haut de gamme, marie habilement techniques occidentales et saveurs asiatiques, justifiant ses prix élevés. L'ambiance, électro lounge avec une sélection musicale organique, un lobby en bambou et un service soigné, promet une expérience unique. Les plats phares incluent salade de poulpe, moules à la crème, brioche de homard, et sardines signature, avec une offre de pâtes maison élaborée par une équipe française.

707 BEACHBERM

Jl. Pantai Batu Belig No.5, Kerobokan Kelod, Kec. Kuta Utara, Kabupaten Badung
✆ +62 812 3981 356

Ouvert tous les jours de 09h à 21h. Bières à partir de 40 000 Rp. Plats à partir de 30 000 Rp.

C'est le bar du bout du monde et c'est un bon spot pour assister au coucher du soleil fréquenté par les hispters. Playlist electro/house. Achetez un cornet de *kacang* (cacahuètes grillées) ou du maïs grillé aux petits vendeurs et dégustez-les avec une Bintang, affalé sur des poufs face à la mer. Concert le vendredi, samedi et dimanche. On aime beaucoup. Superbe endroit pour assister au coucher du soleil en écoutant la musique variée que propose l'établissement. Large choix de cocktails alcoolisés mais également sans alcool (délicieux).

MR FROSTY - FROZEN YOGURT

Jl. Mertanadi No.65, Kerobokan Kelod, Kec. Kuta Utara, Kabupaten Badung

Ouvert tous les jours de 10h à 23h. Yaourt glacé à la serve. Jus d'orange pressé à la serve. Café.

C'est une ambiance très fraîche, sympathique et flashy qui vous attend dès que vous mettrez les pieds chez Mr Frosty. Le concept est particulièrement ludique pour toute la famille ! Choisissez votre parfum de yaourt glacé... agrémentez le tout d'une pléiade de toppings en tout genre comme des fruits frais, des pépites de chocolat, des céréales, des bonbons, du caramel et j'en passe... et hop dégustez ! Il y en a pour tous ! C'est magique et on adore le concept rafraîchissant !

INKA SPA BALI

Jl. Raya Semer No.2, Kerobokan, Kec. Kuta Utara, Kabupaten Badung
✆ +62 823 4199 1526

Ouvert tous les jours de 10h à 21h. Massages à partir de 220 000 Rp.

Ce spa élégant combine les traditions balinaises avec des techniques modernes pour offrir une expérience revitalisante. Dès votre arrivée, l'atmosphère apaisante vous enveloppe, avec des senteurs délicates d'huiles essentielles et un décor zen qui invite à la détente. Chaque soin est personnalisé pour répondre aux besoins spécifiques de chaque client, assurant un moment de détente absolue. Le personnel, chaleureux et expérimenté, met un point d'honneur à créer une expérience unique, permettant à chacun de se reconnecter à son corps et à son esprit.

SUNDARI WELLNESS

Jalan Petitenget 7 Kerobokan, Seminyak, Kec. Kuta, Kabupaten Badung ✆ +62 811 365563
www.sundari-wellness.com

Ouvert tous les jours de 09h à 22h.
Massage de haute qualité

Définitivement le meilleur spa de l'ile bénie des dieux. On apprécie l'ambiance, le service et la qualité des prestations. Dès votre arrivée vous serez séduit par l'environnement doux et chaleureux du lieu, on vous installe avec une petite boisson de bienvenue. Et c'est parti pour l'expérience... Vous pénétrez dans le temple de la relaxation, la lumière est tamisée, les cabines spacieuses et propres... Le seul établissement qui vous fait remplir un questionnaire pour connaitre vos préférences, de force du massage, des points de pression à favoriser ou à éviter...

BERAWA

Localité en pleine expansion, savant mélange de modernité et de charme balinais. Très appréciée des expatriés et des voyageurs, Berawa se distingue par ses plages, notamment prisées des surfeurs pour leurs vagues idéales. On y trouve aussi une variété de cafés et restaurants branchés. C'est un lieu parfait pour ceux qui recherchent une atmosphère détendue tout en ayant accès aux infrastructures modernes, avec de nombreuses villas, espaces de coworking et centres de bien-être. Berawa est également réputée pour son ambiance conviviale, mélange de tranquillité et d'animation. En soirée, bars et clubs accueillent les visiteurs pour des moments festifs.

NÜDE CAFE BERAWA €€

Jl. Pantai Berawa No.33, Tibubeneng, Kec. Kuta Utara, Kabupaten Badung ✆ +62 852 3821 4003
www.nudeincanggu.com
Ouvert tous les jours de 7h30 à 1h. Petit déjeuner à partir de 45 000 Rp. Bruschettas à 75 000 Rp. Salades et bowls.

Ne soyez pas surpris de croiser nombre de *hipsters* dans ce lieu branché aux jus de fruits frais et aux légumes bio. C'est dans l'air du temps à Canggu ! Il faut cependant reconnaître que l'endroit est réussi et que les petits déjeuners valent vraiment le détour. Les végétariens sont les bienvenus et apprécieront leurs choix de salade (la classique César ou la salade au potiron notamment). Le personnel est très agréable et saura vous conseiller si vous ne savez que choisir dans leur carte étendue de plats plus délicieux les uns que les autres.

ISLAND BAGELS €

Jalan Pantai Berawa, Tibubeneng, Kuta Utara, Canggu
✆ +62 813 32989513
Ouvert tous les jours de 08h à minuit.

Amateurs de bagels, c'est ici ! Avec une sélection variée allant des classiques à des créations plus audacieuses, chaque bagel est cuit à la perfection, offrant une croûte croustillante et une mie moelleuse. Que vous optiez pour un bagel traditionnel au saumon et cream cheese ou pour une option végétarienne gourmande, vous trouverez votre bonheur. Le lieu propose également des smoothies rafraîchissants pour accompagner votre repas et une gamme de boissons chaudes. Une bonne adresse pour une pause légère pendant votre exploration de la zone.

ALMA TAPAS BAR €€€

Jl. Pantai Berawa, Canggu, Kec. Kuta Utara, Kabupaten Badung
✆ +62 819 9910 5888
Ouvert tous les jours de 15h à 23h.

Un véritable trésor pour les amateurs de cuisine espagnole. Ce charmant restaurant propose un large éventail de tapas traditionnelles, préparées avec des ingrédients frais et authentiques. L'ambiance y est chaleureuse et conviviale, la décoration originale. Parmi les plats incontournables, on retrouve les patatas bravas, les croquettes et les plateaux de charcuterie et de fromage, le tout accompagné d'une sélection de vins espagnols. L'atmosphère est détendue, le service excellent et ses saveurs authentiques. Un incontournable pour une escapade gourmande.

ISLAND WOK €

Jalan Pantai Berawa, Tibubeneng, Canggu, Kec. Kuta Utara
✆ +62 859 4078 1269
Ouvert tous les jours de 10h à minuit. Sur place ou à emporter.

Un bon petit restaurant asiatique comme on les aime. Ici, tous les produits sont frais pour confectionner de bons « wok » fumants qui sentent bon. Le lieu n'est pas très grand, des chaises, des bancs et des tables de bistrot. Tout pour rappeler les petites échoppes et la cuisine de rue traditionnelle et c'est tellement bon... Le seul problème de cet établissement : Tout est bon ! Entre le *boeuf-broccolis*, le *poulet-noix de cajou*, *le boeuf rendang* ou les spécialités *Kung Pao ou Sichuan*... On ne sait pas ou donner de la tête ! Une chose est sûre... C'est succulent.

FINNS BEACH CLUB

Jl. Pantai Berawa No.99, Canggu, Kec. Kuta Utara, Kabupaten Badung
✆ +62 361 844 6327
www.finnsbeachclub.com
Ouvert tous les jours de 11h à minuit.

Beach club incontournable pour sortir à Bali. Ne vous y trompez pas, ici la musique est reine ! Vous dominez une superbe plage en dégustant d'excellents cocktails tout en vous prélassant au soleil ou en vous déhanchant la nuit venue. Établissement sur la plage avec piscine à débordement, doté d'un restaurant. Possibilité de faire bronzette dans leurs locaux avant que la nuit tombe et que la fête commence. Ne manquez surtout pas l'occasion de vous y rendre pour profiter du moment ou pour danser dans un cadre paradisiaque et de déguster leurs délicieux cocktails.

JALAPENO CANGGU

Jl. Raya Semat Gg. Anggur No.1, Tibubeneng, Kec. Kuta Utara, Kabupaten Badung

Ouvert tous les jours de 7h30 à minuit. Happy Hours margaritas à 65 000 Rp.

Holà Chica ! Une petite mexicaine à Bali ! Ce vibrant établissement est réputé pour ses tacos juteux, ses nachos généreusement garnis et ses margaritas parfaitement équilibrées. Chaque plat est une célébration de saveurs, où les ingrédients frais rencontrent des épices pour une véritable expérience gustative. Pour un verre décontracté entre amis ou pour satisfaire une envie de guacamole onctueux, Jalapeño Canggu c'est une ambiance festive et des plats qui raviront votre palais. Un incontournable pour les amateurs de margaritas et de cuisine mexicaine.

THE CALMTREE BUNGALOWS €€

Jl. Pantai Batu Bolong, Canggu, Kec. Kuta Utara, Kabupaten Badung ✆ +62 851 0074 7009

www.thecalmtreebungalows.com

Une chambre double à partir de 990 000 Rp. Villa avec piscine à partir de 1 700 000 Rp.

Ce lieu paisible propose des bungalows balinais parfaitement intégrés dans un jardin tropical luxuriant. Autour d'une agréable piscine avec transats, on profite d'un véritable moment de détente. Le personnel est attentionné et le petit-déjeuner est soigné. Les charmantes chambres confortables en bambou ajoutent au cadre enchanteur. À 10-15 minutes à pied de la plage, le trajet est aussi l'occasion de s'arrêter pour un repas ou du shopping le long de l'artère principale. Il est sympa de louer un scooter pour explorer les environs.

THE SHADY PIG

Taman Tamora, Canggu, Kec. Kuta Utara, Kabupaten Badung ✆ +62 819 9163 1405

www.linktr.ee/theshadypig

« Speakeasy bar » (Ambiance de bar clandestin de l'époque de la prohibition). Ouvert tous les jours de 19h à 03h du matin.

Bar à cocktails inspiré par l'atmosphère des « speakeasy » des années 1920. Caché derrière une façade discrète, ce lieu mystérieux offre une expérience intimiste et élégante, avec une carte de cocktails créatifs et sophistiqués. Chaque boisson est soigneusement préparée avec des ingrédients de qualité, pour ravir les amateurs de mixologie. L'ambiance feutrée, avec un éclairage tamisé et une déco rétro, transporte les visiteurs dans une autre époque. The Shady Pig est l'endroit idéal pour une soirée chic et décontractée à Bali.

HOTEL TUGU BALI €€€

Pantai Jl. Pantai Batu Bolong No.117x, Canggu, Kuta Utara, Badung Regency ✆ +6203614731701

www.tuguhotels.com

A partir de 6 600 000 Rp, 2 restaurants (japonais et indonésien), coffee shop, spa. A 50 mètres du bord de mer.

L'établissement, au style traditionnel et authentique, ressemble à un véritable antiquaire. Les suites privées avec piscine, inspirées du style Joglo javanais, ajoutent au charme unique du lieu. L'hôtel produit son propre café sur une plantation de Malang, torréfié sur place. Un restaurant japonais avec vue sur la mer, un yoga shala, des cours de cuisine, et des danses balinaises tous les jeudis. Les repas royaux balinais « Megibung » et « Royal Tugudom » sont proposés. La Suite Le Mayer, entourée d'une mare de lotus de 1 000 m², est la plus prestigieuse de l'hôtel.

BATU BOLONG

Lieu dynamique et en vogue, connu pour sa plage emblématique et son ambiance décontractée. Ce spot est particulièrement prisé des surfeurs avec ses vagues adaptées à tous les niveaux, mais aussi des voyageurs en quête de détente et de convivialité. La plage de Batu Bolong offre des vues spectaculaires sur l'océan, et au coucher du soleil, elle devient un lieu de rassemblement pour admirer la beauté naturelle de Bali. Le quartier regorge de cafés, restaurants et boutiques branchés, proposant une large gamme de cuisines du monde. L'atmosphère y est cosmopolite, mêlant expatriés, nomades digitaux et locaux, ce qui en fait un endroit vibrant et accueillant.

MONSIEUR SPOON €

Jl. Pantai Batu Bolong No.55, Canggu, Kec. Kuta Utara, Kabupaten Badung ✆ +62 878 6280 8859

www.monsieurspoon.com

Ouvert tous les jours de 07h à 21h. Petit-déjeuner, brunch et lunch en service en continu de 50 000 Rp. Sandwichs.

D'excellents jus de fruits frais, une formule petit-déjeuner au top et des croissants faits comme à la maison, Monsieur Spoon saura vous refaire vivre la nostalgie d'une France déjà loin ! Depuis 2012, cette boulangerie française familiale propose du pain, des viennoiseries, des gâteaux, tous plus savoureux les uns que les autres. Les végétariens apprécieront les salades de quinoa, bien servies et préparées avec des produits locaux. On vous conseille aussi les appétissants sandwichs (servis dans de vraies baguettes) et le cordon bleu, un des meilleurs de l'île !

BURGER BROTHERS - BATU BOLONG €€

Jl. Pantai Batu Bolong, Canggu, Kec. Kuta Utara, Kabupaten Badung ✆ +62 823 4066 6573

Ouvert tous les jours de 11h à 15h. Quatre restaurants : Batu Bolong, Pererenan, Kerobokan et Berawa.

Avec son ambiance décontractée et son décor urbain, ce spot propose une expérience gourmande qui attire les amateurs de street food premium. Leur secret ? Des ingrédients frais et des recettes généreuses. Que ce soit le classique cheeseburger, le BBQ bacon ou des options végétariennes créatives, chaque burger est préparé avec soin, à accompagner de frites croustillantes et de sauces maison. Si vous cherchez un burger à la fois simple et délicieux, Burger Brothers est un incontournable.

JI RESTAURANT BALI €€€

Jalan Pantai Batu Bolong, Canggu Beach, Canggu, Kuta Utara, Canggu, Kabupaten Badung
✆ +62 811 3889599
www.jirestaurantbali.com

Ouvert tous les jours de midi à 23h.

Restaurant japonais au cœur de la ville avec une vue panoramique sur la plage grâce à la terrasse de l'établissement installée sur le toit. La cuisine est savoureuse, magnifiquement présentée (mention spéciale aux très jolis bateaux) avec des couleurs chatoyantes et le service est irréprochable. L'ambiance de l'établissement est cosy, chaleureuse, et les lumières tamisées offrent une ambiance romantique une fois le soir venu. On recommande également leurs cocktails originaux et équilibrés. Ne manquez pas l'occasion de vous asseoir à leur table !

DEUS EX MACHINA - TEMPLE OF ENTHUSIASM

Jl. Pantai Batu Mejan No.8, Canggu, Kec. Kuta Utara, Kabupaten Badung ✆ +62 811 388 150
www.deuscustoms.co.id

Ouvert tous les jours de 08h à minuit. Plats à partir de 55 000 Rp. Burgers et sandwiches à partir de 70 000 Rp.

Bienvenue au paradis des bikers ! Ambiance rockabilly très très bon enfant le dimanche soir ! Concert, Dj, expo, projection de film, barbier, boutique de surf et moto, il y a toujours quelque chose à faire chez Deus ! Bref, c'est branchouille et détendu, à l'image de Canggu... On aime beaucoup cet établissement concept où on mange bien, on *shoppe* bien et on *ride* bien (avec le casque bien entendu). On recommande leurs clubs sandwichs, les sticks de mozzarella et leurs salades.

COLORS BATUBOLONG NAIL SPA

Jl. Pantai Batu Bolong No.45, Canggu, Kec. Kuta Utara, Kabupaten Badung
✆ +62811 3833317
www.colors-nails-bali.com

Ouvert tous les jours de 10h à 18h.

Joli salon de manucure tout en couleurs qui propose une large gamme de services pour prendre soin de vous et de vos ongles. Que vous souhaitiez une manucure classique, une pose de vernis ou des soins plus spécifiques tels que des extensions acryliques, l'équipe du Colors Nail Bar Bali sera ravie de vous accueillir. L'établissement propose également des services comme l'épilation. Ambiance intimiste et cocooning ! On recommande pour celles en quête d'un salon de qualité.

OLD MAN'S

Jl. Pantai Batu Bolong No.117X, Canggu, Kec. Kuta Utara, Kabupaten Badung
✆ +62 361 8469158
www.oldmans.net

Ouvert tous les jours de 11h à 01h du matin.

Un des bars les plus emblématiques de Bali ! Ce spot en bord de mer est prisé pour son ambiance conviviale et décontractée. Offrant une brasserie en plein air, des happy hours animés et des concerts live, il attire aussi bien les locaux que les voyageurs en quête de soirées inoubliables. Avec sa vue imprenable sur l'océan et ses couchers de soleil spectaculaires, c'est l'endroit idéal pour se détendre après une journée de surf. Que ce soit pour boire un verre entre amis ou profiter de la plage, c'est un incontournable des nuits balinaises.

MOTEL MEXICOLA

Jl. Pantai Batu Bolong No.117X, Canggu, Kec. Kuta Utara, Kabupaten Badung, Bali 80361
✆ +62 811 3889 8000
www.motelmexicola.info/canggu

Ouvert tous les jours de 11h à 01h du matin.

L'adresse parfaite pour une expérience haute en couleurs. Connu pour son ambiance exubérante, son décor rétro-kitsch et ses soirées mémorables. Dès votre arrivée, vous êtes transporté dans un Mexique vintage avec ses néons, ses fresques murales vibrantes et sa musique entraînante.

Le soir, l'endroit se transforme en piste de danse à ciel ouvert, attirant une foule animée venue profiter de la fête. Que ce soit pour un dîner décontracté ou pour une soirée endiablée, Motel Mexicola à Batu Bolong est un incontournable pour s'amuser à Bali.

SAND BAR

Jl. Pantai Batu Bolong, Canggu, Kec. Kuta Utara, Kabupaten Badung
✆ +62 812 3889 5559
Ouvert tous les jours de 06h à 03h du matin.

Situé directement sur la plage de Batu Bolong, Sand Bar est l'endroit parfait pour se détendre après une journée de surf ou pour admirer un magnifique coucher de soleil. Ce bar décontracté, avec ses pieds dans le sable et ses vibes balinaises, attire aussi bien les locaux que les voyageurs en quête de bonne ambiance. Au menu : des cocktails rafraîchissants et des bières bien fraîches. Le soir, l'endroit accueille les fêtards dans le triangle Old Man's-Motel Mexicola-Sand Bar pour des soirées « *ambiance Thaïlande* » jusqu'au bout de la nuit.

UMALAS

Situé entre Seminyak, Kerobokan et Canggu, c'est un lieu paisible qui attire ceux en quête de tranquillité tout en restant proche de l'animation. Ce coin résidentiel, apprécié des expatriés et des voyageurs, se distingue par ses rizières verdoyantes et ses petites routes bordées de villas élégantes. Contrairement aux quartiers plus touristiques, Umalas offre une atmosphère détendue, un mélange parfait de modernité et de tradition balinaise, où l'on peut profiter d'un cadre serein sans être trop éloigné de la vie nocturne ou des spots de surf. La localité propose quelques restaurants intimes et des cafés cosy à quelques minutes des plages.

VILLA MATHIS €€€

Jl. Bumbak No.81, Kerobokan, Kec. Kuta Utara, Kabupaten Badung
✆ +62 361 733 311
www.mathiscollection.com
Chambre double à partir de 850 000 Rp. Petit déjeuner. Piscine.

Dans un environnement privilégié, vous êtes accueillis de la plus belle des manières avant de découvrir les jolis jardins de l'établissement composé de 4 villas avec piscine privée et de 18 chambres réparties autour d'une piscine commune. Des villas à la décoration contemporaine avec des objets en provenance de tout l'archipel, des villas où l'on trouve tout le confort nécessaire voire plus : possibilité de dîner sur votre terrasse privée, de vous organiser des excursions sur mesure, de privatiser le Spa… Très bon rapport qualité/prix.

DAENG BURGER €€

Jl. Bumbak Dauh No.42, Kerobokan, Kec. Kuta Utara, Kabupaten Badung
✆ +62 821 4489 0322
Ouvert tous les jours de 10h à minuit. Sur place ou à emporter. Second restaurant à Canggu. Comptez 120 000 Rp.

Appel aux fanatiques de burgers ! Daeng Burger offre une expérience culinaire inoubliable dans ce domaine. Savourez des burgers juteux, cuits à la perfection enveloppés dans un pain d'un moelleux exceptionnel. Ne manquez surtout pas le *Double smash burger* et le *Nashville* au poulet, parfaitement épicé pour titiller vos papilles. Pour les amateurs de plaisirs coupables, les *Dirty fries*, à la sauce fromage, bacon et jalapeno sont un incontournable, garantissant une explosion de saveurs à chaque bouchée. Un coup de cœur de la rédaction.

NOOK €€

Jl. Umalas 1 No.3, Kerobokan Kelod, Kec. Kuta Utara, Kabupaten Badung
✆ +62 361 8475625
Ouvert tous les jours de 08h 23h. Plats à partir de 50 000 Rp. Terrasse avec vue sur les rizières.

Un restaurant dans un cadre fantastique avec terrasse vue sur les rizières. Les tables sont abritées par un toit végétal et éclairées par des lampions. Ambiance champêtre chic, mais sans prétention. Grand choix à la carte de plats indonésiens et européens. La vue sur la rizière est relaxante et tout est ici excellent, il y en a pour tous les goûts. On adore le calamar grillé, le pad thaï et les divines crêpes à la noix de coco. Bref, un excellent établissement à visiter sans hésiter durant votre séjour. Le service est agréable et efficace. Jeux pour enfants.

ST-JACQUES €€€

Jl. Umalas 1 No.7, Kerobokan Kelod, Kec. Kuta Utara, Kabupaten Badung ✆ +62 821 7777 8206
www.stjacques.id
Ouvert tous les jours de 16h à 23h. Entrée à partir de 95 0000 Rp, plats à partir de 170 000 Rp.

En haut d'un escalier majestueux, une élégante structure en bambou abrite le St Jacques, une adresse incontournable pour les amateurs de cuisine française. Ce restaurant élégant et convivial propose un menu terre et mer raffiné, mêlant tradition française et produits locaux. On y savoure des plats emblématiques comme le magret de canard, des huîtres ou encore les fameuses coquilles Saint-Jacques, délicatement préparées. L'ambiance chic mais décontractée, avec un service attentionné, en fait l'endroit idéal pour un dîner romantique ou un repas entre amis.

BLUE KARMA VILLAGE €€€

Jl. Umalas Klecung Umalas No.38x, Kerobokan Kelod, Kec. Kuta Utara, Kabupaten Badung ✆ +62 361 736823

Joglo à partir de 3 200 000 Rp. Offres spéciales sur le site internet. Restaurant, piscine Spa, yoga, cours de cuisine.

© BLUE KARMA VILLAGE UMALAS

Complexe hôtelier parfaitement entretenu, avec un personnel courtois et chaleureux. L'accueil est superbe, les chambres sont romantiques, spacieuses, décorées avec goût et bien aménagées, et le petit-déjeuner à la carte est un régal. Le restaurant japonais de l'hôtel est exceptionnel et les sushis sont véritablement à recommander ! Tout le village, avec ses 3 piscines dans un cadre verdoyant, est un véritable paradis visuel, entouré de nature luxuriante et offrant une sensation d'immersion dépaysante en pleine jungle. On adore !

ALIYA SALON & DAY SPA

Jl. Umalas 1 No.10, Kerobokan Kauh, Kec. Kuta Utara, Kabupaten Badung ✆ +62 878 6216 2255
www.aliyaspa.com

Ouvert tous les jours 10h à 19h. Massage d'une heure à partir de 130 000 Rp.

Personnel chaleureux et professionnel et cadre impeccable. Ici vous êtes entre de bonnes mains. Aliya propose aussi des soins du visage, une épilation, un gommage, une coiffure et plus… à petits prix ! De nombreux forfaits sont disponibles pour le plus grand bonheur de votre corps, comme par exemple des séances de réflexologie plantaire, des massages à l'huile, des bains à la crème, des massages des pieds… Quel que soit votre souci ou si vous voulez simplement vous détendre, le Aliya Salon & Day Spa est LA destination que vous devez garder à l'esprit.

PERERENAN

Un village en plein essor, connu pour ses plages moins fréquentées que celles de Seminyak, Pererenan offre un cadre idyllique pour ceux qui cherchent à se détendre tout en étant proches des vagues. La plage est un spot de surf prisé, où les surfeurs de tous niveaux se retrouvent pour profiter des belles vagues. Le quartier regorge de cafés, restaurants et boutiques qui reflètent l'esprit local et bohème. L'ambiance est conviviale, avec un mélange d'expatriés et de locaux, ce qui crée une atmosphère chaleureuse et accueillante. C'est également le point de départ idéal pour explorer les rizières et partir à la découverte de la culture balinaise.

DUNE MAWAR VILLAS €€

Jl. Raya Tumbakbayuh, Tumbak Bayuh, Kec. Mengwi, Kabupaten Badung ✆ +91 915 955 03 43
www.dunewellnessgroup.com

Villas de 1 à 3 chambres reparties autour d'une piscine commune. Tenu par l'aventurière haute en couleurs Rosemarie.

Ensemble de 3 villas dans un quartier balinais authentique et paisible, à proximité des plages, des lieux branchés et des spots de surf de Canggu et Pererenan. Les villas peuvent être louées séparément ou toutes ensemble, offrant ainsi un hébergement de 2 à 12 personnes. Chaque villa dispose d'un salon et d'une cuisine et d'un grand espace de vie ouvert. Au centre, vous trouverez une grande piscine d'eau salée dans un espace verdoyant. Une végétation dense devant chaque villa permet de garantir votre intimité. Parfait pour un séjour prolongé. Vous êtes chez vous !

ZALI €€

Jl. Pantai Pererenan No.152, Pererenan, Kec. Mengwi, Kabupaten Badung
✆ +62 812 3900 3100
www.zalifrombeirut.com

Ouvert tous les jours de 08h à 23h30.

Un voyage culinaire au cœur du Liban ! Ce charmant restaurant vous invite à un voyage gustatif au Moyen-Orient, avec un menu mettant en avant des plats traditionnels et des saveurs riches. Côté cuisine, Vous trouverez des mezzés savoureux : houmous crémeux, falafels croustillants, taboulé frais, ainsi que des grillades parfumées aux épices. Chaque plat est préparé avec soin, en utilisant des ingrédients frais et de qualité, rappelant la générosité des repas libanais. Les cocktails sont également à l'honneur, avec des options rafraîchissantes parfaites.

ORIGEN MEXICAN RESTAURANT €€€

Jl. Pantai Pererenan No.123, Pererenan, Kec. Mengwi, Kabupaten Badung ✆ +62 822 6630 6072
www.origenbali.co
Ouvert du lundi au jeudi de 17h à 23h30 et à partir de 11h le vendredi, samedi, dimanche.

Une façade magnifique, tout comme la décoration qui en jette et vous met directement dans l'ambiance. Ici, sans aucun doute, la cuisine mexicaine est authentique, les saveurs profondes et le service exceptionnel. La carte est tout bonnement excellente tout comme les cocktails goûteux, à choisir dans une carte très variée, avec d'excellentes Margaritas. Vous trouverez aussi une large sélection de Mezcal, dans un bar consacré. Ambiance chic et chaleureuse, un lieu à recommander à 100 %.

WOODS PERERENAN €€€

Jl. Dalem Lingsir No.8, Pererenan, Kec. Mengwi, Kabupaten Badung ✆ +62 853 3393 5558
www.woodsbali.com
Ouvert tous les jours de 08h à 23h.

Ce lieu unique, restaurant-Jazz bar à la fois chaleureux et élégant, vous accueille dans un cadre boisé où chaque détail évoque la beauté de l'environnement balinais. Le décor naturel, avec ses matériaux bruts et sa végétation luxuriante, crée une ambiance apaisante idéale pour un repas relaxant.

Côté cuisine, Woods propose des plats raffinés, inspirés par des ingrédients locaux et de saison. Le menu évolue régulièrement, avec des options allant des salades fraîches aux viandes délicieuses grillées et aux poissons délicatement préparés.

LE BAJO BALI POOL CLUB

Jl. Babadan No.89, Pererenan, Kec. Mengwi, Kabupaten Badung
✆ +62 811 3830 8989
www.le-bajo.com
Ouvert tous les jours de 08h à 23h. Restaurant-Pool club dans les rizières.

Situé à Pererenan, c'est un lieu incontournable pour se détendre dans une ambiance branchée et décontractée. Avec une vue imprenable sur les rizières environnantes, ce club est parfait pour profiter du soleil balinais au bord d'une piscine centrale élégante. On y déguste une cuisine fusion locale et internationale, avec des plats frais et colorés, le tout accompagné de cocktails savoureux. L'atmosphère conviviale et le design moderne en font un lieu idéal pour une journée de détente, loin de l'agitation des plages, au cœur de la nature.

SOL ROOFTOP BALI

Jl. Pantai Pererenan Kabupaten No.169, Pererenan, Kec. Mengwi, Kabupaten Badung
✆ +62 857 3807 8245
www.solbali.com
Ouvert tous les jours de 08h à 23h.

Une expérience culinaire perchée inoubliable. Ce restaurant-bar branché est le spot idéal pour admirer les couchers de soleil tout en savourant des cocktails créatifs et une cuisine fusion internationale. Avec une vue panoramique sur l'océan et les rizières environnantes, l'atmosphère est parfaite pour se détendre entre amis ou en couple. Le menu propose une variété de plats légers et savoureux, des tapas à partager aux fruits de mer frais, en passant par des salades colorées et des grillades délicates. L'ambiance y est chic mais décontractée.

MILD LAB BALI

Jl. Munduk Tengah, Pererenan, Kec. Mengwi, Kabupaten Badung ✆ +62 812 5504 4998
www.wildexperiencesbali.com
Ouvert tous les jours de 09h à 20h. Packages disponible. Laboratoire de petit chimiste. À partir de 250 000 Rp.

Quand science rime avec fun ! Enfilez une belle blouse blanche et laissez sortir le chimiste fou qui est en vous... Soyez prêts à mélanger des concoctions colorées et plongez dans des expériences interactives. Créez des lampes à lave et explorez la science de façon ludique. Plus qu'un laboratoire, c'est un véritable nid d'innovation. Le lieu parfait pour un moment inoubliable entre amis ou en famille. Libérez votre curiosité et forgez des souvenirs durables. Petits et grands seront enchantés de l'expérience... pour une exploration scientifique unique et amusante.

WILD ART BALI

Jl. Munduk Tengah, Pererenan, Kec. Mengwi, Kabupaten Badung ✆ +62 812 5504 4998
www.wildexperiencesbali.com
Ouvert tous les jours de 09h à 20h. A partir de 250 000 Rp. Packages possibles. Anniversaires, célébrations...

Appel à tous les artistes en herbe (ou même les plus grands...), ne cherchez plus c'est ici ! Tout simplement un endroit de folie, commencez par vous changer... blouse et bottes de protection sont fortement recommandées car vous ne sortirez pas de là indemne... C'est parti pour la réalisation de toiles à l'aide de ballons remplis de peinture ou encore de tourniquets pour un résultat haut en couleur ! Une activité à partager en famille, les rigolades et les batailles de peintures sont garanties... Un grand coup de cœur de la rédaction !

SUD DE BALI

WILD EXPERIENCES - SELFIE MUSEUM

Jl. Munduk Tengah, Pererenan, Kec. Mengwi, Kabupaten Badung ✆ +62 812 5504 4998
wildexperiencesbali.com

Ouvert tous les jours de 09h à 20h. A partir de 100 000 Rp.Session photo pro disponible. Anniversaires, fêtes...

Incroyable... Lorsque vous pénétrez dans ce lieu magique, au travers d'une cabine de photo instantanée, vous ne pouvez que vous émerveiller ! Vous vous sentirez comme Alice ne cessant de tomber dans de nouveaux mondes. A l'entrée... des centaines de costumes plus extravagants les uns que les autres... Allez c'est parti pour une séance photo de folie, du monde remplie de petits canards, en passant par le gâteau d'anniversaire géant et bien plus ! Une activité à partager en famille !

CANGGU ★★★

Après Kerobokan, au nord-ouest se situe Canggu. Désormais le repère des *hipsters* avec un formidable terrain de jeu puisque l'on peut lézarder sur les plages de Batu Bolong ou d'Echo Beach sans être envahi par les touristes, et vous pouvez vous perdre dans les rues tout en débouchant sur des rizières préservées. Mais attention, le développement est très rapide et le paysage risque de changer prochainement. D'ici là, de belles boutiques, des hôtels « bien-être » et de bonnes tables font de Canggu l'une des meilleures destinations du sud de l'île. Il y a peu, Canggu était un ensemble de rizières ; aujourd'hui, l'offre de logements y est importante.

© I KETUT TAMBA BUDIARSANA - SHUTTERSTOCK.COM

Canggu.

PARKLIFE BALI

Jl. Raya Uma Buluh No.15, Canggu, Kec. Kuta Utara, Kabupaten Badung ✆ +62 818 0511 3200
www.parklifebali.com

Ouvert tous les jours de 08 à 20h. Parc de jeux intérieur et extérieur. Café-restaurant, service de babysitting.

Ce playground innovant est conçu pour permettre aux familles de profiter d'une journée de détente tout en proposant une multitude d'activités pour les plus jeunes. L'aire de jeux, aménagée dans un environnement sécurisé, dispose de structures adaptées à différents âges : toboggans, balançoires, zones de grimpe et même un espace d'eau pour se rafraîchir. Le café-restaurant sur place propose une carte variée. En plus des activités récréatives, Parklife organise régulièrement des ateliers créatifs et des événements spéciaux. Service de garde d'enfant à l'heure.

ARCHIPELAGO ADVENTURE

Jl. Raya Canggu, Tibubeneng, Kec. Kuta Utara, Kabupaten Badung ✆ +62 851 0208 1769
www.archipelago-adventure.com

Visite journée à 60 $. Jusque 14 jours en VTT électriques, Kawasaki ou Royal-enfield en Indonésie. La semaine à 1350 $.

Découvrir les rizières de Bali ou sortir des sentiers battus pour se lancer à l'aventure dans la jungle de Bornéo, les collines de Flores ou les volcans de Java à moto ? À pied, en VTT électrique, en Royal-Enfield ou en Kawasaki, un vent de liberté vous porte vers cette aventure (organisée) ! Tours de 1 à 14 jours pour tous les niveaux. Ouverte en 2005, cette agence sérieuse vous offre une expérience de vie clés en main. Le propriétaire est français, il prendra le temps de vous trouver l'excursion parfaite en fonction de votre budget. Un vrai coup de cœur.

SEPEDA HOSTEL €

Jl. Kayu Tulang No.47, Canggu, Kec. Kuta Utara, Kabupaten Badung ✆ +62 821 4645 2269
www.sepedahostel.com

Lit en dortoir mixte à partir de 175 000 Rp. Studio 1 375 000 Rp. Coworking, yoga, piscine. Bar-restau. Petit déjeuner.

Ouvert début 2023, cette sympathique auberge de jeunesse vous ravira ! Dans un cadre verdoyant, c'est l'hostel « In & Chill » du coin. Tous les dortoirs disposent de la climatisation, de rideaux et d'une petite terrasse donnant sur la piscine. On y trouve des dortoirs mixtes ou réservés aux filles, et des chambres privées. Séance de yoga, espace de coworking, projection de films, BBQ, soirée à thème, la liste des activités est longue pour cet établissement idéalement situé non loin du shortcut. Pensez à réserver en direct pour bénéficier de réductions !

SUD DE BALI

SERENITY ECO GUESTHOUSE AND YOGA €

Jl. Nelayan, Canggu, Kec. Kuta Utara, Kabupaten Badung ✆ +62 811 3888472
www.serenitybali.com
Lit en dortoir à partir de 245 000 Rp. Yoga. Chambre double à partir de 550 000 Rp. Cafétéria. produits. Spa. Piscine.

A 150 mètres de la plage se trouve l'un des spots des plus *eco* & *peace* de Canggu. Cours de Yoga, permaculture, phytothérapie, vente de produits artisanaux, ateliers sur le développement personnel, cours de cuisine, location de e-vélos et motos, la liste est longue pour décrire ce lieu de partage qu'est cette auberge. La piscine extérieure et la gentillesse du personnel font partie du charme de la maison. Une solution zen à prix doux et écoresponsable (pas d'alcool et non-fumeur).

KIMA SURF CAMP CANGGU €€

Jl. Munduk Catu, Canggu, Kec. Kuta Utara, Kabupaten Badung ✆ +63 811 3944332
www.kimasurf.com
Lit en dortoir à partir de 600 000 Rp. Chambre double à partir de 850 000 Rp/pers.

Voici un camp de surfeurs à quelques pas de la plage. Joli hôtel dans une ambiance détendue pour apprécier les joies de la glisse ou découvrir la quiétude de Canggu. Restaurant, piscine, massage et packages surf sont possibles. Amateurs de vagues, c'est l'endroit parfait pour vous, avec tout au même endroit ! Le rapport qualité/prix est au rendez-vous, n'hésitez pas ! Un vrai cocon pour des vacances détendues et sportives à la fois, en couple ou en groupe d'amis. Les moniteurs de surf sont pédagogues, et en peu de temps, vous saurez tout ce qu'il faut savoir !

VILLA CANGGU BY PLATARAN €€

Jalan Pengubugan Banjar, Jl. Silayukti, Kerobokan, Kec. Kuta Utara, Kabupaten Badung
✆ +62 361 411388 - www.plataran.com
Chambre double à partir de 1 750 000 Rp.

Bienvenue dans ce magnifique resort de luxe... Venez vous faire chouchouter, oubliez tous vos problèmes, ici vous pourrez déconnecter totalement... En bref, prenez des vacances dans vos vacances, c'est le lieu idéal. Les villas sont toutes plus magnifiques les unes que les autres, joliment décorées dans un esprit balinais avec une touche de modernité. Rien à redire sur les équipements communs, comme la magnifique piscine ou l'excellent restaurant. Et on complète par un tour dans l'incroyable spa pour un moment de total bien-être.

AMETIS VILLA €€€

Jl. Pantai Batu Bolong, Canggu, Kec. Kuta, Kabupaten Badung
✆ +62 361 8445567
www.ametisvilla.com
Chambre double à partir de 11 000 000 Rp. Magnifiques et luxueuses villas.

14 villas luxueuses entre architecture traditionnelle et design moderne tropical. Ametis, qui signifie « pierre de la sagesse », est le mot parfait pour décrire votre séjour paradisiaque et lâcher prise. Des villas avec un spa ouvert à tous, piscines privées et une vue sur Bali inédite. Le luxe parfaitement allié à l'ambiance confortable digne de votre propre foyer, Ametis saura faire de votre séjour un moment inoubliable. Cerise sur le gâteau, il vous sera assigné à votre arrivée un majordome dont votre satisfaction sera son objectif suprême.

DEA VILLAS €€€

Jl. Tegal Sari Banjar Tegal Gundul, Tibubeneng, Kec. Kuta Utara, Kabupaten Badung
✆ +62 361 737498
www.deavillas-bali.com
Chambre double à partir de 3 800 000 Rp. Villa à partir de 15 000 000 Rp.

Une pure merveille. Cet ensemble de villas, lovées au milieu des rizières, au calme. Les couples tomberont amoureux de Dea Radha, une superbe villa toute de bois vêtue au milieu d'une végétation exubérante, dotée d'une piscine, d'un spa privé et d'une salle de bains extérieure. Un majordome par villa, possibilité de cuisinier personnel (on déjeune/dîne chez soi, sur la terrasse par exemple pour la villa Radha), un spa de qualité et l'inclusion d'une voiture et d'un chauffeur (hors essence) pour toutes les villas (sauf pour Radha). Une adresse de charme luxueuse.

DESA SENI €€€

Jl. Subak Sari No.13, Canggu, Kec. Kuta Utara, Kabupaten Badung ✆ +62 361 8446392
www.desaseni.com
Chambre simple an maison partagée à partir de 1 600 000 Rp. Chambre double à partir de 3 000 000 Rp.

Zen attitude dans cet hôtel dédié au bien-être. Cours de yoga, nourriture *healthy*, il fait bon prendre soin de soi dans un environnement calme, en harmonie avec la nature. Une fois passée la porte, vous découvrez un jardin tropical où trônent de petites maisons en bois antique. Un village reconstitué se dresse sous vos yeux avec de véritables antiquités indonésiennes. Ethnique et écoresponsable, cet hôtel cultive ses produits et travaille avec des fermes environnantes pour vos repas. En prime, excellents cours de yoga dispensés. Un véritable coup de cœur.

BALI AUTREMENT

150 Jl. Pantai Berawa
✆ +62 853 3394 0009
www.baliautrement.com

Tarif variable selon destination, type de voyage, durée, croisières. N'hésitez pas à faire un devis rapide sur le site.

Bali autrement est une agence locale francophone issue du tourisme solidaire et éco-responsable. Ils créent et proposent des voyages sur mesure adaptés à vos désirs et envies ! Une agence sérieuse qui promeut la culture locale à la rencontre de sa population et de ses traditions. L'idée étant de sortir des sentiers battus afin de découvrir l'Autre et d'en favoriser les échanges. Une partie des bénéfices sont reversées à des associations d'aide à l'enfance et de défense de l'environnement. Plus qu'un voyage, une expérience de vie où vous en sortirez grandi.

VILLA WHITE NEST €€

Jl. Raya Babakan Canggu, Canggu, Kec. Kuta Utara, Kabupaten Badung
✆ +62 812 3880 6021
Villa 1 chambre (White Nest) à partir de 1 600 000 Rp. Villa 2 chambres avec sauna (Wellnest) à partir de 2 000 000 Rp.

Ces deux villas voisines, modernes et élégantes, offrent un séjour agréable au cœur du quartier branché de Canggu Babakan. La villa *White Nest* dispose d'une chambre, tandis que la villa *Wellnest* propose 2 chambres avec salle de bain attenante, un salon ouvert, une salle à manger et une cuisine qui s'ouvrent sur une piscine privée. *Wellnest* comprend aussi un sauna privé et une spacieuse terrasse sur le toit où se trouve la seconde chambre. Profitez de l'ambiance cosy de l'espace extérieur et détendez-vous dans le sauna pour une expérience de confort absolu.

POKE POKE €€

Jl. Munduk Catu, Canggu, Kec. Kuta Utara, Kabupaten Badung
✆ +62 817 7967 9126
Ouvert tous les jours de 11h à 21h30. Comptez entre 50 000 Rp et 100 000 Rp.

Des plats beaux et délicieux, un service rapide et amical, tout est fait ici pour vous charmer. Vous pourrez composer votre propre bol, ou choisir dans une carte variée, entre saveurs sucrées, salées et saines pour une expérience complète. Les poke sont accompagnés de salade fraîche ou de riz, parfaits pour un déjeuner en famille ou entre amis. Avec son atmosphère conviviale et la qualité des mets notamment des salades fraîches et des options végétariennes arrosées de sauce shoyu, c'est assurément le meilleur poke bowl de la région.

ROTI CANAI STREET KITCHEN €

Jl. Munduk Catu, Canggu, Kuta Utara, Badung Regency
✆ +62 821 4747 8550
Ouvert tous les jours de 07h à 22h. Comptez entre 50 000 Rp et 100 000 Rp par repas.

Ici vous trouverez une cuisine inventive et généreuse, des galettes délicieuses, un menu varié et savoureux, tout cela dans un cadre chaleureux au service souriant. Le rapport qualité-prix est exceptionnel. Vous serez enchantés par la spécialité du lieu : le roti canai, une généreuse crêpe farcie, aussi bien dans sa version salée que sucrée, une vraie découverte gourmande. La décoration soignée ajoute au charme du lieu. Les petits-déjeuners sont disponibles toute la journée.

SUPERFOOD CANGGU €

Jl. Nelayan No.33, Canggu, Kec. Kuta Utara, Kabupaten Badung
✆ +62 821 4430 5148
Ouvert tous les jours de 07h15 à 22h.

Un large choix de plats exquis, des smoothies et bols de fruits exceptionnels, un éventail étourdissant d'options sans gluten et à base de plantes, tout cela préparé avec soin et excellence. Les champignons sur toast, généreux et savoureux, le poulet fondant et le thon à la cuisson parfaite sont incroyables. Une grande variété de petits-déjeuners accompagnée de délicieux jus. Mention spéciale pour la « super-salade », si grande et savoureuse et personnalisable avec du kimchi ! Possibilité de composer sa propre salade. Excellent rapport qualité-prix.

DESA KITSUME €€

Jl. Munduk Catu No.9, Canggu, Kec. Kuta Utara, Kabupaten Badung
✆ +62 811 3099 0800
www.desakitsune.com
Ouvert tous les jours de 07h à 23h30.

Un concept unique qui allie le charme de la culture balinaise avec l'élégance minimaliste japonaise. Ce complexe, créé par la célèbre marque Maison Kitsuné, propose un cadre raffiné où l'art de vivre se mêle à une ambiance décontractée et stylée. Inspiré par la beauté naturelle de Bali et l'esthétique épurée du Japon, Desa Kitsuné offre une expérience immersive. Le lieu se compose de plusieurs espaces : un café branché où savourer des plats fusion, une boutique mode et lifestyle, ainsi qu'un espace de détente où la musique et la culture sont à l'honneur.

LULU BISTROT BALI €€

Jl. Pantai Batu Bolong No.72, Canggu, Kec. Kuta Utara, Kabupaten Badung ✆ +62 813 3792 0869
ww.lulubistrot.com
Ouvert tous les jours de 17h à minuit, le vendredi, samedi, dimanche à partir de midi.

Ce bistrot intimiste et élégamment décoré propose un menu qui fusionne tradition et innovation, offrant des plats sophistiqués et savoureux qui ravissent les palais. De l'entrée au dessert, chaque création est une œuvre d'art, mettant en valeur des ingrédients frais et de qualité. L'ambiance conviviale, renforcée par un service impeccable, fait de Lulu Bistrot le lieu parfait pour des occasions spéciales ou des repas décontractés. Avec une sélection soignée de vins pour accompagner votre repas, Lulu Bistrot Bali promet une expérience gastronomique inoubliable.

PIZZA FABBRICA CANGGU €€

Jl. Pantai Batu Mejan, Canggu, Kec. Kuta Utara, Kabupaten Badung
✆ +62 819 9933 0880
www.pizzafabbricabali.com
Ouvert de 10h à 23h45. Pizza à partir de 70 000 Rp. Option végétarienne disponible. Pâtes.

Une adresse incontournable pour les amateurs de pizzas artisanales. Ce restaurant cosy, situé au cœur de Canggu, séduit par son ambiance décontractée à la décoration de style industriel. Les pizzas sont préparées avec des ingrédients frais et de qualité, cuites dans un four à bois pour une pâte croustillante à souhait. Le choix varié va des classiques comme la Margherita aux créations plus audacieuses. Idéal pour une soirée entre amis ou un repas rapide après une session de surf. Excellent rapport qualité-prix et service ultra-rapide.

THE SHADY SHACK €€

Jl. Tanah Barak No.53, Canggu, Kec. Kuta Utara, Kabupaten Badung
✆ +62 812 3611 6466
Ouvert tous les jours de 07h30 à 20h30. Bowls à partir de 75 000 Rp. Smoothies à partir de 48 000 Rp.

L'un de nos coups de cœur *healthy* de cette édition. On recommande les bowls généreux, les salades gourmandes ou encore les burgers accompagnés de petites pommes de terre. Une table comme on aime où le service est irréprochable. Doux moment à vivre seul ou à partager que de siroter un smoothie sur les banquettes extérieures. Ici, la nourriture n'est pas « locale » à proprement parler, mais c'est si bon que l'on peut se permettre de sortir de Bali le temps d'un délicieux repas préparé avec maestria et servi avec chaleur par le personnel.

LA BRISA

Jl. Pantai Batu Mejan, Canggu, Kec. Kuta Utara, Kabupaten Badung
✆ +62 811 3946666
www.labrisa-bali.com
Ouvert tous les jours de 10h à 23h.

Un beach club impressionnant et animé qui propose une variété de plats internationaux, ainsi que des narguilés, du café et des cocktails frais. Le menu met l'accent sur les produits de la mer. Il dispose également de plusieurs piscines et d'un accès direct à la plage. La décoration est unique, avec du bois flotté ou récupéré, provenant de plus de 500 anciens bateaux de pêcheurs. La Brisa Bali est également connue pour être un lieu éco-responsable et respectueux de l'environnement, où la fête bat son plein le week-end. Marché artisanal le dimanche.

EYE SEA BALI / IRIS PHOTOGRAPHY

Jl. Canggu Permai IV, Tibubeneng, Kec. Kuta Utara, Kabupaten Badung
✆ +628212212 0215
www.eyeseabali.com
Ouvert tous les jours de 11h à 15h et de 16h à 19h.

Voila une activité innovante et amusante pour les petits et les grands. Repartez avec un souvenir inédit de Bali, un cadeau incroyable pour vos proches, révélant l'unicité de chacun. Plongez dans cet art au cœur de votre iris grâce à cette magnifique photographie en macro. Sublime résultat avec une impression UV de qualité, ou sur différents accessoires comme des bracelets, des bagues, des porte-clés et des colliers. Une activité ludique et familiale.

COLORS NAIL BAR BALI

No Jl. Raya Semat No.15B, Tibubeneng, Kuta Utara, Badung Regency
✆ +62 821 4535 8935
www.colors-nails-bali.com
Ouvert tous les jours de 10h à 18h.

Un salon de manucure coloré à l'ambiance cocooning qui vous accueillera avec une vaste sélection de services pour chouchouter vos ongles et vous faire plaisir. Que vous ayez envie d'une manucure classique, d'une pose de vernis ou de soins spécifiques comme les extensions acryliques, l'équipe expérimentée du Colors Nail Bar Bali vous recevra avec plaisir pour un moment de détente et de bien-être. L'établissement propose aussi d'autres services comme l'épilation. Un lieu à recommander à celles qui recherchent un salon chaleureux et de qualité.

ATLAS BEACH CLUB

Jl. Pantai Berawa No.88, Tibubeneng, Kec. Kuta Utara, Kabupaten Badung ✆ +62 811 1908 2168
www.atlasbeachfest.com
Ouvert tous les jours de 10h à minuit. Entrée : 150 000 Rp avec un verre, chaise longue.

Bienvenue dans le plus grand « day club » au monde ! Composé de trois espaces distincts : night club, beach club et day club, chacun avec son propre droit d'entrée. Le beach club propose une ambiance électro/chill, tandis que le night club varie selon les événements, avec des DJ internationaux invités régulièrement. Les enfants ne sont pas en reste avec un club dédié et une piscine équipée de toboggans. Le beach club impressionne par son immense piscine face à l'océan, ainsi que ses 5 autres piscines dans les zones privées. Une expérience unique pour tous !

© AUTHOR'S IMAGE

Pura Taman Ayun.

MENGWI ★★

À 18 km à l'ouest de Denpasar et à 8 km à l'est de Tabanan, se trouve le royaume de Mengwi. Il a émergé de la dynastie de Gelgel et a étendu son influence jusqu'à Java-Est au nord et Jimbaran au sud. Cependant, il a finalement été vaincu par ses voisins, les royaumes de Tabanan et Badung en 1891. Mengwi conserve une grande importance grâce à son magnifique temple, le *Pura Taman Ayun*. Ce temple est l'un des rares endroits où les divinités ancestrales royales sont encore honorées. Louer une voiture ou d'un scooter est la solution la plus simple pour vous y rendre, facile à organiser depuis Ubud ou Kuta, vous permettant ainsi de découvrir ce site.

PURI TAMAN SARI RESORT €€€

Dusun Jl. Umabian, Peken, Kec. Marga, Kabupaten Tabanan
✆ +62 361 8945397
www.puritamansari.com
Chambre double deluxe à partir de 1 3000 000 Rp. Petit déjeuner. Piscine.

L'un des membres de la famille royale de Mengwi a ouvert l'une des maisons traditionnelles princières aux visiteurs. Alliant le confort moderne avec les normes précises de l'architecture traditionnelle, ce *losmen* très spécial (habité par son propriétaire) se compose d'un ensemble de bâtiments et de pavillons aux usages divers où se tiennent désormais les nombreuses activités proposées : le pavillon où l'on cuisine, ou l'on confectionne les offrandes, le temple, etc. Un moyen de partager le quotidien des princes de Bali, ses privilèges comme ses obligations.

PURA TAMAN AYUN ★★★

Jl. Ayodya No.10, Mengwi, Kec. Mengwi, Kabupaten Badung
Ouvert tous les jours de 08h à 18h30. Entrée 20 000 Rp.

Ce temple est le 2e plus grand temple balinais après celui de Besakih. Édifié en 1740, il est l'œuvre de Cokorda Munggu, roi de Mwengi le plus célèbre, qui déplaça le siège du royaume de Kapal à Mengwi. Le grand monarque fit construire un autre palais, Puri Gedé Mengwi à peu de distance de Pura Taman Ayun. Ce dernier demeura le plus grand temple du royaume de Mengwi jusqu'à sa chute en 1891. Le temple est entouré de douves et se trouve donc sur une île, le long d'une rivière. A ce propos, Pura Taman Ayun signifie « jardin du temple dans l'eau ».

Ce temple majestueux est constitué de deux cours : la première cour est composée d'un joli bassin où trône une fontaine, et la seconde de nombreuses pagodes qui s'intègrent dans le paysage. Dans cette dernière, la plus haute pagode avec ses 11 toits est dédiée à Sanghyang Widi, soit *bija* le dieu suprême du panthéon balinais, et la plus petite vénère la montagne sacrée Gunung Agung avec ses 3 toits. Selon la croyance, parmi les rangées d'autels où viennent séjourner les dieux en visite lors des cérémonies (*palinggih*), vous verrez le *paibon*, orienté vers l'est, qui représente l'autel royal. C'est l'un des plus beaux temples balinais. Dans la croyance populaire, il protège Bali des mauvais esprits ce qui lui donne une haute importance aux yeux des balinais. Le temple a été restauré en 1937. Incontournable dans l'histoire culturelle de l'île, son classement au patrimoine de l'UNESCO, du fait de son importance et sa majestueuse architecture, date de 2012.

BENOA ★

Au bout du doigt de terre qui s'élance vers le nord depuis Nusa Dua, on trouve ici à se loger à des prix abordables au milieu de tous les hôtels de luxe de la zone. On y vient généralement pour pratiquer une activité nautique comme la planche à voile, le parachute ascensionnel, le jet ski, la plongée en mer vers les sites de Bali, ou partir en bateau faire du snorkeling. La profusion de jet-skis en saison peut rendre la plage de sable (artificielle) bruyante.

A voir : le joli petit temple bouddhiste (il y en a très peu sur l'île), situé tout au nord de cette langue de terre, où l'on peut faire des offrandes, et éventuellement se faire bénir.

GRAND MIRAGE RESORT & THALASSO BALI €€

Jl. Pratama No.74, Tanjung, Benoa, Kec. Kuta Sel., Kabupaten Badung
✆ +62 361 771888
www.grandmirage.com
Chambre à partir de 2 200 000 Rp.

Un village vacances avec toutes les commodités nécessaires, les meilleurs services (spectacles tous les soirs, projection de films, etc.). Choix entre 8 restaurants, dont un sur un magnifique rooftop surplombant l'océan. Chambres coquettes. L'hôtel dispose de trois piscines dont une avec toboggan et une autre réservée aux adultes en front de mer. Idéal pour les personnes désirant se reposer en famille. A noter la présence d'une gigantesque thalasso.

BALI HAI CRUISES

1 Jl Wahana Tirta
✆ +62 361 720331
www.balihaicruises.com
Tour-opérateur spécialisé dans les activités sportives et de loisirs.

Cette agence propose de nombreuses excursions sur les îles Gili, Nusa Penida ou encore Nusa Lembogan. On choisit le lieu, puis son activité en fonction de son budget et ses envies : plutôt aventure, découverte ou ambiance évasion ? Il y en a pour tous les goûts ! Vous pouvez également faire de la plongée avec eux. Pour faire d'une pierre deux coups, les propriétaires sont aussi les gérants de l'hôtel Bali Hai huts, et offrent des transferts à bord d'un catamaran ou d'un voilier, tous deux de luxe. N'hésitez pas à les contacter pour plus d'infos.

FRANGIPANI HOMESTAY NUSADUA €

Benoa, South Kuta, Badung Regency
✆ +62 361 4728034
www.frangipanihomestay.com
Chambre double à partir de 450 000 Rp.

Voici un véritable havre de paix à petit prix parfait pour un séjour confortable. Le jardin est magnifique, les chambres propres et le personnel incroyablement accueillant. Les salles de bain sont simples mais bien agencées. On adore l'ambiance chaleureuse, le service impeccable et le petit-déjeuner unique qui offre plusieurs options. Chaque chambre dispose d'un charmant coin extérieur sous les arbres. On recommande pour les voyageurs de type backpackers.

SUD DE BALI

© ALEKSANDAR TODOROVIC / SHUTTERSTOCK.COM

Ancien temple chinois de Tanjung Benoa.

PONDOK AGUNG BED & BREAKFAST €

Jl. Pratama, Benoa, Kec. Kuta Sel., Kabupaten Badung
© +62 361 771143
www.pondokagung.com
Chambre double à partir de 350 000 Rp. Piscine. Petit déjeuner 70 000 Rp.

Un petit coin de paradis perché en haut de la péninsule, face à la plage des sports nautiques. La propriété est superbe, très bien entretenue avec un bon Wi-Fi et une petite boutique à côté pour se ravitailler. Les jardins sont magnifiques et le personnel vraiment adorable ! Les chambres sont agréables, certaines avec un coin salon et cuisine. Le petit-déjeuner et le déjeuner sont excellents. Un rapport qualité-prix imbattable pour les petits budgets.

GREEN D'MEL BALI €€

Gg. Bidadari No.72, Tj. Benoa, Nusadua, Kabupaten Badung
© +62 857 3842 1854
www.reserve.greendmel.com
Chambre double à partir de 850 000 Rp.

Magnifique resort avec un jardin et une piscine parfaitement entretenus. Un hôtel à taille humaine, impeccable et confortable. Les extérieurs et la piscine sont d'une propreté irréprochable. Les chambres sont spacieuses, propres et décorées dans un style balinais authentique. Le restaurant est excellent et le personnel très chaleureux. Le personnel, toujours souriant et serviable, contribue à rendre l'endroit paisible et accueillant. Excellent rapport qualité-prix. Un lieu tranquille, proche des commodités et des restaurants.

NOVOTEL BALI BENOA €€€

Jl. Pratama No.70, Tj. Benoa, Kec. Kuta Sel., Kabupaten Badung
© +62 361 722239
www.novotelbalibenoa.com
Chambre double à partir de 1 400 000 Rp. Offres sur le site internet. Petit déjeuner. Piscine. Spa.

Au programme : trois restaurants, trois piscines, tennis, ping-pong, planche à voile, centre de fitness avec sauna, bibliothèque, plage. Services : baby-sitting, club enfants et navettes pour Nusa Dua. Idéal en famille, mais aussi pour les jeunes mariés à qui l'on réserve un traitement de faveur. Le Novotel se trouve à une vingtaine de minutes de l'aéroport. Hôtel grand luxe de 187 chambres (don 8 villas) il se trouve sur la plage de Tanjung Benoa. L'atmosphère est extrêmement conviviale. Très large gamme d'animations et d'activités pour petits et grands.

BUMBU BALI €€€

Jl. Pratama, Tanjung, Benoa, Kec. Kuta Sel., Kabupaten Badung © +62 361 77 1256
www.artcafebumbubali.com
Ouvert tous les jours de 11h à 15h et de 18h à 21h. Comptez 300 000 Rp/personne. Cours de cuisine raffinée.

Un restaurant de cuisine balinaise authentique. Le tout est excellent... et certes un peu épicé. Un *rijstaffel* comprend une quinzaine de saveurs différentes de l'entrée au dessert dont le fameux canard fumé (*bebek tutu*). Une version végétarienne est prévue. Du canard rôti dans une feuille de bananier ou un menu de poissons et fruits de mer à la balinaise sont également au menu.

Des cours de cuisine balinaise sont également dispensés : Heinz Holzen a aussi écrit un livre *The Food of Bali*, fort intéressant, car il regroupe les 75 recettes de la cuisine balinaise.

NUSA DUA ★★

Le plus grand complexe touristique de l'île, une sorte de Suisse tropicale, avec pelouses, fontaines et ronds-points d'où partent de grandes avenues. Favorisant le tourisme de masse, cette station « exclusive » a probablement permis de limiter les dégâts... en le localisant. D'où cet air de Beverly Hills... Lorsque l'on passe les portes de Nusa Dua, on pénètre dans un univers de luxe où le confort est à son apogée, les hôtels affichent tous 5 étoiles. Tout est également plus cher... Le centre commercial regroupe des boutiques, des banques, des agences de voyages, mais aussi des théâtres où viennent se produire les plus prestigieuses troupes de l'île.

GEGER BEACH

Benoa, South Kuta, Badung Regency

Située au sud-est de Nusa Dua, c'est un véritable havre de paix. Appréciée pour son atmosphère calme et ses eaux cristallines, bordée de sable fin et longée de cocotiers, cette plage est idéale pour se détendre loin de l'agitation des autres plages plus touristiques de Bali. L'eau y est calme, parfaite pour la baignade, et vous pourrez aussi louer des transats pour profiter pleinement du soleil. De petits cafés et restaurants locaux offrent des repas frais, souvent avec vue sur l'océan. Un lieu parfait pour une journée paisible en couple ou en famille.

NUSA DUA BEACH

Nusa Dua Beach, située au sud de Bali, est une destination prisée pour ses plages de sable fin et ses eaux turquoise. Connue pour son ambiance calme et familiale, elle offre un cadre idéal pour se détendre sous le soleil. Protégée des vagues, la mer y est parfaite pour la baignade et les sports nautiques comme le paddle, la baignade, le snorkeling ou le jet ski. Bordée de complexes hôteliers luxueux, elle dispose également de nombreux restaurants et cafés. Que ce soit pour un moment de détente ou une promenade, Nusa Dua Beach est un incontournable.

COURTYARD BY MARRIOTT BALI NUSA DUA €€€

Kawasan Pariwisata, Jl. Nusa Dua Lot Sw1, Benoa, South Kuta, Bali, 80363 ✆ +623613003888

Chambre double à partir de 1 900 000 Rp.

Le Courtyard incarne l'élégance et le confort. Cet havre de paix allie chambres luxueuses, service irréprochable, et installations haut de gamme pour une expérience mémorable. Détendez-vous au bord de la piscine, savourez des plats exquis dans les différents restaurants, et revitalisez votre esprit au spa. Le personnel est souriant et d'une grande gentillesse. Idéal pour ceux qui recherchent une évasion paradisiaque avec les avantages d'un service de classe mondiale à prix abordable.

PASIFIKA MUSEUM ★★

Complex Bali Tourism Development Corporation (BTDC) Area Block P, Benoa, South Kuta, Badung Regency ✆ +62 361 774935

www.museum-pasifika.com

Ouvert tous les jours de 10h à 18h. Entrée : 100 000 Rp. (y compris une boisson) Gratuit pour les moins de dix ans.

C'est un musée d'art qui met en valeur la variété des artefacts culturels de l'Asie-Pacifique. Au travers des différentes salles, on découvre des artistes indonésiens, des artistes italiens basés en Indonésie, des artistes hollandais en salle 3, ou encore des artistes français en salle 4 ou indo-européens en salle 5 - tous basés en Indonésie. La salle 6 présente une exposition temporaire. Puis dans le reste des salles, on découvre des artistes venant du Laos, du Vietnam et du Cambodge, de Polynésie et de Tahiti, du Vanuatu et des îles du Pacifique...

NUSA DUA DIVE CENTER

Jl. Pratama Jl. Nusa Dua No.37XX, Benoa, Kec. Kuta Sel., Kabupaten Badung

✆ +62 811 389420

www.nusaduadive.com

Ouvert tous les jours de 8h à 19h.

Plongées d'exploration, cours PADI et packages. Que vous soyez un fin connaisseur des fonds marins ou un débutant curieux de nager au milieu de la faune et de la flore luxuriante de l'Indonésie, n'hésitez pas et foncez au Nusa Dua Dive Center ! Les instructeurs sont pédagogues, patients et à l'écoute des envies (et des frayeurs) de chacun de leurs clients. De nombreux points de plongée sont disponibles, notamment les magnifiques Manta Point et Crystal Bay pour ne citer que ceux-là. Vraiment, une adresse qu'on ne saurait trop recommander !

WATERBLOW

Benoa, South Kuta, Badung Regency

Accessible tous les jours de 9h à 18h.

Situé à Nusa Dua, c'est un endroit incontournable pour les amoureux de la nature et des sensations fortes. Ce phénomène naturel se produit lorsque les vagues de l'océan Indien frappent violemment les formations rocheuses, créant d'impressionnants geysers d'eau qui jaillissent dans les airs. Le spectacle est à couper le souffle, particulièrement lors de la marée haute. Accessible via un sentier bordé de végétation, le site offre aussi des vues panoramiques sur la côte. Parfait pour prendre des photos, mais attention aux éclaboussures !

HILTON BALI RESORT €€€

Jl. Raya Nusa Dua Selatan, Benoa, Kec. Kuta Sel., Kabupaten Badung ✆ +62 361 773377 - www.hilton.com

Chambre, suites et Villas. À partir de 3 000 000 Rp. Piscine, bars et restaurants, gym.

Niché à flanc de falaise du sud de Nusa Dua, est une oasis de luxe offrant une vue imprenable sur l'océan Indien. Avec son accès direct à une plage de sable blanc isolée, cet établissement promet une escapade tranquille et exclusive. Les chambres et suites, spacieuses et élégamment aménagées, garantissent un confort exceptionnel avec un balcon privé pour admirer le paysage. Les installations comprennent quatre piscines, un spa, un centre de fitness, et une variété d'options gastronomiques qui célèbrent la cuisine locale et internationale.

KUBU DIMEL SUITES AND VILLAS RESORT €€

Jl. Trompong Jl. Raya Nusa Dua Selatan, Benoa, Kec. Kuta Sel., Kabupaten Badung
✆ +62 813 3857 3335
www.kubudimelsuitesnvillasresort.com
Bungalow pour 2 persones à partir de 1 500 000 Rp. Villa pour 4 personnes à partir de 4 250 000 Rp.

Cet établissement est idéalement situé, à seulement 15 minutes de marche des plages et à proximité des magasins et supermarchés. Le design de l'établissement et des bungalows, avec ses jolis jardins, est agréable. Les villas sont très belles, propres et bien entretenues, avec une décoration charmante et un environnement verdoyant impeccable. Le personnel sur place est sympathique et attentionné. Le petit-déjeuner est délicieux et à un prix raisonnable. Bon rapport qualité/prix.

AMARTERRA VILLA €€€

Kawasan Pariwisata Nusa Dua ITDC Resort Lot Block B, Benoa, Kec. Kuta Sel., Kabupaten Badung
✆ +62 361 776400
www.amarterravilla.com
Chambre double à partir de 9 700 000. Rp.

Dormir dans une luxueuse villa d'inspiration balinaise. Dans un écrin de verdure, Amarterra Villas, affilié MGallery by Sofitel, vous réserve un cadre idyllique avec des villas qui possèdent des piscines privées et tout le confort nécessaire. A proximité immédiate du golf, des boutiques et de la plage, le temps s'arrête dans ce lieu apaisant et luxueux. Des services de massage sont dispensés par l'hôtel et sont une expérience incroyablement relaxante. Sans doute l'expérience la plus merveilleuse à vivre lors de votre passage à Nusa Dua.

NOVOTEL NUSA DUA €€

Jl. Pantai Mengiat, Benoa, Kec. Kuta Sel.
✆ +62 361 8480555
www.novotelnusaduabali.com
Chambre double à partir de 2 200 000 Rp. Petit déjeuner. Piscine.

Vous trouverez ici tout le confort nécessaire pour passer de superbes vacances avec une belle piscine, des chambres confortables très bien adaptées pour les familles. Ces dernières plébiscitent cet établissement. Idéal pour profiter des bienfaits du climat tropical, le Novotel Nusa Dua propose une plage privée (accessible avec la navette gratuite). Pour les adeptes de sport, salle de gym, cours de yoga. Les golfeurs ont un merveilleux terrain de jeu puisque un golf 18 trous borde l'hôtel. Enfin à la carte, restauration française, indonésienne et internationale.

AYODYA RESORT BALI €€€

Jl. Pantai Mengiat No.4, Nusa Dua Beach, Nusa Dua, Kabupaten Badung
✆ +62 361 771102
www.ayodyaresortbali.com
Chambre double à partir de 5 400 000 Rp.

Ayodya Resort Bali est un établissement qui offre une expérience unique en mélangeant l'hospitalité royale de Bali avec une vue imprenable sur l'océan Indien. L'atmosphère magique de l'Ayodya Resort Bali est difficile à décrire. Les chambres de l'hôtel sont à la fois fonctionnelles et confortables, offrant aux clients un séjour mémorable. Les clients peuvent également profiter des différents restaurants de l'hôtel, proposant une cuisine locale et internationale. Parmi les installations disponibles, on trouve un spa, un service de location de vélos.

Nusa Dua.

SUD DE BALI

RENAISSANCE BALI NUSA DUA RESORT €€€

Kawasan Pariwisata Lot SW 4 & 5, Jl. Nusa Dua
✆ +62 361 2092888
www.marriott.com
Chambre double à partir de 3 000 000 Rp.
Piscine. Restaurants.

Complexe parfaitement organisé avec des chambres immenses et très bien équipées. Bien que l'hôtel ne soit pas en bord de mer, une navette est disponible pour la plage privée et le centre commercial local. Le service est exceptionnel et attentionné, vous vous sentirez unique malgré la taille du complexe. Le gymnase est également un excellent atout. Le club pour enfants « Lava Land » est fantastique, grâce à Listi, Chantika et Erin qui font un travail remarquable pour divertir les enfants.

ST REGIS BALI RESORT €€€

Kawasan, Nusa Dua, South Kuta, Badung Regency
✆ +62 361 8478111
www.marriott.com
Suite pour 2 personnes à partir de 9 700 000 Rp.
Villa à partir de 15 000 000 Rp.

Face à la mer, cet hôtel est certainement le plus beau dans sa catégorie, grâce à ses très nombreux points d'excellence. Plus d'une centaine de chambres plus belles les unes que les autres et de superbes prestations, notamment un spa magnifique. À noter que leur brunch est réputé comme l'un des meilleurs de l'île bénie des dieux. Si vous cherchez un cadre où vous ressourcer dans un luxe incomparable, cet endroit est fait pour vous que ce soit en couple ou en famille, grâce au côté très spacieux de chacun des logements. Vous ne le regretterez pas.

THE APURVA KEMPINSKI BALI €€€

Jl. Raya Nusa Dua Selatan lot 4, Benoa, Kec. Kuta Sel., Kabupaten Badung
✆ +62 361 2092288
www.kempinski.com
Chambre double à partir de 5 350 000 Rp.

Un accueil exceptionnel, une hospitalité et un service tout simplement impeccables avec un personnel chaleureux et sympathique. Le complexe est majestueux, avec une vue imprenable sur l'océan depuis le lobby, qui ressemble presque à un musée. Les chambres sont confortables et spacieuses. Plusieurs restaurants à disposition, plus succulents les uns que les autres. Le Bai Yun vaut le détour avec son hot pot et son menu « yum cha » à volonté. Magnifique spa et une multitude d'activités.

THE WESTIN RESORT NUSA DUA BALI €€€

Kawasan Pariwisata Nusa Dua, BTDC Lot N-3
✆ +62 361 771906
www.westinnusaduabali.com
Chambre double à partir de 3 100 000 Rp.

© THE WESTIN RESORT - NUSA DUA

Magnifique établissement qui surpassera chacune de vos attentes. Tout ici concourt à un séjour sans faute : emplacement idyllique, équipe chaleureuse, repas divins, petit-déjeuner varié qui initie aux délices asiatiques, plage sécurisée, personnel se distinguant par sa gentillesse et son attention, jusqu'au spa rivalisant avec les meilleurs au monde, tout est parfait. Un véritable havre de paix et de luxe qui mêle confort moderne et plaisirs gastronomiques sous le soleil de Bali.

THE LAGUNA €€€

Kawasan Pariwisata, Jl. Nusa Dua No.2 Lot N, Benoa, South Kuta, Badung Regency
✆ +62 361 771327
www.marriott.com
Chambre double à partir de 4 200 000 Rp ; villa avec piscine privative à partir de 17 500 000 Rp. Offres sur leur site.

Tout ici est parfaitement pensé, avec une multitude d'activités pour petits et grands, une piscine avec des plages de sable et une très belle plage privée. Enfin, de certaines chambres - exclusivité de cet hôtel - on peut plonger directement dans le lagon ! Le personnel est également l'un des points forts indéniables de l'établissement, avec toutes ces petites attentions qui ponctuent votre séjour de toujours plus de bonheur. Possibilité de jouer au golf à proximité de l'hôtel. Très bel endroit, l'un des meilleurs du coin dans sa catégorie.

MANARAI BEACH HOUSE

Sofitel Bali Nusa Dua Beach Resort
✆ +62 811 1392727
www.ismaya.com/eat-drink
Ouvert tous les jours de 10h à 22h. Bowls, sushis, pizza à partir de 120 000 Rp. Cocktails 150 000 Rp, bières 65 000 Rp.

Au cœur du Sofitel, le cadre dépaysant du Manarai Beach House est superbe et paisible, offrant différentes ambiances selon votre humeur : plage, bar, restaurant ou piscine. Vous pourrez compter sur une expérience culinaire exceptionnelle, notamment grâce à un service irréprochable, attentionné et à l'accueil chaleureux dès votre arrivée. Les recommandations de ce dernier sublimeront un repas qui s'annonce déjà délicieux. Le service est irréprochable, la nourriture et les boissons sont savoureuses. L'endroit parfait pour passer un bon moment.

BALI NATIONAL GOLF CLUB

Kawasan Wisata Nusa Dua Lot S 5, Benoa, Kec. Kuta Sel., Kabupaten Badung ✆ +62 361 771791
www.balinational.com
Ouvert tous les jours de 5h30 à 19h. Parcours à partir de 2 000 000 Rp et location de matériel à partir de 700 000 Rp.

Superbe golf tropical 18 trous pour les amateurs et confirmés (9 trous dans le parc et 9 avec vue sur l'océan). Prix spécial pour les enfants et tarifs préférentiels après 14h. L'endroit parfait pour les habitués du fer comme pour les débutants, grâce à la présence d'une école de golf pour celles et ceux qui souhaiteraient prendre des cours. Voiturette et assistant de parcours mis à disposition de tous les clients (ce qui peut être salvateur pour lire certains parcours jusqu'au trou), parcours splendide extrêmement bien entretenu.

MOLA MOLA DIVE CENTER

Gardenland Residence, Blk. D No.2, Nusa Dua, Kec. Kuta Sel., Kabupaten Badung
✆ +62 818 356031
www.molamoladivingbali.com
Ouvert tous les jours de 9h à 10h.

Une équipe experte et sympathique, garantissant des plongées conformes aux réglementations et aux normes PADI. Le propriétaire est très communicatif et serviable, tout comme les instructeurs de plongée, tous très professionnels et attentifs à vos demandes. Une expérience de plongée incroyable, spécialement si vous avez la chance de rencontrer les raies mantas, des tortues et autres créatures marines. En ce qui concerne les plongées loisirs, n'hésitez pas à faire appel à Jaya, un guide professionnel et attentionné envers les plongeurs.

JIMBARAN ★★

Situé sur le détroit reliant l'île à la péninsule de Bukit, Jimbaran abrite une anse de plage blonde somptueuse, des hôtels de luxe et les meilleurs restaurants de poisson grillé de Bali, sur le sable. Heureusement, Jimbaran est aussi resté ce qu'il était à l'origine ; un port de pêche où, au coucher du soleil, les *prahus* (« bateaux ») des pêcheurs se profilent à l'horizon. Peu de visiteurs le savent, mais environ tous les quinze jours, selon le calendrier balinais, un spectacle extraordinaire de danse *barong* (Mapajar) est donné au *pura* (« temple ») Ulun Şiwi, sur la grande route parallèle à la plage. Étonnamment calme pour un lieu si proche de Kuta, Jimbaran dispose de très peu d'hébergements abordables. En revanche, le soir, après un très beau coucher de soleil, une clientèle abondante afflue sur sa plage pour déguster en toute simplicité les meilleurs poissons et fruits de mer grillés au feu de bois de coco de toute l'île. Des milliers de petites chandelles illuminent alors la plage couverte de centaines de petites tables… Une expérience inoubliable.

Transports

La meilleure façon de découvrir Jimbaran est de se promener à pied. Vous trouverez aisément des taxis si vous préférez ce mode de transport, mais veillez bien à ce qu'ils enclenchent le compteur.

- **Depuis l'aéroport**. Vous pouvez vous rendre à Jimbaran en taxi : comptez 90 000 Rp et 140 000 depuis Kuta ou l'aéroport.

© TRUBAVIN / SHUTTERSTOCK.COM

La plage de Jimbaran.

CLIFF JUMP TEGAL WANGI BEACH

Pantai Honeymoon, Jimbaran, Kec. Kuta Sel., Kabupaten Badung

Accessible de 8h à 17h.

Une expérience palpitante pour les amateurs de sensations fortes. Cette plage offre un cadre spectaculaire avec ses falaises escarpées surplombant l'océan bleu. Pour les plus téméraires, le saut depuis les falaises plonge directement dans les eaux cristallines, un moment d'adrénaline pure. Ce spot est également parfait pour admirer le coucher du soleil. Attention toutefois, la prudence est de mise, car les marées et les courants peuvent être imprévisibles.

GARUDA WISNU KENCANA CULTURAL PARK ★★

Uluwatu St, Ungasan, South Kuta, Badung Regency, Bali 80364 ✆ +62 361 700808

www.gwkbali.com

Ouvert tous les jours de 8h à 20h.

Entrée : 125 000 Rp / adulte et 100 000 Rp / enfants. Parking : 10 000 Rp.

Cette statue a été créée de toute pièce par Nyoman Nuarta, le maître d'œuvre du projet. Le dieu Vishnou, qui symbolise la source de la sagesse, est représenté chevauchant son compagnon, Garuda, l'oiseau mythologique signifiant la manifestation de la conscience vers Amerta, la bonté éternelle. Le parc culturel de GWK est situé au cœur de la péninsule de Bukit, sur la route principale qui la sépare en deux, impossible de le rater. Créé au milieu d'une ancienne carrière de calcaire abandonnée, il est axé en fonction de la création et mise en place d'une statue gigantesque élaborée à partir de 400 tonnes de cuivre et de laiton. Le but étant d'ériger la plus grande statue au monde (150 mètres), ce qui représente pour Bali et l'Indonésie toute entière un enjeu touristique et économique de taille. Le parc se visite depuis peu de temps et des restaurants et commerces sont implantés dans cette zone. Un véritable complexe accessible depuis le parking en navette. Un endroit impressionnant d'architecture et de culture dans lequel il fait bon se promener tout en en apprenant beaucoup sur le folklore indonésien. Seul bémol, il faut avoir conscience qu'il faut faire face aux nombreux paiements annexes à faire une fois sur place, durant la balade. Mais si cela ne vous échaude pas, le parcours vous donnera de nombreuses occasions de prendre de magnifiques photographies. De nombreux spectacles ont lieu tout au long de la journée (compris dans le billet de base, heureusement).

FOUR SEASONS RESORT BALI AT JIMBARAN BAY €€€

Jimbaran Bay ✆ +62 361 701010

www.fourseasons.com/jimbaranbay

Villa avec piscine à partir de 9 700 000 Rp. Spa, gym, restaurants. Visite à pied, vélo, bateau ou même en hélicoptère.

© FOUR SEASONS JIMBARAN BAY

Niché au cœur d'un jardin tropical de 14 hectares, 156 villas très spacieuses avec piscine rappellent l'architecture des anciens villages de pêcheurs balinais. C'est l'un des *musts* de Bali, cet établissement a été reconnu comme l'un des plus beaux hôtels du monde. Trois restaurants, dont un Beach club donnant un accès direct à la plage de Jimbaran Bay, l'hôtel abrite aussi l'un des plus luxueux Spas de Bali : Le Healing Village Spa. Le luxe à l'état pur. Vous aurez du mal à repartir.

JIMBARAN BEACH ★★

Jimbaran, South Kuta, Badung Regency

Célèbre pour ses couchers de soleil spectaculaires, elle offre un cadre idyllique pour se détendre sur le sable doré qui s'étend sur plusieurs kilomètres. Vous pourrez aussi y déguster des fruits de mer fraîchement pêchés les pieds dans le sable, dans l'un des nombreux restaurants de bord de mer. L'atmosphère y est paisible, loin de l'agitation touristique, idéale pour une promenade en fin de journée ou un dîner romantique. Jimbaran est aussi prisée pour ses marchés de poissons, où l'on peut savourer des produits locaux tout juste pêchés.

SUD DE BALI

HOTEL PURI BAMBU €€

Jl. Pengeracikan
✆ +62 361 701377
www.hotelpuribambu.com
Chambre double à partir de 990 000 Rp. Petit déjeuner. Piscine. Navette vers l'aéroport gratuite, ainsi que vers Kuta.

Ensemble de 45 chambres – dont 3 catégories – et 3 suites, toutes extrêmement soignées ; claires et spacieuses, de facture récente et dotées d'une belle décoration « ethnique moderne ». L'accueil est remarquable et le service impeccable (dont, il est intéressant de le noter, un service de babysitting). L'établissement se trouve à 20 minutes de l'aéroport et dispose d'une grande piscine au milieu de laquelle trône un bar proposant de très bons cocktails. Bref, un cadre idyllique pour commencer son séjour dans les meilleures conditions.

AYANA RESORT BALI €€€

Jimbaran, South Kuta, Badung Regency ✆ +62 361 702222
www.ayana.com
Chambre double à partir de 5 200 000 Rp. Villa pour 2 personnes en face océan à partir de 19 700 000 Rp.

Cet hôtel est sans doute l'un des plus beaux joyaux de Bali. Réputé pour son service exceptionnel et son personnel aimable, l'atmosphère y est agréable, les piscines incroyables et les chambres spacieuses avec un design remarquable. Chaque recoin de l'établissement est magnifiquement paysagé et parfaitement entretenu. Tout ici est pensé dans les moindres détails. Un véritable havre de paix pour une expérience inoubliable. Le Rock Bar, sur la falaise, offre un cadre idéal pour dîner et se détendre.

KARMA JIMBARAN €€

Jl. Bukit Permai, Jimbaran, Kec. Kuta Sel., Kabupaten Badung ✆ +62 361 708800
www.karmagroup.com
Villa 3 chambres (6 personnes) à partir de 8 300 000 Rp. Villa 4 chambres (8 personnes) à partir de 10 100 000 Rp.

Cet établissement est une belle alternative à la zone de Kuta très fréquentée des touristes. Le Karma Jimbaran dispose de 40 grandes villas avec piscine, mini-club pour les enfants, restaurant, spa, sauna, Fitness, service de navette gratuit pour aller à la plage (même si on peut y accéder à pied) et aux centres commerciaux. Chaque villa dispose de plusieurs chambres (de 3 à 6), idéale pour un groupe d'amis ou un séjour en famille. Son grand jardin tropical offre un vrai havre de sérénité et de détente, parfait pour se relaxer après une longue journée.

BALQUISSE HERITAGE HOTEL €€€

Uluwatu St No.18X, Jimbaran, South Kuta, Badung Regency ✆ +62 361 701695
www.balquisse.com
Chambre double à partir de 3 700 000 Rp. Petit déjeuner. Wifi. Piscine. Transfert de/vers l'aéroport gratuit.

Chaque chambre est personnalisée et unique. Le tout est designé dans l'esprit balinais avec un confort et une esthétique très léchée. Un boutique-hôtel très soigné, à la décoration de tissus moirés et de meubles en teck traditionnels. Un établissement où l'on se sent chez soi, mais quel chez-soi ! Le personnel est avenant et attentionné, et il est l'une des raisons qui nous font vous recommander cet endroit. L'hôtel dispose de grandes piscines bien entretenues et des services de spa, le cadre parfait pour se reposer. On adore.

AYANA SEGARA €€€

Jl. Karang Mas Sejahtera, Jimbaran, Kec. Kuta Sel., Kabupaten Badung ✆ +62 361 702222
www.ayana.com/bali/ayana-segara
Chambre double à partir de 7 800 000 Rp. Piscine, restaurants, spa, plage. Service de garde d'enfants.

Le Ayana Segara se distingue par son emplacement privilégié, entouré d'une nature verdoyante et d'une jolie plage privée. Sa piscine et ses nombreux restaurants offrent des moments de détente et de plaisir adaptés à chacun. Il convient parfaitement aux amoureux de calme, de détente et de nature, ainsi qu'aux familles avec enfants. Tout le personnel est sympathique et attentionné. Pour faciliter les déplacements entre les différentes installations, une navette et un tramway sont à disposition. Une oasis de tranquillité où chacun peut se ressourcer et profiter.

BELMOND JIMBARAN PURI €€€

Jalan Uluwatu Yoga Perkanthi Lane, Jimbaran, South Kuta, Badung Regency ✆ +62 361 701605
www.belmond.com
Villa (pour 6 personnes) à partir de 5 900 000 Rp. Petit déjeuner. Piscine.

Face à la mer et ses plages de sable fin d'une blancheur éclatante, le Belmond Jimbaran Puri propose 22 villas très confortables de style balinais avec jardin privatif et piscine, très chic, ainsi que des chambres côté jardin ou côté piscine. Un spa donne également directement sur la plage et une terrasse avec double bains à remous. Nombreuses activités aquatiques (planche à voile, voile, plongée…). Le Nelayan Restaurant est directement situé en bord de mer et le Puri Bar est idéal pour boire un verre au soleil couchant. Possibilité de mariages et lunes de miel.

A PLACE OF REFUGE
Ocean Beack Pool
Rock Bar
River Pool
AYANA Komodo Waecicu Beach
Lako di'a
Pink Beach at Komodo National Park

INTERCONTINENTAL BALI RESORT €€€

Uluwatu St No.45, Jimbaran, South Kuta, Badung Regency
✆ +62 361 701888
www.ihg.com
Chambre double à partir de 5 000 000 Rp. Petit déjeuner 300 000 Rp.

Au sein d'un magnifique jardin tropical avec vue sur l'océan, l'hôtel se trouve à proximité du parc culturel Garuda Wisnu Kencana et de l'aéroport. Les chambres, suites et villas sont élégamment décorées avec des meubles en bois traditionnels, d'une salle de bain en marbre et d'une terrasse ou d'un balcon. L'hôtel dispose de 5 restaurants, 6 piscines, un spa, un salon de beauté, un centre de sports nautiques, une salle de sport et un centre commercial.

MÖVENPICK RESORT & SPA JIMBARAN BALI €€€

1 Jimbaran Bali, Jl. Wanagiri No.1, Jimbaran, Kec. Kuta Sel. ✆ +62 361 4725777
www.movenpick.accor.com
Chambre à partir de 3 500 000 Rp. Spa, café, bar et restaurants. De nombreuses activités y sont proposées chaque jours.

À quelques pas de la plage de Jimbaran, cet hôtel 5 étoiles allie l'hospitalité balinaise à l'excellence suisse. Ses chambres élégamment décorées offrent une vue imprenable sur l'océan ou les jardins tropicaux. Une palette d'activités s'offre à vous allant du spa de renommée mondiale, un kids club, des piscines en lagon à débordement et des options de restauration gourmet. Un lieu spécial pour les familles qu'on vous conseille de découvrir en début ou fin de séjour.

JIMBARAN WITHA BAKERY €

Jl. Bukit Permai No.5A
✆ +62 361 7703966
Ouvert toute l'année. Tous les jours de 10h à 22h.

Une adresse qui ne paie pas de mine sur la plage de Jimbaran. Néanmoins, on retient cette adresse, car les pizzas valent le coup et c'est très abordable. Les jus de fruits et le pain frais sont aussi recommandés. Vous serez conquis au moment de l'addition et même avant, lorsque vous dégusterez de magnifiques plats, les pieds dans le sable, à profiter du doux bruit des vagues s'écrasant sur la plage de Jimbaran. Ils servent également de délicieuses boissons alcoolisées à consommer (avec modération) en profitant de leur happy hour tout aussi abordable.

WARUNG NASI AYAM BU OKI €

Jl. Celagi Basur No.3Y, Jimbaran, Kec. Kuta Sel., Kabupaten Badung
✆ +62 813 5321 3247
Ouvert tous les jours de 7h à 18h.

Pour les plus sensibles, certains plats sont assez épicés, n'hésitez pas à demander avant de passer commande. Ce *warung* local et typique propose des plats traditionnels à petits prix. L'établissement est réputé pour son Nasi Ayam absolument succulent. Simplicité et authenticité à cette adresse. Vu son succès, l'établissement est souvent rempli, ce qui est facilité par sa petite taille. Si vous n'avez pas envie de vous retrouver au milieu de la foule, le Nasi Ayam Bu Oki propose un service de livraison ou de vente à emporter.

« LA BRASSERIE » BY MELTING WOK €€

Jl. Bukit Permai No.8, Jimbaran, Kec. Kuta Sel., Kabupaten Badung ✆ +62 812 3950 0044
www.labrasseriejimbaran.com
Ouvert tous les jours sauf le mercredi de 9h à 22h. Plats à partir de 90 000 Rp. Wok à partir de 65 000 Rp.

Une adresse à ne surtout pas rater si notre gastronomie vous manque ! On y découvre l'excellent *camembert in bread bowl* ainsi que de délicieuses tartines qui se dégustent sans fin. Vous trouverez à la carte d'autres bijoux de notre culture culinaire comme un réconfortant magret de canard ou une délicieuse soupe à l'oignon. L'équipe, menée par Géraldine, la sympathique propriétaire française, est aux petits soins, une fière représentation de l'art de la table en Asie.

BALIQUE RESTAURANT €€

Uluwatu Street No.39
✆ +62 361 704945
www.balique-restaurant.com
Ouvert tous les jours de 7h30 à 23h. Plats à partir de 120 000 Rp.

Un bel établissement avec sa décoration « coloniale » faite avec goût et amour. Attablés, vous êtes entourés d'objets d'art, un véritable plaisir pour les yeux et pour les papilles. Délicieuse cuisine indonésienne, Asian Fusion et poissons grillés de qualité. Si vous désirez essayer une multitude de saveurs, le rijsttafel sera parfait, plusieurs petits plats indonésiens accompagnant du riz, représentant la richesse et la diversité de la cuisine indonésienne. Le Balique est plus coûteux que d'autres restaurants des environs, mais le repas vaut bien l'addition.

MENEGA CAFE €€

Jl. Four Seasons Muaya Beach, Jimbaran, Kec. Kuta Sel., Kabupaten Badung ✆ +62 3617 05888
www.menega.com
Ouvert tous les jours de 11h à 22h. Barbecue de fruits de mer environ 110 000 Rp/kg. Menu à partir de 180 000 Rp/pers.

Pour être sûr d'avoir une table sur les pieds dans le sable, mieux vaut réserver, car c'est bien souvent le premier restaurant à afficher complet. Face au Four Seasons, Menega Cafe est certainement le meilleur restaurant en bord de mer à Jimbaran. Vous choisissez votre poisson dans l'aquarium pour être certain de la fraîcheur du produit et quelques minutes plus tard il arrive sur un plateau avec ses accompagnements : riz, épinard et salade à l'assaisonnement juste. Dîner romantique inoubliable sur la plage avec de superbes langoustes.

CUCA RESTAURANT €€€

Jl. Yoga Perkanthi, Jimbaran, Kec. Kuta Sel., Kabupaten Badung ✆ +62 812 3687 0486
www.cucabali.com
Ouvert de 12h à 23h. Plats à partir de 60 000 Rp. Comptez 3 à 5 plats par repas. Menu spécial du chef à 780 000 Rp.

Une expérience incroyable que de dîner au Cuca. Tout est ici un sans-faute, de l'accueil jusqu'à l'assiette, en passant par un service millimétré. Les plats, plus inventifs les uns que les autres, nous racontent un voyage au cœur des saveurs avec un savoir-faire inégalable. N'hésitez pas à vous lancer sur le menu du chef pour un magnifique voyage, et un bon aperçu de la créativité de celui-ci. Observer la brigade s'agiter en cuisine est un véritable spectacle à part entière. En bref, tout est réuni pour un moment formidable au cœur de l'hospitalité indonésienne.

KAYUMANIS RESTO JIMBARAN €€€

Jl. Yoga Perkanthi, Jimbaran, Kec. Kuta Sel., Kabupaten Badung ✆ +62 361 705777
www.kayumanis.com
Ouvert tous les jours de 7h à 23h. Réservation recommandée. Plat à partir de 110 000 Rp. Menu 3 plats disponible.

Restaurant haut de gamme de cuisine indonésienne, le Kayumanis fait partie des meilleures tables de la ville. On recommande de dîner dans les jardins pour la beauté du cadre, notamment si vous avez la chance d'avoir une table au bord de la terrasse donnant pile sur la luxuriante végétation. Car oui, il vaut mieux réserver, les lieux sont très prisés et on peut vite se retrouver déçus de ne pas avoir de place ! Cuisine où l'on vous emmène à la découverte de la haute gastronomie balinaise. Une merveilleuse expérience culinaire.

SUNDARA €€€

Bay, Jimbaran, South Kuta, Badung Regency
✆ +62 361 708333
www.fourseasons.com
Ouvert tous les jours de 11h à 01h du matin. Au coeur du Four Seasons resort.

Sundara offre une expérience fantastique avec ses cocktails merveilleux et son service irréprochable. Ce restaurant intime en bord de plage est parfait pour un déjeuner ou un dîner en terrasse, avec une vue incroyable. Le personnel est super sympathique et la cuisine délicieuse, en particulier le riz au lait, léger et savoureux. Le cadre est idéal pour profiter d'un repas au coucher du soleil, avec un feu de camp et de la musique live, tout en ayant la possibilité de s'installer dans un espace plus calme. Parfait pour passer quelques heures non loin de l'aéroport.

ROCK BAR

Jalan Karang Mas Sejahtera, Jimbaran, Kec. Kuta Sel., Kabupaten Badung
✆ +62 361 702222
www.ayana.com
Au coeur de l'Ayana Resort & Spa. Ouvert tous les jours de 16h à minuit. Tenue correcte exigée.

Perché à 14 mètres au-dessus de l'océan Indien, le Rock Bar est un lieu spectaculaire, niché dans les falaises. Ce bar, suspendu au-dessus des vagues, est l'un des spots les plus prisés du sud de Bali pour admirer le coucher de soleil tout en dégustant un cocktail. L'atmosphère romantique et la vue imprenable en font un incontournable. Le service est excellent, avec une mention spéciale pour Intan, une serveuse attentionnée, qui rendra votre expérience inoubliable. Un lieu magique pour un dîner mémorable face à l'océan, à ne pas manquer !

KRISNA OLEH-OLEH KHAS BALI

Jl. Wanagiri, Jimbaran, Kec. Kuta Sel., Kabupaten Badung
✆ +62 361 4468600
www.krisnabali.co.id
Ouvert tous les jours de 09h à 22h.

Un endroit pratique pour acheter des souvenirs de Bali, avec un choix suffisant malgré une offre moins variée que dans les autres boutiques du même nom. On y trouve tout ce que vous pouvez imaginer : des t-shirts, kebayas, porte-clés, sandales, chocolat, café, savons, aimants de frigo et vêtements à thème balinais. C'est une excellente option pour les cadeaux et souvenirs de dernière minute. Les prix sont abordables, surtout comparés à ceux des boutiques touristiques.

BALANGAN - BALANGAN BEACH ★★

Balangan est un autre spot fameux pour ses vagues. Ne manquez surtout pas d'aller marcher sur la plage, et sa belle étendue de sable ! C'est d'ailleurs l'une des plus belles plages de l'île. Pour ceux qui débutent le surf, bonne nouvelle, les vagues sont parfaites ici pour s'initier et essayer de réussir à en prendre quelques-unes ! Quelques bungalows en bois abritent des chambres sur la plage, parfait pour s'installer ici une nuit ou plusieurs. D'ailleurs à l'heure du coucher du soleil, ne manquez pas d'admirer le paysage, que ce soit sur la plage ou que ce soit depuis la terrasse d'un des restaurants qui est installé le long de la côté.

LA CABANE €€€

Jl. Pantai Balangan No.54, Jimbaran, Kec. Kuta Sel., Balangan ✆ +62 877 8702 7629

www.lacabanebali.com

Cabane standard pour 2 personnes à partir de 2 800 000 Rp. Petit déjeuner.

À 2 minutes des plages Balangan et Biu Biu, c'est un lieu zen et idéal pour se ressourcer. Géré par Céline, une sympathique française, cet établissement niché dans un jardin tropical luxuriant propose des chambres propres et bien décorées le long d'une allée commune. Cependant, l'ensemble est entouré d'une végétation luxuriante qui apporte une véritable sensation de paix et de bien-être. La chambre « Mao », avec sa petite piscine privée, est située à l'extrémité de l'allée, offrant plus de tranquillité grâce à son accès privé. La cuisine y est également excellente.

WHITE PALM HOTEL BALI €€

Jl. Pantai Balangan kabupaten, Jimbaran, Kec. Kuta Sel., Kabupaten Badung

✆ +62 811 3850705

www.whitepalmhotelbali.com

Chambre double avec vue sur la piscine à partir de 2 400 000 Rp. Petit déjeuner.

Une décoration soignée, un emplacement à seulement 5 minutes de la plage et la gentillesse du personnel, ainsi que de Stéphanie, la propriétaire française, rendront votre séjour parfait. L'hôtel est un petit paradis, calme et éloigné du bruit, à l'atmosphère très relaxante. Cet établissement à taille humaine, avec ses bungalows charmants, offre un beau jardin, un excellent service et de précieux conseils sur les activités locales. Un véritable havre de paix, à seulement quelques minutes de marche de Balangan Beach. On recommande !

LA JOYA BALANGAN RESORT €€€

Jl. Pantai Balangan, Jimbaran, Kec. Kuta Sel., Kabupaten Badung ✆ +62 811 3990048

www.lajoyaresorts.com/balangan

Bungalow standard à partir de 2 700 000 Rp. Petit dejeuner. Piscine.

Jolie propriété avec un accès direct à la plage et un charmant jardin verdoyant où se trouvent des bungalows élégants. L'emplacement est parfait, proche de la plage avec des vues imprenables. Les chambres spacieuses sont joliment décorées. Vous trouverez également des villas adaptées aux plus grands groupes. La piscine est superbe et assez peu fréquentée, idéale pour se détendre. La carte du restaurant est délicieuse, et le personnel, très aimable, fait tout pour rendre le séjour agréable. Un endroit où l'on se sent bien, et qu'on n'a pas envie de quitter.

© DMITRY_ISLENTEV / SHUTTERSTOCK.COM

Balangan beach.

MALIBU SURF SCHOOL BALI

Warung Maria Café, Jl. Pantai Balangan, Jimbaran, South Kuta, Badung Regency ✆ +62 877 4542 8006

www.malibusurfschoolbali.com

Ouvert tous les jours de 6h à 18h.

Une très bonne école de surf à Uluwatu ! Les instructeurs sont compétents, très sympathiques et toujours prêts à répondre à toutes vos questions. Les explications des techniques sont particulièrement claires. Même en tant que novices, vous pourrez compter attraper des vagues et vous tenir debout sur la planche. Un super photographe capture vos moments en photos et vidéos afin de pouvoir discuter ensuite avec votre instructeur, ce qui vous permettra de vous améliorer. Ambiance conviviale, matériel de qualité et petit groupe pour une attention personnalisée.

DREAMLAND BEACH ★★

Dreamland Beach est une plage de sable clair léchée par un océan turquoise en colère. La baignade y est déconseillée, sauf avis contraire des drapeaux. Ici, la vague a la réputation d'être longue et attire des surfeurs aguerris. Les lieux sont tout simplement vivifiants, mais, malheureusement, beaucoup moins enchanteurs depuis qu'un vilain bâtiment a été construit en bord de plage. Le projet Pecatu Graha Indah a tout simplement dénaturé les lieux. Pire : il faut désormais se garer au parking Kampung New Kuta – moyennant 20 000 Rp – et prendre une navette gratuite (un petit bus gris) pour accéder à la plage. Les scooters peuvent y aller directement.

HIDDEN BEACH ★★

Pecatu, South Kuta, Badung Regency

Hidden Beach est un véritable petit joyau caché, idéal pour ceux qui recherchent tranquillité et beauté naturelle. Nichée le long d'une falaise imposante, elle offre un paysage époustouflant de sable blanc et d'eaux cristallines. Accessible après une petite marche à travers la végétation, elle reste moins fréquentée que les plages touristiques, offrant ainsi un cadre paisible. C'est l'endroit parfait pour se détendre, profiter du soleil ou explorer les environs avec masque et tuba. Un coin secret à découvrir pour les amoureux de nature préservée.

JUMEIRAH BALI €€€

Kawasan Pecatu Indah Resort, Jl. Raya Uluwatu Street, Kuta Selatan, Kuta, Badung Regency ✆ +62 361 2015000

www.jumeirah.com

Villa pour 2 personnes à partir de 15 700 000. Rp.

Un sans-faute pour cet établissement de grand standing. Les installations, tant pour la villa que pour les espaces communs, sont exceptionnelles. Les chambres sont magnifiquement décorées, très confortables et impeccables. Les terrasses avec piscine privée sont incroyables. Dès votre arrivée, tout est fantastique, vous vous sentirez au paradis. Le petit-déjeuner, à la carte ou en buffet, offre un large choix, et le restaurant Akasa est remarquable. Le personnel, attentionné et serviable, d'un professionnalisme inégalé, rendra votre séjour inoubliable.

KULA KARA PRIVATE VILLAS €€€

Jl. Aster Raya No.25, Pecatu, Kec. Kuta Sel., Kabupaten Badung ✆ +62 811 8125495

www.kulakara.com

Villa 3 chambres avec piscine à partir de 5 100 000. Rp.

Belle villa disposant de grands espaces et d'une magnifique piscine. Très spacieuse, à la décoration design, elle offre toutes les commodités nécessaires. Les chambres, toutes équipées de salles de bain privées, donnent sur l'extérieur. La décoration est design, avec une télévision dans chaque chambre et dans la cuisine. La piscine est impressionnante. Le personnel est sympathique et toujours disponible, prêt à répondre à tous nos besoins. Le service de conciergerie vous conduit gratuitement à la plage et les repas sont servis directement dans la villa.

NEW KUTA GOLF

Jalan Raya Uluwatu,, Kawasan Pecatu Indah Resort Pecatu, Jimbaran, Kec. Kuta Sel., Kabupaten Badung ✆ +62 361 8481333

www.newkutagolf.co.id

Ouvert tous les jours de 6h à 19h. Parcours 18 trous à partir de 2 300 000 Rp. Restaurant.

Golf 18 trous au-dessus de la mer. Il est conseillé de venir tôt pour la chaleur. On recommande vivement cet endroit pour tous les fans de golf. Les responsables du New Kuta ont à cœur de toujours améliorer leurs services et ils font régulièrement des travaux d'entretien sur leur parcours comme de nouvelles additions à celui-ci, pour fournir toujours plus de plaisir à leurs joueurs avides de Hole in One. Des assistants professionnels vous accompagnent durant tout votre parcours et peuvent conseiller les débutants sur la manière d'appréhender le green.

EL KABRON

Jl. Pantai Cemongkak, Pecatu, Kec. Kuta Sel., Kabupaten Badung
✆ +62 813 3723 5750
www.elkabron.com
Beach club. Restaurant. Piscine.

El Kabron est l'un des meilleurs clubs de jour à Bali, en restant à taille humaine. Le personnel y est accueillant et l'emplacement idéal pour profiter d'un après-midi ou d'une soirée. Tout, de l'accueil au service, est impeccable, le tout dans une ambiance festive et dans un cadre magnifique avec de la bonne musique. Les plats sont délicieux et l'équipe attentive. C'est particulièrement agréable en semaine, avec moins de monde et un meilleur choix de lits de jour. Le coucher de soleil est incontournable, et même si c'est un peu cher, cela vaut chaque centime !

BINGIN - BINGIN BEACH ★

Bingin, c'est une escapade tranquille avec son ambiance décontractée et ses vues à couper le souffle. Connu pour ses spots de surf exceptionnels, Bingin attire les amateurs de vagues avec ses eaux cristallines et ses breaks parfaits. Le charme de cette petite ville réside dans ses ruelles sinueuses, bordées de cafés, de petites maisons d'hôtes et une communauté locale accueillante. Le coucher de soleil depuis la plage est un spectacle inoubliable, peignant le ciel de couleurs vibrantes. Idéal pour ceux qui cherchent à échapper à l'agitation touristique, Bingin offre une expérience balinaise authentique, où la simplicité rencontre la beauté naturelle.

PADANG-PADANG BEACH ★

Pecatu, South Kuta, Badung Regency

La plage de Padang Padang, située dans une petite baie sur la péninsule de Bukit à Bali, est une plage au décor pittoresque célèbre pour ses eaux turquoise et son sable doré. Accessible par un escalier entre les falaises, elle offre un cadre intime et assez paisible. Connue des surfeurs pour ses vagues impressionnantes, elle attire également les amateurs de détente et de baignade. Ce joyau caché, rendu célèbre par le film *Eat Pray Love*, est parfait pour une journée de relaxation dans un décor naturel spectaculaire et dépaysant.

SWISS-BELRESORT PECATU €€

Indah Resort Bali, Pecatu Indah Raya Blok G2, Pecatu, Kec. Kuta Sel., Kabupaten Badung
✆ +62 361 3302999
www.swiss-belhotel.com
Chambre double à partir de 830 000 Rp.

Un établissement qui présente de nombreux atouts, situé à 15 minutes maximum des principales attractions du Bukit (excepté Nusa Dua). Il est très facile de se déplacer sur la péninsule depuis cet hôtel et de visiter les nombreuses plages (Dream Beach à 5 min), les temples (Pura Luhur à 15 min) et les sites culturels comme la statue GWK. Ses 3 piscines offrent une ambiance tropicale, loin des routes animées. Les chambres, conformes aux standards internationaux, sont confortables, avec vue sur le golf. Un rapport qualité-prix très attractif.

RADISSON BLU RESORT €€€

Jl. Pemutih Jl. Labuansait, Pecatu, Kec. Kuta Sel., Kabupaten Badung ✆ +62 361 3008888
www.radissonhotels.com
Chambre double à partir de 6 000 000 Rp. Yoga, bar et restaurant. Accessible aux fauteuils roulants. Piscine.

Niché sur les falaises d'Uluwatu se dresse l'un des plus somptueux hôtels de la côte à seulement 15 minutes maximum de toutes les attractions des alentours. Le nouveau venu du clan Radisson ouvert en 2018, offre des chambres spacieuses et élégantes, d'une volupté non cachée. Sa grande piscine en lagon est aussi la plus grande du Sud de Bali. Outre le restaurant et son bar haut perché, de nombreuses activités y sont proposées (le yoga, SPA etc...). Le service est bien entendu à la hauteur. Un bon point d'ancrage pour découvrir les merveilles de la région.

THE ELEMENTUM €€€

Jl. Pantai Bingin, Pecatu, Kec. Kuta Sel.
✆ +62 813 6430 9187
www.the-elementum.com
Chambre double à partir de 3 450 000 Rp. Picine. Petit déjeuner.

Un hôtel au design spectaculaire dans un cadre magnifique, tout cela dans une ambiance détendue et chaleureuse. Chaque détail a été soigneusement pensé. La chambre, bien que petite, dispose d'une salle de bain étonnamment spacieuse et confortable, dans un espace bien conçu. L'emplacement est parfait pour ceux qui cherchent la tranquillité, dans une zone très silencieuse, idéale pour se détendre et déconnecter. Le personnel est un atout majeur : incroyablement aimable, toujours souriant et prêt à aider. En un mot : installations impeccables et service exceptionnel.

ALOHA BEACH HOUSE BINGIN €€€

Jl. Pantai Bingin, Pecatu, Kec. Kuta Sel., Kabupaten Badung ✆ +62 857 3741 3545

Villa pour 2 personnes avec piscine privée à partir de 3 000 000 Rp.

Jolie villa avec piscine privée, située dans un endroit calme, une décoration soignée, un lit confortable, un emplacement idéal, un accueil chaleureux et d'une propreté irréprochable. Un petit joyau au cœur de la zone d'activité, où vous serez tout de même proche des restaurants et autres commodités. Les hôtes, bien qu'à proximité, restent particulièrement discrets tout en étant disponibles à chaque instant si besoin. Pratique : vous pourrez louer des scooters à prix raisonnables directement sur place pour explorer les environs.

VILLA PAU HANA €€€

Jl. Pantai Cemongkak, Pecatu, Kec. Kuta Sel., Kabupaten Badung

Villa 3 chambres à partir de 5 350 000 Rp.

Magnifiquement décorée et avec d'excellentes installations, cette superbe villa est idéale pour un groupe ou une famille. À seulement 2 à 5 minutes en scooter des plages, bars et restaurants, l'emplacement parfait entre Padang, Bingin et Balangan pour les fans de surf ! Tout ici est incroyable, d'une propreté irréprochable et très spacieux. Les 3 grandes chambres disposent toutes de salles de bain modernes. Le responsable très attentionné fera tout pour que vous vous sentiez bien à l'aide d'un personnel d'une grande gentillesse.

SAYULITA TACOS & TEQUILA BAR ULUWATU €€

Jl. Labuansait No.47, Pecatu, Kec. Kuta Sel., Kabupaten Badung ✆ +62 821 4440 3078

www.sayulitatacosandtequilabarbali.com

Ouvert du lundi au samedi de 16h à minuit. Tapas à partir de 55 000 Rp. Tacos 40 000 Rp.

Un établissement à la déco authentique, qui propose des tortillas et salsas maison, de magnifiques cocktails bien réalisés et une excellente sélection de tequilas. Les tacos sont incroyables, rivalisant avec les taquerias de Mexico. On adore la quesadilla au poulet et les fajitas dont celle végane, si savoureuses qu'elles vous surprendront même en tant que carnivore. En bref, une ambiance agréable et festive qui vous dépaysera à coup sûr. Le coup de cœur de la rédaction !

ULUWATU ★★

Le *break* de Suluban qui regroupe les spots connus sous le nom d'Uluwatu est situé à quelques kilomètres au sud de Padang Padang. On arrive à un petit parking (payant ; si vous vous garez une centaine de mètres avant le parking – comme les surfeurs – vous n'aurez pas à vous acquitter de cette somme). De là, on descend jusqu'à l'océan par des escaliers. On arrive à un bout de falaise qui se découpe au-dessus de la mer déchaînée, où se sont construits des *warung* et autres échoppes pour surfeurs. Tout au bout, la vue sur le spot de surf et l'océan est superbe. Encore plus au sud, après le temple Uluwatu, se trouve un autre *break* de surf, moins connu : Nyang Nyang.

© COCOS.BOUNTY - SHUTTERSTOCK.COM

Uluwatu.

NYANG NYANG BEACH

Jl. Raya Uluwatu Pecatu, Pecatu, Kec. Kuta Sel., Kabupaten Badung

Située au sud de Bali, Nyang Nyang beach est un véritable joyau caché, loin des foules touristiques. Pour y accéder, il faut descendre un sentier escarpé qui mène à une plage immaculée de sable blanc bordée par des eaux turquoise. Cet endroit sauvage et préservé est parfait pour ceux qui cherchent tranquillité et évasion. Bien qu'il n'y ait pas de réelles infrastructures sur place, la beauté naturelle de la plage en fait un lieu idéal pour se détendre, se promener ou méditer face à l'océan. Une retraite paisible à découvrir absolument !

SUD DE BALI

PURA LUHUR ULUWATU ★★★

Ouvert de 8h à 18h30. Entrée : 30 000 Rp adultes et 20 000 Rp enfants. Sarong obligatoire (prêté à l'accueil).

Le temple fait partie des six temples principaux et directionnels de l'île, et il est dédié aux dieux de la mer. Avant de pénétrer dans l'enceinte, il est obligatoire de nouer un *sarong* autour de la taille. Le temple fut construit au XIe siècle par Mpu Kutura, un prêtre javanais influent dans la religion balinaise. Puis le lieu sacré a été restauré et réaménagé selon d'autres paramètres religieux par Dang Hyang Nirartha, un second grand prêtre venu de Java pour fonder les principes sacerdotaux de la religion balino-javanaise. D'après les croyances, ce dernier aurait atteint le *mosksa*, autrement dit le « nirvana » qui libère l'âme et l'empêche de revenir sur Terre. Il a également créé d'autres temples importants en bord de mer comme le Pura Tanah Lot, le Pura Sakenan ou le Rambut Siwi. D'après les récits des balinais, il s'éteignit au Pura Luhur Uluwatu pour atteindre le *moksa*.

A l'intérieur du temple - partie réservée aux fidèles - une sculpture dans l'arche d'un *bhoma* (fils de la forêt) protège le sanctuaire. Au milieu, trois portes sont majestueusement décorées d'ailes de phénix. Les nuits de pleine lune, le lieu dégage une forte puissance, encore renforcée par la houle aux crêtes d'écume qui vient se briser en contrebas dans un fracas formidable.

Attention : il y a énormément de singes sur le lieu sacré. Ils chiperont tout ce qu'ils peuvent, et ne rendront l'objet du larcin qu'en échange de fruits ou d'autres délices. Ils ne sont pas agressifs, mais rien ne doit traîner si vous ne voulez pas être surpris par un macaque.

BVLGARI RESORT €€€

Banjar Dinas Kangin Jalan Goa Lempeh Jalan Raya Uluwatu, Kabupaten Badung
✆ +62 361 8471000 - www.bulgarihotels.com
Villa 2 pers. à partir de 23 000 000 Rp, Villa 4 pers. à partir de 66 000 000 Rp. Petit déjeuner. Wifi. Piscine.

Les bois sont chaleureux, les blancs éclatants ; ici aucune fausse note et c'est la moindre des choses, car l'addition est plus que salée pour ce resort au luxe inégalé. Établissement d'exception, où chaque détail est minutieusement étudié, dans un mélange de style traditionnel, moderne et confortable. L'accueil du personnel est impeccable et, combiné à la beauté du lieu, offre une vision de paradis très rare à trouver où que ce soit sur Terre. La piscine à débordement sur la falaise est inoubliable, un cadre parfait pour un moment romantique en amoureux.

HIDEWAY VILLAS BALI ULUWATU €€€

Jl. Bangbang Bendot, Pecatu, South Kuta, Badung Regency ✆ +62 878 0015 1000
www.hideawayvillasbali.com
Suites et villas à partir de 2 400 000 Rp. Salle de sport, Spa, restaurant et piscine privée à 40 minutes de l'aéroport.

A mi-chemin entre la statue de Garuda Wisnu Kencana et le temple sacré Pura Luhur d'Uluwatu, cette résidence d'exception invite à l'évasion. Chaque chambre, dotée de sa propre piscine, offre une vue panoramique ou plus intime, promettant un séjour cocooning parfait pour amorcer ou clore votre aventure balinaise. Ce havre de paix est une invitation à la détente absolue. Idéal pour les couples et les familles, avec ses villas accueillantes, dont une avec une vue à couper le souffle.

LA BAMBA BALI PIZZA €

Jl. Labuansait No.16, Pecatu, Kec. Kuta Sel., Kabupaten Badung
✆ +62 812 3139 4783
Ouvert tous les jours de 07h30 à 23h30.

Un établissement à l'ambiance authentique, réputé pour servir les meilleures pizzas de la région. Toujours rempli en soirée, ce qui en dit long sur sa popularité ! Les plats sont délicieux et à des prix très abordables. Le service est excellent, avec un personnel chaleureux et attentionné. En plus des pizzas, le menu propose des crêpes, des toasts et bien d'autres plats variés. Le thon est parfaitement cuit, accompagné de légumes croquants et d'une sauce onctueuse, un véritable délice. Le vendredi, profitez d'une pizza offerte pour une achetée, avec DJ en prime !

MEST TURKISH CUISINE & AUTHENTIC BBQ €

Jalan Labuansait No : 17
✆ +62 877 4902 3287
Ouvert tous les jours de 9h à 23h. Meze à partir de 55 000 Rp. Plats à partir de 85 000 Rp.

Un bon choix pour ceux qui souhaitent s'éloigner un peu de la cuisine locale et découvrir des saveurs méditerranéennes. Les kebabs sont savoureux, même s'ils ne reflètent pas exactement le goût authentique du pays. Le menu est varié avec une belle sélection de mezze. Les portions sont généreuses. Un endroit parfait pour changer un peu des habitudes culinaires locales. Astuce : éviter la table en haut près de l'escalier, sous risque de recevoir la fumée du barbecue.

LA BARACCA BALI - ULUWATU €€

Jl. Labuansait No.10, Pecatu, Kec. Kuta Sel., Kabupaten Badung
✆ +62 821 4517 5621
www.labaraccabali.com
Ouvert tous les jours de 12h à 23h15.

Découvrez ce véritable bijou italien où les pâtes fraîches sont réellement maison, un délice rare sur l'île. Géré par une authentique Italienne, ce restaurant élève la simplicité de sa cuisine à l'excellence. Un véritable incontournable pour les amateurs de bonne cuisine. Les gnocchi alla sorrentina et le tartare de thon sont des musts, savourés dans un cadre à la fois agréable et romantique. Une adresse précieuse pour une expérience culinaire mémorable.

THE EDGE €€€

Jalan Pura Goa Lempeh Banjar Dinas Kangin Pecatu, Uluwatu, Kec. Kuta Sel., Kabupaten Badung
✆ +62 361 8470700 - www.theedgebali.com
Villa avec piscine à partir de 21 500 000 Rp. Restaurant gastronomique, Spa, bowling privé, club de jour.

Hôtel de grand luxe, adapté aux familles, avec seulement 8 villas. Vous trouverez ici des cours de yoga, un spa avec massages, manucures et soins du corps, ainsi qu'un espace jeux, une salle de sport et 18 cafés. Le service irréprochable sera assuré par votre propre majordome. Le petit-déjeuner flottant dans la piscine à débordement à 180° est une expérience incroyable. Le dîner au restaurant La Cave est mémorable, mais pensez à réserver séparément.

MANA ULUWATU RESTAURANT & BAR €€

Pantai Suluban St, Pecatu, South Kuta, Badung Regency
✆ +62 817 555421
www.uluwatusurfvillas.com
Ouvert tous les jours de 7h à 23h.

Perché au bord de la mer, ce restaurant offre une vue époustouflante, idéale pour admirer le coucher du soleil. Avec un service impeccable et une cuisine délicieuse aux portions généreuses, c'est une adresse à ne pas manquer. Arrivez vers 17h30 pour sécuriser une bonne place. Le ceviche de thon est savoureux, les crevettes au beurre d'ail et la brioche à la cannelle maison, sont hautement recommandés. Malgré des prix un peu élevés pour Bali, la qualité justifie largement.

SINGLE FIN BALI

Uluwatu, Pantai Suluban, Jl. Labuansait, Pecatu, Kec. Kuta Sel., Kabupaten Badung
✆ +62 859 5895 1520
www.singlefinbali.com
Ouvert tous les jours de 08h à 22h. Nocturne jusqu'à 2h du matin les mercredis et dimanches.

Super endroit pour admirer le coucher de soleil. Moins « m'as-tu-vu » et quoique assez fréquenté, comme tout lieu offrant une vue splendide, mais l'atmosphère reste tout de même agréable. Le cadre est assez impressionnant, avec une piscine agréable et un service 5 étoiles, l'ambiance est sympa, les bières sont un peu chères mais le reste est raisonnable. Vous pourrez accéder à une petite crique en empruntant un escalier le long de la falaise. Nanda est exceptionnelle, très chaleureuse et attentionnée, rendant votre visite spéciale.

KARMA BEACH BALI

Karma Kandara Bali, Jalan Villa Kandara, Selatan Ungasan, Kuta Selatan, Ungasan, Kec. Kuta, Kabupaten Badung ✆ +62 370 630982
karmabeach.com
Ouvert tous les jours de 11h à 23h. Droit d'entrée de 650 000 Rp dont 350 000 Rp vous seront crédités en consommations.

Si le paradis existe, alors il n'est pas bien loin du Karma Beach ! Vous arriverez dans une petite crique isolée en contrebas, un cadre idyllique ! Imaginez, une plage de sable blanc face à vous et une falaise ornée d'une flore exotique dans votre dos. Kayak, paddle, yoga dans un kiosque où les vagues viennent s'échouer à vos pieds, barbecue, spa somptueux où vous serez bercé par le bruit des vagues, un restaurant aux saveurs méditerranéennes et des soirées DJ le week-end ou une soirée film en plein air la semaine. On est conquis !

KECAK DANSE

Pecatu, South Kuta, Badung Regency
www.kecakdancebali.com
Tous les jours à 17h45 et 19h.

La Kecak Dance au temple d'Uluwatu est une expérience captivante à ne pas manquer à Bali. Ce spectacle unique se déroule au coucher du soleil, surplombant l'océan Indien, créant une atmosphère simplement magique. Inspirée de l'épopée du Ramayana, cette danse met en scène des centaines d'hommes chantant en chœur « cak », sans instruments, tandis que les danseurs racontent l'histoire de Rama et Sita. Le cadre majestueux du temple et l'énergie vibrante des chants en font un moment inoubliable pour les spectateurs. S'il y a un spectacle à faire, c'est celui-ci.

UNGASAN

Ungasan, c'est une petite ville au sud de l'île, à environ 30 kilomètres et 45 minutes en voiture de Denpasar. Sur cette pointe sud de l'île, venez découvrir un paysage idyllique. Bénéficiant de falaises spectaculaires et de belles plages de sable blanc, la région combine un environnement rural paisible avec certains des complexes de luxe les plus exclusifs et des villas au sommet d'une falaise de l'île. Ici, les voyageurs à la recherche de luxe et d'hôtels exceptionnels seront comblés. Tout est fait pour vous envoûter au cœur d'établissements haut de gamme. Il y a ici comme un petit goût de paradis : de quoi ravir les amoureux.

PIER26 BALI HOMESTAY €

Jalan Darmawangsa - Gubug Sari, Gg.Nuri 3, Banjar Petangan, Kutuh, Kec. Kuta Sel., Kabupaten Badung
© +62 813 5302 6436
Chambre double à partir de 600 000 Rp.

Petit établissement aux chambres spacieuses et d'une propreté irréprochable. Un endroit parfait pour se détendre. L'emplacement est pratique, avec un distributeur et des magasins à 2 pas. C'est une bonne base pour explorer les alentours avec facilité. Les petits-déjeuners sont délicieux, la piscine confortable, et l'environnement calme. Le propriétaire est particulièrement aimable et toujours prêt à donner des conseils et à aider à organiser votre séjour. Un excellent rapport qualité/prix pour ce homestay familial parfait pour les voyageurs de type backpackers.

CERIA HOUSE ULUWATU €

Jl. Langui Kauh Gang geronimo No.300, Ungasan, Kec. Kuta Sel., Kabupaten Badung
© +62 878 7826 7676
Chambre double à partir de 345 000 Rp. Piscine.

Accueil chaleureux par Diana, une hôtesse extraordinaire, qui vous fera vous sentir comme chez vous. Celle-ci sera ravie de vous donner une multitude de conseils sur où aller et comment se déplacer. L'emplacement est idéal, proche des cafés et restaurants, mais loin du bruit touristique. Les chambres sont simples mais suffisantes et la piscine est impeccable. Super pratique, vous pourrez directement changer de l'argent, louer des scooters et faire votre propre lessive. Superbe terrasse sur le toit ! Excellent rapport qualité-prix à Ungasan.

ARSHAKA VILLAGE €€

Uluwatu St Kahuripan IV, Ungasan, South Kuta, Badung Regency
© +62 858 5739 4881
Chambre double à partir de 1 000 000 Rp.

L'hôtel est très bien entretenu, avec un personnel accueillant et sympathique. Neuf, il propose des chambres propres, bien agencées, spacieuses et confortables, avec une literie confortable. L'emplacement est idéal, parfait pour explorer la région, à mi-chemin d'Uluwatu, permettant d'atteindre les principaux sites en 15 à 20 minutes en moto. Il est recommandé de louer un scooter pour se déplacer facilement. Bien que le personnel ne soit pas toujours présent à la réception, il reste toujours disponible et prêt à aider si besoin. Un bon rapport qualité/prix.

EL HOMESTAY BALI €

Jl. Gubug Sari Gg. Nuri No.1, Kutuh, Kec. Kuta Sel., Kabupaten Badung
Chambre double à partir de 575 000 Rp.

Un lieu absolument idéal pour séjourner à petit prix ! Les chambres sont propres, spacieuses et bien agencées, le jardin verdoyant, et le petit-déjeuner est énorme et délicieux. Erna, la propriétaire, est fantastique, très amicale, toujours souriante et pleine de bons conseils sur les endroits où manger et les sites à découvrir. Elle sera prête à tout pour rendre votre séjour agréable. Vous pourrez aussi louer un scooter en excellent état sur place à un prix très abordable. Excellente option dans la région pour les voyageurs à petit budget.

HIDEAWAY RESIDENCE BALI UNGASAN €€

No. 168 Br. Kelod, Jl. Mengelak, Ungasan, South Kuta, Badung Regency © +62 817 771077
www.hideawayresidencebali.com
Villas pour 2 personnes avec piscine privée à partir de 1 260 000 Rp. Spa. Restaurant.

Situé au cœur de la presqu'île Sud de Bukit, cet endroit est parfait pour explorer aisément la région. Les villas, modernes et minimalistes, dotées d'une ou deux chambres, offrent une vue imprenable sur le sud de l'île. Excellent rapport qualité-prix et divers services proposés : location de scooter, parking, restaurant, spa et un délicieux petit-déjeuner. Une option à envisager pour les avides de découvertes désirant un nid douillet pour partir à l'aventure dans les environs !

PURI MELATI €€

Gg. Melati No.2, Ungasan, Kec. Kuta Sel., Kabupaten Badung

Bungalow pour 2 personnes à partir de 650 000 Rp. Piscine.

Emplacement paisible, logement propre et original, décoré avec goût, lit confortable, piscine impeccable et très agréable, cuisine commune bien équipée et Wi-Fi performant. Le personnel est accueillant et attentionné, Angelina, l'hôte, est fantastique ; sympathique et toujours présente. Bien qu'il n'y ait pas de service de restauration, celle-ci sera ravie de vous recommander d'excellentes adresses à proximité. Le logement est un peu excentré si vous cherchez à être près des principales attractions de Uluwatu, mais la location de motos est disponible sur place.

KARMA KANDARA €€€

Jl. Villa Kandara Banjar Wijaya Kusuma Ungasan Benoa Kuta Sel. ✆ +62 361 8482200

Studio pour 2 personnes vue mer à partir de 16 600 000 Rp. Piscine, plage privée en contrebas, bar, paddle, Spa, Yoga.

Construit sur une falaise haute de 90 mètres, le Karma Kandara surplombe majestueusement l'océan. 76 villas avec piscine et vue exceptionnelle (selon la catégorie) sont à disposition, ainsi qu'un restaurant indonésien fusion méditerranéen doté d'une belle carte des vins, une piscine et des services de navette jusqu'à l'aéroport. Le spa, doté d'un sauna et d'un bain à débordement en belvédère, donne l'impression de ne faire qu'un avec l'océan et l'environnement. Vue sur la barrière de corail en contrebas, accessible par le funiculaire du Karma Beach. C'est beau !

THE UNGASAN CLIFFTOP RESORT €€€

Jl. Pantai Sel. Gau, Ungasan, Uluwatu, Kabupaten Badung ✆ +62 811 9421110

www.theungasan.com

Suite pour 2 personnes à partir de 11 500 000 Rp. Compter jusqu'à 58 500 000 Rp pour les villas privées.

Sur la route du littoral depuis Uluwatu en direction de Nusa Dua, cet hôtel 5 étoiles se dresse au-dessus des falaises. Prestations luxueuses dans cet écrin de verdure. Tout est absolument sublime des villas avec lits à baldaquin jusqu'à la piscine à débordement. Une merveille de luxe à savourer dans le cadre paradisiaque de Ungasan. La plage est accessible depuis l'hôtel et vous serez moins dérangés par les touristes que sur des plages publiques.

UMANA BALI, LXR HOTELS & RESORTS €€€

Jl. Melasti, Ungasan, Kec. Kuta Sel., Kabupaten Badung

✆ +62 361 3007000

Villa pour 2 personnes à partir de 11 100 000 Rp. Petit déjeuner.

Hôtel parfait pour une escapade romantique dans une villa magnifique avec vue imprenable sur l'océan. Vous adorerez chaque détail de ce resort, de la taille des piscines privées à la vaisselle utilisée, tout est pensé avec soin dans les moindres détails. Le personnel est fantastique, toujours aimable et serviable, incluant votre propre concierge disponible via WhatsApp pour répondre à vos besoins ou organiser vos déplacements et excursions. Le restaurant est délicieux.

BELVILLA HII INN GARUDA WISNU €€

Jl. Toya Ning II, Ungasan, Kec. Kuta Sel., Kabupaten Badung

✆ +62 878 6185 5470

Villa pour 2 personnes à partir de 1 190 000 Rp.

Jolie villa une chambre bien décorée au service impeccable et au personnel aidant et sympathique. Le cadre est agréable, et même si l'emplacement nécessite un scooter (que vous pourrez facilement louer à proximité), vous pouvez aussi utiliser Grab ou Gojek, disponibles dans la région. Vous apprécierez la cuisine commune. Un bon choix pour ceux qui désirent être « autonomes » et préfèrent une autre option que le séjour en hôtel. Excellent rapport qualité/prix.

SAVAYA BALI

Jl. Belimbing Sari, Banjar Tambiyak, Pecatu, Uluwatu, Kabupaten Badung ✆ +62 361 8482150

www.savaya.com

Ouvert de 13h à 22h du lundi au jeudi. Nocturnes jusqu'a minuit les vendredis, samedis, dimanches.

Savaya Bali est un endroit très sympa pour venir faire la fête le soir, avec un bon service, des DJ internationaux, un son très bon plutôt orienté électro, house ou international. L'ambiance ne manque pas et on y danse bien ! La journée, on vient aussi profiter du spa, du restaurant ou encore des splendides lits de repos et de la piscine qui, dès la fin d'après-midi, permet de profiter d'un coucher de soleil face à l'océan, à 100 mètres entouré par des falaises... Un peu chic mais la vue est à couper le souffle ! Très romantique en couple !

SUD DE BALI

TOYAPAKEH ★★

Situé à une dizaine de kilomètres de Sampalan, Toyapakeh est le petit village où accostent les bateaux en provenance de Nusa Lembongan. Sa plage de sable blanc est paisible et c'est un bon endroit pour dormir (même si les possibilités sont réduites !). Sur place, on prend son temps, on peut faire un tour à la plage, même si la culture d'algue peut rendre la balade quelque peu compliquée. Mais essayez plutôt le snorkeling et la plongée, notamment à Crystal Beach ou à Toyapakeh, près de la plateforme Quicksilver, qui sont des activités intéressantes. A 5 km environ, à l'est du village, se tient le temple hindou Pura Dalem Penataran.

KUBUHILL SUNSET BUNGALOW €

Sakti, Nusa Penida, Klungkung Regency
✆ +62 853 3759 3528
Chambre double à partir de 590 000 Rp. Petit déjeuner.

Située un peu à l'écart de la ville, mais non loin du port non plus, cette charmante guesthouse propose 4 bungalows avec une jolie piscine à débordement. Depuis la terrasse ou le bord de la piscine, vous profitez d'une vue imprenable sur la mer et Bali. Sur place, l'accueil de l'hôte est exceptionnel, toujours aux petits soins. Les chambres de style balinais, récentes et confortables, sont parfaites. Le petit-déjeuner est délicieux et vous pourrez louer des scooters pour explorer les environs. À 5 min. à pied, un restaurant végétarien propose déjeuner et dîner.

KURNIA GUEST HOUSE & SPA €€

Jln. Raya Senangka, Sakti, Kec. Nusa Penida, Kabupaten Klungkung
Chambre double à partir de 1 000 000 Rp. Spa.

Sympathique guesthouse familiale à 15 minutes du port. Putu et sa femme Karni sont aux petits soins et seront ravis de vous conseiller sur les activités alentours. Ils peuvent vous louer des scooters directement sur place. Un membre de la famille pourra même vous servir de chauffeur durant votre séjour ! Quoi de plus facile ! Les chambres, spacieuses, sont très propres. Le petit-déjeuner, préparé par Putu, est délicieux (œufs et pancakes à la banane). Le Kurnia Spa, juste à côté, est excellent, Karni y propose des massages remarquables. Vous ne serez pas déçus !

ADIWANA WARNAKALI RESORT €€

Sakti, Nusa Penida, Klungkung Regency, Bali 80771
✆ +62 361 6207000
www.adiwanahotels.com
Chambre double à partir de 2 000 000 Rp. Centre de plongée, massage. Transfert depuis le port 175 000 Rp. Bar, Piscine.

C'est par un chemin bosselé que vous atteignez cet établissement perché sur sa falaise. Profitant d'une vue à couper le souffle, l'Adiwana est un hôtel qui sait se faire désirer (il n'y a que 15 chambres avec balcon). Vous surplombez la mer, on se croirait presque sur le pont d'un bateau quand le soleil colore l'horizon avant d'aller se coucher au pied du mont Agung en toile de fond. Centre de plongée PADI 5* et piscine de 3 mètres, vous serez l'un des premiers à arriver sur le site de Manta Point. Bon restaurant indonésien. Une adresse comme on les aime !

© ADIWANA WARNAKALI RESORT

© ADIWANA WARNAKALI RESORT

THE SEBALI NUSA PENIDA €€€

Jl. Ped Buyuk, Sental Kawan, Ped, Nusa Penida, Kelungkung
www.thesebalipenida.com
À partir de 3 800 000 Rp, chambre dans l'arbre 4 700 000 Rp, villa à 5 500 000 Rp. Restaurant et excursions sur l'île.

Avec une architecture élégante et des intérieurs raffinés, ce resort offre un mélange parfait de style contemporain et de l'hospitalité balinaise authentique. Les hébergements, qu'il s'agisse de suites privées, de villas avec piscine ou du spectaculaire « Eagle Nest » avec vue sur l'océan, sont spacieux, meublés avec goût et offrent des panoramas à couper le souffle sur la nature tropicale environnante. Le resort propose des équipements de classe mondiale : restaurant gastronomique, terrasse avec vue sur l'océan Indien et jardins luxuriants.

MAUA NUSA PENIDA BALI €€€

Sakti, Nusa Penida, Klungkung Regency ✆ +62 811 3800 8999
www.mauahotel.com
Suites à partir de 2 500 000 Rp et villas avec piscine à partir de 4 500 000 Rp. Spa, restaurant, activités sur Penida.

© MAUA NUSA PENIDA

Ce complexe 5 étoiles, perché sur les collines de Gamat Bay, offre une expérience unique et spectaculaire sur l'île de Nusa Penida. Accessible en 30 minutes de ferry depuis Sanur, puis 20 minutes de route, MAUA vous surprendra avec une vue imprenable sur la baie et ses panoramas époustouflants depuis chaque chambre. Le personnel, d'une gentillesse rare, organisera avec plaisir vos excursions et visites, facilitant au maximum votre séjour. Le petit déjeuner et la cuisine du restaurant sont exceptionnels. Possibilité de transfert par yacht privé sur demande.

SAWIT GARDEN COTTAGES €€

Jalan Tanjung Akuh, Sakti, Kec. Nusa Penida, Kabupaten Klungkung ✆ +62 812 36072213
Chambre double à partir de 1 500 000 Rp.

L'établissement est calme, idéal pour se détendre, bien situé pour démarrer votre exploration de l'île. Les chambres basiques à première vue sont bien agencées avec un confort correct, le jardin offre une jolie vue, tout cela dans une ambiance cosy. Le petit déjeuner est correct et la piscine très agréable. Leonk - toujours bienveillant - et son équipe sont d'une disponibilité excellente. Afin de faciliter votre séjour, ils organiseront sympathiquement votre transfert depuis le port et pourront même vous faire des recommandations de restaurants aux alentours.

NG SWEET HOME €€€

Jalan Raya Pangket Banjar Cemulik, Sakti, Kec. Nusa Penida, Kabupaten Klungkung
✆ +62 853 3386 1755
www.ngnusapenida.com
Chambre double à partir de 2 150 000 Rp. Promotions disponibles.

Charmante propriété proposant des bungalows propres et bien entretenus. L'emplacement est idéal, à l'écart de l'agitation, mais proche des principaux points d'intérêt. La piscine est parfaite pour se détendre après une journée d'exploration. Le véritable atout de cet endroit reste la gentillesse exceptionnelle du personnel, toujours prêt à aider pour les taxis, la location de scooter ou les billets de bateau. Le restaurant est délicieux, tout comme les petits déjeuners. Une expérience authentique et inoubliable auprès des locaux.

SEMABU HILLS HOTEL & VILLA €€€

I. Raya Toya Pakeh - Ped, Dusun Sebunibus, Sakti, Kec. Nusa Penida, Kabupaten Klungkung
✆ +62 811 3889080
www.semabuhills.com
Chambre double à partir de 1 350 000 Rp.

Un des premiers hôtels 4 étoiles de Nusa Penida. Situé sur les hauteurs et non loin du port de transfert, il dispose d'une formidable piscine à débordement avec une vue sur les îles Nusa Ceningan et Nusa Lembongan. Les chambres sont immenses et le personnel aux petits soins. Clairement, la vue nous transporte et nous enchante, et tout est fait pour faire de ce lieu une adresse confortable ! De nombreuses formules et promotions sont disponibles sur leur site internet.

SEVEN DREAMS A PRAMANA EXPERIENCE €€

✆ +62361975950
www.pramanaexperience.com

Un havre de paix sur les rivages préservés de Nusa Penida. Ce paradis en bord de mer vous plonge dans une atmosphère tropicale avec des vues imprenables sur l'océan. Alliant luxe et confort, l'hôtel invite à se détendre au cœur de l'île. Chaque lever de soleil sur les eaux cristallines et chaque promenade sur la plage capturent l'essence d'une évasion insulaire authentique. Vivez la beauté naturelle, le calme et le charme inoubliable de Nusa Penida au Seven Dreams.

PRAMANA NATURA NUSA PENIDA €€€

Sakti, Nusa Penida, Klungkung Regency ✆ +62 851 8699 7788
www.pramanapenida.com
Chambre double à partir de 2 00 000 Rp. Piscine, restaurant, Spa

Cet hôtel, parmi les plus belles propriétés de l'île, propose des villas et suites modernes dont certaines avec piscine privée avec une vue à couper le souffle sur l'océan ou les collines verdoyantes. Les chambres, décorées avec soin, font face à l'île de Ceningan. Parfait pour les amoureux de la nature et ceux en quête de tranquillité, vous trouverez une magnifique piscine à débordement surplombant la mer et un restaurant offrant une cuisine locale et internationale.

AMOK SUNSET BAR AND RESTAURANT €€

Gamat Bay, Sakti, Kec. Nusa Penida, Kabupaten Klungkung
✆ +62 823 3555 5016
www.amoksunset.com
Ouvert tous les jours de 11h à 23h. Plats à partir de 95 000 Rp. Option végétarienne disponible.

© AMOK SUNSET BAR & RESTAURANT

Bien plus qu'un simple bar-restaurant : une expérience unique au cœur de Nusa Penida. Entre toits traditionnels balinais « Bale Bale » et une architecture moderne en bambou, dans un cadre exceptionnel et avec une vue imprenable sur le mont Agung et des couchers de soleil à couper le souffle, cet établissement propose 2 piscines à débordement, des cabanes, des bars et de magnifiques jardins. Venez déguster une cuisine indonésienne et occidentale, accompagnée d'un bon petit cocktail.

SPICE TRADER €€€

Gamat bay, Jalan, Sakti, Nusa Penida, Klungkung Regency
Chambre double à partir de 2 250 000 Rp. Petit déjeuner.

Vous séjournerez loin de l'agitation de la ville tout en profitant de tout le confort moderne : chambres impeccables, salle de bain à ciel ouvert, hamacs suspendus et piscine à débordement avec vue imprenable sur la mer et la forêt vierge environnante. Au matin, le chant des oiseaux et le parfum des fleurs créent une atmosphère paradisiaque. Vous adorerez cet endroit, une véritable expérience paradisiaque et inoubliable, un véritable retour à la nature. Le petit déjeuner est délicieux et le personnel adorable. Une propriété prometteuse !

DUNE PENIDA DIVE RESORT

Sakti, Nusa Penida, Klungkung Regency
✆ +62 811 3811 7585
www.atlantis-bali-diving.com
Snorkeling 600 000 Rp, 2 plongées 1 650 000 Rp, baptême avec les raies manta 2 200 000 Rp. Transport gratuit jusque 5km.

Une référence à Bali et dans le pays ! Ouvert à Bali en 1996, c'est le premier centre à faire découvrir les fonds marins de l'archipel indonésien au grand public. Depuis l'hôtel Adiwana Warnakali, une équipe expérimentée et professionnelle vous propose des cours (en français) allant de débutant à moniteur, sortie à la journée, safari-plongée… Il y en a pour tous les goûts et tous les profils. N'hésitez pas à les contacter pour leur demander plus d'informations si besoin. Propose du snorkeling pour les non-plongeurs et les initiations à la plongée.

SUD DE BALI

© ARTUSH - SHUTTERSTOCK.COM

Toyapakeh.

KARMA DIVING AND YOGA

Jl. Sanjaya, Kp. Toyapakeh, Kec. Nusa Penida, Kabupaten Klungkung, Bali 80771
✆ +62 812 3850 4880 - www.karmadiving.fr

Centre SSI présent sur Penida et Lembongan. Cours de plongée et de yoga (30mn gratuit le matin pour les plongeurs).

Karma Diving & Yoga est le premier centre de plongée et de yoga francophone installé à Nusa Penida. Créé par un groupe de 3 jeunes et dynamiques globe-trotters français, ce centre éco-responsable propose deux plongées par sortie sur tous les plus beaux sites de l'île. Ambiance professionnelle et décontractée et équipé de matériel dernier cri pour votre confort et votre sécurité. Karma Diving & Yoga propose aussi des cours de yoga dispensés par un instructeur francophone ayant fait sa formation en Inde. Les cours se déroulent au calme, en pleine nature.

CRYSTAL BAY ★★

Superbe plage de sable blanc, située à l'ouest de l'île où l'on peut pratiquer le snorkeling. Crystal Bay est connue des plongeurs, car un célèbre spot se trouve à proximité. Quelques *warungs* proposent de quoi se restaurer et boire un verre sur la plage. Il y a d'ailleurs des transats pour lézarder au soleil. Vous trouverez également à la location tout le matériel nécessaire aux activités de snorkeling. À Crystal Bay, vous trouverez l'une des rares plages où il est possible de se baigner. Un lieu idéal donc pour se baigner ou admirer le coucher de soleil (ou les deux). Attention, en haute saison, l'endroit est assiégé par les touristes.

Balade

Nombres de touristes se précipitent à Nusa Penida pour instagrammer les superbes paysages et repartent le soir même. Pour les plus curieux, on recommande d'explorer l'île sur 3 jours et de profiter des merveilleux paysages. Attention, vous ne serez pas seuls, on vous conseille donc de vous lever tôt pour en profiter avant que les bateaux n'affluent de Sanur pour la journée.

1er jour – Visite des spots à l'ouest de l'île.
Kelingking – Certainement le plus connu des points de vue de l'île. La plage en bas est magnifique, mais nous vous déconseillons de descendre, car de nombreux accidents ont lieu chaque année.
Paluang Cliff – C'est un point de vue superbe, situé en haut d'une falaise pour admirer Kelingking.
Broken Bay – Vous pouvez faire le tour en une heure et admirer la beauté du lieu. L'effondrement d'une partie de la falaise a donné lieu à ce paysage hors du temps avec l'arche qui surplombe la mer.
Angels Billabong – Une piscine naturelle s'est formée dans la falaise et c'est grandiose. Possibilité de se baigner à marée basse. Ne pas prendre de risque inutile.

2e jour – Snorkeling ou plongée.
A la recherche des raies manta, deux spots sont proposés. Il s'agit de Manta Bay et de Manta Point.
Il est possible de faire du snorkeling en groupe à partir de 250 000 Rp par personne. Pour privatiser un bateau, compter à partir de 600 000 Rp.
Les agences vous emmènent souvent à Crystal Bay pour explorer les fonds.

3e jour – Visite des spots à l'est de l'île.
Diamond Beach – Superbe point de vue. Attention, l'accès à la plage n'est pas très adapté.
Atuh Beach – Plage magnifique à marée haute avec des warungs de qualité.
Tree House – Une cabane dans les arbres qui donne lieu à de superbes photos.
Teletubbies Hills – Belle balade à faire dans les terres de Nusa Penida au milieu des collines.

Transports

Si vous souhaitez faire le tour de l'île à moto, voici quelques astuces : le relief est très important et les routes pas toujours en bon état, il faut donc adopter une conduite sûre et prudente pour se lancer. La route principale relie Toyapakeh à Sampalan, puis l'on peut suivre la côte est vers le sud en faisant une halte aux grottes Goa Karangsari près du village du même nom. Il est pratique et plus sûr de faire appel aux services d'un guide.

SUD DE BALI

NUSAVA RESTAURANT - BY LA CANTINE €€

Sakti, Nusa Penida, Klungkung Regency
✆ +62 822 3672 0091

Ouvert tous les jours de 08h à 22h. Propose aussi des bungalows en bambou.

Niché dans un cadre naturel, ce restaurant propose une expérience culinaire alliant saveurs locales et internationales. Le menu met en avant des plats préparés avec des ingrédients frais et de saison, tels que des fruits de mer pêchés localement et des spécialités indonésiennes revisitées. L'atmosphère y est à la fois élégante et décontractée, idéale pour un dîner romantique ou un repas entre amis. Sans l'ombre d'un doute l'un des meilleurs établissements de l'île.

ANGEL'S BILLABONG ★

Sakti, Nusa Penida, Klungkung Regency

Célèbre pour son incroyable piscine naturelle, creusée dans la roche, aux eaux d'un bleu turquoise éblouissant. Ce joyau, accessible à marée basse, offre une baignade tranquille avec une vue spectaculaire sur l'océan. Les formations rocheuses entourant cette lagune ajoutent un charme unique, rendant le lieu parfait pour des photos inoubliables. Cependant, il est important de rester prudent face aux marées montantes et aux courants puissants. En haute mer, la vue depuis les hauteurs permet d'admirer les vagues qui s'écrasent majestueusement contre les falaises.

BROKEN BEACH ★

Sakti, Nusa Penida, Klungkung Regency

Une baie unique, entourée de falaises calcaires, forme un immense cercle ouvert sur l'océan grâce à une arche naturelle, offrant des panoramas à couper le souffle. L'eau turquoise y est d'une beauté envoûtante, et les vagues qui s'engouffrent sous l'arche créent un spectacle impressionnant. Bien qu'il ne soit pas possible de nager ici, la vue depuis les falaises est incroyable. Broken Beach est un endroit idéal pour les amateurs de photographie et pour ceux qui recherchent des paysages hors du commun. Une autre photo « Instagram » en perspective !

© IAMLUKYEEE - SHUTTERSTOCK.COM

Crystal Bay.

PENIDA SUNSET OCEAN VIEW BUNGALOWS €€

Jalan. Raya sakti, crystalbay, Nusa Penida, Klungkung Regency
✆ +62 812 4607 1486

Bungalow pour 2 personnes à partir de 2 400 000 Rp. Petit déjeuner. Piscine.

Vous adorerez l'ambiance chaleureuse de cet établissement aux superbes couchers de soleil. Le resort est agréable, avec une vue incroyable, une atmosphère calme et sereine, une grande piscine et un personnel aux petits soins qui se démènera pour rendre votre séjour parfait, de l'organisation des transports aux paniers-repas pour vos excursions. L'emplacement est pratique, à 20 minutes à pied de Crystal Bay. Le restaurant propose une cuisine variée et un petit-déjeuner délicieux.

THE TINSI €€

Nusa Penida, Jl. Raya Crystal Bay, Br.Penida, Sakti, Kec. Nusa Penida, Kabupaten Klungkung
✆ +62 813 5320 6460
www.thetinsi.com

Chambre double à partir de 810 000 Rp.

L'emplacement de cet établissement est idéal, à seulement quelques minutes à pied de Crystal Bay ! Les bungalows sont très spacieux, confortables et propres, autour d'un jardin particulièrement bien entretenu. Il n'y a pas de piscine sur place, mais il vous sera possible d'utiliser celle du voisin, ce qui est très agréable. Le savoureux petit-déjeuner est préparé par le propriétaire lui-même. Un cadre magique, un accueil chaleureux et toujours prêt à vous aider pour rendre votre séjour agréable. Une adresse parfaite pour un séjour sympathique !

ATALAYA VILLAS NUSA PENIDA €€€

Jalan crystal bay, Sakti, Kec. Nusa Penida, Kabupaten Klungkung ✆ +62 821 4601 9949
www.atalayavillas.com

Chambre double à partir de 2 600 000 Rp. Petit déjeuner.Etablissement réservé aux adultes.

Un hôtel tout simplement incroyable, avec une décoration soignée et une localisation idéale non loin du port. Les villas avec piscine privée, valent le détour, et la piscine à débordement avec sa vue imprenable sur la campagne et la mer, semble tout droit sortie d'un film. Le restaurant est délicieux et le personnel offre un service exceptionnel. Une mention spéciale à Poli, Kadek et Novi qui rendront votre séjour mémorable. Repos garanti dans cet établissement réservé aux adultes.

BUNGA MEKAR

Situé dans le nord-ouest de la presqu'île de Nusa Penida, Bunga Mekar est une destination méconnue et bien plus tranquille que ses voisines des environs assiégées par les touristes. Ici, on ne vient pas pour faire la fête et profiter de l'effervescence de la vie nocturne indonésienne, mais pour apprécier les paysages magnifiques des environs. Bunga Mekar, c'est l'étape parfaite pour les amoureux de la nature, notamment grâce à ses agences de plongée. On apprécie particulièrement cette destination pour sa magnifique plage de Kelingking, absolument paradisiaque et idéale pour s'y baigner ou admirer le coucher de soleil les pieds dans le sable.

PURA PALUANG - LE TEMPLE DES VOITURES

karang dawa, Bunga Mekar, Kec. Nusa Penida, Kabupaten Klungkung

Vous trouverez ici un temple unique en son genre, célèbre pour ses sanctuaires en forme de voitures. Connu sous le nom de « temple des voitures », il abrite plusieurs structures sacrées ressemblant à des véhicules, un mystère qui intrigue les visiteurs. Ce temple hindou est profondément vénéré par les locaux, qui y viennent pour des prières et des offrandes. Niché au cœur de la nature, Pura Paluang est un lieu fascinant, mêlant spiritualité et curiosité culturelle.

KELINGKING BEACH ★★

Bunga Mekar, Nusa Penida, Klungkung Regency

Kelingking Beach, est l'une des plages les plus spectaculaires d'Indonésie. Connue pour sa falaise en forme de tête de T-Rex, elle offre une vue à couper le souffle. Souvent « la » photo Instagram, le panorama depuis le sommet est impressionnant, avec une mer turquoise bordant le sable blanc en contrebas. L'accès à la plage se fait par un sentier escarpé, réservé aux plus aventureux, mais l'effort est largement récompensé. Une fois en bas, vous êtes accueilli par une plage paradisiaque presque sauvage, idéale pour les amateurs de nature et de tranquillité.

SEGANING WATERFALL

Bunga Mekar, Nusa Penida, Klungkung Regency
✆ +62 822 3617 6345

Ne manquez pas le spectacle offert par la jolie cascade de Seganing. Bien plus qu'une simple chute d'eau, Seganing est le cœur vibrant du paysage. Un sentier taillé dans la roche, muni de garde-corps en bambou et quelque peu abrupt, vous mène en une vingtaine de minutes vers cette magnifique récompense : une charmante piscine naturelle accueillante où vous pourrez vous rafraîchir en toute quiétude. Pour ceux qui préfèrent une approche moins aventureuse, un chemin plus accessible et moins accidenté est disponible un peu plus au sud.

PALUANG CLIFF ★

Bunga Mekar, Nusa Penida, Klungkung Regency

Paluang Cliff offre un point de vue à couper le souffle sur l'océan et les falaises emblématiques de l'île. Moins fréquenté que d'autres sites, il est parfait pour ceux qui cherchent à éviter la foule tout en profitant d'un panorama spectaculaire. La vue sur Kelingking Beach depuis Paluang Cliff est particulièrement impressionnante, avec ses falaises majestueuses se jetant dans l'océan turquoise. Ce lieu paisible est idéal pour les amateurs de photographie et de nature. C'est une étape parfaite pour admirer la beauté sauvage de Nusa Penida.

D SEBULUH BUNGALOW €€

Sebuluh, Bunga Mekar, Kec. Nusa Penida, Kabupaten Klungkung

Bungalow pour 2 personnes à partir de 1 000 000 Rp.

Un établissement avec un emplacement, notamment pour accéder à Kelingking Beach et admirer de superbes couchers de soleil. La famille qui gère l'établissement est adorable, et nous nous sommes sentis accueillis comme chez nous dès notre arrivée. Les bungalows de type « lumbungs » en bois sont charmants, simples et très propres, offrent tout ce dont vous avez besoin, et cela avec une vue à couper le souffle depuis leur terrasse. Le warung sur place propose une excellente cuisine et des petits-déjeuners délicieux. On recommande le poisson grillé et le nasi goreng !

BATUMADEG

Site emblématique de cette région d'Indonésie, le temple de Batu Madeg, dont le nom signifie littéralement « pierre debout », correspond parfaitement à son nom. Il s'agit d'un menhir dont la datation remonte jusqu'à l'ère mégalithique. Le temple se trouve dans le village de Besakih. Facilement accessible par la route au nord du Temple de Penataran Agung, et une large cour est utilisée comme parking juste devant le temple. Si vous n'êtes pas véhiculé, nous conseillons de prendre un taxi ou de faire appel à des tours opérateurs car les transports en commun sont assez limités dans cette région. Le port du sarong est recommandé par respect pour la culture.

BATUKANDIK

Sur une route montagneuse partant vers l'ouest, Batukandik est un autre village intéressant pour son temple (contenant de très anciennes sculptures sur bois). Une chute d'eau est au bout de la route au sud ouest du village. De Batukandik, la route remonte ici vers le nord passant le gros village de Batumadeg à 5 kilomètres, puis par le sommet de l'île le Bukit Mundi (529 mètres), avant de rejoindre la route centrale d'axe est-ouest. On la prend à gauche jusqu'à Sakti (12 km). A Sakti, l'on peut soit continuer vers l'ouest à la recherche de la magnifique plage de sable blanc Crystal Beach ou bien prendre la route du nord qui remonte à Toyapakeh (10 km).

TEMBELING BEACH AND FOREST ★

Batumadeg, Nusa Penida, Klungkung Regency

Véritable havre de paix pour les amoureux de nature et de tranquillité et accessible après une randonnée à travers une forêt dense, ce lieu enchanteur dévoile des piscines naturelles aux eaux cristallines, parfaites pour une baignade rafraîchissante. Entourées de falaises majestueuses, ces bassins offrent un cadre unique. La plage, bien que petite, est d'une beauté rare, bordée par des eaux turquoise. Loin de la foule, c'est un endroit préservé où règnent calme et sérénité.

GUYANGAN WATERFALL

Batukandik, Nusa Penida, Klungkung Regency

Pour y accéder, il faut descendre un long escalier métallique fixé à une falaise vertigineuse, avec une vue imprenable sur l'océan Indien tout au long du parcours. Cette descente spectaculaire mène à une source d'eau douce sacrée, un espace de recueillement et de connexion avec la nature, où les locaux viennent se purifier. La cascade elle-même est plus modeste en taille, mais son cadre isolé et spirituel lui confère une atmosphère unique. Les bassins naturels, alimentés par l'eau cristalline, invitent à la détente et à la réflexion.

TEMELING JUNGLE INN €

Dusun batumadeg klod, Batumadeg, Kec. Nusa Penida, Kabupaten Klungkung

✆ +62 822 3659 6689

Bungalow pour 2 personnes à partir de 640 000 Rp.

Une super petite Guesthouse de seulement trois bungalows de type « lumbung » simples et bien agencés, tenue par une famille d'hôtes adorables. Située à environ 20 minutes de Kelingking Beach et 50 minutes de Diamond Beach en scooter, l'emplacement un peu isolé ajoute au charme et à la tranquillité du lieu. Les quelques plats proposés sur place sont délicieux. Vous pourrez facilement y louer des scooters en excellent état, très pratiques pour explorer les environs de l'île. Possibilité d'organiser des sorties snorkeling pour aller observer les raies manta.

MANTA POINT ★★

Batukandik, Nusa Penida, Kota Denpasar

Manta Point est l'un des meilleurs sites de plongée pour observer les majestueuses raies manta dans leur habitat naturel. Ce lieu emblématique attire plongeurs et snorkelers du monde entier, désireux de nager aux côtés de ces créatures gracieuses, dont l'envergure peut atteindre jusqu'à 7 mètres. Les eaux riches en plancton, bien que parfois agitées, créent un écosystème idéal pour ces géants des océans. Plonger à Manta Point est une expérience fascinante, face à la grandeur de la nature. Pour les amoureux de la nature, c'est un moment inoubliable.

TANGLAD

Petite destination souvent boudée par la plupart des touristes, le village de Tanglad est parfait pour un détour loin de l'agitation, de la foule, hors des sentiers battus. Un petit paradis terrestre idéal pour rencontrer les autochtones et découvrir leur artisanat, notamment leurs tissages traditionnels (Cepuk et Rangrang) pour lesquels ils sont réputés dans tout le pays. Les habitants seront ravis de transmettre leur passion à leurs visiteurs et vous montrer leurs métiers à tisser. Les œuvres des artisans sont disponibles à la vente.

Situé au centre de l'île, Tanglad est accessible via des routes qui montent dans les hauteurs de l'île.

SUWEHAN BEACH CLIFF HOUSE €€

Dusun Watas, Tanglad, Nusa Penida, Klungkung Regency ✆ +62 812 3729 2621

www.suwehanbeachcliffhouse.com

Bungalow pour 2 personnes à partir de 2 100 000 Rp.

Deux bungalows de type « lumbung » pour un séjour paisible et isolé avec une vue à couper le souffle. Perchés sur une falaise, vous adorerez admirer les levers de soleil et des moments mémorables comme l'observation de petits singes. La plage voisine est également splendide, probablement la plus belle des spots « Instagrammable ». Les plats faits maison proposés dans le petit restaurant adjacent sont délicieux pour un excellent rapport qualité-prix. Ne manquez pas le poulet au curry.

SUWEHAN BEACH ★

Tanglad, Nusa Penida, Klungkung Regency

Plage isolée et sauvage qui ravit les amateurs de tranquillité et de paysages naturels. Accessible après une descente assez raide, cette plage préservée offre un cadre idyllique, avec son sable blanc immaculé et ses eaux turquoise cristallines. En raison de son accès plus difficile, Suwehan Beach est souvent moins fréquentée, permettant aux visiteurs de profiter d'une atmosphère paisible et intime.

Une particularité de la plage est la formation rocheuse émergeant de l'eau en forme de triangle, qui ajoute une touche unique au paysage.

TELETUBBIES HILL ★

Unnamed Rd, 80771, Tanglad, Kec. Nusa Penida, Kabupaten Klungkung

Teletubbies Hill doit son nom aux collines verdoyantes qui rappellent le célèbre décor de la série pour enfants. Ces collines ondulées, recouvertes d'une végétation luxuriante, offrent un paysage unique et apaisant, particulièrement beau au lever ou au coucher du soleil. Loin de l'agitation touristique, ce site est idéal pour les amateurs de randonnée ou ceux qui cherchent à capturer de magnifiques photos. Le panorama sur les collines à perte de vue est impressionnant et vaut le détour pour une pause nature lors de votre visite à Nusa Penida.

PEJUKUTAN

Les amoureux de paysages paradisiaques ne peuvent en aucun cas manquer une visite dans le coin de Pajukutan. Plages de sable fin, bungalows tout confort, nourriture savoureuse... On ne saurait trop recommander d'y poser ses valises ou son sac à dos. Le personnel des nombreux hôtels et autres chambres d'hôtes sera ravi de vous accueillir et les warungs sont légion. Ne ratez pas l'occasion de vous prélasser sur la plage ou de savourer un bon repas (ou un cocktail !) les pieds dans le sable, avant d'aller piquer une tête dans la mer turquoise. Une incroyable destination certes assez fréquentée par les touristes, mais c'est la rançon du succès.

ATUH BEACH ★

Pejukutan, Nusa Penida, Klungkung Regency

Atuh Beach est une véritable plage paradisiaque, entourée de falaises imposantes et de formations rocheuses spectaculaires qui offrent un cadre idyllique pour se détendre. Son sable blanc, ses eaux cristallines et ses petites criques en font un lieu idéal pour la baignade ou simplement pour profiter du calme. Accessible après une descente assez raide, la récompense est une vue imprenable sur l'océan et une tranquillité loin de la foule. Le point de vue depuis les hauteurs est fabuleux. Un incontournable pour les amateurs de nature et de paysages préservés.

DIAMOND BEACH ★★

Pejukutan, Nusa Penida, Klungkung Regency

Accessible par un escalier taillé dans la falaise, cette incroyable plage offre un paysage à couper le souffle avec ses eaux turquoise, son sable blanc et ses impressionnantes formations rocheuses en forme de diamant. Idéale pour les amateurs de photographie, Diamond Beach est l'endroit parfait pour profiter du calme et de la beauté naturelle. La baignade peut être risquée et n'est pas recommandée en raison des courants forts et des formations rocheuses escarpées. La vue panoramique depuis le sommet des falaises est inoubliable.

THOUSAND ISLANDS VIEWPOINT ★★

Pejukutan, Nusa Penida, Klungkung Regency

Une vue imprenable sur les petites îles et formations rocheuses émergeant des eaux turquoise de l'océan Indien. Accessible via une courte randonnée le long de falaises escarpées, ce point de vue dévoile des panoramas à couper le souffle, notamment sur Diamond Beach, une plage de sable blanc en contrebas. C'est un lieu prisé des photographes grâce à ses contrastes saisissants entre les eaux bleues, les falaises et la végétation. À visiter au lever ou au coucher du soleil.

GOA GEDE PREHISTORIC SITE

Pejukutan, Nusa Penida, Klungkung Regency

Un trésor archéologique peu connu et loin des circuits touristiques qui plonge les visiteurs dans l'histoire ancienne de l'île. Cette grotte, considérée comme sacrée par les locaux, abrite des vestiges préhistoriques, dont des squelettes humains et des artefacts vieux de plusieurs siècles. Son atmosphère mystérieuse, accentuée par la pénombre et l'architecture naturelle de la grotte, en fait un lieu fascinant à explorer. L'accès nécessite une randonnée à travers une forêt dense.

BATANG GOLDEN HILLS €

Desa, Pejukutan, Kec. Nusa Penida, Kabupaten Klungkung

✆ +62 831 1586 9714

Chambre double à partir de 375 000 Rp.

Petit établissement simple et efficace aux chambres spacieuses, joliment aménagées et confortables. Le cadre forestier apporte définitivement une touche apaisante et reposante, offrant une vue splendide depuis les terrasses. Le personnel, d'une gentillesse remarquable, était toujours prêt à répondre à nos besoins avec le sourire et prodigue un accueil familial, chaleureux et attentif. Le petit déjeuner, tout comme la carte du restaurant, est délicieux. Un petit hôtel à très bas prix qui vaut vraiment la peine de faire un détour.

RUMAH POHON - TREE HOUSE

Pejukutan, Nusa Penida, Klungkung Regency

Accessible tous les jours de 6h à 18h. Ticket 25 000 Rp incluant une bouteille d'eau. Prix par photo 75 000 Rp.

La célèbre Tree House de Nusa Penida, perchée sur une falaise surplombant les eaux turquoise de l'océan Indien, est devenue un site incontournable pour les paysages à couper le souffle et la photo « Instagram », notamment au lever du soleil, lorsque la lumière dorée baigne le paysage environnant. Cette cabane en bois offre une vue panoramique sur une série d'îles rocheuses, créant une véritable carte postale naturelle. Accessible après une courte randonnée, et bien que petite et rustique, son charme réside dans son emplacement spectaculaire.

KEPAON GARI INN €

Unnamed Road, Pejukutan, Kec. Nusa Penida, Kabupaten Klungkung

✆ +62 853 3828 7543

Bungalow en bois traditionnel pour 2 personnes à partir de 600 000 Rp.

Cet établissement propose deux bungalows en bois, construits selon la tradition indonésienne. L'endroit est très calme, bien qu'un peu éloigné du port, mais à seulement un kilomètre de Diamond Beach et non loin de Atuh, ce qui en fait un excellent point de départ pour explorer les environs. Les hôtes sont d'une grande gentillesse. Le rapport qualité-prix est excellent : les chambres sont propres, avec une salle de bain semi-ouverte spacieuse, un lit confortable et une bonne climatisation. Le petit déjeuner est simple mais correct : œuf, toast et boisson chaude.

ALOKA PENIDA €€

Dusun pelilit, Pejukutan, Nusa Penida, Klungkung Regency
✆ +62 877 7670 6876
Chambre double à partir de 870 000 Rp.

Hôtel simple et idéal pour un séjour paisible avec une vue magnifique sur le lever du soleil et Diamond Beach. La localisation est pratique, mais il vaut mieux contacter directement l'établissement pour confirmer l'adresse ou organiser le transport, car la localisation est assez difficile à trouver. Si les commodités sont basiques, le personnel compense largement par son accueil chaleureux et son efficacité, toujours prêt à répondre aux besoins des clients. Le restaurant est bon, avec un délicieux Pad Thaï, le petit déjeuner, bien que limité, reste satisfaisant.

ATUH FOREST COTTAGE €€

dusun karang, Pejukutan, Nusa Penida, Klungkung Regency
✆ +62 821 4539 1519
Bungalow en bambou pour 2 personnes à partir de 850 000 Rp.

Niché dans un cadre isolé et serein, cet établissement familial tenu par Gede et sa femme est un petit havre de paix. Le sens de l'hospitalité de cette famille est exceptionnel, et vous adorerez chaque instant passé ici. Les bungalows en bambou, charmants, propres et confortables, offrent une vue imprenable sur la jungle et l'océan. Se réveiller chaque matin avec le lever du soleil depuis la terrasse de votre chambre est magique. Le plus : vous pourrez vous régaler avec une cuisine locale délicieuse, préparée avec amour. On adore.

SEMAYA BEACH RESORT €€€

Suana, Suana, Semaya, Nusa Penida, Klungkung Regency
✆ +62 361 6208998
Villa pour 2 personnes avec vue mer à partir de 4 300 000 Rp.

Le Semaya Beach Resort offre une expérience romantique et inoubliable, parfait pour se détendre. Chaque détail de ce lieu est exceptionnel avec une vue tout simplement époustouflante. Ce nouveau complexe propose de grandes chambres luxueuses avec de jolies salles de bain. En plus des chambres somptueuses et des baignoires avec vue sur la mer, la piscine est magnifique et le petit spa propose des massages de très haute qualité. Le personnel est chaleureux et attentif. L'hôtel peut organiser des sorties snorkeling, la région étant réputée pour les raies manta.

TROPICAL GLAMPING BALI €€€

Pejukutan, Nusa Penida, Klungkung Regency
✆ +62 831 1438 0491
www.tropicalglamping.com
Cabane romantique à partir de 10 000 000 Rp. Petit déjeuner.

Localisation et vue à couper le souffle, chaque coin de la propriété est orienté vers l'océan, offrant un cadre idyllique et romantique. La décoration est faite avec goût. Miyasa, l'hôte, est d'une grande attention, proposant tous les services indispensables dans cet endroit isolé : transfert depuis le port, commande de repas via WhatsApp, et tours organisés. Vous aurez peut-être la chance d'observer les raies manta et les tortues nager juste en dessous de vous pour un moment magique ! Une piscine est en projet pour parfaire cet endroit idyllique.

PED

Ped attire peu à peu les touristes et les infrastructures commencent à se développer. Mais Ped a pourtant des particularités, le village possède un temple important pour les Balinais - et plus particulièrement les hindous - le Pura Dalem Penetaran. Proche de la plage, il s'agit du temple le plus important de l'île. Un sanctuaire est dédié au démon Jedo Gede Macalin. Le temple est très vénéré par les Balinais, qui viennent régulièrement prier - lors de pélerinage - pour se protéger de la maladie et de la mort. Ils viennent aussi porter des offrandes aux démons. Si vous êtes dans les parages, ne manquez pas Ped, sans pour autant trop vous attarder.

BOUGAINVILLEA BUNGALOW €

Klumpu, Nusa Penida, Klungkung Regency
✆ +62 813 3743 0003
Chambre double à partir de 395 000 Rp.

Tout petit homestay aux bungalows spacieux, calmes, propres et confortables avec des salles de bain modernes. Le jardin est magnifique et l'emplacement est idéal pour explorer la côte ouest, loin des routes trop fréquentées par les touristes. Un scooter sera nécessaire pour vous déplacer dans les alentours. Vous pourrez le louer directement sur place. L'hôte est super sympa et très serviable. Bien que le petit-déjeuner ne soit pas inclus, il vous sera apporté en chambre sur demande ! Le rapport qualité-prix est excellent, parfait pour un séjour à petit budget.

THE PENIDA PROJECT €

Penida Project, Jl. Panaonan, Pendem, Ped, Kec. Nusa Penida, Kabupaten Klungkung
✆ +62 822 3537 2388
https://www.thepenidaproject.com
Lit en dortoir mixte à partir de 250 000 Rp.

Auberge très conviviale avec de nombreuses activités, un cadre magnifique et un personnel incroyable qui traite chaque invité comme un membre de la famille. C'est l'endroit parfait pour rencontrer du monde grâce aux animations prévues chaque soir. Les dortoirs sont bien pensés avec des rideaux autour des lits pour garantir un peu d'intimité. La cuisine est délicieuse, et le jardin avec piscine est très agréable. Vous apprécierez le terrain de basket, les soirées karaoké et les cours de yoga. L'emplacement est idéal, loin du trafic intense, et l'ambiance détendue.

THE PALMS PENIDA €€

Ped, Nusa Penida, Klungkung Regency
✆ +62 853 3771 4700
Chambre doubla à partir de 720 000 Rp. Petit déjeuner.

Charmantes constructions de type joglos traditionnels en bois blanc, entourant un joli jardin luxuriant agrémenté d'une piscine. Les chambres sont spacieuses, propres et très confortables. C'est un véritable petit paradis, où chaque détail est soigné. Le personnel est extrêmement accueillant et serviable. Ayunda et son équipe seront là pour rendre votre séjour agréable et seront ravis de vous recommander les endroits à visiter dans les alentours. Il sera pratique de disposer d'un moyen de transport pour vous déplacer ou aller dîner le soir.

DEEP ROOTS DIVE & YOGA RESORT €€€

Dusun Pendem, Desa PED, Banjar Bodong, Nusa Penida, Kabupaten Klungkung
✆ +62 811 3877 0033
www.deeproots-penida.com
Package 5 jours / 4 nuits, 6 plongées à partir de 10 375 000 Rp en occupation double.

Conçu avec amour pour la nature et la communauté locale. À seulement 15 minutes des ports de Nusa Penida, ce luxueux complexe « pieds nus » est parfait pour explorer, plonger et se détendre. Laissez vos soucis de côté, savourez un cocktail en admirant le coucher de soleil sur le Mont Agung. Que vous soyez débutant ou plongeur confirmé, vous trouverez ici des séjours de 4 à 7 nuits pour vous ressourcer et vous reconnecter. Un lieu idéal pour découvrir la magie de l'océan et se revigorer.

PENIDA BAMBU GREEN SUITES €€€

Jalan Raya Adegan, Banjar Adegan, Ped, Kec. Nusa Penida, Kabupaten Klungkung
✆ +62 813 3874 9392
www.penidabambugreensuites.com
Suite pour 2 personne tout en bambou à partir de 3 500 000 Rp. Petit déjeuner.

Magnifique cabane en bambou à l'architecture majestueuse aux détails soignés, tout cela en pleine nature. Celles-ci sont sublimes, bien conçues, très confortables, agrémentées d'une superbe salle de bain. Les facilités du resort comme la piscine sont parfaites et l'accueil du personnel, toujours prêt à nous aider, est tout simplement adorable. Les petits-déjeuners, proposant plusieurs options, sont délicieux... Avec une mention spéciale pour les toasts à l'avocat !

EDEN NATURE VILLAS WITH PRIVATE POOL €€

Banjar Adegan Jalan Raya Adegan, Ped, Kec. Nusa Penida, Kabupaten Klungkung
✆ +62 822 6646 7908
www.edenpenidabali.com
Villa pour 2 personnes avec piscine privée à partir de 3 600 000 Rp.

Une jolie location avec vue dans un cadre exceptionnel. L'endroit est calme, confortable, et le petit-déjeuner est servi sur la terrasse, un vrai plus ! La piscine offre une vue superbe et l'ensemble est impeccablement propre. Le personnel est très attentionné, toujours prêt à satisfaire vos besoins. La localisation, bien que centrale pour explorer l'île, nécessite un trajet cahoteux, un peu éloigné des routes principales. Pour ceux qui cherchent tranquillité et dépaysement !

LA PLAGE APARTMENTS - LA PLAGE ONIRIQUE €€€

Ped, Nusa Penida, Klungkung Regency
✆ +62 851 8394 5908
Appartement pour 2 personnes à partir de 2 090 000 Rp.

Un charmant appartement en bord de mer, décoré avec goût et offrant une vue imprenable. La literie est confortable dans un appartement spacieux, propre et parfaitement équipé. À distance de marche des restaurants, l'emplacement est idéal. L'hôte est attentionné et serviable, rendant notre séjour agréable. Dès notre arrivée, vous serez accueillis avec des fruits locaux et une boisson fraîche. Le snorkeling depuis la plage est incroyable, les coraux splendides et les poissons colorés.

PENIDA COLADA BEACH BAR €

Jl. Ped-Buyuk, Ped, Nusa Penida, Klungkung Regency
✆ +62 821 4676 3627
www.penidacolada.com

Ouvert tous les jours de 8h à 23h30. Sandwiches à 45 000 Rp. Plats de 45 000 Rp à 70 000 Rp.

La vue imprenable sur le mont Agung depuis ce restaurant en bord de plage nous donne envie de flâner un moment ici avec un verre à la main. Cet établissement agréable propose des poissons grillés excellents, un curry végétarien du tonnerre et des spaghettis sauce bolognaise maison. Vous avez du choix peu importe votre régime alimentaire, avec une mise en avant de produits frais et locaux. Futé, on apprécie également les *happy hours* tous les soirs au coucher du soleil - sur les poufs, les pieds dans le sable, il ne reste plus qu'à admirer le ciel.

JUKUNG DIVE NUSA PENIDA

Jl. Br Sental Kawan, Ped, Nusa Penida, Klungkung Regency ✆ +62 817 9742687
www.jukungdivebali.com

2 plongées : 1 700 000 Rp. 1 instructeur et 1 assistant pour 4 étudiants. Open water 6 600 000 Rp.

A 15 minutes du port, Jukung Dive Penida est un centre de plongée francophone idéal pour explorer les magnifiques eaux de Nusa Penida et ses îles voisines. Premier sur place pour admirer les raies manta, ce centre propose des cours allant du débutant au Dive Master et bénéficie du label PADI 5 étoiles. Adapté à tous les niveaux, Jukung Dive Penida met l'accent sur la sécurité et la préservation de l'environnement marin. Les plongées loisirs vous révéleront des trésors sous-marins, tels que les raies manta, les poissons-lunes et les superbes récifs coralliens.

JUKUNG DIVE RESORT PENIDA €€

Jl. Br Sental Kawan, Ped, Nusa Penida, Klungkung Regency
✆ +62 817 9742687
www.jukungdivebali.com

Chambre à partir de 1 000 000 Rp. Piscine, centre de plongée PADI, restaurant, transport entre les îles.

© JUKUNG DIVE RESORT PENIDA

Idéal pour les amateurs de plongée comme pour ceux en quête de détente, ce resort offre une vue splendide sur l'océan et un accès privilégié aux sites de plongée renommés de l'île. Les chambres, confortables et décorées dans un style balinais authentique, sont parfaites pendant votre séjour plongée ! Le centre de plongée du resort, certifié PADI, propose des sorties adaptées à tous les niveaux, avec des plongées exceptionnelles pour observer raies manta, mola-mola et récifs coralliens.

NUSA PENIDA DIVE CENTER

Ped, Nusa Penida, Klungkung Regency
✆ +62 878 6226 4544
www.nusapenidadivecenter.com

Ouvert tous les jours de 07h à 20h. Package 2 plongées 1 500 000 Rp, 3 plongées 2 000 000 Rp. Baptême 1 050 000 Rp.

Un club de plongée SSI sympathique et professionnel qui vous emmènera sur plus d'une vingtaine de sites autour de Nusa Penida, Nusa Lembongan et Nusa Ceningan pour le plus grand plaisir des petits et des grands. Un club qui convient très bien aux familles françaises grâce à leur équipe francophone. Le centre est particulièrement réactif en amont de votre expérience afin de répondre à toutes vos questions et de vous conseiller au mieux. Basé directement à Nusa Penida, cela vous permettra d'arriver sur les sites avant les plongeurs en provenance de Bali.

PURPLE DIVE PENIDA

Jalan Raya, Ped, Nusa Penida, Kabupaten Klungkung ✆ +62 813 3998 6262
www.purpledivepenida.com

Centre de plongée PADI. Propose les formations tout niveaux. Baptême 2 500 000 Rp. Open water course 6 600 000 Rp.

Le Purple Dive Penida est l'un des principaux centres de plongée de l'île. Il offre des programmes et formations adaptés à tous les publics, du débutant en quête d'une initiation à la plongée aux plongeurs de niveau avancé et plus expérimentés. Bonne nouvelle pour ceux qui ne sont pas bilingues, le club propose des formations en français ! Pour les baptêmes, le club dispose d'une piscine de 3 mètres sur 14. Formation pour moniteur. Bon à savoir : la saison des Mola Mola (le fameux poisson-lune) est de juillet à fin octobre, pendant les eaux froides.

BATUNUNGGUL

Direction le nord-ouest de Nusa Penida. C'est une destination parfaite pour se reposer et se détendre. Ici, établissements haut de gamme et restaurants délicieux sont au rendez-vous. On y découvre des restaurants typiques qui mettent en avant la gastronomie balinaise, des restaurants asiatiques, mexicains... Il y en a pour tous les goûts et tous les budgets. Côté promenade et visite, on se promène le long de la côte, sur la plage... Avant d'aller faire un tour du côté de l'océan, masque et tuba en poche, découvrez les fonds marins exceptionnels. La faune marine va vous émerveiller ! Nombreuses excursions disponibles également au départ d'ici.

LUCKY HOSTEL €

Jl. Nusa Indah No.11, Batununggul, Kec. Klungkung, Kabupaten Klungkung
✆ +62 817 0376 8975
Lit en dortoir mixte à partir de 140 000 Rp.

Établissement récent avec des lits confortables. Tout est moderne, propre, avec des installations impeccables. Les lits sont spacieux, avec des draps propres, les chambres équipées d'une bonne climatisation, les salles de bain sont propres et le personnel est toujours disponible pour aider, même avec Google Traduction si nécessaire ! La location de scooters est simple et abordable. L'auberge est idéalement située à seulement 100 mètres du port de Sampalan, ce qui permet de rejoindre facilement les bateaux pour Gili. Le rapport qualité-prix est excellent.

KAMKAN HOSTEL €

Batununggul, Nusa Penida, Klungkung Regency
✆ +62 812 3994 3769
Lit en dortoir mixte à partir de 80 000 Rp.

Une auberge de jeunesse récente et propre. L'accueil est chaleureux, la chambre est cosy et agréable et les lits sont confortables, avec un rideau pour garantir un peu d'intimité. Le lieu est impeccablement entretenu, avec un nettoyage quotidien et des lits refaits chaque jour. Vous pourrez louer sur place des scooters, utiliser le service de blanchisserie à des prix très raisonnables, ou même organiser vos billets de bateaux et vos transferts. Pour couronner le tout, l'emplacement est central et très pratique. On recommande cet établissement à petit prix.

POLING SEA VIEW €

br kutapang desa, Batununggul, Kec. Nusa Penida, Kabupaten Klungkung
✆ +62 813 3941 0411
Chambre double à partir de 225 000 Rp. Petit déjeuner.

Une micro guest house vraiment charmante avec une vue sur le village et l'océan. Les chambres sont simples avec la climatisation et toutes les commodités nécessaires. La propriétaire, Sekar, est absolument adorable et d'une grande aide, toujours prête à vous accompagner pour organiser vos trajets en ferry, taxis ou location de moto. Elle rendra votre séjour mémorable. En bonus, les petits shalas sont parfaits pour se détendre ou méditer. En un mot, on recommande ce petit établissement pour son rapport qualité/prix excellent.

KINTON GUEST HOUSE €

Batununggul, Nusa Penida, Klungkung Regency
✆ +62 852 3716 0351
Chambre double à partir de 540 000 Rp. Petit déjeuner. Piscine.

Charmante guesthouse familiale qui offre des chambres propres et joliment décorées, chacune avec une agréable atmosphère parfaite pour un moment de détente, le tout niché dans un petit jardin luxuriant vraiment magnifique. La piscine est rafraîchissante et le personnel est adorable et très accueillant. Le petit-déjeuner, avec de délicieux pancakes, était un vrai plaisir chaque matin. Vous pourrez louer des scooters sur place. L'établissement est situé non loin de nombreux restaurants et cafés. Vous serez assurés de passer un séjour confortable et agréable.

GARA GARA SEA VIEW €€

Jln. Grya Purna Ashram, Kutampi Kaler, Kec. Nusa Penida, Kabupaten Klungkung
✆ +62 857 3877 2258
www.garagaraseaview.com
Chambre double vue mer à partir de 2 000 000 Rp.

Situé au calme, à seulement 10 minutes à pied des restaurants et du port, un lieu parfait pour se détendre. Les chambres sont joliment décorées et offrent un excellent confort. Le jardin est très bien entretenu avec une attention remarquable aux détails et une jolie piscine. La vue sur la mer et le majestueux volcan Agung à Bali est tout simplement incroyable. Le petit-déjeuner et les repas sont délicieux, à des prix très abordables. Le personnel est extrêmement sympathique et toujours prêt à aider. Différentes excursions proposées.

PURA GOA GIRI PUTRI ★

Suana, Nusa Penida, Klungkung Regency
Pour visiter la grotte, il est recommandé de faire appel à un guide local. Compter 30 000 Rp.

Littéralement « la Caverne de la Colline de la Princesse », c'est un important lieu de pèlerinage balinais dédié à Shiva, déesse de la création par la destruction. Le temple est accessible si vous portez un sarong, que vous pourrez louer au bord de la route. Après une cérémonie de purification, explorez cette grotte de 15 mètres de haut, s'étendant sur plusieurs centaines de mètres avant d'aboutir à une corniche surplombant une prairie. Après une centaine de marches et en passant par un étroit couloir, découvrez de nombreux lieux de culte dans ce cadre unique.

LA ROJA BUNGALOWS €€

Geria Tengah, Batununggul, Nusa Penida, Kabupaten Klungkung
✆ +62 819 9927 7424
Bungalow Deluxe pour 2 personnes à partir de 1 000 000 Rp. Piscine. Petit déjeuner.

Charmant hôtel qui propose des bungalows en forme de « lumbung » avec terrasse privative autour d'un joli jardin. Spacieux, propres, bien agencés, ils offrent tout le confort nécessaire. Le plus : la grande et agréable piscine, idéale pour se rafraîchir après une journée d'exploration de Nusa Penida. On s'installe les pieds dans l'eau, sur un transat ou on va nager... Vous profiterez de la terrasse pour prendre votre petit-déjeuner au calme dès le lever du soleil. On aime l'accueil, la décoration soignée, le calme de l'endroit et le restaurant.

SWAN BEACH INN €€

Batununggul, Nusa Penida, Klungkung Regency
✆ +62 813 3716 0969
Chambre double avec vue mer à partir de 640 000 Rp.

Véritable bijou les pieds dans l'eau au personnel incroyablement gentil et serviable, toujours attentif à votre confort. Ils seront ravis de vous aider à réserver des taxis, des billets de ferry et des activités, et vous offriront tout au long de la journée des boissons chaudes et froides. Les chambres sont propres, confortables et équipées d'une bonne climatisation. La vue sur la mer est spectaculaire, vous vous endormirez et vous réveillerez au son des vagues... génial ! L'emplacement est idéal, proche de restaurants délicieux et parfait pour explorer l'île.

THE KAMA €€

Jl. Nusa Indah No.53, Kutampi Kaler, Kec. Nusa Penida, Kabupaten Klungkung
✆ +62 812 1111 7021
Suite pour 2 personnes à partir de 1 450 000 Rp. Petit déjeuner.

Vous adorerez le personnel attentionné de cet établissement, les chambres sont simples mais toutefois assez spacieuses, élégantes et propres, la piscine avec une vue splendide, ainsi que le petit-déjeuner et le service du restaurant. L'hôtel, avec seulement huit chambres, offre un panorama incroyable sur la jungle et la mer en contrebas. Les jolies structures en bambou du restaurant donnent une atmosphère authentique en plein cœur de la nature environnante. Une bonne base légèrement excentrée de la ville avec un bon rapport qualité/prix.

NAU NUSA VILLA €€€

Jl. Batumulapan, Batununggul, Kec. Nusa Penida, Kabupaten Klungkung
✆ +62 813 3856 8441
Villa 3 chambres à partir de 6 120 000 Rp.

Vous serez accueillis par Merry et son accueil chaleureux. La villa est très agréable, parfaitement située au calme dans la forêt tout en restant proche de tout. Tout est impeccable, avec tout ce dont vous aurez besoin pendant votre séjour. Les chambres bien agencées sont séparées les unes des autres pour garantir l'intimité de chacun des convives et les salles de bain ouvertes sont superbes. La piscine et ses transats sont très agréables pour partager des moments en famille ou entre amis. On recommande pour les groupes jusqu'à 6 personnes.

VILLA VICTORIA €€€

Jl. Batumulapan, Batununggul, Kec. Nusa Penida, Kabupaten Klungkung
✆ +62 823 4037 6519
Villa 5 chambres pour 12 personnes à partir de 14 400 000 Rp. Petit déjeuner.

Soyez prêts pour un incroyable séjour dans cette magnifique villa située au sud de Batununggul ! L'accueil de Victoria et de son mari est chaleureux et vous vous sentirez très vite comme à la maison. La villa est somptueuse, parfaitement entretenue, avec une piscine offrant une vue à couper le souffle sur l'océan. La propreté est irréprochable, offrant un service digne d'un hôtel 5 étoiles, où chaque petit détail est pris en compte. Le personnel est incroyablement attentionné, toujours là pour répondre à nos moindres besoins.

CACTUS BEACH CLUB & RESTAURANT €€

Jl. Batu Nunggal-Suana, Batununggul, Kec. Nusa Penida, Kabupaten Klungkung
✆ +62 821 4769 0707
www.cactusnusapenida.com
Ouvert tous les jours de 11h à 22h. Tapas à partir de 50 000 Rp. Sandwiches et salades à partir de 100 000 Rp.

Super beach club à la nourriture délicieuse, à l'ambiance incroyable et au personnel sympathique offrant un service impeccable. C'est l'endroit idéal pour se détendre et profiter de la beauté de l'île. C'est le lieu parfait pour un repas relaxant au bord de l'océan. Les fruits de mer sont frais et savoureux, et les cocktails excellents. La vue et l'emplacement sont imbattables dans un environnement à la fois décontracté et élégant. Expérience culinaire en bord de mer à ne pas manquer !

JUNGUTBATU ★

C'est le village principal de Nusa Lembongan, celui où le bateau au départ de Sanur accoste et là où les hébergements bon marché sont regroupés.

Transports

Comment y accéder et en partir

- De Sanur. Départs du nord de la plage pour Nusa Lembongan, Jungutbatu, et Toyapakeh, à l'ouest de Nusa Penida. Départ quotidien du bateau public à 10h30 en saison pour 100 000 Rp l'aller simple (1h30 de voyage). Un speed boat public part à 9h, 12h30 et 16h et demande entre 175 000 l'aller simple, selon que vous incluiez le transfert vers votre hôtel ou non. Retours à 8h, 10h30 et 15h.
Perama affrète des navettes pour 165 000 Rp (aller simple) tous les jours à 8h30, 11h et 15h, à réserver auprès de leur bureau de Sanur (Jl Hang Tuah) la veille. Le voyage dure 30 mns maximum.
Plus vous partez tôt, plus vous aurez de chance d'éviter la houle qui peut être forte au large. Les personnes sujettes au mal de mer prendront un remède préventif, car ça remue souvent. On peut prendre les express de Scoot, si on est pressé, pour 400 000 Rp l'aller simple ou 650 000 Rp l'aller-retour, incluant le transfert de/vers votre hôtel (départs à 9h30, 11h45, 13h30 et 17h15, autour de 30/40 minutes de trajet). De Padangbai. Liaisons avec le port de Buyuk situé au nord de Nusa Penida. De Kusamba, en pirogue à balancier (prahu), compter 30 000 Rp. Nous vous déconseillons cependant ce moyen, trop dangereux vu la taille des bateaux. En effet, si la mer est calme à la sortie de Bali, elle est agitée d'une forte houle à mi-chemin en particulier l'après-midi. Les vagues au large de Nusa Lembongan et de Nusa Penida sont également impressionnantes au niveau de la barrière de corail.
- Agents de croisière. La plupart des agents de croisière proposent des packages, comprenant le déjeuner, l'équipement pour la plongée de surface… On peut aussi opter pour un dîner-croisière au soleil couchant, évidemment magique ou même une nuit sur Nusa Lembongan dans un hôtel de luxe.
- De/vers les Gili (Lombok). Scoot Cruises part de Gili Trawangan pour Lembongan à 13h45, via Teluk Kode, pour une arrivée à 16h. Retour de Lembongan à 10h45 pour une arrivée à Gili T à 12h45 et Teluk Kode à 13h. Compter 675 000 Rp par adulte, 550 000 Rp pour les enfants.

Se déplacer

- A pied. Pas mal de sentiers côtiers garantissent de belles marches, notamment au sud-ouest de l'île, encore sauvage. Du bout de la plage de Jungutbatu, compter 35 minutes pour Mushroom Bay. On peut se rendre à Nusa Ceningan via Yellow Bridge, un pont suspendu assez spectaculaire.
- A vélo. Location à la journée dans les 40 000 Rp environ. Pistes pas toujours en très bon état.
- A scooter. On en loue pour environ 70 000 à 80 000 Rp en bon état. Il s'agit du moyen le plus simple pour visiter l'île et de circuler entre Nusa Lembogan et Nusa Ceningan.
- En bateau. Par exemple de Jungutbatu à Mushroom Bay, compter 40 000 Rp l'aller simple, ou 60 000 Rp l'aller/retour.

MANGROVE POINT - HUTAN MANGROVE

Jungutbatu, Nusa Penida, Klungkung Regency

Écosystème crucial pour l'île, abritant une faune marine riche et diverse, allant des poissons colorés aux crustacés et autres espèces aquatiques. Explorer cet environnement unique en kayak ou en bateau est une expérience paisible, idéale pour les amateurs de nature et d'aventure. En glissant entre les racines imposantes des mangroves, vous pourrez admirer la beauté intacte de cet habitat et profiter d'un calme rare. Un lieu incontournable pour découvrir un autre aspect de Nusa Penida.

PANTAI PASIR PUTIH - WHITE SAND BEACH

Tj. Ental, Jungutbatu, Nusa Penida, Klungkung Regency

Au nord-ouest de Nusa Lembongan, c'est un véritable coin de paradis pour les amateurs de plages tranquilles. Son sable blanc immaculé et ses eaux turquoise cristallines invitent à la détente, loin des foules touristiques. Idéale pour la baignade et le snorkeling, la plage offre également une vue imprenable sur l'océan et les bateaux de pêcheurs locaux. Entourée de végétation luxuriante, c'est le lieu parfait pour une escapade paisible en famille.

THE YELLOW BRIDGE ★

Jl. Yellow Bridge, Kec. Nusa Penida, Kabupaten Klungkung

Point de repère emblématique qui relie les îles de Nusa Lembongan et Nusa Ceningan, ce pont étroit, souvent utilisé comme point de RDV, réservé aux piétons et aux scooters, offre une traversée pittoresque au-dessus des eaux turquoises, avec une vue magnifique sur les bateaux de pêcheurs locaux. Reconstruit après s'être effondré en 2016, le Yellow Bridge est non seulement un symbole d'union entre les deux îles, mais aussi une attraction prisée des voyageurs en quête de photos. De jour comme de nuit, ce passage vibrant de jaune reste un incontournable de la région.

D'CAMEL FAST BOAT OFFICE

Gg. Nusa Indah, Jungutbatu, Kec. Nusa Penida, Kabupaten Klungkung ✆ +62 813 3951 5837
www.dcamelfastferry.com

Ouvert tous les jours de 7h à 19h. Ticket Sanur - Lembongan : 400 000 Rp.

Le Camel Fast Ferry est une compagnie de transport maritime réputée pour ses traversées rapides entre Sanur et Nusa Lembongan. Les bateaux modernes du Camel garantissent un trajet confortable et sécurisé et se distinguent par leur personnel accueillant et professionnel. À Lembongan, le bureau du Camel est idéalement situé sur la plage, en face du départ du bateau, pour faciliter les réservations de retour. Le trajet entre les deux îles dure environ 30 minutes.

- **Sanur-Lembongan** : départs à 9h30, 13h30 et 17h.
- **Lembongan-Sanur** : départs à 8h30, 12h30 et 16h.

LEMBONGAN MADE INN €

Nusa Lembongan, Jungutbatu, Kec. Klungkung, Kabupaten Klungkung
✆ +62 812 1011 9677

Chambre double à partir de 350 000 Rp. Petit déjeuner. Piscine. Bord de mer.

Ce petit établissement ne propose que quatre chambres, à la décoration moderne, qui conviendront plutôt aux plongeurs et aux surfeurs. Les chambres face à la mer sont les plus sympas. Lembongan Made Inn dispose également d'une petite piscine qui surplombe légèrement la mer. Le matin, on profite du calme de la plage depuis la terrasse, pour prendre un bon petit déjeuner. Et pour compléter le tout, l'accueil est très bon ! Le personnel, souriant et serviable, fera tout son possible pour que vous vous sentiez bien. On recommande pour les voyageurs à petit budget.

SECRET GARDEN BUNGALOWS €

Jl. Jungutbatu, Jungutbatu, Kec. Nusa Penida, Kabupaten Klungkung ✆ +62 813 5313 6861
www.bigfishdiving.com

Chambres double à partir de 600 000 Rp.

Le Secret Garden Bungalows possède moins d'une dizaine de chambres spacieuses et bien tenues dotées de salles de bain semi-ouvertes. Idéalement situé, l'établissement se trouve à 50 mètres à peine de la plage, un bonheur de se promener les pieds dans le sable dès le réveil ! Piscine, wifi, hamacs, et bien sûr club de plongée sur place. Mais également des jeux, une slackline, des raquettes de badminton, la possibilité de louer des vélos et des scooters. On peut aussi prendre des cours de yoga. De quoi permettre de se relaxer et de rencontrer les autres voyageurs.

LEMBO LAGOON BUNGALOWS €€

Jungutbatu, Nusa Penida, Klungkung Regency
✆ +62 817 551826

Bungalow pour 2 personnes à partir de 1 400 000 Rp, pour 4 personnes à partir de 1 600 000 Rp. Petit déjeuner inclus.

Au nord de l'île, à 100 mètres des mangroves, se trouve un endroit exclusif avec seulement 2 bungalows directement sur la plage. Ces habitations, sur 2 étages, peuvent accueillir jusqu'à 4 personnes et offrent l'un des meilleurs rapports qualité-prix de l'île. En bois, avec une grande baie vitrée au RDC donnant sur la mer. Le deuxième étage, semblable à un balcon semi-ouvert, offre un réveil féerique. À côté, le Agung Beach Club, avec sa déco en bois flotté, sa piscine et ses balançoires sur l'eau, est idéal. Réservez à l'avance en direct par e-mail ou WhatsApp !

BATU KARANG LEMBONGAN RESORT €€€

Jungutbatu, Nusa Penida, Klungkung Regency
✆ +62 366 5596377
www.batukaranglembongan.com

Chambre double à partir de 2 860 000 Rp. Petit déjeuner. Piscine. Vue mer.

L'un des plus beaux resorts de l'île, le Batu Karang a tout pour vous offrir un séjour exceptionnel. Les villas sont spacieuses avec vue sur la mer et de superbes salles de bain. Les salles de bain avec douche et baignoire en extérieur ajoutent une touche unique à l'hébergement. L'ensemble du resort est propre et joliment décoré. La carte du petit-déjeuner est succincte mais bonne. Le personnel, toujours serviable, sera ravi de vous conseiller pour organiser vos excursions.

INDIANA KENANGA BOUTIQUE HOTEL €€€

Jl. Pantai Jungut Batu No. 56, Desa Jungut Batu, Nusa Lembongan, Jungutbatu, Kec. Klungkung, Kabupaten Klungkung ✆ +62 366 5596371
www.indiana-kenanga-villas.com
Villa pour 2 personnes à partir de 3 600 000 Rp. Villa pour 4 personnes à partir de 5 600 000 Rp. Piscine. Spa.

Située sur la magnifique plage de Jungut Batu. Indiana Kenanga est composée de 18 villas et chaque invité est choyé pendant son séjour par une équipe aux petits soins. Ce bel hôtel est niché dans un jardin à l'atmosphère tropicale. La cuisine et son restaurant de bord de plage vous gâteront d'excellents plats français et asiatiques élaborés en fonction des produits de saison. Deux piscines, un spa... Un lieu où les mots volupté et relaxation prennent tout leur sens.

BALI ECO DELI €

Gg. Nusa Indah, Batu, Jungutbatu, Nusa Lembongan, Kabupaten Klungkung, Bali 80000
✆ +62 821 3732 7521 - www.baliecodeli.net
Ouvert tous les jours de 07h à 18h. Petit déj et snacks à partir de 25 000 Rp. Salades et soupes à partir de 40 000 Rp.

L'établissement est engagé pour le recyclage des déchets de l'île. C'est déjà une bonne raison de s'arrêter à cette divine adresse. Ce café écoresponsable où les végétariens sont les bienvenus est particulièrement recommandé pour ces salades bowls fraîches et délicieuses, ces excellents jus de fruits et ces smoothies. Ici on mange sainement, mais c'est toujours très gourmand. Mention spéciale à leurs petits déjeuners avec les pancakes ou encore le pain perdu... A midi et le soir, on n'est pas déçu non plus de l'offre en salé... On conseille chaudement !

BONZER CAFE €

Jl. Jungutbatu, Jungutbatu, Kec. Nusa Penida, Kabupaten Klungkung
✆ +62 823 3992 3439
Ouvert tous les jours de 07h à 22h.

Ce petit restaurant au personnel accueillant et à la nourriture savoureuse est un lieu sympathique avec une bonne musique live, une belle déco et des prix abordables. Ouvert tout au long de la journée, on aime y déguster le sandwich à l'avocat ou le shakshuka au fromage grillé, ainsi que les incontournables croissants aux amandes et roulés à la cannelle. Pour une option plus déjeuner ou dîner, vous trouverez une belle carte de plats et de viande, le « rendang » au canard est exceptionnel. L'établissement propose également de très bons cafés.

GINGER & JAMU €

Jungutbatu, Nusa Penida, Klungkung Regency
✆ +62 823 3980 1838
www.gingerandjamu.com
Ouvert tous les jours de 07h30 à 21h30. Petit déjeuner et bowl à partir de 75 000 Rp.

Situé directement sur la plage, ce petit café-restaurant offre un bon service et une belle vue sur la mer, parfait pour se poser un peu et se détendre. Bien que l'endroit soit souvent animé, le personnel sympathique et accommodant vous fera généralement une petite place. C'est le lieu idéal pour admirer le coucher de soleil en dégustant un large choix de boissons, un délicieux smoothie bowl ou un bon petit plat les pieds dans le sable. Les options véganes sont délicieuses : du shakshuka au jus détox, tout est particulièrement goûteux.

KETUT WARUNG €

Jungutbatu, Nusa Penida, Klungkung Regency
✆ +62 821 4635 8325
Ouvert tous les jours de 7h à 21h. Plats à partir de 25 000 Rp.

On y accède par la plage en traversant Agung Bungalows. Ce petit restaurant local - un peu caché - n'est pas directement sur la plage. Attention à ne pas confondre l'établissement avec le Ketut Bungalows. Au menu, on se délectera d'une cuisine indonésienne et thaïlandaise avec des plats locaux mais aussi d'excellents rouleaux de printemps, pad thaï, currys rouges ou verts, poulet aux cacahuètes... Vous y trouverez également des crêpes salées au fromage notamment et des crêpes sucrées à la banane, au chocolat... C'est notre meilleur choix petit budget des parages.

NANO NANO RESTAURANT €

Mangrove Point, Jungutbatu, Kec. Nusa Penida, Kabupaten Klungkung
Ouvert tous les jours de 6h à 22h. Plats de 25 000 Rp à 60 000 Rp.

Située à la pointe nord de l'île, Nano Nano est un superbe spot pour prendre un verre et dîner dans une atmosphère détendue et sympathique. On aime particulièrement l'emplacement du warung, sur une plage de sable, bordée par une rivière et la mer ainsi qu'une nature verdoyante qui offre d'agréables sons d'oiseaux tout au long de la journée. Cuisines indonésienne et occidentale sont proposées ici, dans un cadre aux allures de bout du monde. Belle carte de cocktails ainsi que très bons jus de fruits - testez en particulier celui d'avocat !

OMBAK CAFE & HUTS €

Jungutbatu, Nusa Lembongan, Klungkung Regency
✆ +62 813 9909 9784
Ouvert tous les jours de 07h à 22h.

Un petit restaurant de plage comme on les aime, au cadre magnifique, avec une vue imprenable. La carte est assez variée et délicieuse, que ce soit pour le petit-déjeuner ou le dîner, n'hésitez pas à essayer le Nasi Campur particulièrement savoureux. Le personnel est charmant, le service impeccable et les prix sont très abordables. Chaque jour, de super offres sont proposées, comme un menu burger de poulet, frites et bière pour 100 000 Rp. Un Wi-Fi gratuit et une ambiance conviviale et authentique font de cet endroit une halte idéale.

THE BEACH SHACK €

Nusa lembongan beach, Jungutbatu, Kec. Nusa Penida, Kabupaten Klungkung
✆ +62 812 4664 0343
www.tigerlillyslembongan.com
Ouvert tous les jours de 08h à 22h (lundi fermeture à 20h30).

Un établissement décontracté, directement sur la plage, idéal pour un petit-déjeuner ou un verre au coucher du soleil. Le bol de smoothie est délicieux, tout comme le bol de granola aux fruits ou celui à l'açaï et le service est toujours agréable. Le mobilier en bois et l'ambiance tropicale en font l'un des meilleurs spots de l'île à l'ambiance parfaite pour déguster une délicieuse bière artisanale sur fond d'une bonne playlist qui accompagne le moment. Les prix sont raisonnables et l'emplacement est spacieux mais intime, avec une vue magnifique.

AAHAARAM LEMBONGAN - THE INDIAN RESTAURANT €€

Jl. Jungutbatu, Jungutbatu, Nusa lembongan, Kabupaten Klungkung
✆ +62 823 4046 1930
Ouvert du mercredi au lundi de 18h á 22h. Thali végétarien 120 000 Rp. Thali non végétarien 125 000 Rp.

Charmant restaurant offrant l'une des cuisines les plus saines de l'île ! On y déguste de délicieux thalis du sud de l'Inde, avec un menu qui change chaque jour. Vous y trouverez une large sélection de plats végétariens. Le personnel est adorable et attentionné. Bien que le restaurant soit un peu retiré, l'effort en vaut la peine. Riz, currys, petits pois, haricots sucrés... tout est excellent ! Le prix est légèrement au-dessus de la moyenne, mais la qualité le justifie amplement.

AGUNG BEACH CLUB €€

Jungutbatu, Kec. Nusa Penida, Kabupaten Klungkung
✆ +62 819 1656 3501
Ouvert tous les jours de 09h à 20h. Poissons du jour grillé 130 000 Rp, curry 90 000 Rp, pizza à partir de 60 000 Rp.

On vient pour plusieurs raisons : les délicieuses pizzas du propriétaire français, ancien pizzaiolo, parmi les meilleures de l'île, les poissons fraîchement pêchés et grillés, le green curry, mais aussi pour l'emplacement et la vue imprenable sur le mont Agung, à deux pas des mangroves. Les couchers de soleil y sont spectaculaires. Avec ses balançoires et sa décoration faite de matériaux récupérés, c'est superbe avec un goût d'authenticité. Profitez-en pour une balade en stand up paddle ou en bateau dans les mangroves. Une petite piscine est aussi disponible.

CURRY TRADERS RESTAURANT AND BAR €€

Jl. Jungutbatu, Jungutbatu, Kec. Nusa Penida, Kabupaten Klungkung
✆ +62 821 4668 4894
Ouvert tous les jours de 17h à 23h. Plats à partir de 140 000 Rp.

Un incontournable des amateurs de cuisine indienne ! Le cadre est accueillant et charmant, avec un personnel attentionné et sympathique. Les saveurs variées et la qualité des ingrédients sont remarquables, offrant une expérience culinaire incroyable même pour des palais européens. Vous aimerez le Rogan Josh, le chutney de mangue maison et les naans aux crevettes grillées ou aux calamars sont parfaitement préparés. Les portions sont généreuses et les prix justes.

INDIANA KENANGA RESTAURANT €€

Jl. Pantai Jungut Batu No. 56, Desa Jungut Batu, Nusa Lembongan, Jungutbatu, Kec. Klungkung, Kabupaten Klungkung ✆ +62 819 0754 7932
www.indiana-kenanga-villas.com
Ouvert tous les jours de 11h à 22h. Plats de à partir de 120 000 Rp.

On y mange les pieds dans le sable fin ! Ce restaurant propose du foie gras poêlé, des noix de Saint-Jacques, du thon cru, mais aussi des burgers ou de succulents desserts au chocolat notamment. Il est dirigé par un chef français dont on reconnaîtra le savoir-faire. Le service se fait dans un très beau cadre en bord de mer, très romantique. Et pour prolonger, vous avez la possibilité de réserver une des villas - calmes et confortables avec jardin ou même piscine privative.

LEMONGRASS €€

Nusa Lembongan, Jungutbatu, Kec. Nusa Penida, Kabupaten Klungkung
✆ +62 812 3808999

Ouvert tous les jours de 07h à 23h. Plats de 29 000 Rp à 72 000 Rp.

Dans un cadre moderne aux canapés confortables, il est plaisant de déguster des plats locaux ou une cuisine internationale. Restaurant ouvert sur la rue principale, le Lemon Grass est un bel établissement où l'on peut écouter régulièrement de la musique *live* en profitant de l'*happy hour*. C'est l'un des meilleurs restaurants de Jungutbatu. La carte vous offre le choix entre des pâtes, des pizzas, des fruits de mer et poissons grillés, des salades, des spécialités asiatiques ainsi que de très bons desserts ! Pour tous les goûts !

NISI TAVERNA €€€

Nusa Lembongan, Jl. Jungutbatu, Jungutbatu, Nusa Penida, Klungkung Regency
✆ +62 819 3006 2023
www.nisitaverna.co

Ouvert tous les jours de 11h à 23h. Meze à partir de 70 000 Rp. Wrap à partir de 165 000 Rp.

Un charmant petit restaurant qui propose une cuisine grecque incroyable. La décoration est simple et efficace, tout de bleu et blanc, comme la tradition l'exige. L'endroit est idéal pour savourer d'excellents plats accompagnés de vin délicieux dans une ambiance chic. N'hésitez pas à tester le houmous et les gyros, ou l'une des nombreuses options végétariennes proposées. Le service est rapide et attentionné, dispensé par un personnel adorable. L'expérience est agréable, tout y est pour passer un excellent moment en famille ou entre amis.

BALIWOOD SOCIAL CLUB [SPORTS BAR AND ITALIAN]

Jungutbatu, Klungkung Regency, Jungut Batu
✆ +62 811 389765
www.baliwoodsocialclub.com

Ouvert tous les jours de 11h à minuit. Pizza à partir de 115 000 Rp. Burger à partir de 105 000 Rp.

Vous trouverez ici la meilleure pizza de l'île et une bonne sélection de boissons, y compris des bières pression super fraîches. L'ambiance est agréable, avec une excellente musique et une clientèle mixte de locaux, touristes et plongeurs, idéale pour socialiser. Le personnel est très sympathique et l'atmosphère conviviale, avec une superbe vue sur la mer et les îles alentours. Parfait pour se détendre au coucher du soleil et profiter de la soirée dans une ambiance festive.

DIVE CONCEPTS LEMBONGAN

Nusa Lembongan, Jungutbatu, Kabupaten Klungkung ✆ +62 813 3923 4161
www.diveconcepts.com

Baptême 1 500 000 Rp - Deux plongées dont une avec les Mantas 1 100 000 Rp - Open Water 4 700 000 Rp.

© DIVE CONCEPT LEMBONGAN

Une équipe qui vous propose plusieurs sorties sur les îles Nusa dont la principale étant la sortie sur Manta Point ! Le club se trouve à 100 mètres du port d'embarquement, dans la rue perpendiculaire à la principale. Débutants et confirmés sont les bienvenus et pour ceux qui ne veulent pas endosser les bouteilles, des sorties en snorkeling sont aussi disponibles. Une expérience magique de pouvoir nager avec les raies manta ! Idéal pour être l'un des premiers sur le site avant que les personnes de Bali ne débarquent ! Service de pick up assuré au besoin.

JUNGLE BAKERY FRENCH BAKERY

Jl jungutbatu, Kec, Nusa Penida Kabupaten Klungkung, Lembongan
✆ +62823 4048 4582

Ouvert tous les jours de 06h30 à 18h.

Établissement à l'ambiance typiquement française qui séduit par son mobilier et ses produits authentiques. L'atmosphère est chaleureuse et la cuisine délicieuse ! Les pâtisseries sont toujours fraîches et savoureuses, les croissants semblent tout droit venus de France. N'hésitez pas non plus à tester les petits-déjeuners, bons et copieux. Le café est également excellent, servi bien chaud dans d'adorables tasses à thé. Un lieu incontournable pour une pause gourmande ou un repas rapide.

LET'S BAKE - BREAKFAST, LUNCH & DINNER

Jl. Jungutbatu, Nusa, Lembongan, Kec. Nusa Penida, Kabupaten Klungkung
✆ +33 6 99 19 25 46
Ouvert tous les jours de 07h à 22h

Charmant café au style balinais chic façon « Canggu », ce lieu est parfait pour savourer un petit-déjeuner délicieux ou de bonnes pâtisseries. La pâte feuilletée des viennoiseries est un vrai régal, tout comme le pain, les desserts et les gelatos. L'établissement propose également de bons cafés, servis dans une ambiance conviviale et dispose de places assises, en intérieur comme en extérieur. Bien que légèrement plus cher que d'autres, c'est un bon endroit pour une pause gourmande.

LEMBONGAN WATERSPORT

Mangrove Beach, Jungutbatu village, Nusa Lembongan, Kecamatan , Propinsi , Jungutbatu, Nusa Penida, Klungkung Regency
✆ +62 811 3998333
www.lembonganwatersport.com
Ouvert tous les jours de 07h à 22h. Journée snorkeling à partir de 400 000 Rp selon le trajet et le nombre d'arrêt.

Envie de découvrir une partie de la faune et de la flore de l'île ? Le club vous concoctera une belle journée où vous serez maximum 10 à partager la même aventure. Au programme, *snorkeling*, balade en *paddle* ou barque traditionnelle dans les mangroves. Plusieurs options de snorkeling comme par exemple la virée d'une journée pour découvrir et nager avec les raies mantras. Incroyable ! Et pour profiter des fonds marins encore plus, tentez également les sorties plongées.

THE PONTOON AT LAGO

Village, Nusa Lembongan, Jungutbatu, Kabupaten Klungkung
✆ +62 811 3970300
www.lagobali.com/pontoon
Ouvert tous les jours de midi à 19h.

Une expérience intéressante que d'y aller pour passer un bout d'après-midi ou admirer un magnifique coucher de soleil. Allez-y pour l'happy hour, les prix des boissons sont raisonnables et le coucher de soleil est magnifique. Vous pourrez accéder au ponton gratuitement, et venir déguster les plats commandés à la plage au préalable, accompagnés d'un bon petit cocktail. Vous trouverez sur place des lits flottants et un plongeoir, de quoi passer un bon moment dépaysant de détente et de rigolade entre amis. Astuce : Pensez à apporter un masque et un tuba.

MONKEY SURFING

Banjar Kaja, Desa Jungutbatu, Jungutbatu, Nusapenida, Jungutbatu, Nusa Penida, Klungkung Regency ✆ +62 821 4614 7683
www.monkeyactivities.com
Ouvert tous les jours de 07h à 19h. Cours de surf pour débutant et intermédiaire 600 000 Rp.

Monkey Surfing est la première école de surf française de la région qui dispense des cours tous niveaux en français. Ceux-ci sont dispensés en petit groupe par Christopher Capel, un français, vous l'aurez deviné. Possibilité de louer des planches, des stand up paddle... et de faire du snorkeling. Cours quotidiens et premières expériences filmées en caméra HD. Monkey Surfing propose également plusieurs types de retraites : 4 jours de surf et de yoga, 6 jours de surf, de yoga et de plongée ou simplement 4 jours de plongée et yoga. N'hésitez pas !

BLUE CORNER DIVE I FREEDIVING I CONSERVATION

Jl. Jungutbatu, Jungutbatu, Kec. Nusa Penida, Kabupaten Klungkung ✆ +62 823 4130 8480
www.bluecornerdive.com
Plongée 1 140 000 Rp. Package plusieurs plongées sur demande. Dortoir et chambres disponibles. Piscine.

Des moniteurs français vous emmènent sur les sites autour de l'île de Penida pour observer les raies Manta et les Mola Mola. Un centre de plongée qui respire la passion et la bonne humeur. Que vous soyez débutant ou expert dans l'exploration des fonds marins, cette adresse s'adapte à tous les niveaux. Parfait pour un baptême de plongée avec des moniteurs adorables, patients et à cheval sur la sécurité, et un cadre enchanteur pour un moment privilégié avec la faune et la flore locales.

ULIAN SPA LEMBONGAN

Jl. Pelabuhan Jungutbatu, Jungutbatu, Kec. Nusa Penida, Kabupaten Klungkung
✆ +62 821 4756 9529
Ouvert tous les jours de 09h30 à 19h.

Ce spa intimiste et chaleureux propose une gamme de soins inspirés des traditions balinaises, utilisant des produits naturels pour nourrir le corps et apaiser l'esprit. Les massages balinais, les soins du visage et les gommages corporels offerts sont conçus pour une profonde détente en vous reconnectant à la sérénité de l'île. Le cadre est paisible, avec des cabines ouvertes sur des jardins tropicaux, créant une ambiance propice à la relaxation. Le personnel, formé avec soin, veille à ce que chaque soin soit une expérience unique, adaptée à vos besoins.

DREAMBEACH ★

Voilà un endroit qui porte bien son nom : plage de rêve... Dream Beach est la plage de sable la plus populaire de l'île de Nusa Lembongan. Située au sud de l'île, on la rejoint en vélo en trente minutes depuis Jungutbatu, trois quatre d'heures à pied, mais la moto est recommandée surtout pendant les fortes chaleurs. La petite baie est entourée de falaises de chaque côté et l'eau cristalline fait transparaître un joli récif sous la surface. Quelques bars et hôtels bordent la plage qui devient de plus en plus un endroit très touristique. On aime notamment les hôtels avec leurs petites cabanes en bois à même la plage - très typique et dépaysant.

CLOUDLAND BAR LEMBONGAN

Sunset Rd, Lembongan, Nusa Penida, Klungkung Regency ✆ +62 821 4542 2743

Ouvert tous les jours de 15h à 20h.

Un bar de plage à la vue superbe et au charme authentique, loin des beach clubs sophistiqués, idéal pour ceux qui souhaitent apprécier le coucher du soleil dans une ambiance locale. L'endroit est décontracté, parfait pour boire un verre au moment du sunset. Avec ses poufs en bord de la falaise, le lieu est particulièrement agréable quand le ciel est dégagé. Si vous arrivez vers 17h vous pourrez même choisir vos places en premier rang. Happy hours sur les cocktails jusqu'à 20h, servis par un personnel amical et sympathique. Un incontournable à Lembongan !

DEVIL'S TEARS

Nusa Lembongan, Jungutbatu, Nusa Penida, Klungkung Regency

Ce lieu spectaculaire et époustouflant tire son nom des éclaboussures violentes des vagues qui viennent s'écraser contre les falaises, créant des gerbes d'eau impressionnantes qui semblent être des « larmes » projetées par l'océan. Lorsque les vagues frappent avec force, l'eau s'évapore parfois en brume, formant de magnifiques arcs-en-ciel sous le soleil tropical. Le meilleur moment pour visiter est au coucher du soleil, lorsque la lumière dorée sublime encore davantage le spectacle. Il est essentiel de rester vigilant face à la puissance des vagues.

MUSHROOM BAY ★

Située sur la côte Sud-Ouest, Mushroom Bay est célèbre pour son sable blanc et ses grosses vagues, ce qui en fait un endroit parfait pour surfer. Grâce à son eau turquoise et translucide, sa plage et son soleil, on vient aisément profiter des lieux pour quelques heures de chill. Pour les plus actifs d'entre vous, prenez un tuba et un masque et partez à la découverte des fonds marins qui offrent un décor vraiment exceptionnel. À marée basse, on n'hésite pas à prendre des chaussures de plage pour protéger ses pieds des coraux et récifs ! Pour finir, des hôtels d'un standing assez élevé ainsi que des restaurants sont disséminés le long de la plage.

SANDY BAY BEACH CLUB €

Jl. Sandy Bay, Lembongan, Kec. Nusa Penida, Kabupaten Klungkung ✆ +62 877 4329 1700

www.sandybaylembongan.com

Ouvert tous les jours de 11h à 23h. Cocktails à partir de 110 000 Rp. Salades à partir de 80 000 Rp.

Une jolie piscine en bord de plage, des tables les pieds dans le sable dans ce beach club à taille humaine au personnel adorable, ce qui rendra votre expérience encore meilleure ! La vue est magnifique, l'ambiance agréable et la carte variée et délicieuse. Dans nos petits préférés : le daiquiri noix de coco, le cheeseburger ou encore les boulettes de macaroni au fromage. Vous passerez pour sûr un moment hors du temps dans cet établissement au service excellent. Idéal pour une après-midi de détente ou pour admirer le coucher de soleil !

SECRET BEACH LEMBONGAN ★

Unnamed Road, Jungutbatu, Kec. Nusa Penida, Kabupaten Klungkung

Un petit havre de paix, offrant une évasion loin des foules touristiques. Nichée dans une petite crique, cette plage préservée est idéale pour ceux qui recherchent calme et tranquillité. Avec son sable blanc fin, ses eaux turquoise et ses vagues douces, Secret Beach invite à la détente et à la contemplation.

Entourée de végétation luxuriante et de falaises rocheuses, la plage conserve un aspect sauvage et authentique. Bien que peu connue, elle est assez accessible à pied ou en scooter. Pour les amoureux de nature et de dépaysement.

THE PALM GROVE VILLAS €€

mushroom beach street lembongan, Jungutbatu, Kec. Nusa Penida, lembongan, Bali 80361
✆ +62 812 4668422
Chambre double à partir de 1 250 000 Rp. Piscine. Spa.

Cet hôtel est paisible et très bien situé à Mushroom Bay, proche de toutes commodités. Quelques jolies bungalows entourent une piscine où l'on se laisse volontiers bercer par le bruit des fontaines. Les chambres sont spacieuses, dotées pour la plupart de lits avec moustiquaires, et disposent de belles salles de bains extérieures. En plus des petits déjeuners servis, vous aurez le loisir de goûter les bons petits plats du restaurant (ouvert toute la journée) avec notamment d'excellentes salades à la carte. Un bon rapport qualité-prix.

HAI TIDE BEACH RESORT €€€

Mushroom Bay, Jungutbatu, Nusa Lembongan, Kabupaten Klungkung
✆ +62 361 720331
www.balihaicruises.com
Chambre double à partir de 3 450 000 Rp, transferts inclus à partir de Bali, supplément en haute saison. Piscine.

L'établissement qui fait partie du groupe Bali Hai Cruise. Le Hai Tide beach resort est composé de très belles huttes traditionnelles indonésiennes sur le modèle des greniers à riz (*lumbung*), disposées en bord de mer avec de jolies salles de bains ouvertes. Vous trouverez aussi ici de jolies villas. Nombreuses activités proposées, dont évidemment la plongée et des croisières. Un lieu de charme très bien placé pour profiter de l'île. On adore également leur bar à la terrasse surplombant la plage. Magique au coucher du soleil.

OISHII BAR & GRILL €€

Lembongan, Nusa Penida, Klungkung Regency
✆ +62 813 5335 3862
Ouvert tous les jours de 10h à 22h. Sushis compter 80 000 Rp. Tatakis de 70 000 Rp à 80 000 Rp. Navette gratuite.

Restaurant japonais spécialisé dans la préparation de sushis, de délicieux tatakis, de sashimis, de rolls au thon. Ici, pas de problème, le poisson est archi frais ! N'hésitez pas à demander une table dans le jardin, c'est encore plus agréable. Une adresse qui ne paye tout d'abord pas de mine, mais une fois à l'intérieur, l'arôme venant des cuisines a tôt fait de vous convaincre que vous avez bien fait ! Personnel accueillant et attentionné, et une présentation des plats dignes des saveurs qu'ils offrent. On recommande chaudement ! Réservation conseillée.

MUSHROOM EXPRESSO

Lembongan island, Jungutbatu, Nusa Penida, Klungkung Regency
✆ +62 859 3505 2234
Ouvert tous les jours de 7h à 22h.

Un charmant petit café tenu par des baristas passionnés, idéalement situé pour prendre un café avant de démarrer une escapade en bateau. Les plats y sont délicieux et incroyables, avec une superbe présentation qui mériterait même des photos ! Le service est excellent, et vous y trouverez de loin le meilleur café de l'île. Le brunch est également à ne pas manquer dans une ambiance magnifique à la playlist parfaite pour un bon moment de détente. Une vente de T-shirts à des fins communautaires est proposée sur place, une initiative vraiment sympa.

Mushroom Bay.

SUD DE BALI

VILLA DUNIA

Tamarind Road, Jungutbatu, Kec. Nusa Penida, Nusa Lembongan
✆ +62 823 3907 4055
www.villa-dunia.com
Grande villa de 3 chambres à partir de 5 000 000 Rp avec petit-déjeuner. Piscines. Facilité de transport depuis Bali.

© DUNIA VILLA

Cette villa spacieuse de trois chambres est un véritable refuge où confort et intimité se conjuguent, parfaits pour un séjour en famille ou entre amis. La cuisine équipée permet de concocter de délicieux repas conviviaux, tandis que le salon lumineux invite à la détente après une journée d'exploration. Profitez de la piscine privée entourée de transats. À deux pas des plages de sable blanc et des eaux cristallines, la villa offre le cadre idéal pour se relaxer ou explorer. Petit déjeuner inclus, restaurants et promenades en bord de mer à proximité.

NUSA CENINGAN ★★★

Nusa Ceningan est une petite île encore sauvage, où l'activité principale est la culture d'algues. Ramassées à la main, elles servent ensuite à fabriquer des cosmétiques, notamment au Japon. On y accède par un pont suspendu, the Yellow Bridge, à l'est de Lembongan. Les resorts y sont perchés en front de mer principalement sur la côte ouest, tandis que l'est est couvert par la mangrove. L'attraction principale consiste à plonger pour observer les raies manta ou surfer pour les plus téméraires, car les vagues sont fortes. Nusa Ceningan recèle des baies cachées dont Blue Lagoon et Secret Beach. Cette île est un havre de paix qu'on visite en une journée.

BLUE LAGOON ★★

Jl. Nusa Ceningan, Lembongan, Kec. Klungkung, Kabupaten Klungkung

Cette crique paradisiaque séduit par ses eaux turquoise cristallines entourées de falaises escarpées recouvertes de végétation luxuriante. Le contraste des couleurs entre le bleu intense de l'océan et la couleur des rochers est saisissant. L'endroit est parfait pour prendre des photos spectaculaires. La baignade y est toutefois à éviter en raison des courants parfois forts. Pensez à apporter de quoi vous désaltérer, car peu de commodités sur place, mais la vue vaut le détour ! Attention toutefois en cas de mer agitée, il sera recommandé de rester vigilant.

SUD DE BALI

ISLAND SPA LEMBONGAN

Jl. Raya Nusa Lembongan, Jungutbatu, Kec. Nusa Penida, Kabupaten Klungkung
✆ +62 877 6036 0871
www.islandspalembongan.com
Ouvert tous les jours de 09h à 20h. Massage à partir de 150 000 Rp. Manucure à partir de 180 000 Rp.

Un spa propre avec un personnel souriant, sympathique et professionnel, proposant un bon choix de prestations, des manucures/pédicures aux massages, en passant par les soins d'épilation. Nih, très professionnelle et minutieuse, réalise des manucures et pédicures impeccables avec un large choix de couleurs. Résultat parfait garanti ! Les massages, dont le « deep tissue », sont effectués avec une pression idéale. Un service de qualité et des prix raisonnables ! En un mot, on recommande pour une pause relaxante parfaite pour prendre soin de soi.

LE PIRATE BEACH CLUB NUSA CENINGAN €€

Jalan Nusa Ceningan, Klungkung, Lembongan, Nusa Penida, Klungkung Regency
✆ +62 361 733493
www.lepirate.com/nusa-ceningan
Bungalow pour 2 personnes à partir de 650 000 Rp. Piscine. Bar. Restaurant. Bord de mer.

Le propriétaire français, architecte de formation, nous offre ici, comme dans les autres établissements du groupe, un effet cabine des plages du nord de la France, un peu comme au Touquet ou à Deauville, avec une jolie piscine et un bar-restaurant. Résultat, dix petites huttes en bois blanc et bleu climatisées avec vue sur la baie de Nusa Ceningan. Simple mais efficace. L'établissement n'est pas très grand, et la vue est incroyable. Le transfert en taxi est proposé depuis Bali.

THE DAFISH CENINGAN €€

Nusa Ceningan, Lembongan, Kec. Nusa Penida, Kabupaten Klungkung
✆ +62 812 3704 0014
www.dafishceninganbali.com
Chalet pour 2 personnes à partir de 350 000 Rp.

Charmants bungalows en bois avec terrasse et climatisation. À seulement 2 minutes de la vue spectaculaire sur Blue Lagoon, vous aurez l'impression d'être au bout du monde et ne voudrez plus partir. Les chambres sont assez spacieuses, propres, avec une vue imprenable sur le coucher du soleil. Le personnel, attentionné et chaleureux, est toujours prêt à organiser vos activités : snorkeling, pêche ou location de scooters. Un service de navette est disponible dans toute la région. Malgré un emplacement un peu isolé, vous trouverez un supermarché à proximité.

SEABREEZE CENINGAN €

Ceningan Kawan, Jl. Nusa Ceningan, Lembongan, Kec. Nusa Penida, Kabupaten Klungkung
✆ +62 812 3956 7407
Ouvert tous les jours de 07h30 à 23h. Plats à partir de 30 000 Rp.

Des hamacs suspendus au-dessus du sable blanc, deux balançoires qui surplombent la plage pour admirer la baie, une terrasse sur pilotis en bois. Si le paradis avait un nom, ce serait bien le Seabreeze Ceningan. Ce bar-restaurant, ouvert depuis 2012, propose des plats végétariens, une cuisine indonésienne et des sandwichs pour manger sur le pouce. Véritable coup de cœur pour cet endroit où le service est adorable et où les plats sont présentés de façon divinement chic. On adore la piscine avec son bar en plein milieu, parfait pour un verre au coucher du soleil.

CENINGAN CLIFFS €€

Lembongan Nusapenida, Lembongan, Klungkung, Kabupaten Klungkung
✆ +62 813 3869 1593
Ouvert tous les jours de 8h à 20h. Package petit déjeuner à partir de 70 000 Rp. Piscine.

Un endroit idéal pour déjeuner ou prendre un verre ! Le chemin pour y accéder est un peu chaotique, mais cela en vaut vraiment la peine. La nourriture est bonne, l'accueil chaleureux, et la vue est tout simplement unique. Pensez à prendre votre maillot de bain pour profiter de la piscine à débordement et des transats confortables, le tout à des prix très abordables. Parfait pour un bon moment de détente ! Si vous arrivez en scooter depuis le pont, prenez à droite, car la gauche est trop raide et caillouteuse pour les conducteurs inexpérimentés.

SUKU BEACH CLUB €€

Nusa Ceningan, Jl. Sarang Burung, Dusun Batu, Melawang, Kabupaten Klungkung
✆ +62 822 1013 0077
www.sukubeach.com
Ouvert tous les jours de 08h à 21h.

Avec une vue imprenable sur l'océan et une atmosphère décontractée mais élégante, ce beach club offre l'évasion parfaite pour ceux qui recherchent un moment de détente avec style. Côté cuisine, vous trouverez un menu varié mêlant saveurs locales et internationales. Des fruits de mer frais, des salades colorées, des grillades savoureuses et des cocktails signature. Le club est également connu pour ses couchers de soleil spectaculaires, qui attirent une foule à la recherche de l'endroit parfait pour siroter un verre en fin de journée.

THE DUNGKI BENDEGA RESTO €€

Jl. Secret Beach, Nusa Ceningan, Lembongan, Kec. Nusa Penida, Kabupaten Klungkung
✆ +62 878 6048 3919
Ouvert tous les jours de 09h à 22h.

De belles planches en bois pour dresser des plats soignés où Kadek, véritable passionné, vous accueille avec un grand sourire. Sur place, vous dégusterez de merveilleuses ribs, des burgers maison ou encore du poisson grillé bien évidemment. À essayer surtout, un poulet au curry excellentissime. Pour finir en apothéose, la mousse de mangue divine. Des smoothies sont également à la carte, parfaits pour se rafraîchir sous le soleil indonésien. Le personnel est adorable et veut satisfaire ses clients, avec un accueil vraiment très chaleureux.

CENINGAN DIVERS

Ceningan Resort, Nusa Ceningan, 80228
✆ +62 821 4585 5934
www.ceningandivers.com
Ouvert tous les jours de 07h à 19h.
Centre de formation PADI.

Niché au milieu de mangroves en face du pont jaune reliant les deux îles, ce centre de plongée éco-friendly propose aussi de très beaux bungalows. En véritables professionnels, Sandra et Robert vous communiquent leur passion sportive et leur plaisir de vivre dans ce coin de paradis. Ce couple francophone connaît parfaitement les fonds marins des îles. Vous serez les premiers à arriver sur les différents sites de plongée à la rencontre des raies mantas, des tortues, de la faune et la flore abondante dans la région. Ici les maîtres-mots sont plaisir et sécurité.

SUD DE BALI

UBUD ET LE CENTRE

Ubud et sa région occupent le cœur de Bali, entre la côte sud et les volcans centraux de l'île. Traversé par de nombreuses rivières descendant des montagnes, le terrain s'est raviné en de profonds canyons envahis par une exubérante végétation emmêlée de lianes. Sur les collines surplombant les cours d'eau, le riz se cultive au milieu des cocotiers. Cette région est animée d'une riche tradition artistique allant de la danse à la musique en passant par les marionnettes, la peinture ou la sculpture. L'attrait qu'elle a très tôt suscité a participé au maintien, au renouveau et dans une certaine mesure à la dégradation de cette culture, le plus souvent offerte aux dieux plus qu'aux hommes. Ubud et sa région offrent une infinité de points d'intérêt naturels et culturels et justifient de lui consacrer quelques jours. De quoi parcourir musées, temples et rizières environnantes à pied, à vélo ou en rafting.

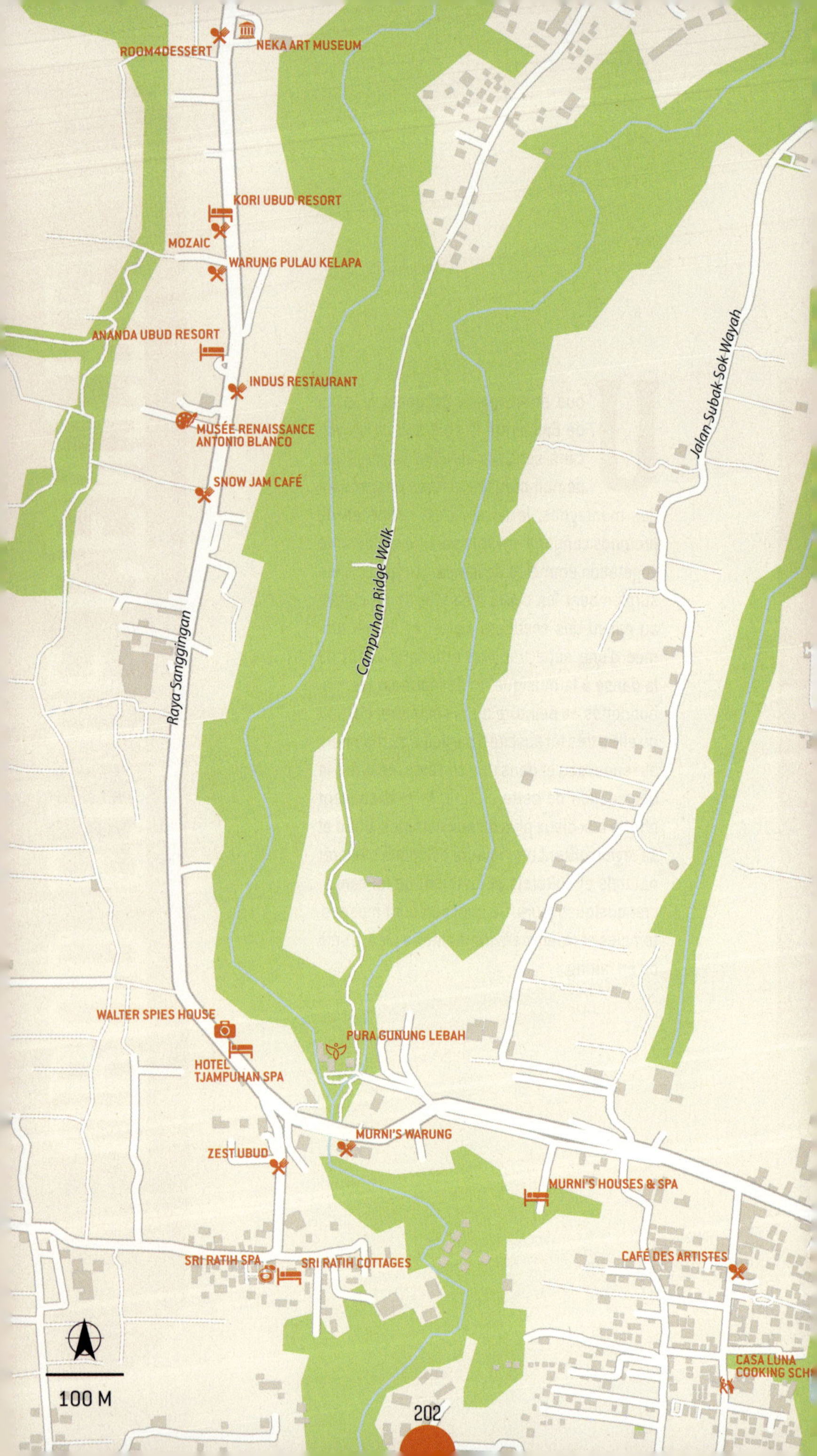
ROOM4DESSERT
NEKA ART MUSEUM
KORI UBUD RESORT
MOZAIC
WARUNG PULAU KELAPA
ANANDA UBUD RESORT
INDUS RESTAURANT
MUSÉE RENAISSANCE ANTONIO BLANCO
SNOW JAM CAFÉ
Campuhan Ridge Walk
Jalan Subak Sok Wayah
Raya Sanggingan
WALTER SPIES HOUSE
HOTEL TJAMPUHAN SPA
PURA GUNUNG LEBAH
MURNI'S WARUNG
ZEST UBUD
MURNI'S HOUSES & SPA
SRI RATIH SPA
SRI RATIH COTTAGES
CAFÉ DES ARTISTES
CASA LUNA
COOKING SCH
100 M
202

Ubud nord
DWARAKA THE ROYAL VILLAS
MUSE CAFE & ART
Juwuk Manis
Jalan Juwuk Manis
Gang Mawar
BALI ASLI LODGE BY EPS
Jalan Seniman
Jalan Suweta
Jalan Sri Wedari
Jalan Tirta Tawar
Jalan Kajeng
THREADS OF LIFE
RODA RESTAURANT
RUMAH RODA FAMILY HOMESTAY
Jalan Dahlia
BALI NATURE HERBAL WALKS
Jalan Tegal Sari
Jalan Sandat
Gang Kajeng
PURA SARASWATI
WARUNG BABI GULING IBU OKA 1
ARY'S BOOK CAFE
PURI SAREN AGUNG UBUD – PALAIS ROYAL D'UBUD
Gang Seruni
OFFICE DU TOURISME
KURA KURA BUS
Jalan Arjuna
LEMPAD OF BALI HOUSE
Gang Asoka
Jero Gadung
203

NACIVET ART PHOTOGRAPHY GALLERY UBUD
FROZEN YOGI
Jalan Karna
KAFE BATAN WARU
NIRVANA PENSION
Jalan Gootama
Jalan Dewisita
PONDOK PECAK LIBRARY & LEARNING CENTER
NUSANTARA BY LOCAVORE
YIN JEWELRY FOR THE SOUL
Jalan Bisma
NICK'S HIDDEN COTTAGES
BUMI BALI RESTAURANT
Jalan Hanoman
CHORA MEDITERRANEAN RESTAURANT
L.O.L BAR & RESTAURANT
PASIR RESTAURANT
UBUD VILLAGE HOTEL
CAFE WAYAN
LAUGHING BUDDHA BAR
Monkey Forest
THREE MONKEYS CAFE
Hanoman
Gang Anila
Gang Anila
Jalan Bisma
Hanoman
MONSIEUR SPOON
MAGNITUDE CONSTRUCTION
BEBEK BENGIL « DIRTY DUCK DINER »
Monkey Forest
BALI ART FAMILY
FORÊT SACRÉE DES SINGES (SACRED MONKEY FOREST)
PERAMA
Raya Pengosekan
Jalan Nyuh Bojog
ARMA - AGUNG RAI MUSEUM OF ART
100 M
204

Ubud sud
NEKA ART GALLERY
& CAFE
GANESHA BOOKSHOP
OKA KARTINI SHADOW PUPPET PERFORMANCE
Jalan Raya Ubud
Jalan Sukma Kesuma
Lorong Bedangin
Jalan Cokorda Gde Rai
Jalan Sawah Indah
Jalan Jembawan
Thru
ati
ayu
Gang Pekandelan
Jalan Peliatan I
Gang Bucu
Gang Serongga
Gang Ante Kangin
AGUNG RAI FINE ART GALLERY
Gang Nuri
Gang Diuma
Gang Margapati
Gang Sahadewa
Jalan W. Ayun
SVARGA BEBEK VILLA
BEBEK TEPI SAWAH
Lebah
Jalan Raya Teges

Ubud et le centre
VERS TARO ★★
SEBATU ★★
Tiga
Mundeh
Asah
Patu Kamping
Luwus
Susut
Penglipuran
Mundeh Kauh
JATILUWIH
Rejasa
Petiga
TEGALLALANG ★★★
Lumbung Kauh
Begawan
TAMPAKSIRING ★★
BANGLI ★★
Tangkas
Angkah
Sembung
Cipaka
PETULU
206
BALIAN ★
Wanasari
Batannyuh
UBUD ★★★★
SAYAN ★★
PELIATAN ★★
Dauh Yeh Cani
NYUH KUNING ★
Sidan
Samsam
MAS ★★
PENGOSEKAN ★
Tabanan
GIANYAR ★
YEH GANGGA ★
KERAMBITAN ★
Mer de Bali
Blahbatuh
Sibang Kaja
PEJATEN ★
Kekeran
BATUAN
SINGAPADU ★
SUKAWATI ★★
CELUK ★★
Peguyangan Kaja
5 KM
VERS TANAH LOT ★
VERS BATUBULAN ★★

PAGES

209 ●● UBUD ET SES ENVIRONS

Ubud, c'est le centre culturel et artistique de Bali, une étape indispensable de votre voyage. Artisanat local, spectacles et danses balinaises, musées, rizières... Ubud est un équilibre riche de charmes qui donne l'une des meilleures clés de compréhension du pays. C'est aussi ici que vous trouverez les meilleurs restaurants et cafés de l'île. C'est en restant quelques nuitées que l'on commence à sentir la douceur et la spiritualité d'Ubud et de cette partie de l'île.

Si vous voulez vous perdre dans les rizières, croiser des Balinais dans les champs, découvrir des temples abandonnés dans la forêt, vous faire inviter à déguster des spécialités, visiter des villages d'artisans, il suffit de louer un scooter à la journée et de sortir des routes principales.

À l'est d'Ubud, ne manquez pas la rivière sacrée de Petanu. Cette rivière correspond au centre historique de Bali, car les premiers royaumes y sont nés. On retrouve pas moins d'une quarantaine de temples sur cette étroite bande de terre... De plus, les paysages : rivières, rizières et forêt, y sont magnifiques.

Au nord d'Ubud, faites un tour vers la région des lacs (Kintamani), avec sur la route, temples et villages d'artisans. Il est préférable d'être motorisé pour pouvoir s'arrêter à loisir et se rendre d'un site à l'autre, même si des bémos empruntent ces routes.

209 UBUD ★★★★
233 SAYAN ★★
236 MAS ★★
239 NYUH KUNING ★
242 PENGOSEKAN ★
242 PEJENG ★★
243 BEDULU ★★
245 BANGLI ★★
246 PELIATAN ★★
248 PETULU
249 TEGALLALANG ★★★
254 PUJUNG
254 SEBATU ★★
255 TARO ★★
256 TAMPAKSIRING ★★
257 JATILUWIH

258 ●● CENTRE-EST

Le centre-est de Bali, riche en patrimoine culturel et artisanal, est un véritable trésor pour les amateurs de traditions balinaises. Il vous dévoilera un monde de savoir-faire et de créativité, où l'art et la culture se côtoient pour offrir une immersion profonde dans l'identité balinaise. À Batubulan, l'art du théâtre de danse barong prend vie dans des spectacles fascinants qui révèlent l'histoire et les croyances locales. Non loin, Celuk est réputé pour ses ateliers d'orfèvrerie, où les artisans créent des bijoux en argent d'une finesse incroyable. Sukawati accueille un marché animé où les couleurs et les objets artisanaux de l'île s'exposent pour le plus grand plaisir des visiteurs. Batuan est quant à elle un village artistique renommé pour ses peintures classiques balinaises, tout comme Singapadu, célèbre pour ses masques et marionnettes traditionnels. Enfin, Gianyar, capitale du district, vous offrira un aperçu vibrant de la vie locale avec ses temples et marchés.

PAGES

258 **BATUBULAN ★★**

Batubulan est un village connu dans le monde entier pour ses sculptures et ses représentations de *barong* avec « transes ». Chaque jour, des dizaines de cars pleins de visiteurs viennent y assister. Les danses commencent à 9h30 et à 10h30.

259 **CELUK ★★**

259 **SUKAWATI ★★**

260 **BATUAN**

260 **SINGAPADU ★**

261 **GIANYAR ★**

263 ## ●● CENTRE-OUEST

Le centre-ouest est une région riche en culture et en beauté naturelle, où traditions et paysages enchanteurs se rencontrent, et offre une immersion authentique au cœur de la culture et de la nature balinaises. Son temple emblématique, Tanah Lot, surplombe l'océan, invite à la contemplation et à l'admiration, surtout au coucher du soleil. Plus à l'intérieur, Pejaten dévoile le savoir-faire ancestral de la céramique, tandis que Yeh Gangga, plage paisible et préservée, offre une évasion en pleine nature. Dans le village de Kerambitan, les cérémonies traditionnelles rythment la vie locale et ouvrent une fenêtre sur les coutumes balinaises. Plus à l'ouest, Balian attire les amateurs de surf, mais aussi ceux en quête de sérénité parmi ses paysages verdoyants. Ce coin de Bali, entre océan, rituels et artisanat, révèle une facette apaisante et spirituelle de l'île, loin du tumulte touristique du sud de l'île.

TANAH LOT ★

263 C'est le temple le plus célèbre de Bali ! Le temple est ouvert jusqu'à la tombée de la nuit et comme il est situé sur la côte ouest, vous pourrez y admirer de superbes couchers de soleil. Accroché à un rocher, Tanah Lot est battu par les vagues à marée haute, le tableau est alors féerique.

265 **PEJATEN ★**

265 **YEH GANGGA ★**

265 **KERAMBITAN ★**

265 **BALIAN ★**

Sculpteurs de Batubulan.

UBUD ★★★★

Située dans la partie septentrionale du sud de Bali, Ubud est une ville d'environ 75 000 habitants, entourée de rizières, qui accueille des voyageurs depuis le début du XXe siècle. Entre 1984 et 1990, elle a connu un changement radical ; d'une bourgade assoupie, le tourisme en a fait une ville prospère et dynamique qui ne cesse de s'étendre. Composée de plusieurs hameaux, Ubud rassemble en son centre-ville un nombre vertigineux de restaurants, d'hôtels, de boutiques ou de galeries.

Histoire

Principauté vassale des cours royales de Peliatan et de Gianyar jusqu'au XIXe siècle, Ubud réussit à échapper à la domination hollandaise et à étendre ses terres grâce à une politique d'alliances menée à la fin du XIXe et au début du XXe siècle. Dans les années 1930, sa récente prospérité et l'ouverture d'esprit du roi lui permirent d'accueillir des artistes étrangers, qui participèrent à son essor culturel. Dès 1927, le roi d'Ubud, Cokorda Gedé Raka Sukawati, y invita Walter Spies et Rudolph Bonnet, puis, dans les années 1930, Miguel et Rose Covarrubias, Margareth Mead, Gregory Bateson, Colin McPhee, Vicky Baum, toute une cohorte d'écrivains et d'anthropologues qui allaient faire découvrir l'île au monde entier.

Dans l'entre-deux-guerres, Cokorda Gedé Raka Sukawati devint membre du gouvernement hollandais à Batavia, une responsabilité qui lui permit de rencontrer nombre de diplomates et d'artistes de passage dans la capitale.

En 1936 fut créée à Ubud l'association « Pita Maha », qui allait former une nouvelle génération d'artistes balinais et encourager le renouveau de la peinture et de la sculpture. Aujourd'hui tout le monde se réclame artiste à Ubud et chaque boutique s'est transformée en galerie.

Se loger

Il s'agit de décider dans quel quartier de la ville l'on souhaite dormir. Dans le centre-ville ou le long de la Monkey Forest Road (pratique pour éviter l'organisation des transports), les *losmen* et autres hôtels petit budget abondent, mais rarement à moins de 250 000 Rp. C'est d'ailleurs la seule ville de l'île qui a connu une inflation nette de ses prix. Se tenir à l'écart du centre, c'est choisir la tranquillité et le repos. Généralement, il s'agit alors d'hôtels plus confortables, voire luxueux. Prendre alors en compte les temps de transport, parfois ennuyeux en soirée, mais la plupart des hôtels ont un service de navette vers le centre-ville en journée.

Shopping

Ubud propose une infinité de boutiques de souvenirs et d'artefacts plus soignés, du batik aux sculptures en passant par de beaux bijoux en argent et bien entendu les peintures, même si leur qualité est vraiment en déclin. On pourra aussi acheter des instruments de musique. Dans le centre-ville, la Jalan Hanoman, la Jalan Raya Ubud, la Jalan Dewi Sita et la Monkey Forest constituent les lieux stratégiques pour faire du lèche-vitrines. Le marché d'Ubud, qui comporte une place centrale et deux étages d'échoppes, propose des souvenirs en provenance de toute l'île. En règle générale, pour de simples souvenirs, on se rabattra sur le sud de l'île, les prix d'Ubud étant souvent largement surestimés.

Sortir

La vie nocturne d'Ubud est tout sauf très développée. Hormis quelques spectacles de danse, généralement terminés vers 21 h, il n'y a que quelques bars où vous pourrez terminer votre soirée en douceur. Mais ne manquez pas de découvrir au moins un spectacle de danse typique balinaise ! C'est un enchantement ! En revanche, pour faire une pause et prendre un verre, vous trouverez des bars des plus agréables pour des fins d'après-midi ou des endroits plus cosy.

Sports / Loisirs

Observation des oiseaux à Petulu et au Bali Bird Park, découverte des plantes médicinales en pleine nature, randonnée, vélo, ou encore spa... En ce qui concerne les cours, on peut apprendre un peu de tout à Ubud : fabriquer des bijoux en argent, apprendre à cuisiner balinais, à tisser le batik, ou encore la sculpture sur bois...

Transports

▶ **Pour l'arrivée et le départ d'Ubud**, plusieurs options s'offrent à vous. De l'aéroport, le prix du taxi est fixé, il faut acheter son ticket au comptoir à l'aéroport. Certains hôtels proposent de venir vous chercher à l'aéroport gratuitement si vous restez plusieurs nuits. Compter environ 1h30 à 2h30 de trajet, selon votre heure d'arrivée. Dans l'autre sens, prenez un taxi BlueBird avec compteur, la course devrait vous coûter moitié moins cher. En bus privés, on vous proposera des shuttles, petits monospaces où vous voyagerez à 8, à tous les coins de rue. En taxi, à partir du sud (au départ de l'aéroport ou de la conurbation Kuta/Legian/Seminyak), on trouve des compagnies de taxis avec compteurs ou des taxis privés : compter 300 000 Rp en moyenne la voiture, moins si vous avez des talents pour la négociation. Attention, supplément si l'hôtel se situe tout au nord de la ville.

Se déplacer à Ubud

- Bus. De nombreux hôtels installés en dehors du centre-ville offrent des services de navette gratuite.
- Taxi. Tous les 5 mètres, on vous proposera des taxis. Négociez sec, les prix proposés sont toujours bien au-dessus du tarif juste. Compter environ 60 000 Rp pour un petit trajet.
- Vélo. Pas toujours facile à trouver. On ne conseille pas particulièrement à cause de la pollution en centre-ville et du dénivelé, sauf pour les sportifs.
- À pied. Le centre-ville se visite aisément à pied, c'est d'ailleurs une belle balade à faire.
- En voiture. Vous avez le choix entre trois routes. La première, partant de Denpasar, est très bien balisée et très fréquentée. On vous conseille la route la plus à l'ouest, via Batubulan, le Bali Bird Park et le village de sculptures sur pierre. Vous vous rapprocherez d'Ubud en traversant Campuhan. Une troisième route traverse les villages de Lodtunduh et de Pengosekan. Attention tout de même à choisir avec soin vos horaires de départ : le trafic dans le sud et aux alentours d'Ubud est infernal à partir de 15h.

Les environs d'Ubud en scooter. Pour vous perdre dans les rizières, croiser des Balinais dans les champs, découvrir des temples dans la forêt, déguster des spécialités, il suffit de louer un scooter à la journée et sortir des routes principales. N'oubliez pas votre casque ! On vous demandera votre permis de conduire international. Comme partout, soyez vigilant sur les assurances et les prises en charge en cas d'accident.

ARMA - AGUNG RAI MUSEUM OF ART ★★

Jl. Raya Pengosekan ✆ +62 361 976 659
www.armabali.com
Ouvert tous les jours de 9h à 18h. Entrée : 80 000 Rp.

ARMA est un musée gigantesque, passionnant et magnifique inauguré en 1996. Constitué de nombreux pavillons, c'est en fait un grand centre culturel où se tiennent des représentations et tout un panel de cours d'art. De même, la partie ouvrant sur la grande route abrite une grande bibliothèque qui fait aussi librairie. Vous verrez de superbes ouvrages sur la peinture des années 30 et la peinture contemporaine à Bali et en Indonésie. Les autres pavillons renferment des salles hautes et bien éclairées qui exposent des artistes indonésiens ou européens vivant à Bali. La collection personnelle d'Agung Raï passe pour être considérable et remarquablement éclectique, elle fait donc partie des incontournables culturels de l'île. La visite extrêmement agréable du musée se termine par un café au Warung Kopi blotti dans les jardins paisibles. Enfin, outre les nombreux cours dispensés, plusieurs spectacles de danse et de musique ont lieu chaque semaine, pour le prix du billet d'entrée. Les après-midis de semaine et le dimanche matin, des cours de danse *legong* sont donnés gratuitement aux enfants et le spectacle est très divertissant. Et pour compléter le tout, vous pouvez également dormir sur place dans l'un des hébergements proposés : des chambres, des appartements, des villas...

Performances. L'endroit propose également des spectacles et performances comme la danse Legong, le Topeng Jimat... et bien d'autres. Rdv sur leur site Internet pour le descriptif, les dates et les tarifs.

AGUNG RAI FINE ART GALLERY ★

Jl. Peliatan I No.46, Peliatan, Kecamatan Ubud, Kabupaten Gianyar
✆ +62 361 974562
www.agungraigallery.com
Ouvert tous les jours de 09h à 17h.

Véritable sanctuaire culturel dédié à l'art et à l'histoire indonésienne fondée par Agung Rai, un collectionneur passionné, cette galerie expose une collection d'œuvres d'art traditionnelles et contemporaines. Des peintures balinaises classiques aux sculptures modernes, chaque pièce raconte une histoire, capturant l'essence de la tradition artistique de l'île. En plus de présenter des œuvres d'artistes renommés, la galerie soutient les talents émergents.

LEMPAD OF BALI HOUSE ★

Jl. Dewisita
✆ +62 361 973302
Ouvert tous les jours de 08h à 22h. Entrée libre.

Maison familiale du grand artiste I Gusti Nyoman Lempad (1862-1978), qui servit la cour d'Ubud dès la fin du XIXe et a signé nombre de bâtiments, de sculptures en ville, est désormais ouvert au public, même si sa famille y vit toujours. Il est intéressant de s'y rendre pour palper l'ambiance dans laquelle Lempad créait, en particulier ses fameux dessins à l'encre de Chine auxquels il consacra une grande partie de sa carrière. Plus qu'un artiste talentueux, Lempad était également un homme religieux honoré pour sa grande sagesse.

FORÊT SACRÉE DES SINGES [SACRED MONKEY FOREST] ★★★

Jalan Monkey Forest ✆ +62 857 3700 0080
www.monkeyforestubud.com
Ouvert tous les jours de 09h à 18h. Entrée 80 000 Rp/adulte et 60 000 Rp/enfant.

S'il y a bien un endroit dans Ubud et ses alentours à ne pas louper et qu'on recommande, c'est certainement celui-ci qui fera autant le bonheur des petits que des plus grands ! La forêt, qui appartient au village de Padantegal, ressemble plutôt à un bois rongé par l'urbanisation, bien qu'elle compte encore de très vieux banyans dont les épaisses lianes touchent terre et qu'elle constitue une enclave de fraîcheur à deux minutes du centre-ville d'Ubud. De nombreuses sculptures représentant des sorcières *Rangda* sont présentes dès l'entrée du sanctuaire, dont certaines évoquent des démons dévorant des enfants. Ce temple, *le Pura Dalem Agung*, est ainsi dédié aux mauvais esprits et vous ne pouvez y entrer, seulement l'entrevoir lors de votre balade dans la forêt. Cette même forêt qui abrite une abondante communauté de macaques gris. Rangez dans votre sac vos lunettes, appareil photo, portable et tout ce qui dépasse. N'apportez pas de sacs plastique ou de nourriture sous peine de vous faire dévaliser par les habitants du lieu. Attention, ils peuvent être un peu agressifs, alors on n'essaie pas de les toucher et on ne les regarde pas droit dans les yeux. On ne les nourrit pas non plus ! On peut toutefois prendre un selfie avec eux en compagnie d'un « Monkey Master ». Comptez dans ce cas-là, environ 50 000 Rp pour le service. La courte marche dans le bois permet d'admirer les magnifiques sculptures hindoues sur pierre éparpillées, relatant la grandeur passée du lieu.

MUSÉE RENAISSANCE ANTONIO BLANCO

Jl. Raya Campuhan
✆ +62 361 975502
www.blancomuseum.com
Ouvert tous les jours de 09h à 17h. Ticket 80 000 Rp.

Le musée Renaissance Blanco est un petit musée situé dans la maison de l'artiste catalan Antonio Blanco (1911-1999) par laquelle on pénètre sous une arche blanche, et où se dévoile l'univers d'un peintre fasciné par la beauté des femmes. Nombre de ses œuvres les représentent dans le plus simple appareil ou dans des attitudes érotiques. Il se plaisait à détourner les images mythologiques traditionnelles en leur donnant des airs plus coquins. La bâtisse, mélange unique d'architecture balinaise et d'influences espagnoles, surplombe la rivière Campuhan. L'édifice abrite une large collection intéressante d'œuvres d'art provenant de différentes périodes de la carrière du célèbre artiste. Durant la vie de celui-ci, le musée était visité quotidiennement par des centaines de personnes en provenance du monde entier. Les visiteurs pourront également découvrir le quotidien de la vie balinaise en visitant le temple familial ou en se promenant dans les différents jardins. Incroyable mais vrai, le studio de l'artiste est lui resté intact. On peut même toujours y trouver une peinture inachevée sur le chevalet. L'ambiance y est restée elle aussi inchangée, douce et aux chaleureuses odeurs d'encens. La famille Blanco propose une visite personnelle du musée et de ses jardins. Vous pourrez vous procurer des lithographies et des livres sur l'artiste disponibles à la vente directement au musée. Une immersion totale dans la vie de l'artiste, ses inspirations, son quotidien, son univers.

NEKA ART GALLERY ★

Jl. Raya Ubud No.1, Ubud, Kecamatan Ubud, Kabupaten Gianyar
✆ +62 361 975034
www.museumneka.com
Ouvert tous les jours de 08h à 17h. Entrée libre.

Véritable fenêtre ouverte sur l'évolution de l'art balinais et indonésien. Fondée par Suteja Neka, un collectionneur et mécène, la galerie abrite une collection exhaustive qui traverse les périodes, du traditionnel au contemporain. Ici, les visiteurs peuvent admirer des œuvres qui capturent l'esprit de Bali, des peintures de paysages aux représentations de la mythologie et de la vie quotidienne balinaise. La galerie ne se limite pas à exposer des pièces locales ; elle présente également des œuvres d'artistes internationaux influencés par la culture balinaise.

PURA GUNUNG LEBAH ★★

Jl. Raya Ubud No.23, Sayan, Kec. Payangan, Kabupaten Gianyar
Accessible tous les jours de 8h à 17h. Donation recommandée.

Le temple se situe en contrebas de la maison de Blanco et du pont de Campuhan. Il faut prendre l'allée qui va à l'hôtel Ibah Luxury Villas partant de la Jalan Raya Ubud et continuer vers la gauche. Le temple daterait de 800 et aurait été construit par Sri Markendya venu de Java, qui se serait arrêté à Campuhan pour méditer. Le temple étend ses magnifiques pavillons traditionnels dans un environnement étonnant de beauté. Entre les sources et les pentes couvertes d'herbes *alang-alang*, un sentier permet de grimper sur la crête et de rejoindre Tjetjak Inn.

LA CONFECTION DES OFFRANDES : ENTRE HOMMAGE AUX DIEUX ET APAISEMENT DES DÉMONS...

À Bali, la création des offrandes, appelées *canang sari*, suit un ordre sacré et précis, où rien n'est laissé au hasard. En fonction des orientations sacrées, chaque élément de couleur est disposé selon une direction : noir ou violet vers le nord, rouge vers le sud, blanc à l'est, et jaune à l'ouest. Les fleurs, le riz, les douceurs et les encens sont soigneusement placés pour honorer les dieux, et la vie balinaise est rythmée par ces rituels quotidiens.

Les Balinais célèbrent leurs divinités trois fois par jour, un cycle nommé *Tri Sandhya*, accompagné de bracelets symboliques *Tri Datu* de trois couleurs — noir, rouge et blanc — représentant Shiva (destruction), Brahma (création) et Vishnu (préservation). Vous verrez sans aucun doute ces bracelets sur tous les Balinais, symbole de leur passage au temple.

Les grandes célébrations, souvent marquées par des processions, impliquent les spectaculaires *banten tegeh*, des pyramides de fruits, de gâteaux et même de poulets entiers, portées en équilibre sur la tête des femmes jusqu'au temple. Ces offrandes, aussi visuellement harmonieuses qu'éphémères, sont destinées aux dieux qui n'en retiennent que l'essence, transmise par la fumée d'encens. Pour les cérémonies importantes, les spectaculaires *banten tegeh* sont parfois érigés dans l'enceinte des temples. Réalisées par les femmes en procession, elles sont accompagnées de musique et de danse, indispensables aux grandes fêtes religieuses.

Les *sarads*, autre type d'offrande plus complexe, illustrent un cosmos sacré sculpté en pâte de riz colorée. En hommage à la beauté et à l'art, les dieux apprécient chaque détail et chaque sculpture, symbolisant la gratitude et le respect de leurs fidèles.

Les démons, eux aussi, reçoivent leurs offrandes quotidiennes sous forme de petits paniers, avec entre autres les *segehans*, disposés au sol et destinés à les apaiser. Constitués de nourriture simple et parfois d'aliments avariés, ces paniers triangulaires ne sont pas conçus pour être beaux, car les démons, moins exigeants que les dieux, consomment tout sans distinction. Brûler un bâtonnet d'encens permet de transporter l'essence de ces offrandes, tout comme pour celles des dieux. Chaque matin, les offrandes de la veille sont soigneusement balayées, prêtes à être remplacées pour maintenir l'équilibre sacré entre le monde visible et invisible.

NEKA ART MUSEUM ★★★

Jalan Raya Sanggingan Campuhan
✆ +62 361 975074 - www.museumneka.com
Ouvert tous les jours de 09h à 17h. Entrée 75 000 Rp (gratuit pour les moins de 12 ans)

Le Neka Art Museum est un musée privé fondé et inauguré en 1982 par un grand collectionneur d'art balinais, Wayan Suteja Neka. Les œuvres choisies retracent l'histoire de la peinture balinaise au travers des influences qu'elle a subies dans le temps, depuis la peinture traditionnelle fortement empreinte de religion (comme par exemple le Kamasan) jusqu'à ses formes plus contemporaines (que ce soit de style de Batuan, de Pengosekan, de Penestanan…) intégrant les œuvres des peintres occidentaux ; comme Bonnet, Covarrubiasn Théo Meier, Hofker, Hans Snel... Ainsi, le musée met également en avant les artistes balinais expatriés qui ont eu une influence dans l'art et marqué de leur empreinte la vie culturelle balinaise. La qualité de la sélection du musée est une source d'inspiration pour de nombreux artistes locaux et nous aide à appréhender l'évolution de l'art balinais.

Les œuvres exposées chronologiquement et thématiquement dans les six pavillons établis dans le parc, sont toutes dotées d'un descriptif en anglais. Voici ce que chaque pavillon renferme :

- **Balinese Painting Hall.** Voici quatre pièces bien différentes qui retranscrivent l'art traditionnel balinais. Le théâtre des marionnettes est également mis en scène avec des œuvres *wayang*. Dans la dernière pièce, le village de Batuan est valorisé pour ses peintures et son essor artistique depuis les années 1930.
- **Arie Smit Pavillon.** Ce pavillon est dédié au peintre néerlandais Arie Smit. Certaines de ses œuvres sont exposées.
- **Photography Center.** Il présente le travail de l'américain Robert A. Koke : des photographies en noir et blanc prises entre 1937 et 1941. On y voit des cérémonies, des danseurs mais aussi la vie des villages.
- **Lempad Pavilion.** Ce pavillon présente la collection d'I Gusti Nyoman Lempad, sculpteur et architecte balinais, décédé à Ubud en 1978.
- **Indonesian Contemporary Art Hall.** Il s'agit d'un espace dédié aux artistes indonésiens venus travailler à Bali.
- **East-West Art Annex.** Enfin, le dernier étage renferme les œuvres d'artistes étrangers, vivants ou décédés, qui ont marqué l'histoire artistique du pays tels que Johan Rudolf Bonnet, Antonio Blanco, Theo Meier ou encore Louise Garrett Koke.

Le musée est construit sur une colline et domine la rivière Wos. Si vous avez la chance d'y être un jour sans nuage, la vue sur Gunung Agung et sur le Gunung Batur est époustouflante... De quoi donner envie de flâner ici ! Une visite incontournable pour une bonne introduction à l'histoire de l'art balinais.

Vous trouverez une librairie et un café à l'intérieur du musée.

PURA SARASWATI ★

Jl. Kajeng, Ubud, Kecamatan Ubud, Kabupaten Gianyar

Ouvert tous les jours de 08h à 17h. Entrée libre.

Derrière le Café Lotus, ce joli temple bâti à la fin du XIXe est dédié à la déesse hindoue Sarasvatî - déesse de l'apprentissage, de la connaissance et des arts. Perdu dans un jardin derrière un immense étang couvert de lotus, il constitue une visite agréable. On apprécie le calme du lieu, qui fait du bien pour couper avec la trépidante Ubud ! La famille royale d'Ubud avait envoyé le grand artiste, architecte et artisan I Gusti Nyoman Lempad au service de la cour pour sa réalisation. Il a également signé les belles sculptures du temple.

PURI LUKISAN MUSEUM ★★

Jl. Raya Ubud ✆ +62 361 971159

www.museumpurilukisan.com

Ouvert tous les jours de 9h à 18h. Entrée : 100 000 Rp pour les adultes et gratuite pour les enfants.

Le musée des Beaux-Arts présente une des plus belles expositions d'œuvres artistiques de l'entre-deux-guerres.

Le premier pavillon héberge des peintures de style kamasan (style traditionnel comme celui des marionnettes balinaises), des dessins à l'encre de Nyoman Lempad et quelques toiles de « Pita Maha ». On peut y voir également des sculptures élaborées dans des formes allongées qui ont la faveur des touristes. Le deuxième pavillon est dédié au courant des « Jeunes artistes » formés par Aries Smith. Le troisième abrite des expos temporaires.

PURI SAREN AGUNG UBUD - PALAIS ROYAL D'UBUD ★

Jalan Raya Ubud

Ouvert tous les jours de 08h à 17h. Entrée libre. Représentations de danse chaque soir.

L'entrée est gratuite dans ce très bel ensemble de bâtiments, construit à la fin du XIXe siècle. C'est ici que régnait la famille des monarques d'Ubud, le clan Sukawati, et on dit que le roi aimait regarder l'activité du marché situé en face (et les femmes qui s'y rendaient) pour jauger la situation économique de son royaume. D'ailleurs, si certaines parties sont fermées au public, c'est parce que des descendants de la famille royale y vivent encore.

OM HAM RETREAT & RESORT €€

Tirta Tawar Road, Banjar Junjungan, Ubud, Kecamatan Ubud, Kabupaten Gianyar

✆ +62 361 9000352

https://omhamretreat.com

Chambre double à partir de 750 000 Rp, Spa, yoga shalas, méditation, cours de cuisine, batik, mandala, offrandes.

Cet hôtel, axé sur le bien-être et le yoga, propose un large éventail d'activités. Vous y trouverez des cours de danse, de peinture traditionnelle, de cuisine, ainsi que de la musicothérapie animée par des spécialistes. Différents types de yoga sont offerts sous la supervision de maîtres yogis. Les chambres offrent une superbe vue sur les rizières. L'établissement propose 5 catégories de chambres, dont familiales. Idéal pour des retraites à Ubud, cet hôtel est loin des clichés « hippy chic » et propose divers programmes pour tous niveaux.

© OM HAM RETREAT & RESORT

© OM HAM RETREAT & RESORT

UBUD ET LE CENTRE

PURI SARASWATI DIJIWA UBUD €€

Jl. Raya Ubud No.14, Ubud, Kecamatan Ubud, Kabupaten Gianyar
✆ +62 361 975164
Chambre double à partir de 2 300 000 Rp. Offres sur le site internet.

Cet hôtel incarne un charme intemporel, alliant harmonieusement passé et présent. Construit en 1976, celui-ci reflète l'architecture légendaire de Bali, reconnue pour son artisanat raffiné et sa profonde signification culturelle. Ici, on fusionne des éléments contemporains et des esthétiques traditionnelles pour créer une atmosphère unique et captivante. L'utilisation du bois dans les intérieurs, des meubles sculptés à la décoration minutieuse, renforce le lien précieux avec la nature.

THREADS OF LIFE ★

Jl. Kajeng No.24, Ubud, Kec. Gianyar, Kabupaten Gianyar ✆ +62 361 972187
www.threadsoflife.com
Ouvert tous les jours de 10h à 18h. Entrée libre.

Cette galerie expose des textiles balinais de toute beauté, réalisés de façon traditionnelle. On peut se rendre compte de la complexité de leurs motifs et de toute la connaissance sous-jacente à leur confection, reflétant la cosmogonie du peuple balinais dans toute sa diversité. L'association est soutenue par l'organisation internationale pour le commerce équitable. Son but est de préserver l'art et le savoir traditionnels du textile balinais, en finançant des tisseuses et en encourageant l'usage de matériaux naturels par leur culture (coton naturel, pigments…). Réaliser des ouvrages textiles à la manière traditionnelle peut en effet demander de longs mois, voire des années. Pour des raisons économiques, nombreux sont les artisans à y avoir renoncé au profit de techniques plus industrielles, qui participent à la perte du savoir ancestrale et à la pollution de l'environnement. Ce centre propose des cours de tissage d'*ikat* et de réalisation de *batik*.

Le site Internet fournit plein d'informations sur l'histoire, les expositions de peinture, les événements, les cours... Avec également une très belle boutique en ligne qui donne vraiment envie de se rendre sur place pour en découvrir davantage ! On recommande vivement d'aller faire un tour à Threads of Life, si vous avez un peu de temps.

▶ Plus loin, vous pouvez aussi vous rendre à la Neka Gallery. Cette immense galerie appartient au collectionneur du superbe musée Neka et on y trouve des œuvres des artistes actuels et anciens les plus renommés en matière de peinture balinaise.

WALTER SPIES HOUSE ★★

Jl. Raya Campuhan
✆ +62 815 5800 2955
www.tjampuhan-bali.com
Entrée libre.

Après le pont de Campuhan, sur la droite, s'élève la maison de Walter Spies, maintenant devenue l'hôtel Tjampuhan Spa. On peut encore y voir quelques antiquités laissées par l'artiste et la piscine ovale qu'il avait lui-même dessinée. C'est dans cette « garçonnière » qu'il invita quelques célébrités comme Charlie Chaplin, Noël Coward et Barbara Hutton. Walter Spies est né en 1895 à Moscou dans une riche famille de diplomates et a grandi dans l'univers de la Russie tsariste. Il fit des études d'art et fut grandement influencé par l'expressionnisme, le futurisme et le cubisme. Arrêté à Moscou pendant la Révolution, il fut envoyé dans un camp de concentration d'où il réussit à s'échapper. Il parvint à rejoindre l'Allemagne, et il monta ses premières expositions. Mais il décida ensuite de partir pour les Indes. Il arriva à Bali en 1925, après un périple à Java. Il s'installa à Ubud au palais de Cokorda Raka Sukawati. Il devint peu à peu une figure légendaire de Bali. En 1936, il créa avec Rudolph Bonnet et le roi d'Ubud le mouvement Pita Maha, et avec le soutien et l'enthousiasme de jeunes peintres révolutionna le contexte pictural balinais. La même année, il écrivit avec la complicité de la Hollandaise Beryl de Zoote, le monumental *Dance and Drama in Bali* qui devint et reste encore la monographie la plus complète sur la danse balinaise. Le 18 janvier 1942, en pleine Seconde Guerre mondiale, il dut embarquer à destination de Ceylan sur le bateau *Van Imhoff* qui fut coulé par une torpille japonaise.

OFFICE DU TOURISME

Jl. Raya Ubud ✆ +62 361 973285
Ouvert tous les jours de 10h à 18h.

Ça peut être intéressant de commencer votre visite par un tour à l'office de tourisme, pour se documenter, entre autres choses, sur les nombreuses représentations de spectacles et réserver sa place dans un minibus en partance vers les temples et les principales curiosités de l'île. Des excursions en bus climatisé sont en effet organisées. On y vend une carte détaillée de la région, très pratique si vous voulez explorer par vous-même les villages environnants à pied, à vélo ou à scooter. Bons renseignements que ce soit sur Ubud ou les alentours.

PONDOK PECAK LIBRARY & LEARNING CENTER

Jl. Monkey Forest, Ubud, Kecamatan Ubud, Kabupaten Gianyar
✆ +62 361 976194
Ouvert tous les jours de 09h à 17h.

En plus d'être une grande bibliothèque détenant un intéressant stock en anglais, notamment sur Bali, ce centre associatif dispense de nombreux cours de langue indonésienne, de gamelan, de danse, de sculpture sur bois, de cuisine, de céramique, etc., avec des prix très raisonnables. Les bénéfices vont directement à la promotion de l'accès à l'éducation et à la culture pour les enfants balinais. Ambiance chaleureuse et authentique. Un excellent lieu d'apprentissage.

BALI BIRD WALKS ★

Jl. Penestanan Kelod, Sayan, Kecamatan Ubud, Kabupaten Gianyar ✆ +62 361 975009
www.balibirdwalk.com
Ouvert tous les jours de 09h à 17h30. Compter 432 000 Rp/adulte et 216 000 Rp/enfant jusqu'à 12 ans.

Nichés dans l'écrin verdant d'Ubud, ces circuits s'adressent tant aux passionnés d'ornithologie qu'aux explorateurs de la nature, quel que soit leur niveau d'expérience. Sous la houlette d'experts enthousiastes, les visiteurs peuvent admirer une grande variété d'oiseaux, y compris des espèces exclusives à Bali, dans leur milieu naturel. Initié en 1990 par Victor Mason, le Bali Bird Club contribue significativement à la reconnaissance et à la protection des espèces endémiques. Une aventure familiale pour jeunes et moins jeunes.

BALI NATURE HERBAL WALKS ★★

I. Suweta No.15, Ubud, Kecamatan Ubud, Kabupaten Gianyar ✆ +62 812 3816024
baliherbalwalk.com
Tous les jours de 8h30 à midi. 200 000 Rp /personne.

Une expérience originale et très enrichissante que vous propose ce jeune couple passionné, Lilir et Westi. Ils tenteront de vous transmettre l'espace d'une balade, un peu de leur savoir et de vous révéler quelques secrets de botanique détenus par les femmes selon une tradition ancestrale. En plus de produire et de distribuer des épices et des essences locales, ces deux passionnés organisent des marches botaniques à la découverte de plantes et de leurs usages thérapeutiques, culinaires ou religieux. L'excursion dure 3 heures 30, thé et en-cas naturels inclus.

THE SANKARA RESORT AND SPA BY PRAMANA €€

Jl. Cempaka, Kumbuh, Jl. Cempaka, MAS, Ubud, Gianyar Regency
✆ +62 811 3903 339
www.sankaraubud.com
Chambre double à partir de 1 600 000 Rp. Yoga, cours de cuisine, randonnées, spa, paddle, navette gratuite.

Un joli établissement proposant des chambres spacieuses d'environ 45 m², avec un balcon donnant sur la nature environnante. Ou pour ceux qui veulent plus d'indépendance, des villas entièrement équipées et avec une petite piscine privée. Vous en voulez encore plus ? Profitez du spa, des activités proposées telles que le yoga gratuit tous les matins, les cours de cuisine. Profitez de nombreuses promotions sur le site incluant massage, petit déjeuner flottant, dîner romantique...

© THE SANKARA RESORT BY PRAMANA

© THE SANKARA RESORT BY PRAMANA

UBUD ET LE CENTRE

WAPA DI UME RESORT UBUD €€

Jl. Suweta Banjar Bentuyung Ubud, Ubud, Gianyar, Kabupaten Gianyar
✆ +62 361 973178
www.wapadiume.com

Chambre double à partir de 3 000 000 Rp. Piscine, Spa, cours de cuisine, yoga, randonnées, spectacles, restaurant.

Au cœur des rizières, à l'écart du centre-ville bruyant, voici une adresse qui respire la détente, le calme et la volupté. Cours de conception artisanale d'œuvres, séances de yoga quotidiennes, spectacles de danse. Ici, on est choyé par le personnel qui se plie en quatre pour vous aider à profiter au maximum. Transfert depuis/vers le centre-ville gratuit. L'hôtel possède une humble façade, mais l'arrière s'étale entre rizières et végétation, passant au-dessus d'une rivière tropicale, elle-même surplombée par la piscine à débordement de l'hôtel. Une merveille.

© WAPA DI UME RESORT AND SPA UBUD

© WAPA DI UME RESORT AND SPA UBUD

BALI ASLI LODGE BY EPS €

Jl. Suweta Gg. Mawar No.4, Sambahan, Ubud, Kecamatan Ubud, Kabupaten Gianyar
✆ +62 361 970537

Chambre double à partir de 400 000 Rp. Petit déjeuner.

La maison se situe dans le petit village de Sambahan, à 15 minutes à pied du centre d'Ubud. Au Bali Asli Lodge, vous serez logé dans la gentille famille de Madé et de Ketut. Un séjour chez l'habitant qui vous permettra une vraie immersion au cœur d'une maison balinaise afin de pouvoir véritablement découvrir la culture du pays. Quatre chambres avec balcon, salles de bain avec eau chaude, ventilateur et une magnifique vue sur la jungle. Cours de cuisine ou de massage sur demande. Le petit restaurant familial propose une nourriture délicieuse.

NICK'S HIDDEN COTTAGES €

Jl. Bisma No.53, Ubud, Kecamatan Ubud, Kabupaten Gianyar
✆ +62 361 970760

Chambre double à partir de 890 000 Rp. avec petit déjeuner. Piscine.

Un joli établissement non loin de la pension du même nom, mais dans un cadre bien plus sauvage. Les cottages de Nick abritent dans leurs jardins de palmes et de bananiers une quinzaine de grandes chambres claires, avec des lits en bambou, réparties au sein d'une grande maison balinaise sur deux niveaux au charme de vieux manoir traditionnel. En face, la piscine bleu marine est entourée de transats annonçant des après-midis de farniente. Le personnel est très sympathique. Le petit déjeuner continental est particulièrement apprécié par les voyageurs.

NIRVANA PENSION €

Jl. Goutama No.10, Padangtegal Kaja, Kecamatan Ubud, Kabupaten Gianyar
✆ +62 361 975415
www.nirvanaku.com

Chambre double à partir de 500 000 Rp. Petit déjeuner. Wifi.

Vous êtes ici dans la demeure d'un artiste renommé d'Ubud, I Nyoman Suradnya, spécialiste du batik, un homme très chaleureux qui a exposé ses œuvres dans de nombreux endroits tout autour du monde. Les six chambres à l'architecture traditionnelle sont bien aménagées avec beaucoup de style et sont bien équipées, offrant un belle salle de bains avec eau chaude, mobilier de goût et des literies confortables. Vous aurez la chance de pouvoir participer à des cours de peinture sur batik et de dessin avec l'artiste de un à cinq jours.

RUMAH RODA FAMILY HOMESTAY €

Jl. Kajeng No.24, Ubud, Kecamatan Ubud, Kabupaten Gianyar ✆ +62 361 975487
www.rumahroda.com

Chambre double à partir de 1 400 000 Rp. Petit déjeuner. Promotions disponibles sur le site internet.

Les chambres sont sommaires, mais correctes et bien agencées. Jolie piscine agréable. Darta, le chef de la maison, propose d'instructives balades dans les rizières, pour en savoir plus sur l'organisation de l'agriculture balinaise, la visite des marchés environnants ou la participation aux cérémonies dans les temples. Pour une expérience au sein d'une famille balinaise qui perpétue les traditions et occupe une maison familiale ancienne. Immersion totale garantie.

DINARA UBUD HOTEL €€

Jl. Sri Wedari No.58Jl. Sri Wedari No.58, Ubud, Kecamatan Ubud, Kabupaten Gianyar
✆ +62 812 31523624
www.hoteldinara.com

Chambre double à partir de 1 600 000 Rp. A 1,5km au nord d'Ubud. Spa et restaurant.

Un véritable havre de paix pour les voyageurs en quête de tranquillité non loin de la ville. Doté de 30 chambres et 2 villas, l'établissement allie modernité et style balinais pour un confort optimal. Les terrasses verdoyantes sont parfaites pour une immersion dans la nature et les suites avec balcon offrent une magnifique vue sur la forêt luxuriante. Un hôtel 4 étoiles aux tarifs attractifs pour une expérience intimiste. Plongez dans la piscine à débordement, savourez les plats généreux du restaurant « Melali » et profitez de la navette pour le centre-ville.

HOTEL TJAMPUHAN SPA €€

Jl. Raya Campuhan, Ubud, Kecamatan Ubud, Kabupaten Gianyar
✆ +62 361 975368
www.tjampuhan-bali.com

Chambre double à partir de 1 350 000 Rp. Spa.

Séjourner dans une résidence royale ? C'est possible dans cet établissement ! L'hôtel est l'une des demeures royales où la famille royale d'Ubud avait pour habitude d'inviter ses hôtes les plus prestigieux. Chaque bungalow traditionnel possède son propre style et sa propre décoration, témoignant du passé culturel et artistique de la région. Situé en flanc de vallée et à quelques mètres de la rivière Ayung, le spa propose un circuit dans plusieurs grottes dont la source aurait des vertus thérapeutiques. Un lieu authentique et riche en histoire !

BLUE KARMA DIJIWA UBUD €€€

Kelabang Moding, Banjar Bentuyung, Kecamatan Ubud, Kabupaten Gianyar
✆ +62 361 9081383
www.dijiwasanctuaries.com

Chambre à partir de 3 000 000 Rp. Piscine, restaurant, Spa, yoga, cours de cuisine, randonnées et excursions.

© BLUE KARMA DIJIWA UBUD

Bel établissement avec piscine offrant une vue imprenable sur les rizières. Le cadre paradisiaque invite à la détente, loin de l'agitation du centre-ville, un véritable havre de paix magnifiquement décoré. Les différentes structures inspirées des différentes formes d'architectures traditionnelles invitent au voyage. Les chambres sont belles et spacieuses, offrant une literie confortable et une vue sur la jungle où l'on peut apercevoir des écureuils. Le restaurant est excellent, et le petit déjeuner copieux. Une belle adresse à découvrir !

JUNGLE RETREAT BY KUPU KUPU BARONG €€

Jl. Raya Kedewatan, Kedewatan, Kecamatan Ubud, Kabupaten Gianyar
✆ +62 361 975478
www.jungleretreatbali.com

Chambre double à partir de 1 600 000 Rp

Hôtel sophistiqué à 4 km du musée Puri Lukisan et à 8 km de la forêt des singes. Les suites de l'hôtel sont équipées d'un mobilier artisanal en teck et offrent une vue sur la jungle. L'hôtel propose 3 restaurants raffinés avec vue sur la jungle, dont un japonais, un spa, une salle de sport et plusieurs piscines extérieures. Des cours de yoga, de danse et de cuisine sont proposés. Le Jungle Retreat propose également un service de location de vélos et organise des excursions locales.

WANA BUCU VILLAS €€€

Jl. Bisma, Ubud, Kecamatan Ubud
✆ +62 821 4733 0045
www.pramanaexperience.com
Villas avec piscine à partir de 3 000 000 Rp. Petit-déjeuner.

© WANA BUCU VILLAS

Niché au cœur d'Ubud, ce refuge intime et raffiné au milieu de la nature luxuriante de Bali offre des villas spacieuses qui disposent chacune d'une piscine privée et d'un espace de vie ouvert, parfait pour se détendre en toute sérénité. Inspirées par l'esthétique balinaise, les villas mêlent élégance moderne et touches locales, créant une ambiance chaleureuse. Idéalement situées à proximité de la forêt des singes et des rizières en terrasse, elles sont un point de départ parfait pour explorer Ubud tout en profitant d'un cadre paisible et ressourçant.

MURNI'S HOUSES & SPA €€

Jalan Raya Campuan, Setra Ubud Kelod, Ubud, Kec. Gianyar, Kabupaten Gianyar
✆ +62 361 975165
www.murnis.com
Chambre double à partir de 2 100 000 Rp.

Cet établissement possède 12 maisons confortables à la décoration traditionnelle balinaise. Certaines maisons comportent deux chambres, un salon, une véranda et deux baignoires. Murni's Houses and Spa appartenait au célèbre pionnier local Murni qui a fondé le premier restaurant international d'Ubud en 1974, ainsi que le premier magasin d'arts tribaux et d'antiquités à Ubud. Les objets d'art ornent les murs et font du Murni's Houses un véritable musée. Aux maisons, au restaurant et à la boutique s'ajoute un spa, propice à la détente.

SRI RATIH COTTAGES €€

Jl. Campuhan 1, Penestanan Kelod, Ubud, Sayan, Ubud
✆ +62 361 975638
www.sriratih.com
Chambre double à partir de 2 600 000 Rp.

Un bijou caché qui offre une échappée belle au cœur de la sérénité balinaise. Ce refuge paisible mêle harmonieusement le charme traditionnel à des touches de modernité, entouré de jardins luxuriants qui invitent à la relaxation. Les chambres, à la fois spacieuses et élégamment aménagées, offrent une vue magnifique, promettant confort et intimité. Le spa propose des soins revigorants, tandis que le restaurant séduit par ses délices culinaires. Sri Ratih Cottages est l'adresse idéale pour ceux en quête d'une expérience authentique et apaisante.

SVARGA BEBEK VILLA €€

Banjar teges, Jl. Raya Goa Gajah, Peliatan, Kecamatan Ubud, Kabupaten Gianyar
✆ +62 896 70011429 - www.svargabebekvillas.com
Chambre double à partir de 2 000 000 Rp, suite à partir de 3 500 000 Rp, villa à partir de 6 000 000 Rp.

L'établissement se compose de 3 espaces : une galerie d'art balinais et contemporain, un restaurant réputé pour son canard croustillant, et un complexe hôtelier. Au cœur de rizières et d'un jardin luxuriant, ce lieu est ponctué de petits temples et d'œuvres d'art, pour une atmosphère unique. Les chambres offrent une vue sur les rizières ou l'une des piscines, dont l'une ornée d'une sculpture de Goa Gajah. À 10 minutes du centre-ville, on se sent pourtant en pleine nature. Les suites, fraîchement rénovées, ajoutent une touche de modernité à ce cadre enchanteur.

UBUD VILLAGE HOTEL €€

Jl. Monkey Forest, Ubud, Kecamatan Ubud, Kabupaten Gianyar,
✆ +62 361 975571
www.theubudvillage.com
Chambre double à partir de 1 500 000 Rp. Petit déjeuner. Piscine.

Cet établissement est une oasis de quiétude tout proche de la Jalan Monkey Forest. Les 28 chambres offrent le confort d'un hôtel de cette catégorie avec une piscine en demi-lune. Les plus : Les jolies salles de bains en extérieur confectionnées en pierre, les piscines privées et un ravissant petit jardin tropical avec des palmiers pour se prélasser, le tout complète le décor des rizières adjacentes. Le petit-déjeuner est délicieux, le personnel est serviable et n'hésite pas à vous prodiguer des conseils tout au long de votre séjour.

© PRAMANA WATU KURUNG

© PRAMANA WATU KURUNG

© PRAMANA WATU KURUNG

PRAMANA WATU KURUNG €€€

Jl. Batu Kurung I No.4, Kedewatan,
Kecamatan Ubud, Kabupaten Gianyar
✆ +62 361 981799
www.pramanawatukurung.com

Chambre double à partir de 3 300 000 Rp. Yoga, navette. Cours de cuisine, bain de fleurs, spa, bar. Offres sur le site.

« Bienvenue chez vous » est la devise du Pramana Watu Kurung et aucun doute qu'ici le personnel fera tout pour que vous vous sentiez comme à la maison, mais en mieux ! Profitez de ce cadre exceptionnel, des belles vues sur la nature environnante entre rizières et la rivière Ayung visible depuis la piscine à débordement ou l'excellent restaurant de l'établissement. Continuez de vous évader au spa, en profitant d'un bain aux fleurs, ou encore d'un massage traditionnel balinais. Villas et suites d'un style Joglo javanais. Idéal pour un séjour romantique en amoureux !

© PRAMANA WATU KURUNG

© PRAMANA WATU KURUNG

PRAMANA VILLAS €€

Jalan Padang Getas, Singakerta, Ubud
✆ +62 821 4733 0045
www.pramanaexperience.com

Une large sélection de villas autour de : Ubud, Sanur, Seminyak et sur Nusa Penida. Petit déjeuner et services compris.

Les villas vous invitent à vivre une expérience unique au cœur de Bali. Ces villas luxueuses, nichées dans des cadres naturels idylliques, allient élégance et confort pour un séjour inoubliable. Chaque villa dispose d'une piscine privée, d'un espace de vie ouvert et d'une décoration inspirée de la culture balinaise, créant une atmosphère apaisante. Que vous souhaitiez explorer les rizières en terrasse d'Ubud ou simplement vous détendre dans un cadre tranquille, Pramana Villas est l'escapade parfaite pour profiter du charme de l'île.

© PRAMANA VILLAS

© PRAMANA VILLAS

ANANDA UBUD RESORT €€€

Jl. Raya Sanggingan, Kedewatan, Kecamatan Ubud, Kabupaten Gianyar ✆ +62 361 975376
ananda-cottages.com

Chambre double à partir de 1 200 000 Rp. Petit déjeuner. Piscine.

Situé dans les collines fraîches et tranquilles juste à l'extérieur du village d'Ubud, l'établissement offre une vue magnifique sur la campagne entourée de rizières fertiles et luxuriantes. La beauté naturelle de Bali est une partie intégrante de la propriété. Ananda Cottages dispose de 60 bungalows avec charpente balinaise, agrémenté d'un bassin à carpes et d'une piscine à débordement. Choisissez les chambres à l'étage pour une vue encore plus belle. L'établissement propose aussi des cours de yoga, de cuisine balinaise, de danse et de musique traditionnelles.

AYUNG RESORT UBUD €€€

Banjar Begawan, Melinggih Kelod, Payangan, Gianyar Regency ✆ +62 361 9001333
www.ayungresortubud.com

Chambre double à partir de 3 300 000 Rp. Joglos à partir de 6 000 000 Rp. Piscine.

Un hôtel magnifique, véritable musée à ciel ouvert ! Sur ses 8 hectares, le fondateur, ancien chef sculpteur, a réuni 800 artisans pour créer ce resort exceptionnel. Le Wijaya Kusuma, restaurant de fine dining, propose une cuisine indonésienne raffinée, tandis que le Spa Dwi Sri, 5 étoiles, surplombe la rivière Ayung. Les chambres, d'un luxe somptueux, sont décorées avec un soin impressionnant. On recommande particulièrement les *Joglos* aux murs sculptés. Activités variées : fitness, danse, randonnées, piscine naturelle pour des cérémonies de purification.

FURAMAXCLUSIVE RESORT & VILLAS €€€

Jl. Raya Mambal Banjar Bindu, Mambal, Mekar Bhuwana, Kec. Abiansemal, Kabupaten Badung
✆ +62 361 8988688
www.furama.com

Chambre double à partir de 1 100 000 Rp.

Cet hôtel propose deux types de villas : les exclusives avec un accès direct et privé sur la piscine naturelle, et les villas privées avec jardin et petite piscine. Le restaurant est excellent, avec un buffet balinais qui donne l'occasion de se familiariser avec la cuisine traditionnelle de l'île. Un pied-à-terre parfait pour des vacances zen et authentiques. Cours de cuisine, navette pour la ville… Un des meilleurs rapports qualité-prix de la ville pour ce type de logements.

© PURI SEBALI RESORT

© PURI SEBALI RESORT

© PURI SEBALI RESORT

PURI SEBALI RESORT €€€

Jl. Raya Sebali, Kelusa, Kecamatan Ubud, Kabupaten Gianyar
✆ +62 361 4792644
www.purisebaliresort.com

Chambre double à partir de 1 650 000 Rp. Vélo, confection d'offrande, peinture traditionnelle, yoga, Spa, restaurant.

Idéalement situé entre les villes de Ubud et Tegalalang, cet établissement pourrait faire office de club de vacances tant ses activités sont nombreuses et adaptées à tous ! D'ailleurs, n'hésitez pas à consulter leur site internet pour en avoir le détail. Dispose de suites ou villas d'un style mélangeant le moderne et le traditionnel avec une vue en contre-plongée sur les rizières. Parfait pour se reconnecter avec la nature tout en restant non loin d'Ubud et de bénéficier de plusieurs activités culturelles clés en main. Un bijou !

© PURI SEBALI RESORT

© PURI SEBALI RESORT

THE SANKARA SUITES & VILLAS BY PRAMANA €€€

Jl. Sri Wedari No.973, Ubud, Kecamatan Ubud, Kabupaten Gianyar
✆ +62 361 973597
www.thesankarasuite.com
Chambre double à partir de 2 100 000 Rp.
Yoga, randonnées, cours de cuisine et navette gratuite pour le centre. Bar.

Ubud ne manque pas d'hôtels haut de gamme et pleins de charme. Celui-ci, The Sankara Suites et Villas, ne fait pas exception. Mention spéciale pour le sublime spa avec le bain à remous sur le balcon, qui donne sur une nature magnifique et reposante. La piscine à débordement vous invite au repos et à la relaxation avec vue sur la vallée voisine. Prenez un cours de yoga ou participez aux nombreuses activités que propose l'hôtel. Idéal pour un voyage de noces !

© THE SANKARA SUITE ET VILLAS

© THE SANKARA SUITE ET VILLAS

HANGING GARDENS OF BALI €€€

Buahan, Payangan, Gianyar Regency
✆ +62 811 3800988
www.hanginggardensofbali.com
Chambre double à partir de 16 000 000 Rp.

Sanctuaire suspendu au-dessus de la forêt tropicale, offrant des vues époustouflantes et une tranquillité inégalée. Célèbre pour sa piscine à débordement spectaculaire, souvent citée comme l'une des plus remarquables au monde, ce resort propose des villas luxueuses avec une intimité garantie et un panorama exceptionnel. L'expérience culinaire, avec une touche de saveurs locales, enchante les palais, tandis que le spa promet détente et régénération grâce à des soins inspirés par la tradition balinaise. Une véritable immersion dans le luxe et la beauté.

HIDEAWAY VILLAGE BALI UBUD €€€

Jl. Raya Keliki, Kelusa, Kecamatan Ubud, Kabupaten Gianyar ✆ +62 813 3791 7778
www.hideawayvillagebali.com
Chambres double deluxe à partir de 4 800 000 Rp.
Villas avec piscine (de 1 à 3 chambres) disponibles. Restaurant et Spa.

Des villas flambant neuves, inaugurées fin 2023, nichées en flanc de falaise et surplombant une vallée verdoyante, à seulement 20 minutes du centre-ville. Ces résidences sont un véritable sanctuaire pour ceux qui cherchent à se ressourcer au son de la nature. Chaque villa dispose d'une piscine à débordement avec vue sur la jungle. Les chambres, lumineuses, sont dotées de grandes baies vitrées et d'un décor chaleureux en bois, fidèle au style traditionnel balinais.

KOMANEKA AT TANGGAYUDA €€€

Br. Tanggayuda, Kedewatan, Kecamatan Ubud, Kabupaten Gianyar
www.tanggayuda.komaneka.com
Chambre double à partir de 8 800 000 Rp.

Véritable sanctuaire caché au cœur de la forêt tropicale, entouré d'arbres fruitiers et offrant une vue sur le volcan sacré Mont Batukaru et la rivière Oos, cet établissement propose des chambres luxueuses. Les villas sont équipées d'une piscine privée et d'une baignoire en pierre volcanique. Le petit-déjeuner, le thé de l'après-midi sont inclus dans le tarif. L'hôtel dispose d'un restaurant, d'un café, de 2 piscines, d'une salle de sport et d'un spa. Les clients apprécient particulièrement les chambres, l'emplacement et les services et installations de l'hôtel.

© THE SEBALI RESORT

© THE SEBALI RESORT

© THE SEBALI RESORT

THE SEBALI RESORT €€€

Br. Kepitu, Kecamatan Ubud
✆ +62 361 972233
www.thesebali.com

Chambre double à partir de 3 500 000 Rp.
Cours de cuisine, randonnées, navette, restaurant & spa donnant sur la rivière.

Situé dans la partie nord de Ubud, surplombant une belle rivière, à seulement une centaine de mètres d'une cascade, se dresse fièrement l'établissement The Sebali Resort. Ambiance jungle, lianes, eau et espaces aériens, c'est sur le bord d'une colline que l'hôtel a ouvert ses portes fin 2022. Un endroit enchanteur proposant de belles villas avec piscine privée, un SPA haut-perché où vous serez bercés par le bruit des eaux, et un restaurant indonésien *healthy* et savoureux à la structure en bambou et matériaux naturels vertigineuse. Un voyage dans le voyage !

© THE SEBALI RESORT

© THE SEBALI RESORT

MANDAPA RITZ-CARLTON RESERVE €€€

Jl. Raya Kedewatan, Banjar, Kedewatan,
Kecamatan Ubud, Kabupaten Gianyar
✆ +62 361 4792777 - www.ritzcarlton.com
Chambre double à partir de 18 000 000 Rp. Spa. Fitness, club enfant, confection d'offrandes, excursions. Bar. Piscine.

Dans la famille *Luxury* je voudrais le champion ! Sans aucun doute, l'une des rares structures au vrai service 5 étoiles d'Ubud (son prix étant représentatif de sa catégorie). Le Mandapa est une œuvre d'art dédiée à un tourisme d'exception ! Le restaurant Kubu est quant à lui ouvert au public (si un dîner romantique se glisse dans votre programme). Un vrai coup de cœur pour cet établissement unique fait de suites et de villas, étalé le long d'une colline surplombant la rivière Ayung.

NANDINI JUNGLE BY HANGING GARDENS €€€

Br. Susut, Buahan, Kec. Payangan, Kabupaten Gianyar
✆ +62 812 3687 1170
www.nandinibali.com
Chambre double à partir de 3 900 000 Rp. Piscine.

Bel hôtel 5 étoiles qui offre une expérience unique en harmonie avec la nature environnante. Les villas de luxe, accessibles par ascenseur, offrent une vue imprenable sur la jungle depuis leur balcon privé. L'hôtel dispose d'une piscine à débordement, d'un bain à remous, d'un centre de remise en forme et d'un spa. L'hôtel propose également un service de navettes pour le centre-ville d'Ubud. Les clients apprécient particulièrement la tranquillité de l'endroit et son prix accessible.

PANDAWA VILLAS €€€

Jl. Raya Kendran No. 1, Br. Kepitu Tegallalang
www.pandawasvillas.com
Chambre double à partir de 4 900 000 Rp.

Pandawas Villas offre une atmosphère unique où l'on se sent rapidement comme chez soi. Inspirés par le *Mahabharata*, chaque villa et le salon central représentent l'un des cinq frères héroïques *Pandawa*, avec des couleurs thématiques, des bas-reliefs sculptés et de l'artisanat personnalisé. Les chambres sont spacieuses. Le restaurant Arjuna propose une cuisine occidentale, indienne, indonésienne et balinaise sous forme de buffet. Les 2 bars de l'hôtel et la piscine offrent une vue splendide sur le coucher de soleil. Le Spa propose de nombreux traitements.

THE ROYAL PITA MAHA €€€

Kedewatan, Ubud, Gianyar Regency
✆ +62 361 980022
www.royalpitamaha-bali.com
Chambre double avec piscine privée à partir de 5 000 000 Rp.

Un peu à l'écart, le Royal Pita Maha est un havre de paix. Après avoir longé les bassins aux poissons et les temples, et un autre bassin/piscine, la rivière serpente sur près de 75 mètres. La réception surprend par ses volumes et l'incroyable vue sur ce domaine luxuriant. L'hôtel compte quatre restaurants, et des activités telles que la peinture, la sculpture, des cours de cuisine, du jardinage, des cours de danse et de yoga y sont dispensées. Il faudra prendre l'ascenseur pour rejoindre sa villa balinaise traditionnelle sortant tout droit d'un conte de fées.

MONSIEUR SPOON €

99, Jl. Hanoman No.10, Ubud, Gianyar Regency
✆ +62 819 9971 0384
www.monsieurspoon.com
Ouvert tous les jours de 7h à 21h. Petit déjeuner, brunch et lunch en service continu de 50 000 Rp à 90 000 Rp.

Si la nostalgie d'un bon croissant ou d'un cordon bleu vous prend, sonnez à la porte de Monsieur Spoon ! Depuis 2012, cette boulangerie française familiale propose des viennoiseries, des gâteaux, d'appétissants sandwiches et tout un tas de gourmandises pour notre plus grand bonheur. Les jus de fruits frais sont excellents, surtout autour d'une formule petit-déjeuner. On aime les présentations colorées des assiettes et des produits, valorisant les fruits locaux et aussi les envies les plus sucrées et gourmandes. On recommande !

SNOW JAM CAFÉ €€

Jl. Raya Sanggingan No.40, Kedewatan, Kecamatan Ubud, Kabupaten Gianyar
Ouvert tous les jours de 12h à 21h. Siltarea. Smoothies. Brunch.

Découvrez ce café coréen, où vous trouverez en exclusivité le « Siltarea », une spécialité glacée remarquable. Les copeaux de glace y sont si fins qu'ils ressemblent à de la soie, tant visuellement que dans leur texture en bouche. Accompagné d'un très bon café, essayez la glace à la noix de coco et à la mangue, d'une saveur incomparable et déclarée par beaucoup comme la plus délicieuse jamais savourée. Les portions sont généreuses, parfaites pour partager. Le cadre est des plus agréables : un espace confortable doté d'un beau jardin, idéal pour une sortie familiale.

MOZAIC €€€

Jl. Raya Sanggingan
✆ +62 361 975768
www.mozaic-bali.com
Ouvert tous les jours de 12h à 00h30. Menu du midi 420 000 Rp. Menus en 6 ou 8 plats de 1300 000 Rp à 1 650 000 Rp.

© MOZAIC RESTAURANT GASTRONOMIQUE

Le Mozaïc, parmi les meilleures tables mondiales, offre une expérience gastronomique unique. Rénové récemment, le Mozaïc se compose de trois espaces : un restaurant gastronomique avec des menus dégustation de 6 ou 8 plats, une table d'expérience où le chef présente ses créations et explique leur réalisation, et la Tipple Room, un bistro. Le chef Blake Thornley, chef international originaire de Nouvelle-Zélande, y apporte son inspiration locale et des techniques culinaires internationales. Cette table promet un voyage culinaire inoubliable.

BUMI BALI RESTAURANT €

Jl. Monkey Forest, Ubud, Kecamatan Ubud, Kabupaten Gianyar
✆ +62 361 976698
Ouvert tous les jours de 08h à minuit. Plats à partir de 40 000 Rp.

Bumi Bali se trouve un peu plus bas que le terrain de foot. Au menu, poulet émietté au piment et au citron vert, assortiment de brochettes, crevettes aux épices balinaises et au lait de coco ou un excellent *nasi campur*. C'est aussi l'un des seuls restaurants de la ville où l'on peut manger du canard fumé (*betutu*) tous les jours sans commande préalable. Les plats du jour sont souvent des choix judicieux et les desserts (crêpe balinaise fourrée, glace miel gingembre maison…) divins. Le cadre, une grande terrasse couverte agrémentée d'un bassin, est reposant.

DEWA WARUNG €

Jl. Sri Wedari, Ubud, Kecamatan Ubud, Kabupaten Gianyar
Ouvert tous les jours de 10h à 22h. Plats à partir de 25 000 Rp.

Une sorte de cantine en plein air perchée en haut de marches peintes couleurs traditionnelles. Voici le rendez-vous de tous les backpackers et petits budgets qui visitent Ubud et recherchent un endroit populaire et authentique pour manger à la locale. Fougères à la noix de coco, currys, *nasi goreng*... le tout à des prix vraiment démocratiques ! Personnel assez sympathique et qui sera heureux de vous aider à choisir si besoin. On préfère vous prévenir d'avance, si vous êtes allergique à la promiscuité, passez votre chemin, l'endroit est souvent pris d'assaut.

MONSIEUR SPOON €

99, Jl. Hanoman No.10, Ubud, Gianyar Regency
✆ +62 819 9971 0384
www.monsieurspoon.com

Ouvert tous les jours de 7h à 21h. Petit déjeuner, brunch et lunch en service continu de 50 000 Rp à 90 000 Rp.

Si la nostalgie d'un bon croissant ou d'un cordon bleu vous prend, sonnez à la porte de Monsieur Spoon ! Depuis 2012, cette boulangerie française familiale propose des viennoiseries, des gâteaux, d'appétissants sandwiches et tout un tas de gourmandises pour notre plus grand bonheur. Les jus de fruits frais sont excellents, surtout autour d'une formule petit-déjeuner. On aime les présentations colorées des assiettes et des produits, valorisant les fruits locaux et aussi les envies les plus sucrées et gourmandes. On recommande !

MURNI'S WARUNG €

Jl. Raya Ubud, Ubud, Kecamatan Ubud, Kabupaten Gianyar
✆ +62 361 975233
www.murnis.com

Ouvert tous les jours de 09h à 22h. Plats à partir de 45 000 Rp.

Demandez Murni's à votre arrivée à Bali et votre chauffeur saura où vous emmener. Car tout le monde connaît la propriétaire des lieux. Murni concocte depuis des décennies une cuisine indonésienne et thaïe à la fois authentique et travaillée, à base d'ingrédients frais et de qualité. Le warung fut le rendez-vous des branchés des années 1974-1980. Dans un cadre superbe (descendez les terrasses successives accrochées à la gorge pour arriver tout en bas, dans un bain de fraîcheur et de végétation). Les gâteaux maison sont simplement divins.

RODA RESTAURANT €

Jl. Kajeng No.24, Ubud, Kecamatan Ubud, Kabupaten Gianyar ✆ +62 361 75 487
www.rumahroda.com

Ouvert tous les jours de 09h à 21h. Plats dès 35 000 Rp ; Buffet balinais le dimanche soir (de 19h à 22h).

Sous la présence de Darta, le chef de cette famille balinaise, découvrez les saveurs des repas de fête à un prix très abordable. Cette nourriture s'appelle « *Magibung* » qui signifie « manger ensemble par terre ». Bien sûr les convives sont à table, mais la convivialité est de la partie. Buffet balinais le dimanche soir avec explication des mets (de 19h à 22h). Une belle occasion de se familiariser avec la cuisine traditionnelle de l'île, servie habituellement les jours de fête. La nourriture est élaborée à partir de produits organiques, sans ajout.

WARUNG BABI GULING IBU OKA 1 €

Jl. Suweta No.1, Ubud, Kecamatan Ubud, Kabupaten Gianyar ✆ +62 361 976345

Ouvert tous les jours de 11h à 19h. Plats à partir de 35 000 Rp et jusqu'à 70 000 Rp pour le menu complet.

Un incontournable ! C'est la meilleure adresse où essayer la spécialité locale : le *babi guling* (cochon farci d'épices et de piment puis cuit à la broche). On peut s'asseoir autour d'une table ou par terre. N'ayez pas peur si les lieux ne semblent pas d'une propreté impeccable, la nourriture est divine. Les balinais préfèrent la peau du cochon. Un conseil : il vaut mieux y aller tôt pour être sûr de pouvoir goûter les bons morceaux. 2 autres établissements Ibu Oka en cas d'affluence.

WARUNG PULAU KELAPA €

Jl. Raya Sanggingan Jl. Raya Lungsiakan, Kedewatan, Kecamatan Ubud, Kabupaten Gianyar
✆ +62 812 8223 0808
www.warungpulaukelapa.com

Ouvert tous les jours de 10h à 23h.

Situé à seulement 10 minutes du centre d'Ubud, l'établissement est dans un style d'ancienne époque ethnique comme concept de design d'intérieur, représentant la maison javanaise. L'idée, c'est de se sentir ici ailleurs, plongé dans l'histoire balinaise et son art. Tout est fait maison et frais. Grâce au jardin biologique, les clients peuvent voir les épices et les plantes couramment utilisées dans la cuisine, telles que la citronnelle, le galanga, les clous de girofle, la muscade, le piment et bien d'autres. Délicieux et authentique ! Une bonne adresse à retenir.

BEBEK BENGIL « DIRTY DUCK DINER » €€

Jl. Hanoman, Ubud, Kecamatan Ubud, Kabupaten Gianyar ✆ +62 361 975489
www.bebekbengil.co.id

Ouvert tous les jours de 10h à 23h. Plats à partir de 80 000 Rp. Certains plats sont à précommander 48h en avance.

C'est une institution locale et si vous demandez à n'importe qui à Ubud où manger du bon canard, on vous répondra sans hésiter le Dirty Duck. Au Bebek Bengil de Hanuman, le cadre est immense et magnifique ; dédale de jardins donnant sur les rizières et ponctué de pavillons individuels… Le restaurant propose une carte bien fournie mais on vient ici surtout pour les canards, qui sont servis croustillants ou fumés. Le tout reste romantique et tellement bon !

BEBEK TEPI SAWAH €€

banjar teges, Jl. Raya Goa Gajah, Peliatan, Kecamatan Ubud, Kabupaten Gianyar
✆ +62 815 5807 0210
Ouvert tous les jours de 10h à 22h.

Une véritable pépite ! Ce qui rendra votre expérience des plus authentique, c'est de savourer votre repas assis au sol autour d'une table, comme le veut la tradition locale. Le canard, spécialité emblématique d'Ubud, y est préparé à la perfection et ne doit absolument pas être manqué. Un cadre convivial et une cuisine authentique font de ce lieu un arrêt incontournable pour les gourmands en quête de saveurs locales. Leur dessert signature, *Es Podeng*, un délicieux pudding de riz au lait de coco accompagné de glace maison, est à essayer !

CHORA MEDITERRANEAN RESTAURANT €€

Jl. Bisma No.70, Ubud, Kecamatan Ubud, Kabupaten Gianyar ✆ +62 877 8202 7803
www.choraubud.com
Ouvert tous les jours de 08h à minuit. Entrées : 90 000 Rp, Plats : 150 000 Rp, Grill : 250 000 Rp. Menu : 615 000 Rp.

Nouveau venu de la cuisine méditerranéenne en ville, il propose une cuisine aux influences grecques, avec des plats finement élaborés. Les classiques méditerranéens sont bien présents (crevettes grillées, langouste, carpaccio, salades), mais les amateurs de viande seront aussi comblés avec des pièces comme le tomahawk, wagyu ou Angus. Le décor « bord de mer » évoque une ambiance *café del mar*. Une expérience culinaire raffinée, parfaite pour les amateurs de bons produits.

CAFÉ DES ARTISTES €€

Jl. Bisma No.9X, Ubud, Kecamatan Ubud, Kabupaten Gianyar
✆ +62 361 972706
www.cafedesartistesbali.com
Ouvert tous les jours de midi à 23h. Plats à partir de 80 000 Rp. Propositions végétariennes.

Cuisine locale et internationale, à la carte des viandes ou dans un autre style des plats végétariens. Recommandé depuis de nombreuses années, vous pouvez y aller les yeux fermés, car les produits travaillés sont excellents. Pour les curieux : pourquoi le *Café des artistes* ? A l'intérieur, plusieurs objets sont exposés, comme des tableaux, des sculptures… et si vous avez apprécié, on vous invite à vous rendre dans la boutique d'en face qui recèle d'objets de décoration et d'œuvres d'art, antiques ou modernes. Ici on nourrit le corps et l'esprit. A bon entendeur...

INDUS RESTAURANT €€

Jl. Raya Sanggingan, Kedewatan, Kecamatan Ubud, Kabupaten Gianyar
✆ +62 821 3877 3739
www.casalunabali.com
Ouvert tous les jours de 11h à 23h. Tapas à partir de 65 000 Rp. Plats à partir de 95 000 Rp.

Ce magnifique restaurant, idéal pour une soirée, vous invite à déguster des plats originaux et succulents qui fusionnent les saveurs indonésiennes et occidentales. Profitez du début de soirée pour savourer un verre tout en admirant la vue spectaculaire sur la forêt et les rizières qui serpentent vers la rivière, avec le Mont Agung se dessinant au loin. La décoration est sublimée par de jolies sculptures balinaises créant une atmosphère envoûtante. Le service, très professionnel, complète l'expérience culinaire dans ce lieu hors du temps.

CAFE WAYAN €€

Jl. Monkey Forest, Ubúd, Kecamatan Ubud, Kabupaten Gianyar
✆ +62 361 975447
www.cafewayan.com
Ouvert tous les jours depuis 1986 de 10h à 23h. Plats à partir de 75 000 Rp.

Une institution et bien plus encore depuis 4 décennies ! Du classique *nasi goreng* au canard fumé en passant par le *gado gado*, le Café Wayan se distingue aussi pour ses pâtisseries exotiques. Dans un charmant jardin, des tables disséminées entre quelques points d'eau. L'endroit est également célèbre grâce au livre « Eat, spray, love » qui offre un cadre enchanteur où la nourriture est très bonne, tout pour passer un bon moment. Des cours de cuisine sont dispensés sur rendez-vous pour tous ceux qui veulent prolonger l'expérience culinaire.

KAFE BATAN WARU €€

Jl. Dewisita, Ubud, Kec. Gianyar, Kabupaten Gianyar
✆ +62 361 977528
www.baligoodfood.com
Ouvert tous les jours de 08h à minuit. Plats à partir de 50 000 Rp.

Vous pouvez vous contenter de goûter le *nasi goreng* ou le *mie goreng*, délicieux, ou vous aventurer dans un curry maison, un tempé mariné à la coriandre ou la fougère à la noix de coco râpée. De la vraie cuisine balinaise et indonésienne confectionnée avec des ingrédients frais et de qualité et des assemblages d'épices maison. On vient s'y régaler que l'on soit carnivore ou végétarien. Et avec beaucoup de choix, tout le monde y trouve son compte. Et pour terminer, on se laisse tenter par un des excellents desserts maison et nombreux cocktails.

MELALI UBUD €€

Jl. Sri Wedari No.58, Ubud, Kecamatan Ubud, Kabupaten Gianyar ✆ +62 813 3711 6490
www.melalibali.id

Ouvert tous les jours de 07h à 23h. Granula 80 000 Rp, jus de fruit 45 000 Rp, bowls 80 000 Rp, plats 110 000 Rp.

Une adresse pleine de charme pour savourer des plats frais et sains. Le Melali met à l'honneur une cuisine locale et raisonnée, avec un menu végétarien et indonésien. Les salades et bowls sont généreux, la soupe de lentilles est parfaite, et les sauces bien équilibrées. Vous trouverez le Tuna Poke Bowl et le Nasi goreng figurent parmi les plats signatures. Le restaurant, attaché au Dinara, se distingue par sa simplicité et propose des classiques indonésiens sans prétention. Une belle découverte pour ceux qui recherchent des saveurs authentiques et équilibrées.

TAMAN DEDARI €€

Kedewatan, Ubud, Gianyar Regency
✆ +62 361 977801
www.tamandedari.com

Ouvert tous les jours de 10h à 23h.

Découvrez un lieu majestueux où service agréable et délices culinaires se rencontrent, offrant un mélange savoureux de spécialités locales et internationales. Plus qu'un simple restaurant, c'est un véritable sanctuaire niché dans la verdure, mariant harmonieusement art, histoire et gastronomie. Les statues grandioses et les jardins aquatiques ajoutent à son caractère unique, créant un décor féerique. Bien que la cuisine ne soit pas exceptionnelle, elle reste tout à fait appréciable. Sympa pour un dîner romantique à Bali, pour une belle expérience.

MUSE CAFE & ART €€

Jl. Sri Wedari No.6b, Ubud, Kecamatan Ubud, Kabupaten Gianyar
✆ +62 811 3809394
www.musebali.com

Ouvert tous les jours de 07h à 23h.

Voilà un excellent établissement qui propose, midi et soir, une fabuleuse cuisine indienne. Le matin, on vient y savourer un excellent thé ou café avec évidemment toutes ses variations : cappuccino, matcha latte... Mais aussi smoothies et jus frais. On associe cela avec un petit-déjeuner sain et savoureux. Puis vient le midi et le soir, on se laisse séduire par des currys, des dhals et compagnie. Le plus : de nombreux choix pour les végétariens, les régimes sans gluten... Belle sélection également de cocktails et de vins, rouges ou blancs.

THREE MONKEYS CAFE €€

Jl. Monkey Forest, Ubud, Kecamatan Ubud, Kabupaten Gianyar
✆ +62361975554
www.threemonkeyscafebali.com

Ouvert tous les jours de 08h à 23h. Plats à partir de 79 000 Rp. Salades à partir de 60 000 Rp.

On vient chercher ici une ambiance agréable dans cette adresse incontournable de la ville. Le restaurant donne d'un côté sur des rizières et de l'autre sur la rue principale. La carte est relativement fournie avec plusieurs plats balinais ou asiatiques - comme les nouilles et le riz - ou occidentaux consistants, mais aussi quelques salades et des pizzas pas si mal. On trouvera du poisson, de la viande mais aussi plusieurs choix végétariens qu'on pourra accompagner d'un des vins du monde à la carte. Il s'agit d'une valeur sûre.

PASIR RESTAURANT €€

Jl. Monkey Forest, Ubud, Kecamatan Ubud, Kabupaten Gianyar
✆ +62 811 2833838

Ouvert tous les jours de midi à 23h. Plats de 80 000 Rp à 355 000 Rp. Jus frais : 45 000 Rp, cocktails : 109 00 000 Rp.

Une expérience tout simplement remarquable. La décoration, épurée et soignée, crée une atmosphère accueillante et sereine, tandis que le personnel chaleureux et attentionné assure un service impeccable. La présentation des mets est raffinée et la nourriture savoureuse, avec des accords de saveurs parfaitement maîtrisés. Les prix sont abordables pour cette qualité. Mention spéciale pour les succulentes entrées, la burrata et le poulpe grillé... un vrai régal ! Le restaurant propose même des menus enfants avec des coloriages pour les occuper et des jouets.

ZEST UBUD €€

Jl. Penestanan No.7, Sayan, Kecamatan Ubud, Kabupaten Gianyar ✆ +62 823 4006 5048
www.zestubud.com

Ouvert tous les jours de 08h à 22h. Salades et bowls à partir de 70 000 Rp. Sushi 8 pièces à 65 000 Rp.

Un restaurant qui rend hommage au terroir de Bali en créant une cuisine végétarienne locale revisitée. On y déguste une cuisine raffinée, authentique et haute en couleur ! Entièrement à base de plantes issues de l'agriculture locale et biologique. Zest, c'est aussi un lieu de rencontres, de connexion, de partage. Centre de méditation et de yoga, musique live, ateliers interactifs autour du développement personnel, de modes de consommation de vie sains et durables. Décoration exotique pour une atmosphère particulière qui fait que Le Zest Ubud a le vent en poupe !

KUBU AT MANDAPA €€€

Jl. Raya Kedewatan, Banjar, Kedewatan, Kecamatan Ubud, Kabupaten Gianyar
✆ +62 361 4792777 - www.ritzcarlton.com
Ouvert tous les jours le soir de 17h30 à 23h (dernière commande à 22h30). Menus dégustations. Réservation obligatoire.

Avis aux romantiques, le Kubu at Mandapa propose de dîner dans des cocons en bambou au bord d'une rivière. Un cadre enchanteur où vous arrivez en voiture de golf... La carte met en avant une cuisine européenne réalisée avec des produits frais sélectionnés avec justesse par le chef Maurizio Bombani, originaire du sud de l'Italie. Un restaurant gastronomique aux influences méditerranéennes où personne n'est lésé puisque les végétariens et les enfants disposent d'une carte pour eux. Un endroit idyllique, seulement 9 cocons donc privilégiez les réservations.

NUSANTARA BY LOCAVORE €€€

Jl. Dewisita No.09C, Ubud, Kecamatan Ubud, Kabupaten Gianyar ✆ +62 877 4741 1496
www.locavore-ubud.com
Ouvert tous les jours de midi à 14h30 et de 18h à 21h30. Menu 475 000 Rp, plats à partir de 75 000 Rp.

Les chefs sélectionnent des produits indonésiens et les subliment dans l'assiette. Des dressages tendance et colorés, bien loin des plats traditionnels des *warungs* locaux. « Cuisine moderne - Produits locaux », voici une adresse gastronomique à ne pas manquer si vous voulez vous faire vraiment plaisir. Mais mieux vaut avoir du temps devant soi, afin de déguster des menus en 6 plats déclinés en deux tendances : locavore ou herbivore pour les végétariens. Avec ses 4 adresses : Nusantara, Herbivore, NXT et Locavore to go, c'est l'une des meilleures tables de l'île.

ROOM4DESSERT €€€

Jl. Raya Sanggingan, Kedewatan, Kecamatan Ubud, Kabupaten Gianyar
✆ +62 813 3705 0539
www.room4dessert.com
Ouvert du mardi au dimanche de 16h à 23h. Menus dégustations de 740 000 Rp à 1 150 000 Rp.

Will Goldfarb, célèbre chef pâtissier, a créé à Bali un restaurant dédié aux desserts, puisant dans les richesses des plantations locales pour offrir des créations sublimes. Chaque dessert, aussi délicieux qu'étonnant, raconte une histoire et est présenté avec soin. L'originalité du concept, permettant de dîner dans 3 salles différentes et d'observer la préparation des plats, ajoute à l'attrait. Le service est impeccable, l'atmosphère et le cadre parfaits. Le menu dégustation de 9 plats est exceptionnel, tout comme le Pairing de cocktails, à ne pas manquer.

NACIVET ART PHOTOGRAPHY GALLERY UBUD

14 Jl. Monkey Forest ✆ +6281337653027
https://nacivet.com
Format 10X15cm à 150X400cm prix 170000 Rp à 350000 Rp. Droits d'auteur protégés, original & impression haute résolution.

© NACIVET ART GALLERY

Jean-Paul, grand voyageur, s'est installé à Bali en 1997 après avoir parcouru une bonne partie du globe. Photographe reconnu, il est désormais bien implanté dans la région et propose des photos en couleur ou noir et blanc, disponibles en cadre ou en rouleau. Ses œuvres sont accessibles à des prix abordables et il offre également un service d'expédition internationale. Certaines de ces œuvres, originales et émouvantes, ne manqueront pas de captiver votre regard.

ANOMALI COFFEE

Jl. Raya Ubud No.88, Petulu, Kecamatan Ubud, Kabupaten Gianyar
✆ +62 361 972263
Ouvert tous les jours de 07h à 22h.

Bouquiner en terrasse en appréciant une pâtisserie ou une viennoiserie maison... Déguster une sélection de cafés en grains indonésiens d'excellente qualité... Voilà au moins deux bons arguments pour sélectionner cette adresse dans le centre-ville. L'avantage de l'Anomali Coffee, outre sa position centrale, ce sont les horaires d'ouverture. On peut y venir tôt le matin, prendre son café avant d'attaquer sa journée, faire une pause à 11h, venir dans l'après-midi prendre une gourmandise ou un cocktail à l'heure de l'apéro... Le choix est vaste !

ARY'S BOOK CAFE

Jalan Raya Ubud 35
✆ +62 361 975959
Ouvert tous les jours de 07h à 21h30. Bière dès 30 000 Rp. Cocktails à partir de 55 000 Rp. Happy Hour de 18h à 20h.

Ary's Book Cafe est idéalement situé dans le centre d'Ubud avec une grande plage horaire d'ouverture. Vu de l'extérieur, l'endroit ne paye pas de mine, mais laissez-vous tenter et aller prendre un verre - ou même manger - dans le jardin... C'est reposant ! Le soir, on apprécie la bonne ambiance avec la musique dans ce bar fréquenté par de nombreux touristes. Un resto à l'étage et un bar en bas, avec des sofas et - comme son nom l'indique - des livres à disposition. Seul bémol, l'endroit est un peu cher, mais les verres sont bien servis.

CARAMEL PATISSERIE & CAFE

Jl. Hanoman No.4 B, Ubud, Kecamatan Ubud, Kabupaten Gianyar
✆ +62 812 3368 8168
Ouvert tous les jours de 10h à 15h.

« La vie est trop courte, commencez par le dessert ». C'est l'adage du Caramel Ubud et ça donne le ton ! Alors avis aux gourmands, aucune hésitation à avoir avant de franchir le pas de cette porte pour venir déguster un dessert bien mérité. Au menu, des tartes au chocolat sur une dacquoise de noix de coco, un tiramisu tropical à base d'ananas, de passion, des opéras... Ainsi qu'une grande variété de gâteaux au chocolat ou de fruits... De quoi faire saliver...

L.O.L BAR & RESTAURANT

Jl. Monkey Forest, Ubud, Kecamatan Ubud, Kabupaten Gianyar
✆ +62 361 973398
Ouvert tous les jours de 11h à 1h du matin. Cocktails à partir de 60 000 Rp.

Musique live et ambiance sympathique vous attendent dans ce bar pour se détendre et boire un verre. Il est situé dans le centre-ville agréable, et le must - on y trouve quelques tables de billard pour s'amuser avec des amis ou des inconnus. Une estrade accueille des groupes souvent aux influences *reggae*, mais parfois c'est plutôt ambiance rock. Le service est sympathique, et les cocktails toujours très bons ! On vous recommande d'aller y faire un tour si vous cherchez un endroit entre amis pour vous amuser et rencontrer des locaux.

LAUGHING BUDDHA BAR

Jl. Monkey Forest, Ubud, Kecamatan Ubud, Kabupaten Gianyar
✆ +62 361 970928
www.laughingbuddhabali.com
Ouvert tous les jours de 16h à minuit. Cocktails à partir de 115 000 Rp.

C'est l'une des excellentes adresses de la nuit à Ubud : ni trop grande ni trop bruyante, ni trop « bling-bling » ni trop *cheap*. Au Bouddha rieur, on se déplace entre la minuscule terrasse sur la rue et la grande salle principale haute de plafond, on goûte quelque spécialités culinaires bien préparées - avec un grand choix de tapas à partager ou non, mais surtout on se détend. Certains soirs, des groupes *live* se produisent. Et toujours, comme dans de nombreux bars d'Ubud, on y déguste d'excellents cocktails ! On recommande fortement.

BALI ART FAMILY

JL Sriwedari 16, Ubud, Kecamatan Ubud, Kabupaten Gianyar
✆ +62 366 974618
Ouvert tous les jours.

Petite boutique tenue par une famille d'artistes venant du village de Batuan, où la créativité se transmet de génération en génération. Cette famille, composée de danseurs, de fabricants de masques et de peintres, propose une multitude de décorations artistiques. Parmi leurs créations, vous trouverez de magnifiques macramés, des masques de carnaval, des lampes ornées de perles, des sacs et des colliers, tous plus artistiques les uns que les autres. Chaque pièce est imprégnée de l'âme de BALI, apportant un souffle d'art et de tradition dans votre quotidien.

GANESHA BOOKSHOP

Jalan Raya Ubud On the corner of Jalan Jembawan, near, Bali Buda, Kecamatan Ubud, Kabupaten Gianyar
✆ +62 361 970320
www.ganeshabooksbali.com
Ouvert tous les jours de 9h à 18h.

Une librairie bien achalandée en bouquins de toutes sortes que ce soit de la littérature balinaise, des bouquins de tourisme, des bouquins de cuisine ou encore de la littérature internationale... Petit bémol tout de même pour les non bilingues, la majeure partie des ouvrages sont en anglais. Donc, si vous avez un peu de mal dans la langue de Shakespeare, attardez-vous sur le rayons CD. Une sélection éclectiques de musiques traditionnelles balinaises y est proposée. Le *International Herald Tribune* est en vente ici, pour les amateurs.

PERIPLUS

Jl. Raya Ubud No.88, Ubud, Kecamatan Ubud, Kabupaten Gianyar
✆ +62 813 3875 4007
Ouvert tous les jours de 9h à 22h.

La chaîne indonésienne Periplus édite de nombreux ouvrages en anglais sur l'île de Bali - que ce soit au sujet de la cuisine balinaise ou indonésienne et ses plats locaux, ou encore de précieuses cartes routières ou des cartes de randonnées pour les plus sportifs et aventureux, des ouvrages d'art, de cinéma, de photographie et compagnie - et elle possède une grande sélection de littérature contemporaine ou pour enfants et de romans disponibles également en anglais. Comme mentionné précédemment, quasiment pas d'ouvrages en français.

YIN JEWELRY FOR THE SOUL

Jl. Dewisita, Ubud, Kec. Gianyar, Kabupaten Gianyar ✆ +62 361 970718
www.yinjewelryforthesoul.com
Ouvert tous les jours de 09h00 à 21h00.

Ouverte depuis 2012, par Joanna Witt - une expatriée tombée amoureuse de l'endroit - c'est certainement l'une des plus belles bijouteries d'Ubud mais aussi l'une des plus achalandées. On y trouve de nombreuses pièces originales en or ou argent faciles à porter, des bagues, des boucles d'oreilles, des bracelets, des pendentifs, tous fabriqués localement. On recommande ! Le plus : pour se faire envie, on peut jeter un œil à leur site internet, qui met en avant toutes les dernières collections. Également la possibilité d'acheter en ligne.

UBUD BODYWORKS CENTRE

Jl. Hanoman No.25, Ubud, Kecamatan Ubud, Kabupaten Gianyar
✆ +62 81 339 175 388
www.ubudbodyworks.com
Ouvert tous les jours de 11h à 20h. Comptez 295 000 Rp pour 1 heure de massage et 385 000 Rp pour une 1h30.

© UBUD BODYWORKS CENTRE

Bali regorge de centres de massage, et il peut être difficile de choisir. Pour une expérience inoubliable, rendez-vous au Ubud Bodyworks Centre, reconnu pour offrir les meilleurs massages d'Ubud depuis plus de 10 ans. Parmi ses nombreuses options, le massage *deep tissue* est particulièrement recommandé. Derrière une entrée discrète se cache un spa sans chichis, mais aux soins remarquables. La musique indienne et le talent des masseurs, notamment celui de M. Agung Putra, vous transporteront ailleurs. Une adresse à découvrir et à recommander les yeux fermés !

CASA LUNA COOKING SCHOOL

Honeymoon Guesthouse, Jl. Bisma No.5, Ubud, Kecamatan Ubud, Kabupaten Gianyar
✆ +62 361 973282
www.casalunabali.com
Ouvert du lundi au samedi de 09h à 14h et le dimanche de 17h à 21h. Cours de cuisine à partir de 450 000 Rp.

L'établissement propose des cours de cuisine tous les jours et c'est certainement celui qui propose la plus grande diversité de cours de la ville. Le lundi, c'est autour du poisson, le mardi, c'est parti pour un tour au marché, le mercredi ce sont les plats de cérémonie, le jeudi c'est le tour du marché de jour ou de nuit, le vendredi c'est marché et cours pour débutants, le samedi c'est axé sur les plats végétariens et la nourriture médicinale, enfin le dimanche c'est préparation du canard laqué ! Une expérience enrichissante à ne pas manquer !

GRAHA ADVENTURE RAFTING

Jl. Raya Kedewatan, Kedewatan, Kecamatan Ubud, Kabupaten Gianyar ✆ +62 361 8700559
www.grahaadventure.com
Session rafting à partir de 1 000 000 Rp/adulte et 800 000 Rp/enfant. Rafting, trekking, biking, quad, cycling, kayak.

Graha Adventure propose des sessions de rafting, mais aussi des tours à vélo et des treks, pour le plus grand plaisir des petits et des grands. Pour découvrir autrement les merveilles de la campagne environnante du centre de Bali, rien de mieux que de prendre les différentes voies de traverse ou d'eau. Rien à redire sur la sécurité qui est parfaitement maîtrisée. Pour un moment sportif à la découverte d'un Ubud autrement. N'hésitez pas à vous rendre sur le site ou à les contacter pour connaître tout leur programme et les différents types d'activités.

UBUD ET LE CENTRE

MASON ADVENTURES

Jl. Raya Kedewatan No.II, Kedewatan, Kecamatan Ubud, Kabupaten Gianyar ✆ +62 361 721480
www.masonadventures.com
Rafting à partir de 695 000 Rp. Excursion en buggy à partir de 750 000 Rp. Safari en éléphant à partir de 900 000 Rp.

Mason Adventures, le leader des aventures en plein air à Bali, offre une palette d'activités exaltantes. De l'adrénaline du rafting sur les rivières tumultueuses à l'exploration en VTT des paysages cachés et des vols en hélicoptère offrant des vues à couper le souffle, chaque aventure promet des sensations fortes. Guidés par des experts passionnés et soucieux de votre sécurité, vous êtes assurés d'une expérience enrichissante. Parfait pour les amateurs de sensations fortes comme pour les familles, Mason Adventures crée des moments inoubliables en pleine nature.

PONDOK PECAK LIBRARY & LEARNING CENTER

Jl. Monkey Forest, Ubud, Kecamatan Ubud, Kabupaten Gianyar
✆ +62 361 976194
Ouvert tous les jours de 09h à 17h.

En plus d'être une grande bibliothèque détenant un intéressant stock en anglais, notamment sur Bali, ce centre associatif dispense de nombreux cours de langue indonésienne, de gamelan, de danse, de sculpture sur bois, de cuisine, de céramique, etc., avec des prix très raisonnables. Les bénéfices vont directement à la promotion de l'accès à l'éducation et à la culture pour les enfants balinais. Ambiance chaleureuse et authentique. Un excellent lieu d'apprentissage.

ROYAL KIRANA SPA

Jl. Raya Kedewatan, Kedewatan, Kecamatan Ubud, Kabupaten Gianyar ✆ +62 361 976333
www.royalkirana.com
Ouvert tous les jours de 09h à 20h. Traitement de base 700 000 Rp, classique 1 500 000 Rp, complet 3 000 000 Rp.

Le Royal Kirana Spa est le plus grand et le plus réputé spa d'Ubud. S'étendant sur 4 hectares, le spa est composé de 6 villas où sont proposés les multiples traitements, massages, gommages et autres bienfaits. Longeant la rivière Ayung, vous évoluez dans un cadre enchanteur, bercé par le bruit des eaux et de la nature luxuriante environnante. Chaque villa de massage dispose de sa propre piscine, de douches et d'un sauna pour une immersion dans un monde de détente totale. L'endroit pour ceux qui veulent une expérience spa et massage de qualité !

SOBEK ADVENTURE RAFTING

Jl. Raya Kedewatan I, Kedewatan, Kecamatan Ubud, Kabupaten Gianyar ✆ +62 819 1177 5396
www.balisobek.com
Session à partir de 79 $US /personne pour le rafting ou le vélo. Pickup possible dans différentes parties de Bali.

Sobek est l'un des plus gros spécialistes de l'aventure à Bali, reconnu par beaucoup comme tel. Si vous aimez l'excitation des descentes en rafting (notamment sur les rivières Ayung et Telaga Waja), les pentes dévalées à pleine vitesse en VTT, ou encore si vous voulez découvrir le fun de l'eco-trekking dans la forêt à Bédugul, toutes ses activités sont au programme de cette compagnie balinaise. Pas de bureau, il faut réserver à l'avance sur Internet ou passer par une agence. Coup de cœur pour la descente en rafting qui est extra !

SRI RATIH SPA

Jalan Campuhan 1, Penestanan Kelod, Sayan, Kecamatan Ubud, Kabupaten Gianyar
✆ +62 361 975638
www.sriratih.com
Ouvert tous les jours de 10h à 21h.

Au Sri Ratih Spa, l'expérience est exceptionnelle. Accueillis chaleureusement avec une boisson de bienvenue et une douche rafraîchissante, les massages de 90 minutes vous plongeront dans une relaxation sans pareille. Les thérapeutes, alliant professionnalisme et bienveillance, ont rendu ce moment inoubliable. Couronné par du thé et une petite douceur, une des meilleures expérience massage de la région. Situé idéalement, le spa offre une évasion tranquille au bord d'un champ, garantissant une expérience absolument imbattable.

UBUD TRADITIONAL SPA

Jalan Rsi Markandya I Payogan, Kedewatan, Kec. Gianyar, Kabupaten Gianyar ✆ +62 361 8989540
www.ubudtraditionalspa.com
Ouvert tous les jours de 10h à 22h. Massage traditionnel balinais à partir de 180 000 Rp. Royal massage à 325 000 Rp.

Ubud Traditional Spa est un véritable havre de paix et une véritable institution offrant une expérience de relaxation inégalée. Avec des massages d'une qualité exceptionnelle, l'établissement promet une détente profonde. L'accueil personnalisé, avec boissons et plateau de fruits, ainsi que le professionnalisme et la gentillesse des thérapeutes, Gita et Kim, enveloppent les visiteurs dans une atmosphère de bien-être absolu. La prise en charge avec transport privé depuis le palais d'Ubud, cabines climatisées, et thé au gingembre post-massage, sont des vrais plus.

OKA KARTINI SHADOW PUPPET PERFORMANCE

Gg. Beji No.35, Ubud, Kecamatan Ubud, Kabupaten Gianyar
✆ +62 896 7321 2905
Tous les mercredis, vendredis et dimanches de 20h à 21h15.

Découvrez la magie du théâtre d'ombres au Oka Kartini, un spectacle captivant de marionnettes traditionnelles. Sur une toile blanche, les ombres dansent, animées par des artistes qui manipulent avec adresse des marionnettes de cuir, illustrant principalement des scènes du Mahabharata. Notez toutefois que les représentations sont en balinais, ce qui pourrait moins captiver les plus jeunes. Un rendez-vous culturel à ne pas manquer pour une immersion dans l'art traditionnel balinais.

SAYAN ★★

A l'ouest du centre-ville, après Penestanan en continuant vers l'est. Outre sa vue magnifique sur la rivière Ayung, le village est connu pour avoir accueilli, dans les années trente, le célèbre musicologue américain Colin McPhee. Aujourd'hui, plusieurs artistes ont choisi de vivre dans le charmant environnement de Sayan, qui abrite par ailleurs les hôtels les plus luxueux d'Ubud, jouissant d'un environnement naturel à couper le souffle. Une balade à Sayan est revivifiante. Côté transport, vous pouvez venir en bus, voiture ou en moto. On vous déconseille le vélo - sauf si vous êtes très sportifs - car ça monte pas mal ! La route pour venir est superbe.

© LIEM MEN SANG - SHUTTERSTOCK.COM

Sayan.

CANDY VILLAS BY PRAMANA €€

Sayan, Ubud, Gianyar Regency
✆ +62 821 47330045
www.pramanaexperience.com
Villa avec piscine privée de 1 à 3 chambres à partir de 1 200 000 Rp.

© CANDY VILLAS UBUD

Situées à Sayan, à seulement 10 minutes en scooter du centre d'Ubud, ces 9 villas en bois, dont certaines en style Joglo, allient charme balinais traditionnel et touches modernes pour une ambiance à la fois sereine et colorée. Chaque luxueuse villa dispose d'une piscine privée, d'un intérieur spacieux et d'un service sur mesure, avec petit-déjeuner inclus. Parfaites pour les voyageurs en quête de tranquillité, ces villas offrent un excellent rapport qualité-prix, permettant de profiter pleinement de la beauté d'Ubud dans un cadre exclusif et apaisant.

SAYAN TERRACE RESORT €€

Jl. Raya Sayan, Sayan, Kecamatan Ubud, Kabupaten Gianyar
✆ +62 361 974 384
Suite pour 2 personnes à partir de 4 000 000 Rp. Petit déjeuner. Piscine.

Jardin très bien entretenu, superbes vues sur la vallée, ce *resort* est un ravissement. Toutefois, mieux vaut être prévenu : ce n'est pas un hôtel de luxe, le service peut être un peu défaillant, et l'ensemble n'est plus de première jeunesse... Adresse très agréable, avec des bungalows typiques, une piscine, un restaurant, un bar, et de nombreux services comme la location de voitures. Possibilité de louer des chambres, ou des petites villas entières pour plus d'indépendance. Le gros point positif : la vue, qui est si jolie...

THE AMBENGAN UBUD BY PRAMANA VILLAS €€€

Banjar Ambengan, Sayan, Kecamatan Ubud, Kabupaten Gianyar
✆ +62 821 4733 0045
Villa pour 2 personnes avec piscine privée à partir de 1 700 000 Rp avec petit déjeuner.

© THE AMBENGAN UBUD

Ce complexe propose des suites et villas d'une ou plusieurs chambres avec piscine privée, parfaites pour un séjour calme et intimiste. Avec tout le confort moderne, chaque espace est bien agencé. Le petit déjeuner est inclus, le service attentif et l'atmosphère paisible en font une destination idéale pour les voyageurs en quête d'un séjour reposant à quelques pas des trésors culturels d'Ubud. Pas de grand luxe ici, mais un bon rapport qualité/prix.

KAYUMANIS UBUD PRIVATE VILLA & SPA €€€

Jl. Raya Sayan Jl. Baung, Sayan, Kecamatan Ubud, Kabupaten Gianyar ✆ +62 361 972777
www.kayumanis.com
Villa pour 2 personnes avec piscine privée à partir de 9 000 000 Rp..

Kayumanis Ubud Private Villa & Spa est un village vacances niché au cœur d'une forêt tropicale surplombant la rivière Ayung, ce complexe offre un véritable havre de paix loin de l'agitation de la zone touristique. L'hôtel offre un service de navette vers le centre d'Ubud. Le complexe propose également un restaurant thaïlandais avec une vue imprenable sur la vallée de la rivière. Pour se détendre, le spa situé au-dessus de la rivière Ayung, un moment de relaxation en pleine nature.

THE LOKHA UBUD RESORT, VILLAS & SPA €€€

Br, Jl. Bangkiang Sidem Desa, Keliki, Kec. Tegallalang, Kabupaten Gianyar
✆ +62 361 8493366
www.thelokhaubud.com
Villa pour 2 personnes avec piscine privée à partir de 3 500 000 Rp.

Situé sur le flanc d'une petite vallée surplombant la rivière Wos, il propose 68 chambres et villas. Le restaurant et le spa longent la rivière, offrant une ambiance exotique bercée par le murmure de l'eau. Des cours de yoga gratuits sont organisés 2 fois par semaine. Vous pourrez également profiter de cours de cuisine et de balades à vélo. L'architecture allie style balinais traditionnel et minimalisme, avec une agréable piscine centrale à débordement.

THE NESTS VILLAS €€

Jl. Penestanan Kelod No.6, Sayan, Kecamatan Ubud, Kabupaten Gianyar ✆ +62 812 3676 6845
Villa 1 chambre (Green Nest) à partir de 1.200.000 Rp. Villa 2 chambres (Family Nest) à partir de 1.600.000 Rp.

Nichées dans le quartier paisible de Sayan, proche de Penestanan, ces deux villas offrent un cadre chaleureux, à quelques minutes seulement du centre animé d'Ubud. Récemment rénovées, elles allient charme balinais et élégance contemporaine au cœur d'un environnement tropical. La villa *Green Nest* propose une chambre, tandis que la villa *Family Nest* en offre deux, parfaites pour des familles ou groupes d'amis souhaitant séjourner côte à côte. A noter : Bien que les villas soient voisines, elles ne sont pas communicantes, assurant ainsi intimité et confort à chacun.

MOKSA UBUD €€

Ubud II Kutuh, Jl. Puskesmas, Sayan, Kecamatan Ubud, Kabupaten Gianyar
✆ +62 813 3977 4787
www.moksaubud.com
Ouvert tous les jours de 10h à 21h. Entrées 60 000 Rp. Plats de 75 000 Rp à 90 000 Rp.

On trouve ici une cuisine saine à base de plantes cueillies directement dans le potager voisin, c'est ce que vous propose le chef Made et son équipe. Recette gagnante pour cet établissement végétarien adepte de permaculture. On peut venir pour le petit-déjeuner, ou tout au long de la journée pour trouver une cuisine gourmande qui recentre le produit autour de ses bienfaits nutritifs. Cours de cuisine deux fois par semaine où l'on apprend beaucoup sur les plantes médicinales en plus de ressortir avec un bon petit plat balinais ! On adore !

© THE HAVA UBUD A PRAMANA EXPERIENCE

© THE HAVA UBUD A PRAMANA EXPERIENCE

© THE HAVA UBUD A PRAMANA EXPERIENCE

THE HAVA UBUD A PRAMANA EXPERIENCE €€

Jl. Penestanan, Sayan, Kecamatan Ubud, Kabupaten Gianyar ✆ +62 818 0720 0799
www.thehavaubud.com
Chambre double à partir de 1 300 000 Rp. Cours de cuisine, Spa, restaurant, confection d'offrandes, gym.

Cet élégant boutique-hôtel dispose de suites raffinées avec une vue splendide sur la nature environnante, alliant design moderne et charme traditionnel balinais. L'atmosphère relaxante convient parfaitement à ceux qui souhaitent s'évader tout en bénéficiant d'un confort optimal. Avec sa piscine à débordement, son spa dédié au bien-être et son restaurant proposant une cuisine locale et internationale, c'est l'endroit idéal pour se ressourcer au cœur de la beauté naturelle de Bali.

© THE HAVA UBUD A PRAMANA EXPERIENCE

© THE HAVA UBUD A PRAMANA EXPERIENCE

MAS ★★

Ce village jouxte Ubud via la Jalan Raya Sanggigan. Tranquille, pour qui veut s'éloigner du centre névralgique d'Ubud, Mas est habité surtout par de nombreuses familles brahmaniques, traditionnellement des sculpteurs sur bois. Tous les 7 mois, son temple de Taman Pulé fait l'objet d'un pèlerinage de tous les prêtres de l'île et recueille des milliers d'offrandes. À cette occasion, on peut assister à des danses, dont celle de wayang parwa, rarement représentée à Bali. Les sculpteurs, qui à l'origine ne fabriquaient que des objets rituels comme des masques ou des statues pour les temples, ont adopté un style moins surchargé et des thèmes plus érotiques.

Tourisme

Mas est un grand centre de sculptures sur bois. Les premiers ateliers à s'y installer furent ceux de Ketut Roja mais assurément le plus connu fut Ida Bagus Tilem, fils de Ida Bagus Nyana, le fondateur de la Mas Gallery. Ce dernier bénéficia de l'impact de Pita Maha à Ubud, cette association de peintres menée par W. Spies et R. Bonnet qui initia un renouveau de la peinture et de la sculpture balinaises. Le style changea, passant du style traditionnel à des formes épurées et plus érotiques. Dans les années 1970, au lieu des Garudas (oiseaux mythiques), on sculpta des femmes nues et tout un bestiaire fantasmatique. Mas comprend de belles galeries de sculpteurs contemporains dont la Tantra Gallery, celle du petit frère d'Ida Bagus Tilem.

KANHARA VILLAS BY PRAMANA VILLAS €€

Br. Kumbuh, MAS, Ubud, Gianyar Regency
✆ +62 813 2094 8556
www.kanharavillas.com
Villa en mezzanine à partir de 2 000 000 Rp. Petit-déjeuner. Restaurant.

© KANHARA VILLAS

Ce complexe de luxe niché dans un cadre paisible propose des villas qui allient modernité et charme balinais, avec des chambres en mezzanine, piscine privée et cuisine équipée. À seulement 15 minutes du centre d'Ubud, le complexe propose un restaurant indonésien-occidental. Les clients profitent de services haut de gamme : spa, yoga, Netflix, et navette gratuite pour le centre-ville. L'accueil chaleureux du personnel et la tranquillité des lieux vous offrent une retraite idéale.

PURA TAMAN PULE MAS UBUD ★★

Banjar Batanancak, MAS, Kecamatan Ubud, Kabupaten Gianyar

Au centre de Mas, un grand terrain de football se situe devant le temple Pura Taman Pulé et fut construit sur les fondations de la *griya* de Nirartha. Chaque année de 7 mois, aux approches du *Kuningan* (fin du cycle de 210 jours), un *odalan* du temple a lieu. Des milliers d'offrandes affluent dans le temple et de nombreuses danses sont exécutées. A l'intérieur du temple, on pourra observer la tête du démon Kala Rau, qui perdit le reste de son corps dans sa lutte avec Vishnou. Plus loin, un petit puits est orné de *naga*, les serpents qui protègent l'univers.

SETIA DARMA - HOUSE OF MASK AND PUPPETS

Jalan Tegal Bingin, Banjar Tengkulak Tengah, Kemenuh, Sukawati, Gianyar Regency
✆ +62 361 977404
www.maskandpuppets.com
Entrée libre.

A une quinzaine de minutes du centre de Mas en voiture, venez découvrir gratuitement la maison des masques et des marionnettes. Savez-vous qu'à Bali, les masques racontent l'histoire des Dieux ? Le masque le plus sacré est celui du barong, la créature mythologique qui ressemble à un lion dans les représentations balinaises. Ici, on découvre la culture balinaise au travers d'une collection de masques et marionnettes venus du monde entier. Le plus : le jardin est sublime.

THE ALENA RESORT A PRAMANA EXPERIENCE €€€

Banjar Silungan, Lodtunduh,
Kecamatan Ubud, Kabupaten Gianyar
✆ +6281916389740 - www.thealenaresort.com
Chamber double à partir de 1 900 000 Rp.
Restaurant, Spa, yoga, confection d'offrandes, excursions, location de vélos.

Ce boutique hôtel allie tradition et confort moderne avec des chambres et villas élégamment décorées, dotées de vues sur les rizières ou la jungle environnante. Le restaurant propose des plats locaux et internationaux, et le spa invite à la détente avec des soins inspirés des traditions balinaises. Avec une piscine à débordement et des activités comme des cours de yoga ou des balades culturelles, Alena Resort est un havre de paix pour ceux qui recherchent la sérénité et l'authenticité.

UNAME UBUD BY PRAMANA €€

Jl. Padang Getas, Singakerta, Kecamatan Ubud, Kabupaten Gianyar
✆ +62 361 9086064
www.theuname.com

Ouvert de 8h à 22h. Présentation bistronomique pour ce restaurant organique. Plat à partir de 85 000 Rp.

© UNAME

Uname s'impose à Ubud comme un excellent restaurant à la fois raffiné et healthy. La carte n'offre pas énormément de choix, gage de qualité et de fraîcheur. Laissez-vous tenter par les lasagnes Tempeh avant de succomber au délicieux gâteau de crêpes au thé vert. À l'heure du goûter, c'est aussi un excellent choix avec de très bons cafés, cappuccinos et autres. Le soir, goûtez les très bons cocktails. Comme le dit leur site internet : « Testez une expérience culinaire unique et savourez des plats sains qui ne sont pas des salades. »

TAMAN HARUM COTTAGES €€

Jl. Raya Mas, MAS, Kecamatan Ubud, Kabupaten Gianyar ✆ +62 361 975567
www.tamanharumcottages.com

Chambre double à partir de 2 100 000 Rp. Villa 2 chambres à partir de 5 3000 Rp. Petit déjeuner. Piscine.

Seulement 17 chambres et cottages, et une piscine trônant au milieu d'un beau jardin verdoyant. Les chambres standard sont un peu sombres, mais décorées avec goût et rafraîchies par un mur de pierre ; les cottages familiaux, sur deux étages, sont vastes et pourvus d'une terrasse donnant sur les rizières. L'établissement dispose d'un bar, d'un restaurant et peut arranger le transfert de l'aéroport ou de toutes autres destinations dans l'île. Une excellente adresse se parant d'un très bon rapport qualité-prix pour ceux qui veulent se reposer au calme.

GDAS BALI HEALTH AND WELLNESS RESORT €€€

Jl. Cempaka, Banjar Kumbuh, MAS, Kecamatan Ubud, Kabupaten Gianyar ✆ +62 361 908 3131
www.gdasbali.com

Chambre double à partir de 8 500 000 Rp. Spa : cryothérapie, halothérapie, oxygénothérapie, hydrothérapie. Yoga.

On ne vient pas au Gdas Bali par hasard ! On aime ce mélange entre modernité et tradition avec des chambres « grand deluxe » avec vue sur le jardin et les rizières. Tout invite à s'immerger dans la culture balinaise. On profite également d'un excellent restaurant *fine dining detox* qui propose une nourriture saine et gourmande à la fois. Orienté soin et bien-être, le spa est l'un des plus aboutis de la ville. Cours de cuisine, d'herbologie et de phytothérapie.

© SURYABLACK - SHUTTERSTOCK.COM

Pura Taman Pule Mas Ubud.

THEWAKANDA A PRAMANA EXPERIENCE €€€

Jl. Subak Gunungsari, Banjar Sumampan, Kemenuh, Sukawati, Gianyar Regency
✆ +62 361 9086851
www.wakandaubud.com
Chambre double à partir de 2 100 000 Rp. Spa, restaurant, randonnées, yoga, cours de cuisine, excursions.

Au cœur des rizières luxuriantes de Bali, cet hôtel offre une immersion dans la nature avec son architecture alliant tradition balinaise et modernité. Vous trouverez ici des villas offrant une vue imprenable sur les paysages verdoyants. Le resort est idéal pour ceux en quête de tranquillité, avec des activités telles que le yoga, des balades dans les rizières et des soins spa relaxants. Le restaurant propose une cuisine locale mettant en valeur les saveurs authentiques de Bali.

NYUH KUNING ★

Ce hameau encore très rural est entouré de rizières. Il ne comporte qu'une rue principale fort paisible où se sont installés une pincée d'hôtels et un centre de méditation et de yoga (Taman Hati) animé par I Kadek Suambara. Le village de Nyuh Kuning est traditionnellement tourné vers la sculpture sur bois. Les ateliers et galeries sont ouverts au public et conservent un caractère authentique. Avis aux curieux qui veulent découvrir une nouvelle activité, c'est l'occasion, entre autres, de venir s'essayer à l'art local et de prendre un cours de sculpture sur bois ! Tout un art à maîtriser ! Nyuh Kuning offre également de très beaux hébergements.

MUSÉE PENDET 🏛 ★

Jl. Nyuh Bojog No.6, MAS, Kecamatan Ubud, Kabupaten Gianyar
✆ +62 821 4468 4431
www.museum-pender.business.site
Ouvert tous les jours de 10h à 17h.

Le petit musée abrite les œuvres du sculpteur I Wayan Pendet (1936-1998) qui fut dans sa jeunesse le modèle du peintre Rudolf Bonnet. Son talent de sculpteur sur bois fut reconnu par Bonnet et Cokorda Agung Sukawati qui intégrèrent certaines de ses œuvres au Musée Puri Lukisan émanant du courant Pita Maha dont ils étaient à l'origine. Pendet créa ensuite son propre musée dans son village natal. On y trouve également des œuvres picturales d'artistes contemporains de Nyuh Kuning. Une très belle visite à faire avec une partie en plein air.

ARKAMARA DIJIWA UBUD 🛏 €€€

Jl. Katik Lantang, Singakerta, Kecamatan Ubud, Kabupaten Gianyar
✆ +62 361 982367
Chambre double à partir de 2 600 000 Rp.

Une expérience luxueuse et accessible, empreinte de chaleur balinaise authentique. Inspiré par l'harmonie d'un village traditionnel balinais, ce lieu se distingue par son service impeccable et son hospitalité sincère. Le nom « Arkamara » combine « Arka », signifiant le soleil, source de vie, et « Amara », évoquant l'éternité, symbolisant ainsi une énergie positive et une connexion profonde avec la nature. Cet établissement promet à ses hôtes un séjour inoubliable, mêlant nature et culture balinaise.

THE ARTINI DIJIWA UBUD €€

Jl. Raya Pengosekan Ubud, Ubud, Kecamatan Ubud, Kabupaten Gianyar
✆ +62 361 972385
Chambre double à partir de 1 250 000 Rp. Piscine.

Un havre de paix niché au sud de la ville, idéal pour ceux qui cherchent à s'immerger dans la culture balinaise tout en profitant du confort moderne. Ce boutique-hôtel parfaitement situé, combine élégamment l'art traditionnel balinais avec des touches contemporaines. Ses chambres spacieuses, décorées avec une âme balinaise, s'ouvrent sur un joli jardin et les rizières environnantes. Egalement 2 restaurants offrant des plats locaux savoureux et un spa où détente et bien-être sont au rendez-vous.

ALAM JIWAH €€

Jl. Nyuh Bojog, MAS, Kecamatan Ubud, Kabupaten Gianyar
✆ +62 361 974 629
www.alamindahbali.com
Chambre double à partir de 3 500 000 Rp. Piscine.

Une perle d'adresse, cet hôtel caché dans les rizières de Nyuh kuning ! Les propriétaires, soucieux du respect de l'environnement, sont les créateurs du premier restaurant de la ville, le Café Wayan. Ils ont conçu l'architecture des bungalows sur pilotis et chaque détail de la décoration est à couper le souffle. Le mobilier est incroyable et chaque chambre est unique. Les vues depuis la terrasse des chambres plongent dans les rizières. Une piscine égaie le jardin, et l'on pourra goûter sous le pavillon ouvert les spécialités balinaises du café ou du restaurant.

LA CANTINE €€

Jl. Nyuh Bojog Desa No.4, MAS, Kecamatan Ubud, Kabupaten Gianyar ✆ +62 881 0377 87167
www.lacantinebali.com
Ouvert tous les jours de 09h30 à 23h. Plats entre 80 000 Rp et 170 000 Rp, salades 80 000 Rp. Bar.

Pourquoi recommander un restaurant français me diriez-vous ? Parce qu'il ne font que des produits locaux, du bio et qu'on adore ! Greg vous fera découvrir sa passion pour la cuisine de bistronomie, du fromage et du bon vin à prix doux (même en carafe). C'est la régalade assurée ! Goutez entre autres le parmentier d'agneau, la papillote de poissons, la *ratanouille* ou, si le temps se rafraichit profitez des fondues et raclettes sur réservation ! Ambiance bistro pour une adresse dans une ruelle au calme.

SAREN INDAH HOTEL & RESTAURANT €€

Jl. Nyuh Bojog No.30, MAS, Kecamatan Ubud, Kabupaten Gianyar
✆ +62 821 4556 9574
www.sarenhotel.com
Chambres double à partir de 550 000 Rp.

Situé dans le village tranquille de Nyuh Kuning, au sud de la forêt des singes d'Ubud, cet hôtel est construit dans un style balinais traditionnel. Entouré de rizières et de palmiers, il offre une vue magnifique sur les champs de riz depuis toutes les chambres et les salles de banquet. Les chambres supérieures offrent une vue sur les jardins ou les rizières. Une navette gratuite est disponible pour se rendre au centre de Ubud. L'établissement dispose d'un restaurant et d'une piscine.

SWASTI ECO COTTAGES €€

Jl. Nyuh Bojog No.3, MAS, Kecamatan Ubud, Kabupaten Gianyar ✆ +62 361 974079
www.baliswasti.com
Chambre double à partir de 1 100 000 Rp. Cours de danse, confection d'offrandes, yoga, babysitter, permaculture.

Un hôtel unique en son genre, à tout juste 8 min du centre. Il se compose pour presque 1/3 de sa surface d'un immense jardin botanique et d'une petite fermette avec des animaux. L'hôtel adopte une approche écoresponsable et orientée vers la santé à travers une alimentation saine et grâce à la visite de nombreux guérisseurs venant aider certains clients de l'hôtel. Yoga sala de 150m² fermée et climatisée avec un Spa tout confort (sauna infra-rouge, steam, bains chauds et froids). Pharmacie naturelle de type apothicaire. Parfait pour les « reset » santé.

ALAM INDAH €€€

Jl. Nyuh Bojog, MAS, Kecamatan Ubud, Kabupaten Gianyar ✆ +62 371 974629
www.alamindahbali.com
Chambre double deluxe à partir de 3 650 000 Rp. Petit-déjeuner. Piscine. Promotions disponibles sur le site internet.

L'accueil est toujours attentionné et la nourriture soignée - en provenance des restaurants des mêmes propriétaires que ce soit le Café Wayan ou encore le restaurant Laka Leke. Le Alam Indah dispose de dix chambres soignées dans un jardin avec piscine, et de belles perspectives sur les rizières en terrasses. La vue est sublime, entourée d'arbres, de verdure et de fleurs. En haute saison, la réservation est recommandée. En raison du grand nombre de marches, l'établissement est difficilement accessible aux personnes à mobilité réduite.

THE UBUD VILLAGE RESORT & SPA €€€

Nyuh Kuning Rd Jl. Raya Pengosekan, MAS, Ubud, Gianyar Regency
✆ +62 361 978444
www.theubudvillage.com
Chambre double à partir de 3 600 000 Rp.

A 5 minutes du centre, niché au cœur d'une splendide rizière. The Ubud Village Resort dispose d'une dizaine de villas de haut standing. Chacune d'entre elles bénéficie d'une totale intimité et d'un terrain privatif de 280 à 380 m² avec piscine, d'une magnifique salle de bains en plein air, d'un lit de jour extérieur niché au sein d'un pavillon balinais agrémenté d'un voile romantique. Le spa du *resort* est l'un des plus fameux de Bali. Le restaurant gastronomique est un must.

JUGGAN SKY €€

Jl. Katik Lantang, Singakerta, Kecamatan Ubud, Kabupaten Gianyar
✆ +62 823 4045 2707 - www.juggans.com

Ouvert tous les jours de midi à 23h. Cocktails à partir de 125 000 Rp. Burgers à partir de 155 000 Rp.

Ce restaurant est une vraie perle nichée dans les hauteurs de Bali, offrant une expérience culinaire unique avec des vues à couper le souffle sur les montagnes et la vallée environnante. Celui-ci combine parfaitement la beauté naturelle du paysage avec une cuisine raffinée, proposant des plats balinais et internationaux savoureux. Le cadre est intime et apaisant, idéal pour un déjeuner tranquille ou un dîner romantique au coucher du soleil. Un lieu incontournable pour les amateurs de bonne cuisine en immersion totale dans la jungle environnante.

LAKA LEKE €€

Jl. Nyuh Bojog No.32, MAS, Kecamatan Ubud, Kabupaten Gianyar
✆ +62 361 977 565
www.lakaleke.com

Ouvert tous les jours de 09h à 23h. Plats à partir de 45 000 Rp.

Calme et isolé, il est situé à proximité de l'hôtel Alam Jiwah. Mention spéciale pour le cadre enchanteur au milieu de la nature, qui nous offre un moment de calme et de dépaysement. Mais au-delà du décor, ce restaurant sert de la très bonne nourriture indonésienne. Le plus : les repas-spectacles certains soirs pour découvrir la danse *Barong* en même temps que les spécialités balinaises. Vous avez également la possibilité de réserver un cours de cuisine en petit groupe pour vous initier à la gastronomie locale. Que demander de mieux ? On recommande.

BALI BOHEMIA

Jl. Nyuh Bojog, Ubud, Kecamatan Ubud, Kabupaten Gianyar ✆ +62 813 3888 4756
www.balibohemia.com

Restaurant ouvert tous les jours jusqu'à 23h. Plats à partir de 55 000 Rp.Chambres doubles à partir de 890 000 Rp.

Bohemia porte bien son nom - c'est un esprit bohème et *chill* qu'on retrouve là. On s'affale sur des poufs ou coussins multicolores dans une ambiance relax et hippie. La meilleure nouvelle, c'est bien que l'adresse soit encore un peu cachée, vous y serez au calme. Cet établissement ouvert aux quatre vents, qui comporte deux étages, offre une vue sur la Monkey Forest et ses habitants. On prolonge l'instant avec la possibilité de louer un hébergement pour une ou plusieurs nuits. Côté restaurant, on profite d'une très bonne nourriture orientale. On aime.

PENGOSEKAN ★

Situé au sud d'Ubud, à 30 min à pied, ce quartier de la ville fit son entrée sur la scène artistique balinaise en 1969, en créant la Pengosekan Community of Farmers and Artists. 15 ans plus tard, des querelles de chapelles mirent fin à l'expérience, mais, entre-temps, les villageois eurent l'honneur de recevoir la visite de la reine Elizabeth II d'Angleterre qui désirait rencontrer l'artiste Gina, qu'elle admirait. Pour la petite (et la grande) histoire, on notera que les habitants de Pengosekan furent grandement déçus de voir que Sa Majesté ne portait pas de couronne. En vélo ou en moto, c'est très simple depuis Ubud : comptez 30 minutes au maximum.

PEJENG ★★

On peut dire que le mot de Pejeng brille par la renommée de sa fameuse « lune », tambour dit de la période Dông Sôn, du Nord-Vietnam. On verra ce tambour dans le Pura Penataran Sasih. Pejeng est l'ancienne capitale de Bali, elle fut envahie et battue par l'empire de Mojopahit en 1343. Côté visites, ne manquez pas le Pura Pusering Jagat. Ce temple date de 1329. Il contient un certain nombre de pièces intéressantes dont le Caturkaya. Dans un pavillon en face de celui du « vase de Pejeng », un *lingam* et un *yoni*, symboles de fertilité, attirent des jeunes couples qui viennent là en pèlerinage. Une bien belle visite à faire en famille !

PURA PENATARAN SASIH ★★

Jalan Raya, Pejeng, Tampaksiring, Gianyar Regency

Ouvert tous les jours de 11h à 17h30.

Le Pura Penataran Sasih fut au XIIIe siècle le temple royal de Pejeng et la présence de la lune de Pejeng atteste son caractère sacré pour les Balinais. Le temple aurait été fondé en 1266. Il ne représente pas un intérêt exceptionnel sauf pour son gong : un tambour de bronze en forme de sablier qui est sans doute le plus grand du monde avec une longueur de 1,86 m et un diamètre de 1,60 m. Il n'est pas très bien mis en valeur et se situe en hauteur, faites attention à ne pas le rater. Autre point positif : il est beaucoup moins fréquenté que les temples voisins.

PURA KEBO EDAN ★★

Pejeng, Tampaksiring, Gianyar Regency
Ouvert tous les jours de 07h à 18h. Accès libre.

Un des nombreux temples du village. Celui-ci défraie la chronique pour sa grande statue de géant, haute de plus de 3,60 m représentant Bhairava. Cette statue est entourée de représentations de *raksasa* (ce sont des démons de la mythologie hindoue : soit d'anciens dieux déchus, soit des humains « grands pêcheurs »). Toutes les statues portent des colliers de crânes humains, ce qui est typique, paraît-il, du style de Singhasari (Java). On estime que cette statue daterait du XIIIe siècle. Selon Urs Ramseyer, le temple est une variante des temples magiques de Singosari (Java). Le roi Kartanegara aurait fait dévier les pratiques shivaïtes et bouddhiques vers le tantrisme à la fin du XIIIe siècle. Cette statue du géant de Péjéng demeure fort connue à cause de son pénis « miraculeux » trahissant un personnage, un démon, aux pouvoirs gigantesques. Des serpents s'enroulent autour de ses chevilles et de ses poignets et un masque est apposé sur son visage. En fait, le géant possède six pénis, l'un nous étant donné à voir, l'autre tombant sur le sol à cause de sa danse vigoureuse et quatre autres attendant le moment correct de la danse avant d'émerger. Le pénis principal est percé d'un trou ressemblant à un écrou, ce qui est peut-être une référence tantrique à des pratiques sexuelles destinées à augmenter la jouissance sexuelle féminine. C'est également un temple riche en objets archéologiques, qui aident à comprendre historiquement le développement de l'hindouisme dans la région et en Indonésie de manière plus globale.

© ALEKSANDAR TODOROVIC / SHUTTERSTOCK.COM

BEDULU ★★

Bedulu fut également la capitale d'un grand royaume jusqu'à la conquête de Bali par l'empire de Mojopahit. La légende veut que le roi Beda Ulu ait été porteur de pouvoirs magiques. Il pouvait se trancher la tête et la remettre en place quand bon lui semblait, ce qui lui assurait sa place parmi les divinités et donc une liberté de mouvement politique auprès de son peuple. Un jour qu'il s'adonnait à son activité favorite, ses opposants placèrent une tête de porc à la place de la sienne et jetèrent l'originale dans la rivière, où elle fut perdue. Le roi ne put conserver son ascendant et Gajah Mada, Premier ministre de Mojopahit, le vainquit en 1343.

MUSEUM ARKEOLOGI - MUSÉE ARCHÉOLOGIQUE ★★

Bedulu, Blahbatuh, Gianyar Regency
Ouvert du lundi au vendredi de 09h à 16h.

Construit en 1960, il a fallu attendre 1974 pour qu'il s'ouvre au public. Il est constitué de 4 pavillons renfermant un certain nombre d'objets balinais qui vont du paléolithique jusqu'aux céramiques chinoises du XVIIe siècle. Quelques objets de Trunyan (*Bali Aga*) et des outils, des bracelets en bronze. Lorsqu'on passe le *candi bentar* (porte fendue) à l'arrière du musée, on arrive à un autre pavillon, où l'on verra des sarcophages de pierre dont certains viennent de la région de Bangli et datent de 300 av. J.-C. Il y a 2 types de sarcophages ; le premier est d'une longueur comprise entre 100 et 120 cm dans lequel il semblerait que les corps aient été agenouillés ou en position fœtale. On a retrouvé des squelettes dans ces positions avec des objets (armes et parures). Le deuxième type est un sarcophage plus grand qui aurait pu contenir plusieurs corps. Le plus beau reste le sarcophage en forme de tortue (*Kura-Kura*). Tous proviennent d'une culture ancienne, antérieure à l'arrivée de l'hindouisme, puisque la culture moderne balinaise privilégie l'incinération des corps. Il est à noter que le bronze employé dans les parures et bijoux n'est pas un alliage d'étain mais un alliage à base de cuivre et de plomb. Pour les plus jeunes comme les grands, ce musée est extrêmement intéressant à visiter pour mieux découvrir l'histoire - comme la Préhistoire ! - et le passé de l'île. La plupart des panneaux explicatifs et des expositions sont traduits en anglais. On le conseille fortement !

UBUD ET LE CENTRE

GOA GAJAH ★★★

Bedulu, Blahbatuh, Gianyar Regency, Bali

Ouvert tous les jours de 08h à 18h. Entrée : 30 000 Rp/adulte. Parking à 5 000 Rp/voiture.

Ce temple hindou pourrait dater du XIe siècle, mais son origine est inconnue. Son nom est un mystère : il n'y avait pas d'éléphant sur Bali avant que les opérateurs touristiques ne les fassent venir de Sumatra... De la route, il faut emprunter des escaliers qui descendent en demi-cercles vers le site. Lorsque vous quittez les marches, vous arrivez sur une esplanade où s'étend un grand bassin rectangulaire assez profond, composé de différents petits bassins, dont les flancs sont ornés de statues d'où sort l'eau, et qui devaient servir de bains rituels aux hommes d'un côté et aux femmes de l'autre. Les bassins n'ont plus à présent qu'une fonction ornementale.

L'entrée de la grotte fait deux mètres de haut et un de large. La grotte consiste en une espèce de T contenant quinze niches. Dans ces niches, des statuettes fragmentaires représentent des *linggam* de Shiva (représentation phallique du dieu), une statuette de Ganesha et plusieurs bouddhas. On s'interroge toujours sur l'énorme tête de l'entrée que les gens attribuent à un éléphant. Il semblerait que ce soit une représentation typiquement balinaise de Rangda.

La découverte de cette grotte par les services archéologiques dirigés par L. C. Heyting remonte à 1923, mais la grotte était fort connue des villageois des alentours. C'est seulement en 1954 que les fouilles révélèrent la présence des bassins.

En contrebas de la cour, des escaliers mènent à l'autre partie du site comprenant un bassin et les restes d'un bouddha dont on ne connaît ni l'âge ni l'origine. N'oubliez pas d'y venir habillé décemment (pas de short ou de dos nus). En bas, plusieurs Indonésiens se proposeront de servir de guide pour vous mener par exemple au site de Yeh Pulu par des chemins de rizière. Le parking donnant sur la rue principale est rempli d'échoppes de souvenirs et de vendeurs.

Attention : nous avons eu vent de pratiques très cavalières de plusieurs guides sur place. Ceux-ci se proposent gentiment de vous assister dans la découverte du site, laissant un pourboire à votre libre arbitre. Mais quand vous leur donnez quelque chose à la fin, la plupart du temps ils s'offusquent et demandent des sommes astronomiques pour leurs « bons » (?) services. La discussion tourne parfois au vinaigre, ils rétorquent à l'envi que quelques dizaines de dollars ne sont rien pour nous, Occidentaux. Apparemment, et de plus en plus souvent, le touriste est devenu une vraie vache à lait dans les sites les plus populaires de Bali. Toutefois, veillez à ne pas donner des cacahuètes pour les guides qui font correctement leur travail.

PURA SAMUAN TIGA ★

Jl. Pura Samuan Tiga, Bedulu, Kec. Blahbatuh, Kabupaten Gianyar

Ouvert tous les jours de 8h à 18h. Entrée libre.

Proche du carrefour central du village de Bedulu entre la route vers Gianyar et la direction de Tampaksiring, le Pura Samuan Tiga a l'avantage de solliciter la présence de nombreux Balinais lors des *odalan* - de grandes fêtes religieuses. Le temple fut détruit en 1917 par les tremblements de terre qui suivirent l'éruption du Gunung Batur. Il est à noter que la porte principale fut dessinée et construite par I Gusti Nyoman Lempad avant qu'il ne prenne la décision de fuir son village natal de Bedulu et qu'il ne fût recueilli par le roi d'Ubud.

KAJANE YANGLONI €€

Jl. Cok Rai Pudak No.10, Peliatan, Kecamatan Ubud, Kabupaten Gianyar

✆ +62 361 979270

www.kajane.com

Chambre double à partir de 1 700 000 Rp.

Niché dans la sérénité d'Ubud, KajaNe Yangloni offre une oasis de tranquillité parfaite pour ceux qui cherchent à se reconnecter avec la nature. Ce refuge élégant marie le charme balinais traditionnel à des commodités contemporaines, offrant des vues spectaculaires sur les rizières en terrasses. Chaque chambre et villa est conçue pour le confort, garantissant une intimité absolue. Avec un personnel dévoué à rendre votre séjour inoubliable, des délices culinaires qui raviront vos papilles, et le spa pour une relaxation totale.

TANAH GAJAH, A RESORT BY HADIPRANA €€€

Tengkulak Kaja, Jl. Raya Goa Gajah, Kemenuh, Ubud, Gianyar Regency

✆ +62 361 975685

www.tanahgajahubud.com

Suite pour 2 personnes à partir de 13 000 000 Rp.

Ce magnifique hôtel 5* est entouré de rizières et de jardins tropicaux. Cet établissement haut de gamme propose des suites raffinées et des villas de luxe avec piscine privée. Le service de majordome est disponible 24h/24. L'hôtel dispose également d'un restaurant en plein air, d'une salle de sport, d'un bar en bord de piscine, d'un spa et de piscines intérieure et extérieure. Tanah Gajah, a Resort by Hadiprana offre un incroyable cadre paisible et luxueux.

YEH PULU ★★

Jalan Yeh Pulu Blahbatuh, Bedulu, Kec. Gianyar, Kabupaten Gianyar

Ouvert tous les jours de 07h à 18h00. Entrée : 30 000 Rp.

Pour info, le véritable nom du site doit être Toya Pulu. Il s'agit d'un long mur, d'une espèce de frise, située entre les rivières Jurang et Petanu, qui se trouve adossée aux rizières.

Les bas-reliefs ont été endommagés par l'eau descendant des *sawah* (= rizières). Celles-ci furent asséchées dès 1937 pour arrêter l'érosion du sol. Le long mur de 25 mètres sur une hauteur approximative de 2 mètres est constitué de bas-reliefs dont les sculptures auraient été construites aux XIVe et XVe siècles. Mais ces sculptures sembleraient avoir été réalisées sinon par la même personne, mais dans le même style. Les statues semblent raconter la vie du jeune Krishna. Les bas-reliefs représentent cinq scènes différentes :

- **1. Un homme transporte avec un fléau** des récipients contenant peut-être du vin de palme (*tuak*). Il marche derrière une femme de classe sociale plus élevée (elle marche devant, et la présence de bijoux donne des informations sur sa classe sociale). Ensuite on voit apparaître un homme chassant un sanglier mais cette scène est plus tardive et a été rajoutée plus tard.
- **2. Une vieille femme est assise dans une grotte,** les jambes pliées alors que jouent trois singes. A gauche, un homme tient une houe sur son épaule. Derrière se trouve une espèce de nain, les mains jointes. Il porte un turban et peut-être représente-t-il un *pedanda* (= prêtre).
- **3. Autre scène** se passant maintenant dans la forêt. Un homme à la chevelure bouclée est assis sur un cheval. Il porte dans sa main droite un couperet. Un autre homme devant lui est dans une position de combat, et attaque avec une lance. Deux autres hommes combattent un ours directement, le premier avec un poignard et l'autre par derrière. La scène héroïque est parodiée sur la droite par une grenouille qui plante également une arme dans la bouche d'un serpent.
- **4. Deux hommes** transportent deux ours sur un long pieu.
- **5. Une femme retient la queue d'un cheval** et l'on ignore si elle invite le cavalier à rester ou si elle montre sa dépendance envers le cavalier. Le tout se conclut par un éléphant armé dans une niche.

Les scènes 3 et 4 se réfèrent peut-être au combat de Krishna avec l'ours Jambavat et la scène 4 raconterait son retour triomphant entraînant derrière lui la fille de l'ours Jambavati qu'il épousera par la suite.

Enterré sous une végétation luxuriante, le site a été redécouvert par le peintre Nieuwenkamp en 1925. Là, un vieux prêtre et sa femme officient.

Contrairement au site de Goa Gajah, celui de Yeh Puluh est peu fréquenté et situé dans un cadre au calme paradisiaque.

BALE UDANG MANG ENGKING UBUD €€

Jl. Raya Goa Gajah, Peliatan, Kecamatan Ubud, Kabupaten Gianyar

✆ +62 361 978432

www.baleudang.com

Ouvert tous les jours de 11h à 22h. Plats à partir de 50 000 Rp.

Restaurant niché dans la campagne d'Ubud, à proximité des rizières, un cadre privilégié où vous dînerez sous de petites cahutes au bord de l'eau. On vous conseille le poisson grillé et les fruits de mer, la spécialité de la maison. Le soir, le dîner se fait romantique, non loin de l'eau et éclairé par de multiples lampions. Mais attention, qui dit eau peut aussi vouloir dire moustiques, prévoyez en conséquence ! Quant au service, il est parfait, accueillant et souriant.

BANGLI ★★

Petit royaume, la province de Bangli n'a jamais pu rivaliser avec ses voisines sur le plan touristique. Bien que jouissant d'un climat plus sain, elle est souvent devenue le sujet de quolibets en raison de la présence du seul hôpital psychiatrique de l'île. Pourtant, petite ville paisible et fraîche, Bangli constitue une agréable halte touristique, en particulier pour son temple Pura Kehen, le sanctuaire des ancêtres royaux, qui est l'un des plus beaux de l'est de Bali. Construit en terrasses, il est doté d'un escalier monumental le long duquel courent démons et nagas. Passer une nuit à Bangli peut s'avérer sympathique.

DE KLUMPU BALI ECO TRADI STAY €€

Undisan, Tembuku, Bangli Regency

✆ +62 812 3811161

www.deklumpubali.com

Chambre double à partir de 1 500 000 Rp.

Un charmant écolodge situé au milieu des rizières balinaises, alliant confort moderne et architecture traditionnelle. Chaque bungalow, construit en bois local, offre un cadre paisible avec une décoration soignée et des équipements modernes, tout en respectant l'environnement. Vous pourrez profiter sur place d'un restaurant servant des plats locaux et internationaux, ainsi que des services de spa pour une détente totale. Idéal pour ceux qui cherchent à se reconnecter avec la nature.

PURA KEHEN ★★

Jl. Sriwijaya No.8, Cempaga, Kec. Bangli, Kabupaten Bangli
Ouvert tous les jours de 09h à 17h. Entrée : 30 000 Rp. Mise à disposition de sarong.

© MWARTAWAN - SHUTTERSTOCK.COM

Une première cour renferme des vestiges et témoignages de l'ère mégalithique. Dans la seconde, on trouve les autels des ancêtres royaux et dans la dernière, un méru assez étonnant comportant onze toits superposés. Ce temple est le principal du village, qui représente le sanctuaire des ancêtres royaux. Au bas de l'escalier, escorté par des démons et des *naga*, un vieux temple abrite encore des archives et documents gravés sur des assiettes de bronze. Les statues sont réalisées dans le style *wayang*, c'est-à-dire de profil, et mènent au porche principal.

DE UMAH BALI ECO TRADI HOME €€

Br. undisan kaja, Jl. Raya Undisan, Undisan, Kec. Tembuku, Kabupaten Bangli
✆ +62 812 3811161
www.deumahbali.com
Chambre double à partir de 1 000 000 Rp,

Cet écolodge niché au cœur de la nature balinaise, offre une expérience authentique et respectueuse de l'environnement. Construit avec des matériaux naturels et dans un style balinais traditionnel, il propose des chambres dans un environnement verdoyant. Le restaurant sur place sert une cuisine locale, saine et bio. Parfait pour les amoureux de la nature, l'écolodge offre des activités comme le yoga, des cours de cuisine et des visites guidées pour découvrir la culture balinaise.

PELIATAN ★★

Peliatan est un village célèbre pour son fameux *legong*. On y accède en voiture par la Raya Peliatan qui descend vers le sud depuis le rond-point à la grande statue située à l'extrémité est de la Raya Ubud. À pied, on emprunte la paisible Jalan Sukma, qui part de la Raya Ubud et distille encore une atmosphère villageoise.

Peliatan semble avoir précédé Ubud dans la course au pouvoir royal. Selon le *Babad Dalem Sukawati* (ouvrage retraçant l'histoire de la dynastie des Sukawati), un différend aurait opposé deux princes, I Dewa Agung Gedé et I Dewa Agung Made, qui avaient fondé deux cours royales concurrentes. Le premier venait de Blahbatu et le second de Tegalalang. Ce dernier aurait décidé de demeurer à Peliatan pour se rapprocher de son palais ancestral de Sukawati. Ses enfants auraient alors construit le palais d'Ubud et auraient payé un tribut à leurs cousins de Peliatan.

Bien plus tard, Peliatan entra dans l'histoire mondiale en envoyant pour la première fois à l'étranger sa troupe de *legong* en 1931 pour l'Exposition universelle de Paris. Dirigée par Anak Agung Gedé Mandra, ou Agung Kak, Peliatan a toujours su entretenir les plus beaux *legong* de Bali. On peut les voir danser dans le temple de Teges (Teges Kanginan) où l'ombre du grand Made Gerindem ne cesse de rôder. Plusieurs professeurs comme Gusti Biang Sengog contribuèrent à la postérité de Peliatan. Il y a encore quelques années, on pouvait voir quelques danseurs de la période de l'Exposition universelle avec A. A Gedé Mandra, I Made Lebah et le vieil Anak Agung de Tampaksiring, danseur et sculpteur. Peliatan ne possède pas moins de 15 groupes de gamelans dont le fameux Semar Pegulingan qui accompagne les *legong*.

C'est en 1987 que démarra le premier gamelan de femmes sous la direction ou la tutelle de Mekar Sari. On peut les entendre tous les dimanches soir au *banjar* Teruna à 19h30. Mais au même *banjar*, vous pourrez entendre le fin du fin, le « Semar Pegulingan » accompagnant le plus beau des *legong* tous les vendredis soir à la même heure. Au *banjar* Teges Kawan, vous suivrez les programmes de danse tous les mardis à 19h30.

En 1982, avec le concours d'Anak Agung Gedé Mandra, fut créé PANAS, un groupe de danse qui permit la juxtaposition des chorégraphies anciennes et modernes.

C'est ici que vous visiterez la célèbre galerie d'Agung Rai qui tient maintenant le haut du pavé pour les expositions de peinture.

BEEHOUSE DIJIWA UBUD €€

Jl. Sawah Indah, Peliatan, Kecamatan Ubud, Kabupaten Gianyar
✆ +62 361 6207677

Bungalow avec piscine à partir de 3 360 000 Rp. Piscine, excursions, création batik, cours de cuisine, Spa.

Un véritable refuge, entouré de magnifiques rizières, de verdure luxuriante et d'une vue imprenable sur le mont Agung. Le complexe s'articule autour d'une superbe piscine-lagon, parfaite pour se rafraîchir. Des jardins et des sentiers en pierre mènent aux villas, dont la façade circulaire en bambou est unique. Construites avec des matériaux naturels tels que le bois et la pierre, les chambres spacieuses s'ouvrent sur la nature environnante. Réservé aux adultes (18+), Beehouse Dijiwa Ubud garantit intimité et tranquillité.

MAYA UBUD RESORT & SPA €€€

Jl. Gn. Sari, Peliatan, Kecamatan Ubud, Kabupaten Gianyar ✆ +62 361 977888 - www.mayaubud.com

Villa pour 2 personnes à partir de 1 000 000 Rp/nuit. Piscine, tennis et spa. Cours de yoga et de méditation.

Le complexe Maya Ubud est le fruit du travail d'un designer indonésien soucieux d'allier les lignes épurées et les matériaux contemporains au style balinais. Les piscines à débordement et le spa situés au bord de la rivière achèveront de vous convaincre. Dans un parc de 10 ha plongeant dans la vallée de la rivière, avec de superbes vues, Maya Ubud est l'un des resorts les plus exclusifs d'Ubud. Ses villas individuelles ont été conçues pour les couples en quête de romantisme, de confort et d'un environnement paisible. On est au paradis qui a un prix tout de même !

VILLA SABANDARI €€€

Banjar Ambengan, Jl. Pura Gn. Sari No.4, Peliatan, Kecamatan Ubud, Kabupaten Gianyar ✆ +62 361 976586
www.sabandari.com

Chambre double à partir de 2 600 000 Rp. Petit déjeuner et tea time (de 16h à 17h) inclus. Piscine. Navette gratuite.

© VILLA SABANDARI

Un cadre enchanteur vous attend à la Villa Sabandari. Le temps s'arrête dans cet hôtel où la piscine à débordement vous plonge au cœur des rizières d'Ubud. A seulement 3 min en voiture et à peine 15 min à pied du centre. Quel bonheur ! Chaque chambre spacieuse dispose d'une douche extérieure, d'un confort optimal avec climatisation et terrasse privative donnant sur la piscine. Le petit déjeuner varié change chaque jour, et il ne faut pas hésiter à faire des requêtes pour les régimes spéciaux auprès du personnel. Atmosphère raffinée empreinte de modernité.

WARUNG JANGGAR ULAM €

Jl. Raya Teges kangin, Peliatan, Kecamatan Ubud, Kabupaten Gianyar
✆ +62 819 1629 2916
www.warungjanggarulam.com

Ouvert du mardi au dimanche de midi à 22h. Plats de 20 000 Rp à 55 000 Rp.

Locaux et touristes se mélangent à merveille dans cet établissement entouré de bassins et de pagodes pour déjeuner en tailleur ou sur une chaise comme bon leur semble. Dans une ambiance relaxante face aux rizières, ce *warung* a tout d'un grand restaurant. Il propose de délicieux barbecues et des plats locaux à prix corrects. Qualité des produits, jolie décoration et personnel adorable sont les points forts du lieu. Expérience inédite : vous pouvez vous laisser tenter par une coupe *Ice Teler*, un dessert populaire dans la région.

GANGGA COFFEE UBUD

Jl. Raya Andong No.11, Peliatan, Kecamatan Ubud, Kabupaten Gianyar
✆ +62 361 9082477
www.ganggacoffee.com

Ouvert tous les jours de 07h à 18h.

Aménagé dans une ancienne maison, ce petit café caché à la décoration simple mais chaleureuse où l'on sert un petit-déjeuner délicieux est l'un des meilleurs établissements de la ville. Le service est impeccable et l'atmosphère baignée de lumière naturelle est sympa et agréable. Venez déguster un savoureux *flat white* accompagné d'une généreuse portion de toast à l'avocat. Pour les amateurs de brunch, on recommande le croissant aux œufs et champignons. On apprécie de venir y perdre un peu de temps lors d'une après-midi chaleureuse.

PETULU

A 1 500 mètres au nord-est du centre-ville en prenant la route partant vers le nord (Jalan Andong) depuis le rond-point de la statue, une petite route indiquée par un panneau (White Heron Village ou Sanctuary) sur la gauche mène à un village où plusieurs espèces de hérons et d'aigrettes de différentes tailles ont élu domicile voici quelques décennies. S'ils s'envolent à l'aube pour chercher leur nourriture la journée durant, chaque fin d'après-midi ils regagnent leurs nids en se posant par milliers sur les arbres du village où ils passeront la nuit. Les villageois semblent s'être accoutumés à leur présence et les hérons, assez peu farouches, à leur nouvel habitat pourtant si près de la ville. Certains habitants du village possédant un petit terrain y ont aménagé des bancs où les touristes peuvent s'asseoir en regardant le spectacle des oiseaux, tout en se rafraîchissant d'une boisson. Une participation pour la « sauvegarde » des hérons est parfois demandée, en réalité les villageois ne font pas grand-chose pour préserver les oiseaux, mais il est vrai que le défilé des voitures dans leurs ruelles étroites à chaque crépuscule doit constituer une certaine nuisance qu'ils cherchent à compenser. En ce sens une petite donation est justifiée… Mais elle n'est pas obligatoire. Venir 30 minutes à 1 heure avant le coucher du soleil. La croyance locale dit que les oiseaux sont la réincarnation des victimes de la guerre civile des années 1960 car un mémorial se tient non loin de Petulu.

VICEROY BALI €€€

Br. Nagi, Jl. Lanyahan, Petulu, Kecamatan Ubud, Kabupaten Gianyar
✆ +62 361 971 777 - www.viceroybali.com

Suite avec piscine à partir de 13 000 000 Rp. Spa, restaurants, yoga, cours de cuisine, d'offrandes et de danse.

A 5 min du centre-ville, le Viceroy est sur le podium des hôtels les plus luxueux d'Ubud. Perché sur une colline surplombant la vallée des rois, c'est l'un des rares hôtels 5-étoiles de l'île. Oscillant entre modernité et tradition, les chambres, suites ou villas proposent une qualité de service irréprochable. La piscine à débordement qui « tombe » dans la vallée des rois est un spectacle qui ne vous laissera pas indifférent. Pour le restaurant, ne manquez pas l'expérience culinaire à l'Apéritif, un des rares restaurants gastronomiques de Bali. Une perle.

KAMANDALU UBUD €€€

Jl. Raya Andong, Banjar Nagi, Kecamatan Ubud, Kabupaten Gianyar
✆ +62 361 975825
www.kamandaluresort.com

Chalet pour 2 personnes à partir de 8 600 000 Rp. Offres sur le site internet.

Kamandalu Ubud est une invitation à découvrir le luxe au cœur de la nature balinaise. Inspiré des villages traditionnels, ce havre de paix offre des villas privées nichées dans un paysage luxuriant, promettant une intimité et un confort exceptionnels. Chaque villa, avec sa propre piscine à débordement, offre une vue imprenable sur les rizières en terrasse et les forêts d'Ubud. Profitez d'un service impeccable, de repas gastronomiques, et d'un spa revitalisant pour une relaxation ultime. Kamandalu Ubud est l'endroit idéal pour s'évader dans un monde de sérénité.

APÉRITIF RESTAURANT €€€

Br. Nagi, Jl. Lanyahan, Petulu, Kecamatan Ubud, Kabupaten Gianyar ✆ +62 361 9082777
www.aperitif.com

Ouvert tous les jours de 12h à 15h et de 17h30 à 23h. Menu 3 courses à partir de 950 000 Rp, Brunch 1 250 000 Rp.

Réservation conseillée et tenue correcte exigée pour ce restaurant majestueux d'un style colonial situé dans l'enceinte du prestigieux hôtel ViceRoy. Le chef belge Nic Vanderbeeken vous propose une interprétation des cuisines européennes revisitées aux saveurs d'Indonésie. Nic a su insuffler une véritable créativité et fraîcheur dans sa cuisine, donnant naissance à des plats surprenants, de véritables chefs-d'œuvre. Un vrai restaurant gastronomique pour une expérience réussie alliant savoir-faire et inventivité, digne d'un établissement étoilé.

CASCADES RESTAURANT €€€

Jl. Lanyahan, Br. Nagi, Kecamatan Ubud, Kabupaten Gianyar ✆ +61 361 972111
www.cascadesbali.com

Ouvert tous les jours de 11h à 21h. Plats dès 150 000 Rp. Menu spécial Rijsttafel balinais 1 500 000 Rp.

Un must non seulement à Ubud mais dans tout Bali. Ce magnifique établissement se trouve dans un cadre naturel époustouflant avec une ambiance éminemment luxueuse, au cœur du luxueux Vice-roi, offrant sans doute l'un des restaurants gastronomiques les plus réputés de l'île. Les plats mêlent des inspirations françaises, avec des produits de qualité comme du bœuf australien, du homard canadien ou du foie gras français, mais toujours avec une touche asiatique, thaïlandaise, nippone ou indonésienne. Belle carte des vins et cocktails. Une expérience à ne pas rater !

PAON BALI COOKING CLASS

Jalan Raya Laplapan, Petulu, Ubud, Petulu, Kecamatan Ubud ✆ +62 813 3793 9095
www.paon-bali.com
Compter à partir de 350 000 Rp/personne. Cours le matin à partir de 8h et le soir à partir de 15h30.

Dès le matin, il est possible d'aller au marché afin de sélectionner les légumes et les ingrédients qui permettront de réaliser pas moins d'une quinzaine de plats. Les mets sont préparés en groupe et chaque plat élaboré sous les consignes - précises et en anglais - des hôtesses de la maison. Pas de temps mort dans ce cours où l'on broie les préparations de manière traditionnelle, où l'on cuisine à l'huile de coco, pour terminer autour d'une délicieuse tablée à partager un repas varié et 100% balinais. On recommande cette sympathique adresse. Service de navette.

TEGALLALANG ★★★

Juste à la sortie de la ville d'Ubud, en allant vers le nord, le visiteur est captivé par la transformation progressive du paysage, qui devient de plus en plus pittoresque. Les différentes et nombreuses vallées profondes se dessinent, traversées par des rivières qui nourrissent une végétation luxuriante et variée. Parmi cette verdure, on remarque l'apparition d'innombrables rizières en terrasses. Ces dernières semblent être suspendues aux flancs des gorges, comme si elles étaient retenues par une force divine, offrant un spectacle visuel à la fois délicat et majestueux.

Tegallalang se révèle être un véritable carrefour pour les amateurs d'artisanat, offrant une spécialisation dans la sculpture de petits objets décoratifs. Le marché artisanal du village est incontournable pour ceux qui cherchent à rapporter des souvenirs uniques, tels que des carillons en bambou ou des albums photo confectionnés en feuilles de palme.

Explorer les environs réserve également de belles découvertes. En empruntant la petite route menant à Pujung, une visite du village de Manuaba s'impose, où se dresse le Pura Griya Sakti, un temple somptueux dédié aux brahmanes de Manuaba, donnant son nom au village. Ce lieu sacré, avec son wantilan (pavillon de réunion) aux proportions parfaitement équilibrées, respire la sérénité. Plus loin, en direction de Telaga Waja, les voyageurs seront enchantés par la découverte d'un complexe de bassins rituels, témoignant de la richesse culturelle et spirituelle de la région.

SACRED VALLEY UBUD €€

Jl. Raya Banjar Jati, Sebatu, Kec. Tegallalang, Kabupaten Gianyar
✆ +62 821 4733 0045
www.sacredvalleybali.com
Chambre double à partir de 1 300 000 Rp. Restaurant, excursions, cours de cuisine, piscine naturelle dans une rivière.

© SACRED VALLEY UBUD

« Connecter les gens à la nature », c'est le leitmotiv du Sacred Valley qui vous accueille au milieu de la jungle dans un cadre enchanteur et intimiste. La piscine à débordement offre une vue imprenable sur la nature environnante, des arbres fruitiers et des fleurs en tous genres accompagneront votre chemin jusqu'au lobby. Ultra romantique, c'est un vrai coup de cœur pour les couples ou, mieux encore, pour les lunes de miel ! Le tour au marché local pour un cours de cuisine est une expérience à vivre. Un moment hors du temps perdu dans un village au nord d'Ubud.

KELIKI PAINTING SCHOOL €

Jl. Kresna, Keliki, Kec. Tegallalang, Kabupaten Gianyar ✆ +62 361 8989158
www.keliki-painting-school.com
Hébergement chez l'habitant dans les familles traditionnelles du village. Les contacter pour information.

Parfait pour se plonger dans le mode de vie des peintres-paysans de Keliki et partager leurs activités ! En plus, vos hôtes, d'une gentillesse sans nom, sont francophones. Les chambres d'hôtes, aménagées dans des habitations traditionnelles balinaises (les « balés »), sont dans le village. Vos voisins sont des familles balinaises ainsi que des chiens et des poules. Mieux vaut réserver à l'avance et se renseigner au préalable sur les nombreuses activités possibles via le site internet. Le plus : la possibilité de prendre des cours de dessin.

UBUD ET LE CENTRE

PRAMANA GIRI KUSUMA €€€

Jl. Raya Payangan, Melinggih, Kec. Payangan © +62 812 3789 3970
www.pramanagirikusuma.com
Chambre double à partir de 1 300 000 Rp. Shuttle bus, Spa, restaurant, cours de cuisine, randonnées, yoga.

© PRAMANA GIRI KUSUMA

Ce véritable sanctuaire de tranquillité au cœur de la jungle luxuriante allie charme traditionnel balinais et confort moderne. Les suites et villas spacieuses, dont certaines avec piscine privée nichées dans un écrin de verdure, vous offrent un cadre enchanteur dans une atmosphère idéale pour se ressourcer. Vous pourrez profiter du spa, d'un restaurant proposant une cuisine locale raffinée, ainsi que d'activités comme le yoga ou des balades dans les rizières. C'est l'endroit parfait pour une retraite paisible en immersion en pleine nature.

PARILIANA €

Jl. Bangkiang Sidem, Keliki, Kec. Tegallalang, Kabupaten Gianyar © +62 822 3629 3319
www.pariliana.com
Chambre double à partir de 1 550 000 Rp. Petit déjeuner. Piscine. Réservation de 2 nuits minimum.

Bienvenue chez Nathalie et Wayan, ils vous accueillent dans leur charmante maison d'hôtes depuis bientôt 13 ans. Celle-ci dispose de 5 chambres, d'une maison et d'une villa à louer avec 2 chambres chacune. Tous les deux francophones, ils connaissent la région par cœur d'autant plus qu'ils vivent dans la maison familiale juste à côté. Wayan est originaire du village et il propose aux hôtes des excursions exclusives dans la région. Autre corde à son arc, il dispense des cours de cuisine et réalise de merveilleux repas sur réservation. On recommande cette adresse.

BAGUS JATI HEALTH & WELLBEING RETREAT €€€

Sebatu, Jl. Raya Banjar Jati, Taro, Kec. Tegallalang, Kabupaten Gianyar © +62 878 6992018
www.bagusjati.com
Villa avec piscine privée à partir de 2 300 000 Rp. Spa, restaurant, excursions, yoga,, cours de cuisine.

Ce superbe établissement offre une vue imprenable sur la jungle et un calme parfait, ce lieu est l'idéal pour se ressourcer. Le personnel est d'une grande sympathie et le service, irréprochable. La villa avec piscine privée est hautement recommandée pour une expérience exclusive dans un luxe et une sérénité mémorable. Le spa et l'ensemble du complexe, spacieux et serein, garantissent une immersion totale dans la nature, promettant un séjour de détente absolue.

NATYA RESORT UBUD €€€

Kelabang Moding, Tegallalang, Kec. Tegallalang, Kabupaten Gianyar
© +62 361 3007799
www.natyahotel.com
Villa avec piscine privée à partir de 9 900 000 Rp.

Vous serez accueillis chaleureusement dès votre arrivée par un personnel attentionné et toujours prêt à rendre votre séjour agréable. C'est un véritable havre de paix, entouré par la beauté naturelle d'Ubud, offrant une atmosphère apaisante. Ce lieu dépassera toutes vos attentes. Les villas sont époustouflantes, la vue à couper le souffle, et la cuisine savoureuse. L'hospitalité est tout simplement incomparable, le restaurant délicieux et les massages au spa particulièrement qualitatifs. Une navette gratuite vers le centre d'Ubud est disponible.

THE KAYON RESORT €€€

Banjar Kepitu, Kenderan, Kec. Tegallalang, Kabupaten Gianyar © +62 361 4792553
www.thekayonresort.com
Chambre double Deluxe à partir de 6 300 000 Rp. Suite Kayon à partir de 7 300 000 Rp. Villa à partir de 13 000 000 Rp.

Les villas, dont certaines sont au bord d'une cascade, sont conçues pour être en parfaite harmonie avec la nature. Décorées avec des matériaux locaux tels que le bois, la pierre ou encore le bambou, elles respectent les traditions artistiques d'Ubud et sont ornées de magnifiques peintures et sculptures. Niché sur les collines d'Ubud et situé entre la ville et les rizières de Tegallalang, The Kayon Resort vous offre le véritable luxe au cœur de la nature. En hauteur, les villas offrent une vue sur la rivière et sur la forêt luxuriante... Superbe !

KUWARASAN A PRAMANA EXPERIENCE €€€

Jalan Cinta, Tegallalang, Kec. Tegallalang, Kabupaten Gianyar
✆ +62 898 7607020
www.kuwarasan.com

Suite à partir de 3 000 000 Rp, Villa 4 500 000 Rp. Restaurant, yoga, randonnée quotidienne, gym et navette gratuite,.

Voisin des rizières de Tegallalang, c'est un écrin de bien-être et de beauté qui s'offre à vous ! On vient ici se détendre et profiter pleinement de la nature balinaise et de ses charmes. Spacieuses, on adore les chambres décorées avec beaucoup de goût, donnant une atmosphère traditionnelle et luxueuse à la fois (la suite présidentielle est digne d'un décor de cinéma). A noter la très bonne qualité du restaurant Indonéslen et son majestueux spa. Parfait pour les séjours en amoureux !

© SANNA UBUD A PRAMANA EXPERIENCE

© SANNA UBUD A PRAMANA EXPERIENCE

SANNA UBUD A PRAMANA EXPERIENCE €€€

Jl. Raya Tegallalang, Br. Tengah, Kec. Tegallalang, Kabupaten Gianyar
✆ +62 361 6206688
www.sannaubud.com

Villa avec piscine à partir de 7 000 000. Rp. Magnifique spa, restaurant, activités et service navette.

Mêlant héritage culturel et tradition, ce lieu, conçu par le designer Thomas Elliott, est un véritable joyau du luxe balinais. Le concept « Saona », signifiant « perception » en sanskrit, allie traditions indo-bouddhistes et la fable balinaise « Tutur Tantri », visible dans les fresques du temple. La piscine ornée de statues et les boiseries sculptées créent une ambiance unique et chaleureuse. Vous pourrez profiter de randonnées et de yoga gratuits quotidiennement.

© SANNA UBUD A PRAMANA EXPERIENCE

© SANNA UBUD A PRAMANA EXPERIENCE

© SANNA UBUD A PRAMANA EXPERIENCE

PURI GANGGA RESORT AND SPA €€€

Sebatu, Tegallalang, Gianyar Regency
✆ +62 822 9890 2222
www.puriganggaresort.com
Chambres à partir de 1 300 000 Rp, villas : 2 500 000 Rp. Spa, restaurant, piscine, yoga shala, activités et excursions.

Ce charmant boutique-hôtel perché au-dessus du Pura Gunung Kawi Sebatu, célèbre pour ses rituels de purification, se trouve à 10 minutes de Tegallalang et du temple Tirta Empul. Parfaitement situé, il offre une tranquillité bien supérieure à Ubud. L'hôtel est décoré de magnifiques statues en bois et en pierre, entouré d'une végétation luxuriante. Activités gratuites comme le yoga, un massage des pieds à l'arrivée, et des options comme des randonnées pour une véritable immersion.

KABANA JUNGLE CLUB

Jl. Raya Cebok, Kedisan, Kec. Tegallalang, Kabupaten Gianyar ✆ +62 817 9114610
www.kclububud.com

Ouvert tous les jours de 11h à 20h + Soirées spéciales. Plats de 100 000 Rp à 175 000 Rp. Cocktails 130 000 Rp.

Le Kabana Jungle Club vous accueille avec ses huit piscines à débordement qui semblent se jeter dans la jungle. Proposant une cuisine gréco-turque, le K-Club est surtout connu pour ses soirées envoûtantes organisées chaque fin de semaine. Des DJ internationaux vous transportent sur des sons électro, deep et underground tels de véritables chamans. Les jeux de laser viennent ajouter une magie à ce mélange organique et tribal. Un voyage multi-sensoriel ! Visitez leur page Facebook pour consulter le programme des soirées et obtenir votre billet.

KAMANDAKA SPA

Jl. Raya Tegallalang, Banjar tengah, Kec. Tegallalang, Kabupaten Gianyar ✆ +62 823 4077 9674
www.sannaubud.com

Au sein de l'hôtel Sanna Ubud A Pramana Experience. Massage Balinais 1h : 680 000 Rp, 1h30 : 830 000 Rp.

Les cinq cabines en bambou, situées au bas d'une colline, sont accessibles via un funiculaire, pour un début d'expérience spectaculaire inédite. Leur design s'intègre harmonieusement à la nature environnante, avec des espaces ouverts sur l'extérieur, offrant une vue magnifique sur une petite rivière : un véritable rêve. Profitez de massages balinais avec des produits naturels, ainsi que de soins comme des gommages, des enveloppements, de la réflexologie, des pierres chaudes et des séances de yoga. Tout y est, vous passerez sans aucun doute un moment merveilleux.

© RIZKY ADE JONATHAN - ISTOCKPHOTO.COM

Rizières de Tegallang.

PUJUNG

En s'aventurant vers le nord et en gagnant en altitude, on découvre le village de Pujung, un haut lieu de la sculpture sur bois, animé par des ateliers inlassablement actifs. Sur le trajet depuis Tegallalang, les rizières en terrasses s'étendent majestueusement sur le côté droit, témoignant d'un paysage méticuleusement façonné par la main de l'homme. La route qui serpente entre Gentong et Bayad via Kenderan offre des vues parmi les plus époustouflantes, un véritable spectacle pour les yeux. En arrivant à Bayad, un carrefour nous invite à choisir : à gauche vers Pujung, à droite vers Tampaksiring.

Pujung se révèle être une communauté divisée en deux banjars distincts, le banjar du nord (banjar kaja) et celui du sud (banjar kelod), chacun avec son caractère propre. La renommée de Pujung repose sur son artisanat d'exception, notamment dans la création de garudas, des œuvres d'art fascinantes. Pour les amateurs envisageant un achat, il est conseillé de s'immerger d'abord dans l'univers de la sculpture sur bois en visitant des musées à Ubud ou Denpasar, ou encore des galeries spécialisées. Il est bon de savoir que les garudas les plus remarquables sont ceux sculptés dans le bois de jacquier, reconnaissables à leur corps de couleur noire. Toutefois, il est important de noter que le bois de jacquier peut se fendre sous l'influence du climat plus sec de la France, faute d'humidité suffisante pour conserver sa consistance naturelle.

SEBATU ★★

Ce charmant petit village est bien connu des Français, car sa troupe de danseurs et son *gamelan* viennent en France régulièrement depuis plusieurs années ! Sebatu est situé au-dessus du magnifique temple *Pura Gunung Kawi Sebatu*. Attention toutefois à ne pas confondre avec le monument historique de *Gunung Kawi* (tombes royales) de *Tampaksiring*. Aujourd'hui, le village de Sebatu s'est peu à peu spécialisé dans la confection de différents objets artisanaux en bois variés destinés à l'exportation, en particulier des jouets pour enfants. Sebatu est néanmoins célèbre pour ses musiciens et son extraordinaire *semar pegulingan*, gamelan à la gamme heptatonique qui permet d'interpréter les danses traditionnelles les plus anciennes, avec des tempos plus lents et plus suaves.

Ici, les *odalan* des temples sont particulièrement majestueux. Si vous êtes dans la région au bon moment, ne les manquez surtout pas. Au centre du village, le *wantilan* se trouve près du Pura Desa. Celui-ci contient deux constructions arborant plusieurs statues polychromes. Au nord du village, le *Pura Jaba Kuta* est le temple à partir duquel vous pourrez repartir vers le village de *Bilokan*, en direction de *Batur*.
Lorsque vous venez à moto depuis Ubud, vous pouvez traverser les rizières à pied de la route principale vers Sebatu. Cette balade comptera sans aucun doute parmi les plus mémorables de votre séjour à Bali. Un incontournable pour les amoureux de la nature et de la culture balinaise !

PURA GUNUNG KAWI SEBATU ★★

Sebatu, Tegallalang, Gianyar Regency
Ouvert tous les jours de 8h à 18h. Ticket : 30 000 Rp.

Bien qu'à l'écart, ce complexe religieux garni de bassins est l'un des plus beaux et paisibles temples de l'île. Dissimulé dans une végétation luxuriante, il est bâti sur une source sacrée. L'eau coule par des becs décorés dans sept bassins en pierre, construits à des hauteurs différentes. Certains servent à la baignade des fidèles tandis que les plus proches de la source sont réservés à des usages rituels. Le temple est riche de statues dont une représentant le singe blanc Hanuman du Ramayana. La vue de l'ensemble depuis le haut de la route est enchanteresse.

KAILASHA RESTAURANT €€

Sebatu, Tegallalang, Gianyar Regency
✆ +62 811 3877 3222
www.kailasharestaurants.com
Ouvert tous les jours de 07h30 a 22h. Au sein du Puri Gangga Resort.

Ce restaurant, une « pépite cachée », est situé en périphérie d'Ubud, près du temple Gunung Kawi. Certes, le lieu est un peu cher, mais la carte y est délicieuse et raffinée. Si vous êtes végétariens, il n'est pas toujours facile de trouver des options, mais ici, vous êtes au bon endroit, les plats sont incroyables : frais, colorés et savoureux. Le service est également adorable ! Vous y dégusterez d'excellents plats tout en profitant d'un cadre magnifique et d'un personnel chaleureux. À recommander pour une occasion spéciale, ou un dîner romantique.

DEWI GANGGA SPA AT PURI GANGGA RESORT

Sebatu, Tegallalang, Gianyar Regency
✆ +62 822 9890 2222
www.dewiganggaspa.com
Ouvert tous les jours de 09h à 21h. Massage d'une heure à partir de 500 000 Rp.

Ce spa de luxe, surplombant les bains sacrés du temple Gunung Kawi, propose une large gamme de soins régénérants, utilisant des huiles naturelles, des parfums exotiques ainsi que des herbes et épices locales pour une expérience de bien-être authentique et complète. L'endroit est propre et tout est conçu pour offrir un confort absolu. Vous serez accueillis chaleureusement dès votre arrivée, les massages sont merveilleux, tout comme les gommages et les soins du visage !

TARO ★★

A Taro, le Bale Agung passe pour être un des plus beaux de Bali, avec une architecture qui lui est propre. La légende veut que ce soit Resi Markandya qui, lors d'une méditation sur le Gunung Raug à Java-Est, reçut un message des dieux qui lui demandèrent d'aller prêcher la bonne parole à Bali en emmenant des volontaires. La plupart des volontaires disparurent de maladie ou attaqués par des démons. Resi revint et les dieux lui expliquèrent qu'il n'avait pas affiché suffisamment de remords ni accordé assez de prières aux arbres défrichés. Il repartit alors, avec une nouvelle cohorte de volontaires, et construisit un temple unique par son architecture.

GUNUNG KAWI ★★★

Jl. Gn. Kawi, Tampaksiring, Kec. Tampaksiring, Kabupaten Gianyar

Ouvert tous les jours de 08h à 18h. Ticket : 50 000 Rp.

Au sud de Tampaksiring, une route vous emmène vers le site de Gunung Kawi, qui abrite d'impressionnantes tombes royales remontant au XIe siècle. On arrive à un escalier assez raide qui descend sous une arche de pierre et permet d'embrasser toute la vallée. Les rizières sont magnifiques et se glissent dans la lumière, heurtant parfois des bouquets de cocotiers et des hameaux que l'on croirait isolés. Gunung Kawi demeure sans doute le plus beau et le plus ancien monument balinais d'envergure. Il présente en tout dix mausolées creusés dans la roche et dans des niches de 7 m de haut. Cinq sont dressées sur la rive est et quatre sur la rive ouest. La dernière se trouve à un kilomètre environ au sud. On accède des unes aux autres par un pont. Des cellules de moines auxquelles on accède par un sentier labyrinthique complètent les mausolées. On ignore si ces *candi* sont des sépultures royales ou des monuments dressés à la mémoire des souverains du XIe siècle et de leurs épouses. Les Balinais parlent toujours des tombes royales. On dit également que les mausolées dressés seraient des hommages faits aux épouses du roi Anak Wungsu qui se seraient jetées dans le bûcher et auraient donc accompli le sacrifice de la « satia ». Un sentier court dans les rizières pour atteindre le dixième mausolée appelé « Griya Pedanda », ou « maison brahmanique du Pedanda ». Le site a été découvert en 1920 et pour y accéder il faut grimper plus de 200 marches afin de découvrir la beauté des lieux. Une montée qui vaut vraiment la peine.

© STÉPHAN SZEREMETA

PURA GUNUNG RAUNG ★★

Taro, Tegallalang, Gianyar Regency

Temple Hindouiste à observer de l'extérieur uniquement.

Temple construit en *paras*, des pierres volcaniques qui se prêtent très bien à la sculpture, ce qui permet facilement leur juxtaposition. La grande particularité du temple réside dans le fait que les fidèles prient vers un *kaja* qui leur est propre, c'est-à-dire vers l'ouest et tout particulièrement le Gunung Raung. Taro a conservé le privilège ou l'inconvénient de demeurer le seul village à Bali où l'on élève le bétail albinos pour les cérémonies rituelles. Cet élevage nécessite des offrandes rituelles à la fois confectionnées au Pura Dalem et au Pura Gunung Raung.

TAMPAKSIRING ★★

Petite ville ou plutôt grand bourg fleuri et pimpant. Le roi Udayana y mourut en 1011 et ses 2 fils, Airlanggha et Anak Wungsu lui succédèrent. Si le roi Airlanggha gouverna Java, son frère se contenta de Bali, peut-être sous les ordres de son frère de 1049 à 1077. C'est pourquoi les 9 tombes royales, dressées au bord du Pakerisan, ont autant de caractéristiques javanaises, bien que l'on puisse y retrouver quelques influences indiennes. Quant à Gunung Kawi (« montagne poétique »), située non loin des sépultures royales et datée de 1080, elle constitue un monastère dont les différentes niches renferment peut-être les cendres d'Anak Wungsu.

PURA MENGENING ★

Jalan Tirta No.25M, Sareseda, Tampaksiring, Kec. Tampaksiring, Kabupaten Gianyar

Ouvert tous les jours de 09h à 17h.

Un peu en dehors des circuits les plus populaires et touristiques, venez profiter d'un temple un peu plus calme et préservé du tourisme de masse et vous baigner dans des eaux purifiantes et translucides. On peut voir ici les *Prasada* qui ressemblent un peu aux *candi* javanais. En remontant vers le nord, vous trouverez le Pura Gumang qui abrite une sculpture de taureau, monture de Shiva du nom de Nandi et un *Linggam*, symbole de fertilité. Un autre *Prasada* est en ruine. Une belle découverte qui mérite un détour - également adapté aux enfants.

PURA TIRTA EMPUL ★★

Tampaksiring, Gianyar Regency

Ouvert tous les jours de 8h à 18h. Entrée : 50 000 Rp. Un sarong et un sash (ceinture) sont fournis à l'entrée.

Tirta Empul signifie en français - approximativement - temple de l'eau sainte. On dit que les bassins recueillant les eaux sacrées de Tirta Empul datent de 962... Ces sources sont considérées comme sacrées et les eaux purificatrices. Leur origine mythique remonte à Indra qui aurait fait jaillir les sources pour faire couler le fameux élixir d'immortalité. Grâce à cet élixir, l'armée d'Indra put vaincre l'armée du roi Mayadanawa. Les eaux ont la réputation d'être magiques, et chaque année des milliers de pèlerins viennent se purifier dans ses bassins et faire des offrandes aux divinités. Pendant la semaine correspondant au jour de la pleine lune du 4e mois de l'année, les *barongs* des villages voisins viennent ici recevoir les eaux lustrales pour être purifiés et renforcés dans leur pouvoir magique. Le spectacle de dévotion dans les bassins du temple est à la fois joyeux et solennel. Ce lieu est particulièrement sacré et les baignades autres que religieuses ne sont pas encouragées. Vous pouvez vous purifier si vous le souhaitez ! De nombreux touristes font le déplacement pour se baigner dans ses eaux saintes. Attention toutefois, les femmes en période menstruelle ne peuvent entrer dans le bassin... Au-dessus de la source sacrée se tient l'ancienne résidence de Sukarno. A la sortie, il vous faudra vous frayer un chemin entre les centaines d'échoppes vendant pour la plupart la même chose à 1 $, prix d'appel ! Et comme pour tous les temples, soyez vigilant à votre tenue. Un sarong (une étoffe à nouer) peut vous être prêté.

VILLA KALISAT €€

Jl. Raya Pejeng Kawan, Pejeng Kaja, Kec. Tampaksiring, Kabupaten Gianyar

✆ +62 361 8987936

villakalisatbali.com

Chambre double à partir de 2 400 000 Rp. Piscine.

Cadre idyllique pour cet hôtel à l'écart de la ville où l'on se retrouve en pleine nature. Situé un peu en hauteur, on a l'impression depuis la terrasse d'être à la cime des arbres et de pouvoir profiter au mieux de cette superbe vue... Espace préservé et chambres confortables sont les atouts majeurs de cet établissement. La gentillesse du personnel et la belle piscine viennent parfaire la beauté des lieux. Le plus : le superbe spa et les soins à la hauteur des attentes. La Villa Kalisat est un véritable coup de cœur de la rédaction.

JATILUWIH

Jatiluwih, situé à environ 1 heure d'Ubud, est un site classé au patrimoine mondial de l'UNESCO, célèbre pour ses vastes rizières en terrasses. Ce paysage époustouflant s'étend à perte de vue, offrant une vue panoramique sur des champs de riz verdoyants, parfaitement entretenus selon la technique traditionnelle du *subak*, un système d'irrigation balinais ancestral. En plus de sa beauté naturelle, Jatiluwih est un lieu de quiétude, les visiteurs peuvent y faire des randonnées ou des balades à vélo à travers les rizières, tout en découvrant la culture locale et l'hospitalité des villageois. Une immersion dans la nature et les traditions balinaises.

Pura Tirta Empul.

BATUBULAN ★★

Batubulan est un village connu dans le monde entier pour ses sculptures et ses représentations de *barong* avec « transes ». Chaque jour, des dizaines de cars pleins de visiteurs viennent y assister. Les danses commencent à 9h30 et à 10h30. Il y a trois troupes de danseurs qui, inlassablement, mimeront la transe, chaque jour, pour des milliers de photos prises. Des représentations de *kecak* (danse du feu) ont lieu en fin de journée. L'autre particularité de Batubulan, ce sont les sculptures sur pierre (volcanique) qui y sont façonnées chaque jour par ses artisans depuis des siècles. Les œuvres représentent surtout des démons ou des dieux.

Histoire

Le barong de Batubulan : c'est une histoire qui concerne la reine Dewi Kunti qui a promis de sacrifier l'un de ses cinq fils à la sorcière Rangda. Le barong est un géant - une créature mythologique ressemblant à un lion. Il est considéré comme le seigneur de la forêt, chef des forces du bien et ennemi de Rangda, la reine démon.

- **Prélude**. L'apparition du barong et du singe. Trois paysans interviennent pour tuer le singe car celui-ci a tué l'un de leurs fils. Le barong aidera le singe à se défendre et un des paysans aura le nez coupé par le singe. Intervient la danse du legong.

- **Acte I.** Deux serviteurs du prince Sadewa entrent en scène. Le premier explique à l'autre que le prince (fils de la reine Dewi Kunti) sera sacrifié le jour même. La sorcière apparaît et confirme le mauvais augure. Les deux serviteurs, effrayés par cette apparition et le mauvais présage appellent Patih, le ministre dévoué au prince.

- **Acte II.** Patih, la reine et le prince entrent en scène. La reine hésite à envoyer son fils à la mort en guise de sacrifice. La sorcière réapparaît et l'envoûte.

- **Acte III**. Sadewa est attaché à un arbre et attend la mort. Le dieu Shiva apparaît et rend le prince immortel. Rangda revient, tente de tuer le prince mais ne peut y parvenir en raison de l'élixir d'immortalité. Réalisant son impuissance, Rangda demande au prince de la tuer pour atteindre le moksa, le « paradis » des ancêtres. Sadewa tue Rangda.

- **Acte IV.** Kalika, disciple de Rangda, veut subir son sort pour atteindre la grâce mais Sadewa refuse. Alors il s'ensuit un combat. La lutte opposant les forces positives (barong) aux forces négatives (Rangda) ne peut déboucher sur une victoire. Ce qui fait écran, c'est le corps social. Ce corps social est représenté par les Balinais qui tenteront de supprimer Rangda. Celle-ci va retourner leur agressivité contre eux. Ils tenteront de se poignarder avec leur kriss, mais ne peuvent y arriver car leur corps est protégé magiquement par la présence du barong. La transe consiste donc à être « visité » par les forces magiques et à émettre du sacré. Un prêtre vient les bénir d'eau lustrale. On verse le sang d'un poulet sur le sol. La « cérémonie » est finie. Ce barong, mis en scène essaie de donner un aperçu synthétique pour les touristes. En réalité, le barong provoque des transes, lors des *odalan*, par sa seule présence et il s'agit toujours de cérémonies rituelles de purification.

BALI BIRD PARK ★★

Jl. Serma Cok Ngurah Gambir Singapadu, Batubulan, Kec. Sukawati, Kabupaten Gianyar
© +62 361 299352
www.bali-bird-park.com
Ouvert tous les jours de 09h à 17h. Entrée : 385 000 Rp/adulte, 192 500 Rp/enfant. Restaurant, café.

Un immanquable du coin ! Niché dans un écrin de nature luxuriante qui contient plus de 300 essences d'arbres et de plantes, le Bali Bird Park, Taman Burung en indonésien, permet d'observer plusieurs milliers oiseaux pour 250 espèces, évoluant dans des cages simples ou des volières géantes recréant l'écosystème de la forêt tropicale. Et il n'y a pas que la vue qui est enchantée, il y a l'ouïe aussi ! Vous vous promènerez dans les sept espaces du parc allant des contrées d'Amérique du Sud aux espèces locales en passant par l'Afrique, Sumatra, Java, Bornéo, la Papouasie... Les vétérinaires du parc élèvent aussi des espèces gravement menacées comme l'étourneau de Bali, endémique de l'île, l'un des oiseaux les plus rares au monde. De quoi s'émerveiller devant la beauté de la nature et donner envie même aux plus jeunes de protéger l'environnement qui nous entoure ! Profitez de votre visite pour admirer également le grand jardin créé par un grand architecte paysager Made Wijaya (un Australien tombé amoureux de l'île dès sa visite en 1973) et pour visiter le parc Rimba attenant, destiné aux reptiles. L'occasion parfaite pour aller découvrir de nombreux dragons de Komodo et en prendre plein la vue ! Pour le plaisir des petits et des plus grands, des spectacles d'oiseaux sont également organisés tout au long de la journée. Le plus : la possibilité de réserver en avance (minimum 24h avant) et sans supplément une visite guidée du parc. Également restaurant et boutique sur place. Accessible aux poussettes et aux PMR.

RIMBA REPTILE PARK ★

Batubulan, Sukawati, Gianyar Regency
✆ +62 361 299344
www.balireptilepark.id
Ouvert tous les jours de 09h à 17h. Entrée avec le Bali Bird Park.

Après les oiseaux, les reptiles. Au cœur du parc à oiseaux Bali Bird Park se trouve une partie réservée aux reptiles. On peut observer dans ce parc des crocodiles ou des serpents parmi plusieurs centaines d'espèces différentes. Avis aux amateurs : réputé dans le monde entier, ce parc animalier est l'un des plus complets en la matière ! Si vous ne faites pas la route jusqu'à l'île de Komodo, vous aurez la chance d'admirer le célèbre dragon dans toute sa majesté. La balade est très instructive. A ne pas manquer si vous faites le parc des oiseaux.

CELUK ★★

La capitale de l'orfèvrerie se résume en une route principale bordée de chaque côté par des dizaines de magasins vendant de l'artisanat fait en or et argent : éventails, vaisselles, bracelets, bibelots... Tout le village s'est découvert des talents de bijoutier. Les orfèvres de Celuk ont développé la technique du filigrane d'argent mais leur inspiration s'est tarie. Vous pouvez toujours amener un modèle et une pierre, ils sauront parfaitement la reproduire. Les boutiques proposent plus ou moins les mêmes articles très chargés qui ne correspondent pas toujours aux critères de beauté occidentaux. A part cela, Celuk ne présente pas grand intérêt.

SWAN PARADISE A PRAMANA EXPERIENCE €€

Jalan Raya Bonbiyu, Banda, Blahbatuh
✆ +62 811 3941 4428
www.swanparadisebali.com
Chambre à partir de 1 000 000 Rp. Piscine, gym, restaurant, Spa, confection d'offrande, cours de cuisine, randonnées.

© SWAN PARADISE - PRAMANA

Cet élégant établissement niché au cœur des paysages verdoyants d'Ubud allie luxe moderne et charme balinais authentique, offrant des chambres et suites spacieuses avec vue sur les rizières ou les jardins tropicaux. Les installations incluent une piscine à débordement, un spa relaxant et un restaurant proposant une cuisine locale et internationale. C'est également un lieu idéal pour des retraites bien-être, avec des sessions de yoga et de méditation.

SUKAWATI ★★

Sukawati n'est connu des touristes que par son marché (*Pasar Seni*), ouvert de 6h à 20h, qui a l'intérêt de vendre certains produits artisanaux. Ombrelles, textiles, vanneries faites avec du *lontar*, le *Pasar Seni* offre toutes sortes de souvenirs. A 200 m à l'ouest, le marché d'artisanat très matinal qui ferme vers 7h, et où l'on trouvera des tas d'objets moins chers en provenance des villages des environs. Le village possède aujourd'hui au moins 3 marchés d'artisanat. Mais Sukawati possède bien d'autres charmes : ce village abrite, tout comme Batuan, de nombreux brahmanes qui ont pérennisé l'art du *dalang* dans le *wayang kulit* (théâtre d'ombres).

PURA PENATARAN AGUNG ★★

Jl. Raya Pejeng Tampaksiring, Pejeng Kaja, Kec. Tampaksiring, Kabupaten Gianyar
Ouvert tous les jours de 08h à 17h.

Une gigantesque porte symbolique, ou candi bentar, avec des sculptures magnifiques de Boma (démon de la terre, protecteur contre les mauvais esprits) ouvre sur la cour Jaba d'où on peut apercevoir le Kori Agung (grande porte). On ne peut franchir ce dernier que lors des odalan. Le temple devient une fois par an un lieu de recueillement pour les maisons royales environnantes comme celles d'Ubud, Peliatan, Tegallalang, etc. Il fut détruit lors des tremblements de terre qui ont suivi l'éruption de Gunung Batur en 1917 et fut reconstruit en partie.

UBUD ET LE CENTRE

THE ROYAL PURNAMA €€€

Jl. Pantai Purnama, Sukawati, Kec. Gianyar, Kabupaten Gianyar ✆ +62 361 8493706
www.theroyalpurnama.com
Suite à partir de 2 550 000 Rp. Spa, cours de cuisine, yoga, confection d'offrandes, trekking. Restaurant indonésien.

Sur la paisible plage de sable noir de Purnama, cet établissement réservé aux adultes combine élégance moderne et influences balinaises traditionnelles. Les villas privées et suites raffinées sont équipées de piscines et de piscines à bulles, offrant une retraite intime. Le resort propose également un spa luxueux, une expérience culinaire indonésienne, et des activités telles que le yoga et les balades en pleine nature. Entouré par la beauté naturelle de Bali, The Royal Purnama incarne une destination idéale pour se ressourcer dans un cadre apaisant.

BATUAN

C'est ici que se sont joués les sorts de quelques dynasties de danseurs et de peintres. On ne connaît pas exactement l'origine du mot Batuan qui fait référence à *Batu*, la pierre. Les historiens ignorent s'il fait référence à d'anciens rites mégalithiques ou à un quolibet envers ses habitants. On a néanmoins retrouvé une inscription dans le Pura Desa Batuan remontant à 1022 qui atteste des relations entre Batuan et Ubud. On dit que le Pura Gede Metjaling fut construit sur le site du vieux palais de Jero Gedé Metjaling, le roi démoniaque de Nusa Penida, et le dieu le plus important de Bali. La légende veut donc que ce roi, d'abord installé à Batuan, se soit ensuite fixé par la suite à Nusa Penida. Les Balinais vouent une telle frayeur au démon exilé qu'ils ont carrément laissé le temple à l'abandon !

Histoire

Au XVIIe, Batuan était connu pour abriter la famille de Gusti Ngurah Batulepang dont certains membres devinrent les ministres du roi de Klungkung. Mais cette famille devait être dispersée à la suite d'une malédiction prophétisée par un prêtre. Les Pedanda qui firent plus tard la renommée de Batuan donnèrent un grand pouvoir à la Griya Ageng (maison de brahmane) et transformèrent le village en un centre très important de recherche et de lecture de textes sacrés sur *lontar* (feuilles de palme dont les Balinais se servent de manuscrit). C'est ensuite à partir du centre intellectuel de Batuan que nombre de Pedanda migrèrent vers les cours royales d'autres provinces. Certains Occidentaux qui vivaient à Bali dans les années 30 allèrent même jusqu'à dire que Batuan ne comptait que des brahmanes. Au XIXe, Negari la partie ouest de Batuan, avait gardé son autonomie. Elle devint si puissante qu'elle se révolta contre son roi installé à Gianyar et détruisit l'homogénéité du royaume. Cette déstabilisation aurait servi à la conquête des Hollandais au début de ce siècle.

Sports / Loisirs

C'est à Batuan que sont nés et que vivent encore les plus grands danseurs de Bali. A l'instigation d'Anak Agung Gedé Oka, roi de Batuan, mort en 1947, les prêtres bouddhistes et la cour purent perpétuer l'art du gambuh, le plus vieil opéra balinais datant du XVIe siècle. Deux troupes de danseurs savent encore chanter et jouer le gambuh : la troupe de I Made Jimat et la troupe de I Nyoman Kakul, mort il y a une vingtaine d'années, mais que dirige son fils Ketut Kantor. I Made Jimat, né en 1947, est connu dans le monde entier et tient des séminaires de danse en France, chez Ariane Mouchkine, et en Italie, à Milan et à Turin. Tous s'accordent à dire que Jimat est toujours le plus grand danseur balinais. Sa mère, considérée par beaucoup comme une sorcière, est une remarquable interprète des danses classiques et sacrées (mendet, gabor et rejang). La réputation de I Made Jimat lui vient de son extraordinaire technique du baris qui lui a permis de connaître la base de toute danse. Par ailleurs, chaque soir de pleine lune, une représentation de danse gambuh se tient au Pura Puseh de Batuan.

SINGAPADU ★

Singapadu ne se trouve pas sur la grande route qui va de Batuan à la ville d'Ubud ; ce petit village jouxte Batuan, derrière les rizières. Noyé dans la verdure, Singapadu est toujours un charmant village traditionnel. La renommée de Singapadu a toujours été due à sa sculpture de masques (I Made Regug) et à ses troupes de danseurs de *legong* et de *barong*. Une autre tradition se perpétue également : celle de la fabrique de gongs. On trouve dans les deux *banjar,* Seseh et Apuan, un vieux type de gamelan appelé le gong Saron, dont les notes ont un son spécial, qui trahit la tristesse et le chagrin et qu'on emploie lors des crémations. Une visite de ce village constitue une très belle occasion supplémentaire de découvrir à la fois l'artisanat et le savoir-faire balinais.

Histoire

Le village demeure célèbre grâce au règne de I Dewa Kaleran qui prit part au combat du futur roi de Sukawati contre Ki Balian Batur. On dit que deux de ses kriss, dotés d'un extraordinaire pouvoir magique, permirent la victoire. En guise de remerciement, I Dewa Agung Anom de Sukawati offrit sa propre sœur au roi Kaleran. Impatient de voir naître l'enfant de sa sœur, il offrit une deuxième femme déjà enceinte à son courageux voisin. Les deux femmes donnèrent naissance à deux garçons prénommés I Dewa Agung Api et I Dewa Kaleran Sakti. Cette légende atteste l'origine du nom du village Singha-Padu qui signifie « deux lions jumeaux ».

BALI SAFARI & MARINE PARK ★

Jl. Prof. Dr. Ida Bagus Mantra No.Km. 19,8, Serongga, Kec. Blahbatuh, Kabupaten Gianyar
✆ +62 361 950000
www.balisafarimarinepark.com
Ouvert tous les jours de 09h à 17h. Night Safari jusqu'à 21h. Ticket à partir de 800 000 Rp/adulte.

Une véritable exploration de la faune mondiale. Ce sanctuaire héberge plus de 100 espèces, y compris des animaux rares et menacés, reflétant son dévouement à la conservation et au bien-être animal. Ici, l'interaction avec la nature se fait de manière respectueuse, grâce à des safaris nocturnes, spectacles éducatifs et rencontres uniques avec les animaux. BSP s'engage à protéger la biodiversité de demain, promettant une journée riche en découvertes et en émerveillement. On recommande !

GIANYAR ★

Chef-lieu de la province du même nom, l'une des plus peuplées de l'île, Gianyar est une petite ville bruyante organisée autour de son marché qui se tient tous les trois jours. Son attrait touristique est plutôt inexistant, à l'exception de sa gare routière où nombre d'interconnexions de *bémos* se font. La côte de Gianyar, désormais desservie par une route goudronnée, abrite néanmoins quelques plages de sable noir habitées par des communautés de pêcheurs, et pas du tout développées touristiquement. Sur la route de Kutri à Gianyar, des échoppes et des ateliers de filage et de tissage vous incitent déjà à considérer cette nouvelle activité.

Se loger

Presque aucun visiteur ne dort à Gianyar, qui présente peu d'intérêt. Néanmoins, si vous le souhaitez, il y a de très spartiates *losmen* près du marché.

Tourisme

Situés à l'ouest de la ville, les différents ateliers se visitent et vous pouvez faire des achats sur place. Les temples et sites demeurent peu nombreux et c'est plutôt dans son voisinage que l'on peut encore mesurer la magnificence, aujourd'hui discrète, de son influence artistique. N'oubliez pas non plus la spécialité culinaire de Gianyar, appréciée dans toute l'île : le babi guling, du cochon farci d'épices et de piment, puis cuit à la broche. On pourra y goûter au marché alimentaire et aux alentours sur l'avenue principale de la ville (Ngurah Rai).

PASAR SENGGOL GIANYAR - GIANYAR NIGHT MARKET

Jl. Ngurah Rai-Gianyar No.38, Gianyar, Kec. Gianyar, Kabupaten Gianyar
Ouvert tous les jours de 15h à 22h.

Dès le milieu d'après-midi, venez découvrir ce lieu qui s'anime peu à peu et qui est l'endroit idéal pour manger vite et pas cher tout en découvrant de nombreuses spécialités ! Ce marché est une excellente expérience culinaire où vous pouvez goûter un peu à tout en profitant de l'ambiance trépidante du marché. Réel lieu d'échanges et de rencontres pour les habitants, vous trouverez de délicieux *warungs* qui proposent une cuisine locale à prix doux.

PURI ABIANBASE ★

Jl. Kapten Dipta No.26, Abianbase, Kec. Gianyar, Kabupaten Gianyar

Profitez de la danse à Bali, c'est clairement un incontournable ! Au Puri Abianbasé, des danses traditionnelles sont souvent représentées grâce à une dizaine de troupes de danse qui rivalisent de virtuosité. Elles vous permettront de voir les *legong*, *barong*, *kedingkling*, *wayang wong* et le vrai *cak*, l'ancêtre du *kecak*. Vous pourrez même commander ce spectacle à Agung Payadnya, un grand artiste danseur d'Abianbasé, à la tête d'une troupe, qui se fera un plaisir de vous guider et de vous distribuer de riches explications en langue française.

PURI LANGON ★★

Gg. Mawar, Ubud, Kecamatan Ubud, Kabupaten Gianyar

Temple Hindouiste. Entrée libre.

Le Puri Langon, ou « temple de la beauté », temple royal situé à l'est de la Griya Sidawa, connue comme un des grands centres de méditation et de recherches sur les *lontars*, ces manuscrits gravés dans de jeunes feuilles de palme. En face du Palais, une représentation de danses de Gianyar a lieu chaque nuit de pleine lune au Balai Budaya (*ndlr : centre culturel*). En 1992, une crémation gigantesque qui, sans avoir atteint la magnificence de celle du roi d'Ubud en 1979, réussit à mobiliser plusieurs dizaines de milliers de personnes.

AMANASKA BALI

N° 99, Banjar Dauh Labak, Jl. Raya Tebongkang, Singakerta, Kabupaten Gianyar

© +62 821 4758 1305

amanaska-bali.com

Agence de voyage française à Bali. Service sérieux et réactif.

Spécialiste des petits groupes d'amis et des familles, Amanaska est l'agence francophone incontournable à Bali. Efficace, créative et réactive, cette équipe de professionnels est à l'écoute de vos envies, vous accompagne dans l'organisation de votre séjour, vous facilite la vie en préparant, avec vous, votre voyage, et vous permet de créer un programme qui répondra à toutes vos attentes. Entre le voyage liberté, la découverte en famille et le département bien-être, Amanaska respecte votre rythme, et vous permet de ne vivre que le meilleur !

SATRIA LUWAK COFFEE

Banyuatis, Banjar, Buleleng Regency

© +62 817 9793020

www.satriaagrowisata.baliklik.com

Ouvert tous les jours de 07h à 18h. Plantation et dégustation.

C'est à proximité d'Ubud que se situe la ferme caféicole Satria. Dans ce lieu authentique, venez découvrir les différents cafés balinais : kopi luwak, café au ginseng et café seul, vous pourrez également découvrir les spécialités du coin et faire un petit spa local... Cette ferme est excellente ! En prime, à l'issue de votre visite, vous goûterez - moyennant finances - un kopi luwak : le célèbre café récolté dans les excréments d'une civette asiatique ! C'est l'un des cafés les plus chers au monde mais également des plus insolites !

HOTEL KOMUNE & BEACH CLUB €€€

Pantai Keramas St, Medahan, Blahbatuh, Gianyar Regency © +62 361 3018888

www.komuneresorts.com

Chambre double à partir de 1 600 000 Rp. Spa, 2 restaurants, 3 piscines.

Plusieurs types de logements, à commencer par des chambres toutes simples. Avec le minimum, vous disposez d'une climatisation, d'une télévision... On peut monter en gamme avec la suite, dotée de beaux espaces, et également des villas tout équipées, avec plusieurs chambres et même, pour certaines, une piscine privée en extérieur... Excellent restaurant qui mérite le déplacement : le Health Hub Diner propose des produits bio à kilomètre zéro, sortis du jardin botanique de l'hôtel.

WARUNG LEGONG €

Jalan Professor Doktor Ida Bagus Mantra No. 300A Keramas, Medahan, Kec. Blahbatuh, Kabupaten Gianyar

© +62 821 4501 1601

Ouvert tous les jours de midi à 22h. Plats à partir de 35 000 Rp. Pizzas à partir de 58 000 Rp.

Très belle surprise pour ce *warung* finement décoré par cette adorable famille balinaise. Service impeccable et plats succulents. On vous conseille de vous installer et de vous laisser guider entre des plats indonésiens et une cuisine plus *occidentale*. Les assiettes sauront satisfaire les plus gourmands d'entre vous grâce à une présentation soignée et des saveurs bien mises en valeur. Quant au cadre, il est charmant, avec sa cour intérieure et sa verdure. La réputation de ce restaurant est bien établie, et on comprend vite pourquoi !

CAFÉ POMEGRANATE €€

Jl. Subak Sok Wayah, Ubud, Kecamatan Ubud, Kabupaten Gianyar

© +62 878 6080 3632

www.cafepomegranate.org

Ouvert tous les jours de 09h à 21h. Plats à partir de 40 000 Rp.

Au milieu des rizières, une large tente blanche cache un joyau : un petit café adepte des plats végétariens et d'une cuisine asiatique fine et délicate. On adore la vue sur les rizières que l'on peut admirer à foison pendant le temps de préparation du repas (forcément un peu long pour de telles recettes). Un cadre idyllique qui se marie élégamment avec cette douce cuisine. Le plus : venir à l'heure du coucher du soleil pour profiter un maximum de la vue avec la terrasse ouverte sur les rizières. Attention toutefois, un peu difficile d'accès.

TANAH LOT ★

Situé à une trentaine de km de Denpasar et à une dizaine de Tabanan, ce temple est un des plus célèbres de Bali. Vous le verrez sur toutes les cartes postales présentant l'Indonésie. Le temple est ouvert jusqu'à la tombée de la nuit et vous pourrez y admirer de superbes couchers de soleil. Accroché à un rocher, Tanah Lot est battu par les vagues à marée haute, le tableau est alors féerique. Il daterait du XVIe siècle.

Vous pouvez également y venir le matin, c'est (beaucoup) plus tranquille. Vers 17h, c'est bondé en haute saison.

Transports

Une route goudronnée permet de relier directement Tanah Lot à Kerobokan et à Legian sans reprendre la grande route de Tabanan à Denpasar, ce qui réduit nettement le temps de trajet. Au niveau du feu rouge de Kerobokan, cette route, parallèle à la côte, est néanmoins souvent bloquée par des embouteillages pendant la haute saison. Il n'est pas rare de rester arrêté longtemps avant de pouvoir tourner à droite pour rejoindre Seminyak. Une astuce consiste à tourner à droite un kilomètre avant le carrefour et de prendre une route parallèle à la route de Kerobokan-Seminyak. Pour aller à Tanah Lot depuis Legian, comptez entre 40 minutes et une heure. En venant de l'ouest ou du nord, sur la route Gilimanuk-Denpasar, prenez à Kediri celle partant vers la mer. Le temple est fléché. Il reste une dizaine de kilomètres à parcourir.

NATYA HOTEL TANAH LOT €€

Jl. Kawasan Wisata Tanah Lot, Beraban, Kediri, Tabanan Regency

✆ +62 361 819158

www.natyahotel.com

Chambre double à partir de 1 900 000 Rp.

Situé à proximité du célèbre temple de Tanah Lot, cet établissement combine confort moderne et ambiance traditionnelle balinaise, offrant aux visiteurs un accès privilégié à l'un des sites les plus emblématiques de l'île. Les chambres élégantes sont dotées de tout le nécessaire pour un séjour relaxant. Le restaurant sur place propose une cuisine locale et internationale. Avec sa piscine agréable et son cadre paisible, le Natya Hotel est une option idéale pour les voyageurs souhaitant explorer la culture balinaise en séjournant à l'écart des foules.

PURA TANAH LOT ★★★

Beraban, Kediri, Tabanan Regency

Ouvert tous les jours de 06h à 19h. Entrée 60 000 Rp/adulte, 30 000 Rp/enfant. Spectacle de danse à 18h : 100 000 Rp.

Lieu incontournable de pèlerinage et haut lieu touristique, le Pura Tanah Lot est l'un des 7 temples de la mer sur l'île des Dieux et certainement l'un des plus visités. Il protège Bali des mauvais esprits susceptibles de venir depuis la mer.

Dans un cadre sublime et romantique, on s'émerveille de la beauté des lieux surtout au moment du coucher du soleil. Perché sur un promontoire rocheux, le temple est coupé de l'île deux fois par jour au moment des marées hautes. Des grottes creusées par la mer au pied du rocher lui donnent davantage de charme et un caractère mystique.

La légende indique que le grand prêtre de Java-Est, Nirartha, a été saisi par la beauté du site et décida de faire construire le temple à cet endroit. Il est vrai que la côte, avec ses rochers et ses vagues déchaînées, présente un aspect sauvage qui met en valeur le magnifique temple. Minuscule, le temple est construit sur un rocher qui émerge de l'eau et qui était autrefois relié à la terre par un pont naturel. Ce pont fut pulvérisé lors d'une tempête. Avec ses tours et ses toits de *duk* noirs, le temple se découpe en ombres chinoises lors du coucher de soleil et prend un relief saisissant. A cet endroit, le soleil inonde - comme à Kuta - par ses couleurs d'un rouge intense, parfois rose fuchsia qui rend le spectacle magique. Les photographes se régalent chaque soir. Le temple fut construit sur une source d'eau douce qui émergeait d'un gros rocher. Encore aujourd'hui, le seul autel auquel les visiteurs ont accès est cette petite grotte d'où jaillit l'eau. Cette source de vie est utilisée pour des fonctions rituelles.

En permanence, des prêtres du temple y bénissent les fidèles et visiteurs, en échange d'une donation. Après cette petite cérémonie purificatrice, les touristes se dirigent vers la terrasse qui surplombe la mer, à laquelle on accède par une allée. Des bars s'y sont installés et proposent de siroter une boisson en admirant le soleil caresser les *merus* (les tours de bois noirs, coiffés de chaume) du temple, accroché à son rocher, puis disparaître derrière leur silhouette gracile. Malgré l'effusion touristique, Pura Tanah Lot garde son lot de magie, exprimant une fois de plus le paradoxe tourisme-tradition qui habite l'île des dieux. On peut se restaurer dans les nombreux *warung* et restaurants qui peuplent le complexe, car c'est un véritable « village touristique » qui s'est bâti tout autour. Il vous faut traverser un bon kilomètre d'échoppes de souvenirs avant d'accéder à la mer et au temple en lui-même. C'est un peu dommage...

Pura Tanah Loth est l'un des temples les plus visités de Bali.

PEJATEN ★

Pejaten reste encore un petit village inconnu des touristes, mais reconnu des spécialistes en céramiques, en poteries et en divers objets vernissés. A partir des années 1980, ils expérimentèrent des nouvelles voies pour la fabrique de la porcelaine et, le village s'est distingué en fournissant les grands hôtels de la côte sud , puis les boutiques du monde entier. Mais à part cette activité, le village ne présente pas beaucoup d'intérêt. Au Tanteri Ceramics, allez voir les céramiques plongées dans des bains verts ou ocre. Made Durya, céramiste, est à la tête du vaste atelier où travaillent près de 50 ouvriers. Il est possible de visiter l'atelier.

KERAMBITAN ★

On vient ici découvrir le palais de Kerambitan est devenu au XIXe siècle une branche royale de Tabanan. L'un des princes a transformé son palais en hôtel ou plutôt en table d'hôtes. Aujourd'hui, le village est essentiellement occupé par la famille royale dont les descendants maintiennent le mode de vie. Au palais de Kerambitan, une cérémonie spéciale de purification a lieu chaque année avant le *nyepi* (*tektekan*) et tous les 5 ans, une procession vient du temple Pura Luhur Batukau jusqu'à la mer avec des centaines de jeunes gens portant les objets du temple. En face de l'entrée du Puri Anyar, un pavillon abrite un gamelan réputé pour sa beauté.

YEH GANGGA ★

Au nord-ouest de Tanah Lot, à quelques kilomètres à vol d'oiseau, Yeh Gangga est une petite station balnéaire sur la côte, à l'est de Perean, qui signifie littéralement « les eaux du Gange ». La côte à cet endroit possède des plages de sable noir et les courants sont extrêmement violents. Seuls quelques surfeurs, quelquefois inconscients, s'y risquent. Sinon, seuls les pêcheurs bravent la marée. Leurs pirogues à balancier de couleur reposent sur la plage. Malgré tout, il est fort agréable de s'installer sur la plage, à l'heure du coucher de soleil et de la fameuse *golden hour*, et d'admirer le va-et-vient des vagues avec leurs bruits reposants.

WAKAGANGGA €€€

Banjar, Jl. Yeh Gangga I, Sudimara, Kec. Tabanan
✆ +62 361 8469699
www.wakahotelsandresorts.com
Villa pour 2 personnes à partir de 6 800 000 Rp. Restaurant, boutique, piscine, spa.

Un véritable refuge de tranquillité situé entre rizières verdoyantes et plage de sable noir volcanique, qui vous offrira une expérience exceptionnelle, loin de l'agitation. Les villas privées, équipées de piscines, sont conçues pour garantir confort et intimité. Le restaurant propose une carte mêlant saveurs locales et internationales. Le spa, les balades à cheval, et les bungalows spacieux au cœur de jardins luxuriants complètent ce cadre idyllique. Proche du temple Tanah Lot, Wakagangga séduira les voyageurs en quête de luxe et d'évasion eco-friendly.

BALIAN ★

C'est un joli petit village de pêcheurs aux maisons balinaises traditionnelles construites de part et d'autre. La vaste plage a pris le nom de « *balian* », qui signifie « sorcier » (dans le sens guérisseur) en balinais, car, traditionnellement, les *balians* se retrouvent dans ce lieu sacré et animé de forces puissantes pour y réaliser des rituels. La rivière du même nom vient se jeter dans la mer à cet endroit, séparant la plage en deux. À l'opposé de la rivière, la plage se termine par une falaise dans laquelle s'est creusée une petite grotte. Sur l'avancée rocheuse s'élève, au-dessus des embruns, un autel dont la silhouette se distingue dans l'ombre.

Se loger

Aujourd'hui la population locale se mêle aux surfeurs qui y viennent de plus en plus nombreux : les bungalows se construisent. Outre les adresses officielles, de plus en plus d'habitants mettent quelques chambres à disposition des touristes.

Transports

- **De Tabanan à Negara**, dirigez-vous vers le nord-ouest, vers Antosari, à 16 kilomètres de là. Dans ce village part vers le nord la belle route qui rejoint Pupuan et Seririt. Une dizaine de kilomètres plus loin, le village de Lalang Linggah permet d'accéder à Balian Beach, une belle plage au sable gris noir volcanique.
- **Peu après Balian**, en continuant vers l'ouest l'on change de province et l'on entre dans le district de Jembrana. Du village de Payan au Pura Rambut Siwi, la route longe la côte.

A peine entré dans le district de Jembrana, sur votre droite, se trouve le village de Pengragoan d'où part la route vers le nord qui rejoint Pupuan. Cette route est merveilleuse et si vous en avez le temps, elle serpente dans la montagne entourée d'une végétation qui rappelle étrangement le bocage, avec des haies et des champs. On y cultive le clou de girofle. Le point d'orgue de cette balade, c'est évidemment le Bunut Bolong, un figuier sacré vieux de plusieurs siècles, et qui se serait naturellement ouvert, en poussant, pour laisser la place suffisante à une route de le traverser en son milieu ! Chaque conducteur qui passe par là klaxonne en signe de prière devant la spiritualité du lieu.

GAJAH MINA BEACH RESORT €€

Jl. Pantai Balian, Jl. Surabrata, Lalanglinggah, Kec. Selemadeg Bar., Kabupaten Tabanan
✆ +62 811 386052 - www.gajahminaresort.com
Villa pour 2 personnes à partir de 1 500 000 Rp. Petit déjeuner. Piscine.

Ce petit complexe hôtelier est situé sur une allée partant de la grande route, au milieu des rizières, dans un paysage des plus attachants. Le cadre est absolument envoûtant, dominant l'océan et la plage, entouré de verdures... Un véritable écrin de beauté naturelle... Il distille un charme rare avec son architecture et sa décoration vraiment à part. Un Français est à l'origine de ce projet tout indiqué pour les couples en lune de miel, ou tout simplement amoureux. Une très bonne adresse avec en plus sur place, restaurant, massages et spa, yoga...

BALIAN BEACH ★

Lalanglinggah, Selemadeg Barat, Tabanan Regency
Plage de sable noir assez peu fréquentée.

Quelques surfeurs viennent risquer leur peau dans les rouleaux. Déferlantes gauches pour les connaisseurs. Compte tenu de la hauteur des vagues et des courants, il vaut mieux se baigner dans la rivière, sauf après la pluie car elle charrie la boue de la colline. L'avantage, c'est qu'il y a beaucoup moins de monde que dans le sud pour prendre la vague. Mais on n'est pas obligé de s'y baigner, on peut simplement s'installer sur la plage et profiter de l'agitation des vagues. Le bruit des vagues - qui viennent s'écraser sur le sable - est particulièrement apaisant !

ISTANA BALIAN RESTAURANT & ACCOMMODATION €€

Jalan Pantai Balian No. 64, Banjar Pengasahan, Desa Lalang Linggah, Selemadeg Barat, Lalanglinggah, Tabanan, Kabupaten Tabanan
✆ +62 819 1582 7595 - www.istanabalian.com
Chambre double à partir de 585 000 Rp. Petit déjeuner. Piscine.

A une centaine de mètres de la plage se trouve une grande maison blanche qui abrite quelques chambres d'hôte. On se sent vite comme chez soi dans cette jolie bâtisse, un cadre intimiste et décontracté au milieu d'un jardin tropical où l'on peut se relaxer au bord d'une piscine agréable. Et si vous êtes en groupe, en famille ou entre amis, l'établissement peut accueillir jusqu'à 7 personnes. Un bon rapport qualité/prix pour cette charmante guest house balinaise.

Balian Beach.

OUEST DE BALI

L'ouest de Bali est sans conteste la région la moins touristique de l'île. Elle n'en est pas moins contrastée : alors que la pointe ouest, qui englobe le Parc national de Bali Barat, est très faiblement peuplée, la préfecture de Tabanan est la plus riche de l'île, notamment grâce à ses innombrables rizières.La côte sud-ouest est traversée par l'une des routes les plus importantes et les plus pittoresques de l'île, reliant Denpasar à Gilimanuk. Elle suit le littoral et laisse paraître régulièrement les splendides plages désertes de sable souvent volcanique qui offrent des vagues splendides aux surfeurs aguerris. Autrefois, l'ouest était connecté à l'île de Java par une route : aussi cette région porte-t-elle la marque d'influences javanaises. Touristiquement parlant, l'ouest ne manque pas d'attraits : naturels, culturels avec les grands temples et la région historique de Tabanan, et enfin sportifs.

1
MENJANGAN
PARC NATIONAL
BALI BARAT
Teluk Trima
Banyuwedang
Sumberkima
PULAKI
Pahlengkong
PEMUTERAN
GILIMANUK
Penyabangan
CEKIK
Gerokgak
Melaya
Belimbingsari
Manistutu
Nusa Sari
Tukadaya
Tegal Cangkring
Mendoyo Dauh Tukad
Kaliakah
NEGARA
JEMBRANA
Cupel
Delod Berawah
PERANCAK
Air Kuning
Puluka
Mer de Bali
5 KM

Ouest de Bali

PAGES
272 ●● CÔTE SUD-OUEST

Itinéraires pour rejoindre la route allant de Tabanan à Gilimanuk :

De Kuta : vous avez plusieurs solutions. La première : vous allez jusqu'à Seminyak, au nord, et continuez jusqu'au village de Kerobokan. Au centre du village, vous tournez à gauche, puis suivez la route en passant par Kayutulang, vous continuez tout droit vers Kangkang, à droite plus loin pour rejoindre Munggu et remonter vers le nord-est, passer par Kabakaba et rejoindre Dakdakan. Vous êtes alors sur la grande route, à quelques kilomètres de Tabanan. Ce genre d'itinéraire supporte bien entendu plusieurs variantes. Il suffit d'avoir une carte précise.

Deuxième solution : à partir de Kerobokan, vous allez tout droit comme si vous vouliez rejoindre Denpasar. Après la station-service sur votre droite, vous arrivez à un carrefour avec à votre droite la grande avenue qui rejoint Denpasar. Vous continuez tout droit et au bout, avant Sempidi, vous tournez à gauche, à Untaluntal, puis vous rejoignez Tegeh, Buduk et Sengguan, puis Tengah et Muncan. Vous serez sur la grand-route de Tabanan. Pourquoi ces détours ?

Parce que cette région, plate, n'en présente pas moins toute une culture du riz et des rizières. Vous aurez aussi la chance de voir des centaines de cerfs-volants dans le ciel. Ne vous y trompez pas. La nuit, vous pourrez également assister à des odalan loin des touristes, à des crémations beaucoup plus modestes que celles qui racolent les cars de Japonais, et à des combats de coqs clandestins dans les cours des maisons particulières.

De Denpasar : au lieu de prendre la direction d'Ubung à partir de la fin de Jalan Gatot Subroto et de tourner à droite au rond-point de « Merdeka atau mati » ou « la liberté ou la mort » dans la direction d'Ubung, prenez la direction de Kuta via Kerobokan, tout droit à la fin de Jalan Gatot Subroto puis tournez à votre droite à la station-service. Vous devriez arriver à Pagutan, puis à Robokan, à Tegallinggah et enfin à Sempidi.

272 TABANAN ★★
274 MEDEWI BEACH ★★
275 NEGARA ★★
276 PERANCAK
276 JEMBRANA ★

© MARISA ESTIVILL - SHUTTERSTOCK.COM

Alas Kedaton Monkey Forest à Tabanan.

PAGES

© DUDAREV MIKHAIL - SHUTTERSTOCK.COM

Parc national de Bali Barat.

277

●● CÔTE NORD-OUEST

La côte nord-ouest de Bali, encore épargnée par le tourisme de masse, offre un environnement préservé et authentique, avec des paysages naturels et des villages qui respirent la tranquillité. Le village de Pemuteran en est un exemple marquant, où un développement respectueux s'est opéré récemment. Grâce à des initiatives locales impliquant hôteliers et pêcheurs, une barrière de corail artificielle a été recréée pour protéger et restaurer les écosystèmes marins, offrant ainsi des opportunités de plongée et de snorkeling dans des eaux encore peu fréquentées. Les fonds marins de la région, habités par des récifs colorés et une faune abondante, attirent les voyageurs en quête de calme et de beauté naturelle.

En longeant la route de Pemuteran vers Lovina, vous trouverez une côte paisible et quelques points d'intérêt, bien que cette région reste bien moins touristique que le sud de l'île. Entre Seririt et Dencarik, les visiteurs peuvent découvrir le seul monastère bouddhiste de Bali, Brahma Asrama Vihara. Situé sur une petite route à l'intersection de Jalan Seririt et de la route de Dencarik, ce monastère est un havre de paix aux bâtiments ornés de tuiles orange et de sculptures balinaises. L'entrée y est libre, et une donation est bienvenue dans les salles.

Le site abrite un *stupa* - une structure bouddhiste sacrée qui symbolise l'esprit éveillé de Bouddha - en pierre volcanique, entouré de statues et d'un bassin à lotus, créant un cadre propice à la méditation et à la contemplation. Les visiteurs y sont accueillis jour et nuit, à condition de porter un sarong ou un pantalon pour respecter les lieux. Il est même possible de faire une retraite spirituelle en séjournant dans l'une des chambres disponibles à l'arrière du monastère, en échange d'une donation.

Pour ceux qui cherchent à s'immerger dans la vie locale, la côte nord-ouest est idéale. Cette région, entre mer et collines, offre une ambiance paisible et des panoramas époustouflants qui révèlent le charme discret de Bali.

277 PEMUTERAN ★★

280 PULAKI

280 PARC NATIONAL BALI BARAT ★★★

281 MENJANGAN

281 CEKIK

282 GILIMANUK ★

TABANAN ★★

À Tabanan, nous nous trouvons dans la région rizicole la plus riche de Bali. Chef-lieu du district, la ville n'a qu'un intérêt touristique modeste, mais vous serez surpris par la beauté des grandes demeures qui s'y trouvent. La ville a l'avantage d'être plus authentique, et moins polluée par les enseignes et les panneaux occidentaux. C'est un peu le Bali d'il y a quelques années. Au marché, on trouvera bien sûr toute la partie des producteurs de fruits et légumes de la région, la partie des viandes (pas forcément très ragoutante de prime abord) et la partie des objets du quotidien comme des sarongs et des tissus de bonne qualité. Tout autour du marché, vous trouverez évidemment de nombreux *warungs* servant une nourriture locale typique et variée. Le musée local se trouve sur une petite route, sur la gauche quand on vient de Negara, après la rivière Yeh Panas, non loin du *banjar* Senggulan. Vous pouvez rejoindre de là le temple Tanah Lot.

Histoire

La région est forte en histoire ancienne balinaise. On sait que les chefs de la région furent les vassaux du roi Airlanggha en 1037 et qu'ensuite, lors de la conquête de Mojopahit en 1343, la province fut soumise à l'un des bras droits de Gajah Mada, Arya Kenceng. Le palais de Tabanan fut construit au XVIIe siècle par le rajah Singasana.

Les royaumes de Tabanan et Mengwi se firent la guerre jusqu'à ce que Mengwi soit battue par les royaumes de Badung et de Tabanan en 1891. À la suite d'assassinats, d'intrigues de cour, le royaume se divisa en deux principautés situées à Krambitan et à Kaleren au XIXe siècle. Lorsque les Hollandais conquirent Bali au XXe siècle, le roi se suicida, et les Hollandais envoyèrent la famille du souverain en exil à Lombok, la grande île voisine. Par la suite, le mariage d'une princesse avec un *sudra* (un membre de la caste la plus basse, travailleur de petite condition) mit fin définitivement à la royauté qui perdit tous ses droits. Les terres furent distribuées aux banjar environnants.

En 1929, les Hollandais réorganisèrent les anciens royaumes balinais en huit provinces et restituèrent leurs droits aux descendants de la famille royale de Tabanan.

Tourisme

▶ **Poursuivez vers le nord et arrêtez-vous à Yeh Panas**, situé à une douzaine de kilomètres. Les eaux chaudes et sulfureuses vous permettront de vous relaxer dans le Yeh Panas Resort. On peut également y dormir, mais les chambres sont simples et efficaces et n'ont rien d'exceptionnel. Les bassins sont de tailles différentes et sont séparés par des claies de bambou. Un restaurant surplombant la rivière vous servira de la cuisine indonésienne, chinoise et occidentale.

▶ **Poursuivez vers le sud**. Kediri, sur la route principale au sud-est de Tabanan, est un des plus grands marchés de bestiaux de Bali. Au palais, vous pourrez également voir le kriss du prêtre Nirartha qui jeta les bases de la religion balinaise. A chaque Kuningan, le kriss sacré est spécialement purifié par une cérémonie qui lui est consacrée. C'est à Kediri que les bémos s'arrêtent pour prendre la route vers Tanah Lot.

BALI BUTTERFLY PARK - PARC AUX PAPILLONS ★

Br.Sandan Lebah, Jl. Batukaru No.76, Sedandan, Kec. Tabanan, Kabupaten Tabanan, Bali 82181
✆ +62 361 8940596
Ouvert tous les jours de 08h à 17h. Entrée 100 000 Rp.

Le plus grand parc à papillons d'Indonésie qui s'étend sur plus de 3 500 m² où papillonnent différentes espèces indonésiennes. Compter 1h30 de visite. Les enfants, en particulier, vont adorer. On en apprend également beaucoup sur les papillons, en plus de pouvoir apprécier qu'ils viennent se poser sur nous ! En fonction des périodes, on découvre également de nombreuses chrysalides. Une fois les papillons observés, on en profite pour faire un petit tour dans le jardin botanique.

MANDALA MATHIKA SUBAK MUSEUM ★★

Jl. Kenyeri, Abian Tuwung, Kec. Kediri, Kabupaten Tabanan, Bali 80351, Indonésie ✆ +62 361 810315
www.museum-subak.business.site
Ouvert du samedi au jeudi de 8h à 16h30 et le vendredi de 8h à 12h30. Entrée : 15 000 Rp/ adulte 10 000 Rp/enfant.

Ce musée montre la vie des paysans cultivateurs de riz à Bali, conçu pour la conservation et la sauvegarde de la pratique ancestrale du *subak*. Des canaux, souvent enterrés, permettent de distribuer l'eau dans les rizières établies en terrasse, depuis la source. Avant l'arrivée des Hollandais, ces canaux que l'on creusait dans la terre devaient être entretenus quotidiennement pour ne pas s'écrouler. Mais ils furent bétonnés, et il faut juste veiller à ce qu'ils ne se bouchent pas.

ALAM TAMAN VILLA €€

Br. Batan Wani, Kukuh, Kec. Marga, Kabupaten Tabanan, Bali 82181
✆ +62 821 4417 7086
3 Bungalows typiquement balinais en toit de paille, douches extérieures, piscine... À partir de 765 000 Rp.

Cet endroit, à cheval sur l'écologie et la préservation des zones naturelles avoisinantes, vous fait voyager dans un Bali authentique. Zéro touriste assuré, vous avez l'exclusivité des lieux ! Véritable havre de paix à deux pas d'un petit temple qu'on pourrait presque qualifier de privé, tant vous en êtes proche et où les villageois vont s'y recueillir de temps à autres. Vous vous trouvez à un endroit stratégique entre 30 min et 45 min des villes comme Ubud, Canggu, le temple de Tanah Lot, la forêt de Alas kedatan et bien d'autres attractions.

BATUKARU COFFEE ESTATE €€

Banjar Gunung Sari Desa
✆ +62 899 9903789
https://www.batukarucoffeeestate.com
Villas semi ouvertes à partir de 1 000 000 Rp.

Quel endroit parfait pour venir une nuit ou plusieurs ! Aux portes des rizières de Jatiluwih, c'est un très bel endroit aux villas semi-ouvertes sur la nature ou encore de magnifiques tentes de luxe, pour faire du glamping. On aime le calme du lieu, les nombreux cours de yoga, la ferme en culture biodynamique, la plantation de café... En plus d'être un super cadre pour dormir, sachez aussi qu'on y mange très bien ! On y soigne son esprit et son corps et on profite de ce lieu incroyable pour se faire masser, vue sur la nature.

CEMPAKA BELIMBING VILLAS €€

Jalan Raya Belimbing, Banjar Suradadi, Belimbing Village, Pupuan, Belimbing, Tabanan, Tabanan Regency, Bali 82163 ✆ +62 361 7451179
www.cempakabelimbing.com
Chambre double à partir de 860 000 Rp.

Situé dans le village rural de Belimbing, sur la pente du volcan Batukaru, cet hôtel 3 étoiles offre une atmosphère détendue et isolée à 34 km du temple hindou sacré Pura Luhur Batukaru. Les villas sont simples mais confortables, avec une véranda offrant une vue panoramique, une salle de bain attenante et la télévision. Certaines villas offrent également une vue sur la vallée ou les rizières. Le petit-déjeuner est servi au restaurant en plein air. Vous trouverez aussi le wifi, une piscine, d'un bain à remous et d'un spa. Différentes activités sont proposées.

PURI DAJUMA TERRACE ECO LODGE & SPA €€€

Pupuan Sawah ✆ +62 811 388709
www.dajuma.com/terrace
Chambre double à partir de 3 300 000 Rp. Villa 2 chambres à partir de 10 900 000 Rp. Restaurant, piscine, spa et yoga.

Dans un écrin où la culture balinaise se marie à la perfection avec l'esprit français, vous adorerez venir vous perdre dans ce lieu incroyable. Adepte de la philosophie balinaise *Tri Hita Karana*, le PURI DAJUMA s'érige sur 3 principes sacrés : l'harmonie avec les Dieux, l'harmonie avec la Nature et l'harmonie entre les Hommes. Cet établissement éco-responsable est conçu pour minimiser son impact environnemental et climatique, témoin de son engagement envers ce petit coin de paradis.

SARINBUANA ECO LODGE €€

Jalan Arjuna, Br. Biyahan Desa Wanagiri,
✆ +62 813 3902 8839
www.baliecolodge.com
Bungalow à partir de 1 500 000 Rp avec petit déjeuner.

Un très bel établissement, avec de magnifiques chambres et unités d'un style traditionnel complètement intégré à l'environnement. On aime la piscine naturelle, les vues sur les rizières... De nombreuses randonnées peuvent démarrer d'ici, n'hésitez pas à demander au personnel ! Le plus : les cours de yoga, les workshops avec les communautés locales (ateliers de phytothérapie, cours de cuisine, sculpture sur bois et sur pierre, fabrication d'instruments, cours de musique traditionnelle, costume traditionnel pour les enfants...)

VILLA TAMAN DI BLAYU €€

Peken, Marga, Tabanan Regency, Bali 82181
✆ +62 361 8945560
Chambre double à partir de 1 200 000 Rp.

Niché au cœur des rizières, c'est une oasis parfaite pour se promener et s'épanouir. La piscine est agréable et les chambres sont spacieuses, dotées de vastes salles de bains, parfois avec baignoire. En tant que retraite éloignée, cet endroit est idéal pour un séjour paisible. La vue sur les rizières est époustouflante, le jardin est impeccablement entretenu, et le personnel est incroyablement accueillant. Ils proposent des cours de cuisine pour une expérience vraiment exceptionnelle. Le jardin est magnifique et impeccablement entretenu.

MEDEWI BEACH ★★

Après Pekutatan, la route remonte vers la colline puis se courbe vers la mer. C'est là, sur la gauche, que se trouve Medewi Beach. Le village fut érigé en 1912 à l'époque où toute la région était recouverte des arbres épineux ketket dont le nom en balinais est *meduwi*. Au départ, cette plage vivait de la pêche, et maintenant elle essaie de vivre du tourisme en promouvant le surf, car ici les vagues sont plus accessibles (une longue gauche). Pour les non-surfeurs néanmoins, la plage est couverte de galets et de bateaux de pêcheurs. Il n'y a pas de village à proprement parler, juste quelques maisons et une petite rue qui descend de la route vers la mer.

RAMBUT SIWI TEMPLE ★★

Yeh Embang Kangin, Mendoyo, Jembrana Regency, Bali 82261

Ouvert tous les jours de 8h à 17h. Ticket : 15 000 Rp (prêt de sarong et visite avec gardien, donation recommandée)

Immanquable à Medewi ! Le Pura Rambut Siwi est un grand temple en briques rouges, situé entre les villages de Yeh Satang et de Yeh Embang, sur une falaise qui domine la plage. Il constitue avec Tanah Lot, Petit-Tenget et Ulu Watu l'un des quatre grands temples côtiers de l'ouest. Sa construction date du XVIe siècle, on dit d'ailleurs qu'elle fut l'œuvre de Dang Hyang Nirartha, toujours ce fameux prêtre itinérant javanais très mystique et qui raviva la foi à Bali. La légende raconte qu'il fit don de sa chevelure aux villageois et que, depuis la construction du temple, cette relique est précieusement gardée à l'intérieur du temple, dans une boîte de santal sous un *meru* de 3 toits. Siwi Rambut signifie « culte des cheveux ».

Côté pratique, vous serez obligé de porter la ceinture autour de la taille pour faire le tour du temple, mais ne pourrez rentrer à l'intérieur de la cour. En revanche, vous pourrez jeter un œil à partir des *Paduraksa*. Le *candi bentar* (la porte fendue) est protégé par deux beaux tigres mythologiques. Un autel est dédié à Sri Dewi, la déesse du riz tant vénérée à Bali. En sortant du temple et en vous dirigeant vers la mer, un petit temple dans une grotte, Pura Tirta (le temple de l'eau lustrale) est gardé par une statue de Nirartha et un peu plus loin, une grotte (Goa Mayan Sati) est interdite aux visiteurs, car c'est le lieu de la préparation de l'ordination des prêtres… La vue depuis Pura Rambut Siwi sur la vaste plage de sable noir est superbe. Rien que pour ça, ça mérite le détour !

MEDEWI SECRET SURFCAMP €

Medewi, Pekutatan, Jembrana Regency

✆ +62 819 9983 2444

Chambre double à partir de 350 000 Rp.

Une maison d'hôtes parfaite à l'ambiance parfaite pour le surf et les rencontres. Les chambres sont simples et très propres, et vous vous sentirez très vite comme à la maison. Dava sera toujours ravi de vous aider avec le sourire. En bonus, les analyses vidéo après chaque session de surf rendent l'expérience unique. Vous pouvez facilement louer un scooter pour explorer les environs. Le piège de cet établissement… Beaucoup viennent pour quelques jours et finissent par rester plus longtemps… Ça en dit long sur ce petit coin de paradis.

THE NYAMO SURF AND STAY €

Jalan pantai No.91, Yeh Sumbul, Kec. Mendoyo, Kabupaten Jembrana

✆ +62 831 1721 4013

Chambre double à partir de 190 000 Rp.

À deux pas de la plage de Medewi et du café HolyTree. Les chambres sont spacieuses, modernes et propres, avec une petite cuisine pratique et une salle de bain basique (eau froide). Le bungalow offre une belle vue avec de grandes fenêtres et une agréable terrasse. Riki et sa famille sont d'une grande gentillesse et toujours disponibles pour vous aider, que ce soit pour organiser un taxi, une location de scooter ou autre. Le WiFi fonctionne bien. C'est un lieu calme, simple, à excellent rapport qualité-prix, avec des restaurants de plage à proximité.

WEST BREAK BALI MEDEWI €

Jalan Wisata, no 7 Yeh Sumbul, Airsatang, Kec. Mendoyo, Kabupaten Jembrana

https://www.westbreakbali-medewi.com

Chambre double à partir de 550 000 Rp.

Ce petit hôtel bénéficie d'un bon emplacement à seulement 5 minutes de la plage aux vagues parfaites pour le surf, et aux couchers de soleil magnifiques. La propriété est jolie et bien entretenue, avec beaucoup de charme, le tout dans une ambiance calme et relaxante. Le personnel est sympathique et aidant. Un établissement parfait pour les surfeurs débutants ou intermédiaires, avec des sessions de surf quotidiennement disponibles. La nourriture proposée sur place, particulièrement les plats indonésiens, est délicieuse. Le séjour parfait pour les « backpackers ».

THE POINT SURFCAMP BALI €€

Jl. Pantai Medewi, Medewi, Negara, Kabupaten Jembrana
✆ +62 819 1639 1970
Chambre double à partir de 500 000 Rp.

Emplacement parfait, proche de la plage et des points d'intérêt, avec plusieurs restaurants et cafés à proximité. Les chambres sont confortables avec une bonne literie et un balcon agréable pour se détendre. L'équipe est incroyablement conviviale et fera de son mieux pour que vous vous sentiez comme chez vous. De nombreuses planches de surf sont disponibles à la location, parfaites pour essayer différents styles sans souci de transport. Le petit déjeuner servi de 7h à 11h est excellent et parfait même après une session de surf matinale.

KELAPA RETREAT & SPA €€€

Jl. Ngurah Rai, Pekutatan, Kec. Pekutatan, Kabupaten Jembrana ✆ +62 811 3991 2000
www.kelaparetreat.com
Chambre double à partir de 7 700 000 Rp. Piscine. Plage.

Un véritable havre de paix, entouré par la nature avec une vue splendide sur la mer. La tranquillité y règne et le personnel, chaleureux et attentionné, s'efforce de satisfaire chaque besoin pour un service irréprochable. Les villas disposent d'une piscine privée et d'un joli jardin, le tout dans un cadre calme et serein. Le petit-déjeuner est varié, utilisant des produits locaux, et les repas, mélange de spécialités locales et occidentales, sont savoureux. C'est l'endroit parfait pour se détendre comme dans une bulle hors du temps.

UMADEWI SURF & RETREAT €€€

Jl. Pantai Medewi Jl. Raya Denpasar - Gilimanuk No.KM 73, Medewi, Kec. Pekutatan, Kabupaten Jembrana ✆ +62 851 0070 0080
www.umadewi.com
Chambre double à partir de 1 050 000 Rp.

Le jardin paysagé et la piscine offrent un cadre agréable, avec des chambres spacieuses et très propres. L'hôtel, situé juste en face d'un spot de surf, allie modernité et charme. Le restaurant, avec vue sur les vagues, est un véritable atout, proposant une cuisine délicieuse du petit-déjeuner au dessert, disponible toute la journée. Le calme des environs et l'accueil chaleureux du personnel ajoutent à l'expérience. La vue sur le coucher de soleil et les surfeurs depuis les chambres face à l'océan est magnifique. En bonus, un spa a récemment été ajouté.

PURI DAJUMA BEACH ECO RESORT & SPA €€€

Pekutatan, Jembrana Regency, Bali 82262 ✆ +62811388709
www.dajuma.com
Cottage Deluxe à partir de 1 600 000rp. VIP Cottage à partir de 1 800 000 Rp. Villas à partir de 1 900 000 Rp.

Cet hôtel est très certainement l'un des plus beaux des environs. Un large choix de bungalows, suites ou villas vous est proposé dans un cadre paradisiaque en bordure de mer. Véritable coup de cœur pour les villas sur pilotis en bois au bord de la plage. Les chambres sont luxueuses, spacieuses et dotées d'un excellent confort. Deux très belles piscines, dont une avec un couloir de nage de 45 m, les services d'un spa.

NEGARA ★★

Negara est le chef-lieu de la province de Jembrana, cette ville est très renommée dans l'archipel pour ses courses de buffles traditionnelles. C'est par ailleurs une ville paisible, traversée par une très large avenue où circulent des charrettes à chevaux. Cette jolie bourgade est particulièrement fleurie. Les musulmans de Java et de Malaisie venus s'installer ici il y a plusieurs siècles donnent une atmosphère particulière à la ville. Il reste certaines maisons anciennes qui témoignent du style architectural « *bugis* ». Ce sont des longues maisons familiales en bois sur pilotis.

La ville de Negara abritait autrefois, à Perancak, sur un estuaire, l'un des plus grands ports de l'Ouest balinais par lequel transitaient les marins venus de toute l'Asie occidentale.

Argent

Vous trouverez plusieurs banques sur la grande avenue, la *jalan Ngurah Rai*, à côté du supermarché, qui possèdent un distributeur automatique Visa et MasterCard. On peut également y changer des devises aux heures d'ouverture habituelles.

Balade

Au sud de Negara, les plages sont généralement dangereuses et aucune ne possède d'infrastructures touristiques, hormis Rening située près du village côtier de Culpel à quelques kilomètres à l'ouest. Une bonne partie de la surface qui relie Negara à la mer est marécageuse. Une autre plage de la région immédiate autour de Negara est Candi Kesuma, à une bonne dizaine de kilomètres de Negara en direction de Gilimanuk.

Histoire

Jembrana a pour chef-lieu Negara. Autrefois, Jembrana était un des huit royaumes de Bali - et c'est par ici, que l'hindouisme venu de Java a gagné l'île du XIIe au XVIe siècle. Jembrana garde de sa splendeur passée un gamelan unique à Bali, le gamelan *jegog* qui, même s'il fut influencé par Java-Est et Madura, trouva ici même les musiciens adéquats pour le faire vibrer. Le gamelan est composé de 14 instruments de bambou (*grantang*), si énormes que leurs vibrations vous font résonner le corps plus que l'oreille. Les musiciens doivent d'ailleurs en assourdir la résonance en s'asseyant de telle façon que les lentes et profondes vibrations ne les mettent pas à mal. Le plus connu de ces gamelans est le *jegog mebarung*. La forme des cadres xylophoniques ressemble au licol des buffles de la course. La danse *jegog* découle du gamelan et de sa musique. Quant aux tambours géants, les *kendang mebarung*, de plus de 2 mètres de haut et de 1 mètre de diamètre, ils accompagnent le gamelan *angklung* que l'on utilise généralement lors des crémations. Le *bumbung gebyog* constitue le seul *gamelan* balinais réellement investi par les femmes, et le son des lames de bambou ressemble à celui émis lors du pilage du riz pour enlever l'écorce. Il rappelle le *joged bumbung*, dans la mesure où la danseuse invite dans la foule un danseur pour l'accompagner.

Tourisme

Célèbre pour ses courses de buffles ou *mekepung*, Negara est le théâtre de courses certains dimanches entre juillet et octobre. Lors de la fête de l'indépendance – le 17 août – l'une des plus importantes *mekepung* est organisée. Les attelages réunissent deux à quatre buffles, coiffés (comme seuls les Balinais peuvent le faire) et les cornes emmaillotées. Ces bestiaux ont fière allure et la course, longue de deux kilomètres, provoque l'enthousiasme délirant des spectateurs. Les équipes sont choisies en fonction de leur situation par rapport à la rivière Ijo Gading. Avant la course proprement dite, les *kerbau* (buffles) paradent devant la foule comme des majorettes. L'attelage est confectionné en bois et laisse la place à un pilote. Les gagnants font marquer des points à leur équipe, mais on note également le style du pilote et de l'attelage. Les spéculations vont bon train, même si les paris ont été interdits à Bali en 1981. Ces courses gratuites sont situées un peu partout dans les environs et du côté de Delod Berawan.

PERANCAK

Situé au sud de Negara, on est dans l'estuaire de la rivière Sungai Daya qui descend du nord. Cet estuaire est particulièrement marécageux et abrite les courses de buffles pour touristes, qui sont organisées par les circuits touristiques de Kuta. Perancak est un petit village paisible abritant un temple et un port de fabrication de beaux bateaux en bois. Le Pura Gegé Perancak est considéré comme le lieu où Nirartha posa le pied pour la première fois à Bali. Petit temple ancien fait de pierres calcaires blanches, il est posé sur les rives de la rivière Sungai, devant la fabrique de bateaux bugis aux belles couleurs vives qui vaut vraiment le détour.

JEMBRANA BALI HOMESTAY €€

HMX2+46W, Air Kuning, Jembrana, Jembrana Regency, Bali, ✆ +62 853 3920 1739

Chambre double à partir de 675 000 Rp avec petit-déjeuner.

Situé directement sur la plage, ce charmant petit homestay à l'ambiance familiale et détendue propose des chambres en bois de type « chalet » simples, chaleureuses et accueillantes. Le personnel est adorable et serviable. Le restaurant propose une carte excellente. N'hésitez pas à tester le curry de poisson, un délice. Vous pourrez observer les buffles se baigner le matin pour un spectacle charmant et atypique. Un établissement parfait pour profiter d'un cadre paisible et charmant, loin des zones et de l'agitation touristique.

JEMBRANA ★

En raison de son emplacement, la ville de Jembrana a toujours eu une importance particulière dans les relations entre Bali et Java, d'où la tradition fait venir l'hindouisme. Saviez-vous que c'est par ici, que seraient passés les *mpu* (sages) qui introduisirent cette religion à Bali, du XIIe au XVIe siècles. Ne manquez pas d'aller faire un tour du côté de sa plage, de visiter le centre de conservation et préservation des tortues, de l'église catholique... Dans les alentours, profitez des belles balades à faire pour découvrir les cascades et plans d'eaux. Sans oublier le Roses peak, qui offre un sublime point de vue sur les environs.

PEMUTERAN ★★

Le petit village tranquille de Pemuteran, établi sur la route principale, touche presque la zone de Pulaki puisqu'il ne se trouve qu'à un kilomètre. Quelques établissements hôteliers, pour la plupart de moyenne et haute gammes, vous permettront de vous reposer en toute tranquillité. Pemuteran et ses plages de sable noir et blond se développent doucement, avec le souci de respecter les villageois et la nature.

Les activités principales sont ici la détente, le *snorkeling* et la plongée sur l'îlot de Menjangan, qui fait partie du parc national Bali Barat, qu'on peut visiter. On peut aussi partir en randonnée dans le parc national depuis le bureau du parc de Labuan Lalang, situé à une petite heure de Pemuteran.

Faune et Flore

La barrière de corail de Pemuteran a été considérablement endommagée au cours des décennies passées, à cause de pratiques de pêche violente et du courant chaud d'El Niño qui a tué une bonne partie de la vie sous-marine à la fin des années 1990. Depuis lors, le réchauffement climatique n'arrange rien. Pour observer la barrière de corail qui subsiste, il faut prendre un bateau et se rendre à quelques kilomètres au large. On peut alors observer la faune marine la plus variée de Bali.

Et bientôt, ce sera possible de le faire sur les plages de Pemuteran : en effet, un grand programme pour faire revivre le corail le long de la côte est mené. La technique fort astucieuse consiste à faire passer un faible courant sur un cadre de métal en forme de grilles. Le principe de l'électrolyse se met alors en marche et des minéraux se déposent sur les grilles. Ces minéraux attirent les coraux qui s'en nourrissent. Et les poissons ne tardent pas à affluer. L'avantage de cette technique artificielle, mais non polluante, c'est sa vitesse : en raison de l'abondance de substances minérales, le corail se développe plus vite.

Les résultats sont très encourageants et l'on peut d'ores et déjà observer au masque et au tuba les nouveaux coraux, en comparaison avec les vieux squelettes gris qui traînent dans l'eau. Le club Yos Dive, l'hôtel Taman Sari et l'Archipelago Dive Club sont à l'origine de cette grande campagne appelée « *Pemuteran Karang Lestari Coral Conservation Project* ». La technique Biorock® Process a été déposée et est à l'œuvre dans d'autres régions du monde comme les Maldives ou les Seychelles. On peut observer cette culture artificielle de corail devant les hôtels Taman Sari et Pondok Sari de manière libre.

Sports / Loisirs

Tous les clubs de plongée à Pemuteran et autour organisent des sorties dans les sites de plongée locaux et dans le reste de Bali. L'attraction principale de la région reste l'île de Menjangan.

Transports

Les hôtels sont pour la plupart du temps situés en bord de route et donc faciles d'accès. On pourra vous déposer devant en taxi par exemple. Les bus Perama ne vont pas à Pemuteran, mais de Lovina, on y accède facilement.

ARJUNA HOMESTAY €

Jl. Arjuna, Pemuteran, Buleleng, Pemuteran, Kec. Gerokgak, Pemuteran ✆ +62 812 3635 1739
www.arjuna-homestay.com
Chambre double à partir de 350 000 Rp. Petit déjeuner, eau chaude et air conditionné.

En traversant Pemuteran, prendre une ruelle sur votre gauche si vous venez de Lovina, et déposez vos valises dans cette oasis de charme. Petites banquettes extérieures pour se détendre dans les chambres à l'étage, chaises longues autour de la piscine, autant de signes annonciateurs pour nous inviter au farniente. A souligner, l'excellent petit déjeuner à prendre en terrasse où vous pouvez prendre des fruits frais et des pancakes. Egalement des excursions « palmes, masque tuba » ou « plongées dans le parc marin de Menjangan » ainsi que des cours de cuisine...

DIMPIL HOMESTAY - OMA INN GUESTHOUSE PEMUTERAN €

Jl. Arjuna, Pemuteran, Kec. Gerokgak, Kabupaten Buleleng
✆ +62 852 3907 7981
dimpilhomestay.blogspot.fr
Chambre double à partir de 500 000 Rp. Piscine.

A cinq minutes à pied de la plage, cette guesthouse est très agréable. On aime la piscine pour se rafraîchir, la salle de bains extérieure et la gentillesse du personnel. Rien à redire du côté des chambres confortables, lumineuses et spacieuses. L'établissement loue des scooters si vous souhaitez rayonner dans les alentours et vous organise, sur demande, des trekkings dans le parc national ou bien des journées plongées dans les eaux bleues de la mer de Bali.

SUMBERKIMA HILL RETREAT €€

Sumberkima, Gerokgak, Buleleng Regency
✆ +62 812 8212 9211 - www.sumberkimahill.com

Chambre double à partir de 1 150 000 Rp. Piscine. Restaurants.

Un véritable village sur les hauteurs de Pemuteran avec 70 villas uniques, chacune pouvant accueillir de 2 à 10 personnes. Les restaurants, dont un à débordement, offrent une vue incroyable et une cuisine délicieuse, tout cela à des prix raisonnables. Les piscines communes, en particulier la piscine à débordement, sont tout simplement magnifiques. La vue du complexe sur la baie est époustouflante, tout comme celle sur les volcans de Java. Pour communiquer avec le personnel du complexe, rien de plus facile, leur service via WhatsApp est rapide et efficace.

SUNIA LOKA BUNGALOWS AND DIVE CENTER €€

Desa Pemuteran, Kecamatan Gerogak, Pemuteran
✆ +62 823 8686 3121

Bungalows à partir de 550 000 Rp en basse saison et 1 100 000 Rp en haute saison. Petit déjeuner. Piscine.

Petit hôtel de charme, les 6 bungalows et une villa pour 8 personnes sont face à une magnifique montagne, la plage est à 300 mètres. Un vrai petit havre de paix dans un environnement verdoyant ! La propriétaire française Fati vous accueillera chaleureusement. Vous avez envie de vous préparer un repas ? Une cuisine est à votre disposition. Sinon, vous pouvez aussi vous rendre au restaurant de l'hôtel qui propose de savoureux plats. L'un des coups de cœur du Futé pour cette destination.

TAMAN SARI BALI RESORT & SPA €€

Pemuteran, Gerokgak, Buleleng Regency
✆ +62 362 94755 - www.tamansaribali.com

Cottages à partir de 770 000 Rp. Villa (pour 4 personnes) à partir de 3 000 000 Rp. Piscine. Réductions sur Internet.

C'est un charmant ensemble de 29 chambres et suites, vraiment soignées et établies au bord d'une plage privée. Les moins chères sont les bungalows dans le jardin. Les plus onéreuses sont de véritables suites pour lune de miel, chacune a un animal totem : la tortue, la grenouille, le papillon, etc., et une décoration balinaise raffinée. Quant au restaurant, qui sert des spécialités thaïlandaises dans un pavillon tout près de l'eau. La piscine est naturellement grande et ombragée.

TARUNA BOUTIQUE HOMESTAY & SPA €€

Jl. Raya Singaraja-Gilimanuk, Gerokgak, Desa Pemuteran, Pemuteran, Kec. Gerokgak, Kabupaten Buleleng ✆ +62 852 3711 7763
www.tarunapemuteran.com

Chambre double à partir de 550 000 Rp. Piscine. Petit déjeuner.

L'hôtel propose des chambres spacieuses avec des lits à baldaquins avec moustiquaire. La salle de bain est en semi-extérieur. Vous pouvez avoir vue sur le jardin ou sur les montagnes. D'un côté ou de l'autre, vous serez au calme. La piscine - en partie - ombragée est extrêmement agréable avec ses transats. Taruna Homestay est à 10 min à pied de la plage avec un restaurant sur place. Vous pouvez réserver des activités telles que la plongée, la randonnée ou un tour de l'île de Java.

MENJANGAN DINASTY €€€

Pejarakan, Gerokgak, Buleleng Regency
✆ +62 362 3355000
www.mdr.pphotels.com

Tente de luxe pour 2 personnes à partir de 3 650 000 Rp.

Charmant et luxueux établissement avec sa plage privée. Les magnifiques tentes sont décorées avec goût, confortables, climatisées et équipées de tout le nécessaire (toilettes, frigo, bouilloire avec café et thé). On s'y sent bien dès les premières secondes. Le personnel est souriant, professionnel et très serviable. Un vrai petit coin de paradis, idéal pour se détendre entre plage, snorkeling et piscine. Le petit déjeuner est copieux et le restaurant, bien que légèrement plus cher que le reste de l'île, propose des plats de qualité.

PLATARAN MENJANGAN RESORT €€€

West Bali National Park, Jl. Raya Seririt – Gilimanuk, Gerokgak, Pejarakan, Gerokgak, Buleleng Regency ✆ +62 8111556352
www.plataran.com

Chambre double à partir de 3 000 000 Rp. Palmes, masques et planches de paddle, spa, excursions au parc. Bar. Piscine.

Le Plataran Menjangan est situé aux portes du sanctuaire protégé du parc national Bali Barat. Ce parc se compose de 175 espèces de plantes et 167 animaux faisant de lui l'un des épicentres de l'écotouristique balinais. Il abrite entre autres les dernières populations d'étourneaux endémiques de Bali. Les pieds dans l'eau, dorlotez-vous dans le luxe et le confort ultime des villas traditionnelles javanaises, d'un restaurant panoramique en bord de mer et une expérience de spa inoubliable.

PURI GANESHA HOMES BY THE BEACH €€€

Pemuteran, Gerokgak, Buleleng Regency
✆ +62 812 3932984
https://www.puriganesha.com
Villa pour 2 personnes à partir de 8 000 000 Rp

Villas privées en bord de mer avec une vue magnifique. Les villas sont confortables et intimes, avec des détails uniques. L'équipe, toujours souriante, rend le séjour encore plus agréable. La cuisine est incroyable, chaque plat typiquement indonésien est délicieux. Le personnel est attentionné et devine vos préférences sans que vous ayez à demander. Le cadre est superbe, bercé par le bruit des vagues, idéal pour profiter d'un massage extraordinaire. Un vrai rêve éveillé.

THE MENJANGAN BY LIFESTYLERETREATS €€€

West Bali National Park, Jl. Raya Gilimanuk - Singaraja km. 17 Pejarakan, Gerokgak, Kabupaten Buleleng ✆ +62 362 94700
www.lifestyleretreats.com
Chambre à partir de 2 000 000 Rp, villas dès 4 000 000 Rp. Cours de cuisine 950 000 Rp. Tour à cheval 1 150 000 Rp.

Situé aux portes du parc national, vous passerez par l'entrée pour accéder aux logements. Il est courant de croiser des biches, des oiseaux rares comme le Bali myna, ou des macaques. L'hôtel propose une multitude d'activités : paddle, snorkeling, excursion sur l'île de Menjangan... Le restaurant offre une cuisine traditionnelle, la meilleure des environs. Une tour de 25 mètres permet d'admirer les couchers de soleil sur les volcans de Java. Une véritable immersion dans la nature.

DIVE CONCEPTS PEMUTERAN

Jl. Arjuna, Pemuteran, Kec. Gerokgak, Kabupaten Buleleng
✆ +62821 4794 2491 - www.diveconcepts.com
Snorkeling : 400 000 Rp - Snorkeling et plongée découverte : 900 000 Rp, 2 plongées 1 250 000 Rp.

© DIVE CONCEPTS LEMBONGAN

Vivez les décors magnifiques en fin de plongées, les lagons et plages de sable blanc, les magnifiques couchers de soleil au loin sur les volcans de l'île voisine de Java visible depuis le parc marin. Avec ce centre de plongée SSI francophone, découvrez la magie des plongées dans le parc marin de Menjangan où abondent des tombants vertigineux couverts des plus beaux coraux de Bali. Propose différentes options de débutant à confirmer que ce soit en snorkeling, plongée découverte ou pour les plongeurs certifiés désirant faire des sorties sur plusieurs jours.

LA TERRASSE €€

Pemuteran, Gerokgak, Buleleng Regency
✆ +62 812 3635 1739
www.la-terrasse-pemuteran.com
Ouvert tous les jours de 10h à 22h. Plats à partir de 45 000 Rp.

Installée sur la terrasse de l'hôtel Arjuna, face aux montagnes, La Terrasse propose une carte indonésienne et française, ainsi que quelques plats végétariens et des burgers. Pourquoi ne pas tester par exemple le carpaccio mahi mahi avec des raviolis ? Les plats sont variés, avec des produits frais et pleins de saveurs. Il faudra tester un de leurs savoureux cocktails préparés avec soin par le staff. Vous pouvez profiter gratuitement de la piscine de l'hôtel le temps de votre halte gourmande. Excellent rapport qualité / prix.

PANTAI RESTAURANT €€€

The Menjangan Jl Raya Gilimanuk Singaraja km.17 Desa Pejarakan, Pejarakan, Kec. Gerokgak, Kabupaten Buleleng, Bali 81155 ✆ +62 362 94700
www.themenjangan.com
Ouvert tous les jours de 07h30 à 23h. Plats à partir de 115 000 Rp.

Restaurant de l'hôtel The Menjangan, celui-ci tient toutes ses promesses. Barbecue et fruits de mer tiennent la vedette dans votre assiette. On conseille le carpaccio d'espadon en plat signature de la maison. Le plus : la possibilité de venir prendre son petit-déjeuner avec même des choix sans gluten. Le midi et le soir, également des menus vegans. Cadre idéal pour des dîners romantiques, car vous pouvez vous installer face à la mer sur la terrasse en bois et entendre les vagues venir s'écraser à vos pieds... Un instant magique et hors du temps !

ABYSS OCEAN WORLD

Jalan Raya Gilimanuk, Yeh Panas, Pemuteran, Seririt, Pemuteran, Buleleng © +62 822 3779 5135
www.abyssoceanworld.com
2 Fun Dives : 1 250 000 Rp. Night Dives : 695 000 Rp. Possibilités de packages. Ouvert tous les jours de 7h30 à 19h00.

Plonger en toute confiance avec Abyss Ocean World. Ce centre de plongée tenu par un Américain et une Québécoise vous offre une large gamme de possibilités dans divers endroits de la région et de l'île ! A bord d'un bateau de 20 mètres, spécialement restructuré pour l'occasion, voguez au gré des flots afin d'y découvrir les meilleurs sports conseillés par ces professionnels. La sécurité, l'encadrement et le divertissement sont de mise. Le staff est adorable, vous ne manquerez pas de vous amuser. On vous le conseille vivement !

OCEAN DREAMS

Jl. Singaraja-Gilimanuk, Pemuteran, Kec. Gerokgak, Kabupaten Buleleng © +62 811 3851681
www.plongeebali.com
Une plongée à partir de 500 000 Rp tout inclus, 2 plongées 1 000 000 Rp, Snorkeling 600 000 Rp. Formation SSI. Packages.

Ici, les groupes de plongeurs sont limités à 6 plongeurs par bateau, avec l'objectif de proposer un instructeur pour 2. Géré par un Suisse, ce centre de plongée francophone vous invite à découvrir les merveilles des fonds marins de Pemuteran. Tous les niveaux de cours sont disponibles, ainsi que des plongées loisirs pour plongeurs de tous niveaux. Le centre offre la possibilité de plongées au Nitrox et de plongées nocturnes. Ces dernières permettent d'observer des requins et de profiter de la bioluminescence du plancton, une expérience inoubliable.

PULAKI

Proche d'une région de vignobles qui produit un vin doux (le Hatten - le célèbre vin balinais), le Pura Pulaki (temple sur la mer) abrite une colonie de singes considérés comme sacrés. Les singes, nourris par les Balinais, se montrent quelquefois agressifs envers les touristes. Comme beaucoup d'autres temples de Bali, celui-ci commémore la venue dans l'île du prêtre Nirartha.
Une légende à propos de la fille de Nirartha donne un peu de consistance à ce lieu. Il paraît qu'il aurait rendu sa fille invisible pour qu'elle échappe aux assiduités du roi. Les Balinais sujets aux hallucinations d'invisibilité, s'appellent les « *Gamang* ».

PARC NATIONAL BALI BARAT ★★★

Le magnifique parc national couvre plus de 90 000 ha de zones protégées, entre le parc lui-même (19 000 ha), les 50 000 ha d'espace protégé à l'intérieur des terres et les 10 000 ha de récifs coralliens. Il faut saluer cette politique de protection de l'environnement après les dégâts provoqués par le tourisme sauvage. Le parc possède une géographie variée allant des îlots de Menjangan sur la côte nord aride peuplée de mangroves, aux collines boisées du versant sud-ouest. On peut y faire de la randonnée et de la plongée sous-marine autour de Menjangan.

Balade

La randonnée la plus connue consiste à partir de Belimbingsari jusqu'à Labuhan Lalang. Les transports vers les points de départ des randonnées, quand ce n'est pas Cekik ou Labuhan Lalang, sont à votre charge. Il vous faut nécessairement faire appel à un guide au siège du parc à Cekik (ouvert de 8h à 15h) ou au bureau de Labuan Lalang (ouvert 24h/24, le guide dort sur place). Un permis est aussi nécessaire : compter 40 000 Rp. Il y a plusieurs itinéraires de randonnées :

- **Courte (2 h.)** : visite de la mangrove, entrée dans la forêt de mousson.
- **Moyenne (3/4 h.)** : marche étendue dans la mangrove et la forêt.
- **Longue (4/5 h.)** : soit on garde le même modèle que les randonnées courte et moyenne (mangrove + forêt) soit l'on décide de s'enfoncer plus dans la forêt. Autre option : effectuer l'ascension du mont Klatakan qui se dresse 700 m au-dessus de la mer en 7 heures de marche.
- **Observation des oiseaux (3 h.)** : Vous pourrez avoir la chance d'apercevoir un étourneau de Rothschild en liberté. On les élève (au centre de sauvegarde de Sumberklampok) avant de les relâcher. La balade consiste à se promener à l'aube dans les environs de ce centre de captivité.

Faune et Flore

- **Faune**. On pourra croiser cerfs, daims, singes noirs et macaques, langurs, écureuils, différents serpents dont des pythons. Les amateurs d'ornithologie observeront une multitude d'oiseaux qui peuvent nicher à l'abri des chasseurs, dont le fameux mainate Rothschild, dernière espèce endémique de l'île.
- **Flore**. Ce n'est plus ici de la forêt tropicale, mais dans la savane équatoriale, ce qui implique une végétation spécifique avec des arbres à feuilles caduques qui tombent pendant la mousson sèche. Néanmoins, la zone

transversale montagneuse d'ouest en est délimite une partie sud plus arrosée et donc plus verte, tandis que la partie nord, plus sèche, se couvre plus volontiers de mangroves avec implantation de palétuviers. Vous pourrez observer les arbres crocodiles (panggal buaya), appelés ainsi à cause des écailles de leurs troncs et de leur bois de satin blanc, et les bois de rose (sonokeleing), avec leurs troncs noueux pouvant dépasser 25 m et qu'on utilise en ébénisterie pour leurs reflets violacés.

Pratique

Pour pénétrer dans le parc, il vous faut un permis et un guide obligatoire, ainsi que payer un droit d'entrée. Le camping est interdit, mais on trouvera 2 luxueux éco-lodges. Sinon, il faut loger aux alentours : Gilimanuk ou Pemuteran.

MANGROVE DE LA BAIE DE GILIMANUK ★★

L'extrémité ouest du parc comprend la mangrove. Si certaines randonnées dans le parc incluent une balade en pirogue au gré de la mangrove, on peut aussi louer les services d'un batelier pour les explorer à sa guise. Les palétuviers se situent dans l'anse formée d'un côté par la péninsule de Prapat Agung et de l'autre par la pointe de Gilimanuk. Ils sont habités par des crabes violonistes (ainsi nommés à cause de leur immense pince orangée), des macaques et des aigrettes.

NUSABAY MENJANGAN BY WHM €€€

Kotal Beach, West Bali National Park, Buleleng, Singaraja, Sumber Klampok, Kec. Gerokgak, Kabupaten Buleleng ✆ + 62 877 5786 2341

Chambre double à partir de 6 100 000 Rp.

Pour ceux qui recherchent l'hébergement le plus isolé de la région ! L'hôtel n'est accessible qu'après 15 minutes de bateau, ça en dit long ! Au cœur de la réserve de Menjangan, idéal pour les amoureux de la nature, il n'est pas rare d'y croiser biches et singes en liberté. Les eaux cristallines offrent un superbe snorkeling directement depuis le ponton. Les bungalows en bois disposent d'une petite terrasse ensoleillée. A noter : cet établissement qui devait être sans aucun doute d'un standing haut de gamme à son ouverture, mériterait un bon coup de rénovation !

MENJANGAN

Cette île est reconnue comme ayant les récifs coralliens les plus beaux de Bali. On nage dans une eau turquoise, au milieu des bancs de poissons bleu métallisé, des poissons clowns, des coraux multicolores… La limpidité de la mer et les accidents de reliefs, avec crevasses et tombants, permettent des virées sous-marines inoubliables. Une belle faune et surtout un endroit écologiquement préservé en font une source de joie sans pareille.

Les plongeurs avec bouteille auront l'embarras du choix, car Menjangan abrite divers sites de plongée à ses abords. Pour le *snorkeling*, on part du petit embarcadère de Labuhan Lalang en s'adressant au guichet du parc national. Le plus beau spot est celui qui se trouve à gauche du ponton, quand vous êtes sur l'île face à la mer. La surveillance de l'îlot de Menjangan se fait principalement du côté de l'embarcadère, ce qui permet aux coraux d'être préservés. En revanche, derrière l'îlot, les coraux ont été largement abîmés ces dernières années. Malgré l'interdiction et le fait que le lieu soit protégé, certains pêcheurs viennent pêcher à la dynamite et échappent à la surveillance des gardes principalement focalisés vers l'embarcadère. Les plus beaux fonds marins de Bali seraient-ils menacés ? Nous sommes en droit de nous poser la question après notre dernier passage.

Pour les sorties de plongée, il faut s'adresser aux clubs de plongée de Pemuteran ou de Lovina pour les découvrir.

Attention, durant la saison des pluies, il se peut que l'îlot soit fortement pollué par les déchets. Vous voilà prévenus.

CEKIK

Située au bout de la pointe ouest, Cekik est surtout connue à Bali pour son monument aux morts qui commémore le débarquement des forces indépendantistes venant de Java en avril 1946. Par ailleurs, la ville a effectué une percée dans le domaine scientifique par les fouilles archéologiques qui ont mis en valeur des tumulus contenant des offrandes funéraires. Objets en bronze, poteries, haches, datent de plus de 1 200 av. J.-C. sont exposés au musée de Gilimanuk. Cekik est également le siège du parc national et fait donc office d'important poste administratif. On peut choisir de visiter le parc soit d'ici soit au départ du bureau de Labuan Lalang.

THE MELAYA VILLAS €€€

Jl. Raya Denpasar Gilimanuk, 82252 Penginuman
Villa 2 chambres pour 4 pers. à partir de 7 400 000 Rp. Villa 3 chambres à partir de 6 pers. à partir de 11 100 000 Rp.

Magnifique et luxueux établissement en bord de mer. Les villas sont incroyables, spacieuses et bénéficiant de superbes douches extérieures, de cuisines ouvertes et de vastes piscines. Les jolis jardins sont bien entretenus et la plage avec vue sur les volcans de Java, est tout simplement exceptionnelle. Les habitants des villages voisins sont très sympathiques. Ici, calme et sérénité sont les mots d'ordre. L'hôte sera ravi de vous aider à organiser différentes activités à proximité comme une sortie en snorkeling ou une découverte des alentours.

GILIMANUK ★

Une large avenue menant au port d'où partent les ferries en direction de l'île de Java. Ils traversent en une demi-heure le détroit de Bali, large de 3 km et profond de 60 mètres. La gare routière des *bémos* de Gilimanuk est située à 1 km du port. Dans la rue principale se trouvent des bureaux de change, des restaurants et divers magasins. La ville, déserte et poussiéreuse, propose quelques hôtels afin d'être à proximité du parc national pour un départ tôt le matin. Gilimanuk offre un beau panorama sur Java-Est et sur les silhouettes impressionnantes du Gunung Raung et du Gunung Merapi, ces 2 volcans situés sur l'île de Java. Les passionnés d'archéologie pourront se rendre au petit musée situé derrière le port.

Histoire

Communautés religieuses chrétiennes. Les chrétiens, voulant s'implanter à Bali, furent découragés par les Balinais et les Hollandais. On leur demanda de s'implanter dans l'Ouest, le plus loin possible de la « balinité », afin de préserver la population de ces influences religieuses extérieures.

Ces villages sont donc perchés dans les collines de l'ouest, où personne ne voulait vivre. Les protestants s'installèrent à Belimbingsari, et les catholiques choisirent Palasari. Pour leurs édifices religieux, tous 2 s'inspirèrent de l'architecture balinaise, en utilisant le *kulkul* ou le *meru*, ou en imitant les façades de temple. Leurs églises valent le coup d'œil. Celle de Palasari est un gigantesque édifice de pierre blanche rappelant l'architecture baroque du Nouveau Monde. Le temple protestant de Belimbingsari est moins impressionnant, mais il est étonnant de voir les influences balinaises, jusque dans les statues chrétiennes !

Transports

En taxi, il est facile de rejoindre Gilimanuk depuis Denpasar ou depuis Singaraja.

Les ferries partent et arrivent toutes les heures vers et depuis le port de Ketapang sur l'île de Java, jour et nuit. La durée du trajet est de 45 minutes également. Attention, si vous avez loué une voiture à Bali, le contrat de location ne vous permet pas de la sortir de Bali pour aller à Java ou à Lombok, à moins que vous ne l'ayez louée à un particulier qui vous accompagne dans votre périple ou que vous n'ayez une autorisation spéciale visée par les autorités balinaises.

MUSEUM MANUSIA PURBA GILIMANUK - ARCHÉOLOGIE ★★

Jl. Rajawali, Gilimanuk, Kec. Melaya, Kabupaten Jembrana, Bali 82252
Ouvert du lundi à vendredi de 8h à 15h. Donation recommandée.

Ce musée d'état expose (ou reproduit, car la sécurité du bâtiment est trop faible pour les pièces rares) les fruits des fouilles effectuées à Cekik non loin de là, qui ont mis au jour une petite nécropole. Les objets trouvés sont les plus anciens témoignages de vie humaine à Bali. Taillés dans la pierre, les sarcophages sont de petite taille car les morts étaient jadis positionnés en fœtus, comme pour symboliser une renaissance après la mort. Également de nombreux objets.

Port de ferry de Gilimanuk.

NORD DE BALI

À mesure que l'on monte vers le nord, le paysage change : aux rizières surmontées de cocotiers succèdent les forêts de résineux et les plaines volcaniques, lieux de cultures maraîchères. Il s'agit bien d'un autre visage de Bali, plus montagnard et bien plus froid. À l'est se trouve la région du lac Batur dominé par le volcan éponyme encore en activité, du haut de ses 1 717 mètres. Ce cratère attire le plus grand nombre de visiteurs, pour l'escalader au lever du soleil. À l'ouest, la région de Bedugul, plus peuplée, concentre plusieurs lacs entre ses pics volcaniques. Le plus connu, le lac Beratan, abrite sur sa rive un temple sacré, le Pura Ulun Danu Batur qui, chaque jour, voit des centaines de fidèles affluer. Depuis les lacs, on peut rejoindre la côte nord par une route spectaculaire passant par le petit village de Munduk, au milieu des vergers de durians ou de ramboutans, des champs de café ou de clous de girofle... La région des lacs offre de nombreuses options de randonnées. Des structures de guides locaux permettent de l'explorer. Encore plus au nord, on retombe vers un autre monde : c'est Lovina, le farniente et le paradis des amoureux d'activités nautiques. Vous l'aurez compris, la région nord regorge de richesses !

Nord de Bali

10 KM
Mer de Bali
YEH SANIH
KUBUTAMBAHAN
SINGARAJA
SEMBIRAN
TEJAKULA
LOVINA
KALIBUKBUK
Desa Panji
Madenan
PENUKTUKAN
Banjar Antaban
PENGASTULAN
SERIRIT
AIR PANAS BANJAR
CELUKANBAWANG
Tianyar Tengah
SONGAN
Tinga Tinga
LAC TAMBLINGAN
LAC BUYAN
MUNDUK
KINTAMANI
TOYABUNGKAH
TRUNYAN
Batu Ringgit
KUBU
LAC BRATAN
BATUR
Lac Batur
Tulamben
BEDUGUL
KEDISAN
Tiga
Suter
Pucang
Sepang Kelod
Pupuan
MONT BATUKAU
Munduk Temu
Besakih
Kesimpar
Sege
Patu Kamping
Susut
Pulukan
Padangaji
Songan

PAGES

287 ## ●● CÔTE NORD

Longtemps restée à l'écart du développement touristique de l'île, la côte nord de Bali n'est pas pour autant dépourvue d'intérêt. Plus sauvage, moins peuplée, elle est aussi mieux préservée. Sur sa partie orientale, elle abrite d'importants temples qui justifient une visite. Au centre se dresse l'ancienne capitale de Singaraja, port bruyant qui a perdu de sa grandeur, mais que les étudiants en *lontar* (manuscrits balinais gravés sur des feuilles de palme) apprécieront. Les autres logeront à quelques kilomètres de là, au bord de l'eau à Lovina, une station balnéaire étalée sur plusieurs kilomètres, qui a absorbé divers hameaux. Le sable issu des volcans est noir et la mer le plus souvent calme. Au large de sa plage, on peut, avec un peu de chance, observer les dauphins danser dans la lumière de l'aube. Si la côte Nord de Bali est extrêmement aride, l'arrière-pays montagneux recueille quant à lui toutes les précipitations : derrière Lovina, les collines verdoyantes sont le prétexte à de belles escapades.

287 **CELUKANBAWANG**

287 **SERIRIT**

288 **AIR PANAS BANJAR**

LOVINA ★★

289 Les petits villages côtiers de Pemaron, de Tukadmungga, d'Anturan, de Kalibukbuk, de Kaliasem et de Temukus forment à présent une seule et même station balnéaire que l'on appelle Lovina (ou Lovina Beach). Profitez des belles plages avec une mer calme et des récifs !

SINGARAJA ★★

295 Jadis capitale de l'île, premier port d'échange, Singaraja a connu la gloire, les guerres, les Hollandais, le colonialisme, la richesse… puis s'est doucement assoupie. C'est aujourd'hui une ville qui donne l'impression d'un bourg chaotique écrasé par la chaleur. On s'intéresse surtout à ses environs !

297 **KUBUTAMBAHAN ★**

297 **YEH SANIH ★**

299 **SEMBIRAN ★★**

299 **TEJAKULA ★**

301 ## ●● LAC ET VOLCAN BATUR

Le volcan et le lac Batur, relativement récents, se sont formés au sein de la caldeira de 14 km de circonférence qui les entoure, plus ancienne. À l'origine, le mont Batur était donc autrement plus massif. Il dominait le mont Agung. Il y a 30 000 ans, une très forte éruption volcanique a provoqué l'effondrement de ce sommet. Plus tard, une autre éruption a vu la naissance de l'actuel mont Batur et de son lac. Il est le volcan le plus actif de l'île après le mont Agung. Les dernières éruptions importantes eurent lieu en 1917, 1926 (le village et le temple du lac furent détruits), 1963-1964 (la plus longue), 1974 et 1994, formant et détruisant des cratères autour de la caldeira. Celle-ci est désormais longée par la route sur tout son côté ouest, du sud au nord. Les villages de Penelokan, Batur et Kintamani la jalonnent. De mars 1999 à juin 2000 eut lieu la dernière éruption du volcan Batur. Aucune évacuation ne fut déclarée et seul l'accès aux touristes fut interdit.

Aujourd'hui, le volcan Batur est la destination montagneuse numéro un de Bali. Les cars de tourisme affluent en masse au village de Penelokan, qui jouit d'une vue magnifique sur le lac et les volcans alentour, tandis que, chaque nuit, des guides locaux mènent des dizaines de groupes de voyageurs sur la crête du mont Batur pour assister au spectacle du lever du soleil.

PAGES

L'ascension, plutôt facile, est en effet accessible à toute personne en bonne forme physique et se fait principalement au départ de Toya Bunkah, un petit village situé sur le lac. Mais le résultat de cette fréquentation massive n'est pas très agréable. L'organisation locale des guides pour le mont Batur a la mauvaise réputation de contraindre tous les voyageurs à contracter leurs services en faisant le pied de grue au départ du chemin principal. Et à Penelokan, les vendeurs à la sauvette sont peu avenants et insistants. Cette région montagneuse pauvre, délaissée du développement touristique de Bali pendant longtemps, compte énormément sur le tourisme pour survivre. Que cela vous incite à visiter ces paysages lunaires et grandioses !

301 **PENELOKAN ★**

301 **KEDISAN ★**

302 **TRUNYAN ★★**

TOYA BUNGKAH ★

302 Sis à la base du mont Batur, le hameau est connu pour ses sources chaudes. C'est un vrai bonheur de venir se détendre ici, surtout après l'ascension du mont Batur ! D'ailleurs, le sentier de randonnée pour atteindre le sommet, part d'ici.

305 **BATUR ★★**

306 **KINTAMANI ★**

●● BEDUGUL ET SES ENVIRONS

307

On appelle Bedugul la région montagneuse où se rencontrent les trois provinces de Tabanan à l'ouest, de Buleleng au nord et de Badung au sud. Encore appelée région des lacs, cette portion centrale de l'île est traversée par la route principale reliant l'actuelle capitale de Denpasar à l'ancienne, Singaraja. Les volcans qui la peuplent sont plus anciens qu'à l'est de l'île et ne sont plus actifs. Ce sont les lacs d'eau vert turquoise formés dans d'anciens cratères qui font la renommée de l'endroit, par ailleurs souvent enfoui sous la brume et donc frais, voire froid. Le lac Bratan, situé au bord de la route, est le plus visité, en raison de son temple dédié à la déesse du lac (Dewi Danu), qui attire chaque jour des cars de touristes et de fidèles. Au nord-ouest de ce dernier se trouvent deux autres lacs, Buyan et Tamblingan, plus sauvages et qui offrent des randonnées dans la nature intéressantes. Les options de logement sont en général regroupées sur la grande route, près du lac Bratan. On peut également choisir de loger dans le petit village de Munduk, quelques kilomètres à l'ouest, qui jouit d'un climat plus clément et offre des vues spectaculaires. D'ailleurs quand il fait très beau, on peut apercevoir la mer de Lovina.

La région de Bedugul attire en majorité une clientèle touristique plus indonésienne qu'étrangère, qui s'y rend soit pour un pèlerinage au temple Pura Ulun Danu Bratan, soit pour s'adonner en famille aux activités nautiques (à moteur) sur le lac. Le grand parc botanique, ouvert au public, est un important centre de recherches. Importante aux yeux des Balinais, cette région, à l'instar de celle du Batur, concentre l'essentiel des ressources en eau du centre et de l'ouest de Bali en termes d'irrigation. Ses terrains volcaniques, l'abondance d'eau et le climat plus tempéré sont propices à la culture maraîchère ; en effet tout Bali vient se ravitailler ici en fruits et légumes. Bedugul est en majorité peuplée de musulmans originaires de Lombok, ce qui explique que les femmes soient ici voilées.

307 **LAC BRATAN ★★**

309 **BEDUGUL**

310 **LAC BUYAN**

311 **LAC TAMBLINGAN ★**

311 **MUNDUK ★★★**

NORD DE BALI

CELUKANBAWANG

Situé à 40 kilomètres à l'ouest de Singaraja, Celukanbawang est à présent le plus grand port de la côte nord de Bali, depuis la défection de Buleleng. C'est un port de ciment et de bois qui commerce avec Kalimantan et Java. Au début du XXe siècle, de nombreux paquebots et bateaux de croisières débarqués pour visiter Bali depuis le port de Celukanbawang. Ils allaient ensuite jusqu'à Denpasar où des services hôteliers les accueillaient. Aujourd'hui, c'est principalement un port de marchandises. Mais vous pourrez néanmoins y voir quelques bateaux *bugis* (Pinisi) et, pourquoi pas, leur demander de vous emmener vers d'autres rivages.

MANIK SEGARA LUXURY VILLAS AND RESTAURANT €€

Jl. Pantai Kalisada Kec. Seririt Buleleng
✆ +62 813 3859 7690
www.maniksegaravillas.com
Villa pour 2 personne à partir de 1 500 000 Rp.

Situées au nord de Bali, les villas permettent de découvrir la vie authentique des locaux, loin du tourisme de masse, et bénéficient d'un excellent emplacement en bord de mer. Les chambres sont très propres et bien équipées, offrant une vue sur les rizières et l'eau. Le restaurant pratique des prix raisonnables pour une qualité et des portions généreuses. Sur place, vous pouvez réserver diverses activités, comme l'observation des dauphins en bateau privé à un tarif très abordable.

SERIRIT

Seririt se trouve sur la route principale qui va de Singaraja à Gilimanuk, à moins d'une trentaine de kilomètres de Singaraja. Ce gros village est situé au carrefour de cette route et de celle, magnifique, qui vient de Pupuan, Busungbiu, Mayong et Rangdu, dans le sud. Vous pouvez donc rejoindre la région des lacs, ou descendre directement vers Denpasar par cette route plantée de vergers, de café, de girofliers et de raisins, et faire par exemple halte à Munduk. Cette route mérite vraiment un détour, on en profite, pas pressé, pour faire des haltes photos ou balades quand le décor nous fait envie, c'est à dire, souvent. Un enchantement !

LIBERTA HOME SERIRIT BALI €

Jl. Udayana II Jl. Seririt- Singaraja No.61, Seririt, Kec. Seririt, Kabupaten Buleleng
✆ +62 813 5371 3685
Chambre double à partir de 275 000 Rp.

Cet hôtel est bien situé, proche des zones de restauration, et offre un bon rapport qualité-prix pour les petits budgets. Le personnel est très sympathique, ajoutant une touche agréable à votre séjour. Sa proximité avec le marché nocturne permet de sortir dîner facilement. Les chambres sont grandes et propres, offrant tout le confort nécessaire pour un séjour agréable. Un choix judicieux pour les voyageurs cherchant une bonne affaire sans sacrifier un confort simple mais efficace.

MAYO RESORT NORTH BALI €€

Jl. Umeanyar, Umeanyar, Kec. Seririt, Kabupaten Buleleng ✆ +62 811 3800500
www.mayoresort.com
Chambre double à 790 000 Rp. Piscine. Bord de mer. Restaurant.

Décoration soignée pour cet établissement de bord de mer, qui dispose d'un jardin et d'une piscine bien entretenue avec vue imprenable sur l'océan. Les chambres sont spacieuses, bien agencées et propres. Le personnel est extrêmement sympathique et serviable, toujours prêt à répondre à vos demandes, que ce soit pour organiser des excursions, des déplacements ou même les célébrations telles qu'un anniversaire, tout sera pris en charge avec le sourire. Le restaurant propose une carte indonésienne et internationale avec des plats comme le carpaccio ou des pizzas.

NALIKA BEACH RESORT & RESTAURANT €€€

Jl. Umeanyar, Umeanyar
✆ +62 877 5731 5705
Chambre double à partir de 1 400 000 Rp. Piscine et restaurant. Etablissement reservé aux adultes.

Cet établissement réservé aux adultes propose de jolies chambres bien décorées, propres et bien agencées, avec une belle vue sur la mer, invitant à la détente et au bien-être. La literie est de qualité. Il faut souligner que le restaurant sur place est la meilleure option de la région en termes de gastronomie, offrant des plats savoureux et copieux. Le personnel est aux petits soins. En bref, une bonne énergie positive se dégage de cet établissement !

SOURCES CHAUDES DE BANJAR

Jalan Banjar, Banjar, Kec. Banjar, Kabupaten Buleleng ✆ +62 362 92901
www.banjarhotspring.co.id
Ticket d'entrée : 45 000 Rp. Piscines d'eau chaude, spa, massage, restaurant.

Ces thermes et sources d'eau chaude, nichés au cœur d'une végétation luxuriante, offrent une expérience inoubliable. Bien indiquées depuis la route principale, elles sont faciles à trouver. Si vous venez du monastère, prenez la route pour redescendre à Banjar Tega, tournez à gauche au centre du village et suivez la route sur environ 1 kilomètre jusqu'à Banjar. Un panneau au centre du village vous indiquera la direction et la distance : « Air Panas ; 1 km ».

Ouvertes de 8h30 à 17h30, ces sources disposent d'un restaurant avec des cabines rustiques pour se changer. L'eau chaude jaillit de huit serpents dans le premier bassin et de cinq serpents dans le second, créant une ambiance unique au milieu de la végétation tropicale. Le restaurant du complexe propose une cuisine indonésienne traditionnelle, correcte et abordable, idéale pour reprendre des forces après un bain relaxant.

Légèrement sulfureuse, l'eau se transforme en une cascade de 3 mètres de haut dans le troisième bassin, offrant un spectacle apaisant et une température agréable, surtout le matin ou en fin d'après-midi. Il est évidemment interdit de se laver dans les bassins pour préserver leur pureté.

Ces sources, avec une teneur en soufre de 26% et une température de ± 38 °C, sont réputées pour leurs propriétés curatives. Les 3 bassins principaux permettent de profiter pleinement de ces eaux bénéfiques. Que vous recherchiez détente ou guérison, ces thermes vous offriront un moment de sérénité mémorable.

VILLA SHEEBA €€

No.12, Kab., Indonésie, Jl. Mawar, Lokapaksa, Seririt, Buleleng Regency
Villa 3 chambres à partir de 4 400 000 Rp.

Cette magnifique villa offre un emplacement idéal et un cadre calme, complété par un personnel sympathique. Profitez de la superbe vue sur la mer et la piscine depuis le balcon ou relaxez-vous dans la piscine à débordement... L'établissement dispose d'une cuisine toute équipée et d'un lave-linge. Des cours de yoga et de remise en forme sont organisés dans la salle de sport sur place, ajoutant une touche de bien-être à votre séjour. Un véritable havre de paix pour se détendre et se ressourcer, parfait pour une famille ou un séjour entre amis.

AIR PANAS BANJAR

Il s'agit de thermes et de jolies sources d'eau chaude, perdus au beau milieu d'une végétation incroyablement luxuriante. Les sources d'eau chaude sont indiquées depuis la route principale. Si vous êtes au monastère, il suffit de prendre la route pour redescendre à Banjar Tega, puis il faut tourner à gauche au centre du village et parcourir environ 1 kilomètre jusqu'au village de Banjar. Au centre du village, un panneau vous indiquera la direction et la distance ; « Air Panas ; 1 km ». Elles sont ouvertes de 8h à 18h, l'entrée coûte 20 000 Rp. Il y a un restaurant sous lequel vous trouverez quelques cabines rustiques pour vous changer. L'eau chaude est expulsée par huit serpents dans un premier bassin, puis par cinq serpents dans un second. Les bassins sont dispersés dans une végétation tropicale et le restaurant du complexe sert une cuisine indonésienne traditionnelle correcte et pas trop chère. L'eau, légèrement sulfureuse, se transforme en une cascade de 3 mètres de haut dans le troisième bassin. Elle est à une température assez supportable le matin ou en fin d'après-midi. Il est évidemment interdit de se laver dans les bassins.

Tourisme

À partir de Banjar, vous pouvez vous enfoncer à l'intérieur des terres vers le sud-est jusqu'à Pedawa et finir la boucle qui vous ramènera à Banjar. Vous aurez un aperçu de la végétation de la vallée, mais également de la sécheresse de la zone.

LOVINA ★★

Situés entre 5 et 10 kilomètres à l'ouest de Singaraja, les petits villages côtiers de Pemaron, de Tukadmungga, d'Anturan, de Kalibukbuk, de Kaliasem et de Temukus forment à présent une seule et même station balnéaire que l'on appelle Lovina (ou Lovina Beach). Même si la majorité du littoral est composée de sable volcanique, donc noir, la plage principale est couverte de sable blond gris et la mer demeure calme grâce aux récifs.

Lovina a su garder son côté romantique et une atmosphère villageoise, avec ses *prahu* qui partent à la pêche la nuit, éclairés par les lampes à acétylène et se reposent sur les plages pendant le jour. Le soir, Lovina dégage une animation certaine, et pourtant on est bien loin de la frénésie de Kuta. Mais ceux qui aspirent au grand calme n'auront qu'à choisir de dormir dans un village secondaire de la station, comme Anturan ou Keliasem. Touristiquement parlant, l'attraction principale consiste à partir en bateau observer les dauphins au large de la plage, au moment du lever du soleil. On peut aussi s'adonner aux joies de la plongée sous-marine et du *snorkeling*. La barrière de corail de Lovina a été fortement endommagée par la pêche à la dynamite et l'utilisation du corail pour faire de la chaux. Elle est désormais protégée. Néanmoins, la plongée y est possible et les pêcheurs se feront un plaisir de vous emmener au large à quelques centaines de mètres de la plage pour observer la vie du récif.

Faune et Flore

C'est la grande tradition et l'attraction principale à Lovina, l'observation des dauphins a fait la réputation de la station et attire toujours de nombreux touristes. Les excursions se font en général à l'aube, quand on a le plus de chance d'apercevoir ces magnifiques animaux (départ vers 6h). Compter 100 000 Rp/personne pour une excursion de 1 heure 30 au total.

Vous pouvez prolonger avec une halte snorkeling moyennant un supplément. Certains *prahu* (bateaux traditionnels) partent à 8h, ce qui est plus agréable, car il y a beaucoup moins de touristes. Les départs ont lieu en face de la statue représentant des dauphins sur la plage de Lovina.

En haute saison, le trafic en mer peut être trop important et perturber les dauphins qui ne se montreront pas. En basse saison, les chances de les apercevoir et de respecter leur rythme sont plus grandes. Un merveilleux spectacle s'offre à vous lorsqu'ils jouent juste à côté de votre embarcation. Dans tous les cas, le lever de soleil vu du bateau sur la mer est magnifique. Juste pour cela, cela vaut le coup.

Il faut préciser que l'observation des dauphins est une vraie traque, au sens où les bateaux chassent les cétacés afin que les touristes puissent obtenir les plus belles photos. Cette pratique peut choquer et mieux vaut être prévenu. Malgré tout, chaque jour les dauphins reviennent dans les eaux calmes de Lovina pour se régaler de poissons.

Pratique

Les deux rues principales de Lovina sont la Jalan Mawar et la Jalan Bina Ria. Au bout de la Jalan Bina Ria se dresse devant la plage la fameuse statue en béton représentant des dauphins à la base d'une colonne. En haut de celle-ci trône un grand dauphin portant une couronne. Le cœur touristique de Lovina est Kalibukbuk. On en repère l'entrée par la grande porte (*candi bentar*) qui marque le début de la Jalan Mawar. Un peu plus loin, le deuxième grand axe de Kalibukbuk, la Jalan Bina Ria part vers la mer. Les deux se rejoignent par une allée dallée longeant la plage. Après Kalibukbuk viennent les petits villages de Kaliasem et de Temukus où se termine Lovina.

A un peu plus d'un kilomètre à l'ouest de Kalibukbuk, le *desa* (village) de Banyualit abrite dans la rue éponyme qui descend vers la mer un bon choix d'établissements dont les plus luxueux, sur la plage, possèdent leur propre voie d'accès depuis la grand-route. Enfin, le minuscule village de pêcheurs d'Anturan jouit d'une atmosphère vraiment tranquille qui favorise le rapport direct avec ses habitants. La petite plage de sable noire est couverte de *prahu*. Il y existe de nombreuses options bon marché pour s'y loger dans la rue principale et sur la plage. C'est ici que se trouve le bureau des navettes Perama.

Se restaurer

Les restaurants ne manquent pas, la plupart des hôtels ayant le leur. Dans le centre-ville, un établissement sur deux est un restaurant. Les deux rues de Kalibukbuk concentrent le principal de l'animation.

Sortir

La vie nocturne de Lovina se résume à quelques bars (qu'on compte sur les doigts d'une main) accueillant pour certains des groupes de musique. L'animation, modérée en semaine, atteint son pic le samedi soir quand les Balinais se joignent aux touristes. En général l'ambiance est assez bon enfant.

Sports / Loisirs

Plongée sous-marine. Pour faire de la plongée, on vous amènera soit à Tulamben, à 1 heure 30 de route, soit à Pemuteran, au niveau de l'île de Menjangan, qui appartient au parc national de l'ouest de Bali, elle aussi à 1 heure 30 de route. Chacun de ces sites est remarquable. Si Menjangan est réputé pour la visibilité et difficile à atteindre autrement (l'île est protégée et il faut payer l'entrée au parc), Tulamben est plus facile d'accès. Nous vous recommandons donc plutôt de tenter depuis Lovina le spot du parc national, riche de dizaines d'espèces protégées, puisqu'une heure de voiture vous emmène à l'est de Bali : vous pourrez alors plonger à Tulamben à moindre coût. En basse saison, on peut négocier. On peut aussi participer aux excursions avec simplement un masque et un tuba, en snorkeling. L'avantage, si l'on réserve son excursion depuis Lovina pour Menjangan, c'est qu'on est sûr de partir, et pour le prix indiqué.
En réalisant l'excursion indépendamment depuis Pemuteran, on devra payer, quel que soit le nombre de participants, le montant pour affréter un bateau pour l'île, ce qui n'est intéressant qu'à partir de 3 personnes. Si vous voyagez seul et en basse saison, nous vous recommandons donc soit de trouver d'autres participants pour aller à Mejagan indépendamment, soit de contracter les services d'une agence de Lovina la veille (même si vous dormez à Pemuteran, elle passera vous prendre le matin).

Snorkeling. Le récif au large de la plage est habité par des coraux multicolores animés d'une vie marine intéressante. Les pêcheurs peuvent vous y emmener pour 90 000 Rp par personne (1 heure 30) ou 120 000 Rp (2 heures 30). Autrement, essayez de vous rendre sur le bout de plage devant Billibo Bungalows à Kaliasem, réputé pour la transparence de l'eau et comme étant l'un des meilleurs spots, voire le meilleur, des environs. La plage du Lovina Beach Hotel aurait aussi des fonds clairs et vivants. Tous les hôtels proposent la location de matériel de snorkeling pour 40 000 Rp la journée.

Excursions. On peut choisir de visiter la cascade de Sipoklabuh par un chemin qui part d'Anturan : une très jolie balade. L'eau se déverse de 15 mètres de haut, et elle est bien sûr beaucoup plus impressionnante en saison des pluies, car en saison sèche, elle se réduit parfois à un faible torrent. Compter 40 minutes de marche. D'autres randonnées sont organisées par les agences de voyage du coin, notamment à travers les champs de café alentour. Spice Dive organise des sorties nature, ainsi que Warung Bambu à Pemaron.

Transports

Comment y accéder et en partir :
- Navettes. Lovina est desservie par les bus touristiques Perama quotidiennement depuis Kuta, Sanur, Ubud et Padang Bai. Les départs sont à partir de 10h depuis Kuta, donc renseignez-vous bien à l'avance, il n'y a qu'une navette par jour. À destination de Lovina, celle-ci dépose les voyageurs au bureau Perama dans le village d'Anturan à 2 kilomètres du centre de Lovina. Perama possède ici un hôtel éponyme. Compter 125 000 Rp depuis Kuta.
- Taxi. Compter 800 000 Rp de/pour l'aéroport international.

Se déplacer :
Si vous restez dans Lovina ou dans les environs proches, une voiture peut être encombrante, car les rues sont souvent étroites. Heureusement, tous les *losmen* et hôtels ont des solutions pour garer une voiture. Vous pourrez louer facilement une moto pour 50 000 à 70 000 Rp par jour. Ensuite, des taxis motos (*ojek*) pourront vous conduire d'un point à un autre de Lovina. Les restaurants de catégorie moyenne proposent souvent une navette gratuite depuis/vers les hôtels de leurs clients. Enfin des services de « *shuttle bus* » (navettes) sont proposés dans de nombreux hôtels et boutiques de Lovina.
- Location de voitures. Pour louer une voiture, rendez-vous dans la Jalan Mawar (ou Rambutan) à Kalibukbuk, où des boutiques proposent la location de voiture. Les prix sont en général un peu plus élevés qu'à Kuta en raison de la plus faible affluence.

KRISNA FUNTASTIC LAND ★

Jl. Seririt- Singaraja, Temukus, Kec. Banjar, Kabupaten Buleleng
✆ +62 817 4757668
Ouvert tous les jours de 16h à 22h. Entrée au parc 85 000 Rp la semaine, 90 000 Rp le week-end.
Au nord de Lovina, Krisna Funtastic Land a ouvert fin 2016 pour vite s'imposer en tant qu'une halte sympathique pour les enfants. Ce parc d'attractions local vous propose de découvrir différents manèges et de retomber en enfance. Sur cinq hectares, le lieu fait le paradis des enfants avec différents types de manèges, des châteaux gonflables... Pour les adolescents et les plus grands, le lieu pense également à eux avec des attractions plus sensationnelles et vertigineuses comme le Wahana Singaraja Flyer - avec lequel vous allez pouvoir prendre un peu de hauteur...

NORD DE BALI

FAMILY HOSTEL €

Jl. Ratna, Kaliasem, Kec. Banjar, Kabupaten Buleleng ✆ +62 877 6541 5129

Hamac 40 000 Rp. Lit dans dortoir mixte 95 000 Rp. Tente pour 2 pers 165 000 Rp. Chambre double standard 220 000 Rp.

Cette auberge familiale à petit prix offre des chambres propres et toutes les commodités nécessaires. Les hôtes sont accueillants et chaleureux. Ici, aucun superflu ni signe de la présence de touristes, vous serez tout simplement au cœur de la maison familiale. Vous pourrez profiter de délicieux repas sur place à bons prix. L'auberge propose différentes activités comme des sorties pour voir les dauphins, des massages et des cours de cuisine. Des taxis sont disponibles à des prix compétitifs. Une super immersion pour les voyageurs de type « backpackers ».

GEDE HOMESTAY €

Jl. Kubu Cembong, Tukadmungga, Kec. Buleleng, Kabupaten Buleleng, Bali 81119

✆ +628123663723

www.gede-homestay.com

Chambre double à partir de 225 000 Rp. Bord de mer.

Situé en bord de mer, ce petit établissement familial propose des chambres simples mais confortables avec air conditionné, idéales pour les petits budgets. Légèrement éloigné du centre de Lovina, ce séjour paisible offre du snorkeling et des sorties avec les dauphins. Son restaurant, avec une vue sur la mer, sert des plats comme le fish curry et le fish and chips. Les hôtes charmants organisent des excursions pour observer les dauphins ou pêcher. Le personnel est très sympathique, rendant le séjour agréable. Un bon rapport qualité-prix général.

ANEKA LOVINA VILLAS & SPA €€

Jl. Raya Kalibukbuk Lovina Beach Anturan, Anturan, Kec. Banjar, Kabupaten Buleleng

✆ +62 811 3850039 - www.anekalovinabali.com

Chambre double à partir de 1 100 000 Rp, cottage 1 350 000 Rp. Restaurant. Spa. Excursions pour les dauphins.

Idéalement situé, cet hôtel propose 59 cottages et chambres avec accès privé à la plage, parfait pour les départs des excursions d'observation des dauphins. Les chambres bordent le chemin vers la plage et la piscine en bord de mer est très agréable. Cet établissement de milieu de gamme est une référence dans la région. Un service de transport est disponible, ainsi que des animations pour enfants et des cours de cuisine. Préférez les chambres deluxe avec salle de bain extérieure.

MAHA HILLS RESORT BY MAHAPRANA EXPERIENCE €€€

Jalan Tiying Tali, Banjar Anyar, No 8, Sambangan, Kec. Sukasada, Kabupaten Buleleng ✆ +62819 1860 9999

www.mahahills.com

Chambre double à partir de 1 700 000 Rp. Spa, restaurant, yoga shala, randonnées et visites des cascades.

© MAHA HILLS RESORT BY MAHAPRANA

Un charmant établissement situé sur les hauteurs avec une magnifique vue sur les beautés de la vallée. L'expérience vous enchantera. Le personnel est extrêmement accueillant, avec une mention spéciale pour Shirley, d'un professionnalisme sans faille. La carte du restaurant est délicieuse, les petits déjeuners variés et copieux. la piscine offre une vue incroyable et la propreté des chambres est impeccable. C'est un point de départ idéal pour l'exploration des cascades environnantes.

LE CHIEN ROUGE €€

Jl. Mawar No.6, Anturan, Kalibukbuk, Kabupaten Buleleng

✆ +62 887 3536732

Chambre double à partir de 1 000 000 Rp jusque 1 400 000 Rp (minimum de 2 nuits). Piscine. Petit déjeuner.

Un petit refuge à Lovina où vous serez chaleureusement accueillis par Marielle, la propriétaire, bienveillante et pleine de bons conseils sur la vie à Bali et ses traditions. Un bonheur d'échanger avec elle et son compagnon. Côté hôtel, tout est parfait : décoration des chambres moderne et raffinée, propreté impeccable, et accès à la piscine depuis les chambres. Ce véritable refuge est idéalement situé, près des warungs et la plage de Lovina à 5 minutes à pied. L'établissement est calme et relaxant, parfait pour un séjour en toute détente.

LOVINA LIFE ROOM & CAFE €€

Jl. Seririt- Singaraja, Kaliasem, Lovina, Kab. Buleleng

✆ +62 823 4007 4348

www.lovinaliferoomandcafe.com

Chambre double à partir de 550 000 Rp. Piscine, petit jardin. Restaurant. Emplacement central.

Établissement aux installations, services et chambres efficaces ! Situé en plein centre-ville à proximité de la plage de Lovina, l'emplacement est idéal, à deux pas d'un mini-marché. Les chambres sont propres, spacieuses avec vue sur la piscine et offrent une ambiance malgré tout calme et paisible. L'hôtel peut également vous aider à organiser une sortie pour observer les dauphins ou découvrir les alentours. Le restaurant est climatisé et confortable. La cuisine est basique, c'est le petit moins de l'établissement, mais le rapport qualité/prix reste bon.

PURI BAGUS LOVINA €€

Jl. Seririt- Singaraja No.Desa, Pemaron, Lovina, Kabupaten Buleleng

✆ +6236221430

www.puribaguslovina.com

Villa à partir de 1 300 000 Rp. Spa, restaurant, piscine, yoga shala, activités et excursions.

L'établissement propose 40 villas de style balinais traditionnel dans un grand jardin face à une magnifique plage, à seulement 10 minutes du centre-ville. Un véritable paradis où vous passerez une semaine inoubliable à profiter de la plage, de la piscine à débordement, des couchers de soleil, des soins au spa, des spectacles culturels et de la délicieuse cuisine. Le domaine est vaste, impeccablement entretenu, et le personnel est extraordinaire. Un magnifique resort idéal pour se détendre et profiter d'un cadre paradisiaque. Excellent rapport qualité-prix.

RAMBUTAN HOTEL €€

Jl. Mawar Jl. Desa Kalibukbuk-Anturan, Anturan, Kec. Buleleng ✆ +62 362 41388

www.rambutan.org

Chambre double à partir de 900 000 Rp. Petit déjeuner. Piscine.

Tout le confort, deux piscines originales et un spa à disposition au cœur de cet petit hôtel boutique. En plein centre, près de la plage, les villas à l'architecture typique balinaise en pierre sont plantées dans un grand parc d'un hectare à l'ombre des arbres de ramboutans et des cocotiers. Les chambres situées dans la nouvelle aile de l'établissement sont plus petites mais tout aussi bien agencées. La décoration balinaise est réalisée par des artisans locaux. Le restaurant accueille des spectacles de danse balinaise. Présence d'un spa pour parfaire votre séjour.

SRINADI GUEST HOUSE €€

Lovina Center, Jl. Seririt- Singaraja, Anturan, Kec. Buleleng, Kabupaten Buleleng

✆ +62 821 4587 0178

Chambre double à partir de 460 000 Rp.

Sri, la propriétaire, et son mari sont tout simplement adorables. À deux pas de la rue principale de Lovina. Vous vous sentirez vite chez vous dans ce tout petit *homestay* de seulement 2 chambres. La plage est à 5 minutes à pied. Les chambres sont grandes, propres et fonctionnelles, agrémentées d'une agréable terrasse. Les repas préparés avec soin par Sri sont tout simplement délicieux. Vous arriverez ici comme des étrangers et repartirez avec le sentiment d'avoir trouvé une nouvelle famille. On recommande pour l'expérience « en immersion ».

PURI BAGUS LOVINA €€€

Jl. Seririt- Singaraja No.Desa, Pemaron, Lovina, Kabupaten Buleleng ✆ +62 362 21430

www.puribaguslovina.com

A partir de 1 800 000 Rp. Spa, restaurants, cours de cuisine, randonnées, yoga, cérémonie de purification, piscine.

Le premier hôtel de luxe de Lovina, conçu selon les principes de l'architecture balinaise, propose des bungalows au toit de chaume avec charpente apparente en bambou, s'ouvrant sur une terrasse privée dans un parc luxuriant. Le restaurant, dans un cadre extérieur de rêve, offre une cuisine internationale et balinaise raffinée. Une grande piscine et un spa proposant des massages, des gommages et des bains de fleurs. Le personnel est serviable et agréable. Les excursions sont organisées sur mesure par l'hôtel. Le service est professionnel et sympathique.

THE DAMAI €€€

Jl. Damai, Kayu Putih, Kayu Putih, Lovina, Kabupaten Buleleng

✆ +62 813 3843 7703

www.thedamai.com

Villa à partir de 4 200 000 Rp. Petit déjeuner. Piscine. Restaurant.

Seulement 14 villas exclusives décorées d'objets précieux et de meubles antiques. Perché sur les hauteurs de Lovina, au cœur d'une jungle luxuriante, cet hôtel est très agréable, idéal pour une retraite dans la nature. Il vous est possible de vous faire chouchouter au spa ou bien de vous rafraîchir dans l'une des deux piscines lovées dans les jardins - avec une superbe vue. Les chambres sont tout aussi sympathiques. Côté restauration, vous êtes ici dans l'un des meilleurs restaurants de Bali. On recommande cette magnifique expérience.

THE LOVINA BALI RESORT €€€

Kalibukbuk, Jl. Mas Lovina, Kabupaten Buleleng
✆ +62 362 3435800
www.thelovinabali.com
Chambre à partir de 2 200 000Rp, villa 4 500 000 Rp. Piscine, Spa, restaurants, yoga, kayak, paddle, vélo gratuit.

À 15 minutes à pied du centre, cet établissement prestigieux au style d'un mélange contemporain de modernité et de tradition balinaise dispose de 2 restaurants : vue sur les rizières ou vue sur la mer, proposant une cuisine occidentale et asiatique. Les villas disposent de piscines privées. Les chambres, spacieuses et bien espacées, entourées de verdure, sont plus grandes que la moyenne. Spectacles de danse 3 fois par semaine, ainsi que des cours de gamelan et de confection d'offrandes. Club enfants pour les plus de 3 ans. Service de navette gratuit.

ANEKA LOVINA VILLAS AND SPA €€

Jl. Raya Kalibukbuk Lovina Beach Anturan, Anturan, Kec. Banjar, Kabupaten Buleleng
✆ +62 811 3850039
www.anekalovinabali.com
Chambre double à partir de 650 000 Rp, chambre double deluxe à partir de 775 000 Rp.

Le long de la plage de sable noir de Lovina, cet hôtel au cadre détendu, offre des cottages avec toit de chaume, douche extérieure, piscine et restaurant avec vue sur la mer. On préférera les chambres deluxe entourant un jardin central qui mène à la piscine face à la mer, d'où partent les bateaux pour observer les dauphins. Plusieurs activités sont proposées, et le petit spa offre des soins à des prix abordables. Une excellente adresse avec un bon rapport qualité-prix !

SEMINA RESTAURANT €

Jl. Mawar, Kalibukbuk, Lovina, Kabupaten Buleleng
✆ +62 813 3947 2601
Ouvert tous les jours de 08h à 22h30. Nasi goreng 45 000 Rp.

Un incontournable parmi les warungs de la région ! *Ketut Wari* vous propose des plats maison, revisitant les classiques comme le Nasi Goreng, ainsi que quelques options plus européennes comme, entre autres, différents plats de pâtes. Ouvert en 1993 par la mère du propriétaire, c'est une véritable référence pour les locaux et les expatriés. Wari, qui a beaucoup voyagé, a enrichi la carte avec de nombreux cocktails. Le personnel, sympathique et soigné, ajoute à l'ambiance chaleureuse. Le restaurant, rénové l'année dernière, se distingue par sa propreté impeccable.

WARUNG IBU WINA €

Jl. Mawar, Kalibukbuk, Kec. Buleleng, Kabupaten Buleleng
✆ +62 813 3759 6912
Ouvert tous les jours de 12h30 à 22h. Plats à partir de 30 000 Rp.

Ce *warung* - dans le centre de Lovina et non loin de la plage - propose une cuisine authentique et des spécialités de la mer. Si ce *warung* ne paie pas de mine, on peut y venir les yeux fermés, on mange bien à prix raisonnable. On conseille le poisson et aussi les plats typiques pour les gourmands comme le *pisang goreng* - un beignet de banane plantain frit -, une spécialité de l'île. Une belle petite adresse où il fait bon s'attabler : l'accueil est toujours chaleureux, et le service impeccable, on n'est jamais déçu ! Belle découverte.

1000 DREAM RESTAURANT €€

Jl. Seririt- Singaraja, Pemaron, Lovina, Kabupaten Buleleng ✆ +62 813 3974 8844
www.1000dreambungalow.com
Au sein de l'hôtel 1000 Dream Bungalows. Ouvert tous les jours de 07h à 22h.

Face à la mer, dans un cadre idyllique et élégamment décoré, ce restaurant propose des plats signatures tels que le poisson en feuille de bananier, accompagné d'une sauce coco et citronnelle, ainsi que le célèbre *Gado Gado*, icône culinaire de Bali. Vous y trouverez également des classiques occidentaux comme un cordon bleu ou un porc cuit au vin avec une crème de champignons. Ne manquez pas les bananes flambées au rhum et les pancakes à la banane. Les prix sont très accessibles, surtout pour un établissement avec une vue imprenable et une piscine à débordement.

SECRET GARDEN RESTAURANT €€

Jl. Pura Jl. Pura Dalem Jl. Raya Lovina-Singaraja No.Desa, Anturan, Kec. Buleleng, Kabupaten Buleleng
✆ +62 887 3321007
www.secret-garden-restaurant.biz
Ouvert tous les jours de 17h à 22h. Plats entre 55 000 Rp et 85 000 Rp.

Voilà un restaurant qui porte bien son nom... Cadre intimiste et verdoyant pour ce jardin secret qui nous propose une cuisine locale et quelques plats occidentaux. On aime le service prévenant et l'accueil charmant de notre hôte. Pour cette adresse cachée et dissimulée, on vous conseille donc de bénéficier du service navette offert par le restaurant. Côté assiette, on découvre de délicieuses soupes en entrée, avant de passer à une belle assiette de pâtes ou un curry pour terminer par une belle salade de fruits. C'est frais et bon !

NORD DE BALI

TANDA PIZZA RESTAURANT €€

Jl. Pandawa, Kaliasem, Kec. Banjar, Kabupaten Buleleng
✆ +62 877 9879 8869
Ouvert tous les jours de 11h30 à 22h.

Cette pizzeria propose une cuisine italienne authentique élaborée avec des ingrédients de qualité directement importés d'Italie. Le propriétaire, gentil et attentif, veille au bien-être de chaque client et s'assure que chaque plat soit irréprochable. Vous pourrez y savourer de délicieuses pâtes, ainsi que des pizzas croustillantes et généreusement garnies cuites au four traditionnel. L'endroit, simple et chaleureux, vous offre une atmosphère conviviale qui vous fait sentir comme à la maison. C'est l'adresse idéale pour combler une envie irrésistible de pizza.

THE GLOBAL VILLAGE KAFÉ €€

Jl. Raya Lovina-Singaraja, Anturan, Kec. Buleleng, Kabupaten Buleleng
✆ +62 362 41928
Ouvert tous les jours de 12h à 21h. Compter environ 60 000 Rp.

Un café, un *warung*, un magasin... Vous voilà au Global Village Kafé ! Vous êtes accueillis dans ce lieu avec une décoration artisanale et des murs colorés - d'ailleurs, bon à savoir une partie des recettes est reversée à une fondation pour l'éducation d'enfants indonésiens. Mention particulière pour les jus de fruits frais - notamment celui à l'avocat - qui sont absolument délicieux ! Les plats sont également très bons, variés et avec des produits frais. De plus, l'ambiance est cosy, ce qui fait qu'on s'y sent doublement bien !

WARUNG BAMBU PEMARON €€

Jl. Hotel Puri Bagus Pemaron Pemaron, Pemaron, Kec. Buleleng, Kabupaten Buleleng
✆ +62 362 31455
warung-bambu.mahanara.com
Ouvert tous les jours de 11h à 21h. Plats à partir de 45 000 Rp. Propose également des cours de cuisine.

Dans un superbe cadre avec une terrasse couverte entourée de verdure, la cuisine balinaise y est excellente. On peut y organiser toutes sortes d'excursions, surtout nature et prendre des cours de cuisine - avec option végétarien. Ne manquez pas les spectacles de danse balinaise en soirée. Bon à savoir : le lieu a mis en place un système de navette gratuite pour votre hôtel sur demande - car malheureusement le warung Bambu Pemaron est un peu excentré (environ cinq kilomètres en direction de Singaraja), mais il vaut largement le déplacement.

WARUNG TAMAN BALI €€

kalibukbuk, lovina, Jl. Mawar, Anturan, Kec. Buleleng, Kabupaten Buleleng
✆ +62 821 4649 2333
Ouvert tous les jours de 10h à 22h.

Le Warung Taman Bali se distingue comme le meilleur de la zone. Avec un large éventail de plats délicieux (plus d'une centaine à la carte), notamment un succulent bœuf *rendang* avec du riz, et le meilleur poulet de Bali, ce warung traditionnel offre un excellent rapport qualité-prix. L'atmosphère y est conviviale et familiale, avec des prix très abordables. En plus, le Wifi est gratuit et l'établissement est ouvert du petit-déjeuner au dîner. Une expérience culinaire authentique et incontournable pour les visiteurs de la région.

THE 10TH TABLE €€€

Jl. Seririt- Singaraja No.178, Anturan, Kalibukbuk, Kabupaten Buleleng ✆ +62 811 3884440
www.the10thtable.com
Ouvert tous les jours de 17h30 à 23h et le dimanche midi de 08h à 13h. Menu du chef 6 plats 675 000 Rp.

Voici l'une des adresses les plus prisées du nord de Bali. Dans une ambiance tamisée bordée de cocotiers, *The 10th table* se distingue par la finesse de sa cuisine. Le steak tartare, flambé à table, est un incontournable, avec une présentation soignée et un service haut de gamme. La carte propose un menu dégustation ou « à la carte », des plats cuisinés au beurre et au vin, des langoustes, des plats signatures comme le plateau de fruits de mer. Avec une sélection de 40 vins et une large sélection de liqueurs, c'est l'endroit idéal pour marquer une occasion spéciale.

BUDA BAKERY & RESTO

Perumahan BTN Graha Lovina, Jl. I Gede Taman No.26, Kalibukbuk, Kec. Buleleng, Kabupaten Buleleng ✆ +62 812 4691779
Ouvert tous les jours de 08h à 21h. Croissant 16 000 Rp. Petit déjeuner américain 150 000 Rp. Expresso 28 000 Rp.

Ce qui ressemble le plus à la qualité française dans les alentours pour les viennoiseries de cette boulangerie-restaurant. Le repère parfait pour vos pâtisseries du matin. Tout est bon et le pain toujours frais. Les ingrédients sont de bonne qualité, et la présentation des plats est très professionnelle. Le personnel, sous la direction de Ibu Erawati, est charmant. Bien que les prix soient un peu plus élevés que dans d'autres établissements de la zone, la qualité les justifie amplement. Un rapport qualité/prix qui vaut le coup.

SINGARAJA ★★

Jadis capitale de l'île, premier port d'échange, Singaraja a longtemps connu la gloire, les guerres, les Hollandais, le colonialisme, la richesse… puis s'est doucement assoupie. Malgré ses 100 000 habitants, on a l'impression d'un gros bourg chaotique, écrasé de chaleur, loin du tumulte des touristes, de l'ombre et de la fraîcheur des montagnes. Pourtant, les rues et les avenues sont bordées d'arbres, et derrière quelques larges trottoirs se profilent encore les silhouettes de vieilles demeures coloniales. Le voyageur n'est généralement que de passage dans cette ville provinciale poussiéreuse et bruyante. Le port n'est à présent plus en activité. En revanche, Singaraja abrite 2 temples chinois et un intéressant musée, contenant dans sa bibliothèque la plus importante collection de *lontars* de Bali. Ces textes gravés sur de jeunes feuilles de palme constituent des sources inépuisables d'informations relatant l'histoire de l'île, la connaissance médicale des peuples anciens ou des secrets de magie.

Se loger

Étant donné la proximité de Lovina Beach, quasiment aucun voyageur ne choisit de dormir à Singaraja. La seconde ville de Bali abrite néanmoins quelques hôtels. Ces derniers sont plutôt destinés aux voyageurs de commerce ou aux hommes d'affaires indonésiens. Pour visiter Singaraja, mieux vaut le faire depuis Lovina.

Tourisme

Sur le port, il reste encore quelques entrepôts, vestiges des activités portuaires et commerciales de la ville. On a du mal à croire qu'il y a encore soixante ans, Singaraja demeurait le plus grand port balinais et faisait office de capitale ! On imagine les touristes descendant de leurs paquebots, affrétant des taxis pour leur visite de trois jours dans l'île… Une époque révolue. Pour autant, des vestiges, notamment ceux des temples chinois (l'un sur la Jalan Airlanggha, tout près du port, et l'autre à quelques minutes de là, de l'autre côté du pont) peuvent être sympathiques à voir.

Transports

Il y a trois gares routières à Singaraja : Banyuasri, Penarukan et Sukasada. Les navettes touristiques Perama pour Lovina venant du sud de Bali passent toutes par Singaraja, mais il n'y a pas de bureau Perama en ville.

CHUTE D'EAU DE GITGIT - GITGIT WATERFALL ★★

Jl. Raya Bedugul

Ouvert tous les jours de 8h00 à 18h00. Entrée 20 000 Rp.

Depuis Singaraja, la route très sinueuse attaque la montagne et s'élance vers la chute d'eau de Gitgit (prononcer « guitt-guitt » et non pas « jitt-jitt » qui veut dire « cul » en balinais, comme dans « jitt gedé » : « gros cul ») où se trouve la fameuse cascade d'Air Terjun, située à une dizaine de kilomètres. Très touristique, la plupart des cars s'y arrêtent pour déposer leur groupe. Néanmoins, la halte n'est pas indispensable. Le parking se trouve d'un côté de la route, l'entrée du site de l'autre. Il faut ensuite parcourir 500 m le long de larges marches en béton, flanquées d'innombrables échoppes de souvenirs. Mais le résultat en vaut la peine… La chute de près de 40 mètres de haut est assez forte pendant la saison des pluies et on ne peut alors pas se baigner dans le bassin naturel dans lequel elle s'écoule. Pendant la saison sèche, cette option est possible, même si peu d'Indonésiens y sont enclins. Nombreux sont les touristes à se baigner entre les rochers, s'offrant alors une autre perspective de vue sur la cascade et un moment rafraichissant très bienvenue. Malgré les sollicitations incessantes pour acheter des boissons, des sarongs et autres souvenirs, ce lieu champêtre peut s'avérer intéressant pour les botanistes, car ils pourront y voir quelques bambous de forte section, des caféiers, des philodendrons et quelques tecks. Le guide n'est pas nécessaire - il n'y a qu'un chemin unique pour accéder à la cascade, impossible de se tromper.

GEDONG KIRTYA MUSEUM ★★

Jl. Veteran, Paket Agung, Kec. Buleleng, Kabupaten Buleleng

✆ +62 362 3303668

Ouvert du lundi au jeudi de 8h à 16h, le vendredi de 8h à 13h. Fermé le samedi et dimanche.

Amateurs de magie noire, de grimoires ancestraux, voici un lieu extraordinaire. La bibliothèque fut créée par L. J. J. Caron, un hollandais, en 1928. C'est la seule bibliothèque de *lontar* du monde et elle vaut le déplacement. Les *lontars* sont des feuilles de palmier borasse sur lesquelles sont gravés des textes religieux, historiques, mythologiques, techniques et médicaux. Il y en a plus de 3000. Plusieurs *lontars* traitent de la magie noire. Cette bibliothèque contient également des textes gravés sur plaques de cuivre (*prasasti*) dont certains datent du Xe siècle.

PURA AGUNG JAGAT NATHA ★

V3QR+79V, Jl. Pramuka, Banjar Jawa, Kec. Buleleng, Kabupaten Buleleng
Ouvert tous les jours de 06h à 22h.

Au milieu de la ville de Singaraja, ne manquez pas d'aller découvrir le temple Agung Jagat Natha. La première pierre a été posée le 9 avril 1990, et le temple a vu sa construction s'achever en 1993, pour une première cérémonie le 4 juillet 1993. Il vaut le déplacement pour son architecture typique du nord de Bali. Il fallait faire grand, alors on construisit un *candi bentar* de 15 m de haut et comme ça ne suffisait pas, le *padmasana* [trône] dédié à Sang Hyang Widi [le grand dieu suprême source de vie] est encore un peu plus haut.

ESA DI KUBU HOMESTAY €

Jalan Raya Keloncing, Desa Sudaji, Kec.Sawan, Buleleng
✆ +62 819 16222260
Chambre double avec salle de bain commune à partir de 300 000 Rp, avec salle de bain privative à partir de 350 000 Rp.

Vous pourrez être pris en charge depuis le village et conduits en scooter à travers les rizières pour une vraie expérience. Loin de l'agitation, cette charmante maison d'hôtes se situe dans un cadre calme, magnifique et naturel, vraiment relaxant et agréable. Sunny et Dekha, les propriétaires, sont des gens très gentils et attentionnés, toujours présents pour vous aider et rendre votre séjour authentique pour une immersion totale dans la vie d'une famille balinaise. Les délicieux repas sont préparés par Sunny, et Dekha propose des randonnées.

CUTE ECO COTTAGE NEAR 7 WATERFALLS €€

Jalan Raya Desa Sambangan, 81161 Singaraja
Maison 2 chambres à partir de 1 150 000 Rp.

Le calme, la nature environnante et la qualité du logement, ainsi que l'attention et le service des hôtes, rendent cet endroit exceptionnel. L'emplacement, à environ 7 km au sud de Singaraja, est idéal, au milieu des rizières et proche des sites d'intérêt. Le personnel est aimable, souriant et bienveillant. Le petit déjeuner est délicieux. Tout était bien entretenu et propre, vous vous sentirez très vite à l'aise. Ici, vous voudrez prendre le temps et vous détendre dans un hamac.

SHANTI NATURAL PANORAMA NORTH BALI €€

Jl. Raya Desa Sambangan
✆ +62 812 3824800
www.shanti-northbali.com
Chambres doubles à partir de 1 100 000 Rp. Petit déjeuner.

Déconnecter et prendre soin de soi, c'est la promesse de cet établissement paisible, préservé du tourisme de masse. Au milieu de la nature, des activités variées vous sont proposées comme du yoga, des massages ou encore du trekking. Une halte calme et apaisante. Dans le jardin, on profite du calme et de la tranquillité pour admirer le soleil se coucher, bouquiner ou simplement papoter. Côté hébergements, vous avez plusieurs niveaux de confort. Une très belle adresse, très zen !

RESTAURANT RUMAH MAKAN GANDI €

Jl. A. Yani No.25H, Kp. Anyar, Kec. Buleleng, Kabupaten Buleleng
✆ +62 362 21163
Ouvert tous les jours de 9h à 21h. Plats à partir de 16 000 Rp.

Le restaurant ne paie pas de mine, mais on y sert une cuisine indonésienne et chinoise correcte avec un excellent rapport qualité-prix. Essayer le *ayam goreng Gandi* - des morceaux de poulet marinés dans des herbes et des épices avant d'être frits dans de l'huile de coco - ou le *nasi goreng mandarin* - un plat typique qui consiste en du riz frit accompagné de légumes, d'ail et d'échalotes mais également d'œuf, de poulet ou encore de crevettes. Un délice !

ADVENTURE AND SPIRIT

Jl. Raya Bedugul - Singaraja, Gitgit, Kec. Sukasada, Kabupaten Buleleng ✆ +62 853 3388 5598
www.adventureandspirit.com
Journée d'excursion comprenant le repas, le transport, le guide et les photos : environ 145 $. Débutants et confirmés.

Cette agence francophone propose des sessions de canyoning tropicaux avec des accompagnateurs qualifiés dans des coins superbes, non seulement dans des cours d'eau, mais aussi à la découverte des plus belles cascades et des gorges de l'île. Prestations très sérieuses qui n'excluent pas le *fun*, loin de là, et dans un cadre naturel magnifique et rafraîchissant. Cet établissement est certifié Ico Pro - association internationale officielle de canyoning. Que l'on ose entre amis, ou en famille avec des enfants, c'est fiable et on adore !

KUBUTAMBAHAN ★

A environ une douzaine de kilomètres de Singaraja, sur la route principale, vous trouverez la petite ville de Kubutambahan, principalement connue pour être le lieu où débute une série de temples aux sculptures pour le moins étonnantes. Très facile d'accès, on y vient principalement pour découvrir le fameux temple Pura Maduwe Karang - qui est considéré comme l'un des principaux temples de l'île au vu de sa taille. On vous conseille de faire une visite guidée si vous pouvez et si vous avez le temps, c'est là que vous en apprendrez le plus ! La ville en elle-même ne mérite pas qu'on s'y attarde trop mais c'est un détour intéressant.

PURA MADUWE KARANG - TEMPLE ★

Kubutambahan, Buleleng Regency, Bali 81172

Ouvert tous les jours de 08h à 17h. Donation conseillée.

Au temple *Pura Maduwé Karang*, qui est sans doute l'un des plus impressionnants du nord de Bali, on peut admirer trois rangs de statues représentant des scènes du Ramayana avec des personnages assez fantasques. Le temple est dédié à la divinité de la terre, *Ibu Pertiwi* ou *Batara Maduwé Karang*, censée protéger les cultures sèches (par opposition aux rizières).

Ses escaliers sont flanqués de trente-quatre statues de pierre représentant des figures du *Ramayana*, disposées sur des terrasses. Ils mènent à un premier autel constitué d'un jardin paisible. D'autres marches ouvrent l'enceinte d'un autre autel contenant une pierre de forme pyramidale et deux pavillons à offrandes. Les murs du temple sont décorés de bas-reliefs illustrant toutes sortes de scènes, dont celle du fameux cycliste hollandais (son vélo a des roues en forme de fleurs) gravée en 1904, après le passage d'un artiste hollandais qui se baladait à bicyclette au gré de l'île, peignant dans son sillon paysages et portraits. Un rat et un chien sont représentés dans les roues du vélo. Le bas-relief actuel est une reproduction de l'original qui fut détruit par un tremblement de terre. Il se situe à un kilomètre avant le croisement avec la route descendant à Kintamani. Une belle visite qui mérite un détour - que l'on soit en famille accompagné de jeunes enfants ou non. Attention, dernier point important : comme dans tous les temples, faites attention à avoir une tenue vestimentaire correcte.

OCEAN PARADISE BALI €€

Kubutambahan, Buleleng Regency

✆ +62 877 7729 5592

www.oceanparadisebali.com

Chambre double à partir de 1 500 000 Rp.
Chambre familiale à partir de 2 000 000 Rp.

Très beau complexe propre et confortable en bord de mer et d'une jolie plage de sable noir. Le personnel est très sympathique et la cuisine du restaurant est excellente. L'établissement est situé dans une zone assez isolée, au milieu d'un village de pêcheurs. Le Wi-Fi de l'établissement fonctionne très bien. C'est l'endroit parfait pour profiter de vacances dans un environnement paisible. Un petit bijou sur la côte nord pas encore très touristique de Bali. Prévoir un moyen de transport comme un taxi, une voiture ou un scooter.

THE BEACH FRONT VILLAS €

Banjar Badung, Desa Bungkulan, Kecamatan Sawan

✆ +62 812 4605 6093

Villa 4 chambres avec piscine à partir de 1 625 000 Rp. Jusqu'a 9 personnes.

Villa au calme, avec des couchers de soleil incroyables. Celle-ci étant située à environ 40 minutes du supermarché le plus proche, il vaut mieux prévoir ses provisions. Machine à laver sur place. Pour tout besoin, il suffit d'appeler la gérante, qui répond rapidement. Tara peut préparer le petit déjeuner sur demande et un chef peut aussi concocter de délicieux dîners ! La villa est bien agencée et offre un bon rapport qualité-prix pour les familles et les grands groupes. Cependant, elle aurait besoin de quelques travaux d'entretien.

YEH SANIH ★

A 10 kilomètres de Pacung et environ 17 kilomètres de Sigaraja, Yeh Sanih est une microscopique station balnéaire avec des plages de sable noir. Yeh Sanih signifie « l'eau de Sanih ». Originellement, l'attraction vient des bains que l'on peut prendre dans une piscine naturelle à l'eau fraîche et pure. Les Balinais disent que cette eau descend du lac Batur. Et bonne nouvelle, il existe deux bassins : un pour les adultes allant jusqu'à 1,50 m et un, moins profond, pour les enfants. Cette station balnéaire existe en fait depuis les années 1930. Aujourd'hui, elle attire les familles indonésiennes durant les vacances scolaires et quelques rares touristes.

SOURCES DE YEH SANIH ★★

Pour s'y rendre, prendre un minibus depuis la station de Singaraja (17 km).

Ouvert tous les jours 8h à 18h. Entrée : 10 000 Rp/adulte et 5 000 Rp/enfant.

Très fraîches, elles jaillissent de la montagne au cœur du village. On peut en profiter pendant les grosses chaleurs dans le petit complexe prévu à cet effet. Les sources coulent dans des piscines et se déversent ensuite dans la mer. Les bassins sont très propres et l'eau transparente.

On peut également déjeuner ou prendre un verre au *warung* qui se trouve à l'intérieur du complexe, les plats sont typiquement indonésiens (donc pimentés) puisque la population du lieu est essentiellement locale. Vous croiserez peut-être une poignée de touristes.

VILLA BANTES MPS €€

Jl. Dusun Bantes No. 999, Desa Bulian, Kecamatan Kubutambahan

Chambre double vue mer à partir de 850 000 Rp. Bungalow familial à partir de 1 275 000 Rp.

Le lieu est tout simplement incroyable. La piscine, avec vue sur la jungle et la mer, est magnifique. L'accueil avec une noix de coco fraîche est un vrai plaisir, et le petit déjeuner est copieux et délicieux. Les villas sont propres, spacieuses et confortables avec café et thé à disposition. L'endroit est calme, idéal pour une ambiance sereine, parfait pour se détendre en famille ou en couple. Le personnel est très sympathique, l'hôte très arrangeant. Le seul bémol : le karaoké bruyant d'un voisin ou la musique forte d'un autre.

COCO GARDEN POOL VILLAS €€

Jl. Majapahit no. 09 Air Sanih Desa Bukti

https://cocogardenvillas.com

Villa avec piscine privée pour 2 personnes à partir de 500 000 Rp. Villa familiale à partir de 1 370 000 Rp.

L'établissement est idéal pour se reposer loin de l'agitation touristique de Bali. Les chambres sont d'une propreté irréprochable, avec une piscine agréable. L'accueil est adorable. L'emplacement est idéal et paisible, non loin de la plage qui se trouve à quelques pas, parfait pour un dîner en bord de mer. Vous pourrez facilement rejoindre la cascade de Sekumpul, avec des chutes d'eau et des rizières à proximité. Le meilleur atout de l'établissement est le service, en particulier grâce à DeDek, toujours là pour aider. Le rapport qualité-prix imbattable.

CILIKS BEACH GARDEN €€€

Jl. Raya Air Sanih, Kubutambahan, Kec. Kubutambahan, Kabupaten Buleleng

✆ +62 878 6055 1888

wwwciliksbeachgarden.com

Villa vue mer pour 2 personnes à partir de 2 700 000 Rp.

Idéalement situé en bord de mer, ce resort est un véritable havre de paix, parfaitement aménagé. Le personnel est très sympathique et la nourriture excellente. Tous vos souhaits seront exaucés, que ce soit pour aller observer les dauphins ou la visite de la cascade la plus proche. Si vous recherchez la tranquillité et souhaitez vous éloigner du stress quotidien, c'est l'endroit parfait. Un lieu idéal pour ceux prêts à échanger quelques équipements modernes contre une ambiance d'harmonie et de paix dans une charmante villa vieille de 30 ans.

MOJITO BEACH VILLAS €€

Jalan Raya Air Sanih, Bukti

✆ +62 813 3850 2505

Bungalow vue mer à partir de 850 000 Rp. Chambre familiale entre 2 000 000 Rp (4 pers.) et 3 000 000 Rp (6 pers.)

Un endroit incroyablement beau pour une détente totale. Tout est magique, emplacement magnifique, personnel très aimable et serviable, toujours prêt à aider, super restaurant, excellent petit déjeuner, bonne literie et excellente connexion WIFI. Les hébergements, très propres et bien entretenus, offrent une vue imprenable sur la mer. Un lieu idéal pour se détendre et profiter de la brise. Jeux d'extérieur pour enfants disponibles sur demande. Le transfert depuis l'aéroport peut être organisé directement avec l'établissement.

SANGLUNG VILLAS & SUITES €€€

Depeha, Kubutambahan, Buleleng Regency

✆ +62 813 3853 4204

www.sanglungvillas.com

Chambre double à partir de 1 860 000 Rp. Villa 2 personnes avec piscine privée et vue mer à partir de 3 100 000 Rp.

Magnifique et élégant, cet établissement d'exception à prix plus que raisonnable offre une expérience agréable et paisible. Le personnel, du propriétaire au gérant, est incroyablement serviable. Les villas sont particulièrement spacieuses et disposent d'une grande terrasse et d'une piscine privée avec vue sur la vallée et jusqu'à la mer (à 10 km). Attendez-vous à des couchers de soleil sublimes. L'hôtel, à environ 45 minutes en voiture de la ville la plus proche, propose également un service de voiture pour vos déplacements. Rapport qualité-prix incroyable !

COCO BLU VILLA €€

Jl. Airsanih - Tejakula, Bukti, Kec. Kubutambahan, Kabupaten Buleleng

Villa 4 chambres avec vue mer. Prix entre 1 575 000 Rp (3 pers.) et 3 150 000 Rp (8 pers.). Piscine à débordement.

Avec une grande piscine offrant une vue sur la mer de Bali où passent les bateaux de croisière, cette villa 4 chambres est magnifique. L'accueil et le service sont excellents. Miko, Kadek et Eni sont disponibles pour vous aider et organiser des services tels qu'un chauffeur pour explorer les alentours. La piscine donnant sur la mer est vraiment phénoménale ! La maison est spacieuse, bien agencée et meublée avec soin. La villa est située dans un village traditionnel balinais paisible et agréable. Un lieu parfait pour un séjour relaxant en famille ou entre amis.

VILLA BOREH RETREAT CENTER €€

Jl. Singaraja-Amlapura, Sembiran, Kec. Tejakula, Kabupaten Buleleng ✆ +62 812 3848 9060
www.villaboreh.com

Chambre double à partir de 1 500 000 Rp, Spa, restaurant (gluten free, végétarien...). Thérapie complète. Bilan santé.

Basé sur l'idée d'une communauté dédiée à ceux en quête de retraite santé, offrant des réponses personnalisées et axées sur le bien-être, dans le silence et à travers des programmes de guérison adaptés. Les programmes sont sur mesure, combinant yoga et retraite spirituelle. L'expertise de l'équipe inclut des massages et diverses activités comme la méditation ou le tir à l'arc, ainsi qu'une analyse sanguine pour évaluer l'état du système immunitaire et corriger les déséquilibres.

SEMBIRAN ★★

Le village Bali Aga de Sembiran compte 5 000 âmes. On y recense pas moins de 17 temples. Les lois coutumières le différencient des autres villages balinais, en particulier celles sur le mariage et les règles du Nyepi, le Nouvel An hindou-balinais (deux Nyepi au lieu d'un). Comme à Trunyan, au bord du lac Batur, les habitants ne brûlaient pas leurs morts, mais les enveloppaient dans des draps et les laissaient à même le sol protégés simplement par une structure de bambou. En 1953, ils décidèrent de les brûler, mais il s'ensuivit des dysfonctionnements dans les lois coutumières. Ils en revinrent donc à laisser leurs morts à même le sol.

TEJAKULA ★

Ce village a bâti sa réputation sur les chevaux et les bains qui leur étaient réservés. On baignait les chevaux après qu'ils eurent tiré toute la journée des carrioles pleines d'agrumes. Le Banjar Pande est le quartier traditionnel des forgerons. Des orfèvres y confectionnent aussi des bijoux en argent : la visite est intéressante. Ne manquez pas les cloches d'alarme du village creusées dans un tronc d'arbre. Les tours du Kulkul présentent quelque intérêt grâce à leurs sculptures de style *wayang*. Il existe également un *gamelan* original avec lequel l'association des danseurs de Tejakula a entrepris de mettre en scène un *wayang wong*.

PURA PONJOK BATU ★★

Jalan Airsanih Pacung, Tejakula, Kec. Tejakula, Kabupaten Buleleng

Une donation est requise, ainsi que couvrir ses épaules, le port du sarong et du sash.

Sur un piton rocheux surplombant la mer, ce grand temple contient un grand pavillon et deux plates-formes. L'histoire de ce temple remonte au temps du prêtre javanais Nirartha. La légende veut que Nirartha, méditant sur un rocher au-dessus des flots, vit un navire faire naufrage, coûtant la vie à ses passagers. Usant alors de ses pouvoirs extraordinaires, il les ramena à la vie, provoquant un véritable miracle. Les témoins virent une lueur s'échapper du rocher sur lequel Nirartha était assis pendant cet événement, et décidèrent d'y élever un autel en son honneur

TOURS DU KULKUL ★

Insolite ! Ce sont des cloches d'alarme du village creusées dans un tronc d'arbre. Les tours du Kulkul présentent quelque intérêt grâce à leurs sculptures de style wayang. Il existe également un gamelan original. C'est avec ce gamelan que l'association des danseurs de Tejakula a entrepris de mettre en scène le fameux *Wayang Wong*, s'apparentant à une danse de marionnettes humaines. Au départ une danse purement rituelle, elle est à présent inscrite au patrimoine culturel de l'Unesco et voyage à l'étranger. Ne manquez pas cette visite, pour le moins originale.

LES GARDEN VILLA €

jalan air terjun, Les, Kec. Tejakula, Kabupaten Buleleng
✆ +62 812 3966827
Cabane en bambou pour 2 personnes à partir de 325 000 Rp.

Ces charmantes cabanes en bambou offrent un véritable petit coin de paradis niché au cœur de la jungle où l'on peut oublier le reste du monde. Paisible, relaxant et magnifique, accompagné de l'accueil chaleureux de Ketut, qui veille au bon entretien des lieux. Les chambres sont propres et confortables, avec une petite piscine privée agréable. Bien que l'endroit soit isolé, vous pouvez facilement louer un vélo ou un scooter via l'hébergement. Fleur, quant à elle, prépare une cuisine délicieuse, une mention spéciale pour le porc fondant... délicieux !

THE LUMBUNG TEJAKULA €

Jalan Pantai Dolphine, Dusun Tegal Sumaga, Desa Tejakula, Kecamatan Tejakula, Kabupaten Buleleng
✆ +62 819 3666 2359
Chambre double à partir des 385 000 Rp.

Ce complexe en bord de mer se niche dans une vaste cocoteraie. Kadek, le propriétaire, est charmant et sera ravi de prodiguer d'excellents conseils pour explorer les environs. Les chambres sont impeccablement propres, avec une belle salle de bain privée ouverte. Une cuisine extérieure commune, équipée d'un frigo, est à disposition pour préparer vos repas. L'endroit est extrêmement paisible, avec un accès à la mer en seulement une minute. Bien que les repas ne soient pas servis sur place, un hôtel voisin propose des repas délicieux à des prix abordables.

GAIA-OASIS BEACH RESORT €€

Jalan Singaraja-Amlapura, Dusun Tegal Sumaga, Tejakula, Buleleng Regency
✆ +62 362 3436305
www.gaia-oasis.com
Bungalow chambre double à partir de 800 000 Rp. Petit déjeuner. Piscine.

Cette retraite offre un cadre idyllique pour la pratique du yoga et de la méditation, accueillant aussi bien les participants que les hôtes ordinaires. Située au milieu d'une vaste cocoteraie face à l'océan, elle se distingue par son respect de l'environnement. Les massages sont un plus appréciable. Les chambres *Abasan* et *Patai* sont toutes deux exceptionnelles. Le resort, connu pour son personnel extrêmement aimable et serviable, propose une nourriture délicieuse et une variété d'activités. Il est également impliqué dans le soutien de nombreuses ONG.

THE AMRITA - SALT FARM VILLAS €€

Jl. Kayu Dui, Dusun Sukadarma, Tejakula, Tejakula, Buleleng, Kabupaten Buleleng
✆ +62 852 3735 0144
Chambre double à partir de 700 000 Rp.

Idéalement situé en bord de mer, l'hôtel offre une expérience reposante avec un personnel toujours attentionné. Les chambres, spacieuses et confortables, sont semi-ouvertes et le bruit des vagues résonne dans la chambre assurant un sommeil profond. La nourriture est savoureuse, avec un choix varié de plats locaux et occidentaux. La piscine est parfaite pour un moment de détente. Sur une plage rocheuse, la baignade dépend des marées, mais les couchers de soleil y sont spectaculaires.

THE JING €€€

JL Kayu Dui, Sukadarma, Kec. Tejakula, Kabupaten Buleleng
✆ +62 811 3903 3322
the-jing.com
Chambre double vue mer à partir de 4 225 000 Rp.

Tout est parfait – hébergement, cuisine, personnel – ici les propriétaires ont su marier design et nature à la perfection, créant un véritable havre de paix. Les salles de bain sont exceptionnellement bien pensées, chacune ayant son propre charme ! Le petit déjeuner est un délice, avec un large choix sur un menu varié. Le personnel, d'une amabilité remarquable, anticipe vos besoins avec une attention discrète. La nourriture est inégalée, avec un petit déjeuner copieux et un afternoon tea, et un dîner en 3 services d'une grande qualité. Un spa est en préparation.

THE TIING TEJAKULA VILLAS €€€

Br. Tegal Sumaga, Les, Kec. Tejakula, Kabupaten Buleleng ✆ +62 877 7672 7321
http://www.thetiing.com
Villa avec piscine 2 000 000 Rp à 3 000 000 Rp, restaurant, Spa, 16 différentes activités différentes tous les jours.

Cet hôtel, au design mêlant modernité et style industriel, surprend dès le premier regard. Chaque villa avec vue sur la mer dispose de sa propre piscine privée, d'un coin salon et d'une chambre pour deux personnes. L'ambiance y est luxueuse, dans un environnement d'une tranquillité absolue. Un véritable havre de paix pour ceux en quête de détente. Bien que la station soit éloignée des zones touristiques classiques de Bali, le personnel pourra organiser toutes vos activités.

PENELOKAN ★

À plus de 1 400 mètres d'altitude, vous aurez peut-être du mal à apprécier les charmes de Penelokan malgré la beauté du panorama qui s'étend à ses pieds. Situé sur le bord sud de la caldeira, ce balcon naturel embrasse le lac et le volcan Batur et à l'est, le volcan Abang. Le nom du village signifie : « lieu où regarder ». En arrivant, il faut payer l'entrée dans la zone du Batur (32 000 Rp par adulte) pour les appareils photo et caméras, pour le parking, et subir la pression des vendeurs à la sauvette, des colporteurs agressifs et d'une avalanche de petits groupes de femmes portant sur la tête des paniers remplis de souvenirs. La plupart des touristes, arrivés en bus et en groupe, déjeuneront dans l'un des restaurants panoramiques du village, tandis que les voyageurs indépendants, assaillis dès leur arrivée, n'y feront qu'une halte photo avant de continuer leur chemin.

Se restaurer

La rue principale est bordée d'immenses restaurants conçus pour les groupes, pratiquant des formules buffet à volonté à des prix assez élevés. Néanmoins, il reste quelques *warungs* de tailles plus modestes qui offrent la même vue comme le Batur Indah ou le Wibisana. Ils sont tous fermés pour le dîner. Par contre, les petits warungs devant le lac même sont souvent envahis de mouches et les vendeurs ambulants ne manqueront pas de venir vous solliciter.

MUSÉE GEOLOGIQUE (MUSEUM GEOPARK BATUR)

Penelokan Main Rd, South Batur, Kintamani, Bangli Regency
✆ +62 366 51088
Entrée gratuite.

Idéal à visiter avant de partir en randonnée au mont Batur. Ce musée, inscrit au patrimoine de l'UNESCO, est à la fois vaste, captivant, informatif et joliment conçu. Bien que modeste par rapport aux standards mondiaux, il se distingue par son emplacement unique. Les expositions offrent un aperçu fascinant de la vie, de la culture et de la géographie, mais aussi de la faune de Bali. Une visite incontournable pour comprendre ce que vous découvrirez ensuite sur l'île.

POINT DE VUE (MONT BATUR POINT OF VIEW)

Central Batur, Kintamani, Bangli Regency
Ouvert tous les jours de 8h à 18h.

Une vue panoramique sur le volcan et le lac tout simplement à couper le souffle. L'air frais et pur sera idéal pour une randonnée matinale ou une promenade tranquille. C'est la beauté brute de la nature environnante qui rend cet endroit vraiment spécial. Quelques stands de nourriture sont présents, ne vous attendez pas à une attraction touristique développée.

Pour une expérience inoubliable, essayez de venir au lever du soleil. Les reflets dorés sur le lac sont tout simplement magiques.

NORD DE BALI

KEDISAN ★

Village de pêcheurs, Kedisan est situé à 3 km à l'est de Penelokan et à la pointe sud du lac Batur. À Kedisan, plusieurs *losmen* peuvent vous permettre de passer une nuit tranquille après une ascension du Batur ou une rude journée de déplacements dans Bali à votre arrivée. Les hôtels et *guesthouses* sont de meilleure qualité que dans les villages avoisinants. Le plus épuisant consistera à vous débarrasser des camelots et colporteurs, les enfants demandant de l'argent, les artistes ou les faux guides qui vous proposent leurs biens et leurs services. De Kedisan, la route continue à l'est vers Buahan et Abang où elle s'achève, ou au nord vers Toya Bungkah.

LAKEVIEW HOTEL & RESTAURANT €€

Penelokan Main Rd, Kedisan, Kintamani, Bangli Regency, Bali 80652 ✆ +6236652525
www.lakeviewbali.com
Chambre double à partir de 650 000 Rp. Petit déjeuner.

On y vient pour la vue à couper le souffle sur le lac et le volcan (l'hôtel est situé au bord du cratère), plus que pour les infrastructures, honnêtes mais sans grand charme. Pour une simple halte à l'heure du déjeuner ou du dîner, l'établissement a aussi un bon restaurant. De nombreuses excursions sont proposées avec des guides locaux qui connaissent parfaitement la région. Pour les plus sportifs, vous pouvez trouver des tours en vélo ou bien évidemment du trekking.

TRUNYAN ★★

Ce village situé sur les pentes du Gunung Abang n'est accessible que par bateau. Trunyan a toujours bénéficié d'une certaine curiosité puisqu'il est considéré comme un des derniers villages *bali-aga*. « *Bali-Aga* » désigne les Balinais autochtones, installés à Bali avant les conquêtes javanaises et sumatranaises puisqu'on fait remonter les premières influences bouddhiques à Bali vers le VIIe siècle. Certains s'accordent à dire que c'est l'empire Srivijaya, fort d'une communauté de plus de 1 000 enseignants et disciples, qui aurait déjà essaimé et répandu les doctrines bouddhiques et implanté des monastères un peu partout dans les îles les plus proches, dont Bali.
Les chefs ou souverains locaux se seraient soumis aux nouvelles pratiques rituelles qui consistaient à déifier les chefs ou les rois (en leur assignant une parenté divine) et à purifier leurs âmes après leur mort. Ces nouveaux rites n'auraient pas atteint toute la superficie de Bali et certains auraient conservé leurs pratiques animistes et leur propre culte des ancêtres. On peut d'ailleurs se rendre compte de la véracité de ces pratiques animistes attestées par la présence de pierres mégalithiques dans le Pura Gedé Pancering Jagat, et l'existence d'une statue (Betara Da Tonta) de plus de 4 m de haut dans un autel du même temple.
Tous les trois ans, une cérémonie a lieu dans le temple Gedé Pancering Jagat qui consiste à recouvrir la statue de Betara Da Tonta de miel, de chaux et de bijoux en or. Aucun étranger n'est autorisé à y assister.
Dans le village proprement dit, il reste 2 maisons bali-aga et un vieux *waringin,* ou Banyan, arbre qu'on dit avoir plus de 1 000 ans. Un peu plus loin, le cimetière de Kuban n'est accessible que par le lac. Les corps défunts ne sont ni enterrés ni brûlés, on les laisse se décomposer à l'air libre dans des cages de bambou à l'abri des charognards. Sur plusieurs terrasses sont exposés crânes et ossements.

Transports

De Kedisan, prendre un bateau pour 6 à 7 personnes qui s'arrêtera à Trunyan, puis au cimetière de Kuban et enfin à Toya Bungkah, puis retour à Kedisan. Affréter un bateau juste pour Trunyan ou le cimetière revient à 250 000 Rp pour une personne, ou 100 000 Rp par personne pour 3 personnes. Durée de 2 heures 30 à 3 heures. Pour le grand tour, compter le double.

LES RITES FUNÉRAIRES « BALI-AGA »

Le village de Trunyan, habité par l'ethnie « Bali-aga » - les habitants originels - près du lac Batur, est célèbre pour ses rites funéraires inhabituels et ses trois cimetières uniques au monde. Accessible uniquement par bateau et accompagné d'un guide, il conserve ses traditions ancestrales entourant la mort, à l'abri de la modernité.

Le cimetière principal, *Semah Wayah*, accueille uniquement les corps d'adultes remplissant des conditions précises : ils doivent être morts naturellement, être mariés au moment de leur décès et avoir un corps intact. Dans cette pratique appelée *Mepasah*, les corps ne sont ni enterrés ni incinérés, mais placés directement au sol, enveloppés dans un tissu blanc et surmontés d'une structure de bambou nommée *ancak saji*. Il ne peut y avoir qu'un maximum de 11 corps placés simultanément sous l'arbre sacré *Taru Menyan*, qui signifie « arbre parfumé ». Cet arbre dégage naturellement une forte odeur qui masque celle des corps en décomposition. Si de nouveaux défunts remplissant les critères doivent rejoindre *Semah Wayah*, les corps étant là depuis le plus longtemps sont déplacés au pied d'arbres voisins.

Les villageois qui ne remplissent pas les critères de *Mepasah* reposent dans deux cimetières : les enfants et les non-mariés sont enterrés au cimetière *Semah Muda*, tandis que ceux décédés de façon violente, de suicide ou dont le corps est mutilé sont inhumés au cimetière *Semah Bantas*. Les cimetières de Trunyan sont un témoignage unique des anciens rites de la culture funéraire balinaise.

TOYA BUNGKAH ★

Depuis Kedisan, en continuant la route principale longeant la rive ouest du lac, à 6 km au nord, on trouve Toya Bungkah. Sis à la base du mont Batur, le hameau est connu pour ses sources chaudes. Elles représentent une véritable détente après avoir pratiqué l'ascension du Batur. Les bassins publics sont gratuits, mais l'on peut toujours se payer une journée au Resort Natural Hot Spring. Sur la route de Kedisan s'élève le Pura Jati, un grand temple dédié à Vishnu qui fut construit sur l'une des sources alimentant le lac. C'est d'ici que part l'un des sentiers pour le sommet du mont Batur. Egalement un bureau de l'HPPGB, l'association des guides.

BATUR NATURAL HOT SPRING

Toya Bungkah Kintamani Desa Pekraman Batur, Songan B, Kec. Kintamani, Kabupaten Bangli
✆ +62 877 8978 9688
www.baturhotspring.com
Ouvert tous les jours de 7h à 22h. Ticket 240 000 Rp/adulte incluant serviette de bain et casier. Douches. Restaurant.

Ce lieu assez bien organisé vous invite à vous détendre dans ses différents bassins tout en admirant la vue sur le lac. Des bassins accessibles aux enfants feront le bonheur de toute la famille. Pour le prix d'entrée, on vous prêtera une serviette et vous aurez accès à des casiers à clé. Imprégnez-vous de la sérénité du site, bercé par le murmure des fontaines et une vue imprenable sur le lac et le mont Agung. Vous trouverez également 3 petits toboggans pour le plaisir des enfants. Des douches vous attendent en fin d'expérience.

LAC BATUR ★★

Le plus grand lac de Bali, un joyau géologique formé il y a plus de 30 000 ans. Sur environ 10 kilomètres et avec une profondeur de 65 mètres, ses eaux paisibles fournissent du poisson frais et sont une ressource vitale pour les communautés environnantes. Sur la rive sud se trouve le charmant village de Kedisan, point de départ idéal pour une balade en bateau sur les eaux scintillantes du lac. Situé à 1 000 mètres d'altitude, ce lac sacré, demeure de la déesse Dewi Danu, symbolise les eaux nourricières qui irriguent les rizières du centre et de l'est de Bali.

BATUR COTTAGE €

Jl. Bun Bulan, Songan A, Kec. Kintamani, Kabupaten Bangli
✆ +62 831 1439 2235
Chambre double à partir de 450 000 Rp.

Les cottages en bois récents offrent tout le confort nécessaire et sont bien situés pour l'ascension du Mont Batur. Les propriétaires sont accueillants et chaleureux, tout comme le personnel. Le calme et les beaux paysages rendent le séjour agréable, avec une vue dégagée sur le lac et le Mont Batur depuis le rooftop de l'établissement. Le petit déjeuner, notamment le pancake à la banane, est savoureux. De plus, l'excursion au lever du soleil peut être organisée à un bon prix, ajoutant au bon rapport qualité-prix de l'établissement.

MAMIK TIRTA CABIN'S €

Jalan Pendakian Gunung Batur, 80652 Kintamani
✆ +62 878 4426 7616
Chambre double à partir de 495 000 Rp.

Un lieu tout simplement incroyable ! Les bungalows, la piscine à 40°C, le personnel accueillant, et l'emplacement idéal proche du lac et du Mont Batur en font l'endroit parfait pour séjourner et partir explorer le Mont Batur. Chaque villa dispose de sa propre piscine d'eau thermale. Géré par le propriétaire et sa famille, tous très attentionnés, ils feront tout pour rendre votre séjour agréable. Celui-ci organisera avec plaisir votre excursion en jeep pour admirer le lever du soleil, avec un départ directement depuis l'hôtel.

HILLSIDE BALI KINTAMANI €€

Jl. Bun Bulan, Songan A, Kec. Kintamani, Kabupaten Bangli
✆ +62 877 0480 6747
Chambre double à partir de 590 000 Rp.

Bungalow neuf et joliment décoré avec un lit très confortable. La vue est à couper le souffle, dans un cadre paisible et calme. Les hôtes sont incroyablement gentils, chaleureux et accueillants. Les hôtes sont charmants, attentifs, et chose faite sans être envahissants. Il sera possible de tout organiser pour l'ascension du Mont Batur, les sources chaudes et les transports directement depuis l'établissement. Le petit déjeuner que vous dégusterez face au volcan est délicieux. Certes, l'accès est un peu difficile, mais l'expérience en vaut largement la peine.

THE LAVA BALI AND HOT SPRING €€

Jl. Pendakian Gn. Batur, Batur Tengah, Kec. Kintamani, Kabupaten Bangli ✆ +62 859 3614 6933
Chambre double avec piscine privée à partir de 1 650 000 Rp. Chambre familiale à partir de 2 900 0000 Rp.

Structure cosy avec un personnel très serviable. Les piscines à 32 degrés avec vue imprenable sur les parois de la caldeira sont alimentées par une source chaude naturelle du volcan, c'est un vrai plaisir. L'emplacement est idéal, notamment pour admirer le lever de soleil sur le Mont Batur. Tout le séjour était exceptionnel. L'équipe de Eddy est formidable, et le petit déjeuner simple mais délicieux. On recommande la visite au lever du soleil sur le Mont Batur, organisable par Eddy.

MONT BATUR ★★★

Cette montagne majestueuse, culminant à 1 717 mètres d'altitude, offre une expérience incroyablement enrichissante, que vous choisissiez de la gravir pendant la journée ou lors d'une ascension nocturne inoubliable.

L'ascension de jour du mont Batur est une option parfaitement accessible pour la plupart des visiteurs. Les sentiers bien balisés vous mènent à travers une forêt luxuriante et vous offrent des vues magnifiques sur les environs de Bali. Cette aventure ne nécessite aucune préparation spéciale, si ce n'est une bonne paire de chaussures de randonnée et un esprit aventureux. Vous pourrez vous immerger dans la beauté naturelle de l'île des dieux en grimpant jusqu'au sommet.

Cependant, si vous recherchez une expérience vraiment mémorable, envisagez l'ascension de nuit. Cette option nécessite une plus grande vigilance et une préparation adéquate, mais elle en vaut largement la peine. Pour entreprendre cette aventure nocturne, il est impératif de faire appel à un guide expérimenté.

Lors de l'ascension nocturne, assurez-vous de vous équiper correctement. Une lampe de poche puissante est essentielle pour éclairer votre chemin dans l'obscurité totale. De bonnes chaussures de randonnée avec une adhérence solide vous aideront à gravir les pentes en toute confiance. N'oubliez pas d'emporter suffisamment d'eau pour vous hydrater tout au long de l'ascension, ainsi que de la nourriture pour recharger vos forces.

La météo en montagne peut être imprévisible, alors une cape de pluie est une bonne mesure de précaution. Pour garantir une place avec un guide, nous vous recommandons de réserver à l'avance. Vous pouvez le faire la veille au soir en contactant votre hôtel ou une agence touristique locale.

Une fois que vous atteignez le sommet du cratère principal du mont Batur, la récompense sera extraordinaire. Vous serez témoin du lever du soleil depuis un point de vue à couper le souffle, offrant une vue panoramique à 360 degrés sur l'île et ses environs. L'expérience est véritablement magique, avec le paysage qui s'illumine progressivement à mesure que le soleil se lève au-dessus de l'horizon.

Après avoir atteint le cratère principal, l'aventure continue si vous le souhaitez. Vous pouvez explorer les autres cratères du mont Batur, qui portent les noms de Batur II, Batur III, Batur IV et Batur V. Une randonnée le long des crêtes vous permettra de découvrir ces formations géologiques fascinantes et de vous émerveiller devant la puissance de la nature.

Pour les aventuriers les plus intrépides, une autre option est de gravir le mont Abang, qui culmine à 2 153 mètres d'altitude. Cette ascension démarre depuis Penelokan et prend environ 3 heures. Il est important de noter que la vue depuis le sommet du Batur reste inégalée en termes de beauté et de spectacle naturel.

L'ascension du mont Batur est une expérience qui restera gravée dans votre mémoire. Que vous choisissiez de le faire de jour ou de nuit, la prudence et la préparation sont essentielles pour profiter au maximum de cette aventure unique. Respectez la nature environnante, suivez les conseils de votre guide et laissez-vous émerveiller par la splendeur de Bali. Vous pouvez partir de Toya Bungkah, du nord-est du lac, ou encore de Pura Jati :

- **De Toya Bungkah** : prendre la route de Kedisan et le chemin à droite après la billetterie. Ils se rejoignent au bout d'un moment. Il faut de toute façon prendre la direction ouest-sud-ouest. Marchez pendant 45 minutes, et vous arrivez en haut d'une crête avec un chemin balisé. Vous continuez sur un sable noir volcanique et meuble. Il faut deux heures de plus pour atteindre le sommet. Le long du chemin, vous aurez l'occasion de rencontrer des enfants qui vous vendront des sodas et de l'eau à prix démentiels car ils les ont montés spécialement d'en bas. La chaleur augmente au fur et à mesure de l'ascension. Le sol devient de plus en plus chaud et des fumerolles s'en échappent parfois. Au sommet, un *warung* au panorama exceptionnel vous sert du thé ou du café.
- **En partant du nord-est**, une petite route permet d'utiliser la voiture ou la moto jusqu'à un parking. Pour y arriver, prenez la route qui part à l'ouest depuis Songan pendant un peu plus de trois kilomètres et tournez à gauche pendant deux kilomètres. Nouveau chemin à gauche qui vous mène au parking où vous devrez laisser votre véhicule. Attention, que ce soit une voiture ou une moto, il est fortement recommandé de ne rien laisser dans votre véhicule. Il vous restera environ une heure de trajet à partir du parking sur la droite.
- **En partant de Pura Jati** : à plus de deux kilomètres de Toya Bungkah en allant vers Kedisan, à environ 300 m sur la droite après le temple, un chemin est indiqué par un panneau. Lorsque vous êtes au sommet, vous n'êtes pas obligé, à moins d'avoir laissé votre voiture au parking, de prendre le même chemin pour redescendre. Mais vous pouvez néanmoins partir de Toya Bungkah, arriver au sommet puis suivre la crête vers l'ouest et redescendre à travers les champs de lave vers Pura Jati.
- **Il est également possible** d'entreprendre l'ascension à partir des villages de Batur et de Kintamani.
- **Et si vous voulez faire l'ascension bien encadrée ou en groupe**, n'hésitez pas à aller voir le bureau HPPGB, qui est l'association des guides du volcan Batur. Ils sont une soixantaine et ont leurs photos affichées dans le bureau. Des tarifs fixes sont en vigueur, il suffit de les demander au bureau. Il est conseillé de traiter directement avec eux. Prendre un intermédiaire vous reviendra plus cher.

THE TOYA BALI €€

Songan A, Kintamani, Bangli Regency
✆ +62 859 2578 0397
Chambre double à partir de 945 000 Rp.

Le logement est incroyable, propre, et doté d'un bain thermal privé. Les logements sont confortables et impeccables, et le bassin d'eau chaude offre un moment de détente parfait. Vous trouverez 2 restaurants à tout juste 5 minutes à pied, et le petit déjeuner est bon. Les hôtes sont très sympathiques et fournissent toutes les informations nécessaires pour un séjour parfait. Idéal pour l'ascension du Mont Batur, l'emplacement est proche des points de départ des randonnées. Nyoman vous fera passer un moment inoubliable au lever du soleil sur le Mont Batur.

HPPGB - GUIDES

✆ +6236652362
Ouvert tous les jours de 3h à 15h.

Les guides locaux de la région se sont regroupés en une association, le HPPGB. Des tarifs fixes sont alors entrés en vigueur, il vous suffit de les demander au bureau. Il est désormais obligatoire d'être accompagné d'un guide pour les excursions de nuit par exemple - et de jour - en fonction des conditions ; il est impératif de bien se renseigner sur place sur les conditions de sécurité et les risques d'éruption. Il faudra ainsi compter 400 000 Rp pour un guide et plus 100 000 Rp par personne pour l'entrée. Un premier guichet est situé devant le temple Pura Jati sur la route entre Kedisan et Toya Bungkah. Le second bureau se trouve dans le village de Toya Bungkah sur la route principale. Des agences indépendantes aussi, rattachées à un hôtel par exemple, proposent d'organiser l'ascension et les transferts. Les tarifs sont néanmoins légèrement plus élevés, car cela comprend l'organisation, le transport et le petit déjeuner, ce qui peut être intéressant et plus simple.

Voici les différentes excursions que l'on vous proposera :

- Lever de soleil sur le mont Batur (départ à 4h, retour à 8h du matin, en fonction du rythme).
- Lever du soleil sur le mont Batur avec tour du cratère principal (de 4h à 9h).
- Exploration du mont Batur (et de ses différents cratères – de 4h à 10h).
- Ascension du mont Abang (de 5h à 15h). Difficile.
- Grande randonnée autour de la caldeira (de 5h à 13h).
- Ascension du mont Agung (de 23h à 12h). Se renseigner en fonction des conditions volcaniques et de son évolution.

NATURAL HOT SPRING - TOYA DEVASYA

Jalan Puri Bening (STA), Toya Bungkah Kintamani, Bali – Indonesia (80652) ✆ +6236651504
www.toyadevasya.com
Ouvert tous les jours de 08h à 18h.
Entrée à 300 000 Rp/adulte.

Grand et luxueux complexe aquatique, en plein air. Une immense piscine entourée de transats et de végétation contient de l'eau propre venant des sources chaudes et un spa propose des massages. Enfin, un immense pavillon serti d'une verrière abrite un restaurant. On peut camper sur le terrain. La piscine est idéale pour reprendre des forces et se détendre au soleil au bord du lac, après l'ascension du volcan. Excursions sportives et touristiques couplées avec l'entrée au Resort.

BATUR ★★

Le village était construit autrefois au fond du cratère. L'éruption du volcan en 1917 détruisit plus de 60 000 maisons et 2 500 temples et tua plus d'un millier de personnes. La lave s'arrêta juste devant l'un des temples. Les habitants de Batur y virent un bon présage et décidèrent de se réinstaller là. En 1926, une nouvelle éruption balaya le village entier, mais épargna le sanctuaire dédié à la déesse Ida Betari Dewi Danu. Plus tard, les villageois décidèrent de reconstruire Batur sur la crête dominant le lac et de bâtir un nouveau temple avec le sanctuaire épargné ; le Pura Ulun Danu Batur. La construction débuta en 1927 et devait compter plus de 260 autels mais elle n'a jamais été achevée.

La ville aujourd'hui

Néanmoins, le complexe actuel contient 9 autres temples qui ont été déplacés du village de Batur, situé au fond de la caldeira. Le temple Tulukbiyu, sur le mont Abang, fut lui aussi démonté et reconstruit dans le temple de Batur. Peu avant d'arriver à Batur, sur la gauche, une route descend vers le village de Bayung Gedé. C'est un village traditionnel dans lequel les temples ont gardé les autels à l'architecture archaïque, faits de pierres sacrées et clôturés de bambou.
Bayung Gedé a servi de terrain de recherche à Gregory Bateson et à Margaret Mead qui voulaient développer leur théorie sur les comportements sociaux et leur implication psychanalytique.

KINTAMANI ★

Kintamani fut la capitale du district pendant l'administration hollandaise. Ce fut, au début de l'ère touristique, un point de passage important pour les voyageurs qui arrivaient de Surabaya ou de Singapour par le port de Singaraja, Buleleng. À présent, Batur et Kintamani forment pratiquement une seule et même commune, qui, hormis pour le temple, présente peu d'intérêt touristique. Tous les 3 jours, le marché se déploie en pleine rue étalant toute sa production locale ; agrumes et fruits, et quelques spécimens de chiens balinais des montagnes.

De Kintamani, la route monte de plus en plus vers le nord pour arriver au village de Penulisan. On bénéficie d'une vue superbe sur le cratère. Par un escalier de 333 marches, on peut atteindre le Pura Tegeh Koripan aussi appelé Pura Puncak Penulisan, situé à 1 745 m d'altitude, le plus haut de Bali. C'est aussi l'un des plus anciens de l'île avec ses 11 terrasses, son architecture très ancienne rappelant les structures pyramidales de l'âge mégalithique. Le temple compte 4 complexes situés à différentes places du *Bukit Penulisan* sur laquelle il est bâti. Quelques statues remontent aux XIe et XIIe siècles, tandis que des inscriptions remonteraient au IXe siècle. Le temple du complexe situé le plus haut est le Pura Panarajon dédié à Shiva. Il contient des statues en pierre que les historiens apparentent au style mégalithique balinais. Une donation à l'entrée du temple, ou dans le temple du haut, est requise.

MOUNTAIN VIEW HOUSE €

Kintamani, Bangli Regency

Chambre double à partir de 450 0000 Rp. Piscine.

Établissement simple mais charmant avec un petit jardin et une piscine et plusieurs espaces pour la détente. Personnel accueillant et vue superbe. Les chambres sont impeccables et l'atmosphère est conviviale. Vous ne disposez pas seulement d'une chambre, mais aussi d'une grande cuisine, d'une salle à manger. Le balcon offre une vue directe sur la montagne, parfait pour les familles et les couples recherchant un séjour calme et paisible, un peu éloigné du centre d'activité touristique. La vue depuis les chambres est exceptionnelle. Bon rapport qualité-prix.

PRAMANA ZAHILL KINTAMANI €€

Jl. Raya Kintamani, Batur Sel., Kec. Kintamani, Kabupaten Bangli

www.pramanazahill.com

Chambre double à partir de 950 000 Rp.

Établissement qui propose des chambres propres, modernes et bien équipées. Le soir vous pourrez profiter du feu de camp dans le jardin et des spectacles musicaux. Le personnel est chaleureux et l'emplacement parfait pour l'ascension du Mont Batur au petit matin. L'hôtel dispose d'une pelouse pour les enfants avec aire de jeux, vélos, et foyer pour les soirées fraîches. Situé à l'écart de la route principale, l'endroit est calme. Petit déjeuner copieux avec vue imprenable et une piscine chauffée pour se détendre. Restaurant proposant une cuisine indonésienne.

TEGAL SARI CABIN KINTAMANI €€€

Jalan Pura Ulun Danu Batur, Batur Sel., Kec. Kintamani, Kabupaten Banglii

✆ +62 887 3152727

Chambre double à partir de 2 150 000 Rp.

Emplacement parfait pour admirer les levers de soleil sur les monts Batur, Abang et Agung et idéalement situé à Kintamani pour l'ascension du Mont Batur, cet hébergement offre des chambres confortables avec une vue spectaculaire. Les propriétaires, très attentionnés, s'occupent de tout pour rendre votre séjour parfait, de l'organisation des excursions sur le volcan aux sources chaudes du bord du lac. Un véritable havre de paix où vous pourrez vous détendre pour un séjour reposant.

TIRA VILAGNA SUITES & SPA €€€

Jalan Shanti, Padang Mun, Kec. Kintamani, Kabupaten Bangli

✆ +62 361 6209977

www.tiravilagnabali.com

Chambre double à partir de 2 000 000 Rp.

Magnifique hôtel très bien conçu avec un personnel extrêmement chaleureux. Situé à flanc de colline, il faudra monter et descendre quelques marches, mais un ascenseur est disponible pour une partie du bâtiment, et le personnel se charge des bagages. Ici, l'ambiance en pleine nature est unique, y compris depuis le restaurant. Le massage est proposé dans un spa propre et chauffé. Parfaitement situé pour accéder au sommet de Kintamani et admirer le lever du soleil depuis un café.

LAC BRATAN ★★

Sur la carte, Bedugul n'est autre que le nom de la petite zone située en haut de la colline en venant du sud et au bord du lac Bratan, là où se trouve le Taman Rekreasi, ou base de loisirs.
Le lac Bratan s'étend à 1 200 mètres d'altitude sous la masse du mont Catur, qui culmine à 2 096 mètres. Ses belles eaux sombres, dans un site encaissé, laissent entrevoir des berges où s'agglutinent des lys d'eau et des nénuphars.
Par extension, la région des lacs a pris le nom de Bedugul. Après Bedugul, la route qui vient de la capitale, Denpasar, rencontre ensuite le village de Candi Kuning où sont rassemblés marché, parc botanique et quelques hébergements dans le village, voire plus loin. On arrive ensuite à Pancasari qui abrite la gare routière. Si vous venez du nord, vous atteindrez donc le lac Bratan en passant par Pancasari.
Sur place, le plus facile est de disposer de son propre véhicule, que ce soit une voiture de location ou un véhicule avec chauffeur, notamment pour explorer les lacs Buyan et Tamblingan. La route panoramique qui les longe vaut à elle seule de réaliser le voyage. Il est préférable de prévoir cette excursion le matin, car la vue est plus souvent dégagée. On peut s'arranger pour trouver une voiture avec chauffeur sur place et se balader ou partir pour rejoindre une autre partie de l'île. Il est tout à fait possible de se renseigner auprès des hébergements environnants.

KEBUN RAYA BALI - JARDINS BOTANIQUES ★★

Jl. Kebun Raya, Candikuning, Kec. Baturiti, Kabupaten Tabanan, Bali 82191 © +6230121273
www.kebunraya.id/bali
Ouvert tous les jours de 8h à 16h. Samedi et dimanche jusqu'a 17h. Entrée : 20 000 Rp.

Près de 130 hectares qui dominent le lac et s'enfoncent dans d'épaisses forêts aux essences étonnantes. Il est l'un des 4 jardins botaniques d'Indonésie, et abrite 16 000 différentes plantes et arbres, dont 1 500 espèces représentatives de Bali. Vous pouvez y rentrer avec votre véhicule et vous promener dans la jungle, quelques clairières et jardins exotiques. Le domaine comprend une collection d'orchidées (500 sortes), un parc à fougères, un jardin de roses, un herbarium, une serre à cactus, une prairie plantée d'espèces diverses de bambous, un jardin de plantes médicinales indonésiennes... Bref on y passe sans souci une demi-journée. Le dimanche de nombreux Balinais et Javanais viennent y pique-niquer. Les plantes sont bien étiquetées et il existe aussi une bibliothèque d'ouvrages botaniques à côté du centre de recherche. Comme dans tout lieu qui se respecte, des temples (au nombre de trois) sont repartis dans le parc. Enfin, on peut visiter une maison familiale traditionnelle de Bali, construite au nord-ouest du domaine. Les plus chanceux dormiront dans cette *guesthouse*inondée dans le calme, prioritairement réservée aux chercheurs de passage, mais qui est aussi ouverte aux visiteurs. Appeler la veille pour réserver et obtenir des informations. Le jardin édite un petit guide décrivant 10 balades guidées. On peut observer de nombreuses espèces d'oiseaux dans le parc.
Un parcours d'aventure dans les arbres a été construit dans la partie sud-ouest des jardins botaniques.

BEDUGUL TRADITIONAL MARKET

Jl. Kebun Raya No.7, Candikuning, Kec. Baturiti, Kabupaten Tabanan
Ouvert tous les jours de 9h à 18h00

Certaines allées sont un peu chaotiques, mais d'autres, notamment celles dédiées aux épices et fruits, sont bien organisées. Vous pourrez goûter des fruits délicieux, des fruits confits, des chips de légumes et d'autres délices. C'est l'endroit idéal pour découvrir les produits locaux. Vous pouvez y acheter des fruits frais, que vous pouvez d'abord déguster, du thé, du café et une variété de souvenirs. Ce marché est tout de même très touristique. N'hésitez pas à négocier les prix.

PURA ULUN DANU BRATAN ★★

Danau Beratan, Candikuning, Baturiti, Tabanan Regency, Bali 82191
Ouvert tous les jours, billetterie de 7h à 17h. Entrée : 75 000 Rp/adulte, 50 000 Rp/enfant.

Sur la rive ouest, se dressent le Candi Kuning et le Pura Ulu Danu Bratan. Candi Kuning est un petit *stupa* hexagonal, seul monument résolument bouddhique à Bali. Quatre Bouddhas siègent dans les niches creusées en fonction des points cardinaux hindouistes avec les couleurs qui leur correspondent : Vishnou-noir, Iswara-blanc, Brahma-rouge et Mahadewa-jaune. Des parterres de fleurs multicolores et des arbustes taillés sur des pelouses impeccablement tondues forment le tapis végétal duquel s'élève la merveille du temple Pura Ulun Danu Bratan sur un petit promontoire.

CHAKRA TAVERN €€

Candikuning, Baturiti, Tabanan Regency
✆ +62 821 4405 5362
www.chakratavern.com
Chambres confortables de type dortoir, à partir de 300 000 Rp / pers. Sanitaires communs. Café/ restaurant.

L'auberge propose des lits individuels, séparés par des panneaux de bois et des rideaux, offrant plus de confort que des dortoirs classiques. Ces espaces sont équipés d'une table de chevet, d'une lumière douce, et d'oreillers ultra confortables. Les espaces communs sont chaleureux et sympathiques. Le soir, il fait frais, mais on peut se réchauffer sous une couverture ou près du feu. Un restaurant de l'auberge propose de bons plats. Parfaitement située à côté du jardin botanique, idéal pour une promenade revigorante ou un jogging, et proche du marché de Bedugul.

STRAWBERRY HILL HOTEL AND RESTAURANT €€

Jl. Raya Denpasar-Singaraja km. 48, Jl. Raya Bedugul, Batunya, Kec. Baturiti, Kabupaten Tabanan, Bali 82191 ✆ +6236821265
www.strawberryhillbali.com
Chambre double à partir de 720 000 Rp. Petit déjeuner.

Cet établissement est un joli ensemble de 17 bungalows parfaitement soignés à la vue imprenable sur la végétation luxuriante alentour et le mont Batur juste en face. Ne manquez pas d'admirer le coucher de soleil tout en sirotant un jus ou un cocktail dans le jardin. Présence d'un restaurant avec grillades et plats classiques indonésiens. A la carte, on trouvera aussi des hamburgers, des salades et même de la soupe quand il fait plus frais… Bon rapport qualité / prix.

SVARGAN LAKESIDE GLAMPING AND RESTAURANT €€

Jl. Raya Bedugul, Candikuning, Kec. Baturiti, Kabupaten Tabanan
✆ +62 811 3917779
Tente glamping pour 2 personnes à partir de 870 000 Rp. Tentes familiales disponible. Restaurant en bord de lac.

Établissement neuf, propre et bien conçu. Le service était exceptionnel et le personnel, mené par Dedi, incroyablement gentil et accueillant. Les tentes, belles et impeccables, offrent un cadre confortable et relaxant. Les lits, très confortables, garantissent un sommeil réparateur. L'atmosphère paisible et magnifique en fait l'escapade parfaite. Service de navette gratuit vers Ulun Danu et le jardin botanique, rendant l'exploration de la région très pratique.

BAGUS AGRO PELAGA RESORT €€€

Jl. Raya Pura Pucak Mangu, Pelaga, Kec. Petang, Kabupaten Badung ✆ +62 817 9339090
www.bagusagropelaga.com
Villa pour 2 à partir de 2 000 000 Rp, 2 restaurants, un potager, propose plusieurs excursions et activités, yoga shala.

Situé dans les montagnes, Bagus Agro Pelaga Resort est une retraite unique pour les amoureux de la nature et de la tranquillité. Ce complexe écologique propose des hébergements confortables au cœur d'une ferme bio de 18 hectares, où sont cultivés fruits, légumes et plantes médicinales. Les visiteurs peuvent participer à des activités agricoles, des cours de cuisine locale ou simplement profiter de la beauté des paysages environnants. Avec un spa, des sentiers de randonnée et des vues panoramiques, le resort offre une immersion authentique dans la vie balinaise.

STRAWBERRY STOP €

Jl. Raya Candi Kuning-Bedugul
✆ +62 812 3919558
Ouvert tous les jours de 09h à 18h.

Bali a la réputation de produire les meilleures fraises d'Indonésie. Et Strawberry Stop sait travailler le produit pour ravir les papilles des plus jeunes aux plus gourmands. Ne vous en privez donc pas si vous êtes un amateur et vous en appréciez le goût. Dans ce petit établissement familial, une mère et sa fille vous servent des fraises à toutes les sauces (enfin surtout sucrées) ; en pancake (avec de la glace à la vanille), en jus frais, en milkshake, accompagnant des crêpes… Les fraises sont cultivées sur place avec des herbes et des légumes. C'est 100% local.

TERAS LEMPUNA €€

Pancasari, Sukasada, Buleleng Regency, Bali 82191 ✆ +62 368 29312
Ouvert tous les jours de 08h à 18h30. Cuisine japonaise, indonésienne, italienne. Plats à partir de 45 000 Rp.

Voici un restaurant offrant une cuisine essentiellement et authentiquement japonaise, complétée par des salades, des sandwichs, des soupes maison et quelques plats occidentaux. De quoi trouver suffisamment de choix pour faire plaisir à tous les palais ! Une grande terrasse à la vue magnifique, ou une salle climatisée au riche décor d'inspiration coloniale permet d'apprécier encore plus votre repas ou votre boisson. Il ne vous reste plus qu'à prendre votre temps pour savourer le plat et le bonheur de votre environnement. Personnel très sympathique.

SOYOKASE JAPANESE RESTAURANT €€€

Desa Jl. Raya Singaraja-Denpasar, Pancasari, Kec. Sukasada, Kabupaten Buleleng, Bali 81161
✆ +62 362 3422646
www.handaragolfresort.com
Ouvert tous les jours de 11h à 22h. Plats à partir de 75 000 Rp. Bento box 110 000 Rp. Shabu Shabu 425 000 Rp.

Au sein du Handara Golf & Resort, c'est l'une des meilleures adresses aux alentours. Ce restaurant raffiné se trouve dans l'enceinte du golf Handara. La salle lumineuse avec ses grandes baies vitrées s'ouvre sur le jardin et les montagnes autour. Côté assiette, délectez-vous de tempuras de crevettes, de légumes à la japonaise, de nouilles telles que les udon et les soba... Mais aussi de tataki de bœuf, et d'autres délicieuses spécialités japonaises. C'est fin, raffiné et savoureux !

BEDUGUL

Bedugul, localité pittoresque située dans les montagnes centrales de Bali, est connue pour son climat frais et ses paysages luxuriants. À environ 1 500 mètres d'altitude, elle offre un refuge paisible loin de la chaleur des zones côtières. L'attraction principale se situe au nord de la ville, le temple Ulun Danu Bratan, construit sur les rives du lac Bratan et dédié à la déesse des eaux. Ce temple, souvent enveloppé de brume, est l'un des plus emblématiques de Bali. La région est idéale pour les amateurs de nature, avec des possibilités de randonnée, de kayak et de découverte des marchés locaux riches en produits frais cultivés dans cette région fertile.

HOT SUGAR JUNGLE BREAKS

Jalan Raya Denpasar- Singaraja Bedugul, Candikuning, Baturiti, Tabanan Regency
✆ +62 859 6420 3035
Ouvert tous les jours de 9h à 17h.

Le long de la route, perché dans la montagne, ce petit mais charmant café offre une vue magnifique, parfait pour une pause lors de votre trajet. Le service est agréable, et on recommande vivement les beignets de banane, une délicieuse spécialité locale. Juste en contrebas, plusieurs petits espaces intimes permettent de profiter de l'ambiance en toute tranquillité, un peu éloigné de la terrasse principale du restaurant. Des chambres « glamping » sont en préparation un peu plus haut, promettant un séjour de charme à ce lieu sympathique.

PONDOK KEBUN GUNUNG €

Batunya, Baturiti, Tabanan Regency
✆ +62 812 3991875
Chambre double standard à partir de 360 000 Rp.

Un petit homestay simple et économique, idéal pour les petits budgets et les backpackers. Les chambres sont propres, confortables et assez bien aménagées. Les salles de bain sont basiques. La vue sur la vallée et la nature environnante est vraiment plaisante. Bien pour une escale sur la route sur le chemin pour rejoindre les lacs. Bon rapport qualité/prix. L'établissement, un peu en contrebas de la route principale, peut être un peu difficile à localiser, il suffit de repérer le petit chemin à côté de Balai Banjar et d'y accéder à pied.

HANDARA GOLF & RESORT

Desa Singaraja-Denpasar Pancasari Sukasada, Desa Jl. Raya Singaraja-Denpasar, Pancasari, Kec. Buleleng
✆ +62 362 3422646 - www.handaragolfresort.com
18 trous : 2 800 000 Rp (personne extérieure à l'hôtel). Location du caddy incluse.Chambre à partir de 850 000 Rp.

Ce domaine comprend un golf renommé mondialement, un terrain de tennis et un sauna. Très luxueux, il est agréable d'y prendre un verre au bar, car la vue sur le lac et ses environs reste imprenable. On retient le parcours de golf de niveau moyen. Celui-ci est remarquable, car sa particularité est d'être en altitude, de se situer entre lacs et forêts, aussi il possède une flore dense et variée grâce à la terre fertile du volcan.

Une porte « Instagrammable » se trouve aux abords de l'hôtel. Il vous faudra débourser 30 000 Rp pour pouvoir prendre une photo.

PONDOK NYOMAN BEDUGUL €

Jl. Raya Bedugul
✆ +6281558100429
pondoknyomanbedugul.com
Chambre double autour de 370 000 Rp. Petit déjeuner.

C'est une belle maison d'hôtes avec vue sur les montagnes et les rizières. Le décor est sublime et à prix doux dans cet hébergement à l'architecture traditionnelle. Petit bémol, mais qui à son importance, puisque vous êtes sûrement venu pour ça, l'hébergement est un peu éloigné du lac. Côté chambres, certaines disposent d'un agréable balcon qui s'ouvre sur une belle vue sur la campagne et les montagnes environnantes. L'hôtel propose également un sympathique café et un restaurant dans ce décor ultra reposant et hors des sentiers battus.

THE GREEN PONCI BEDUGUL €€

Batunya, Baturiti, Tabanan Regency
✆ +62 812 3607 9850
Chambre double avec vue à partir de 750 000 Rp.

Charmant établissement avec une vue imprenable sur la vallée, idéal pour se détendre. Un petit restaurant sur place propose des plats simples sur pré-commande comme le *nasi goreng* et le *mi goreng*. Les chambres, propres et fonctionnelles, offrent tout le confort nécessaire. En contrebas, un espace relaxant avec des poufs vous invite à admirer le lever du soleil. Les enfants profiteront d'une mini aire de jeux. Astuce : évitez la chambre 5, plus grande et avec une mini-cuisine, mais sans vue et qui mérite un bon coup de rénovation.

LAC BUYAN

Situé au nord de Bali, c'est l'un des trésors naturels préservés de l'île. Niché dans les montagnes, à environ 1 200 mètres d'altitude, il offre un cadre paisible entouré de forêts verdoyantes. Moins touristique que ses voisins, les lacs Bratan et Tamblingan, Buyan est parfait pour ceux qui recherchent un moment de tranquillité en pleine nature. Le lac est également prisé pour les activités de randonnée, avec des sentiers qui offrent des vues spectaculaires sur les eaux calmes et les montagnes environnantes. Des spots de camping sont disponibles, permettant de profiter d'un lever de soleil mémorable ou de s'évader du tumulte des zones plus fréquentées.

PONDOK PLANTATION LUXURY MOUNTAINESCAPE BEDUGUL €€

Jalan Baturiti Bedugul, 82191 Bedugul
✆ +62 361 4490222
wwwpondokplantation.com
Location 1 chambre à partir de 1 875 000 Rp, 2 chambres à partir de 2 200 000 Rp, 3 chambres à partir de 2 500 000 Rp.

Superbe location de vacances offrant une vue panoramique sur la vallée, entourée d'un petit jardin potager luxuriant avec fruits, herbes et salade. L'endroit est beau, propre et dégage un charme colonial. La propriété comprend toutes les facilités nécessaires, une maison principale avec deux chambres, une cuisine, un grand salon-terrasse ainsi qu'une annexe séparée d'une chambre avec salle de bain. Un véritable havre de paix avec une vue à couper le souffle.

WANAGIRI HIDDEN HILL BALI

Wanagiri, Jalan Raya Munduk, Pancasari, Kec. Sukasada, Kabupaten Buleleng
✆ +62 819 9996 4666
www.wanagirihiddenhillbali.com
Ouvert tous les jours de 8h à 18h. Ticket d'entrée : 100 000 Rp.

Ce lieu parfait pour les photos Instagram par excellence ! Il offre une vue imprenable sur le lac Buyan, en contrebas. L'endroit propose de nombreux décors, comme une coque de bateau, un nid d'oiseau, une main géante, un cœur, et une balançoire, idéaux pour capturer des souvenirs inoubliables. Cet arrêt est incontournable pour les amateurs de photos pour les réseaux sociaux. Le personnel sur place est même prêt à vous aider à prendre des clichés ensemble. La vue est magnifique.

RUMAH MAKAN TAMAN SARI €

Jl. Pancasari - Baturiti, Batunya, Bedugul, Kabupaten Tabanan
✆ +62 811 394831
Ouvert tous les jours de 8h à 20h.

Endroit agréable avec une vue magnifique. La nourriture est savoureuse, les prix sont raisonnables, et le service est chaleureux. Le menu propose une belle sélection de plats indonésiens traditionnels préparés avec des ingrédients locaux pour découvrir les saveurs de la cuisine balinaise. Les brochettes de poulet satay, le poisson grillé et les soupes traditionnelles sont particulièrement délicieux. Idéal pour une pause déjeuner sur la route des lacs, cet établissement est apprécié par de nombreux groupes de touristes locaux.

GIRIWOOD HOTEL & VILLA €€€

Jl. Bhuana Sari, Wanagiri, Kec. Sukasada, Kabupaten Buleleng ✆ +62 812 3738 8088
www.giriwood.com
Chambre double à partir de 1 900 000 Rp.

Tout simplement un endroit d'une beauté incroyable. Chaque chambre spacieuse est dotée d'un balcon offrant une vue imprenable sur les rizières et la jungle environnante. Près du restaurant, la piscine à débordement, située en bordure des rizières, est tout simplement magnifique. L'établissement propose également un spa, un bar avec machine à café et un bar de piscine, offrant de quoi se détendre à tout moment. Avec ses vingt chambres, cet hôtel de charme garantit une expérience intime et apaisante, idéale pour se ressourcer en pleine nature.

LAC TAMBLINGAN ★

Ce hameau d'une centaine d'âmes vit très simplement sur les bords de ce joli lac, isolé de tout. Ses habitants sont pour la plupart des familles de pêcheurs. Ils y cultivent des légumes et leurs petites parcelles de jardins sont souvent colorées de mille fleurs. Il y règne une paix rare. Autour du lac, trois temples se dressent. Le principal, Pura Gubug ou Pura Ulun Danau Tamblingan, se trouve devant le village, sur la rive sud du lac. Il comporte trois *meru* de 5, 9 et 11 toits de chaume, dont le plus haut est consacré à la déesse du lac. Les guides vous emmèneront volontiers jusqu'aux autres temples, qui sont quant à eux cachés dans la forêt.

© STEPHANE BIDOUZE - SHUTTERSTOCK.COM

Lac Tamblingan.

MUNDUK ★★★

Ce petit village est bâti de part et d'autre de la petite route descendant abruptement vers l'ouest. Il accueille des touristes attirés par les randonnées en pleine nature sauvage, dans des paysages luxuriants, et les visiteurs qui souhaitent aller à la rencontre des habitants de la zone. Cette région fut une sorte de laboratoire agricole pour les Hollandais qui y plantèrent du cacao, de la vanille, des girofliers et du café. Quelques villages cachés dans les montagnes abritent encore des populations *bali-aga*, les premières populations ayant peuplé Bali.

Depuis les années 1990, on a voulu développer dans le secteur de Munduk un tourisme écologique, émanant en particulier de l'hôtel Puri Lumbung Cottages, situé à l'entrée du village.

Une fois à Munduk, vous aurez tout le loisir de prévoir de vous promener dans les rizières parsemées de champs secs plantés de maïs, de tabac et de bosquets d'arbres qui rythment le paysage. Vous pouvez marcher une demi-heure jusqu'à l'une des plus belles et des plus impressionnantes cascades de l'île (la Munduk Waterfall) ou alors préparer une excursion de plusieurs heures vers le Gunung Lesong, une petite montagne située au sud.

Dans Munduk, demandez la maison de Pan Wicarna qui est l'un des rares forgerons (*pandé*) à fondre des *gongs besar* et à construire des gamelans.

Au niveau du logement, il y a du choix, mais surtout dans les catégories supérieures et peu d'hébergements vraiment bon marché.

NORD DE BALI

TERRASSE DU LAC €€

Tamblingan desa Munduk
✆ +62 819 0330 1917
terrassedulac.com
Ouvert tous les jours de 7h30 à 20h. Plats à partir de 50 000 Rp. Nasi goreng 65 000 Rp.

Comme son nom l'indique, on devine facilement que cet établissement à taille humaine dispose d'une vue sur le lac Tamblingan. Malgré la proximité avec la route, on aime la tranquillité de ce restaurant qui propose des assiettes copieuses et goûteuses. Plats végétariens à la carte, des soupes, des salades et les petits déjeuners sont à tomber. On aime. L'établissement possède également son auberge avec des chambres spacieuses avec balcon. De nombreuses activités sont proposées - comme autour de la récolte du riz, des randonnées, des cours de cuisine balinaise...

CASCADES DE SEKUMPUL ★★

Sekumpul Village
Ticket d'entrée 45 000 Rp. Guide local 200 000 Rp.

Une des merveilles naturelles les plus impressionnantes de Bali. Elle se compose de six à sept cascades étroites, formant le cœur d'une vallée verdoyante entourée de forêts de bambous. Pour atteindre ces chutes d'eau, vous pourrez entreprendre une randonnée à travers le village de Sekumpul, à environ une heure au sud-est de Lovina Beach. Le sentier offre des vues pittoresques sur les rizières, plantations et forêts environnantes. Vous pourrez vous baigner dans les eaux rafraîchissantes ou simplement admirer la beauté des cascades et de leur cadre luxuriant.

GURU RATNA €

A 200 m du marché.
✆ +62 81 337 194 398
www.guru-ratna.com
Chambre double à partir de 275 000 Rp. Petit déjeuner.

Installé dans une ancienne maison coloniale, Guru Ratna propose une dizaine de chambres simples, certaines offrant de belles vues. Le lieu est propre et l'accueil familial est un vrai plus. Le sympathique restaurant propose de nombreuses spécialités balinaises à prix abordables. Jolie vue sur les montagnes et un magnifique coucher de soleil. L'emplacement est idéal, à seulement 100 mètres de la randonnée des 3 cascades, avec des épiceries et des restaurants à proximité. Un très bon plan pour un séjour agréable, avec un rapport qualité/prix excellent.

TAMAN AYU HOMESTAY €

Desa Munduk
✆ +62 899 0155 357
Chambre double à partir de 200 000 Rp. Petit déjeuner.

Cet excellent petit Homestay est niché au cœur d'un authentique village balinais, offrant une immersion totale dans la vie locale que vous ne retrouverez pas dans les autres établissements de la zone. Vous y trouverez cinq chambres très propres et confortables, certaines avec vue sur la vallée et les plantations de café. À l'étage, un petit restaurant sert une délicieuse cuisine balinaise, avec un excellent petit-déjeuner à ne pas manquer. Mention spéciale pour la gentillesse et l'accueil chaleureux de la famille, qui rendent le séjour encore plus agréable.

ADILA WARUNG AND HOMESTAY €€

Munduk, Banjar, Buleleng Regency
✆ +62 819 3655 1226
Chambre double à partir de 400 000 Rp. Piscine. Cours de cuisine 300 000 Rp (incluant le repas du soir préparé).

Ce homestay, à la fois confortable et propre, offre une petite piscine très appréciable pour se détendre. Sur demande, vous pouvez participer aux cours de cuisine très demandés d'Adila et déguster les plats que vous aurez préparés. L'accueil y est chaleureux et convivial. Des chambres familiales sont disponibles, idéales pour les groupes. L'établissement est parfaitement situé, à deux pas du sentier menant aux célèbres cascades, dont la promenade des cinq cascades à proximité.

ARTOMORO BALI €€

Jalan Gobleg, 81152 Munduk
Chambre double à partir de 650 000 Rp.

Cet établissement est un véritable petit coin de paradis. Les chambres sont neuves, confortables et propres avec une vue imprenable sur la jungle. Vous aurez l'impression d'être seuls au monde. Gede et sa famille mettront tout en œuvre pour rendre votre séjour inoubliable. D'une extrême gentillesse et patience, Gede propose également d'excellentes excursions à la journée dans les alentours. Le petit déjeuner est bon et copieux. Le warung sert de délicieux plats typiques indonésiens. Une adresse avec un bon rapport qualité/prix. Un coup de cœur de la rédaction.

LESONG HOTEL AND RESTAURANT €€

Gesing, Banjar, Buleleng Regency
✆ +62 859 6594 4522
www.lesonghotel.com
Chambre double à partir de 1 150 000 Rp. Piscine.

L'emplacement au milieu des rizières est fantastique. Le restaurant et la piscine à débordement sont agréables, mais le véritable atout de l'établissement est Willy, le gérant, guide et chauffeur. Il vous emmènera en excursion vers les cascades et sera toujours prêt à partager sur le mode de vie local. Les terrasses de chaque chambre offrent cette vue sans aucun vis-à-vis. Mention spéciale pour le personnel, d'une rare gentillesse et extrêmement serviable.

ELEVATE BALI €€€

Munduk, Banjar, Buleleng Regency
✆ +62 821 4566 6738
www.elevatebali.com
Villa 2 pers. vue volcan à partir de 8 200 000 Rp. Villa 2 pers. avec piscine privée à partir de 12 300 000 Rp.

Cet hôtel est un véritable joyau niché au cœur de la jungle de Munduk, offrant un cadre à couper le souffle. Les villas indépendantes, accessibles en voiturette de golf, sont dotées de piscines à débordement, et parfaitement intégrées dans cet environnement paradisiaque. Le service, impeccable, est à la hauteur de l'établissement. Les chambres, spacieuses et élégantes, offrent une vue inégalée, surtout au moment des couchers de soleil, parmi les plus beaux de Bali. Un séjour inoubliable, suspendu hors du temps, dans l'un des plus magnifiques endroits sur terre.

DESA EKO €€

Jl. Kayu Putih - Munduk, Munduk, Kec. Banjar, Kabupaten Buleleng
✆ +62 813 3781 3377 - www.desaeko.com

Tente pour 2 pers. partir de 1 000 000 Rp. Bungalows en bambou dans la jungle. Restaurant et ferme organique.

Perché sur les flancs d'une colline au cœur de la forêt, voici des hébergements insolites tels que des tentes dans les arbres, des bungalows et des studios en bambou entourés d'une nature verdoyante. Depuis les bungalows Papaya et Cacao, vous pourrez entendre le chant des oiseaux et le murmure de la rivière. Les cours de yoga, en parfaite harmonie avec la nature, trouvent ici tout leur sens, offrant un cadre idéal pour une immersion totale dans la discipline. Le restaurant « The Botanist », entièrement bio et local, porte le slogan « La nourriture est votre médecin ».

MUNDUK MODING PLANTATION NATURE RESORT €€€

Jl. Asah Gobleg, Gobleg, Kec. Banjar, Kabupaten Buleleng ✆ +62 368 2080123
www.mundukmodingplantation.com
Suite deluxe à partir de 4 300 000 Rp. Villa 1 chambre avec jacuzzi à partir de 6 500 000 Rp.

Ce magnifique resort, entouré de forêt tropicale, offre une tranquillité totale, avec deux piscines et plusieurs bains à remous. Les chambres sont immenses, avec une vue imprenable et tout le confort imaginable. Chaque détail est soigneusement étudié, et le restaurant est excellent. De nombreuses activités intéressantes sont proposées. Le personnel est extrêmement aimable, la propreté des chambres est irréprochable. Le plus : un concept sans plastique, de la ferme à la table.

LITTLE MUNDUK, PRIVATE HOUSE €

Jl. Pura Puseh, Munduk, Kec. Banjar, Kabupaten Buleleng
✆ +62 857 3751 0227
Maison entière 2 chambres à partir de 1 200 000 Rp.

Une location pour un séjour comme à la maison. L'hôte, Rama, est accommodant et serviable. Le logement est invitant, récemment rénové, propre et confortable, avec une bonne literie, tout a été pensé avec soin : café local et essentiels de cuisine, fruits et distributeur d'eau. Vous pourrez partir de la maison pour rejoindre des cascades via des sentiers balisés et explorer les rizières. Location de scooters juste en face, pour explorer les environs. Excellents restaurants à proximité.

MUNDUK MONTAIN ESTATE €€€

dinas Tamblingan, Jl. Danau Tamblingan, Munduk, Banjar, Buleleng Regency ✆ +62 878 6118 5742
mundukmountainestate.com
Villa privée 4/5 chambres de 350 m2. Maximum 14 personnes. Chef privé a domicile. Piscine a débordement. Salle media.

Cette incroyable villa qui s'étend sur 350 m2 et 150 m2 de terrasse offre d'immenses chambres avec salle de bain et bénéficiant toutes d'une vue imprenable sur la vallée. La piscine et le bassin profond chauffé ajoutent une touche de luxe à cet hébergement d'un luxe inégalé. La propriété est splendide avec des caféiers juste en contrebas. Une chambre séparée sous les 3 autres est parfaite pour un couple sans enfants recherchant un peu d'intimité. Un chef à domicile se charge du petit-déjeuner et des autres repas sur demande.

WARUNG CLASSIC €

Jl. Pura Puseh
✆ +62 819 9977 9750
Ouvert tous les jours de 11h à 22h. Plats à partir de 35 000 Rp.

Ce Warung Classic ne paye pas de mine et pourtant… Une vue à couper le souffle fait de ce lieu un spot idéal pour prendre son déjeuner, un verre ou son dîner. Ouvert dès la fin de la matinée jusqu'au soir, vous pouvez y venir à tout moment profiter d'une assiette, d'un petit quelque chose à grignoter ou simplement d'un verre à siroter… Des plats typiques vous sont servis avec un rapport qualité-prix redoutable. On ne peut que féliciter - comme dans de nombreux warungs balinais - la qualité du service et la sympathie du personnel.

WARUNG PANORAMA €€

Au bord de la route vers Batukau (côté droit en venant de Munduk).
✆ +62 361 755723
Ouvert tous les jours de 7h à 22h. Plats à partir de 30 000 Rp. Café 30 000 Rp.

Tout en bois, accroché en balcon au paysage, l'endroit appartient à un couple qui tente d'impulser du changement en favorisant le développement d'un tourisme respectueux dans le nord de Bali, encore peu touché par la pollution et les excès du sud. Côté cuisine, on déjeune sur une terrasse, le nez dans les arbres et les yeux dans l'horizon, d'excellents plats essentiellement balinais préparés dans la mesure du possible avec les fruits et légumes du jardin bio cultivé en dessous. Les vergers de *ramboutans* et de *durians* entourent la maison. Une bonne adresse.

MUNDUK COOKING CLASS CHEZ RICO & ELY

Bjr. Dinas Beji, Jl. Batugalih, Munduk, Kec. Banjar, Kabupaten Buleleng ✆ +62 852 0510 7928
Cours : 350 000 Rp. De 11h à 13h30 ou de 17h à 20h30. Confection d'offrandes, cuisines 4 plats + dessert.

Rico et Ely vous invitent à vivre une expérience de cours de cuisine unique. Au programme : la confection d'offrandes balinaises avec une explication de leur symbolique, suivie de la préparation de 4 plats traditionnels et d'un dessert. Le petit plus ? Rico, guide francophone depuis 15 ans, vous donnera toutes les explications en français ! Une belle occasion de découvrir la culture balinaise à travers la cuisine et les traditions, dans une atmosphère conviviale et enrichissante.

NORD DE BALI

EST DE BALI

L'est de Bali est dominé par la silhouette du mont Agung, qui, du haut de ses 3 142 mètres, surplombe une jolie région peu peuplée. Les pentes fertiles du volcan sont plantées de magnifiques rizières qui sculptent le paysage en des courbes verdoyantes où se reflète le soleil. Pour découvrir la vie qui les anime, les explorer à pied depuis Tirtagangga ou Sidemen... La côte souffre en revanche d'une grande aridité. De Padang Bai au sud à Tulamben au nord, ce littoral regroupe un grand nombre de sites de plongée et de snorkeling, avec notamment des épaves investies par une faune et une flore multicolores. Desservies par une route côtière, de petites stations balnéaires s'y sont développées : Padang Bai, Candidasa et Amed qui, il y a peu, ne vivotait encore que du sel. Klungkung abrite un superbe monument hérité de son ancien royaume. Amlapura, quant à elle, est une bourgade animée par son marché.

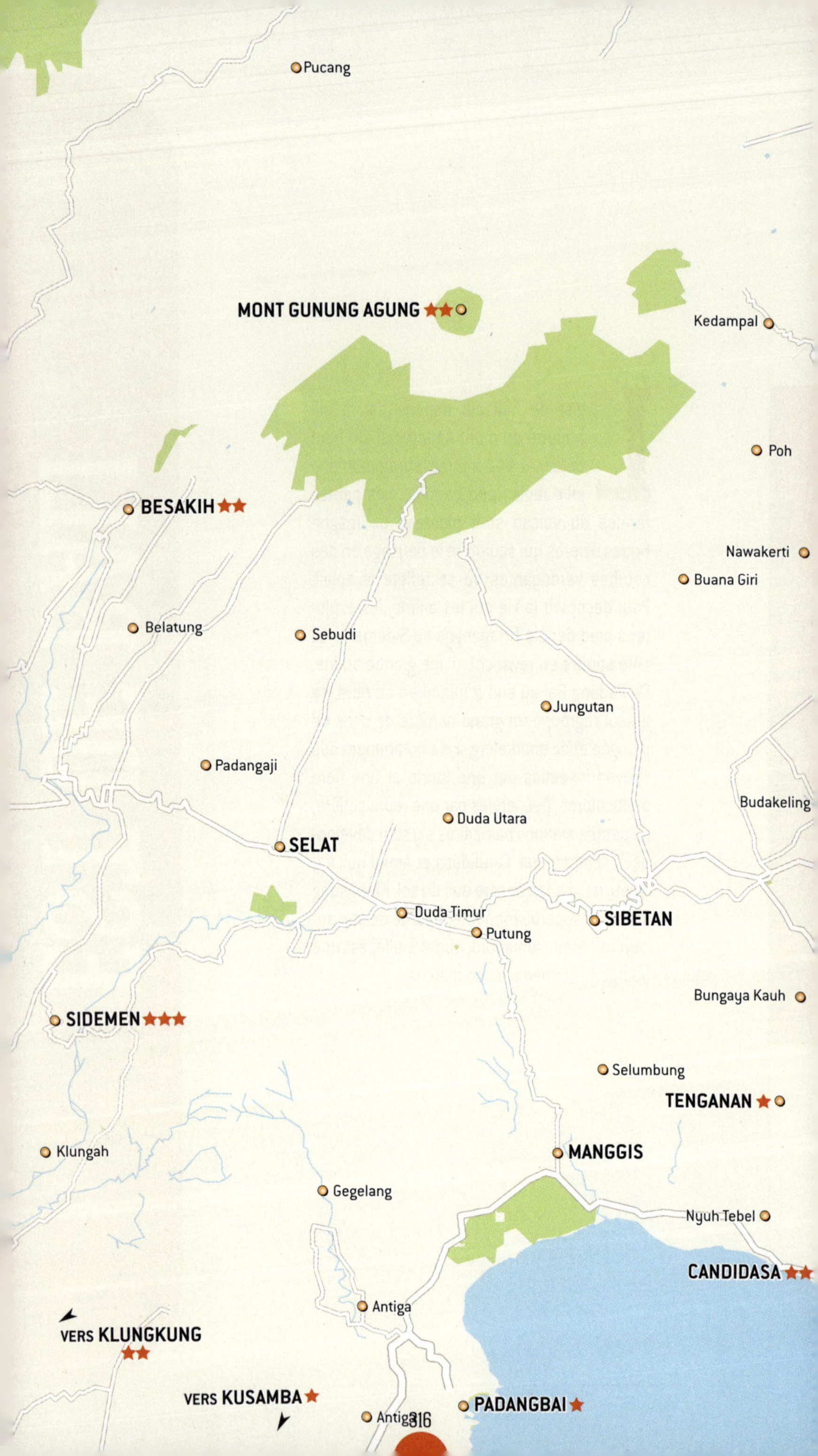
Pucang
MONT GUNUNG AGUNG ★★
Kedampal
Poh
BESAKIH ★★
Nawakerti
Buana Giri
Belatung
Sebudi
Jungutan
Padangaji
Budakeling
Duda Utara
SELAT
Duda Timur
SIBETAN
Putung
Bungaya Kauh
SIDEMEN ★★★
Selumbung
TENGANAN ★
MANGGIS
Klungah
Gegelang
Nyuh Tebel
CANDIDASA ★★
Antiga
VERS KLUNGKUNG ★★
VERS KUSAMBA ★
PADANGBAI ★
Antiga

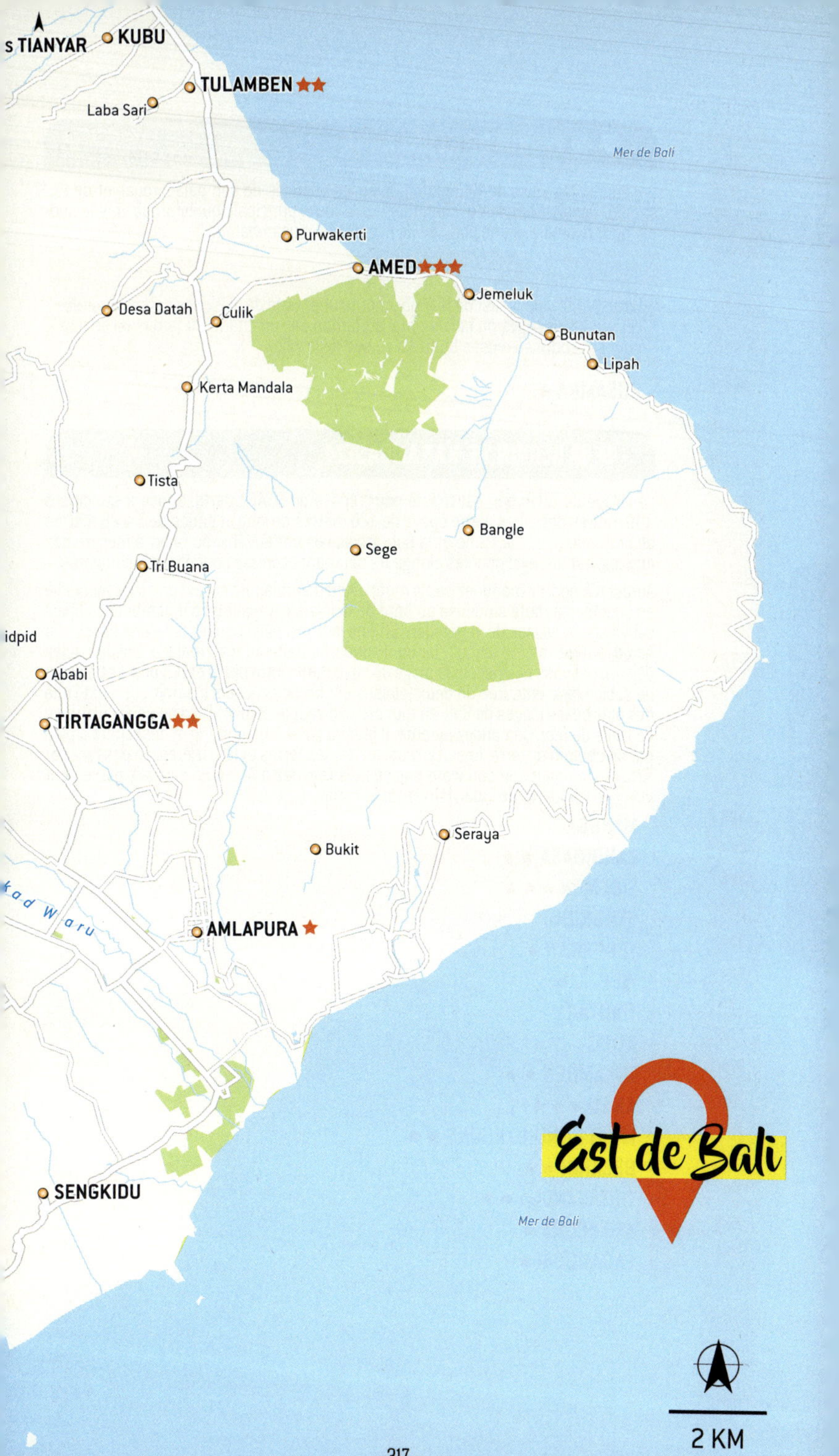
TIANYAR
KUBU
TULAMBEN
Laba Sari
Mer de Bali
Purwakerti
AMED
Jemeluk
Desa Datah
Culik
Bunutan
Lipah
Kerta Mandala
Tista
Bangle
Sege
Tri Buana
idpid
Ababi
TIRTAGANGGA
Seraya
Bukit
AMLAPURA
SENGKIDU
Est de Bali
Mer de Bali
2 KM

PAGES

319 ● ● RÉGION DE KLUNGKUNG

Découvrez les villes de Klungkung, avec les vestiges de son palais royal, et de Kusamba. Depuis Klungkung, continuer sur la route principale qui bifurque vers le sud-est pour rejoindre, à une poignée de kilomètres, Kusamba.

KLUNGKUNG ★★

319 Cette petite ville, à l'est de Gianyar, mérite une visite de quelques heures pour découvrir les vestiges du palais royal au Taman Gili, un charmant jardin, ou encore pour se rendre au musée Gunarsa au sud de la ville.

322 KUSAMBA ★

323 ● ● RÉGION DE KARANGASEM

Le village de Tulamben est réputé pour l'épave du *USAT Liberty*, située à seulement 300 mètres des côtes. Cette épave de 120 mètres de long et située de 5 à 28 mètres de profondeur, que la faune et la flore tropicales ont envahie au fur et à mesure des années, est un régal pour les plongeurs débutants comme pour plus expérimentés.

Autour d'Amed, ne manquez pas la route d'Amed à Amlapura qui est une pure merveille en scooter. La route sinueuse au bord de la falaise surplombe d'innombrables baies sauvages couvertes de végétation. En une journée, vous pouvez faire une boucle. De Amed, suivez la côte jusqu'à Ujung. Faites une halte au waterpalace. Ensuite, allez déjeuner et vous baigner sur la plage de Pasir Putih entre Ujung et Bugbud. Cette plage de sable blanc entourée de deux falaises est un peu cachée. Il paraît que c'est l'une des plus belles plages de Bali, en tout cas elle vaut le détour ! Il y a quelques warungs de fruits de mer. Demandez la route, il faut se garer à un parking et descendre à pied par un chemin de terre. Ensuite, repartez par les terres et les rizières, en passant par Tirtagangga pour voir son waterpalace puis revenez à Amed en passant par le petit village traditionnel de Culik. Partez tôt le matin.

323 MANGGIS
324 CANDIDASA ★★
326 SIDEMEN ★★★
330 SENGKIDU
332 TENGANAN ★
333 ISEH
335 TIANYAR
335 KUBU
336 TULAMBEN ★★
338 AMED ★★★
343 MONT GUNUNG AGUNG ★★
344 BESAKIH ★★
346 TIRTAGANGGA ★★
348 AMLAPURA ★
352 PADANGBAI ★

KLUNGKUNG ★★

Petite région à l'est de Gianyar, avec son joli siège administratif Semarapura, Klungkung mérite une visite de quelques heures afin de découvrir, entre autres, les vestiges du palais royal Klungkung palace, un charmant jardin, ou encore pour se rendre au musée Gunarsa au sud de la ville. Le carrefour central de Semarapura est dominé par la grande statue de *Kanda Pat Sari* qui indique les quatre directions, jouxtée par un mémorial pour le *Puputan* de 1908. À proximité du centre-ville, un peu plus au sud-est, le village de Kamasan reste un centre artistique vivant connu pour son style de peinture. Semarapura possède aussi un marché couvert où l'on peut acheter de belles vanneries et autres objets artisanaux.

Histoire

On se souvient dans quelles circonstances Gajah Mada imposa aux souverains balinais une vassalité soumise aux lois javanaises et dont le pouvoir s'installa à Samprangan. Ce sera lors d'une rivalité entre deux frères que I Dewa Ketut Tegal Besung décida de créer une nouvelle cour inspirée de Majapahit à Gélgél. Le royaume va alors connaître son âge d'or jusqu'à la révolte de Gusti Agung Maruti, Premier ministre du roi, qui le chasse en 1686. Les familles royales de Badung et de Buleleng, refusant de se soumettre au pouvoir d'Agung Maruti, décidèrent d'aider les rois et princes chassés et leur donnèrent leur soutien. Ceux-ci édifièrent le palais de Klungkung en 1710. Le roi Jambé fut le premier à prendre le titre de Dewa Agung, « roi suprême » de Klungkung. Le nouveau rajah fit construire un nouveau palais royal, le Semara Pura, sur la base carrée d'un mandala. Le palais comprenait pavillons, jardins, douves et fut construit par les architectes qui avaient contribué à édifier la réputation de Gélgél. Le joyau de la cour prit le nom de Taman Gili, « jardin de l'île ». Malheureusement, les bâtiments d'origine furent en grande partie détruits par les Hollandais lors de la conquête de 1908 qui se termina par le tragique *puputan* du Dewa Agung de Klungkung, peu de temps après celui de Badung. Les deux bâtiments les plus célèbres, le Kerta Gosa (palais de justice) et le Balé Kambang (pavillon flottant) ont été rénovés en partie par les Hollandais dans les années 1920. Vous aurez beau regarder sur toutes les cartes, le nom de Klungkung demeure à l'est de Gianyar alors qu'officiellement depuis 1992 la ville est appelée Semarapura en hommage au palais construit au début du XVIIIe siècle, en ville. De la date de sa construction jusqu'à sa destruction partielle par les Hollandais en 1908, la royauté de Klungkung régna sur l'île malgré une certaine autonomie des autres souverains. Les Hollandais prirent prétexte du commerce de l'opium auquel se livrait le Dewa Agung pour l'obliger à se soumettre. La légende raconte que le roi, vêtu de blanc, prit la tête d'une procession qui se dirigeait à l'encontre des Hollandais et de leurs canons. Le roi de Klungkung s'arrêta et, dans un geste de défi et de grandeur, planta son kriss dans le sol. Ce geste devait, selon le mythe, entraîner la création d'un gouffre dans lequel auraient dû s'abîmer les ennemis. Les Hollandais tirèrent. Le roi fut achevé tandis que ses six épouses se suicidèrent sur sa dépouille en se poignardant. Les autres membres de la famille royale les suivirent. Le palais fut entièrement détruit par le feu. Il n'en resta que quelques vestiges. C'est en particulier le cas du Pemedal Agung, grande porte d'accès du palais.

Pratique

Autour du rond-point central, d'où s'élève également le mémorial du Puputan, se trouvent les principaux points d'intérêt de la ville. Le Taman Gili, ou « jardin des îles », est l'enceinte verdoyante contenant le célèbre Balé Kambang (« pavillon flottant » au-dessus d'un bassin de lotus...) à la toiture superbement ornée, et le Kerta Gosa, « palais de justice » qui abrite désormais un petit musée. L'entrée au Taman Gili se trouve sur la gauche de l'avenue qui arrive du sud au carrefour, juste avant ce dernier.

EST DE BALI

MUSEUM NYOMAN GUNARSA 🏛 ★★

Jl. Pertigaan Banda No. 1, Takmung, Banjarangkan
✆ +62 366 22256

Ouvert du lundi au samedi de 09h à 16h. Entrée 50 000 Rp.

Ce musée porte le nom du peintre balinais Wayan Gunarsa qui l'a créé. Originaire du village voisin de Banda, Gunarsa est l'un des artistes balinais contemporains les plus significatifs. On peut voir dans l'enceinte du musée son studio et ses œuvres de peinture moderne, représentant des danseurs et des musiciens balinais pour certaines et abstraites pour d'autres. Le musée, sur 3 étages, présente une vaste et impressionnante collection d'objets anciens et d'artisanat traditionnel balinais. Des ateliers de musique et de danse sont également proposés aux enfants.

KLUNGKUNG PALACE ★★★

Jalan Puputan

Ouvert tous les jours de 10h à 17h. Ticket : 50 000 Rp.

Sur le carrefour principal de la ville (statue), les restes du palais de Semarapura trônent. Construit en 1710 par Dewa Agung, « *Dewa Agung* » étant le titre donné aux rois de Klungkung. *Dewa* signifie « Dieu » et *Agung* « élévé », on peut traduire littéralement par « Grand Dieu ». A l'époque, le royaume de Klungkung était considéré comme le plus haut et le plus important des neuf royaumes de Bali. Les Dewa Agung de Klungkung revendiquent évidemment la plus haute place dans l'arbre généalogique balinais.

Souvent appelé Taman Gili ou « le jardin des îles », l'espace comprend des jardins, des cours et des pavillons. Le ticket donne droit à la visite de deux pavillons et du musée. La visite vaut le détour, pour sa finesse architecturale et l'atmosphère unique qui règne dans cette petite ville historique de province. Erigé à la fin du XVIIe siècle, il a été en partie détruit lors de la conquête hollandaise en 1908. Le royaume de Klungkung, étant le dernier, a résisté.

Le palais de Klungkung mérite amplement un détour et une visite, ne serait-ce que pour ses magnifiques plafonds peints. On découvre notamment en fonction du jugement rendu l'accès au paradis ou à l'enfer. Dans leur fonction de porteurs des valeurs traditionnelles, les artistes balinais furent pendant des siècles protégés par les cours des royaumes. Le résultat est tangible dans les *gria*, les maisons de brahmanes, les temples et les palais. Les plus connues sont celles peintes au plafond du Kertagosa à Klungkung, qui était la cour de justice du royaume. Les artisans étaient ceux du village de Kamasan. Et leur inspiration était tirée du *wayang* (théâtre d'ombres, spectacle traditionnel) et des épopées du Ramayana et du Mahabharata. Ils étaient connus également pour les fameux calendriers balinais.

Bale Kambang. Ce superbe pavillon ouvert est sans doute l'un des chefs-d'œuvre de l'architecture balinaise, tout comme le Kerta Gosa (le palais de justice). Les proportions et mesures à partir du corps avaient été respectées et donnaient au bâtiment un sentiment d'unité et de légèreté renforcé par le caractère « flottant » de la construction. En effet, le pavillon est construit sur une base importante et sa structure est entourée par l'eau des douves couvertes de lotus et habitée de carpes. Le plafond, constitué de bardeaux de bois, est entièrement peint de scènes du style kamasan. Ce pavillon dévolu à la garde royale devint, sous l'administration coloniale, la salle d'attente des accusés dont la sentence était prononcée dans le pavillon Kerta Gosa. Les peintures se lisent sur plusieurs niveaux. Le premier en partant du bas relate les différentes phases du calendrier astrologique. Le second, l'histoire d'un couple de Balinais accablés par la charge et les ennuis que représentent leurs 18 enfants. Pan et Mén Brayut racontent d'une manière réaliste les affres de la vie quotidienne. Les niveaux supérieurs narrent la vie du héros Sutasoma, demi-dieu brandissant les principes et les vertus de la non-violence. Au départ, ce *balé* servait au limage de dents. Ce pavillon a été restauré, pour ne pas dire reconstruit, en 1942 et certaines peintures, en raison du climat et du choix des pigments de couleur, ont été refaites en 1945 et même plus tard.

Kerta Gosa. Le plafond peint du Kerta Gosa (Palais de justice) a aussi subi les affres du temps et de la nature. Détruit partiellement par l'éruption de Gunung Batur en 1917, il fut repeint par le grand artiste Pan Seken en 1930 dans le style kamasan. Puis son fils, Pan Semaris, a achevé l'œuvre de son père en restaurant la totalité des panneaux en 1960. Malheureusement, un certain nombre de ces panneaux ont été peints avec de la peinture acrylique et le résultat jure par la luminosité des couleurs. Les panneaux sont disposés selon neuf niveaux et se lisent par successions d'images comme dans une bande dessinée. Les premiers parlent de l'histoire du *Pancatantra*, ou les cinq épisodes de l'histoire de Tantri. Il s'agit, à l'instar du conte des *Mille et Une Nuits*, d'un conte que Tantri déroule nuit après nuit. Puis, dans le niveau 2, ce sont les aventures de Bima (le Bima Swarga), l'un des cinq frères Pandawa dans le *Mahabharata* qui erre dans les mondes souterrains et malfaisants à la recherche de l'âme de ses parents. Au niveau 4, la recherche de l'*amerta* (l'eau de la vie) par le Garuda qui pourra ainsi délivrer sa mère Winita et lui-même de l'esclavage. Le niveau 5 représente les effets et dangers des tremblements de terre qui devaient à cette époque angoisser la population. Les niveaux 6 et 7 continuent l'histoire de Bima. Le niveau 8, le Swarga Roh, décrit les douceurs que l'on peut attendre du paradis ou de la libération.

Enfin, le dernier niveau, le Lokapala, représente un lotus entouré des colombes de la délivrance suprême.

Les châtiments encourus par les pécheurs, les amants, les séducteurs, sont dépeints de telle façon que les accusés, en attendant la décision de leur peine, ne pouvaient manquer de lire la longue série de supplices décrite sur les panneaux.

Museum Semarajaya. L'entrée pour le palais comprend également la visite du musée qui contient une collection de peintures d'artistes balinais et étrangers, mais surtout il présente des *kriss* (poignards), des articles anciens de journaux et une salle expliquant la fabrication du sucre de palme et du sel à Bali.

Conseil : pour mieux comprendre les peintures et les détails du temple, nous vous conseillons de faire appel à un guide local anglophone.

EST DE BALI

KERTHA GOSA PARK

Jl. Kenanga No.11, Semarapura Kelod, Kec. Klungkung, Kabupaten Klungkung, Bali 80761
Ouvert tous les jours de 08h à 17h.

Le plafond peint du Kerta Gosa (Palais de justice) fut partiellement détruit par l'éruption du mont Batur en 1917, il fut repeint par le grand artiste Pan Seken en 1930 dans le style kamasan. Son fils, Pan Semaris, acheva l'œuvre de son père en restaurant la totalité des panneaux en 1960. Certains de ces panneaux ont été peints avec de l'acrylique et le résultat jure par la luminosité des couleurs. Ils sont disposés selon 9 niveaux et se lisent par successions d'images. Les premiers parlent du *Pancatantra*, ou les 5 épisodes de l'histoire de Tantri. Il s'agit, à l'instar des *Mille et Une Nuits*, d'un conte que Tantri déroule nuit après nuit. Dans le niveau 2, ce sont les aventures de Bima Swarga, l'un des 5 frères Pandawa dans le *Mahabharata* qui erre dans les mondes souterrains et malfaisants à la recherche de l'âme de ses parents. Au niveau 4, la recherche de l'*amerta* (l'eau de la vie) par le Garuda qui pourra délivrer sa mère Winita et lui-même de l'esclavage. Le niveau 5 représente les dangers des tremblements de terre qui devaient angoisser la population. Les niveaux 6 et 7 continuent l'histoire de Bima. Le niveau 8, le Swarga Roh, décrit les douceurs du paradis ou de la libération.

Le dernier niveau, le Lokapala, représente un lotus entouré des colombes de la délivrance suprême.

Les châtiments encourus par les pécheurs, les amants, les séducteurs, sont dépeints de telle façon que les accusés, en attendant la décision de leur peine, ne pouvaient manquer de lire la longue série de supplices décrite sur les panneaux.

PURA TAMAN SARI ★

Semarapura Kelod Kangin, Klungkung, Klungkung Regency, Bali 80761

Situé à environ un kilomètre au nord-est du centre, le Taman Sari, également appelé jardin aux fleurs, offre un cadre paisible pour se détendre. Ce parc abrite un imposant méru à 11 toits superposés, construit au milieu des douves. Ses fondations reposent sur une tortue en pierre (bedawang), entourée des nagas protecteurs, Naga Basuki et Naga Anantaboga. À l'origine, ce temple recevait des offrandes et servait pour les cérémonies dédiées aux kriss et autres armes du Dewa Agung. Un lieu riche en histoire et en spiritualité, parfait pour une pause en toute quiétude.

AUTHENTIC BALI

https://www.bagus-discovery.com/
2-3 personnes : 1 090 € chacun, 4-5 : 980 €, 6-7 : 880 €, 8-9 personnes : 830 €. Du 1er juil. au 31 août, ajouter 85 €.

Authentic Bali by Bagus Discovery propose des formules clés en main pour une visite d'une semaine du Nord et l'Est de Bali, dans 4 différents hôtels du groupe Bagus Discovery. Dans cette formule tout confort sont inclus les transports depuis l'aéroport et entre les hôtels, le petit déjeuner et le diner, une heure d'accès au spa de chaque hôtel, ainsi qu'une visite par jour d'un monument ou d'un site naturel avec un guide, et diverses possibilités d'activités en plus. Un bon moyen de visiter les endroits moins touristiques de Bali en profitant d'un service 4 étoiles !

VILLAGE DE TIHINGAN

A 3 km du musée, ce petit village de forgeron est spécialisé dans la facture de gongs servant à fabriquer les gamelans. Les ateliers se trouvent dans la rue principale et sont actifs jusqu'en début d'après-midi. On peut y acheter de petits gongs. Les gongs de Tihingan sont reconnus pour la qualité des matériaux choisis et leur qualité sonore.

L'origine du nom du village viendrait des nombreux arbres de bambou que l'on trouve dans ce village, donc « *tihing* » signifie arbres de bambou, et après une longue période, le village fut nommé Tihingan.

GROTTE DE GOA LAWAH ★★

Jl. Raya Goa Lawah
✆ +62 813 3842 6781
Ticket : 30 000 Rp.

Cette cavité abrite des milliers de chauves-souris fructivores agglutinées. Cette grotte est considérée par les Balinais comme un lieu sacré, car elle fait partie des 9 temples directionnels. Ils prétendent qu'elle est directement reliée à Maheswara qui est dans cette région de l'île, et accueille une rivière souterraine dans laquelle nage le fameux *naga* qui se nourrit de chauves-souris. Derrière le *balé* où se trouvent les vendeurs de souvenirs, des escaliers mènent à un second temple (souvent fermé au public) depuis lequel la vue sur la mer vaut le coup d'œil.

CEGENG LESTARI GUESTHOUSE €

Desa Cegeng Kertabuana, Kertha Buana, Sidemen, Karangasem Regency
✆ +62 859 3615 1761
Chambre double à partir de 400 000 Rp.

Situé au cœur d'une famille balinaise, ce lieu offre une véritable immersion dans la vie locale, loin des zones touristiques. La famille est adorable et prépare des repas exceptionnels. Les chambres sont propres, bien équipées et confortables. L'emplacement est pratique, et l'authenticité du lieu en fait une expérience unique à Bali. Les enfants des propriétaires seront heureux de vous montrer où vous baigner au bord de la rivière. Allez-y pour un moment inoubliable.

RÉCOLTE DE LA FLEUR DE SEL ★

Le long de la plage, vous verrez des huttes à sel, et les grands *prahu* (barques à balancier) pouvant contenir plus d'une tonne de marchandise. Les paludiers étendent du sable mouillé, le font sécher puis raclent le sel. Il le déposent ensuite dans un grand récipient, y ajoute de l'eau salée et font sécher dans des demi troncs de cocotiers évidés jusqu'à l'apparition des cristaux. La fleur de sel récoltée est d'excellente qualité, parmi les meilleures du monde.

KUSAMBA ★

Sur la côte centre-est de Bali, Kusamba est un village de pêcheurs qui semble figé dans le temps. Ses ruelles étroites invitent à la flânerie, révélant les secrets bien gardés de cette communauté balinaise. Dès l'aube, les pêcheurs prennent la mer, leurs embarcations traditionnelles dansant sur les vagues. Kusamba ne se limite pas à la pêche : ses salines, où le sel est récolté à la main, et ses temples hindous ornés de sculptures élaborées sont des témoins de son héritage culturel riche. Les cérémonies religieuses rythment le quotidien, offrant aux visiteurs une expérience authentique. Kusamba est un trésor préservé, loin de l'agitation touristique.

THE SECRET SPOT VILLAS €€

Jumpai, Klungkung, Klungkung Regency
✆ +62 821 4436 0802
www.thesecretspotvillas.com
Villa pour 2 personnes à partir de 1 600 000 Rp.

Petit établissement chaleureux avec un personnel souriant et toujours disponible. L'emplacement parfait est magnifique, paisible, juste au bord d'une plage de sable noir avec de superbes vagues. Les villas, chacune agrémentées de leur piscine privée, joliment décorées et parfaitement agencées sont un véritable rêve pour ceux en quête de repos et de détente. L'agréable restaurant du complexe offre des plats délicieux, qu'ils soient indonésiens ou occidentaux, à des prix abordables. Un lieu parfait pour se détendre en couple ou en famille.

MANGGIS

Le village de Manggis est situé du côté des terres, mais sa plage est le domaine des hôtels les plus luxueux de Candidasa. Buitan est un petit village côtier situé juste après Manggis et à 4 km à l'est de Candidasa où l'on trouve un petit bout de plage de sable noir.

Le long de la plage de sable noir, vous verrez des huttes à sel, et les grands prahu (barques à balancier) pouvant contenir jusqu'à 5 personnes et plus d'une tonne de marchandises. Les huttes sont coniques et leur toit de chaume de couleur brune. Chacune d'elles constitue une petite usine traditionnelle à sel. Les paludiers étendent préalablement du sable mouillé sur la plage, puis après l'avoir fait sécher, raclent le sel qu'ils déposent ensuite dans un grand récipient sous la hutte pour la décantation. On y ajoute de l'eau salée et on fait sécher à nouveau dans des troncs de cocotiers coupés en deux et évidés jusqu'à l'apparition des cristaux. La fleur de sel récoltée est d'excellente qualité, parmi les meilleures au monde. Malheureusement, les paludiers sont de moins en moins nombreux, car le labeur est dur et ce n'est pas aussi lucratif que le tourisme. L'activité est étroitement liée à la météo, ainsi lors de la saison des pluies, les récoltes sont difficiles.

Il est possible d'acheter cette exceptionnelle fleur de sel auprès des vendeurs ambulants. La route longe la mer et permet une belle vue sur Nusa Lembongan et Nusa Penida.

PURI BAGUS MANGGIS RESORT €€

Desa, Manggis, Kec. Manggis, Kabupaten Karangasem, Bali 80871

✆ +62 363 41304

www.puribagusmanggis.com

Chambre double à partir de 550 000 Rp.

Cet hôtel 3 étoiles offre une expérience authentique de la culture balinaise. Niché parmi les rizières, l'hôtel offre une vue imprenable sur le mont Agung. Les 6 chambres de style décontracté sont dotées de paravents en bambou, d'une salle de bain rustique en plein air et de meubles en bois sculpté. Le petit-déjeuner est inclus dans le tarif de la chambre. L'hôtel dispose également d'un restaurant, d'une piscine extérieure avec vue panoramique, de cours de cuisine et vélos.

WOODEN HOUSE CANDIDASA €€

Jalan Mendira

✆ +62 859 6064 0466

Chambre double à partir de 850 000 Rp.

Un lieu intime avec seulement deux bungalows, assurant une tranquillité absolue (maximum 4 hôtes). Dès notre arrivée, vous ressentirez une atmosphère unique, accentuée par l'accueil chaleureux des propriétaires et du personnel. Leur gentillesse et leur aide précieuse pour organiser les excursions rendront votre séjour encore plus agréable. Les chambres sont charmantes, leur salle de bain extérieure avec deux douches est un vrai plus. Vous adorerez prendre le petit déjeuner sur la terrasse face à la mer. Tout est réuni ici pour un séjour inoubliable.

ALILA MANGGIS €€€

Desa Buitan, Manggis, Karangasem Regency, Bali 80871

✆ +62 363 41011

www.alilahotels.com

Chambre double à partir de 2 500 000 Rp. Petit déjeuner. Wifi. Piscine.

L'hôtel est connu pour son excellent restaurant Sea Salt spécialisé dans la cuisine asiatique nouvelle, utilisant des produits biologiques et des techniques de préparation uniques, qui font par ailleurs l'objet de cours de cuisine pour ceux que cela intéresse. C'est un petit bijou d'hôtel, avec une option luxe abordable. Il est lové dans une cocoteraie au bord de l'eau et dispose de 53 chambres dans des bungalows mêlant design contemporain et style balinais. Hormis la grande piscine, on trouve une pyramide inversée, de forme très originale.

AMANKILA €€€

Jl. Raya Manggis, Manggis, Kec. Manggis, Kabupaten Karangasem

✆ +62 363 413 33

www.aman.com

Suite à partir de 23 000 000 Rp ; suite avec piscine à partir de 30 000 000 Rp ; villa 2 ch. à partir de 90 000 000 Rp.

Cet établissement de très grand luxe, renommé pour ses tarifs élevés, est le nec plus ultra de l'hôtellerie, à l'instar de tous les établissements de la chaîne Aman. Ultra exclusif et prisé par les stars du monde entier, il offre avec fierté 35 pavillons, dont la plupart avec piscine privée, un restaurant, un bar, un spa, des cours de yoga et trois vastes piscines à débordement en terrasse, se déversant l'une dans l'autre au-dessus de la mer. Un véritable joyau, parfait pour ceux qui recherchent l'exclusivité et le raffinement.

NEANO ESCAPE €€€

Jalan Bukit Meluang Desa Adat Apit Yeh, Manggis, Kec. Manggis, Kabupaten Karangasem
✆ +62 818 1888 2223
www.neano.id
Chambre double avec vue à partir de 1 400 000 Rp. Piscine.

Un excellent rapport qualité/prix pour cet établissement, comparable à des établissements beaucoup plus onéreux, d'une qualité exceptionnelle pour un prix tout à fait raisonnable. La chambre avec vue sur la montagne est une véritable merveille, avec un rapport qualité-prix dépassant toutes mes attentes. Le personnel est fantastique, surtout Hamdi qui organise des excursions pour explorer les environs avec passion. Magnifique vue sur la vallée, les rizières et la mer, le tout dans un cadre splendide et raffiné. La commande de repas via WhatsApp est très pratique.

CANDIDASA ★★

Le petit village a vu son environnement changer à la fin des années 70 quand il est devenu le point de mire de quelques gros investisseurs qui voyaient enfin l'alternative à la saturée Kuta se profiler à l'horizon. Malheureusement, de piètres professionnels du bâtiment et du tourisme ont construit sur quelques kilomètres de plage fort étroits une masse d'hôtels qui ont accéléré l'érosion de la fine bande côtière. Notamment parce qu'un des matériaux utilisés dans les années 90 fut le corail, qui formait alors une dernière barrière devant Candidasa. Aujourd'hui, il n'y a plus de plage, sauf à certains endroits, mais cela ne retire en rien le charme et la beauté du site souligné par la force et singularisé par sa mer. La mer a avancé et, pour l'arrêter, des murs de béton ont été édifiés au large en attendant que se développent les programmes en cours de reconstruction du corail. Il vaut donc mieux se contenter de la piscine de l'hôtel. Cela dit, si Candidasa pourrait ressembler à un Kuta loupé des années 70, il reste le calme et la nonchalance de cette petite station balnéaire. C'est un endroit où se reflète l'ombre des cocotiers sur un lac couvert de lotus au soleil couchant. Un ashram a d'ailleurs élu domicile près de cette oasis. Depuis Candidasa, des excursions sont possibles soit en mer (snorkeling et plongée), soit vers les montagnes (Tirtagangga, Tenganan) et l'on peut donc décider d'en faire une base pour rayonner dans l'est de l'île.

Se loger

Candidasa a vu son petit village de pêcheurs passer de quelques warungs à une station balnéaire forte de plus de 80 hôtels en 15 ans. Ces derniers sont situés soit de part et d'autre de la route principale (on préfère du côté mer), soit dans la partie est de Candidasa, le long de la Forest Road (une partie de la route, courbe) moins développée, qui constitue le coin le plus agréable de la station, en retrait de la route. On peut aussi très bien dormir dans les villages situés tout de suite à l'ouest de Candidasa, Manggis et Buitan. Choisissez bien votre hôtel à Candidasa : un endroit calme où vous pourrez vous détendre et même prendre vos repas, afin d'éviter au maximum d'avoir à venir sur la route principale, où sont concentrées les commodités. En effet, c'est la route côtière qui passe ici et elle n'a rien d'attrayant, même si, la nuit tombée, elle retrouve son calme.

SEASIDE COTTAGES (TEMPLE CAFE) €

Jl. Raya Candidasa ✆ +62 363 41629
www.balibeachfront-cottages.com
Bungalow avec ventilateur dès 190 000 Rp. Bungalow avec air conditionné dès 300 000 Rp. Location motos, vélos.

Dans des bungalows alignés le long du jardin, ce sont des petites chambres assez simples. Belle décoration avec tissus balinais. Côté rue, un joli café sert une cuisine indonésienne et occidentale correcte et reste un lieu d'animation nocturne en saison. Un joli espace lecture et Internet vient agrandir les lieux ; tout comme la boutique d'artisanat mitoyenne et un salon de beauté. Le Seaside Cottages est un ensemble de 15 chambres extrêmement bien tenues que l'on plébiscite.

CANDI BEACH RESORT €€

Jl. Raya Candi Dasa
✆ +62 363 41234
www.candibeachbali.com
Chambre double à partir de 1 500 000 Rp. Suite : 3 500 000 Rp. Petit déjeuner. Piscine, activités, spa, 3 restaurants.

Au cœur de cet établissement en bord de mer, choisissez parmi 124 chambres de luxe, 40 suites ou optez pour une villa privée avec piscine, offrant une échappée belle sans vue sur l'océan. Ces bungalows séduisent par leur charme et leur bon rapport qualité-prix, près d'une plage de sable blanc. Profitez de trois restaurants variés, d'un dive center, et d'activités comme le Tai-chi ou la gym. Admirez Nusa Penida depuis la Suite Luxury, profitez de nos deux plages exclusives, de la musique live et du spa sur le toit pour une expérience inoubliable.

LOTUS BUNGALOWS €€

Jl. Raya Candidasa, Nyuh Tebel, Kec. Manggis, Kabupaten Karangasem, Bali ✆ +62 363 41104
www.lotusbungalows.com
Chambre double standard dès 1 100 000 Rp. Piscine. Possibilité d'organiser des sessions de plongée sous-marine.

Le domaine du Lotus Bungalows, véritable écrin de verdure, offre une magnifique vue sur l'océan depuis les différents bungalows, le restaurant et la jolie piscine à débordement. L'établissement est idéalement situé et propose 20 hébergements avec salle de douche extérieure. Vous pourrez profiter d'un club de plongée PADI, Gangga Divers, et d'une salle de jeu pour enfants. À marée basse, la jolie plage de sable noir vous attend pour une sensation de plénitude incroyable. Le petit-déjeuner est inclus dans le tarif de la chambre.

PURI BAGUS CANDIDASA RESORT €€€

Jalan Raya Candidasa, Dusun, Jl. Samuh Desa, Sengkidu, Bugbug, Kabupaten Karangasem
✆ +62 363 411 31 - www.puribaguscandidasa.com
Bungalow avec vue sur le jardin à partir de 1 250 000 Rp. Spa, piscine, restaurant, une activité gratuite par jour.

Sur la côte est de Bali, le resort offre une escapade tranquille face à l'océan. Ce charmant complexe propose des villas spacieuses au style balinais traditionnel, entourées de jardins tropicaux. Avec une piscine à débordement surplombant la mer, un spa et un restaurant en plein air, l'atmosphère y est idéale pour la détente. Des activités telles que la plongée, les excursions en bateau et les cours de yoga sont également disponibles. Parfait pour les amoureux de la nature et de la culture.

BALI PALMS RESORT €€

Candidasa, Jl. Raya Candidasa, Nyuh Tebel, Kec. Manggis, Bali 80851
✆ +62 363 42191
https://www.balipalmsresort.com
Chambre double à partir de 750 000 Rp.

Le complexe propose des appartements, des studios et des villas lumineux, équipés d'une connexion Wi-Fi et d'une télévision à écran plat. Certains logements disposent d'un balcon ou d'un jardin privatif, et les villas sont aménagées en duplex avec un bassin privé. Un bar-restaurant en bord de mer propose des animations et des spectacles, et le complexe comprend également une piscine extérieure avec bain à remous, une salle de sport et un spa. Les résidents peuvent participer à des sorties de plongée sous-marine et à des promenades en bateau le long de la côte.

LOAF CANDIDASA CAFE €€

Jl. Raya Karangasem
✆ +62 813 4629 9878
Ouvert tous les jours de 8h à 16h. Jus de fruits à 25 000 Rp. Pancake 35 000 Rp.

Une adresse sympathique avec une carte de restauration rapide à toute heure de la journée. La musique est agréable, le personnel est souriant. Des jus de fruits frais, des cappuccinos, du café latte, des sandwiches avec du bon pain fait maison, des gâteaux eux aussi faits maison, des pancakes et bien plus encore... On ne sait que choisir ! Les œufs bénédictes sont également délicieux... Autant de propositions à découvrir inscrites sur les murs en ardoise de ce petit café. Vous pourrez déguster ces succulents mets sur place ou à emporter.

LOTUS SEAVIEW €€

Jl. Raya Sengkidu Jl. Raya Candidasa, Nyuh Tebel, Kec. Manggis, Kabupaten Karangasem, Bali 80871, Indonésie ✆ +62 363 41257
www.lotus-restaurants.com
Ouvert tous les jours de 09h à 23h. Menu enfant 40 000 Rp. Pâtes fraîches 85 000 Rp.

Savourez un calamar grillé exquis en entrée, parmi les meilleurs du coin, servis en petites portions mais accompagnés d'un excellent mélange de sauces. Pour les amateurs de cuisine indonésienne, le Babi Guling est un incontournable. Le restaurant propose également des pizzas cuites au four à bois, des pâtes fraîches maison et une sélection de plats indonésiens. Profitez d'un cadre relaxant avec un jardin magnifique face à la mer, des chaises longues et des bean bags. Pour une expérience optimale, réservez l'une des deux tables côté jardin.

WATERGARDEN KAFE €€

Jalan Raya Candidasa, Manggis, Kabupaten Karangasem, Bali, Indonesia, Sengkidu, Kec. Manggis, Candidasa, Bali 80851 ✆ +62 363 41540
www.watergardenhotel.com
Ouvert tous les jours de 8h à 22h. Plats à partir de 70 000 Rp.

Le Watergarden Café est le restaurant de l'hôtel du même nom : on peut y venir prendre un bon et copieux petit déjeuner ou tout au long de la journée. On y trouve des spécialités indonésiennes – dont le satay – et thaïlandaises qui font la part belle de la carte (avec un poisson et une soupe du jour), complétée par des salades, des sandwichs au pain maison et des desserts... De quoi satisfaire toutes vos envies ! Le tout, dans une jolie salle aux tables recouvertes de nappes en tissu. Vins chiliens et australiens et cocktails.

SIDEMEN ★★★

Sidemen est l'un des meilleurs sites de Bali pour profiter des magnifiques paysages de rizières en terrasses et effectuer des trekkings, ou simplement se détendre dans cet écrin naturel enchanteur. Chaque année, de nouveaux bungalows aux vues parfois panoramiques se construisent, la plupart par des étrangers qui sont tombés amoureux des lieux. Quand on se trouve dans le village de Sidemen, il faut prendre la rue qui part du petit carrefour devant le marché (suivre les panneaux d'hôtels) pour atteindre les faubourgs où se sont implantés les quelques hébergements, nichés en pleine nature. Il est conseillé de réserver car ils sont demandés !

Histoire

Le village de Sidemen fut surnommé le « village suisse » de Bali, devenant un carrefour culturel important. Il accueillit des figures éminentes comme l'ethnomusicologue Ernst Schlager et l'ethnologue Urs Ramseyer, ce dernier ayant contribué à la littérature balinaise avec son ouvrage remarquable, *L'Art populaire à Bali*. La création d'une école suisse à Sidemen marqua un tournant, rassemblant 120 étudiants dédiés à l'exploration de la musique, de la danse, des traditions locales, des états de transe, ainsi que l'étude des plantes médicinales utilisées par les Dukuns et les balians (prêtres et guérisseurs balinais). Leur curiosité s'étendit également à la littérature, à la couture, à la broderie et à diverses formes d'artisanat local.

© DAN83 - SHUTTERSTOCK.COM

Sidemen.

BUKIT LUAH SIDEMEN €

Jalan Raya, Sangkan Gn., Kec. Sidemen, Kabupaten Karangasem

Chambres double à partir de 430 000 Rp.

Belle découverte que ces chambres d'hôtes familiales avec une vue dégagée magnifique sur la vallée et les rizières alentours, bénéficiant également d'un emplacement idéal. Les chambres sont spacieuses, confortables avec une bonne literie et d'une propreté irréprochable. Le petit déjeuner est varié et délicieux, gentiment préparé par les propriétaires, toujours prêts à répondre à vos demandes avec plaisir. Il faut saluer la tranquillité du lieu, pour un séjour serein, vous permettant de ressentir le charme de l'île. Excellent rapport qualité/prix.

EMBANG HOMESTAY €

Banjar Tebola, Sidemen, Karangasem Regency
✆ +62 853 3399 7092

Chambre double à partir de 500 000 Rp. Petit déjeuner.

L'endroit est calme et paisible, avec de charmants petits cafés et restaurants autour dans une ambiance de village. La vue depuis les chambres est imprenable. Au réveil, la montagne se dresse majestueusement devant vous, entourée de rizières s'étendant sous le balcon. Les chambres sont confortables, spacieuses et bien équipées, avec un balcon privé et un coin repas. Ayu et son équipe prendront grand soin de vous pendant votre séjour. Le lever du soleil illumine la montagne et les rizières, pour un spectacle à ne pas manquer. Un joyau à petit prix !

PATAL KIKIAN VILLA €€

Jalan Raya Sindhuwati, 80864 Sidemen
✆ +62 813 5327 8504
www.patalkikianvillas.com

Chambre double à partir de 2 000 000 Rp. Petit déjeuner. Piscine.

On le recommande rien que pour la vue panoramique à 180° sur le mont Agung et la forêt environnante. Le volcan se dresse majestueusement devant les chambres dominant les prairies. Le café matinal devant un paysage si époustouflant est magique. La piscine à débordement vous offrira un moment de détente incroyable. Le petit déjeuner flottant, délicieux et pittoresque, est un point fort. Les bungalows sont spacieux, confortables et bien aménagés. L'hôtel a accueilli des personnalités, comme Mick Jagger, David Bowie et Roman Polanski. Pourquoi pas vous ?

SAWAH INDAH VILLA €€

Telaga Tawang, Karangasem, Kabupaten Karangasem, Bali 80846 ✆ +62 853 3805 3904

Chambre double à partir de 600 000 Rp. Villa familiale à partir de 1 500 000 Rp. Massages à partir de 350 000 Rp.

Située sur un plateau avec vue sur les rizières, cette élégante résidence propose des chambres traditionnelles, immergées dans la flore et la faune locales de Sidemen. Entre spa, cours de cuisine, treks, location de scooters et vélos, vous vivrez une expérience envoûtante. Dormez au son des grenouilles et réveillez-vous à la lumière réfléchie des rizières. Ce havre de paix assure un excellent rapport qualité-prix, avec des massages de qualité au spa et des dîners animés par un groupe musical sur la terrasse panoramique. Une adresse exceptionnelle à retenir.

SUBAK TABOLA VILLA €€

Jl. Raya Tebola No.80864, Telaga Tawang, Kec. Sidemen, Kabupaten Karangasem, Bali 80864

✆ +62 811 3866197

www.subaktabolavilla.com

Chambre double à partir de 1 500 000 Rp. Petit déjeuner. Piscine.

Niché au cœur des rizières, cet hôtel charmant offre une escapade idéale pour se ressourcer dans la nature. Les chambres confortables, une vaste terrasse privée pour la détente, et une piscine invitante définissent ce lieu de pure zénitude. L'accueil chaleureux de « Mama », la maîtresse de maison, et l'attention délicate du personnel, incluant un massage des pieds à l'arrivée, assurent un séjour des plus agréables. Entre les chambres, la piscine, le restaurant et les jardins, chaque aspect est pensé pour votre bien-être. Un véritable havre de paix.

CASA SAVANA €€€

Pering Sari, Selat, Karangasem Regency

✆ +62 881 03706 6838

Villa 2 chambres à partir de 6 500 000 Rp la nuit. Reservation de 2 nuits minimum.

Cette magnifique villa luxueuse à l'architecture en bambou, nichée au cœur des rizières balinaises, est tout simplement incroyable. La vue et l'environnement sont à couper le souffle et le confort maximal vous fera sentir plus que privilégié. La piscine avec vue sur la jungle offre un moment de relaxation inégalé. L'accès peut être un peu difficile, mais l'expérience qui vous attend en vaut largement la peine. La tranquillité est au rendez-vous pour un séjour coupé du monde. Parfait pour une pause pendant votre périple à la découverte de Bali.

HIDEOUT BALI €€

Jl. Jangu, Duda, Kec. Selat, Kabupaten Karangasem, Bali 80862

✆ +62 815 5319 0001

www.hideoutbali.com

Hutte à partir de 1 700 000 Rp. Spa, restaurant, activités, workshop, lieu de télétravail et d'émulation artistique.

© HIDEOUT BALI

Magnifiques huttes en bambou modernes et chaleureuses dans un cadre enchanteur. Situées au bord d'une rivière en pleine nature, elles offrent un environnement apaisant. Les bungalows, originaux et parfaitement équipés, allient confort et charme. Idéal pour un séjour romantique, ce lieu invite à la détente le temps d'un week-end. Véritable pépite du nord de Bali, il promet une expérience unique aux voyageurs. Le site propose aussi un espace de co-working, une grande piscine, une piscine à bulles en chambre, ainsi qu'un restaurant fusion indo-occidental.

NIVRITI BALI €€€

Jl. Raya Tebola, Telaga Tawang, Kec. Sidemen, Kabupaten Karangasem

✆ +62 857 3744 5765

Villa en bambou une chambre pour 2 personnes à partir de 3 200 000 Rp. Petit déjeuner.

Les chambres, toutes construites en bambou par Gede, un hôtel charmant, sont magnifiques, et leur vue sur le mont Agung est tout simplement époustouflante. Tout ici respire la beauté et la sérénité. Le resort est incroyable, offrant un cadre somptueux avec une atmosphère luxueuse de camping et des vues splendides sur les rizières. L'emplacement parfait et la propreté sont irréprochables malgré le fait que tout soit ouvert. Le service de restauration proposé est excellent et tout est fait maison. Le service est exceptionnel. On ne peut que recommander.

SAMANVAYA - ADULTS ONLY €€€

Banjar Jl. Raya Tebola, Telaga Tawang, Kec. Sidemen, Kabupaten Karangasem, Bali 80864 ✆ +62 821 4710 3884
www.samanvaya-bali.com
Chambre double à partir de 2 850 000 Rp. Piscine, Spa, restaurant, excursions, atelier de création de bijoux.

© SAMANVAYA LUXURY RESORT

Ce magnifique hôtel se situe sur les flancs de Sidemen, au milieu d'incroyables champs de riz. Doté d'une jolie architecture traditionnelle avec des toits en *alang alang*, il se compose de onze spacieuses villas soigneusement décorées afin d'intégrer la flore à l'hôtel. Idéal pour un séjour voluptueux en amoureux. Vous y trouverez un spa de qualité, un jardin botanique, un shala de yoga, mais aussi des cours de cuisine… L'hôtel recycle son eau et adopte au quotidien une gestion écoresponsable de ses ressources. Une très belle adresse !

SANDAG HILL €€€

Wisma Kerta, Sidemen, Karangasem Regency
✆ +62 859 3226 8903
Chambre double à partir de 1 150 000 Rp. Villa une chambre pour 2 personnes à partir de 2 000 000 Rp. Petit déjeuner.

Quelques villas entièrement en bambou entourées par la verdure de la colline. Les seuls sons que vous entendrez ici sont ceux des grenouilles, hiboux et autres animaux de la région. Vous serez réveillés par les lueurs de l'aube et le son de la nature qui s'éveille, suivi d'un massage balinais pour un vrai moment de détente ! Un grand bravo au propriétaire pour son souci du détail et sa grande gentillesse envers ses hôtes. Gede et sa femme sont parmi les personnes les plus attentionnées que vous rencontrerez à Bali. Tout simplement une expérience incroyable.

SURYA SHANTI VILLA €€€

Banjar Tebola
✆ +62 852 3734 5574
www.suryashantivilla.com
Chambre double dès 2 000 000 Rp. Suite dès 2 300 000 Rp. Villa familiale dès 3 000 000 Rp. Petit déjeuner. Piscine.

Petit monde préservé, ce lieu est une découverte à lui tout seul. Eco-responsable, il sensibilise ses clients au développement durable et aux économies d'énergie. Ce qui n'enlève aucune beauté au lieu, bien au contraire. Délicieuses villas en harmonie avec la nature environnante, deux splendides piscines, un restaurant et un spa qui invitent à prendre soin de soi, le tout, entouré par une végétation luxuriante. On apprécie la piscine, en partie ombragée en fonction des heures, et ses transats fort confortables pour une lecture ou une sieste !

VILLA UMA DEWI SRI - ROMANTIC BARN €€€

Jl. Banjar Luah No. 88, Desa, Sangkan Gunung, Sidemen, Karangasem Regency
✆ +62 819 1106 3443
www.umadewisri.com
Chalet romantique pour 2 personnes à partir de 2 150 000 Rp.

L'emplacement face aux rizières est tout simplement incroyable avec une vue à couper le souffle. Les bungalows sont magnifiques, spacieux et confortables, un véritable havre de paix d'où vous pourrez admirer le lever du soleil directement depuis votre lit. La piscine agrémentée de transats est un vrai plus. Le personnel, toujours aux petits soins, est adorable et d'une gentillesse exceptionnelle. Vous pourrez louer un scooter pour explorer la région alentour.

CASA SAVANA €€€

Pering Sari, Selat, Karangasem Regency
✆ +62 881 03706 6838
Villa 2 chambres à partir de 6 500 000 Rp la nuit. Reservation de 2 nuits minimum.

Cette magnifique villa luxueuse à l'architecture en bambou, nichée au cœur des rizières balinaises, est tout simplement incroyable. La vue et l'environnement sont à couper le souffle et le confort maximal vous fera sentir plus que privilégié. La piscine avec vue sur la jungle offre un moment de relaxation inégalé. L'accès peut être un peu difficile, mais l'expérience qui vous attend en vaut largement la peine. La tranquillité est au rendez-vous pour un séjour coupé du monde. Parfait pour une pause pendant votre périple à la découverte de Bali.

LIHAT SAWAH RESTAURANT €€

Telaga Tawang, Sidemen, Karangasem Regency, Bali 80864
✆ +62 366 5300516
www.lihatsawah.com
Ouvert tous les jours de 12h à 22h. Plats à partir de 75 000 Rp.

Lieu d'exception avec une vue imprenable et une décoration raffinée. Avec un délicieux menu varié et un accueil chaleureux. Les serveuses se distinguent par leur gentillesse exceptionnelle. Situé au-dessus des rizières, le warung devient particulièrement agréable lors des happy hours de 18h à 21h, créant une ambiance conviviale en pleine nature. L'atmosphère détendue rend l'expérience inoubliable. La qualité de la cuisine est remarquable, notamment les plats au thon et au poulet parfaitement cuits ainsi que les brochettes satay, les meilleures de Bali.

TERAS BALI RESTAURANT €€

GCFR+692, Jl. Raya Tebola, Telaga Tawang, Kec. Sidemen, Kabupaten Karangasem, Bali 80864
✆ +62 813 3974 3224
www.terasbalisidemen.com
Ouvert tous les jours de 7h30 à 21h30. Restaurant de l'hôtel Teras Bali.

Avec sa superbe vue sur le majestueux mont Agung et les rizières de Sidemen, il s'agit d'un très bon spot pour déjeuner ou dîner lors de votre passage dans la région. À la carte, le chef propose une cuisine indonésienne et internationale pour tous les goûts et tous les budgets. Les produits sont frais et l'accueil prévenant. On adore malgré une déco un peu vieillotte. Egalement possibilité de loger sur place dans de jolies chambres munies d'une salle de bain extérieure ! Mieux vaut ne pas avoir peur des insectes et des lézards pour cette partie.

AGUNG SILVER SIDEMEN

Jl. Raya Tebola, Telaga Tawang
✆ +62 813 37035113
www.agungsilverbali.com
Tous les jours de 8h à 22h.

Mr Agung a ouvert sa petite échoppe au centre de Sidemen avant de s'agrandir et de proposer des cours de fabrication de bijoux en argent. C'est avec beaucoup de patience, de sympathie, de rire et de passion qu'il partagera son savoir-faire avec vous. Que vous soyez débutants ou non, pour les ados ou les adultes, vous allez apprendre énormément ! Le plus : saviez-vous que cette compagnie eco-friendly reverse 5 % des bénéfices à des associations locales pour l'éducation des enfants ? Une raison supplémentaire pour aller y faire un tour !

WAPA DI UME SIDEMEN €€€

Banjar Dinas Tebola, Telaga Tawang,
✆ +62 366 5437600
www.wapadiumesidemen.com
Chambre double entre 3 300 000 Rp. Location de vélos, cours de cuisine, restaurant, confection d'offrandes, randonnées.

Boutique-Hotel 5 étoiles qui propose des services exclusifs et inédits pour la région, cours de cuisine, spectacles de danse, spa, restaurant traditionnel. Vue panoramique à 200° en haut d'une colline avec pour arrière-plan une vue du majestueux Mont Agung. Entouré de rizières, l'hôtel semble faire partie du paysage par son style et la finesse de son design. Parfait pour une immersion authentique loin des villes touristiques, il permet de vous insérer dans l'intimité du village encore peu connu de Sidemen en bénéficiant d'un confort absolu.

© WAPA DI UME SIDEMEN

© WAPA DI UME SIDEMEN

EST DE BALI

SENGKIDU

Le petit village de Sengkidu est rattaché à la station balnéaire voisine de Candidasa, dont les hôtels, qu'ils soient de milieu ou haut de gamme, sont un peu isolés, mais à deux kilomètres à pied, à vélo ou en taxi du centre-ville. Sengkidu se situe du côté des terres et sa plage est appelée Mandira. Ils jouissent du calme, et de la présence de la montagne. La mer, en revanche, ne peut promettre que les magnifiques fonds coralliens situés à proximité, les plages étant fort érodées. Des digues en béton ont été construites le long de la côte pour empêcher l'océan de grignoter plus de terre. N'hésitez pas à longer la côte qui offre de beaux points de vue.

PURA GUMANG ★

Jl. Raya Bugbug, Sengkidu, Kec. Karangasem, Kabupaten Karangasem

Temple hindouiste.

Le temple est habité par des singes. On peut poursuivre la marche sur 45 minutes supplémentaires pour arriver à un second temple. A quelques kilomètres à l'est de Candidasa, la route monte jusqu'au temple de Gumang. Depuis le parking, il faut grimper 45 minutes le long des marches pour l'atteindre et admirer les superbes vues sur l'océan. Non loin de là, il y a aussi le Pura Candidasa. Le petit temple du village est dédié à Shiva et à Hariti, figure bouddhiste de fertilité. Les femmes désirant tomber enceintes affluent au temple, les bras chargés d'offrandes.

IDA'S HOMESTAY €

Jl. Raya Candidasa

✆ +62 363 41096

Chambre double à partir de 250 000 Rp. Petit déjeuner.

Atmosphère unique au centre de Candidasa, grâce au grand parc ombragé et la vue sur l'océan. Il y a même un petit bout de plage à marée basse dont on vient profiter avec grand plaisir. Les six chambres sont dispersées dans des bungalows en forme de greniers à riz, le tout confectionné de matériaux naturels (du bambou, de la coco, du bois). Ils peuvent accueillir jusqu'à 4 personnes, et ont une salle de bains en partie à ciel ouvert, avec eau froide. Tous sont dotés de terrasses qu'il est difficile de quitter. Accueil sympathique.

AQUARIA ECO RESORT BALI €€

Jalan Puri Bagus, desa Jl. Samuh, Karangasem Regency

✆ +62 363 41127

www.aquariabali.com

Chambre double à partir de 1 000 000 Rp.

Un lieu très agréable dans un calme absolu pour ce superbe resort, idéalement situé et très relaxant. Un véritable havre de paix en bord de mer, avec un excellent rapport qualité-prix. Vous adorerez bouquiner sur un transat avec vue sur la mer et le son des vagues en arrière-plan. Le restaurant de haute qualité propose de délicieux petits-déjeuners. Le spa, bien équipé, prodigue même de très bons massages directement sur la plage. Mais ce qui rend cet endroit si unique, c'est le personnel, attentif et chaleureux, qui saura vraiment vous faire sentir spécial.

ASHYANA CANDIDASA BEACH RESORT & SPA €€

Jl. Raya Candidasa

✆ + 62 363 41539

www.ashyanacandidasa.com

Chambre double à partir de 200 000 Rp.

L'Ashyana Candidasa est un hôtel les pieds dans l'eau. Trois fois par semaine, le restaurant s'anime avec un spectacle de danse traditionnelle. Pour les activités, côté mer, plongée et snorkeling et côté terre, des cours de cuisine sont possibles. Le vendredi c'est l'occasion de faire une bonne action, le thé et les gâteaux sont offerts, et la participation libre des généreux donateurs permet d'aider l'orphelinat voisin d'envoyer certains de ses membres à l'école.

GANESH LODGE €€

Jl. Puri Bagus

✆ +62 363 41567

Chambres double à partir de 500 000 Rp. Petit déjeuner.

Prendre ses quartiers dans un bungalow et se déconnecter du monde extérieur, c'est possible ici avec l'atmosphère calme et sereine du lieu. Piscine de rêve et cadre verdoyant au Ganesh Lodge. Un petit coin de paradis où le sourire du personnel et les prix doux vous donnent envie d'arrêter le temps. Et pour prolonger au maximum l'effet relaxant de l'endroit, on peut s'offrir un divin massage au spa de l'hôtel. La terrasse et le jardin sont également très appréciables et on s'y sent vite bien pour bouquiner, papoter entre amis ou simplement *chiller*.

HÔTEL GENGGONG BALI €€

Jl.Puri Bagus, Candidasa, Sengkidu, Kec. Manggis, Kabupaten Karangasem, Bali 80871
✆ +623634381005 - www.hotelgenggong.com
Chambre double à partir de 500 000 Rp. Chambre deluxe à partir de 600 000 Rp. Petit déjeuner. Wifi. Piscine.

Hôtel avec piscine et un beau jardin très bien tenu. Joli coin de plage en supplément. Ce superbe hôtel, bien dirigé par Aldo, propose des chambres impeccables, spacieuses et agréables (certaines avec balcon panoramique, toutes disposent de l'air conditionné, de l'eau chaude, du wifi, d'un lecteur DVD, d'un minibar et de thé/café de courtoisie), un service souriant et attentif, et des prestations d'ensemble de qualité. Pas mal d'activités, dont le *snorkeling* autour des trois îles juste en face. Une excellente adresse dans laquelle on se presse : pensez à réserver.

RAMA SHINTA HOTEL & RESTAURANT €€€

Jl. Raya Candidasa, Sengkidu, Kec. Karangasem, Kabupaten Karangasem, Bali
✆ +62 363 41778
www.ramashintahotel.com
Chambre double à partir de 1 100 000 Rp. Petit déjeuner. Piscine.

Cet hôtel à taille humaine, constitué de 15 chambres en bungalow, et d'une petite piscine, est tenu par la gentille Anka. Les chambres sont confortables et celles à l'étage permettent de profiter d'une magnifique vue. Le tout offre une ambiance romantique en bord de mer. Disponible et serviable, Anka se fera un plaisir de vous renseigner lors de votre séjour. Possibilité de réserver des massages et de nombreuses activités comme la plongée, la pêche... sont à proximité.

VILLA COCOA MAYA €€€

Jl. Puri Bagus, Sengkidu, Kec. Manggis, Kabupaten Karangasem
✆ +27 833 785632
Villa 4 chambres en bord de mer à partir de 9 250 000 Rp (6 pers.), 10 500 000 Rp (8 pers.), 11 750 000 Rp (10 pers.)

Villa magnifique, aussi bien à l'intérieur qu'à l'extérieur, avec une décoration soignée et de très bon goût. L'accès direct à la mer est un vrai luxe. Dès l'entrée, le « wow » est assuré en découvrant l'océan juste derrière le jardin. Le personnel, dirigé par Komang, est aux petits soins pour une villa impeccablement propre et bien entretenue. L'emplacement, non loin de Candidasa, est parfait pour ceux recherchant une expérience balinaise authentique et paisible, loin des quartiers animés de Kuta et Canggu. Une valeur sûre pour cette propriété de charme.

VILLA SERENITY €€€

Jl. Karang Anyar, Sengkidu, Kec. Manggis, Kabupaten Karangasem
✆ +62 813 3895 9010
Villa 3 chambres à partir de 4 550 000 Rp (2 pers.), 5 600 000 Rp (4 pers.), 7 000 000 Rp (6 pers.)

Grande et magnifique villa proche de la mer, avec une cuisine particulièrement bien équipée, d'autant plus qu'un supermarché se trouve à proximité. Le personnel est adorable et très réactif, toujours aux petits soins. Le jardin de la villa est splendide et bien entretenu, tout comme la villa elle-même, spacieuse et d'une propreté irréprochable. Le cadre autour est agréable, avec de belles villas entourées de bananiers. La plage de sable blanc de Candidasa est à seulement 10-15 minutes à pied, et vous trouverez différents restaurants à 5 minutes.

TEMPLE CAFE (SEASIDE COTTAGES) €

FHR8+GV2, Jalan Raya Candidasa, Candidasa, Sengkidu, Manggis, Jl. Raya Candidasa, Sengkidu, Kec. Manggis, Kabupaten Karangasem, Bali
✆ +62 363 41629
Ouvert tous les jours de 8h à tard le soir. Plats à partir de 30 000 Rp.

Très bien situé, en plein centre de Candidasa et juste à côté du bord de mer, Temple Café est un endroit sympathique à toute heure de la journée et bénéficiant d'un excellent rapport qualité-prix. Si le soir le lieu ressemble plus à un bar, la journée on y mange une nourriture copieuse indonésienne ou encore des burgers et des gros steaks. Le plus : les petits déjeuners servis toute la journée. Quelques cottages sont à disposition dans un joli jardin rempli de sérénité.

WARUNG BONI CANDIDASA €

Jl. Puri Bagus Jl. Samuh, Sengkidu, Candidasa, Kabupaten Karangasem, Bali
✆ +62 818 565250
Ouvert midi et soir. Plats à partir de 30 000 Rp.

Il y règne une ambiance ultra-intimiste et calme dans ce charmant restaurant, caché au bout d'une rue – un peu à l'écart du centre de Candidasa. Au menu, de délicieux plats balinais cuisinés avec des produits frais. Le curry de poulet notamment est excellent. Le soir, on vient souper à l'une des quelques tables de ce jardin particulièrement charmant, harmonieusement éclairé. L'accueil et le service sont impeccables, très souriants. Une belle adresse à prix doux qui saura satisfaire tous les palais et les budgets les plus serrés.

EST DE BALI

WARUNG ASTAWA €€

Jalan Raya Candidasa
✆ +62 363 41363
Ouvert tous les jours de 11h à 22h. Menus à partir de 60 000 Rp.
La carte variée propose notamment des assiettes de fruits de mer, des poissons grillés [*mahi-mahi* très bons] avec une sauce au beurre et à l'ail. Il fait également d'excellents satays – un plat local que l'on trouve beaucoup par ici. Il s'agit de brochettes de viande marinée, avec une sauce à base d'épices – très parfumées ! Le cadre de ce petit resto est romantique avec ses bougies, ses nappes jaunes et sa décoration balinaise. Une bonne adresse qui offre un excellent rapport qualité-prix. Très bon service professionnel et accueillant.

VINCENT'S €€€

Jalan Raya Candidasa, Sengkidu, Kec. Karangasem, Kabupaten Karangasem
✆ +62 363 41368
www.vincentsbali.com
Ouvert tous les jours de 11h à 22h. Compter au moins 150 000 Rp/personne.
Le charme de l'adresse réside surtout dans la présentation très esthétique des plats [thaïs, indos, occidentaux] et dans le fond musical étoffé par les standards du jazz international. L'un des restaurants les plus prisés de la rue, avec son grand bar en bois et sa belle salle joliment décorée, ouvrant sur un jardin particulièrement romantique le soir avec sa végétation et ses multiples lampions. Service agréable, cuisine étonnante et belle carte de vins. Pour profiter au maximum de votre soirée : transfert à l'hôtel gratuit sur demande.

BENTHOS BALI DIVE RESORT

Jl. Raya Candidasa Candidasa, Bali, Karangasem
✆ +62 822 4721 5443
www.benthosbali.com
Centre de plongée PADI. Baptême 125 US$, cours tout niveau, plongées loisirs. Package plongée + hébergement disponible.
Centre de plongée PADI qui propose tout le panel des cours et des plongées loisirs à l'est de l'île ainsi que différentes excursions. L'hôtel est charmant avec un personnel réactif et attentionné. La piscine est grande et agréable, les chambres en bois de type chalet sont spacieuses, avec une salle de bain extérieure très mignonne et confortable. Les petits déjeuners sont copieux et délicieux, parfaits pour bien démarrer la journée de plongée. Une belle découverte, un endroit plein de charme et de confort, à proximité de bons restaurants.

TENGANAN ★

Le village de Tenganan a fait l'objet de nombreuses études ethnologiques concernant ses origines et la confection du fameux double ikat, appelé Kamben Geringsing, supposé posséder des vertus et des pouvoirs magiques. On le classe parmi les villages Bali-Aga, ou « balinais d'origine », qui auraient échappé à l'influence hindou-javanaise de Mojopahit. Les villageois, composés d'environ trois cents membres qui forment le Désa Adat Tenganan Pegerinsingan, croient descendre directement du dieu Indra et c'est la raison pour laquelle ils ont gardé leurs lois coutumières intactes à l'abri des effets des civilisations qu'ils jugent néfastes.

Histoire

Tenganan, un village peuplé de « Bali-Aga » : ce qu'on appelle les Bali-Aga, ou Balinais d'origine, sont les communautés qui ont échappé à l'influence indo-javanaise de Mojopahit. Leur différence tient en deux points essentiels : ils ont gardé leurs lois coutumières [Adat] et leurs terres. Tenganan ne constitue pas le seul exemple. En fait, quelques villages trahissent encore leurs lointaines coutumes que l'on peut souvent rattacher à d'autres coutumes nousantariennes encore en vigueur dans le reste de l'archipel et tout particulièrement à Nusa Tenggara. Aga signifie montagne et désigne évidemment les endroits qui ont pu le plus facilement échapper aux influences étrangères en défendant leurs terres moins accessibles. Des chroniques font état d'un village appelé Aga, sur les pentes du mont Raung, à Java-Est d'où serait venu Rsi Markandya, dont on dit qu'il fut le fondateur du premier temple de Besakih au VIIIe siècle. La culture bali-aga serait alors un mélange d'influences venant de l'ouest par Java et ses civilisations remontant avant Mojopahit, et d'influences venant de l'est et du nord-est, en particulier des Nousantariens qui auraient investi les différentes îles avant de parvenir à Bali. Au centre du village de Tenganan se situe le balé agung, ou pavillon du conseil. Les Bali-Aga ont conservé de nombreux bâtiments collectifs qui font penser à certaines entités architecturales et politiques encore en vigueur à Sumba ou même à Kalimantan. Les arts bali-aga ne connaissent pas le divertissement ou le concert musical. L'art est ici rituel et correspond à des fonctions et une esthétique précises.

Tourisme

Le cœur du village de Tenganan est clos et entouré de murs. Le lieu, appelé « Tenganan Pegeringsingan », dans un cadre naturel exceptionnel, dévoile aux voyageurs son architecture et ses traditions. Vous serez guidés à travers boutiques et ateliers, pour découvrir des créations artisanales traditionnelles comme de splendides vanneries, l'exclusif double ikat aux vertus magiques et les calendriers uniques gravés sur feuilles de palme. Vous aurez peut-être la chance d'admirer son impressionnante multi-balançoire en action... Un vrai plaisir pour les yeux... avec le cœur bien accroché ! Malgré son ouverture aux visites, un peu comme un musée préservant les cultures ancestrales, Tenganan conserve précieusement ses mystères et cache toujours au monde ses rituels nocturnes et matinaux, dans une culture originale totalement préservée.

PEGERINGSINGAN VILLAGE ★★

Tenganan, Kec. Manggis, Kabupaten Karangasem,
✆ +62 819 1672 8422

Dans le village clos de Tenganan, vous serez guidés à travers les boutiques et les ateliers, pour découvrir des créations artisanales comme de splendides vanneries, l'exclusif double ikat aux vertus magiques et les calendriers uniques gravés sur des feuilles de palme. Malgré son ouverture aux visites, Tenganan préserve ses mystères : entouré de murs, il cache ses rituels nocturnes et matinaux, dans une culture préservée. S'étendant sur 10 hectares dans un cadre naturel exceptionnel, le village dévoile aux chanceux son architecture et ses traditions ancestrales.

ISEH

Le pittoresque village d'Iseh est devenu célèbre à l'échelle mondiale, principalement grâce au récit fascinant d'Anna Matthews dans son livre intitulé *The Night of Purnama*, traduit par « La nuit de la pleine lune ». Cet ouvrage détaille minutieusement une nuit d'effroi, celle de l'éruption cataclysmique du Gunung Agung, survenue le 17 mars 1963. Mais l'histoire d'Iseh ne se limite pas à sa place dans la littérature. Le village fut aussi le lieu de résidence de Walter Spies, un artiste peintre allemand de renom, qui a choisi de s'y établir en 1932. Baigné dans une lumière matinale enveloppante, il a su capturer avec maîtrise les sublimes paysages d'Iseh, notamment les vues enchanteresses à travers les étendues de rizières. L'héritage artistique du village fut par la suite perpétué par Théo Meier, un peintre suisse, qui prit la relève en habitant dans la même maison que celle de Spies.

Transports

Pour ceux désireux de visiter le village d'Iseh, le trajet commence en quittant Amlapura vers Rendang. Juste avant d'atteindre Selat, un virage à gauche à Duda s'impose. Il existe également une route alternative magnifique partant de Klungkung vers le nord, par la route de Sidemen. Cette dernière option promet un voyage des plus mémorables, traversant des paysages naturels et culturels balinais à couper le souffle, ajoutant ainsi une richesse inestimable à l'expérience de voyage vers le village d'Iseh.

BUKIT KEMBANG SARI €€

Pesedahan, Kec. Manggis, Kabupaten Karangasem
✆ +62 821 4493 2675

Chambre double à partir de 525 000 Rp. Piscine.

Situé un peu à l'écart du centre-ville, dans la zone de Tenganan, l'accès à l'établissement peut être un peu difficile, mais au bout vous trouverez calme et tranquillité. Le lieu, la vue, le confort et la piscine en font une excellente adresse pour se détendre avec un bon rapport qualité-prix. Le personnel est accueillant, très gentil et serviable. La propriété est bien entretenue, avec une piscine agréable. L'hôtel propose également un service de restauration. Le bon petit déjeuner, préparé avec soin par Oka, un chef talentueux et sympathique.

PONDOK SAPTA SALLACA €

East Duda, Selat, Karangasem Regency
✆ +62 823 4181 4339
https://linktr.ee/pondoksaptasallaca

Chambre double à partir de 540 000 Rp.

L'hébergement, tout neuf, est chaleureux et familial. Les cabanes propres et confortables sont bien équipées, avec la climatisation, du spray anti-moustiques, une lampe de poche et des prises près des lits, ce qui est très pratique et pas courant dans le pays. Le restaurant propose des plats frais, délicieux et abordables. Nyoman, le propriétaire, pourra gentiment vous louer un scooter pour explorer les environs. Tout le personnel est adorable et toujours disponible et arrangeant. Les salles de bain avec eau chaude et une bonne pression sont un plus appréciable.

GREAT MOUNTAIN VIEWS €€

Banjar Alas Tunggal
✆ +62 858 5701 3416
www.greatmountainbali.com

Chambre double à partir de 550 000 Rp. Restaurant. Création d'offrandes, visite d'une fabrique de chocolat. Piscine.

A l'écart du village de Duda, à 15 min de Sidemen, cet hôtel offre une retraite paisible avec 12 villas, loin de l'agitation touristique. Face à un vaste champ de riz avec vue sur le volcan Agung, son emplacement est idyllique. La villa en bambou est idéale pour les familles avec ses 2 chambres : La perle de l'établissement. Privilégiée, elle promet une expérience incomparable. Profitez du chant des oiseaux au lever du jour et du spectacle des fermiers au travail dans les rizières au coucher du soleil, dans un cadre semblant suspendu dans le temps.

ECO BAMBOO ISLAND BALI €€€

Jl. Jangu, Duda, Kec. Selat, Kabupaten Karangasem
✆ +62 858 5893 8588

Cabane en bambou à partir de 2 800 000 Rp (2 pers.), 3 100 000 Rp (3 pers.), 3 400 000 Rp (4 pers.)

Un endroit tout simplement sensationnel ! On sent que chaque détail a été pensé avec soin, et le bambou a été utilisé ici de manière ingénieuse dans une architecture fascinante. Tout est pensé pour le confort : literie impeccable, moustiquaires, rideaux et spray anti-moustiques, sans oublier une bonbonne d'eau à disposition. La vue sur la rivière depuis la première maison est splendide. L'emplacement est parfait pour aller faire du rafting et profiter de la beauté des paysages qui vous émerveilleront. On recommande cet endroit à 100 % !

KALAMANTHANA BALI €€

Jl. Gn. Agung, Muncan, Kec. Selat, Kabupaten Karangasem ✆ +62 822 3535 1233

Chambre double à partir de 1 350 000 Rp. Petit déjeuner.

Un lieu parfait, très propre, avec une vue à couper le souffle sur un véritable paradis terrestre, un tableau parfait du paysage balinais ! Les filets suspendus dans la forêt sont tout simplement magiques. Stefan, le propriétaire, vous accueille avec une chaleur incroyable et partage avec vous l'esprit d'accueil balinais qui l'a conquis lui aussi ! Il a tout fait pour nous conseiller et nous offrir tous les services nécessaires pour rendre notre séjour inoubliable. Tout est prévu pour un séjour parfait, dans un cadre splendide.

MAGIC HILLS BALI - MAGICAL ECO-LUXURY LODGE €€€

Banjar Dinas Padangaji Kawan, Desa Padangaji, Kedesaan, Pering Sari, Kec. Selat, Kabupaten Karangasem ✆ +62 812 4644 4223
www.magichillsbali.com

Mermaid house pour 2 personnes à partir de 3 250 000 Rp. Princess house pour 4 personnes à partir de 9 100 000 Rp.

Une architecture splendide et impressionnante avec une décoration soignée, avec beaucoup de goût et d'attention aux détails. Vous vous sentirez à l'aise dès le premier instant dans cette villa à la vue magnifique, donnant l'impression d'être seuls au monde au milieu de la nature. La maison est très bien aménagée, avec un concept ouvert et tout ce qu'il faut pour un séjour agréable. Le personnel est extrêmement sympathique et serviable. Un séjour qui sera une expérience à part entière.

CAMAYA - BAMBOO HOUSES €€€

Banjar Dinas Pandangaji Kawan Desa Padang Aji Kedesaan, Pering Sari, Kec. Selat
✆ +62 813 3945 5740 - www.camayabali.com

Magnifique maison en bambou 2 chambres à partir de 6 400 000 Rp/nuit.

Ce lieu enchanteur captive par ses luxueuses cabanes en bambou au cœur des rizières, créant une envie irrésistible de s'y éterniser. Malgré l'immersion en nature, aucun désagrément d'insectes ne perturbe la propreté impeccable des lieux. La salle de bain extérieure et la piscine à bulles ajoutent à l'expérience unique. L'équipe, d'une grande gentillesse, répond à tous les besoins, proposant même un scooter gratuit pour explorer les environs. Les soins de massage excellents, une cuisine exquise et des repas pris dans un cadre romantique complètent le séjour.

SHIGAR LIVIN BALI €€€

Jl. Pura Dalem No.17X, Muncan, Kec. Selat, Kabupaten Karangasem
✆ +62 819 9911 8008

Cabane pour 2 personnes avec vue sur la rivière et piscine privée à partir de 4 000 000 Rp.

Cabane insolite avec une vue à couper le souffle. La petite piscine est très agréable et parfaite pour vous rafraîchir. L'emplacement est idéal, à proximité des temples, et il sera facile d'organiser vos excursions à la journée. Le personnel est exceptionnel, toujours aimable et serviable, et propose des activités intéressantes, comme la création de bijoux en argent et des massages. Le petit déjeuner est délicieux. Un séjour mémorable que nous recommandons sans hésitation ! Seul problème, vous n'aurez plus envie d'en partir.

TIANYAR

Situé entre Kubu et Gretek, Tianyar est un petit village de pêcheurs qui s'étend le long d'une route appelée la Jalan Tianyar. C'est l'une des régions les plus pauvres et les plus arides de Bali et elle ne compte pas beaucoup d'hébergements touristiques. Si vous cherchez un endroit hors des sentiers battus, n'hésitez pas à venir découvrir le village de Tianyar. Pour y accéder, comptez une trentaine de minutes à partir d'Amed. Sur place, ne manquez pas Savana Tianyar qui offre une superbe vue sur le volcan Agung. C'est un spot assez connu pour y faire de très belles photos. Un conseil, venez tôt pour éviter la chaleur, il n'y a pas d'ombre !

KUBU

De toutes les régions d'Indonésie, celle de Kubu est certainement LA destination pour les fanatiques de plongée et d'exploration nautique. Après avoir posé vos valises dans l'un des hôtels spa et autres resorts de Kubu, vous trouverez aisément vos marques et trouverez très rapidement un centre afin de partir en chasse des merveilles sous-marines du coin. On recommande particulièrement la plongée-découverte de l'épave. Après votre excursion, vous ne manquerez pas d'établissements où vous restaurer, compte tenu des nombreux warungs qui se trouvent à Kubu. Une vraie bonne destination pleine de charme que l'on recommande surtout aux sportifs.

SAVANA TIANYAR

Tianyar, Kubu, Karangasem Regency

Cette balade offre une vue splendide sur le Batur et la mer, accessible facilement en venant de Tejakula ou d'Amed. Le lieu, avec sa vue sur le volcan Agung, est absolument magnifique, mais il est recommandé d'arriver très tôt pour éviter la chaleur et profiter pleinement du paysage. La zone est très insolite, évoquant un Far West parfait avec des chevaux, des vaches et des chèvres qui passent parmi les cactus et les chemins poussiéreux des carrières. C'est un endroit sauvage pour une touche d'aventure à cette expérience unique.

RETREAT VILA TORAJA BATURINGGIT €€

Baturinggit, Kubu, Karangasem Regency

✆ +62 819 9945 5830

Chambre double à partir de 900 000 Rp.

Un charmant établissement tenu par une famille balinaise. La chambre est spacieuse et confortable, même si une décoration un peu plus épurée ne ferait pas de mal. L'emplacement en bord de mer offre une sensation de liberté incroyable, avec des couchers de soleil à couper le souffle. Le jardin est vaste et impeccablement entretenu. Les repas, faits maison par l'hôte, sont délicieux et le personnel toujours souriant et attentionné. Excellent rapport qualité/prix. Une perle à découvrir !

SPA VILLAGE RESORT TEMBOK €€€

Jalan Singaraja-Amlapura No. 100

✆ +62 3623 2033

www.spavillageresort.com

Chambres à partir de 5 000 000 Rp. Piscine, Spa, restaurants, bars. Nombreuses activités proposées.

Avec ses plages de sable noir et au cœur d'une nature exceptionnelle, ce resort est l'une des plus belles adresses du nord-est de Bali. Situé au dessus de Tulamben, les 31 chambres et villas mêlent confort occidental et douceur balinaise. Chaque chambre possède une terrasse donnant sur la mer ou sur les terres luxuriantes. Les soins à base de plantes et les rituels raffinés proposés par le spa s'inspirent des thérapies ancestrales. Une initiation à l'art du massage est possible.

SIDDHARTHA OCEANFRONT RESORT & SPA BALI €€

Jl. Amlapura-Singaraja, Kubu, Karangasem Regency ✆ +62 363 23034

www.siddhartha-bali.com

Chambre doubla à partir de 1 500 000 Rp. Petit déjeuner. Centre de plongée.

Superbe complexe aux installations agréables et au personnel amical. On ressent l'efficacité de la gestion allemande, attentive aux moindres détails. Le jardin, la piscine, tout est magnifique. La literie est très confortable dans une chambre spacieuse. Les petits déjeuners sont tout simplement incroyables, tout comme la carte du restaurant, délicieuse. Le récif devant le resort est idéal pour le snorkeling, avec de bons spots de plongée à proximité et une équipe de plongée compétente.

EST DE BALI

TULAMBEN ★★

Situé au nord de la côte est, Tulamben est un petit village situé de part et d'autre d'une route principale. Les voyageurs y viennent pour découvrir le célèbre site du *Liberty*, épave d'un cargo américain devenue un des *musts* de la plongée sous-marine. En dormant ici, on a l'avantage d'être les premiers à l'eau, avant les foules de plongeurs venues du Sud et du Nord de Bali ; on aura aussi la chance de pouvoir s'essayer à une spectaculaire plongée de nuit dans une atmosphère propre aux épaves. Le village ne présente aucun intérêt particulier autre que la plongée sous-marine, si ce n'est son charme campagnard. Les plongeurs préfèrent en général rester sur le village de Amed, réputé plus tranquille.

Transports

Pour se déplacer, rien de tel que la marche à pied, mais si vous comptez rejoindre Amed, il vous faudra louer un scooter. Munissez-vous de votre permis international.

La police est partout à Bali et aime contrôler les touristes. Votre papier ne suffira pas.

L'amende se fait à la tête du client. Elle peut s'élever à 1 million de roupies (environ 70 €). En souriant et expliquant que vous n'avez pas assez sur vous, vous pourrez faire baisser l'amende de moitié facilement. Vos billets partiront sûrement dans la poche du policier... Ou dites que vous désirez passer devant le tribunal... À noter : le port du casque est obligatoire.

© STÉPHAN SZEREMETA

Épave du cargo américain que l'on peut découvrir en plongée ou snorkelling à Tulamben.

US LIBERTY - ÉPAVE

Épave de bateau de guerre.

Pour un voyage plongée, vous ne pouvez faire autrement que de visiter l'épave du *Liberty*. C'est l'une des plus belles épaves au monde. Il s'agit d'un cargo de 120 mètres de long, construit en 1918 et réquisitionné par l'armée américaine pour transporter des marchandises durant la Seconde Guerre. Le navire a été torpillé en juin 1942 par un sous-marin japonais. Depuis, l'épave gît entre 6 et 28 mètres de profondeur, tout près de la plage, dans une eau à 30 °C. Le *Liberty* est l'une des épaves les plus célèbres. Elle est accessible dès le niveau 1.

BUBU HOMESTAY €

Jl. Raya Singaraja, Tulamben, Kec. Kubu, Kabupaten Karangasem
✆ +62 811 3092 2227
www.bubu-homestay.com

Chambre double à partir de 300 000 Rp. Petit déjeuner de 35 000 Rp à 60 000 Rp.

Joli établissement qui propose 3 villas, 1 dortoir, 10 chambres, une piscine de 15 mètres et 2 joglos, idéalement situé juste derrière le centre de plongée Dive Concept, à seulement 400 mètres de l'épave du Liberty, c'est un excellent point de chute pour les plongeurs. Les chambres, flambant neuves et impeccables, sont équipées de tout le confort nécessaire pour un prix imbattable. Chacune dispose de la climatisation et d'une terrasse. Un petit restaurant sur place propose des plats indonésiens et quelques classiques occidentaux.

LIBERTY DIVE RESORT €€

Jl. Amlapura Singaraja
✆ + 62 363 23347
www.libertydiveresort.com

Chambre double dès 725 000 Rp. Chambre deluxe dès 800 000 Rp. Chambre familiale dès 1 160 000 Rp. Piscine.

Au centre-ville, cet hôtel est un pied-à-terre idéal pour les plongeurs qui souhaitent passer une ou deux nuits pour découvrir l'épave. Celle-ci se situe juste devant l'établissement. Le centre de plongée est d'ailleurs très bien organisé et le personnel disponible. Il faut souligner l'excellent rapport qualité-prix de la prestation. Côté chambres, elles sont classiques mais propres et confortables - dont des familiales accueillant jusqu'à cinq personnes. Certaines ont un agréable balcon qui donne sur la belle piscine centrale de l'hôtel.

TOYABALI RESORT €€

Jln. Raya Kubu Amlapura,
✆ +62 813 3842 0514
www.toyabali-resort.com
Villa pour 2 personnes à partir de 1 400 000 Rp. Petit déjeuner copieux inclus. Piscine extérieure.

Idéal pour se ressourcer, ce charmant hôtel est un excellent point d'attache pour les personnes désirant voir le volcan ou s'adonner aux joies de la plongée. Vous vous trouvez à quelques mètres du Liberty, pas besoin de faire obligatoirement une sortie en bouteille, masque et tuba peuvent aussi suffire. Sa situation face à la mer et son isolement en font un havre de paix, idéal pour profiter des magnifiques levers de soleil au large. Un restaurant à prix raisonnable, la magnifique piscine donnant sur la mer et le jardin très bien entretenu sauront vous charmer.

MATAHARI TULAMBEN RESORT €€

Jl. Kubu-Abang ✆ +62 363 229 16
www.divetulamben.com
Chambre de 280 000 Rp à 980 000 Rp. Petit déjeuner. Piscine. Possibilité d'organiser des packs hôtel et plongée.

Au centre du village sur la route, cet ensemble hôtelier plutôt charmant comprend des chambres pour toutes les bourses, de la petite double simple et propre avec ventilateur à la Deluxe avec vue sur l'océan et climatisation. L'ensemble dispose également de quelques bungalows - dont un familial avec deux chambres, idéal pour les voyages entre amis ou en famille ! Grand centre de plongée bon marché, avec notamment une journée de plongées illimitées (matériel, guide et bateau à disposition). Une bonne adresse dans cette gamme de prix.

PONDOK MIMPI €€€

Jl. Raya Kubu
✆ +62 812 3666 0202
www.pondokmimpitulamben.com
Chambre double dès 1 400 000 Rp. Villa dès 2 400 000 Rp. Petit déjeuner. Piscine. Spa. Plongées et cours de PADI.

Conçu comme un petit village balinais avec sa petite quinzaine de bungalows en dur, sa dizaine de bungalows en bois et en chaume et ses quatre cottages avec vue sur la mer, ce petit complexe charmant avec sa piscine et son beau jardin en face de la mer à tout pour plaire. De plus, le restaurant est considéré comme l'un des meilleurs de la ville. Un spa et un club de plongée sont à disposition. Vous avez pas mal d'activités à proximité : du rafting, la plage, du vélo... et de nombreux temples à visiter à proximité. On adore !

THE FRENCH WARUNG €

Main road
✆ +62 813 5372 4317
www.the-french-warung-tulamben.com
Plats entre 25 000 Rp et 80 000 Rp.

Des pizzas, des plats indonésiens ou encore des burgers, tout en sirotant un jus de fruit frais, un expresso ou un cappuccino. Voilà ce qui vous attend ici. Vous pouvez aussi y venir tôt, pour savourer un bon petit-déjeuner dès 7h du matin. Il est aussi difficile de choisir son plat que de terminer les généreuses portions servies. A ne pas rater, ce restaurant offre une carte internationale aussi complète qu'excellente. Large choix. Excellent rapport qualité-prix. Bon à savoir : le lieu propose aussi des chichas à fumer de différents parfums.

DIVE CONCEPTS TULAMBEN

Jl. Raya Singaraja, Tulamben, Kec. Kubu, Kabupaten Karangasem, Bali 80852
✆ +62 812 3684 5440
www.diveconcepts.com
Baptême : 900 000 Rp, Open water course : 3 800 000 Rp. Pack 3 plongées loisirs : 1 050 000 Rp.

Dans une ambiance chaleureuse et familiale, ce centre de plongée propose des sorties sur le site de l'épave du Liberty, mais aussi dans les environs immédiats de Tulamben qui abrite d'autres merveilles marines riches d'une diversité extraordinaire (macros et requins à pointe noire notamment). Prix attractifs pour ce centre de plongée francophone SSI. Dive Concepts permet d'ouvrir le monde de la plongée à un large public, pour le plus grand bonheur des débutants et des niveaux intermédiaires. On vous récupère et vous dépose à l'hôtel si vous logez sur Amed.

AMED ★★★

Amed, un tronçon de côte escarpée au nord-est de Bali, s'étend sur environ quinze kilomètres et englobe plusieurs villages pittoresques. Cet endroit, autrefois préservé et peu fréquenté par les touristes, commence à voir l'émergence d'une multitude de nouvelles infrastructures. Sa plage de sable noir, ornée de *prahus* colorés, offre un panorama magnifique, bien que la baignade y soit parfois quelque peu périlleuse. Le long du rivage, quelques cafés invitent à la détente, permettant de savourer la tranquillité et la beauté sauvage de la côte. Amed se distingue aussi comme l'un des rares lieux à Bali où la barrière de corail reste relativement intacte. En visitant Amed, on comprend aisément pourquoi Bali est un haut lieu du tourisme mondial. C'est un lieu qui respire la paix et la sérénité. Le calme caractéristique de ce petit village, exempt de toute agitation nocturne, ainsi que sa proximité avec certains des meilleurs sites de plongée d'Indonésie, contribuent à son succès touristique. Beaucoup de visiteurs viennent spécialement à Amed pour la plongée, profitant de l'avantage d'être sur place pour éviter les foules qui transitent depuis Kuta.

Balade

Explorer la route d'Amed à Amlapura en scooter est une expérience exaltante. Cette voie sinueuse longeant des falaises offre des vues spectaculaires sur de nombreuses baies sauvages et verdoyantes. En une journée, vous pouvez réaliser un circuit complet : débutez par la côte jusqu'à Ujung, en vous arrêtant pour visiter le magnifique *water palace*. Poursuivez ensuite vers la plage Pasir Putih, située entre Ujung et Bugbud, pour un déjeuner et une baignade relaxante. Cette plage de sable blanc, nichée entre deux falaises et légèrement dissimulée, est souvent décrite comme l'une des plus belles de Bali. Elle est accessible après un court trajet à pied sur un chemin de terre depuis un parking.
Après cette halte, repartez à travers les terres et les rizières verdoyantes, en faisant une escale à Tirtagangga pour admirer son *water palace*. Terminez votre périple en traversant Culik, un village traditionnel charmant, avant de revenir à Amed. Il est conseillé de commencer ce voyage tôt le matin pour profiter pleinement de la journée et des paysages à couper le souffle que cette route a à offrir.

Se loger

À Amed, la plupart des hôtels, homestays et restaurants se déploient le long de la route principale qui serpente près de la plage. Cette disposition, étendue sur environ 10 km, confère un sentiment d'isolement agréable à chaque établissement, surtout pour ceux sans moyen de transport personnel. Cette particularité contribue grandement à l'ambiance sereine du lieu. Amed, comparativement moins développée que le sud de Bali, offre l'avantage de pouvoir négocier les tarifs d'hébergement en basse saison. Parmi les villages, Lipah et Bunutan sont les plus aménagés. Même les hébergements les plus simples offrent souvent la location ou le prêt de matériel de *snorkeling*, permettant aux visiteurs de passage de découvrir facilement les merveilles sous-marines de la région.

BAMBOO BALI €

Jalan Raya Jemeluk
✆ +62 363 23478
www.bamboobali.nl
Entre 200 000 Rp et 300 000 Rp en basse saison et de 300 000 Rp à 500 000 Rp en haute saison (juillet et août).

Bamboo Bali est un établissement correct avec des chambres très propres et agréables, supplément ventilateur fort agréable, moustiquaire, eau froide ou chaude et surtout des hamacs sur les terrasses. Une dizaine de chambres dont certaines sur la plage de l'autre côté de la rue avec une belle vue mer. Les autres sont adossées à la colline (on recommande malgré tout celles-ci, car il y a moins de bruits). Un bon restaurant est également disponible : plats locaux, très bon rapport qualité / prix. Quant à l'accueil, il est très sympathique et souriant.

GERIA GIRI SHANTI BUNGALOWS €

Jl. I Ketut Natih, Purwakerti, Kec. Abang, Kabupaten Karangasem ✆ +62 819 1665 4874
www.geriagirishanti.com
Bungalow à partir de 25 US$ en basse saison et à partir de 30 US$ en haute saison. Petit déjeuner.

A seulement 2 minutes de la plage, Geria Giri Shanti - littéralement la jolie maison sur la colline - propose 4 bungalows (avec des sanitaires privés et de l'eau chaude). À taille humaine, cette belle petite adresse est tenue par un couple anglo-flamand très sympathique. Les chambres sont très propres et bien aménagées, le jardin luxuriant : on s'y sent vite bien et il fait bon flâner ici ! Le rapport qualité-prix est en accord avec le cadre : très agréable. Plongée disponible.

AMED HARMONY CAFE AND BUNGALOW €€

Jl. Raya Amed
✆ +62 363 23570
Chambre double à partir de 620 000 Rp. Piscine.

Ici, tous les bungalows sont équipés de la climatisation et très bien tenus avec de jolies salles de bains extérieures. Excellent rapport qualité-prix pour cet établissement un peu excentré où l'on vous conseille de louer un scooter pour vos déplacements afin de rallier la plage de Lipah en seulement trois minutes. Magnifique jardin bio en guise de garde-manger pour vous garantir une cuisine *healthy*. Une véritable pépite qu'on vous recommande chaudement !

AMED OASIS €€

Jl. I Ketut Natih, Tukadse, Amed, Kabupaten Karangasem
✆ +62 363 4301035 - www.amedoasis.com
Chambre double à partir de 800 000 Rp avec petit déjeuner. Piscine extérieure.

Niché au cœur du village de pêcheurs, à quelques pas de sa plage de sable noir, l'Amed Oasis, enveloppé de son écrin verdoyant et disposant d'une jolie piscine. Les chambres sont à un bon rapport qualité-prix et profitent d'une situation idéale à proximité des commerces du village et de la plage. Idéal pour les familles et les personnes désireuses de profiter des facilités qu'offre la ville et de bénéficier d'une offre hôtelière compétitive. Un personnel dévoué crée une atmosphère chaleureuse et accueillante pour cette adresse qui mérite le coup d'œil !

CORAL VIEW VILLAS €€

Jl. Raya Amed Seraya
✆ +62 363 23493
coralviewvillas.com
Chambre double à partir de 1 000 000 Rp.
Chambre familiale à partir de 2 400 000 Rp.

Le Coral View est situé stratégiquement pour les plongeurs entre autres, mais, c'est loin d'être le seul argument qui nous fait choisir ce complexe touristique, les pieds dans l'eau. Celui-ci est surtout composé de jolies villas réparties à travers un jardin luxuriant. Si certaines donnent sur ce jardin, quelques bungalows offrent une belle vue sur l'océan. Chambres familiales disponibles. On aime la baignoire en extérieur, un vrai bonheur de profiter de cette salle de bain ultra sereine. Et bien sûr, l'accueil particulièrement sympathique.

KELAPA COTTAGE €€

Jl. Celuke no. 36
✆ +62 852 7403 0033
www.kelapacottage.com
Chambre double à partir de 800 000 Rp. Petit déjeuner. Piscine.

De beaux bungalows modernes à l'architecture traditionnelle avec terrasse sont proposés à la clientèle : deux villas, moins d'une dizaine de chambres et même deux dortoirs vous attendent. Dans ce lieu calme et en retrait de la route principale, on bénéficie d'un excellent choix dans cette catégorie de prix. Le service attentionné largement est apprécié, ainsi que le petit déjeuner frais et copieux. De nombreuses options végétariennes et végétaliennes sont disponibles. Cours de yoga proposés, vélos, randonnées, snorkeling... On recommande.

DE'ADEMA GESTHOUSE €€

Purwakerti, Abang, Karangasem Regency
✆ +62 819 9944 2765
www.deadema.com
Chambre double à partir de 400 000 Rp.

Situé en bord de mer et à deux pas des restaurants, cet hôtel offre un rapport qualité-prix exceptionnel. Gérés avec amour, les lieux offrent un cadre parfait au cœur d'Amed. Les chambres sont spacieuses avec des matelas sur les terrasses, un Wi-Fi efficace, et des transats face à la mer. L'emplacement est idéal, offrant un accès direct à une plage de sable, un atout rare dans une région où dominent les galets. L'hôte est toujours disponible et prépare un petit déjeuner délicieux à prendre sur la terrasse avec vue imprenable sur l'océan.

ONLYOU VILLAS €€

Jl. Raya Amed
✆ +62 363 23595
www.onlyouvillas.com
Villa 2 personnes à partir de 1 350 000 Rp. Piscine.

Une structure magnifique qui propose des piscines privées surtout de sublimes vue sur la mer ou des salle de bains *open air*, etc. Les balcons donnent vue sur la cime des palmiers verdoyants, avant que notre regard se pose sur l'immensité de l'océan... On reste volontiers installé à sa table, à prendre un café ou simplement profiter de la lumière mouvante du jour qui se lève ou qui se couche en fonction de ses envies... La suite *honeymoon* ou familiale est dotée d'une cuisine aménagée et d'une piscine personnelle avec douche extérieure... Un bijou.

KURA KURA DIVERS LODGE €€

10 Jl. I Ketut Natih
✆ +62 823 4041 8883
www.balireefdivers.com
Chambre double à partir de 550 000 Rp à 630 000 Rp. Restaurant avec baby foot, fléchettes, billard, club de plongée.

© KURA KURA DIVERS LODGE

Créé en 2022, c'est l'un des établissements qui a la cote en ville. En plein centre-ville, avec des chambres plutôt grandes pour le prix ! Il dispose de 15 chambres avec petit-déjeuner inclus. Une piscine de 3 mètres de profondeur vous permet de vous exercer à la plongée avec l'un des clubs leaders du coin, Bali Reef Divers. Ambiance bon enfant et un staff très sympathique. Dispose d'un bar et d'un restaurant, c'est l'endroit idéal pour un couple au budget moyen voulant découvrir les environs et s'adonner aux joies de la plongée sous-marine.

MATHIS LODGE AMED €€€

Jl. Bunutan ✆ +62 821 4629 0953
www.mathiscollection.com
Lodge pour 2 personnes à partir de 2 800 000 Rp.
Le Mathis Lodge est le dernier-né de la trilogie MATHIS Collection. Surplombant la magnifique baie d'Amed avec le volcan Seraya en ligne de fond, cet établissement s'intègre parfaitement dans son environnement. Vingt lodges en bois typique « alang-alang » vous sont proposés, l'occasion de vivre une immersion totale dans un endroit paisible où le temps semble s'être arrêté… On aime la quiétude des lieux, la restauration à la hauteur et aussi le bon goût des lodges qui nous donne envie de prolonger notre séjour. Notre dernier coup de cœur dans la région.

VILLA BUKIT SEGARA & RESTAURANT €€€

Jl. Raya Bunutan
✆ +62 363 23012
www.villabukitsegara.com
Chambre double à partir de 2 800 000 Rp. Petit déjeuner. Piscine.
Luxueuse villa de 8 à 12 personnes, qui peut être louée dans sa totalité ou à la chambre. L'établissement propose plusieurs activités et services : location de voiture avec chauffeur privé, visites touristiques, initiation à la cuisine balinaise et cours de voile… Du pain frais de leur propre boulangerie est servi chaque matin. Belle piscine à débordement face à la mer. Depuis une plage de galets en bas de l'hôtel, vous pouvez vous échapper pour découvrir la faune aquatique.

MEETING POINT €

Purwakerti, Abang, Karangasem Regency
✆ +62 859 6591 2020
Ouvert tous les jours de 7h à 22h. Petit déjeuner à partir de 35 000 Rp. Sandwichs à partir de 40 000 Rp.
Accueil souriant et sympathique, on repart forcément heureux de ce café restaurant. Excellents sandwiches et salades dans cet établissement où l'on sert aussi des jus de fruits frais, de délicieux cocktails, des desserts à tomber et tout un choix pour un petit-déjeuner complet et vitaminé. On aime le dressage soigné, les produits sélectionnés et la gentillesse du personnel 100% féminin lors de notre venue. Les plus : la cuisine s'adapte à tous les régimes sans gluten, végétariens ou même végétaliens. On recommande sans hésiter !

WARUNG ENAK €

Jl. I Ketut Natih, Purwakerti, Kec. Abang, Kabupaten Karangasem, Bali 80852
✆ +62 819 1567 9019
Ouvert tous les jours de 7h à 22h. Plats entre 50 000 Rp et 85 000 Rp.
La cuisine indonésienne est à l'honneur avec un excellent Nasi Campur - cette spécialité balinaise à base de riz mélangé à des légumes, des arachides, des œufs et de la viande - mais aussi une cuisine internationale est proposée comme ces délicieuses pizzas cuites au feu de bois. Poissons recommandés, ainsi que le sorbet coco pour une touche fraîche et sucrée ! Une adresse à retenir, car il s'agit de l'un des meilleurs restaurants dans sa catégorie à Amed. Pour votre culture personnelle, *Enak* veut dire délicieux. A bon entendeur.

LE GALANGA €€

Jl. Raya Amed
✆ +62 819 1662 5048
Ouvert tous les jours de 9h à 21h30. Plats à partir de 35 000 Rp.

Du champ au jardin, voici justement le concept de ce restaurant où l'on cuisine maison et *healthy* en vous faisant découvrir les plantes et les légumes du locaux. Laura a choisi le nom d'une plante asiatique pour nommer son dernier restaurant. Côté atmosphère, on est plongé dans une belle construction en bambou qui donne sur un jardin. Mention spéciale pour le poisson et les fameux desserts comme le pain perdu ou encore les glaces maison. Excellente adresse qui est peut être l'une des meilleures de la ville et de ses environs !

GUSTO RESTO €€

Jl. Raya Amed
✆ +62 812 3707 5631
Ouvert tous les jours de 13h à 22h. Pizzas à partir de 65 000 Rp. Cuisine fusion asiatique à partir de 70 000 Rp.

Des burgers, des pizzas, des pâtes ou encore des plats asiatiques sont au menu de ce restaurant. Ce bel établissement surplombe la route principale et bénéficie d'une très belle vue sur la mer, quelques mètres en dessus. Cette vue en surplomb, paradisiaque, offre un calme fort appréciable. À souligner, la qualité du pain maison, une rareté dans les environs. Les pizzas quant à elles, sont garnies bien comme il faut et satisferont les amoureux de la gastronomie italienne les plus exigeants ! Personnel extrêmement sympathique. On adore !

THE BABY DRAGON €€

Jl. I Ketut Natih, Purwakerti, Kec. Abang, Kabupaten Karangasem
✆ +62 823 4094 6259
Ouvert du mardi au dimanche de 11h à 23h. 4 bières pression 80 000 Rp, tapas 35 000 Rp, plat à partir de 80 000 Rp.

Une impressionnante structure en bambou se dresse de l'autre côté de la route, en plein centre-ville. Amed avait besoin d'un lieu comme celui-là qui combine cuisine orientale et folie nocturne. Ce resto-bar « social club », se distingue par ses soirées animées. En plus de proposer de délicieux plats, il attire la communauté artistique avec des expositions et la participation des talents locaux. Billard, soirées poker et piscine à l'étage. Tous les jeudis, DJ sets sur vinyles, et le week-end, musique live avec des soirées drum & bass ou minimale chaque mois.

PURI WIRATA DIVE RESORT €€

Jl. Raya Bunutan
✆ +62 813 3840 5335
www.puriwirata.com
Chambre double deluxe dès 750 000 Rp. Bungalow dès 850 000 Rp. Villa à partir de 2 600 000 Rp. Piscine.

© PURI WIRATA DIVE RESORT

Vous aurez la bonne surprise de découvrir un hôtel « les pieds dans l'eau » avec la mer qui s'étend au bout d'une immense terrasse bordée de végétation et de transats. Un luxe à prix correct pour cet établissement qui a su rester abordable où l'on profite non sans mal, de ce calme et du bruit des vagues. Les chambres et villas du Puri Wirata sont spacieuses pour une décoration soignée, disposent d'une belle piscine, d'un des principaux centre de plongée PADI de la ville, d'un spa et d'un bon restaurant offrant des petits plats locaux. On le recommande chaudement !

VILLA BUKIT SEGARA & RESTAURANT €€€

Jl. Raya Bunutan ✆ +62 363 23012
www.villabukitsegara.com
Ouvert tous les jours de 07h à 20h. Plats indonésiens à partir de 70 000 Rp. Réservation conseillée.

Au menu, une cuisine excellente avec des spécialités de poissons - le tout dans un cadre fort agréable, sur une terrasse en front de mer. Le canard est également un classique de la maison avec une cuisson parfaite, laissez-vous tenter ! C'est certainement l'une des meilleures tables des alentours et il est recommandé de réserver, car il y a seulement une vingtaine de couverts. Un sans-faute pour cette adresse où, cerise sur le gâteau, le personnel est particulièrement adorable.

BALI REEF DIVERS AMED

Jl. Raya Bunutan
✆ +62 813 3840 5335
www.balireefdivers.com
Pack 2 nuits/3 jours - 5 plongées à 2 600 000 Rp au Kura Kura resort. Plusieurs offres disponibles sur leur site.

© BALI REEF DIVER (JUJU ET LA TORTUE©JC.COUSTAUT)

Sérieux et professionnel, ce centre de plongée sous-marine propose à la fois des plongées de jour comme de nuit (magique !) mais aussi de nombreux *packages*. Bouteilles de nitrox disponible. Bali Reef Divers est un centre de plongée francophone PADI 5*. Il propose des sorties plongée dans plusieurs endroits de Bali, n'hésitez pas à les contacter pour plus d'infos. Possibilité d'hébergements au Kura Kura Diver Lodge (flambant neuf de 2022) proposant des chambres rénovées à un prix défiant toute concurrence. Votre meilleur compromis plongée/hébergement à Amed.

PACHA REGGAE BAR & RESTAURANT

Jl. Raya Amed
✆ +62 819 3649 5309
Ouvert tous les jours de 19h à 1h du matin.

Idéalement situé, à proximité de la mer et de sa plage, on vient volontiers prendre un verre dès le soleil couchant. Ambiance 100 % chill dans ce bar reggae que l'on recommande pour sortir. Une bande-son agréable, des chanteurs à la guitare et un service sympathique, ici on prend le temps de vivre, les pieds dans le sable. De nombreux concerts live y sont organisés, ainsi que des soirées - souvent thématiques - les vendredis. Côté nourriture, ce n'est pas extraordinaire.

ADVENTURE DIVERS BALI

Jl. Jemeluk ✆ +62 819 1665 4874
www.adventurediversbali.com
Plongée de jour à partir de 35 $US et plongée de nuit à partir de 50 $US.

L'équipe polyglotte - très pratique - et expérimentée est avant tout passionnée par la plongée. Les cours sont toujours en petits groupes pour permettre d'apporter aux clients toute l'attention nécessaire. Adventure Divers Bali est un centre de plongée situé à la rencontre du Pacifique et de l'océan Indien. Ce centre propose des plongées pour les débutants comme pour les plongeurs expérimentés. Il est possible d'observer la biodiversité des fonds marins mais également de voyager dans l'histoire en observant des épaves fascinantes.

APNEISTA FREEDIVING AND YOGA SCHOOL

Jl. I Ketut Natih, Purwakerti
✆ +62 821 4649 8087
www.apneista.com
Excursion Manta Point à partir de 900 000 Rp / personne.

Pour changer un peu du snorkeling et de la plongée, pourquoi ne pas s'essayer à l'apnée ? Vous allez vite devenir accro à ce sport, qui offre un calme intérieur et qui développe la concentration. Avec l'équipe, vous allez apprendre à contrôler votre respiration, à dépasser vos limites bien encadrées dans un cadre sympathique et professionnel. En parallèle, le centre propose également des cours de yoga – adaptés aux apnéistes ! A tester absolument !

BLUE EARTH VILLAGE

Amed Street
✆ +62 821 4554 3699
www.blueearthvillage.com
Restaurant ouvert tous les jours. Plats entre 75 000 Rp et 125 000 Rp. Tapas dès 40 000 Rp. Cours de yoga, apnée.

Blue Earth Village est un lieu sublime, à couper le souffle où on vient prendre un cours de yoga dans un centre surplombant la mer ! On recommande cet endroit pour sa philosophie, la qualité des cours et la magie de l'espace. Quand le soleil se lève ou qu'il se couche, que le ciel se pare de sa golden hour, on pourrait passer des heures à compléter la mer, la forêt et tout ce qui nous entoure. L'endroit bénéficie également d'un excellent restaurant - avec des produits locaux, frais proposant des plats sains et savoureux. Expérience unique... Que demander de plus ?

DIVE CONCEPTS AMED

Jalan amlapura, Purwakerti, Amed, Karangasem Regency ✆ +62 812 3684 5440
www.diveconcepts.com

Baptême : 900 000 Rp, Open water course : 3 800 000 Rp. Pack 3 plongées loisirs : 1 050 000 Rp.

Coral garden et ses statues sous-marines, l'épave du navire Américain du USAT Liberty, les pyramides et le tombant… Autant de plongées aux alentours d'Amed que vous propose de découvrir ce club SSI. Présent dans tous les spots de plongée de la région, Dive Concepts a su s'imposer comme étant l'un des plus économiques de l'île. Selon les sites la mise à l'eau se fait depuis la plage ou depuis un Jukung (bateau de pêcheur local), vous embarquerez pour une exploration haute en couleur, accompagné de votre guide agréé. Un club accessible à toutes les bourses !

ECODIVE BALI

Jemeluk Beach - Amed - Abang, Purwakerti, Kec. Karangasem, Kabupaten Karangasem
✆ +62 363 23482
www.ecodivebali.com

Forfait 2 plongées à partir de 75 US$. Plongée de nuit 50 $. Baptême plongée 50 $, deuxième au Liberty : 95 $ en tout.

Voici l'un des clubs de plongées les plus réputés de la ville : c'est une référence ! En plus d'une belle expérience de propositions de plongée, certains instructeurs parlent français ce qui est plus confortable quand il s'agit de comprendre l'environnement marin et de comprendre les consignes. Le plus : une partie des recettes est reversée aux communautés locales pour la protection de l'environnement. Bon à savoir : on peut passer toutes ses formations PADI ici pour apprendre à évoluer seul et plus de 20 mètres de profondeur par exemple.

EVOLUTION DIVER

Abang, Purwakerti, Kec. Karangasem, Kabupaten Karangasem ✆ +62 363 4301099
www.evolutiondiver.com

2 plongées entre 750 000 Rp et 900 000 Rp. Baptême : 1 350 000 Rp. Club de plongée franco-belge.

Marie et Jean dirigent depuis 2015 un charmant club de plongée francophone. Spécialisés en macrophotographie sous-marine, ils proposent les formations du baptêmes à l'instructeur. Les groupes restreints, 2-3 plongeurs par instructeur, garantissent une expérience personnalisée. Plongées nocturnes sur le Liberty Wreck ou Amed, piscine de 3 mètres et Nitrox, et service de pick-up à votre hôtel. Leur approche bienveillante, avec des théories claires et des pratiques sécurisées, rend les sessions agréables pour tous les niveaux de plongeurs.

JUKUNG DIVE BALI

Jl. I Ketut Natih Jl. Raya Amed, Purwakerti, Kec. Abang, Kabupaten Karangasem, Bali 80852
✆ +62 817 9742687 - www.jukungdivebali.com

2 plongées à Kubu : 1 000 000 Rp. Plongée Tulamben US Liberty : 1 000 000 Rp. Open water : 5 500 000 Rp.

On ne peut que conseiller de faire au moins une fois une plongée sous-marine pour admirer la richesse des fonds marins locaux. Jukung Dive est un resort PADI 5 étoiles, ce qui implique le respect de normes élevées pour toutes les plongées. Ce centre de plongée est tenu par un couple de Français dont l'accueil est très chaleureux. C'est un bon point pour ceux qui ne sont pas bilingues et qui veulent s'initier à la découverte des fonds marins entre baptême ou formation. Ouvert en 2000, il s'agit de l'un des centres les plus anciens d'Amed.

MONT GUNUNG AGUNG ★★

Le Mont Gunung Agung, définitivement la plus haute montagne de Bali, est un volcan imposant qui règne sur l'île avec une hauteur officielle de 3 142 mètres, bien que certains rapports la réduisent à 3 014 mètres suite à l'éruption de 1965. Sa silhouette majestueuse est même visible par beau temps. Traditionnellement, l'ascension de ce volcan était une attraction majeure pour les touristes et les aventuriers. En automne 2017, le volcan s'est réveillé, provoquant des bouleversements majeurs. Plus de 136 000 résidents ont été évacués en prévention lors de cette éruption.

Pratique

Le Mont Agung montre toujours des signes d'activité régulière. Ces dernières années, il a connu plusieurs éruptions, produisant d'impressionnants nuages de cendres. Celles-ci ont parfois eu un impact significatif sur le trafic aérien, entraînant des fermetures temporaires de l'espace aérien. Les habitants de la région et les visiteurs ressentent fréquemment de petites secousses, impressionnantes mais inoffensives, témoignant de l'activité souterraine du volcan. Le niveau d'alerte fut élevé au niveau 3 au printemps 2019 de façon préventive mais tout est revenu rapidement à la normale. Les autorités et les scientifiques continuent de surveiller attentivement le volcan, en recommandant la prudence et en fournissant des mises à jour régulières sur son activité.

ASCENSION DU MONT AGUNG ★★★

Il s'agit de la plus haute montagne de Bali et il est possible de la gravir, ce qui demeure l'activité phare de la région. Les deux principaux itinéraires qui permettent l'ascension du Mont Agung partent du temple de Besakih et du village de Selat (Pura Pasar Agung).

Ce dernier itinéraire vous permettra d'atteindre le bord situé au sud du cratère (2800 m, compter 3 heures d'ascension, départs vers 3h du matin), mais ne vous permettra pas de rejoindre la crête la plus haute. Vous ne verrez donc pas le centre de l'île depuis ce point. Par le chemin de Besakih, compter 5 heures d'ascension au moins (on part à 23h). C'est beaucoup plus difficile mais au sommet, on profite d'une vue panoramique de 360 degrés !

L'ascension du mont Agung est difficile et éprouvante : le terrain est meuble (sable volcanique) et très pentu. Elle n'est pas possible pendant la saison des pluies, sauf s'il n'a pas plu depuis longtemps et que la météo est favorable. L'idéal est de commencer l'ascension une nuit de pleine lune afin d'arriver au sommet pour le lever de soleil, et pas après 8h, car les nuages commencent généralement à obstruer la vue à cette heure.

On peut dormir à Selat (ou encore à Muncan) et prendre la voiture jusqu'au temple de Pura Pasar Agjung dans la nuit pour attaquer la montée. Munissez-vous de vêtements chauds, de nourriture et de boissons, d'un appareil photo et d'une torche électrique. Dans tous les cas, prenez un guide, préférable pour votre sécurité. Une fois en haut, les points de vue sont magnifiques.

BESAKIH ★★

On dénombre pas moins de 23 temples sur le site de Besakih, dont le plus important et l'un des plus renommés de l'île : le Pura Penataran Agung. L'ensemble, perché à 1 000 mètres d'altitude sur les pentes du volcan Agung, fait l'objet de cérémonies fréquentes où affluent des milliers de dévots des quatre coins de l'île, chargés des plus grandes offrandes. Attention pourtant au harcèlement des guides et autres badauds, armez-vous d'un peu d'humour et attendez-vous à être sollicité souvent.

S'y rendre tôt le matin ou tard dans l'après-midi garantit moins de sollicitations. Attention de ne pas descendre au village, mais bien au temple.

BESAKIH HOMESTAY & VILLA €

Jl. Kedugung Besakih, Besakih, Kec. Rendang, Kabupaten Karangasem ✆ +62 857 3885 2279

Chambre double avec vue sur la montagne à partir de 400 000 Rp.

La vue spectaculaire vous offrira un véritable oasis calme et romantique. Le personnel est d'une grande gentillesse et la vue sur le majestueux mont Agung est tout simplement superbe. Le calme, le confort des chambres spacieuses et la vue sont remarquables. Se réveiller face au mont Agung au lever du soleil est une expérience à ne pas manquer. Bien que l'emplacement soit assez isolé, le propriétaire est toujours disponible pour aider. Il n'y a que peu de restaurants dans les environs mais ceux-ci livrent directement dans les chambres.

Temple de Besakih.

EST DE BALI

BESAKIH GREAT TEMPLE ★★★

Le temple est ouvert tous les jours de 8h00 à 18h00. Entrée : 60 000 Rp/ personne avec guide local et le prêt du sarong.

C'est l'un des temples les plus connus, et vous avez forcément vu en photo ses fameuses « Portes du paradis » ! La présence du Pura Batu Madeg suggère que le site religieux de Besakih devait être à l'origine un site mégalithique avec des constructions en terrasses ordonnées autour d'une pierre de référence. Un certain nombre de temples sont construits selon les plans d'une base pyramidale en pierres mégalithiques dont certaines auraient plus de 2 000 ans. Certains font remonter l'origine du temple proprement dit au VIIIe siècle, et à un prêtre, Sri Dangkyang Markandaya, qui serait venu de Java-Est avec ses disciples. Sri Markandaya aurait vu la plupart de ses disciples mourir sur place et serait reparti à Java chercher d'autres disciples. A leur retour, le prêtre aurait ordonné de préparer une cérémonie, appelée Panca Datu, qui aurait consisté à enterrer les cinq métaux fondamentaux (or, argent, bronze, fer et cuivre) pour bénir les fondations du temple Pura Basukian. Cette cérémonie accompagne encore de nos jours la construction d'un nouveau temple. Le fils de Sri Markandaya devint alors le premier grand prêtre du temple. Il aurait invité les prêtres et chefs religieux qui se seraient succédé et auraient construit pour chacun des temples et des autels aux alentours. En 913, Kesari Warmadewa aurait érigé un palais, agrandi le Penataran Agung et édifié encore plusieurs temples. L'on sait qu'en 1007 des cérémonies importantes eurent lieu dans le temple et on raconte que ce fut la crémation de la reine Mahendratta, épouse du roi Udayana, morte l'année précédente. Cette femme de monarque serait à l'origine de la légende de Rangda. Des temples furent dédiés également à Empu Bharadah, homme saint envers qui Rangda se serait soumise.

En 1284, lors des premières grandes conquêtes javanaises, puis en 1343, deux très vieux *lontars* (manuscrits en feuilles de palme) attestèrent l'importance de Besakih. Dans le courant du XVe siècle, le temple devint ensuite le temple royal de Gélgél, et de Klungkung en 1710. Cette vaste histoire signifie que les ancêtres royaux divinisés demeurent ici, à Besakih. Pendant toute l'année, de toutes parts, des groupes de Balinais viennent de leur village pour récolter de l'eau lustrale qu'ils emportent avec eux pour accomplir certaines cérémonies dans leur temple local. La cérémonie de Panca Wali Krama, qui a lieu tous les dix ans, purifie l'île entière et attire des foules considérables. Le temple fut sévèrement touché lors du tremblement de terre de 1917 et les trois royaumes, Klunkung, Bangli et Karangasem durent en assurer l'entretien.

Visite. Il représente le temple principal faisant partie de la Trimurti (Trinité) : Pura Kiduling Kreteg, dédié à Brahma, Pura Batu Madeg, dédié à Vishnou et Pura Penataran Agung dédié à Shiva.

Le temple principal s'étend sur six niveaux reliés par des terrasses. Une porte monumentale (*candi bentar*) marque l'entrée du premier niveau tandis que le *kori agung* (grande porte), encore plus impressionnant, ouvre sur le second. Malheureusement, les visiteurs n'ont pas le droit d'entrer, mais un chemin qui longe la façade ouest permet de distinguer l'intérieur de chaque cour. Dans la deuxième cour, vous pourrez apercevoir la *padmasana tiga*, c'est-à-dire les trois trônes représentant les trois dieux de la Trimurti, fait assez rare, car dans les temples à présent on ne voit plus qu'un seul trône correspondant à un dieu unique, Sanghyang Widi. L'Etat indonésien, pour pouvoir agréer la religion balinaise, a en effet exigé des îliens de rassembler les différents avatars en un dieu unique. Des remaniements ont donc eu lieu pour qu'ils puissent conserver leurs pratiques et leurs croyances… Cette cour invite les fidèles à déposer leurs offrandes sur les autels pendant les cérémonies. Les autres cours sont généralement vides, à part les *méru* magnifiques (toits de chaume) qui sont réservés à la « descente » des dieux. En suivant le chemin jusqu'au nord-est du temple, on découvre un admirable panorama sur la mer, et tout particulièrement la région de Padang Bai. Dans chaque village balinais, trois temples fondent le rythme de la vie ; Pura Puseh, Pura Desa et Pura Dalem. A Besakih, trois temples remplissent ce rôle ; Pura Basukian, Pura Penataran Agung et Pura Dalem Puri. On comprend mieux pourquoi les Balinais parlent de temple-mère à propos de Besakih ; le principe de Panca Dewata (classification en cinq directions importantes dans la religion balinaise) y est également présent avec les quatre points cardinaux et le centre ; le centre, représentant Shiva est le Pura Penataran Agung (polychrome). Pura Batu Madeg, le nord, représente Vishnou (noir). Pura Gelap, l'est, représente Iswara (blanc). Pura Kiduling Kreteg, le sud, représente Brahma (rouge). Pura Ulun Kulkul, l'ouest, représente Mahadewa (jaune). Chaque région balinaise, compte tenu de son orientation, est en relation avec un de ces cinq temples. De même, les lieux de culte dans l'île sont symbolisés par des sanctuaires qui ont chacun leur spécificité. Il est à noter que les *pandé* (forgerons) ont leur propre temple : Pura Ratu Pandé.

Pratique. Comme dans n'importe quel temple de l'île, pensez à vous couvrir les jambes et les épaules. Si vous n'avez pas prévu les deux, un sarong peut vous être prêté pour vous couvrir les jambes ou les bras. Dans le prix de l'entrée, une course en moto taxi aller/retour est également incluse. Attention pour le retour, les chauffeurs demandent souvent un supplément alors que c'est compris.

TAPA AGUNG VIEW €€

Jl. Raya Besakih, Menanga, Kec. Rendang, Kabupaten Karangasem
✆ +6281139618972
www.tapaagung.com
Chambre à partir de 825 000 Rp. Piscine, yoga, restaurant, excusions sur le mont Agung, sortie au marché.

© TAPA AGUNG VIEW

Niché au nord de Sidemen, ce refuge offre une vue spectaculaire sur le mont Agung, entouré de rizières en terrasses et de verdure, est parfait pour les voyageurs en quête de sérénité et d'authenticité. Les chambres, décorées dans un style balinais contemporain, sont confortables et offrent toutes une vue panoramique sur la nature environnante. Le restaurant de l'hôtel propose une cuisine locale et internationale, préparée avec des ingrédients frais. Tapa Agung View est l'endroit idéal pour organiser le départ de votre ascension du majestueux volcan.

TIRTAGANGGA ★★

Niché à 6 km d'Amlapura au milieu des rizières, le petit village de Tirtagangga est célèbre pour ses jardins d'agrément, créés en 1948 par le rajah local. Ce site, autrefois marqué par les fontaines et les bassins, a subi des dommages lors de l'éruption du Mont Agung en 1963. Malgré cela, il conserve une piscine et plusieurs bassins où coule une eau sacrée, offrant une promenade paisible et architecturalement fascinante aux voyageurs. Les paysages alentour, avec leurs rizières pittoresques, sont considérés parmi les plus beaux de Bali et offrent d'innombrables opportunités de randonnées et de balades. Des guides locaux sont disponibles dans le village pour explorer ces merveilleux paysages. N'oubliez pas que les soirées dans la région de Tirtagangga sont plus fraîches que sur la côte, pensez donc à emporter un vêtement chaud pour ne pas être pris au dépourvu.

Se loger

Les hôtels et *homestay* sont situés le long de la route à proximité du Water Palace, ainsi que dans le village voisin d'Ababi. Ils proposent tous un restaurant.

Transports

Tirtagangga est situé à 6 km d'Amlapura en direction du nord. On peut facilement louper le village qui est le long de la route. Repérez le grand parking du Water Palace sur la gauche en venant d'Amlapura. Le plus simple est de demander à un chauffeur de vous y arrêter.

VILLA & HOME STAY KUBU ALIT BESAKIH 🛏 €

Besakih, Rendang, Karangasem Regency
Chambre double à partir de 350 000 Rp.

Charmants petits chalets en bois, assez simples, parfaits pour un couple ou une famille. L'accueil est sympathique. Kadek vous recommandera un guide pour visiter les temples et vous prodiguera de bons conseils comme de faire les visites tôt le matin ou les bons petits warungs à proximité, délicieux et à prix raisonnables. L'emplacement est parfait pour un séjour à petit prix à Besakih et ses environs. On recommande pour les voyageurs de type « backpackers »

PONDOK BATUR INDAH 🛏 €

Jl. Raya Ababi
✆ +62 363 22342
Chambre double avec ventilateur à partir de 380 000 Rp. Petit déjeuner.

Les cinq chambres de l'établissement sont propres et correctes avec un confort assez sommaire. Rien d'exceptionnel, mais on vient ici surtout pour la vue exceptionnelle sur les rizières et la vallée. Le soir, depuis la terrasse, on peut admirer dans le calme le coucher du soleil. L'environnement - baigné dans les lumières somptueuses de la golden hour - dévoile alors toute sa beauté... C'est tout le charme de la nature de Bali qu'on retrouve ici. L'établissement fait aussi restaurant, avec des plats balinais au menu - frais et de qualité.

PURA LEMPUYANG ★★

Jl. Pura Telaga Mas Lempuyang, Tri Buana, Kec. Abang, Kabupaten Karangasem, Bali 80852
Ouvert tous les jours de 8h à 17h.

A la sortie d'Abang, sur la route principale à 5 km au nord de Tirtagangga, une route part sur la droite vers Pura Lempuyang (la route est fléchée), un important temple de la région et de l'île. La route se divise ensuite en deux, il faut prendre à droite. Elle devient très sinueuse et grimpe rudement pendant 2 km environ (vous ne pourrez pas passer la 2e vitesse - attention si vous êtes sensible au mal des transports ou si vous voyagez avec des enfants...) Elle débouche ensuite sur le parking du temple inférieur de Lempuyang. On ne peut pas continuer plus loin en voiture, il faudra finir à pied !

▸ **Le temple du bas** est impressionnant ; des escaliers mènent tout d'abord à une gigantesque porte symbolique (*candi bentar*) en pierre blanche, comme suspendue dans les airs entre la vision plongeante sur le volcan Agung d'un côté et de l'autre, une grande cour d'où partent trois colossaux escaliers. Ils représentent des *nagas*, ces massifs serpents mythiques, socles de la création.

Leur corps ondule le long des marches et se termine par une tête impressionnante de dragon. Trois portes (fermées au public) ouvrent sur l'autel supérieur. La vue depuis ce temple vaut amplement le détour. Petit conseil : pour profiter de la plus belle lumière et en prendre le plus possible plein les yeux, venez en particulier tôt le matin. Et en plus, il y a aura beaucoup moins de monde.

▸ **Le deuxième temple du complexe,** Pura Luhur Lempuyang (*luhur* signifie « haut ») le plus sacré des deux, car le plus haut, se trouve à une bonne heure et demie de marche de là (à bonne allure, mais avec des pauses). Il est un peu exigeant d'accès entre la route et les nombreux escaliers, attention si vous êtes avec des enfants en bas âge ou si vous avez du mal à marcher. Il faut emprunter la petite route goudronnée et très pentue qui longe le temple du bas sur sa droite pendant un bon kilomètre. Les escaliers en béton commencent ensuite à serpenter dans une forêt de nuage à la végétation dense (entre fougères arborescentes, yuccas, dragonniers, etc.) ; il y a 1 700 marches pour arriver tout en haut. temple du haut en lui-même est bien moins impressionnant que celui du bas, mais il est souvent désert dans la journée et il y règne une drôle d'atmosphère. Il est le territoire des singes qui farfouillent dans les restes d'offrandes entassées derrière le temple. Tous les matins et tous les soirs, certains fidèles des environs gravissent ces marches pour faire des offrandes sur l'un des temples directionnels de l'île, dédié à la protection de l'Est de Bali.

WATER PALACE ★★

Jalan Raya Abang Desa Adat Jl. Raya Tirta Gangga, Ababi, Kec. Abang, Kabupaten Karangasem, Bali 80852
De 7h à 19h. Ticket 40 000 Rp. Accès aux piscines de 7h30 à 17h30, adultes 10 000 Rp et 5 000 Rp pour les enfants.

© IRYNA RASKO / SHUTTERSTOCK.COM

Construit entre 1946 et 1950 par Anak Agung Anglurah (ancien roi de Karangasem), ce jardin aquatique comprend des fontaines, des bassins et des statues, distillant une quiétude fort appréciable. Détruit pendant l'éruption du volcan Agung, il fut heureusement restauré au début des années 2000 grâce à des fonds collectés dans divers pays. Depuis, chaque année, le palais s'embellit. Les piscines publiques situées dans le jardin sont accessibles moyennant un droit d'entrée supplémentaire. Une bien belle visite, à marquer sur son agenda.

PONDOK LEMBAH DUKUH €

Jl. Tirta Gangga
✆ +62 813 3829 5142
Chambre double à partir de 200 000 Rp. Petit déjeuner.

Seulement quelques bungalows très simples, mais qui offrent une vue imprenable, avec terrasse, en pleine nature. Situation idyllique, au-dessus de Good Karma, dans les rizières. On prend le chemin qui monte à droite de Good Karma et on suit simplement les panneaux. Comptez environ dix minutes de marche. Un autre accès permet d'arriver en voiture par Ababi. L'accueil familial nous fait vite nous sentir comme chez nous ici. En somme, tout pour faire de Pondk Lembah une excellente adresse à prix plus que raisonnable. On recommande.

EST DE BALI

CABE BALI VILLA €€

Temega
✆ +6236322045
www.cabebali.com

Bungalow à partir de 950 000 Rp (plus de 3 nuits à partir de 850 000 Rp). Petit déjeuner. Piscine.

Voici une d'adresse qui vous donnera peut-être envie de vous attarder dans la région. Un petit complexe de quatre bungalows - pouvant accueillir jusqu'à quatre personnes - qui sont impeccables et bien équipés avec eau chaude. Ces logements sont sous le regard du volcan Agung qui trône majestueusement au-dessus, le tout entouré par une végétation verdoyante et des champs de riz. Idéal comme point de départ pour de nombreux randonnées dans le secteur. Cabe Bali possède son propre restaurant avec une cuisine traditionnelle balinaise.

LOIDS VILLA ECO LODGE LEMPUYANG €€€

Sekar Gunung, Bukit, Karangasem, Karangasem Regency
✆ +62 812 3907 4502
www.loidsvilla.com

Villa pour 2 personnes avec piscine privée et vue sur la vallée à partir de 5 500 000 Rp.

Un joyau caché au cœur d'une forêt luxuriante avec une vue à couper le souffle. Située près des temples, petits villages et plages immaculées, non loin du Mont Agung, Loids Villa est une base parfaite pour explorer le nord-est de Bali. Tout est pensé avec soin, luxueux sans être excessif. Les repas sont généreux et délicieux, du petit-déjeuner copieux aux menus trois services pour le déjeuner et le dîner. De plus, le service est à la hauteur du lieu. Une expérience inoubliable !

PALMTERRACE €€€

Banjar Abang Kelod, Abang, Karangasem Regency
✆ +62 812 3611 9702
www.palmterracebali.com

Chambre double avec sur sur la montagne à partir de 1 700 000 Rp.

L'établissement est particulièrement bien situé pour visiter les environs et entre autres vous rendre au temple Agung Lempuyang et découvrir ainsi les fameuses portes du ciel, véritable carte postale balinaise. La vue sur la jungle depuis les logements et la piscine est superbe, les chambres sont spacieuses et lumineuses, d'une propreté impeccable. Tout ici est parfait : Le calme, la vue, le service attentionné et la qualité des repas. Les petits déjeuners, eux aussi excellents, sont variés et préparés avec soin. Très bon rapport qualité-prix.

AMLAPURA ★

Amlapura, autrefois connue sous le nom de Karangasem, est la capitale de la province du même nom. Son nom fut changé après l'éruption dévastatrice du Gunung Agung de 1963, pour pallier certaines superstitions. Historiquement, ce royaume gagna son autonomie à la fin du XVIIe siècle, devenant progressivement l'un des plus influents de Bali. Avec son contrôle étendu, notamment sur Lombok et l'est de Bali, Karangasem a joué un rôle clé dans la politique balinaise, malgré son échec dans la conquête de Klungkung.

De nos jours, Amlapura est une ville tranquille, abritant plusieurs palais royaux. Le Puri Kanginan (ou Puri Agung), est le seul ouvert au public, offrant un aperçu fascinant de l'histoire royale de la région. Un autre point d'intérêt à Amlapura est son marché matinal animé, fréquenté par les habitants de l'est de Bali.

Balade

A partir d'Amlapura, on rejoindra le village de Subagan puis on remontera vers le nord-ouest le long d'une route sinueuse. Le village de Bedanbem est situé à quelques kilomètres. Sur la route, on découvre un Bali champêtre, avec des femmes qui portent sur leur tête les paniers remplis de patates douces et parfois de petits porcs vivants. Elles vont les vendre au marché de Bebandem que vous atteindrez après avoir passé Abian Soan qui abrite un petit *homestay* sympathique : le Homestay Lila. De ce modeste et sympathique *homestay*, vous aurez une vue imprenable sur le Gunung Agung. Possibilité de faire une petite grimpette vers la Bukit Kusambi (colline Kusambi), on vous indiquera le chemin. Le marché aux bestiaux de Bebandem, qui a lieu tous les 3 jours, est intéressant. On peut y voir les différentes races et assister aux négociations entre propriétaires et acheteurs. Certaines bêtes sont achetées pour des raisons cérémonielles. De même, vous verrez canards, poulets et autres volailles. A 2 km de Bedanbem, prendre la route pour *Jungutan* sur la droite. Prendre à gauche au bout d'un kilomètre puis la prochaine rue à gauche. C'est ici que se trouve le troisième palais aquatique d'Anak Agung Anglurah, le dernier roi de Karagasem. Ces jardins s'appellent Tirta Telaga Tista et abritent un grand bassin alimenté par de l'eau de source.

De retour sur la route principale, on croise le petit village de Pegubugan, occupé à la fabrication de sucre de palme et d'eau-de-vie à partir du *tuak*, ce jus de palme qui s'écoule de la fleur du cocotier. On le fait réduire de longues heures avant de le mouler dans des coques de noix de coco pour confectionner le sucre de palme. Pour l'*arak* (eau-de-vie), il faut faire fermenter du vin de palme récolté, puis le distiller à l'aide d'un alambic fort artisanal fait de bambou. Vous pourrez assister à une démonstration à l'hôtel Candi Beach Cottages de Candidasa.

▶ **En continuant vers l'ouest**, vous arriverez à Sibetan, avec ses rizières et ses girofliers. Mais ce bourg est surtout connu pour le *salak*, fruit de couleur brune à la peau de serpent et à la texture curieuse, à la fois sèche et croquante, acide et fruitée, mais toujours délicieuse. Sibetan, accrochée au pied du mont Agung, était autrefois un petit village vivant d'une agriculture prospère, avant que la terrible éruption de 1963 ne recouvre ses terres de lave et de cendres. Seul le *salak* put y pousser et il devint la spécialité de Sibetan, sauvant l'économie du village. Aujourd'hui, c'est le village le plus renommé de l'île pour la culture de *salak* et ses habitants sont devenus des experts en la matière. Ils fabriquent également un vin de *salak*, unique à Bali. Sibetan fait partie d'un projet d'écotourisme, le JED, dans lequel les habitants gèrent eux-mêmes l'accueil des touristes, sans modifier leur mode de vie, mais plutôt en permettant de le conserver et de le valoriser. L'ONG balinaise Yayasan Wisnu est la plus ancienne association pour la protection de l'environnement à Bali.

▶ **Putung, à l'écart de la route vers le sud**, est aussi un village connu pour le *salak*, mais qui bénéficie d'une petite infrastructure touristique due à ses excellents points de vue. Un restaurant vous permettra d'apprécier ses vues – Pondok Bukit Putung – autour d'un repas.

▶ **Toujours à l'ouest vers Rendang**, vous laissez Duda, petit village d'où part au sud une autre route spectaculaire dans les rizières, vers Iseh et Sidemen. Vous atteignez Selat. Ce petit village situé au pied du mont Agung est la base la plus proche du volcan pour effectuer son ascension (si le gouvernement l'autorise). Depuis Selat, vers le nord, une petite route grimpe rapidement au temple du volcan le Pura Pasar Agung (10 km) qui, à l'instar du Pura Lempuyang, est l'un des temples directionnels de Bali chargés de protéger l'est de l'île. La vue, depuis ce sanctuaire perché à 1 200 m d'altitude, est impressionnante et les lieux sont souvent déserts, contrairement à Besakih. Un crochet par ce temple (compter 2 heures aller-retour) peut s'avérer très gratifiante. C'est d'ici que part l'une des routes (de randonnée) menant au sommet du volcan.

▶ **L'ouest de Selat**. Muncan est un autre village de montagne. La petite route qui relie Muncan à Rendang serpente pendant 4 km à travers les rizières, arbres et fougères. La compagnie américaine de rafting Sobek, qui propose de descendre les rivières de Bali, a implanté un bureau ici. Vous pouvez faire une halte pour connaître les descentes prévues. Autrement, on peut partir d'Ubud ou du sud de l'île pour y participer. Le prochain village de Rendang, qui domine un paysage de rizières, est tout à fait charmant, mais souvent dans la brume. D'ici on rejoint la route principale nord-sud. On se dirige alors soit vers Penelokan, la région du volcan Batur au nord, soit vers Klungkung au sud.

PURI AGUNG KARANGASEM ★★

Jl. Sultan Agung, Karangasem, Kec. Karangasem, Kabupaten Karangasem, Bali 80811

Entrée libre. Donation recommandée environ 10 000 Rp.

© OLA BLOSSOM - SHUTTERSTOCK.COM

Le palais invita en 1937 une danseuse américaine, Katharane Mershon, qui étudiait la vie rituelle balinaise. Elle fut un témoin privilégié de la fameuse cérémonie de déification (*maligia*) d'un roi. Un grand porche d'entrée permet de découvrir le pavillon sur lequel sont sculptés de nombreux panneaux. Ce pavillon est surmonté d'un toit de tuiles. Il a pour nom Maskerdam, en souvenir de la soumission de Karangasem à Amsterdam au début du siècle, ce qui lui valut de garder son indépendance ou du moins son autonomie après la défaite des autres royaumes balinais.

SAMSARA LIVING MUSEUM BALI

Jl. Telaga Tista, Jungutan, Kec. Bebandem, Kabupaten Karangasem ✆ +62 822 3633 6629
www.samsarabali.com

Visite du musée 100 000 Rp. Repas, performance de Genjek, cours de cuisine, confection d'arak et bien d'autre.

Né d'une initiative collective dans un village situé à 20 minutes d'Amlapura, ce musée offre une immersion dans les traditions et coutumes balinaises grâce à une variété d'activités enrichissantes : confection d'offrandes, distillation d'Arak, bénédictions par l'eau, découverte d'un jardin botanique traditionnel, cours de cuisine, rencontre avec le prêtre local, ainsi que visite du musée. Vous y apprendrez les aspects clés de la culture balinaise, notamment ses dimensions spirituelles, humaines et écologiques, ainsi que son lien profond avec la nature. Le musée présente également le livre sacré *Vera*, dont découlent les concepts de *sarti* et *smerti*. Vous découvrirez les *lontar*, feuilles de bambou inscrites de textes sacrés, venant d'Inde et adaptés au balinais au XIVe siècle. Ces *lontars* sont chantés lors des cérémonies religieuses. La visite débute par le *Seigehan*, un rituel de purification permettant d'harmoniser les éléments physiques et spirituels avant d'accéder aux lieux sacrés. L'accueil des visiteurs se fait ensuite avec le *ngoncang*, une tradition agricole où l'on frappe un tronc d'arbre creusé en rythme avec un bâton. Les étapes marquantes de la vie balinaise sont également abordées, comme le *Namen Ari-Ari*, un rituel impliquant le père pour enterrer le placenta après la naissance. Une explication est donnée sur le *Rwa Bineda*, la balance des énergies, symbolisée par les motifs noir et blanc omniprésents à Bali, représentant le Yin et le Yang balinais.

TAMAN UJUNG ★

Ujung Water Palace, Tumbu, Karangasem, Karangasem Regency

Ouvert tous les jours de 7h à 19h. Entrée : 50 000 Rp.

A 5 km au sud-est d'Amlapura, c'est l'un des 3 palais aquatiques érigés par le roi de Karangasem. Originellement construits dans un style néobaroque par le roi Anak Agung Anglurah en 1920, les bassins avaient disparu, ensevelis peu à peu par les rizières.

Puis le palais fut définitivement endommagé lors du dernier tremblement de terre. Des rénovations ont depuis été mises en œuvre ; les lacs et les pavillons recréés. Les bas-reliefs présents sur les pavillons ne semblent pas avoir été sculptés par des Balinais, mais plutôt par des artistes de Lombok.

BALI CLIFF GLAMPING €€

Jl. Karangasem - Seraya, Seraya Bar., Kec. Karangasem, Kabupaten Karangasem
✆ +62 818 0327 4641

Tente pour 2 personnes avec vue mer à partir de 1 000 000 Rp.

Jolies tentes avec vue directe sur l'océan agrémentée d'un restaurant et d'une piscine agréable. Vous y séjournerez pour la vue spectaculaire de cet établissement insolite. L'endroit est parfaitement entretenu, la cuisine est excellente, les pizzas surprenantes et la localisation idéale. Le personnel et le manager sont adorables, avec la possibilité de réserver des excursions et des massages. Bien qu'on entende un peu la route, le bruit de la mer et du vent compense largement ce désagrément. Pas de plage directe, mais un transfert vous y emmène facilement.

CAMANI GLAMPING €€

Jl. Bhayangkara, Karangasem, Kec. Karangasem, Kabupaten Karangasem
✆ +62 877 5998 3016

Tente pour 2 personnes à partir de 630 000 Rp.

Jolie propriété nichée au cœur des rizières, offrant un cadre paisible et relaxant, entourée par la nature. L'emplacement est un peu isolé, mais cela ajoute au charme du lieu pour une impression d'être seul au monde. Les tentes joliment équipées sont bien entretenues, les literies confortables et le petit-déjeuner délicieux, servi directement dans notre tente. Les propriétaires sont très chaleureux, mettent tout leur cœur dans l'accueil et vous aideront à organiser la suite de votre séjour, comme un chauffeur pour repartir. Un glamping sympathique à petit prix.

FRANGIPANI INN & RESTAURANT €€

Batu Telu Beach, Seraya, Karangasem, Karangasem Regency
✆ +62 852 3799 9308

Chambre double à partir de 625 000 Rp.

Ce petit établissement est d'un calme absolu, entouré de nature authentique et de gens chaleureux. Le restaurant à côté de l'hôtel propose de délicieux plats. Si vous cherchez repos et tranquillité, c'est l'endroit parfait, à seulement 5 minutes à pied d'une jolie plage de galets. La piscine, nouvellement implantée, est très agréable. Nyoman et sa famille vous offriront une hospitalité souriante comparable à celle d'un hôtel 5 étoiles à petit prix.

JEPUN DIDULU COTTAGES €€

Jl. Raya Perasi-Timrah Desa Perasi Candidasa, Pertima, Kec. Karangasem, Kabupaten Karangasem ✆ +62 813 3737 5512

Chambre double à partir de 675 000 Rp.

Charmants cottages entourés de verdure à l'accueil chaleureux. Les nouvelles chambres sont climatisées, spacieuses et modernes, et vous y trouverez des infos utiles sur les environs. L'équipe est attentionnée et vous accueille avec un collier de fleurs et une boisson fraîche. Le jardin est bien entretenu, la petite piscine est propre et idéale pour se détendre. Un très bon choix de logement avec un personnel serviable et de bons conseils pour organiser vos excursions. Vous serez non loin de la plage de Virgin Beach, facilement accessible en scooter.

EAST BALI VOLCANO VIEW RESORT & SPA - ADULTS ONLY €€€

Tumbu, Karangasem, Karangasem Regency
✆ +62 812 3950878
www.eastbaliresort.com

Suite avec balcon pour 2 personnes à partir de 3 200 000 Rp.

Chambres magnifiques et bien décorées, dans un établissement au luxe splendide. La piscine offre une vue époustouflante sur les rizières et la jungle. Un véritable paradis, digne d'une utopie, où tout est impeccablement organisé. Le personnel est d'une gentillesse remarquable, le restaurant délicieux. Vous adorerez vous prélasser de belles heures près de la piscine, admirant un coucher de soleil aux couleurs féeriques. A noter : l'hôtel est réservé aux adultes.

LEMPUYANG BOUTIQUE HOTEL €€€

Gang Jalan Kuum Sari Jl. Raya Bukit Lempuyang No.1, Tumbu, Kelod, Kabupaten Karangasem
✆ +62 812 3950878 - www.lempuyanghotel.com

Chambre double à partir de 2 000 000 Rp.

Un véritable boutique-hôtel, calme, serein, avec un magnifique jardin et une vue imprenable sur le mont Agung. Le vol des hérons vers les rizières le matin et leur retour le soir ajoute une touche de magie au lieu. Les chambres sont superbes, propres, et tout est fait ici dans les moindres détails pour vous faire vous sentir à l'aise. Tami, toujours souriante et d'une gentillesse incroyable fera tout pour vous aider et rendre votre séjour inoubliable. Le petit-déjeuner est délicieux, et le spa, un vrai bonheur ! Un cadre idyllique pour des vacances paradisiaques.

SHUNYATA VILLAS BALI €€€

Celagi Jalan Pura Batu Telu, Seraya,
✆ +62 811 3857273
www.shunyata-villas-bali.com

Villa à partir de 3 600 000 Rp.

Venez découvrir 5 villas, dans un cadre intimiste sur 5 600 m², avec une belle piscine et des petites piscines privées pour toutes les villas. En contrebas, c'est un accès direct à la mer ! On aime les cours de cuisine, l'excellent petit déjeuner à la carte, la superbe vue sur la mer, les cours et la salle de yoga. Pour se relaxer et se détendre, on profite du jardin, tellement grand que la plupart du temps vous aurez l'impression d'être seul ! Ultra romantique pour les couples. Belle déco et le plus, ce sont les chambres ouvertes sur la mer !

MARCHÉ AMLAPURA

Jl. Amlapura

Ouvert de 6h à 13h.

Situé à l'écart de Candidasa, le marché d'Amlapura est situé à environ trente minutes du centre-ville. Mieux vaut s'y rendre le matin, lorsque l'animation est à son plus fort ; la route vers Amlapura peut donner l'occasion de nombreux stops dans les charmants villages – n'hésitez pas à prendre votre temps pour vous y rendre. Ce marché est fréquenté par les locaux et propose un large choix de fruits et légumes. Des vêtements sont également en vente. Il mérite bien évidemment le déplacement : c'est l'un des plus importants de la région.

BALI ASLI

Jl. Gelumpang, Karangasem, Kec. Karangasem, Kabupaten Karangasem, Bali 80811
✆ +62 822 3690 9215
www.baliasli.com.au

Ouvert tous les jours de 11h à 17h30.

Certaines activités sont des incontournables : un bon massage, assister à un spectacle de danse balinaise, mais aussi un cours de cuisine ! Une merveilleuse expérience culinaire. La cheffe australienne Penelope Williams vous accueille toute l'année pour vous initier à la cuisine traditionnelle balinaise. Panorama magique sur les collines et recettes d'exception vous sont proposés. Vous ne rêvez pas, c'est un moment privilégié. La plupart des ingrédients proviennent du potager, car ici on cuisine frais et local. On recommande grandement.

PADANGBAI ★

Niché à l'écart de la route côtière qui relie Klungkung à Amlapura, le port de Padangbai vous invite à une escapade pittoresque. Prenez un détour agréable à Tenganan pour vous engager sur une route sinueuse de 2 km qui serpente jusqu'à la mer. Là, vous découvrirez le port des ferries. Juste derrière, le village se blottit au creux d'une petite baie, protégée à l'est par le cap Sari.

Padangbai, tout comme Kusamba, abrite une communauté musulmane significative et demeure un point de départ privilégié pour les ferries à destination de Lombok. De nombreux voyageurs choisissent ce port comme tremplin pour un départ tôt le matin pour l'île voisine de Lombok.

Descendez au bas de la colline située au sud-ouest pour atteindre la Pantai Kecil, l'une des charmantes petites plages du coin où se nichent quelques warungs paisibles. Le long de la baie, admirez les *prahu* ou *jukung*, ces bateaux traditionnels, qui attendent patiemment sur le sable le moment idéal pour partir en pêche. Juste derrière, une rangée d'hôtels, de restaurants et de bars accueille les touristes.

Les plages environnantes, telles que Blue Lagoon, offrent de magnifiques sites de plongée. Pour une promenade tranquille, suivez la Jalan Silayukti qui longe la baie principale de Padangbai. Le village, situé derrière le parking, ne donne pas sur la plage, mais offre quelques options d'hébergement charmantes et accueillantes.

Pratique

▸ **A Padang Bai on se déplace à pied**, le village est relié à la plage par le parking, mais rien ne vous empêche de louer un vélo ou une moto pour vous promener plus aisément.

▸ **Un distributeur d'argent** (Visa, MasterCard et Cirrus) se trouve près du port et du bureau Perama (Jalan Pelabuhan). On peut y changer des devises, comme sur le bord de mer. Vous trouverez aussi des agents de change dans la rue principale.

▸ **Se loger à Padangbai** ne présente aucun problème et cela peut même s'avérer une bonne option si vous voulez partir tôt sur les îles Gili.

▸ **Les établissements de Padang Bai** sont réputés vous servir du marlin blanc, du barracuda, du thon et quelques coquillages. Ils se sont pour la plupart implantés sur le front de mer. Plusieurs *warungs* se trouvent sur la plage.

Tourisme

Le petit cap à l'est de la plage possède trois petits temples (on y accède par la route), dont le plus important est le Pura Silayukti. Ce coin de collines procure de jolies vues sur la mer et une atmosphère paisible.

Transports

▸ **Bateaux**. Des ferries publics desservent très régulièrement (toutes les 2 heures environ, jour et nuit) le port de Lembar à Lombok tous les jours à 9h (de 4 à 5 heures de traversée). Se rendre au port, acheter son billet et attendre que le bateau se remplisse. Transporter une voiture ou une moto s'avère très coûteux. De plus, vous n'êtes généralement pas autorisé à sortir un véhicule de location de l'île de Bali, sauf mention contraire de la part de l'agence chez qui vous avez effectué le contrat.

A côté du parking, sur la plage, le matin, un certain nombre de bateaux vont à Nusa Penida (port de Buyuk près de Sampalan) pour 500 000 Rp le ticket aller-retour. Le trajet dure moins d'1 heure.

Un bateau Perama (plus petit) part chaque jour de Padangbai à 9h pour Senggigi (3 heures 30 de traversée) puis les îles Gili (5 ou 6 heures en tout), et revient le matin à 11h des Gili. Le ticket pour ces destinations est à 400 000 Rp.

Les fast boat pour les Gili coûtent environ 550 000 Rp l'aller simple (1h30 de traversée).

▸ **Bus touristique Perama**. La compagnie a un arrêt à Padangbai. Ainsi vous pouvez relier Ubud (75 000 Rp), Kuta (75 000 Rp) ou encore Amed (100 000 Rp).

BLUE LAGOON ★★

Padangbai, Manggis, Karangasem Regency, Bali 80871

Jolie plage. La baignade y est dangereuse.

Cap sur Blue Lagoon, un véritable bijou connu dans la région ! Une balade le long de la plage, vers le nord, suivi d'une courte montée sur une colline, vous mène à cette destination en à peine 10 minutes. Blue Lagoon, avec son sable blanc est bien pour le snorkeling, mais attention aux courants, il est judicieux de demander des conseils aux warungs locaux. La plage est accessible en scooter, suivie d'une courte marche. Pas besoin de prendre les bateaux proposés à la grande plage voisine – une simple promenade autour du rocher suffit.

PADANG BAY ET GRANDE BAIE D'AMUK ★

Jolie baie. Snorkeling et plongée sous-marine

Exceptionnels sites de plongées pour observer notamment le poisson lune. Situées au nord-est, elles sont connues pour leurs beaux fonds marins. Aussi, peut-on contracter les services d'un bateau pour être emmené sur des sites de snorkeling [masques, tubas] ou de plongée sous-marine. N'hésitez pas à demander à votre guesthouse ou à votre hôtel, ils sauront vous conseiller. Le club Ikan Dive notamment peut vous y emmener, il est très souvent recommandé pour les plongées sur Bali.

PANTAI BIAS TUGEL [PLAGE DE BIAS TUGEL] ★

Padangbai, Manggis, Kabupaten de Karangasem, Bali 80871

Superbe plage appelé aussi « Secret Beach »

Non loin, au sud-ouest, se cache Bias Tugal, ou « Secret Beach » car l'accès parait être une propriété privée derrière une barrière. Un charmant sentier, à 15 minutes de marche après la poste, vous y mène. Cette plage de sable doré est un paradis tranquille, doté de petits warungs accueillants. L'eau y est merveilleusement belle, avec de légères vagues, et des restaurants de plage proposent des repas à des prix abordables, mais restez vigilant face aux courants.

BAMBOO PARADISE GUESTHOUSE AND HOSTEL €

Jl. Penataran Agung, Padangbai, Kec. Manggis, Kabupaten Karangasem

✆ +62 822 6630 4330

Lit dans un dortoir mixte de 6 personnes dès 150 000 Rp. Chambre double dès 450 000 Rp.

Une charmante maison d'hôtes vous accueille non loin de l'embarcadère. Des chambres propres et simples avec ventilateur ou climatisation. Certaines ont également un petit balcon. C'est un excellent choix dans sa catégorie avec son très bon rapport qualité-prix. L'espace commun est très convivial. Quant à l'accueil de la propriétaire, tout le monde est unanime : il fait chaud au cœur et participe à faire de ce lieu, une endroit où on prolonge volontiers son séjour d'une nuit ou deux.

BLOO LAGOON VILLAGE €€

Jl. Silayukti, Padangbai, Kec. Manggis, Kabupaten Karangasem

✆ +62 363 41211

www.bloolagoon.com

Villa pour 2 personnes à partir de 2 000 000 Rp. Petit déjeuner et yoga. Cours de cuisine, bar, piscine, Spa.

Un sans-faute pour le Bloo Lagoon composé de villas indépendantes construites par un couple d'architectes argentins. Sans aucun doute le meilleur établissement du coin avec une vue à 50 m de hauteur surplombant tout Padangbai. Le toboggan et la piscine raviront les enfants pendant que les parents se délecteront au spa ou au restaurant (avec une vue à 360° s'il vous plaît) ! Chaque structure a son caractère et sa particularité. Galerie d'art, petit magasin, jardin botanique en permaculture : rien ne manque à cette adresse de charme qu'on vous conseille vivement !

© BLOO LAGOON VILLAGE

© BLOO LAGOON VILLAGE

EST DE BALI

KEMBAR INN €

Jl. Segara No.6, Padangbai, Kec. Manggis, Kabupaten Karangasem
✆ +62 363 4381108
Chambre double avec ventilateur à partir de 200 000 Rp. Petit déjeuner.

Ce petit homestay propose moins d'une dizaine de chambres, dont les meilleures sont à l'étage. Quant au petit-déjeuner, il est assez correct pour bien commencer sa journée. Simple, ne pas s'attendre à un hébergement d'exception pour le prix, mais efficace. Les chambres sont sommaires et un peu vieillottes mais ont l'avantage d'un prix très bas ! Seul bémol, quelques chambres peuvent être assez bruyantes. Très bien pour un transit de quelques heures, si vous attendez le ferry pour Lombok par exemple ou pour les voyageurs « budget » ou backpackers.

OK DIVERS RESORT & SPA €€

Jl. Silayukti No. 6
✆ +62 811 3858830
www.okdiversresort.com
Chambre double à partir de 1 300 000 Rp. Chambre familiale à partir de 1 500 000 Rp. Petit déjeuner. Piscine.

Hôtel idéal pour les passionnés de plongée avec son centre intégré. Depuis presque une vingtaine d'années, le centre Ok Divers Resort & Spa s'évertue à partager sa passion des fonds marins, de sa faune et de sa flore. Pour connaître les meilleurs coins, c'est ici qu'on se renseigne ! On trouve tout le confort nécessaire afin de faire une halte agréable avec une jolie piscine, des chambres climatisées, un spa - et ses supers massages - ainsi qu'un restaurant. Excellent accueil du personnel qui vous aide à réserver un ferry pour les îles Gili au besoin.

OZONE CAFE €

Jl. Silayukti
✆ +62 817 4708597
Ouvert tous les jours de 07h30 à 23h. Plats entre 45 000 Rp à 110 000 Rp.

Ambiance sympathique dans ce café restaurant qui propose une cuisine indonésienne et internationale avec une mise en valeur des produits de la mer. Il y a ici de quoi satisfaire tous les palais, le tout à des prix abordables. Les tables basses avec des coussins sont agréables, idéales pour simplement boire un café ou un verre, en attendant votre bateau pour les îles Gilis ou même à toute heure de la journée. Ozone Café attire les backpackers, si vous voulez faire des rencontres avec d'autres touristes, c'est un bon endroit où s'attabler.

TOPI INN €

Jl. Silayukti 99
✆ +62 363 41424
www.topiinn.nl
Ouvert tous les jours de 7h à tard. Plats à partir de 50 000 Rp. Propose aussi une dizaine de chambres au homestay.

Coup de cœur pour ce joli petit restaurant coloré le long de la route qui borde la mer. De la terrasse, on ne se lasse pas de contempler la plage, les vagues et l'animation qui va et vient. À la carte, il y en a pour tous les goûts : des tapas végétariennes, des pizzas, des poissons au barbecue et bien sûr quelques plats indonésiens comme le *chicken sate*. Le décor est soigné et très agréable à la lumière tamisée en soirée. Boutique, chambres à louer ou excursions sont également mises en avant par l'établissement. On recommande !

OMANG OMANG CAFE €€

Jl. Silayukti No.12
✆ +62 363 4381251
Ouvert tous les jours de 08h à 23h. Plats à partir de 40 000 Rp.

On se croirait presque aux Pays-Bas, la pluie en moins, la chaleur en plus... Tout au long de la journée, l'endroit est un bon refuge pour partager un café dans une ambiance sympathique. Une bonne adresse également pour un repas réconfortant et européanisé. Danielle, une Hollandaise amoureuse des saveurs indonésiennes et occidentales, a créé ce petit restaurant qui reçoit souvent des groupes de musique. La carte est très longue et fort inventive. A tester le Mahi-Mahi ! Quant au service, il est agréable et souriant, on apprécie !

GEKO DIVE

Jl. Silayukti No.5, Padangbai, Kec. Manggis, Kabupaten Karangasem
✆ +62 821 2180 1997
www.gekodivebali.com
Une plongée à partir de 850 000 Rp et 1 300 000 Rp pour deux plongées.

Plus de 25 années d'expérience au compteur pour ce centre de plongée balinais, Geko Dive est donc l'un des clubs les plus expérimentés de Padang Bai. Le management est francophone, mais le centre est international : toutes les langues y sont parlées. C'est un PADI 5 étoiles, gage de sérieux et de qualité. En matière d'environnement, le club est engagé et participe notamment au nettoyage des plages. Et si vous voulez prolonger l'expérience, Geko Drive propose toutes les formations PADI – également des packages hôtel + plongée sur différents sites.

LOMBOK ET LES ÎLES GILI

Lombok, « piment » en langue *sasak*, est probablement l'un des secrets les mieux gardés d'Indonésie. En effet, cette île est à la fois mystérieuse, épicée et originale. De taille comparable à Bali, elle a profité de la proximité avec sa fameuse voisine attirant les touristes pour préserver toute l'authenticité de sa culture unique et l'aspect immaculé de ses paysages. Ici, les plages vierges s'étendent tout le long du littoral. Le volcan Rinjani règne en maître sur l'île, entouré de rizières et de cascades dissimulées dans la jungle alentour.

Au nord-ouest, les îles Gili vous attendent pour une escapade de charme en famille, et les îles Gili du sud, en face de Sekotong, seront parfaites pour une escapade à la Robinson ou encore pour plonger dans des eaux turquoise et admirablement transparentes aux coraux multicolores. Une simple sortie en *snorkeling* permettra d'accéder à une vie sous-marine exceptionnelle.

Mer de Bali
Dusun Sejongga
LES GILIS DU SUD LOMBOK
GILI TRAWANGAN ★★★
GILI MENO ★★
GILI AIR ★★
TANJUNG
Pemenang Timur
Lebah Sempage
SENGGIGI ★★
Kecamatan Batulayar
Kecamatan Gunungsari
MATARAM ★
Kecamatan Kediri
Gerung
SEKOTONG BAY ★★
Praya
Kecamatan Lembar
BANGKO-BANGKO NATURE RECREATION PARK
Kecamatan Sekotong
Tibu Samut
Montong Sapah
BELONGAS
SELONG BELANAK
Balai Desa
MAWUN
5 KM

Lombok et les Îles Gili
Tampes
BAYAN
Obel Obel
Belanting
Desa Santong
Sajang
Pendua
SEMBALUN
Kecamatan Sembelia
GUNUNG RINJANI
TETEBATU
Labuhan Lombok
Kecamatan Suela
Kecamatan Pringgasela
Kecamatan Batukliang
Selong
Kecamatan Labuhan Haji
Mer de Bali
Kecamatan Praya Timur
Kecamatan Jerowaru
Kecamatan Pujut
Pengengat
JEROWARU
tanjung skuie
Ekas
Desa Benete
Tanjung Aan
Pantai Kaliantan
Sekongkang

PAGES

359

●● LOMBOK

Lombok possède les attraits des plus belles îles d'Indonésie sans souffrir de leurs inconvénients, le tourisme de masse notamment... De taille comparable à Bali, elle a su préserver toute l'authenticité de sa culture unique et l'aspect immaculé de ses paysages. Ici, découvrez des plages de sable fin, admirez le volcan Rinjani et les rizières qui le disputent aux cascades et à la jungle alentour. La culture de la communauté sasak, qui représente 90 % des habitants de l'île, est tout à fait exclusive à Lombok. Plus préservée qu'à Bali, la population ne vit pas par ou pour le tourisme. À Lombok, l'agriculture et la pêche dominent l'économie. Vous y aurez donc l'occasion unique de nouer des relations privilégiées avec les habitants et d'approfondir votre connaissance d'une société indigène sans pareille. Profitez de cette île pendant qu'elle parvient encore à se soustraire aux feux des projecteurs. La majorité des voyageurs qui foulent son sol ne le font généralement qu'au cours d'une excursion à partir de Bali et regrettent de ne pas y passer davantage de temps. Vous voilà prévenu !

Lombok appartient à la province de Nusa Tenggara Ouest. Elle compte trois divisions administratives : Lombok Barat, la partie occidentale de l'île, Lombok Tengah, la région centrale, et Lombok Timur, sa zone Est.

L'île de Lombok a une superficie de 5 435 km² et sa capitale est Mataram. Elle compte un peu plus de 3 000 000 d'âmes. De religion majoritairement musulmane, la population de Lombok revendique à travers cette identité spirituelle très tôt sa différence envers les envahisseurs balinais puis hollandais. C'est pourquoi, aujourd'hui encore, le ciment communautaire sur l'île repose essentiellement sur l'islam.

359 MATARAM ★
362 SENGGIGI ★★
366 TANJUNG
367 MONT GUNUNG RINJANI ★★★
368 BAYAN
369 SEMBALUN
369 TETEBATU
369 LES GILIS DU SUD LOMBOK
370 BELONGAS
371 SELONG BELANAK
372 MAWUN
372 SEKOTONG BAY ★★
373 KUTA LOMBOK ★★★
382 JEROWARU

383

●● ÎLES GILI

Ces trois petits atolls, Gili Trawangan, Gili Meno et Gili Air, entourés de plages de sable blanc, sont situés au nord-ouest de Lombok. En langue Sasak, « Gili » veut dire « petite île ». Ce petit archipel entouré d'une eau transparente bénéficie d'un microclimat plutôt sec, car il est protégé par le Mont Rinjani sur Lombok et le Mont Agung sur Bali. Il y a plus de 200 ans, des pêcheurs s'y sont installés car les eaux étaient très poissonneuses. Ces pêcheurs nomades se sont sédentarisés et, en plus de continuer à pêcher, ont commencé à cultiver des cacahuètes et du soja, qu'ils échangeaient sur les marchés de Lombok contre des produits qui n'existaient pas aux Gili, comme le riz. Les premiers touristes sont arrivés dans les années 80 et dix ans plus tard, les Gili ont acquis une renommée mondiale.

Aller aux Gili, c'est un peu les vacances dans les vacances. La température de l'air est de 28 °C en moyenne, et celle de l'eau varie de 26 à 29 °C. Le charme de ces îlots est largement dû à la biodiversité qui règne dans ces eaux turquoise. Spot idéal de plongée et de snorkeling, les Gili sont aussi synonymes de farniente, de cocktails devant le *sunset* et de fête. Il n'y a pas de transports motorisés, on y circule en *cidomo* (carriole à cheval), à vélo ou à pied. Seul bémol, les Gili se développent à vitesse grand V et les touristes affluent en masse. Si vous cherchez la tranquillité, optez pour Gili Meno, ou passez votre chemin... Les clubs de plongée se sont tous alignés pour pratiquer les même prix. Vous verrez la différence dans le matériel, le service et le logement, inclus ou non. Une taxe gouvernementale maritime de 100 K Rp vous sera aussi demandée dans tous les clubs.

383 GILI TRAWANGAN ★★★
394 GILI MENO ★★
398 GILI AIR ★★

MATARAM ★

Mataram est une ville aux multiples facettes. Elle se caractérise par ses bâtiments administratifs imposants et ses villas élégantes nichées dans des jardins luxuriants. En tant que principale ville de l'île, elle est un pôle d'attraction pour les jeunes en quête d'opportunités d'emploi, souvent fuyant le travail des champs.
Toutefois, il faut reconnaître que cette ville indonésienne présente certains aspects moins reluisants, comme son entretien négligé, une organisation urbaine complexe et de la pollution. Les voyageurs préfèrent séjourner dans les stations balnéaires environnantes, profitant ainsi des beautés naturelles et des plages paradisiaques.

HISTOIRE DE LOMBOK

Lombok a d'abord subi l'influence de l'empire madjapahit et de l'hindouisme, puis celle de l'islam à partir de 1506. Au XVIIe siècle, les Balinais prirent le contrôle de l'ouest de l'île. Des princes de Sumbawa réussirent à s'emparer de l'est, mais en furent rapidement chassés. L'influence des Balinais s'étendit alors à l'ensemble de l'île. Au XVIIIe siècle, le pays éclata en quatre petits royaumes. Le plus puissant, le royaume de Mataram, prit le contrôle de l'île. Les princes balinais avaient la réputation de maltraiter les Sasaks, qui tentèrent de se révolter mais furent réprimés par les Balinais. Les Sasaks envoyèrent alors un émissaire auprès du gouverneur général des Indes néerlandaises à Batavia. En 1894, les Hollandais lancèrent une expédition pour s'emparer de Lombok après s'être assurés du soutien des Sasaks opprimés. Mais, attaqués par surprise par les hommes du sultan Kareng Asem, les Hollandais durent battre en retraite. Revenus en force, ils finirent par prendre Cakranegara après un puputan final des Balinais. L'île deviendra hollandaise en 1906, mais l'inimitié entre les deux peuples, balinais et sasak, restera vivace. 1949 : c'est l'indépendance et, neuf ans plus tard, Lombok fait partie intégrante du découpage territorial indonésien. En 2000, des émeutes éclatèrent pour dénoncer les exactions perpétrées par les extrémistes religieux, à Lombok, à l'instar de tout le pays. Depuis lors, l'île a retrouvé son calme.

GUNUNG PENGSONG ★

Perampuan, Labuapi

Entrée libre. Donation conseillée entre 5 000 Rp et 10 000 Rp.

Le *Pura Gunung Pengsong* est situé à une petite dizaine de kilomètres au sud de Mataram, il vous faudra donc y parvenir en voiture ou en taxi. La visite est sympathique avec un avantage certain... Le petit nombre de touristes ! D'ici vous pourrez admirer un très beau panorama, ainsi qu'un joli temple balinais perché au sommet d'une colline peuplée de singes (un peu chapardeurs... faites attention !). À noter que du côté accessibilité, cela peut s'avérer un peu éreintant... il y a beaucoup d'escaliers à monter avant d'atteindre le temple.

NUSA TENGGARA BARAT MUSEUM ★

Jalan Panji Tilar No. 6

✆ +62 623 7063 2159

Ouvert le lundi de 10h à 16h, du mardi au vendredi de 8h à 16h, le vendredi jusqu'a 16h et jusqu'a 13h le weekend.

Ce petit, mais intéressant musée d'Ethnographie présente de belles pièces, notamment une imposante collection de *kriss*, sorte de dague allongée, voire d'une épée droite ou sinueuse. Le musée retrace l'histoire de Lombok et de Sumbawa. Le *kriss*, arme traditionnelle indonésienne, fait partie du Patrimoine culturel immatériel de l'humanité. On peut facilement venir y faire un tour rapide entre deux visites ou prendre son temps un jour de pluie avec une visite guidée.

PALAIS FLOTTANT DE MAYURA - MAYURA WATER PALACE ★★

Jl. Selaparang, Mayura

Ouvert du lundi au vendredi de 8h à 17h. Entrée libre.

Du temple, il ne reste plus qu'aujourd'hui qu'un lac artificiel et un beau jardin public, plein d'arbres de mangoustan. Au milieu de ce lac artificiel, fut construit ce palais qui servait autrefois de palais de justice. Le palais flottant de Mayura, construit en 1744, fait partie du patrimoine de l'ancien royaume de Karangasem dans l'est de Bali. Il combine les techniques architecturales hindoues et islamiques du même roi qui avait construit le temple de Lingsar.

TEMPLES HINDOUISTES ★

Entrée libre.

Quelques temples très intéressants à découvrir :

- **Pura Meru**, le plus grand temple de Lombok - construit en 1720 par un prince balinais.
- **Pura Segara**, temple balinais - près d'Ampenan.
- **Suranadi**, à 5 km au nord de Narmada, est un autre temple extrêmement enchanteur.
- **Pura Lingsar**, est un ensemble de temples construit en 1714.
- **Pura Narmada,** jardin d'agrément et lieu de culte construits en 1727.
- **Pura Agung Gunung Sari,** un grand temple où a eu lieu la bataille de Puputan en 1894.
- **Pura batu bolong** est situé au sud de Senggigi. La vue sur le coucher de soleil est superbe.

VILLAGE DE BANYUMULEK

Kediri lombok

Un des villages de potiers les plus connus de Lombok. Artisanat et méthodes traditionnelles.

A 7 km au sud de Mataram, le village de Banyumulek est un trésor de l'artisanat potier. Autrefois destinée à un usage domestique et religieux, la production comprend des jarres, des pots et des cruches, notamment la « cruche des voleurs » qui se remplit par le bas sans jamais se renverser. Les femmes se transmettent ces techniques ancestrales de mère en fille. Les méthodes restent anciennes (sans tour de potier) et privilégient l'argile locale et les colorants naturels. Parfait pour dénicher les cadeaux souvenirs authentiques pour vos proches et amis.

GARUDA AIRLINES

JL. Pejanggik, No. 42-44, Mataram, Nusa Tenggara Barat (NTB), Indonesia ✆ +622123519999

www.garuda-indonesia.com

Compagnie nationale. Un peu plus chère que d'autres en Indonésie, mais de loin la plus fiable et confortable.

Comptez une durée de vol entre Bali et Lombok de 30 minutes environ. Le vol est moins long qu'avec d'autres compagnies, mais plus cher. Certainement l'une des meilleures compagnies pour se rendre à Lombok depuis Bali. Leur site – en anglais – est très facile d'utilisation et vous pourrez facilement accéder aux horaires, aux tarifs et réserver votre vol. Comme pour tous les vols, nous vous conseillons de réserver un peu en avance pour bénéficier des meilleurs prix. Egalement de nombreux vols vers toute l'Asie depuis Jakarta notamment.

MINABI GUEST HOUSE €

Jl. Sadewa No.7, Cilinaya, Kec. Cakranegara

✆ +628175788098

www.minabiguesthouse.com

Chambre simple à partir de 200 000 Rp. Chambre double à partir de 225 000 Rp. Climatisation. Wifi

A 500 mètres du centre commercial, cette adresse vous permet de faire un peu de shopping. L'emplacement est central pour rayonner dans la ville. Minabi Guest House propose des chambres simples et basiques, avec un confort minimum mais suffisant pour passer la nuit à petit budget. Comme très souvent en Indonésie, on salue le personnel très attentionné. Si vous hésitez sur une attraction, si vous ne savez pas quoi visiter ni où manger, ne manquez pas d'aller discuter avec le personnel, plein de bonnes idées et disponible pour vous faire passer un séjour agréable.

LOMBOK ASTORIA €€

Jl. Jend. Sudirman no.40

✆ +62 370 6170999

www.lombokastoriahotel.com

Etablissement type « hôtel de chaine », autour de 650 000 Rp. Service impeccable. Piscine, petit-déjeuner, salle de sport.

Le Lombok Astoria, est l'adresse idéale pour un séjour confortable à Mataram. Cet établissement stratégiquement situé est le point de départ parfait pour une journée shopping ou une escale dans la capitale de l'île entre deux destinations. Piscine et salle de sport, buffet gigantesque pour le petit-déjeuner vous attendent au Lombok Astoria. Les chambres sont grandes, bien agencées et propres. Il est préférable de réserver directement sur leur site internet car les prix proposés par les plateformes de réservation sont souvent bien plus élevés.

BEGIBUNG CAFE €

Mataram Mall 2, Jl. Pejanggik No.21 Lantai 1 No. 20, Cilinaya, Kec. Cakranegara, Kota Mataram

✆ +62 370 631226

Ouvert tous les jours de11h à 22h. Compter environ 30 000 Rp pour un plat.

Si vous êtes de passage au mall de Mataram, vous trouverez cet établissement sans aucun problème. L'accueil y est adorable et de nombreux plats indonésiens sont à la carte. Ici, les tarifs sont raisonnables et il est agréable de faire une pause à cette adresse. On vous conseille de goûter au *nasi goreng ayam* ou encore au *ayam taliwang,* deux spécialités. La première est un plat de riz frit avec du poulet, et la deuxième - une spécialité locale - consiste en du poulet grillé accompagné d'une sauce épicée et relevée... Un délice !

AROMA €€

Jalan Palapa 2

✆ +62 370 632 585

Ouvert tous les jours de 10h à 22h. Comptez environ 40 000 Rp/plat.

Aroma restaurant est un des pionniers de la restauration chinoise dans la région. Ce petit restaurant de famille de troisième génération vous surprendra par ses grands classiques de la cuisine chinoise. La carte assez diversifiée vous proposera des saveurs succulentes... Un grand coup de cœur pour le crabe au poivre noir qui vous ravira par son peps étonnant. Si vous êtes dans les parages, et que vous êtes fan de cuisine chinoise, n'hésitez pas à vous arrêter, c'est définitivement l'une des meilleures tables de la ville dans un cadre exquis et familial.

DUA EM €€

Jalan Transmigrasi

✆ +62 370 626734

Ouvert tous les jours de 8h à 22h. Comptez 50 000 Rp/Plat.

Dans ce charmant petit warung, découvrez les délices de l'île, notamment le succulent *ayam taliwang* (plat traditionnel cuisiné dans une feuille de bananier). Ce warung offre une expérience légèrement haut de gamme, où la passion pour la cuisine locale est présente à chaque instant. Profitez de l'authenticité culinaire de Lombok, que vous soyez de passage ou un habitant en quête de saveurs locales exceptionnelles. Installez-vous, détendez-vous et savourez ce sasak traditionnel. Attention tout de même à la sauce piquante... - la *saus pesas* - elle est détonnante !

ROLLPIN €€

Jl. Raya Ahmad Yani

✆ +62 823 4142 0010

Ouvert de 9h à 22h.

A une quinzaine de minutes du centre-ville, cette adresse soigne ses assiettes tout comme ses clients... On retient la belle présentation des plats avec une mention spéciale pour le poisson grillé, le canard et les entremets en dessert. Dans un cadre moderne, le personnel prend grand soin de vous et vous pouvez profiter de la terrasse. Le cadre est très sympathique, avec sa terrasse entourée par une végétation qui inonde le lieu d'un certain calme... Les végétariens sont les bienvenus, de nombreux plats sont proposés à base de légumes.

TALIWANG IRAMA €€

Jalan Ade Irma Suryani No.10

✆ +62 370 623163

Ouvert tous les jours de 8h00 à 22h00. Plats à partir de 50 000 Rp. Menus à partir de 55 000 Rp.

Ce restaurant simple et dépourvu de fioritures, offre une introduction parfaite à la cuisine sasak. La spécialité incontournable est bien sûr l'*ayam taliwang*, mais soyez averti... la cuisine indonésienne est réputée pour ses saveurs épicées. Installez-vous à une table ou optez pour la traditionnelle façon de manger sur une plateforme devant une table basse.

C'est un lieu principalement prisé des locaux, garantissant une expérience rustique et authentique, offrant une véritable immersion culinaire dans la culture locale, loin des sentiers battus touristiques.

BAR PONDOK AMPENAN

Jalan Yos Sudarso 194

✆ +62 370 645 027

Ouvert du mardi au dimanche de 11h à tard. Bières à partir de 35 000 Rp et cocktails à partir de 60 000 Rp.

Sur le port d'Ampenan, voilà un joli petit bar situé dans une ancienne bâtisse rénovée. L'atmosphère de cet établissement en fait un endroit idéal pour se détendre entre amis ou s'en faire de nouveaux. Que vous soyez en quête d'un endroit agréable pour siroter quelques cocktails après une journée bien remplie ou pour passer une soirée détendue, ce bar répondra à vos attentes. Installez-vous confortablement, profitez en bonne compagnie et dégustez les cocktails très bon marché. Mais attention... Les alcools qui les composent le sont aussi...

PASAR MANDALIKA

Jl. Pasar Mandalika, Bertais

✆ +62 853 3344 4949

Ouvert tous les jours de 7h à 17h.

Ce marché est un incontournable de l'île, car il nous fait découvrir la vie locale. Les étals colorés se succèdent avec les grands paniers d'épices, les céréales, les fruits, les légumes ou encore les viandes et les poissons. L'activité est trépidante et il est bon de ramener des épices de ce marché. D'autres marchés à Mataram peuvent vous intéresser : Gunung Sari, un grand marché traditionnel ; Nyiur Baya, village intéressant pour ses vanneries, Rungkang/Sayang-Sayang et son artisanat, Banyamulek et les poteries, Loyok et le travail du bambou...

SENGGIGI ★★

Senggigi est la plus grande station balnéaire de Lombok, majoritairement fréquentée par une clientèle d'un certain âge. La ville s'étend le long d'une route sinueuse sans charme aux panneaux publicitaires géants sur une dizaine de kilomètres. C'est sur celle-ci que se trouvent les hôtels, restaurants et magasins de souvenirs. D'un côté coincée par les falaises et des collines verdoyantes, de l'autre par des baies bordées de cocoteraies, la route qui rejoint Senggigi est magnifique, mais arbore malheureusement de gros complexes hôteliers. La ville est plus une étape sur la route des îles Gili et une ou deux journées suffisent pour apprécier cette station balnéaire un peu endormie. Une excursion en scooter par la Monkey Forest Road et la côte de Senggigi reste l'activité la plus populaire.

Quartiers

Senggigi se divise en plusieurs zones :

- **Mangsit** : au nord de Senggigi, compte plusieurs resorts de classe internationale, mais aucune vie nocturne et bien peu de shopping. Belle plage.
- **Kerangdangan** : juste au nord de Senggigi, comporte surtout des villas privées dans la vallée.
- **Senggigi (centre)** : pas vraiment une station balnéaire comme on se l'imagine, en fait une longue rue bordée d'hôtels, de restaurants, de bars et de shopping. Pas une vie nocturne frénétique, même si l'on peut trouver à s'amuser. Ce n'est pas Ibiza non plus. Pratique et central avant tout.
- **Batu Bolong** : juste au sud de Senggigi. Hôtels, restaurants, bars... Belle plage. Dans la vallée derrière, grand complexe de résidence hôtelière pour les résidents et longs séjours. Il y a également un temple d'où l'on peut admirer un superbe coucher de soleil.

Sports / Loisirs

La plupart des plongées se déroulent dans les environs des îles Gili, mais il existe des centres à Senggigi (qui ont parfois/souvent des antennes sur les Gili).

On pourrait aussi vous emmener autour de Gili Nauggu, plus au sud : les coraux y sont plus beaux, mais le trajet bien plus long. L'est de Lombok possède de très beaux coraux, mais est difficile d'accès. Comme partout sur Lombok, les prix des plongées s'alignent et les centres sont tous professionnels et fiables.

Transports

- **Taxi**. Trois compagnies de taxi depuis l'aéroport : Airport Taksi, Bluebird et Express. Comptez environ 300 000 Rp pour/depuis Senggigi. On recommande Blue Bird.
- **Navettes de/vers l'aéroport**. Les navettes DAMRI effectuent le trajet entre Senggigi et l'aéroport de Praya. Départs entre 3h et 20h, toutes les heures et demie, depuis le Art Market à Senggigi. Compter 1h30 à 2h de trajet environ pour 50 000 Rp. Le meilleur plan !
- **Les applications Gojek et Grab**, l'équivalent indonésien de Uber, proposant des tarifs vraiment très abordables.
- **Comme partout à Lombok**, on s'apercevra vite que les distances sont assez grandes. On vous encourage donc à louer un scooter (75 000 Rp/jour) si vous savez conduire, pour plus de liberté dans vos mouvements, mais soyez prudent.

ADVENTURE LOMBOK ☞

Jalan Raya Senggigi
✆ +62 370 693 005
www.adventure-lombok.com

Agence de voyage experte en séjour découverte à Lombok et autour de l'Indonésie.

Cette agence vous conseille pour une exploration des merveilles naturelles et culturelles de l'Indonésie. Les circuits guidés minutieusement élaborés, activités en plein air et excursions d'une journée où de quelques jours répondront à votre soif d'aventure. Les voyages en petits groupes sont conçus pour être flexible en fonction de vos préférences afin de vous faire découvrir les innombrables trésors de l'Indonésie. Leurs guides compétents et passionnés seront dédiés à vous offrir une hospitalité exceptionnelle et une attention personnalisée.

LA CASA €

Jl. Raya Senggigi Gg. Pura Melase, Tanah Embet, Batu Layar,
✆ +62 370 692105

Chambre double à partir de 250 000 Rp. Wifi. Location de scooter.

Jardin adorable et une dizaine de chambres simples et propres. Michel, le maître des lieux, est une mine d'or sur Sengiggi et la région, et la cuisine de sa femme est incroyable. Michel pourra également vous concocter des petits plats bien franchouillard si vous en avez marre du *nasi goreng*. L'établissement se trouve à 5 min de la plage au sud de Senggigi et vous trouverez tout ce qu'il vous faut aux alentours. On se sent comme à la maison ici grâce au dévouement de Michel et Nia. Définitivement la meilleure adresse qualité/prix/conseil de la ville.

CENTRAL INN €

Jalan Raya Senggigi
© +62 370 692 006
www.id.centralinnsenggigi.com
Chambre double avec air conditionné à partir de 400 000 Rp. Petit déjeuner. Wifi. Piscine.

Véritable repère pour les jeunes voyageurs anglo-saxons, les réservations sont souvent prises d'assaut. Niché au cœur de Senggigi, il bénéficie d'une situation idéale, légèrement à l'écart de l'agitation de la rue principale. Cet établissement propose des chambres simples et confortables, agencées autour d'une piscine centrale, créant ainsi une atmosphère chaleureuse et conviviale. L'ambiance est détendue et bon enfant, en faisant un choix de séjour idéal pour les jeunes voyageurs en quête de détente et de rencontres sympathiques.

KAMPOENG SENGGIGI €

Gg. Arjuna No.1
Chambre double à partir de 300 000 Rp.

Ambiance végétation tropicale pour ce petit hôtel niché au centre de Senggigi. L'emplacement est idéal puisque vous êtes seulement à cinq petites minutes de la plage. Les chambres climatisées ont un balcon privé ce qui est également agréable pour se relaxer. Côté décoration, les chambres sont très sobres, mais elles apportent tout le confort nécessaire. Le petit déjeuner fruité et vitaminé est parfait pour bien commencer la journée. Et si vous avez des questions, le personnel - extrêmement sympathique - saura vous aiguiller.

RAJA'S BUNGALOW €

Gg. Arjuna No.1
© +62 812 3734171
A partir de 300 000 Rp pour deux personnes. Petit déjeuner.

A part l'absence de climatisation, on pourrait presque le classer dans la catégorie « charme ». Les bungalows sont perdus dans un jardin luxuriant, et l'ensemble est plutôt bien tenu. On a l'impression d'être dans un petit coin de paradis, à la fois au calme et à proximité de tout... On adore se prélasser dans les hamacs, à l'ombre, sur la terrasse. Quant au propriétaire, il est vraiment très accueillant et peut vous organiser transferts, excursions, activités... Et le plus : l'endroit est à environ cinq minutes de la plage.

LIVING ASIA RESORT & SPA €€

Jl. Raya Senggigi Pemenang
© +62 370 693519
www.livingasiaresort.com
Chambre à partir de 1 500 000 Rp. Offres spéciales sur le site internet de l'établissement. Spa, bar et restaurant.

La piscine et la vue sur le volcan Agung de Bali y sont fabuleuses et le confort sensationnel. On pourrait facilement considérer cet endroit comme l'un des meilleurs hôtels de la ville et même de Lombok... Dans un vaste ensemble boisé qui comprend plus de 66 villas - avec ou sans piscine, et avec vue sur la mer pour certaines - ce resort propose détente et calme pour les amoureux de Lombok. On ne se lasse pas des couchers de soleil sur les transats, face à la mer... Et pour compléter le tout : spa, classes de cuisine et yoga proposés.

QUNCI POOL VILLAS HOTEL €€

Jalan Raya Mangsit
https://www.quncivillas.com
Hotel en bord de mer, ouvert toute l'année. Piscines privées et spa.Chambre double à partir de 1 350 000 Rp.

Situé sur la plage de Mangsit, le Qunci Pool Villas est un complexe haut de gamme offrant une expérience paisible et luxueuse. Entouré d'une végétation luxuriante, l'hôtel propose des chambres élégantes avec vue sur jardin ou mer, ainsi que des villas avec piscine privée. Les chambres sont décorées avec goût. Les villas de catégorie supérieure disposent également d'une cuisine et d'un salon extérieur. Le petit-déjeuner peut être servi en chambre ou dans l'un des 2 restaurants. L'hôtel possède également un bar, un spa, et 3 piscines avec vue panoramique.

SUNSET HOUSE €€

Jl. Raya Senggigi No. 66
© +62 370 692 020
www.sunsethouse-lombok.com
Chambre double standard à partir de 600 000 Rp. Petit déjeuner. Piscine.

Un petit hôtel très sympathique et très bien tenu à Senggigi, doté d'environ trente deux chambres qui ont pour la grande majorité vue sur la mer et la piscine - certaines depuis un joli balcon avec sa petite table et ses chaises. Rien que pour le combo piscine et vue sur la mer, il n'en est que plus recommandable. Côté tarif, Sunset House bénéficie également d'un bon rapport qualité-prix. L'établissement offre aussi un bon restaurant, un bar de plage, un joli jardin où il fait bon flâner donnant sur la plage... Bref, il y a tout pour être bien.

KALANDARA RESORT LOMBOK €€€

Jl. Raya Senggigi ✆ +62 31 30001688
http://kalandararesort.com

Incroyables villas avec piscines privées sur les hauteurs de Senggigi.

Le Kalandara Resort, niché sur les hauteurs de Senggigi, propose de somptueuses villas offrant une vue imprenable sur l'océan. Le service irréprochable, le personnel à votre écoute, en font un havre de paix propice à la détente. Le spa est victime de son succès et affiche souvent complet. Il faut réserver afin de pouvoir en profiter ! Ne ratez pas le coucher de soleil à la piscine principale - c'est un spectacle à couper le souffle. Vous aurez peut-être la chance d'assister à un *liveband*, ce qui ne fera qu'ajouter de la magie à cette ambiance déjà mémorable.

QUNCI VILLAS HOTEL €€€

Jl Raya Mangsit ✆ +62 370 693 800
https://quncivillas.com

Chambres à partir de 130$US, villa à 850$US (triple). 2 restaurants : le Quali - Asiatique, Qerang - produits de la mer.

Cet hôtel est la quintessence même de la détente et du luxe. Avec plusieurs restaurants dont un dirigé par un chef italien, l'établissement propose différents types de cuisine allant des spécialités de fruits de mers aux mets asiatiques parmi les plus réputés de la région. Il possède 3 piscines, dont une face à la mer réservée aux adultes. Les jardins et les aménagements extérieurs, méticuleusement conçus, créent un environnement idyllique pour des vacances reposantes. Consultez leur site web pour apprécier la supériorité des offres par rapport à la concurrence.

THE PUNCAK €€€

Jl. Bukit Batu Layar No.13
✆ +62 821 1113 9595
www.the-puncak.com

Chambre double à partir de 1 450 000 Rp.

Piscine à débordement face à Bali, le décor unique est planté depuis une colline. Prestation à la hauteur pour des clients à la recherche d'un service haut de gamme. Cinq suites privées sont proposées pour un séjour paisible et raffiné. De votre chambre, la vue donne sur la piscine, la verdure puis l'océan au loin... Un enchantement. Au réveil, prenez un bon petit-déjeuner en extérieur, dans le jardin et profitez d'un moment de calme. Le personnel saura vous conseiller en cas de besoin pour des balades, comme pour des excursions guidées ou activités.

TEMPTATIONS BAKERY, CAFE & RESTAURANT €€

Jl. Palm Raja Batu Bolong No.3
✆ +6281339906799

Café ouvert du lundi au dimanche de 8h à 21h. Boulangerie et magasin ouverts du lundi au dimanche de 9h à 20h.

Cet établissement est une boulangerie-café-épicerie proposant des espaces de restauration intérieurs et extérieurs. Tout y est préparé sur place, avec un menu comprenant des plats occidentaux et indonésiens (options végétariennes disponibles). L'épicerie fine vous permettra de trouver tous les produits du quotidien ainsi que des produits importés difficiles à dénicher dans le reste de l'île. Vous pourrez aussi y trouver des graines et céréales en vrac.

COCO BEACH €

Jl. Raya Senggigi
✆ +62 817 578 0055

Ouvert tous les jours de 12h à 21h en service continu. Compter environ 80 000 Rp par personne.

Aménagées au milieu d'une cocoteraie, quelques huttes en bambou se dressent pour vous accueillir le temps d'un repas. Vivi est en cuisine et vous fait découvrir les merveilles de son jardin et les produits de la mer. Poissons grillés, avec des sauces délicieuses, mais aussi salades du jour et d'autres spécialités sont à déguster. Tous les plats sont à base de produits frais et naturels, récoltés dans le potager juste derrière l'établissement. Un véritable coup de cœur, ce restaurant est une petite pépite en bord de plage. Par ailleurs, la baignade est interdite.

WARUNG BUANA €

Jl. Raya Senggigi km. 8
✆ +62 812 4608 9970

Ouvert tous les jours de 8h à 22h. Plats indonésiens à partir de 30 000 Rp.

Restaurant familial typique pour cette excellente adresse. Les plats indonésiens sont recommandables, mais on a aussi beaucoup aimé les pizzas pour la fraîcheur des produits. Idem pour les pâtes, qui sont à base de produits frais et qui sont très bien préparées. Pourquoi ne pas tenter, par exemple, les délicieuses pâtes au pesto, ou, plus local, un bœuf rendang (un bœuf cuit avec des épices, du gingembre, du sucre de palmier...) ? Délicieux ! Et pour compléter, le chef est sympathique ce qui ne gâche rien au plaisir d'un bon moment partagé.

WARUNG IJO €

Jl. Raya Senggigi No.RT.01
✆ +62 873 5015337
Très bon petit restaurant de style « Padang », cuisine pas trop piquante, adaptée aux bouches européennes.

Une véritable trouvaille ! ce petit warung à l'aspect modeste est en réalité un joyau de la cuisine indonésienne. La famille des propriétaires est charmante et prête à vous guider dans leur délicieuse carte. Vous pouvez vous servir vous-même au buffet mais vous pouvez aussi commander à la carte. Les prix sont très abordables, avec des plats végétariens entre 30 000 Rp et 50 000 Rp, rajoutez 10 000 Rp pour la viande et 5 000 Rp pour le riz. Le Gado Gado est un must, un vrai régal. Vous avez également la possibilité de commander des plats à emporter.

ASMARA €€

Jalan Raya Senggigi
✆ +62 370 693 619
www.asmara-group.com
Ouvert tous les jours de 11h à 23h. Service de taxi gratuit dans la région de Senggigi (5 km).

Pris d'assaut le soir, ce charmant établissement propose principalement une cuisine européenne, avec abondance de poissons et fruits de mer. Et cerise sur le gâteau : pain maison tous les matins. Et deuxième cerise, un pick-up vient vous chercher et vous ramène dans votre hôtel si vous en avez besoin. Le plus : la cuisine s'adapte aux plus nombreux avec des options pour les végétariens et végétaliens ainsi que de nombreux plats sans gluten disponibles. Depuis 1997, le restaurant Asmara s'évertue à vous faire passer un bon repas !

CAFE ALBERTO €€

Jln Raya Senggigi
✆ +62 370 693 039
www.cafealberto.com
Pizza à partir de 85 000 Rp. Pasta à partir de 65 000 Rp.Chambres à partir de 650 000 Rp.

Situé sur la plage de Batu Bolong à Senggigi, le Café Alberto vous offre une vue et un univers uniques à couper le souffle. L'hôtel est construit autour d'une piscine extérieure, et de la terrasse du restaurant. Les chambres sont simples mais bien agencées, et sont dotées de lit immense d'au minimum 2,2 mètres. Certaines ont vue sur la mer. Le restaurant propose une délicieuse cuisine italienne et indonésienne, et vous pourrez vous détendre sur la terrasse ensoleillée les pieds dans le sable. Une escale parfaite pour explorer la région Senggigi et ses environs.

LOTUS BAYVIEW €€

Sur le marché artisanal
✆ + 62 370 693758
Ouvert de 8h à 23h. Ceviche de thon 105 000 Rp. Burrata 125 000 Rp. Pâtes maison 120k Rp. Homard.

Idéalement situé entre la plage frangée de bateaux de pêcheurs et le marché artisanal de la ville, Lotus Bayview et sa cuisine vous envoient directement vers l'Italie. La spécialité étant la pizza au feu de bois et ses pâtes fraîches préparées par le chef. De nombreuses spécialités locales et méditerranéennes au menu. Ouvert il y a une vingtaine d'années, le restaurant est devenu une institution à Senggigi. Les pizzas en font sa réputation et pour cause, elles sont délicieuses. Chapeau pour la burrata fraîche, le tout à un très bon rapport qualité-prix. On adore !

THE KLIFF €€

Jl. Raya Senggigi
✆ +62 370 6197888
katamaranresort.com
Ouvert tous les jours de 16h à 23h. Plats à partir de 90 000 Rp.

Cadre idyllique pour ce restaurant dans un hôtel résolument magnifique. Ce restaurant est certainement l'un des meilleurs de la ville de Senggigi et offre un cadre des plus romantique, incomparable. Face à la mer, il est bon de venir en fin de journée pour assister au coucher du soleil tout en savourant quelques tapas accompagnés ou non d'un délicieux cocktail. On prolonge l'instant avec une carte tournée vers les produits de la mer comme ces belles langoustes grillées. Le tout, avec un service impeccable. On recommande chaudement.

QERANG : EXQUISITE SEAFOOD €€€

Qunci villa ✆ +62 821 4732 7446
www.quncivillas.com/dining
Ouvert tous les jours de 18h à 23h. Fruits de mer : 580 000 Rp, spaghetti vongole : 130 000 Rp, Wagyu : 325 000 Rp.

Une vraie référence, méritant presque une étoile tant les éloges sont nombreuses. Sa spécialité ? Les fruits de mer et la cuisine japonaise. Le chef napolitain Vittorio propose un menu fusion réussi, avec des plats signatures comme le plateau de fruits de mer, les spaghetti vongole ou encore le bœuf japonais. Situé face à la mer au sein de l'hôtel Qunci, le restaurant organise des soirées à thème. Son voisin, le « Quali », offre une carte axée sur les saveurs indonésiennes et italiennes.

ART MARKET

Jl. Raya Senggigi
Ouvert tous les jours de 9h à 21h.
En quête d'idées cadeaux ou souvenirs à rapporter de votre voyage ? Pourquoi ne pas aller faire un tour d'une petite heure au Art Market de Senggigi ? Il s'agit plus d'une succession de petites boutiques qu'un marché au sens traditionnel du terme. Pour autant, on pourra y trouver un large choix de belles choses, typiques ou non. Et le tout à des prix assez intéressants, si vous négociez bien. En revanche, ne vous attendez pas à de l'originalité, c'est plus ou moins la même chose que dans toutes les boutiques touristiques du coin.

TANJUNG

Tanjung est une ville tranquille bercée par la douceur de vivre. Avec ses plages de sable fin et ses eaux cristallines, c'est un havre de paix pour les amoureux de la nature. La ville est le point de départ idéal pour explorer les îles Gili voisines, paradis des plongeurs et des snorkelers. Les marchés locaux de Tanjung regorgent de produits frais et d'artisanat, offrant une immersion authentique dans la culture locale. Moins fréquentée que d'autres destinations de Lombok, Tanjung conserve un charme authentique, avec ses villages de pêcheurs traditionnels et un rythme de vie apaisant, mais n'est toutefois pas le lieu pour passer ses vacances.

BLUE MARLIN

Jl. Raya Senggigi
✆ +62 370 69444
www.bluemarlindive.com
Toutes les formations PADI sont disponibles.
Le plus ancien club de plongée que vous trouverez dans le coin. *Fun dives*, baptêmes, cours *open water* et cours techniques sont au menu. Le lieu bénéficie d'une bonne réputation et d'un ensemble de centres présents sur les trois Gili et Komodo : on peut donc plonger partout avec eux, plutôt pratique. Il faut savoir qu'un autre centre va ouvrir ses portes du côté de Kuta Lombok. Et l'établissement propose la possibilité d'organiser des packages hôtel + plongées sur différents sites de l'île. N'hésitez pas à les contacter pour plus d'info.

LOMBOK WILDLIFE PARK

Jalan Raya Tanjung Sire
✆ +62081936700717
www.lombokwildlifepark.com
Ouvert tous les jours de 9h à 17h. Ticket 200 000 Rp/Adulte et 150 000 Rp/Enfant.
Ce parc zoologique, trouvera grâce à vos yeux par le dévouement des soigneurs au bien-être de chaque animal. Découvrez une grande diversité d'animaux en bonne santé et bien traités tels que des reptiles, une multitude d'oiseaux, des petits ours, des gibbons... Profitez de quelques pôles d'intérêt, comme le bain des éléphants et les facéties de Kaka et Kiki - deux jeunes orangs-outans - malins et coquins comme pas deux ! Le restaurant vous offre un déjeuner complet et délicieux, pour une petite pose gourmande. Vous pouvez également y savourer de délicieuses glaces.

DSM LOMBOK DIVE CENTER

Jl. Raya Senggigi
✆ +62 818 0577 1426
www.dsmlombok.com
Toutes les formations PADI sont disponibles. Certification FFESSM.
Le club dispose de matériel et de bateaux de qualité et emploie un personnel polyglotte et très efficace. DSM Lombok Dive Center propose des plongées à la journée à Senggigi et à Gili Trawangan. On apprécie l'ambiance résolument francophone. Comme dans de nombreux centres, vous avez la possibilité d'organiser des packages hôtel + plongées sur différents sites. Et si vous tombez amoureux du calme des fonds marins, DSM Lombok Dive Center se fera un plaisir de vous faire passer vos différents niveaux (formations PADI) pour évoluer dès 18 mètres de profondeur.

ANEMA WELLNESS & RESORT €€

Jl. Pantai Sira, Sigar Penjalin,
✆ +62 818 0550 3163
www.anemaresortgililombok.com
Chambres à partir de 1 200 000 Rp. Centre de plongée, kayak, cours de cuisine, tours aux Gili et Lombok.
À quelques minutes en bateau des îles Gilis, l'Anema Resort Gili Lombok est installé au calme en bord de mer. Cet établissement offre une situation imprenable sur la baie où vous pouvez profiter des activités dispensées par l'établissement comme la plongée, les cours de cuisine ou l'organisation d'excursions. La propriété s'étend sur plusieurs hectares, mais c'est bien sa plage de sable blanc exclusive - séparée de l'hôtel par la piscine de 47 mètres - qui nous a séduits, chaque villa possède aussi sa piscine. Un rapport qualité-prix imbattable, on recommande.

HOTEL TUGU LOMBOK €€€

Jl. Village de Sigar Penjalin
✆ +62 370 6120 111
https://tuguhotels.com/hotels/lombok/
Villa à partir de 2 800 000 Rp. 2 piscines et restaurants, bar, spa, kayak, accessoires de snorkeling et excursions.

C'est notre petit trésor local ! Le propriétaire, passionné d'art antique, a créé, ici, une atmosphère unique. La grande épopée du Mahabharata est célébrée à travers tout l'hôtel. En plus d'une plage de sable blanc paradisiaque, vous disposerez de 2 piscines, dont une de plus de 100 m, et d'un Spa plusieurs fois primé. « L'âme de l'Indonésie » imprègne ce luxueux havre de paix idéal pour votre escapade romantique. Son architecture délicate vous émerveillera, et ses restaurants sont de véritables chefs-d'œuvre de gastronomie. On n'aime pas… On adore !

THE KAYANA BEACH LOMBOK €€€

Jl. Raya Senggigi, Malaka, Kec. Pemenang
✆ +6281139606900 - https://www.thekayana.com
Villa à partir de 2 900 000 Rp avec piscine privée. Navette tous les jours pour Senggigi. Piscine extérieure.

Encore peu connue, la région offre de nombreux avantages. Les plages sont souvent plus belles qu'à Bali, il y a moins de touristes et les prix y sont plus attractifs. C'est le cas pour le Kayana Beach Lombok qui propose de spacieuses villas de 185 m² avec piscine privée face à la mer à un rapport qualité-prix remarqué ! Situé au nord de l'île, à 10 min du port reliant les Gili, on y vient pour être tranquille, piquer une tête dans l'eau, farniente à la plage ou préparer l'ascension du Mont Rinjani pour les plus sportifs ! Agréable restaurant avec vue sur le lagon.

THE LOMBOK LODGE €€€

Jl. Oberoi
✆ +62 851 0062 2926
www.thelomboklodge.com
Suite avec vue mer à partir de 10 000 000 Rp. Petit déjeuner et diner inclus. Piscine et spa.

Une pépite de luxe avec ses 9 chambres exclusives perchées sur la colline, offrant une vue imprenable sur la plage. Cet établissement 5 étoiles propose deux restaurants : un méditerranéen/asian fusion pour le déjeuner et un bistronomique pour le dîner, inclus dans la réservation. La piscine de 25 mètres, avec transats face à la mer est entourée d'une jolie pelouse et d'une zone de feux de bois pour des soirées romantiques. Profitez également d'un petit spa, d'une sélection de vins italiens et d'une salle de gym. Un véritable joyau, pour une escapade haut de gamme.

THE OBEROI BEACH RESORT €€€

Beach, Medana, Tanjung
✆ +62 370 6138444
www.oberoihotels.com
Chambre double à partir de 4 800 000 Rp Petit déjeuner. Piscine. Possibilité de réduction via le site Internet.

Nec plus ultra en matière de luxe sur Lombok, l'Oberoi se permet même de déserter le site touristique de Senggigi pour camper en face des trois Gilis. Les chambres, joliment décorées et ultra grandes, apportent tout le confort souhaité dans ce type d'établissement. Tout y est parfait, des salles de bains, immenses, en marbre au service ultra professionnel. Certaines chambres - de niveau supérieur - offrent également une très belle piscine privée... Ça fait rêver et ici, vous vous garantissez une retraite sans le moindre accroc. Magnifique.

MONT GUNUNG RINJANI ★★★

Le mont Rinjani culmine fièrement à 3 726 m, en faisant la plus haute montagne de l'archipel de la Sonde. Il est souvent perdu dans les nuages dès le matin et il arrive qu'on ne puisse pas le voir en entier pendant des semaines. Volcan très actif, le Rinjani est entré en éruption la dernière fois en septembre 2016. Les Balinais le considèrent comme une montagne sacrée et lui vouent un grand culte : chaque année, à l'occasion du *pekelan*, ils jettent des bijoux dans le lac du cratère et font des offrandes. Quant aux *Sasak*, ils lui dédient des cérémonies les soirs de pleine lune.

Pratique

Situés sur les crêtes du volcan, les villages de Sembalun, de Senaru et nouvellement de Tetebatu constituent les bases de départ pour l'ascension. À Senaru, village presque sans ressources, on sera bien inspiré de laisser un don pour la communauté.

Tourisme

Le 29 juillet 2018, un séisme de magnitude 7.0 frappe le nord de l'île. Plus de 560 touristes sont alors bloqués sur le mont Rinjani. Le tremblement de terre a provoqué des glissements de terrain rendant très difficile la descente aux camps de base. Tout le monde est évacué dans les jours qui suivent par les autorités. Depuis ces événements, l'ascension du volcan Rinjani a été réouverte au public de façon normale.

ASCENSION DU RINJANI ★★

Le Rinjani est incontournable. La plupart des voyageurs s'arrêtent au niveau du cratère pour observer le lac, vers 2 700 mètres mais le sommet est à 3 726 mètres. Si vous désirez poursuivre, il faut une bonne condition physique, de bonnes chaussures de marche et un brin de motivation. En raison de la saison des pluies, le volcan est fermé de novembre à mars. Le départ se fait à partir de Senaru, de Sembalun ou de Tetebatu. Généralement, l'ascension se programme sur 2 ou 3 jours. Il est obligatoire de faire appel à une agence locale pour organiser votre expérience.

JOHN'S ADVENTURES

Jl. Senaru
✆ +62 817 578 8018
www.rinjanimaster.com

Établie depuis plus d'une vingtaine d'années, cette agence propose toutes sortes d'expéditions. John peut aussi assurer le transfert de/vers votre hôtel, l'aéroport, et dispose d'un petit café. Agence qui met particulièrement l'accent sur la sécurité. Une belle expérience à vivre pour tous les amoureux de paysages grandioses ! Les excursions peuvent être à la journée ou sur plusieurs jours comme l'ascension du Rinjani ou des circuits autour des lacs sur cinq jours et quatre nuits... N'hésitez pas à les contacter pour en savoir plus !

BAYAN

Bayan est une petite ville connue pour abriter la mosquée la plus ancienne de Lombok, Bayan attire les visiteurs par son authenticité et son patrimoine culturel. Entourée de paysages luxuriants et de montagnes majestueuses, elle offre un cadre naturel époustouflant. C'est aussi le point de départ pour des randonnées vers le célèbre Mont Rinjani, un incontournable pour les amateurs d'aventure. Bayan se distingue par son atmosphère paisible et son accueil chaleureux, offrant une expérience unique aux voyageurs à la recherche d'une immersion dans la culture Sasak traditionnelle. Un lieu charmant pour découvrir une facette encore préservée de Lombok.

RINJANI TREKKING CENTER

Jl. Pariwisata,
✆ +62 853 3751 1869
www.rinjanitrekkingcenter.com
Ouvert tous les jours de 6h à 22h

Vous avez envie de vous attaquer à l'ascension du Mont Rinjani ? Venez le faire avec un guide expérimenté ! Pour les sportifs voulant se lancer dans l'aventure, ce centre propose plusieurs formules où les guides emporteront tout le matériel nécessaire (tentes, nourriture, eau...). Différentes options disponibles : le sommet du mont Rinjani + le lac Segara Anak et les sources d'eau chaude (3 jours / 2 nuits), le cratère Rim + le lac + les sources d'eau chaude (3 jours/ 2 nuits) ou encore le cratère Rim seulement (2 jours / 1 nuit).

CASCADES DE SENARU ★

senaru
Comptez généralement 15 000 Rp pour le ticket d'entrée.

Il y a trois superbes cascades à Senaru qui valent vraiment la peine d'une visite : Sendang Gile, Tiu Kelep et Batara Lejang. Vous descendrez le long de la montagne en arpentant un petit chemin et des escaliers souvent creusés à même la roche afin de rejoindre la rivière et les chutes d'eau en contrebas. Parfois, surtout à la saison des pluies, certaines peuvent être fermées pour cause d'accès impraticable. Pensez à vous renseigner au préalable sur les accès ouverts ou non. Vous n'avez pas besoin de guide pour atteindre Sendang Gile.

RINJANI TREKKING LODGE €

www.rinjanitrekkingclub.com
Chambre double à partir de 150 000 Rp. Petit déjeuner.

Le Rinjani Trekking Lodge est un hôtel - certes - un brin sommaire mais qui présente l'avantage d'être l'un des moins chers de Senaru et ses environs. L'établissement propose aussi des formules pour des trekkings avec des options pique-nique équilibrés et suffisamment nourrissant ! Egalement des trekkings sont proposés pour faire quelques randonnées en groupe. Attenant, un restaurant d'un bon rapport qualité / prix. C'est aussi un point de départ de trek depuis 1989. N'hésitez pas à les contacter pour avoir plus d'info, ils sauront vous conseiller !

RINJANI MOUNTAIN GARDEN €€

Jl. Teres Genit, Bayan, North Lombok Regency
✆ +6285398206789
rinjani-mountain-garden.com
Chambre double à partir de 550 000 Rp. Petit déjeuner.

Situé sur les flancs du Mont Rinjani, le Rinjani Mountain Garden vous offre bien plus qu'un simple séjour. L'accueil chaleureux est au rendez-vous. Les bungalows, simples et agréables, vous plongent dans un havre de sérénité. Imaginez-vous, chaque matin, contemplant la magnifique vue sur les rizières et l'océan d'un côté, tandis que de l'autre se profile majestueusement le Mont Rinjani. Et pour commencer votre journée du bon pied, dégustez au restaurant de l'hôtel, leurs délicieux petits déjeuners faits maison, aux saveurs authentiques.

SEMBALUN

Nichée dans les hautes terres de Lombok, cette ville pittoresque entourée de collines verdoyantes et de vallées fertiles, est un paradis pour les randonneurs et les amoureux de la nature. Cette ville est particulièrement célèbre comme point de départ pour l'ascension du Mont Rinjani, l'un des volcans les plus emblématiques d'Indonésie. Sembalun allie charme rustique et beauté naturelle, avec ses champs de culture en terrasse et son cadre montagneux spectaculaire. La communauté locale, accueillante et chaleureuse, ajoute à l'atmosphère sereine du lieu. Parfaite pour une escapade paisible, Sembalun vous ouvre le cœur de la culture et des traditions.

TETEBATU

Tetebatu est un charmant village niché au pied du Mont Rinjani. Entourée de forêts luxuriantes et de rizières en terrasses, Tetebatu est connu pour ses paysages verdoyants et son ambiance sereine, cette ville est idéale pour des randonnées pittoresques et l'observation de la faune locale, notamment des singes dans leur habitat naturel lors de vos balades dans la forêt environnante. Le village offre un aperçu authentique de la vie rurale indonésienne, avec ses habitants accueillants et ses traditions préservées. Tetebatu, avec sa simplicité et sa beauté naturelle, est une destination parfaite pour se ressourcer et découvrir la culture de Lombok.

LES RIZIERES LOMBOK €€

Jalan Raya, Kembang Kuning, Sikur
✆ +6281339227051
https://www.les-rizieres.com
Hôtel de charme. Chambres doubles à partir de 1 500 000 Rp.

Niché au cœur des rizières de Tetebatu, à proximité des cascades et de la Forêt des Singes, cette charmante propriété propose différentes chambres, doubles ou familiales, dont certaines avec vue sur les magnifiques rizières environnantes. Dans ce cadre authentique offrant des vues à couper le souffle sur le Mont Rinjani, passez la nuit dans un ancien séchoir à tabac et profitez des superbes randonnées auxquelles la région vous invite. L'hôtel est tenu par un sympathique couple de Français dont la chaleureuse Cathy qui fera de votre séjour une expérience mémorable.

LES GILIS DU SUD LOMBOK

Les îles Gili du Sud, un chapelet de joyaux cachés dans le sud de Lombok, offrent une échappée paradisiaque loin de l'agitation. Moins connues que leurs homologues du nord, Gili Nanggu, Gili Sudak et Gili Tangkong, Gili Gede, Gili Asahan et Gili Layar sont des havres de tranquillité, avec leurs plages de sable blanc immaculé et des eaux turquoise. Ces îles préservées sont parfaites pour une journée de farniente au soleil ou pour explorer les fonds marins riches en coraux et en vie marine. Les îles du sud de Lombok sont une destination incontournable pour ceux qui recherchent une expérience insulaire authentique et paisible à proximité de Lombok.

KOKOMO GILI GEDE €€

Jl Pantai, Pantai, Pelangan, Lombok, West Lombok
✆ +6208175794461
www.kokomogiligede.com
Suite vue mer à partir de 1 600 000 Rp.

Blottie sur sa plage de sable blanc privée, voici une escapade tropicale unique. Situées en bord de mer ou plus haut sur la colline, certaines de ses villas sont construites en teck récupéré et sont inspirées des maisons indonésiennes traditionnelles. Chaque chambre vous offre un confort haut-de-gamme. Le restaurant propose une cuisine raffinée à base d'ingrédients locaux, de fruits de mer frais, une intéressante carte des vins et de délicieuses pâtisseries. Les petits-déjeuners continentaux ou anglais vous raviront. Excursions vers les îles voisines disponibles.

PEARL BEACH RESORT €€

Gili Asahan, Batu Putih, Kec. Sekotong, ✆ +6281907247696
www.pearlbeach-resort.com
Chambres à partir de 1 000 000 Rp. Hôtel directement sur la plage.

Sur une magnifique plage de sable blanc, ce resort éco-responsable combine modernité et tradition, avec une large gamme d'hébergements. Le snorkeling sur le *Home-reef* est fabuleux. Le restaurant sublime la cuisine indonésienne avec des touches de cuisine internationales, tout en privilégiant les produits locaux et durables. Tea time l'après-midi. Le personnel est sympathique et toujours aux petits soins. Les enfants sont les bienvenus et vous pouvez même les faire garder ! Profitez des levers de soleil éblouissants, relaxez-vous avec un massage traditionnel...

SECRET ISLAND RESORT €€

Gili Gede ✆ +62 818 0376 2001
www.secretislandresort.com
Chambre double à partir de 300 000 Rp ; bungalow à partir de 500 000 Rp.

L'établissement est conseillé notamment pour la splendide vue qu'il offre de la terrasse de ces bungalows. Vous pouvez difficilement faire plus vue mer ! Le Secret Island Resort est un secret connu de tous. C'est une très bonne adresse de l'île, avec un bon rapport qualité / prix. Mention spéciale pour le service attentif, mais aussi pour la quantité des activités proposées. Également sur place un bon restaurant avec de délicieuses spécialités à base de poisson frais - mais aussi un billard pour patienter entre amis ou en famille.

BLEU MATHIS GILI ASAHAN €€€

Gili Asahan Dusun Labuhan Poh, Batu Putih, Kec. Sekotong ✆ +6281246191682
www.dijiwasanctuaries.com
Villas à partir de 1 500 000 Rp. Villas avec piscine privée à partir de 2 500 000 Rp.

Dernier-né du groupe MATHIS, déjà présent à Ubud et Amed, ce petit bijou, situé au nord de l'île, au bord d'une somptueuse plage de sable immaculé encore peu fréquentée, est doté d'une jolie piscine et d'un restaurant les pieds dans le sable. Les bungalows spacieux et particulièrement confortables vous plongeront instantanément dans un monde de calme et d'élégance. Savourez une multitude d'activités, de la plongée en apnée dans des eaux cristallines aux couchers de soleil majestueux. Le personnel gentil et attentionné rendra votre séjour parfait.

GILI ASAHAN ECO LODGE €€€

Gili Asahan, Central Sekotong, West Lombok Regency, ✆ +62 813 3960 4779
www.giliasahan.com
Bale à partir de 700 000 Rp. Bungalows vue mer à partir de 1 700 000 Rp. Cottages et gladak à partir de 2 500 000 Rp.

Imaginez-vous vous réveiller à quelques pas de la mer, bercé par la douce caresse des vagues sur le rivage... Profitez du sentiment « Robinson Crusoé » avec tout le confort moderne, dans des logements conçus en matériaux naturels. Pratiquez différentes activités directement depuis l'hôtel : Plongée sous-marine, snorkeling, SUP, canoë, massages au Spa Aloe... Vous n'aurez pas le temps de vous ennuyer. Après l'effort, dégustez des petits plats italiens et régionaux fantastiques, le tout à des prix raisonnables ! Expérience authentique hautement recommandée.

OCEAN WAY

Gili Asahan, Lombok ✆ +62 813 3837 1051
www.oceanwaydive.com
Plongées loisirs 650 000 Rp. Open Water Course 6 000 000 Rp. Chambre double à partir de 590 000 Rp..

Ce nouveau club de plongée arborant le drapeau SDI s'est rapidement taillé une solide réputation de sérieux et d'attention particulière aux besoins de ses clients. Jake, le propriétaire, plongeur passionné de plus de 20 ans d'expérience, se mettra en 4 pour vous faire vivre une expérience mémorable. Le professionnalisme de cette équipe est remarquable et largement recommandé par les expat' de la zone. De la plongée loisirs, des cours de débutants à expérimentés, vous trouverez votre bonheur grâce aux plongées en petits groupes chères au coeur de ce club.

BELONGAS

Belongas, situé sur la côte sud de Lombok, est un véritable paradis pour les plongeurs aventureux. Cette zone peu fréquentée est célèbre pour ses sites de plongée exigeants, offrant une expérience unique avec des courants forts et une vie marine spectaculaire, y compris des bancs de barracudas et des requins à pointe blanche. C'est une destination idéale pour les plongeurs expérimentés en quête de sensations fortes. Bien que Belongas soit principalement connu pour la plongée, ses paysages côtiers robustes et ses plages isolées offrent également un cadre magnifique pour ceux qui cherchent la tranquillité loin des destinations touristiques populaires.

THE LAVANA BELONGAS BAY LODGE €€

Dusun Pansing, Buwun Mas, Kecamatan Sekotong, Desa Buwun Mas, Kecamatan Sekotong
✆ +62 896 8000 0788
www.thelavana.com
Cabanes doubles à partir de 900 000 Rp.

Une véritable expérience hors du commun dans une ambiance cabane en bois authentique et traditionnelle. Accessible uniquement par une route de campagne assez accidentée ou en prenant un bateau depuis l'autre rive de la baie pour une immersion totale (réduisant également le trajet en voiture assez désagréable...). Composé de 3 charmantes unités seulement, plongez instantanément dans un autre monde.... Promenez-vous sur la plage... Profitez... Ici c'est vous et vous même...

SELONG BELANAK

Selong Belanak est une plage de rêve reconnue pour son sable blanc doux et ses eaux cristallines. Cette plage en forme de croissant est parfaite pour les baignades, le surf débutant et le farniente sous le soleil tropical. Avec son ambiance détendue et ses panoramas pittoresques, cette baie est idéale pour ceux qui cherchent à échapper à l'agitation des sites touristiques plus fréquentés. Les collines verdoyantes en toile de fond ajoutent à la beauté naturelle de la plage. Des restaurants locaux en bord de mer offrent de délicieux plats traditionnels, permettant aux visiteurs de goûter à la gastronomie de Lombok tout en admirant la vue incroyable.

AMBER LOMBOK BEACH RESORT €€€

Pantai Torok,
✆ +62 853 3875 3290
www.amber-lombok.com/
Chambres à partir de 820 000 Rp, villa 5 200 000 Rp. Spa, restaurant, piscine, vélos électriques, randonnées, kayak.

© AMBER LOMBOK BEACH RESORT - SELONG BELANAK

A 40 minutes de Kuta, bordant la majestueuse et méconnue plage sauvage de Torok, Amber est un incontournable cadre invitant au repos et au dépaysement. Lors de vos balades à pied ou à vélo, vous croiserez les fameux buffles de Lombok avant de vous régaler avec la fameuse carte « terre et mer » du restaurant de l'hôtel. Les cocktails signatures sont à déguster, avec « happy hour » de 16h à 18h. Profitez-en pour tester le meilleur spa de la région. Vous vous sentirez VIP dans cette oasis.

PLAGE DE SELONG BELANAK ★

Pantai Selong belanak

La plage de Selong Belanak est l'une des plus belles de la région de Lombok. Elle se trouve à l'ouest du village de Kuta, à environ 20 km. C'est une immense étendue de sable fin. On y vient facilement en famille pour se balader, marcher les pieds dans l'eau, simplement chiller... L'endroit est idéal pour débuter le surf, les vagues ne sont pas trop hautes ! Pour les débutants, on vous conseille d'y aller tôt le matin, il y a moins de monde et un peu plus de vagues. N'hésitez pas à prendre un cours ou simplement à aller observer les surfeurs.

PLAGE PANTAI TOROK

Pantai Torok

Venez profiter d'une jolie plage préservée. Elle est parfaitement adaptée pour des vacances en famille car les vagues ne sont pas trop grosses, ce qui est parfait pour s'amuser dans l'eau, nager ou simplement s'initier au surf ! Il n'y a aucune installation ici, vous profitez donc d'un certain calme mais pensez à prévoir à boire et à manger. Il n'est pas sûr que ça dure longtemps, ce côté préservé et sans vendeur ambulant... Pour manger ou se reposer à l'ombre, il y a plusieurs huttes avec tables. C'est très sympa aussi de se balader tout le long.

KIRIKAN VILLAS €€

Selong Belanak
✆ +852 9288 2816
www.lombokirikan.com
Villa Kiri - 3 chambres - De 3 à 8 000 000 Rp.Villa Kanan - 2 chambres + 1 bureau avec sdb - De 2,2 à 6 000 000 Rp.

Kirikan est perché sur les hauteurs de Selong Belanak, à seulement 15 minutes de la plage. Vous êtes immédiatement plongé dans un luxe inégalable. Au cœur d'une jungle luxuriante, l'ensemble se compose de 2 villas, Kiri et Kanan (gauche et droite en indonésien), complètement atypiques, d'une architecture incroyable. La piscine à débordement offre une vue imprenable sur la mer. Les chambres, situées sur plusieurs niveaux, sont complètement indépendantes. Le service est celui que l'on peut espérer d'un tel endroit, c'est-à-dire exceptionnel.

SEGARA LOMBOK BEACH RESORT €€

Serangan beach,
✆ +62 823 4096 3101
www.segaralombok.com
Trois catégories de chambres de 1 600 000 Rp à 3 500 000 Rp.Piscine, restaurant, chambres en front de mer. Massages.

Véritable évasion pour ceux qui aiment tranquillité et luxe. Un des seuls établissements sur la plage de la zone ! Une vue imprenable sur l'océan, un restaurant délicieux, une piscine ensoleillée, tout est ici réuni pour apporter calme et sérénité. Les chambres sont spacieuses et confortables, conçues avec un grand souci du détail. Parfait pour les couples et les familles qui recherchent une parenthèse de farniente, où le son des vagues rythme les journées.

KLUB KEMBALI

Jl. Selong Belanak - Kuta
✆ +62 817 9777701
https://linktr.ee/klubkembali
Les meilleurs cocktails de la région. Cocktails à partir de 95 000 Rp. Tapas à partir de 65 000 Rp.

Ce nouvel établissement est une vraie caverne d'Ali Baba pour les amateurs de cocktails. Son originalité tient dans la sélection soignée des vins, des bières et des spiritueux utilisés. L'ambiance est chaleureuse, le lieu est aménagé dans un Joglo centenaire, décoré artistiquement et de façon originale. Le tout agrémenté d'une bonne musique vintage. Klub Kembali a opté pour une attitude éco-responsable en minimisant ses déchets et en privilégiant le recyclage des contenants. Un endroit unique pour ses cocktails et sa cuisine de qualité. On recommande fortement !

MAWUN

A 10 minutes de Kuta. Principalement connu pour sa superbe plage, des établissements touristiques commencent à voir le jour. La baie à l'eau turquoise de Mawun est appréciée par les baigneurs. Ambiance familiale, idéale pour le farniente.

Tourisme

Vous verrez partout de l'*alang-alang*, une sorte de roseau qui recouvre le toit des habitations, comme de la chaume ; selon la saison, en train d'être ramassé, en train de sécher sur le bord des routes ou en train d'être monté sur des rames. La rame de 4 mètres se vend environ 15 000 Rp. Si les rames sont bien serrées sur le toit, elles peuvent se garder jusqu'à huit ans.

SEKOTONG BAY ★★

Sekotong Beach est cette magnifique plage idéalement située sur la péninsule sud-ouest de Lombok. Lovée dans une région peu visitée par les touristes, puisque tout le monde se dirige essentiellement vers Senggigi et les îles Gili, elle conserve ses trésors hors de portée du touriste lambda en proposant - pour qui fait l'effort de l'approcher - un site d'une admirable beauté. Elle étend ses plages de sable blanc sur une mer à la très bonne visibilité (pour les plongeurs), des vagues difficiles, mais très belles (pour les surfeurs), des îles de rêve (on pense notamment à la petite île de Gili Nanggu) et un panorama fantastique. Ce n'est d'ailleurs pas un hasard si, malgré le côté reculé de l'endroit, de nombreuses structures hôtelières se sont installées...

Balade

La plage de Mekaki : voici l'une des plus belles plages de l'île, bordée de collines. La vue est splendide et l'eau bleue transparente. Une invitation pour profiter des bienfaits de la nature où encore peu de touristes s'aventurent.

Transports

A partir de Lembar, la route qui longe la côte vaut presque le détour à elle toute seule pour les paysages qu'elle déroule. On arrive à Sekotong en quelques dizaines de minutes, c'est très rapide. Si vous avez réservé un hôtel dans les environs, demandez à être cherché à l'aéroport ou au port.

DESERT POINT ★★

De son véritable nom Bangko Bangko Beach, Desert Point, ainsi renommé pour son accès difficile et son isolation extrême sur l'île, promet à la bonne saison des vagues exceptionnelles, pour les surfeurs chevronnés ou pour ceux qui veulent juste en prendre plein les yeux. Reconnue par le journal *Aussie Tracks Magazine* comme la meilleure vague au monde, celle de BBB peut être très inégale selon la lune (faites très attention à marée basse !), mais également la période de l'année, où l'on privilégiera la saison sèche (généralement de mai à octobre).

COCOTINOS SEKOTONG LOMBOK €€

Jl. Raya Sekotong km. 51, Dusun Pandanan
✆ +62 819 0797 2401
www.cocotinos-sekotong.com
Chambre double à partir de 1 200 000 Rp.Front de mer. Piscine.

Cocotinos Sekotong est un complexe de luxe en bordure de mer, le long d'une plage privée de sable blanc de plus de 300 mètres de long. Engagé dans la préservation environnementale, ce resort privilégie des pratiques durables, telles que des distributeurs d'eau et les bouteilles rechargeables. La réutilisation des serviettes est encouragée, et le recyclage est intégré aux activités du personnel. Le resort propose également un spectacle et un centre nautique géré par Odyssea Divers.

THE CLUB VILLAS LOMBOK €€

Jl. Raya Sekotong No.dusun, temeran, Kec. Sekotong
✆ +62 376 610033
Chambres doubles à partir de 1 800 0000 Rp. Bord de mer. Grande piscine. Restaurant.

Face à l'île de Gili Gede, cet établissement vous propose différents types de chambres, des bungalows aux villas de une ou deux chambres avec piscines privatives face à la mer. Profitez également de la magnifique piscine centrale et du délicieux restaurant en bordure de plage. Le personnel accueillant pourra organiser votre location de scooter pour l'exploration des environs, des excursions en bateau pour un tour sur les îles ou une sortie-découverte en snorkeling. Cette région de Lombok est encore calme et peu touristique, une véritable expérience d'authenticité.

KUTA LOMBOK ★★★

Même nom, mêmes surfeurs aux cheveux blondis par le soleil, mêmes vagues à perte de vue... Mais les deux Kuta, celle de Bali et celle de Lombok, n'ont rien à voir ! La seconde est aussi calme que la première est envahie d'hôtels, de bars, de restaurants et de boîtes de nuit bruyants, et ses plages sont infiniment plus belles.

Kuta connaît trois saisons touristiques qui se répartissent dans l'année (en décembre, où elle accueille des Australiens ; en mars, à l'occasion de la fameuse fête du Nyale ; et en août, quand arrivent les Occidentaux) mais on essayera surtout d'y aller hors saison lorsque cette petite cité balnéaire redevient un petit port de pêche où pas un touriste ne s'aventure. Vous aurez alors un calme absolu, troublé seulement par les quelques feux de joie sur la plage, pour des soirées tranquilles. À Kuta, on vient pour se relaxer sur la plage, pour voir le temps qui passe doucement, ou pour s'initier au surf (tous les niveaux trouveront leur bonheur) et profiter des grosses vagues.

Ce calme village se résume à une route en bord de mer où se trouvent les quelques hôtels et losmen, ainsi que quelques huttes où les Sasaks offrent sarongs et souvenirs à la vente, et une longue plage de sable blanc accolée à une mer turquoise qui invite à la baignade. Au loin, de nombreux reliefs karstiques – identiques à ceux du sud de la Thaïlande ou de l'est de la Chine – surgissent de la mer, entourés de mangroves. La mer est d'un bleu sublime. Des collines et des falaises arides surplombent les étendues de sable blond. On devrait pouvoir y être heureux pendant quelque siècles...

Balade

Autour de Kuta se succèdent des baies ahurissantes, plus belles les unes que les autres et quasiment désertes : baies de sable blanc, eaux turquoises et cocotiers. À seulement quelques kilomètres du village, il vous faudra absolument un scooter pour y accéder. La route est magnifique. Vers 17 heures, on croise plus de buffles que de scooters.

- **La plage de Tanjung Aan** : à une quinzaine de minutes à l'est de Kuta. Au rond-point du Novotel, tournez sur la gauche puis continuez tout droit. La baie en forme de doubles fers à cheval est spectaculaire. En montant sur la colline qui referme l'anse sur la droite, le panorama est extraordinaire, idéal pour profiter du coucher du soleil. Mis à part les chèvres, il n'y a personne !
- **La plage de Pink beach** : à deux heures à l'est de Kuta. Fameuse plage isolée de couleur rose, mer chaude, bande de sable fin, coraux et poissons à 10 mètres. Attention au courant si vous sautez du bateau pour venir sur la plage. Un peu difficile d'accès mais elle en vaut l'effort !

LOMBOK ET LES ÎLES GILI

▸ **La plage de Mawi** : toujours sur la route à l'ouest de Kuta, après la plage de Mawun. C'est un spot réputé pour le surf de haut niveau. Superbe crique rocheuse où l'eau transparente vient lécher le sable.

▸ **La plage de Selong belanak** : à une vingtaine de km à l'ouest de Kuta, après les plages de Mawun et Mawi. Une baie extraordinaire au sable fin blanc. Idéale pour apprendre à surfer car les vagues sont petites. Une heure de cours de surf à 350 000 Rp. Demandez sur la plage Aldi un prof local qui parle anglais. Location de planche à la journée à 50 000 Rp. À 17h, on voit les pêcheurs partir en mer, ils rentrent au petit matin. On trouve de nombreux warungs pour se restaurer ou le Laut Biru, un café très chic. Les petits-déjeuners à partir de 100 000 Rp sont délicieux. Distributeur à l'entrée de la plage.

▸ **La plage d'Areguling** : à dix minutes de scooter de Kuta sur la route de l'ouest. Tournez à gauche à l'indication de bungalows puis continuez pendant 1,5 km sur une route de terre abîmée jusqu'à la plage. Buffles, chèvres, poules... Bienvenue dans la pampa ! Possibilité de faire du surf.

▸ **Tampah beach** : superbe plage au sud de l'île. Très calme et souvent ignorée des touristes. Il est possible de se restaurer sur place.

▸ **Visiter un village traditionnel sasak.** La culture sasak est riche et bien différente de l'île des dieux. Plusieurs villages traditionnels peuvent être visités afin d'observer les us et coutumes. Vous aurez certainement la chance d'assister à des combats de *stick fighting*, typiques à Lombok. Ces affrontements au bâton sont impressionnants et souvent sur fond musical. Les maisons des habitants et les *lumbungs* (greniers à riz) se visitent également et l'on observe les tâches de la vie quotidienne des femmes et des enfants. Le village le plus récent est celui d'Ende, d'autres comme celui de Sade sont plus touristiques, donc vous êtes davantage sollicités par les vendeurs ambulants à la sortie. Un don au village est le bienvenu lors de votre passage.

Histoire

▸ **La légende de Nyale** : dans le royaume de Lombok, le roi avait une très belle fille, la princesse Mandalika. Beaucoup d'hommes étaient amoureux d'elle. Des princes de tout le royaume venaient la voir pour lui demander sa main. Mais Mandalika, trop gentille, ne voulait pas choisir de peur de rendre malheureux ses autres prétendants. Le roi décida d'organiser un concours de tir à l'arc sur la plage de Kuta Lombok pour les départager. La règle était simple : celui qui viserait le centre de la cible pourrait épouser sa fille. Personne ne réussit et tous commencèrent à se battre pour déterminer le vainqueur. Le concours vira au bain de sang. Horrifiée, la princesse s'écria : « Écoutez-moi ! Je sais que vous m'aimez et j'aimerais me marier avec chacun d'entre vous mais c'est impossible. Je vais devenir Nyale pour rendre tout le monde heureux. » Et elle se jeta à la mer et disparut. Tous les princes la cherchèrent en vain. Soudain des milliers de vers marins fluorescents sont apparus face à eux. Le roi décida d'appeler les vers « Nyale ». Une fois par an, entre février et mars à la tombée de la nuit, des milliers de Sasak viennent de tout Lombok pour se regrouper sur la place Kuta. Danses, concerts et repas sur la plage en attendant la réincarnation de la princesse Mandalika. Armés d'épuisettes, ils pêchent les millions de Nyale et les mangent crus ou grillés. Il y a même l'élection de Miss Mandalika !

Se loger

La majorité des hôtels est regroupée à l'est du village, sur la route principale face à la mer : marchez quelques mètres et vous en aurez fait quasiment le tour (ce qui est bien utile en haute saison si vous n'avez pas fait de réservation).

Sports / Loisirs

Les plus fameux breaks de Kuta :

▸ **Seger Reef**. Proche de Kuta, une droite puissante qu'on peut surfer à toute époque de l'année, et qui s'avère idéale l'après-midi.

▸ **Gerupuk**. Le break le plus célèbre. Il faut prendre un bateau depuis le village (150 000 Rp pour un, 35 000 Rp par personne en plus, jusqu'à 3 personnes maximum...). Le bateau patiente pendant que vous surfez. On peut étancher sa soif au Ocean Bar, qui flotte sur la mer (snacks, boissons et fruits).

▸ **Selong belanak**. Pour les débutants, c'est parfait, surtout le matin. Beaux couchers de soleil et en plus on peut boire un coup sur la plage.

▸ **Mawun**. Ce break est intéressant, car on peut surfer toute l'année.

Tourisme

▸ **Le marché aux poissons de Tanjung Luar.** Au sud-est de l'île, le marché aux poissons est un spectacle haut en couleurs. Il est réputé pour être l'un des plus étonnants d'Indonésie. Dès le crépuscule, les bateaux de pêcheurs affluent afin de ramener la marchandise au port. La tension monte alors crescendo, car l'on s'active pour décharger, vendre à la criée et vider les poissons. Moment de vie atypique sur l'île.

Vous vous rendez compte de toutes les richesses dont regorgent les eaux de Lombok. Mais le bémol, c'est qu'ici on ne s'inquiète pas de la pêche des espèces menacées, puisque des centaines de requins et raies manta sont pêchés chaque jour, ce qui provoque la disgrâce des associations pour la protection de l'environnement. Il faut pourtant savoir que l'Indonésie protège les raies manta depuis 2014. Et concernant la pêche intensive des requins, les ailerons valent une fortune. Ils sont principalement exportés en Chine où ils sont considérés comme un produit de luxe.

Transports

Les taxis Blue Bird n'ont officiellement pas le droit de se rendre à Kuta. Il faut donc prendre un chauffeur privé et bien négocier le prix avant. Parfois on trouve des Blue Bird, c'est préférable, car avec compteur, c'est toujours moins cher.

- **Comment y accéder et en partir :**
- De l'aéroport international. Compter 30 minutes en taxi, pour environ 100 000 - 150 000 Rp avec compteur.
- De Bali. Depuis Kuta Bali ou Ubud, compter dans les 200 000 Rp par personne pour un transfert vers Kuta Lombok, incluant le ferry et les navettes. Il faut environ 12 h de trajet.
- Du port de Lembar. Un taxi devrait coûter dans les 250 000 - 300 000 Rp, avec compteur.
- **Se déplacer.** Difficile de se perdre à Kuta. Il y a trois rues principales : la Jalan Raya Kuta Lombok, perpendiculaire à la plage de Kuta et la Jalan Pariwisata, et la Raya Pantai Kuta parallèle à la plage.
- **Voiture**. Louer une voiture est une bonne solution, pratique et plutôt bon marché. Compter à partir de 30 $US par jour environ.
- **Moto**. C'est bien sûr le mode de transport le plus adéquat. Liberté, liberté ! Attention à bien porter votre casque. Compter entre 50 000 Rp et 80 000 Rp par jour la location, essence en sus. Vérifiez bien que les freins et les pneus soient en bonne condition. Si vous avez une planche de surf, vous pouvez louer le rack nécessaire.
- **Navette (minibus)**. Des départs sont programmés, voyez avec votre hôtel. Compter 100 000 Rp pour Senggigi, 100 000 Rp pour Bangsal, 90 000 Rp pour Lembar, 90 000 Rp pour Mataram.

GUA SUMUR LOMBOK ★

gua sumur lombok
✆ +62 346 2649 1833
Ticket d'entrée de 50 000 à 150 000 Rp.

Près de 2 millions de chauves-souris habitent cette grotte unique de 70 mètres de long, pour une expérience inoubliable et déroutante. 4 espèces y cohabitent, ainsi que de nombreux cafards et quelques pythons en quête de nourriture. Préparez-vous à porter des chaussures hautes pour traverser cet environnement inhabituel. Un parapluie est recommandé pour se protéger des déjections. Pour une observation optimale, visitez la grotte tôt le matin ou au coucher du soleil et le spectacle fascinant de leur sortie en spirale vers 19h. Une expérience saisissante.

PLAGES ★★

Les environs de Kuta recèlent de superbes plages solitaires. Nous en avons sélectionné quelques-unes :

- **Kuta Beach.** Au cœur de la ville, avec les hébergements et les restaurants. Agréable. Ce n'est pas la plus belle plage de la région, quelque peu dénaturée par l'extension rapide de la ville, mais la vue sur la baie est toutefois agréable pour boire un verre en fin de journée sans aller trop loin.
- **Pantai Nutri Nyale.** C'est la plage du Novotel, à 3 km du centre-ville. Mais à marée basse, la mer se retire et on ne peut plus se baigner...
- **Pantai Seger.** Idéale pour surfer mais pas pour nager à cause des courants. On peut boire un verre dans des étals de fortune. Beau coucher du soleil depuis une colline adjacente.
- **Tanjung Aan.** À 7 km à l'est de Kuta Beach. Deux superbes baies de sable blanc (A'an et Pedau), parfaites pour nager et faire du *snorkeling*. Vous trouverez des petits étals pour boire un verre ou grignoter un riz frit et deux restaurants tout à l'ouest.
- **Mawun.** À 8 km à l'ouest de Kuta Beach. Un superbe spot avec une eau cristalline. Idéal pour flâner, nager et surfer. Quelques étals pour boire un verre.
- **Selong Belanak.** À 12 km à l'ouest de Kuta Beach, une baie paradisiaque, éloignée de tout. Une des plus belles plages du coin sans aucun doute.
- **Pink Beach** à l'extrémité est de l'île est l'une des îles les plus prisées pour son coucher de soleil et le sable d'une teinte rosée. Pour plus de contraste, il faut trouver un point d'observation en hauteur.
- **Tampah Beach.** Superbe plage au calme. Il est possible de se restaurer sur place.

SADE VILLAGE

Rembitan, Pujut, Central Lombok Regency
✆ +62 819 1633 0353
www.sadevillage.com
Ouvert tous les jours de 07h à 19h. Donation fortement recommandée.

Situé près de Kuta Lombok, c'est un véritable joyau de la culture sasak. Ce village traditionnel offre une plongée unique dans le mode de vie ancestral de cette communauté. Avec ses maisons typiques aux toits de chaume, appelées « Bale », et ses ruelles pavées, Sade conserve un charme authentique. Les habitants y perpétuent des coutumes anciennes, notamment le tissage à la main, dont vous pouvez admirer les magnifiques créations. En visitant Sade, vous découvrirez un mode de vie simple, ancré dans la tradition, offrant une expérience culturelle inoubliable.

KNALPOT RESTAURANT & BAR €

Jl. Raya Kuta, Kuta, Kec. Pujut, Kabupaten Lombok Tengah, Nusa Tenggara Bar. 83573
✆ +62 823 4099 2492
Dortoirs avec un lit à partir de 200 000 Rp. Piscine.

En plein centre-ville et à, à peine trois cents mètres de la plage de Kuta Lombok, vous voici dans une auberge de jeunesse branchée et très agréable. On retrouve le combo belle piscine et restaurant de qualité ; il fait bon prendre un verre et se détendre après avoir exploré les paysages sudistes de l'île. Un bonheur de se prélasser ici. Dans cet établissement, on propose plusieurs prestations, ainsi vous pouvez tenter l'expérience de dormir dans des capsules, dans un dortoir ou dans une chambre double douillette selon votre préférence.

PIPES HOSTEL €

Jl. Raya Kuta
✆ +62 878 6598 8986
www.pipeshostel.com
Dortoirs avec un lit à partir de 115 000 Rp par nuit.

Cette auberge de jeunesse ouverte en 2014 est l'endroit idéal pour rencontrer d'autres voyageurs et échanger vos expériences. 3 dortoirs, respectivement de 7, 8 et 12 lits sont proposés dans ce lieu sympathique et détendu. Assez sommaires, ils manquent évidemment d'intimité, mais pourquoi ne serait-ce pas l'occasion idéale de rencontrer du monde ? Sinon, vous pouvez toujours opter pour les chambres privatives. Mieux vaut réserver à l'avance, surtout en haute saison. Vous pourrez profiter également d'une très belle piscine et du bar dans un écrin de verdure.

SAME SAME BUNGALOWS €

Jl. Raya Kuta Mawun
✆ +62 821 4645 2043
www.samesamekutalombok.com
Chambre double à partir de 250 000 Rp.

Same Same Bungalows offre un excellent rapport qualité-prix. Cet établissement est idéalement situé à 5 minutes à pied de la plage. Comme son nom l'indique, on trouve quelques bungalows à la location : très confortables malgré leur petite chambre, mais dotés d'une terrasse ultra confortable avec son hamac ! On s'y relaxe et on y flâne avec grand plaisir sans voir le temps passé. Bon à savoir : la salle de bain est partagée. On apprécie l'accueil adorable des propriétaires sans compter que l'hébergement est très bien tenu. Restaurant sur place.

TWINY'S €

Jl baturiti
✆ +62 812 3969 2233
Ouvert toute l'année. Un hôtel sympathique, familial et convivial.

Nouvelle adresse à ne pas manquer ! Chez Mimine et Flo, le sympathique duo français : Les « jumeaux » comme on les appelle ici. On se sent comme chez soi. Convivialité et charme à la française rencontrent l'exotisme de Lombok. L'établissement vous propose plusieurs types de chambres inspirées de différents styles d'architecture indonésienne. Chez Twiny's, chaque visiteur trouve sa place : que ce soit pour se détendre dans un cadre apaisant, s'adonner à diverses activités comme le surf, ou refaire le monde en tissant de nouvelles amitiés. Un gros coup de cœur !

BOMBORA BUNGALOWS €€

Jalan Raya Pantai
✆ +62 819 1843 7781
www.bomborabungalowslombok.com
Bungalows à partir de 400 000 Rp. Villa à partir de 800 000 Rp. Petit déjeuner. Wifi. Piscine.

A 100 mètres de la plage, cet ensemble comprenant sept bungalows et une villa duplex, le tout en bois et matériaux naturels, est propre et très bien aménagé. L'endroit est tout simplement charmant avec son jardin tropical et sa piscine centrale. Les chambres avec salle de bain extérieure rajoutent à l'exotisme du lieu. Chaque hébergement offre une petite terrasse privative, dont le hamac est une invitation à la farniente. Mieux vaut réserver à l'avance car l'établissement est très sollicité et l'adresse se transmet de bouche à oreilles... Une jolie découverte.

DOME LOMBOK & RESTAURANT €€

Dome Lombok & Restaurant
✆ +62 817 7500 9892 - www.dome-lombok.com/
Logement insolite. Chambre double à partir de 1 00 000 Rp.

Cet hébergement unique en son genre vous accueille sous des dômes lumineux dont l'originalité surprend. La vue sur la baie depuis la piscine est magnifique. Vous serez accueilli chaleureusement dans ce paradis, où la gentillesse du personnel et la délicieuse carte du restaurant rendront votre séjour mémorable. Idéal pour les couples. Les activités sont facilement accessibles en scooter, louables sur place. Le rapport qualité-prix est excellent pour ces charmantes chambres d'une propreté impeccable. Une expérience surprenante à ne pas manquer.

OWA LODGE ET RESTAURANT €€

Jl. Raya Areguling ✆ +62 812 4652 2952
www.owa-lombok.com
Chambres doubles à partir de 800 000 Rp. Petit déjeuner. Piscine. Bar. Restaurant.

A 150 mètres de la superbe plage Areguling, cet établissement propose quatre superbes chambres tout confort, et décorées avec goût. Ici le slogan c'est « *Sleep - Surf - Eat - Chill* »... Le ton est donné ! Préférez les chambres à l'étage, avec balcons pour regarder vers l'horizon, ou restez au lit, pile dans l'axe de la mer. Jardin et piscine sont impeccables. Mention spéciale à la charpente de la grande salle pour aller dîner, le menu du jour est écrit sur l'ardoise. Cuisine délicieuse, superbe petit déjeuner, personnel adorable. Le lieu a tout bon.

PURI RINJANI BUNGALOWS €€

Jl. Raya Kuta Lombok ✆ +62 370 654 849
Chambre double avec air conditionné à partir de 550 000 Rp (650 000 Rp en saison haute). Petit déjeuner. Piscine.

Le Puri Rinjani Bungalows est l'endroit idéal pour votre escapade à Kuta Lombok. Vous serez enchanté par son immense jardin et sa magnifique piscine. Le restaurant, face à la mer, offre un panorama à couper le souffle, surtout à marée basse. Les bungalows parfaitement propres et équipés de salles de bains occidentales ajoutent un cadre idyllique à vos vacances. On ne manquera pas de noter le service aux petits soins, toujours prêt à vous satisfaire. Pour une expérience dépaysante, Puri Rinjani Bungalows est le choix parfait à Kuta.

RASCALS KUTA LOMBOK €€

Jl. kuta lombok
✆ +62 821 4535 4865
www.rascalskutalombok.com
Chambre double de 950 000 Rp à 1 250 000 Rp. Petit déjeuner. Magnifique piscine.

Au cœur de Kuta Lombok, le Rascals allie luxe discret et esprit insulaire. Ici, c'est exclusivement réservé aux adultes… Calme et relaxation garantis ! Les deux piscines offrent une multitude d'anses intimistes pour une petite sieste ou se plonger dans un bon livre. Les chambres spacieuses aux salles de bains lumineuses vous offriront un cadre raffiné apportant bien-être et sérénité. Le restaurant est succulent, et les œufs bénédictes tout simplement magiques. Le spa, où massages traditionnels et soins modernes se conjuguent, est à ne pas manquer.

SWISS-BELCOURT LOMBOK €€

Jl. Raya Bypass BIL km.2 Praya, Lombok Tengah, Penujak, Kec. Praya Bar., Kabupaten Lombok Tengah
✆ +62 370 6158888
Chambre double à partir de 500 000 Rp.Hôtel de transit.

A seulement 5 minutes de l'aéroport, cet hôtel de transit propose des chambres petites mais impeccables, parfaites pour une nuit de repos avant un vol du matin, notamment pour ceux en provenance des îles Gili ou des parties plus éloignées de Lombok. Le petit déjeuner en buffet est servi à partir de 6h00. Le personnel, d'une grande gentillesse, vous accueille chaleureusement. Le service de transfert vers l'aéroport, directement depuis le hall de l'hôtel, peut s'organiser moyennant 50 000 Rp. De quoi joindre l'utile à l'agréable.

JIVANA €€€

Jl. Raya Kuta
✆ +62 370 615 8000
jivanaresortlombok.com
Suite Deluxe à partir de 1 600 000 Rp. Villa à partir de 2 600 000 Rp. Spa.

Très bien situé près du centre-ville, cet établissement est une perle rare de 5 villas et 13 chambres. Chaque villa (de une à trois chambres) dispose de sa jolie piscine privée et d'un salon convivial. Ici, l'harmonie entre tradition et modernité est parfaite. De jolies carpes Koï agrémentent les bassins, un jardin tropical luxuriant, où vous pourrez croiser quelques tortues, sert d'écrin à la piscine et sa plage de sable blanc. Le Jivana dispose également d'un superbe spa que le bouche à oreille recommande comme le meilleur de la ville.

KALMA BAMBOO ECO LODGE €€€

Jl. Raya Kuta, Merendeng ✆ +62 812 3791 4793

A partir de 2 500 000 Rp avec petit déjeuner inclus.

Amoureux de l'insolite, ce lieu est votre paradis ! Perchés au sommet d'une colline, ces trois bungalows en bambou, équipés d'un filet suspendu et d'une petite piscine rafraîchissante, surplombent une magnifique cocoteraie. L'accès se fait en traversant villages pittoresques et canopée... Le spectacle qui vous attend est tout simplement époustouflant. Parfait pour les couples en quête d'une escapade inoubliable et d'instants à immortaliser. Réserver à l'avance, les nuitées ici sont aussi prisées que des petits pains ! La raison : C'est tout simplement sublime !

PULLMAN LOMBOK MERUJANI MANDALIKA BEACH RESORT €€€

ITDC Mandalika Tourism Complex, Kuta, Kec. Pujut, Kabupaten Lombok Tengah, Nusa Tenggara Bar. 83573

✆ +62 370 7525100 - all.accor.com/A1K2

Chambre double à partir de 1 400 000 Rp. 257 suites (dont 27 villas), spa, 2 restaurants, kids club.

Les suites et villas du Pullman offrent une vue splendide sur l'océan ou sur des jardins luxuriants. Adaptées aux familles et aux couples, l'hôtel dispose d'une piscine à débordement face à la mer et de 2 restaurants (cuisine indonésienne et fruits de mer). De nombreuses activités sont proposées, comme le tir à l'arc et une salle de sport. Situé à proximité du circuit de moto GP, l'hôtel se distingue avec sa plage privée, faisant de lui le nouveau fleuron de l'hôtellerie à Kuta Lombok.

SLVM - VILLAS MANAGEMENT €€€

27 Jl. raya kuta ✆ +62 819 1722 0234

www.lombokvillamanagement.com

Agence de location de villas de luxe. Locations à la nuitée, au mois, à l'année.

Cette agence de location de villas créée et dirigée par la belle Lala et son mari français s'est spécialisée dans les villas haut-de-gamme et dans un service impeccable. Grace à son large éventail de villas, elle saura répondre à toutes vos demandes, que ce soit pour une location à la journée ou pour plusieurs semaines. Chaque villa est louée avec son personnel de service 24h/24. Si vous souhaitez vous offrir des vacances de rêve, n'hésitez plus et contacter l'équipe de SLVM qui se fera un plaisir de vous conseiller et se mettra en 4 pour les rendre inoubliables.

CANTINA MEXICANA €

6 Jalan Raya Kuta

✆ +62 853 3761 5945

https://www.cantinamexicanalombok.com

Tacos entre 25 000 Rp et 85 000 Rp, nachos 80 000 Rp, enchiladas 85 000 Rp, margaritas 85 000 Rp. Happy hour 17h à 19h.

Ay, caramba ! Ambiance latino, ici tout y est : loupiotes mexicaines, décor « Lucha Libre » et « enchiladas » à l'honneur ! Cocktails en happy hour (-30 %) et assiettes généreuses ! Convivial, chaleureux, c'est l'endroit idéal pour commencer une bonne soirée entre amis, en couple, ou pourquoi pas en solo, dans une ambiance joyeuse et festive. Si vous avez besoin, pendant votre séjour indonésien, de varier les plaisirs, c'est ici qu'il faut venir. Un concept de food-truck simple et accueillant, une bouffée d'air frais et de dépaysement, voilà ce qui vous attend !

SEA SALT €

Jl. Raya Pantai Kuta

✆ +62 813 8198 7104

Ouvert tous les jours de 11h à 22h. Plats à partir de 50 000 Rp.

Ce restaurant est un trésor local bien connu. On y sert d'exquises tapas, mais c'est surtout le poisson et les fruits de mer qui sont incontournables. Le fish and chips est un délice, tout comme le poisson grillé accompagné de frites maison. Le filet de thon est à ne pas manquer ! L'endroit est calme et agréable, le personnel sympathique, les prix abordables, les portions généreuses, et avec vue mer en prime ! Un petit resto charmant recommandé pour son rapport qualité-prix. Une adresse à ne pas manquer pour les amateurs de fruits de mer.

SONYA WARUNG €

Jl. Raya Kuta

✆ +62 819 3391 6248

Ouvert tous les jours de 10h à 22h.

Pour une expérience culinaire exceptionnelle, direction ce petit warung local, aussi appelé Sonya Seafood. Les poissons y sont grillés à la perfection, accompagnés de riz, de légumes savamment assaisonnés d'une sauce à l'ail et au piment qui fait sensation. Ce lieu typique, tenu par une famille locale, vous offre une ambiance détendue à des prix abordables. L'atmosphère de rue, les bancs en bois, le personnel anglophone et serviable font de cet endroit un incontournable, chaudement recommandé par les habitants. Un festin pour les amateurs de poisson grillé.

TREE HOUSE KUTA LOMBOK €

Jl. Mawun ✆ +62 821 4488 8710

Ouvert tous les jours de 11h à 23h. Lieu insolite, bonne ambiance et cuisine délicieuse. Beef goulash à 99 000 Rp.

Avec sa vaste sélection de bières et cocktails, ce restaurant-bar est un lieu idéal pour se détendre. Sa spécialité, le *Hungarian Beef Goulash Stew*, est un régal pour les papilles. Vous pourrez également déguster la pêche du jour ainsi que de délicieuses spécialités indonésiennes. L'ambiance « *cabane roots* » est unique, conviviale et insolite. L'endroit est parfait pour siroter un cocktail. L'équipe sympathique et la playlist entraînante viennent parfaire l'expérience. Vous trouverez également quelques chambres-dortoirs, parfaites pour les backpackers.

WAROENG SULAWESI €

Jl. Raya Kuta

✆ +62 370 6507445

Ouvert de 7h à 22h. Bonne cuisine et petits prix.

Une très bonne découverte que ce *warung* (petit restaurant local) au charme authentique ! Le lieu est tout en bois et en bambou pour l'ambiance locale. La carte regorge de trésors culinaires, et vous pourrez choisir dans une multitude de plats en présentation *Padang* ou mode indonésienne. Ici, tout donne envie d'y goûter ! Mais l'incontournable, la spécialité du lieu, c'est l'*ayam woku*, un vrai délice, qui vous fera voyager au cœur des saveurs indonésiennes, agrémenté de cinq ou six sauces piquantes... Attention les papilles !

FISH BONES WARUNG €€

Kuta, Pujut, Central Lombok Regency,

✆ +62 817 299 609

Ouvert tous les jours de 11 à 23h. Plats de 80 000 Rp à 200 000 Rp.

Ce restaurant est une véritable pépite. Les plats sont délicieux et généreux, le service est impeccable, et le personnel attentionné. On y savoure des spécialités de poissons grillés, de fruits de mer et des mets indonésiens. Les sœurs Yanti, originaires de Kuta Lombok, ont récemment ouvert cet établissement où vous choisissez vous-même votre poisson ou votre calamar à griller. Les sauces sont divines et rehaussent chaque bouchée. Bières et vins locaux disponibles pour agrémenter votre repas. Une expérience culinaire authentique et chaleureuse.

JIANG NAN €€

1 Jl. Raya Kuta

✆ +62 823 4048 2082

De 13h à 22h. Comptez 35 000 Rp pour les entrées et 75 000 Rp pour les plats.

Si vous cherchez une expérience culinaire inoubliable à Kuta Lombok, n'allez pas plus loin ! Ce restaurant fusionne avec brio délicatesse de la cuisine chinoise et chaleur de la cuisine indonésienne. Les saveurs audacieuses et les plats colorés vous transporteront… Il vous sera difficile de choisir dans cette carte où « tout est bon » selon les habitués du lieu. Dumplings (bouchées asiatiques) et Dan Dan noodles (nouilles au bœuf) sont incontournables… Une atmosphère chaleureuse et un service attentionné compléteront cette expérience gastronomique exceptionnelle.

KEMANGI €€

Jl. Pariwisata Pantai Kuta

✆ +62 370 7561777

www.kemangilombok.com

Ouvert tous les jours de 08h à 23h. Plats indonésiens à partir de 75 000 Rp.

Le restaurant Kemangi est un petit bijou à seulement 100 mètres de la plage de Kuta. Cet établissement haut-de-gamme offre une jolie cour intérieure à l'atmosphère tropicale. Vous trouverez une carte variée mêlant plats indonésiens, cuisine occidentale et fusion. De la succulente souris d'agneau à l'incroyable *Rendang*, il y en a pour tous les palais. L'établissement met l'accent sur les produits locaux. Bien que le budget ne soit pas le même que pour un warung local, l'expérience en vaut largement la peine. Le lieu est également connu pour sa large cave à vins.

KENZA CAFE & RESTAURANT €€

5B Jl. Raya Kuta,

✆ +62 853 3761 5945

www.kenzalombok.com

Plats à partir de 120 000 Rp, entrées à partir de 45 000 Rp, accompagnements 35 000 Rp, salade 60 000 Rp, bowl 95 000 Rp

Parfait pour un petit déjeuner ou un brunch, mais également idéal pour des dîners plus sophistiqués. Leur poulet mariné aux herbes est un délice, tout comme leurs bowls, hummus et le « tuna otoro ». C'est une adresse où il fait bon s'installer pour travailler en dégustant un bon café. Situé sur la rue principale avant la plage, il est impossible de le manquer. On adore son style épuré avec des touches de raphia et des chaises en osier. Que vous soyez végétarien, amateur de plats sans gluten ou de viandes australiennes, il y en a pour tous les goûts.

KRNK BAR & RESTAURANT €€

Jl. Raya Kuta No. 5a
✆ +62 819 9911 3026
krnk-lombok.com
Ouvert tous les jours de 11h à 23h. A partir de 50 000 Rp le plat.

Ce restaurant animé vous propose une cuisine occidentale gourmande. Burgers originaux, pizzas et cocktails maison, la carte est dans l'air du temps. Vous y trouverez également des bowls, des frites maison et de délicieuses salades colorées. L'endroit arbore un décor moderne aux volets dépareillés, des fresques murales sur le béton, et une ambiance conviviale. Le « classic burger » et le « dirty burger », accompagnés de frites à la truffe sont des incontournables. La qualité des produits et le service jeune et dynamique font de cet endroit une adresse à retenir.

MUNCHIES €€

4 jl raya kuta
✆ +62 882 1958 0910
Ouvert tous les jours de 7h30 à 18h. Burgers à partir de 65 000 Rp.

Ayant rapidement gagné sa réputation de servir les meilleurs burgers de la région, Le Munchies est également « LA » nouvelle adresse en vogue pour les petits-déjeuner et brunchs. La cuisine n'utilise que des ingrédients frais et locaux, leurs salades sont à tomber, the « munchies cheese burger « vous laissera sans voix... Ambiance douce, personnel aux petits soins, café incroyable, wifi et prises de courant sous la plupart des sièges en font un espace parfait pour le coworking. C'est tout nouveau, c'est tout beau, et ça vaut vraiment le coup !

MAMA PIZZA €€

jl raya kuta lombok
✆ +62 812 4659 0212
https://mamapizzagiliair.com/
Ouvert tous les jours de 12h à 23h30. Anti-pasti à partir de 32 000 Rp. Pizza à partir de 63 000 Rp.

Cette toute nouvelle pizzeria dans la rue principale de Kuta Lombok, petite sœur de celle de Gili Air, offre tout simplement les meilleures pizzas de la région. Préparées avec des ingrédients frais et de qualité, leur cuisson parfaite dans un four traditionnel leur assure une saveur authentique. Que vous soyez fan de pepperoni ou végétarien, la variété des garnitures ravira vos papilles dans une ambiance décontractée et conviviale. Si vous êtes à Kuta Lombok et que votre envie de pizza devient irrépressible, ne cherchez pas plus loin...

EL BAZAR €€€

5 Jl. Raya Kuta ✆ +62 812 3993 3086
www.elbazarlombok.com
Ouvert tous les jours de 7h à 22h. Plats à partir de 140 000 Rp, plats à partager 85 000 Rp, accompagnements 50 000 Rp.

Cet établissement emblématique de Lombok, qui a fait peau neuve récemment, propose des produits de qualité soigneusement sélectionnés. Cuisine ouverte pour cette équipe de choc, une rareté à Kuta. Le menu terre et mer fusionne habilement les saveurs orientales et méditerranéennes. Un choc gustatif qui vaut un certain prix mais ne vous laissera pas indifférent. Pour les petits budgets, optez pour des plats à partager. Les plus gourmands, oseront le bœuf Wagyu japonais ou l'agneau grillé. Difficile de résumer en quelques mots, mais l'expérience vaut le détour.

MARKISA €€

Jl. Pariwisata Pantai Kuta
✆ +62 878 4769 1351
Ouvert tous les jours de 8h à 22h. Bar à cocktails et tapas.

MARKISA est un petit bar à cocktails et tapas qui ne paye pas de mine. Mais ne vous fiez pas à votre première impression ! Rendez-vous à l'étage où vous pourrez déguster, au bar ou en salle le fantastique « Pulpo à la Gallega », la star du menu, qui fond dans la bouche... Ici, tout est délicieux, vous ne pouvez pas vous tromper ! Vous pourrez aussi vous prélasser toute l'après-midi au bord de la piscine, en sirotant l'un de leurs étonnants cocktails revisitant les grands classiques. Et pour l'ambiance espagnole, c'est à cette porte qu'il faut frapper !

THE BREAKERY

jl raya kuta
✆ +62 811 3812124
Ouvert tous les jours de 7h à 18h. Vente à emporter ou sur place.

« The Breakery » est bien plus qu'une simple boulangerie à Kuta Lombok, c'est LE lieu convivial typiquement français. C'est l'endroit parfait pour retrouver vos amis au petit déjeuner autour d'un bon café. Vous y trouverez toute la panoplie : Viennoiseries fondantes, baguettes fraîches, sandwichs et quiches, le tout préparé avec amour et savoir-faire. L'ambiance y est chaleureuse, parfaite également pour une simple pause café en toute détente. Que vous soyez de passage ou installé à Kuta Lombok, « The Breakery » est l'endroit pour faire un « *break* » à la française.

ADVENTURE DIVERS LOMBOK

Jl. Mandalika
✆ +62 813 3933 6418
adventurediverslombok.com
Ouvert de 8h à 20h. 3 plongées : Belongas : 2 100 000 Rp, 2 plongées : Pink Beach 1 900 000 Rp, et Kuta 1 300 000 Rp.

Envie d'une aventure humaine et sportive pendant vos vacances ? Rejoignez ce club de plongée où les instructeurs passionnés partagent leur amour des fonds marins et connaissent les récifs comme leur poche. Découvrez Pink Beach et la fameuse grotte « Blue Hole », et laissez l'équipe chaleureuse vous guider dans ces merveilles. Parfait pour plonger à Belongas, Kuta ou Pink Beach, ou pour une sortie snorkeling. Ce centre PADI propose également des transferts en voiture pour Pink Beach et Belongas. Une expérience inoubliable vous attend !

BLUE MARLIN DIVE KUTA LOMBOK

1 Jl. Raya Kuta ✆ +62 823 4098 6987
www.bluemarlindive.com/lombok_kuta
Centre PADI 5 - Baptême 2 000 000 Rp, Open Water Course 6 000 000 Rp, Plongées loisirs (par 2) 1 950 000 Rp.*

Ce centre PADI 5 étoiles est une référence en matière de plongée. Réputé pour son sérieux, ce club est le seul à disposer d'un speed boat, permettant des plongées autour de Pink Beach, ainsi que jusqu'à Sumbawa. Ils y ont ainsi découvert une nouvelle station de nettoyage des raies mantas et des requins renards, ainsi qu'une magnifique grotte inexplorée. Spécialisé dans les plongées profondes et techniques, le club propose également des plongées loisirs et des baptêmes de plongée.

LOKA GYM, RECOVERY CENTRE, HEALTH CAFE, SURF LODGE

Jl. Raya Kuta ✆ +62 823 3903 3134
www.loka-lombok.com
Café ouvert tous les jours de 7h à 22h. Gym et centre de remise en forme ouvert tous les jours de 7h à 21h.

Centre de remise en forme comportant : Salle de gym super équipée, bain de glace, sauna, cours d'arts martiaux et *surf-lodge*. Idéalement conçu, chaque espace est entretenu de façon irréprochable. L'établissement vous propose également un espace café axé sur la santé. Que vous souhaitiez tonifier votre corps, récupérer après l'effort, passer un bon moment, Loka gym est un lieu chaleureux et convivial, où il est agréable de prendre son temps tout en savourant un bien-être retrouvé.

MANA RETREAT YOGA

Jalan Baturiti
✆ +62 822 4701 6690
www.manayogalombok.com
Tous les jours à 8h et 17h. Comptez 120 000 Rp les 75 minutes de cours.

Un très bel endroit à Kuta Lombok pour aller faire votre salutation au soleil avant d'embrayer sur la journée ! De nombreux cours de yoga en plein air sont proposés, pour tous les niveaux dans la jungle non loin du centre-ville - à environ deux kilomètres. Au choix, laissez-vous embarquer dans un cours de Yin Yoga, d'Hatha, Vinyasa ou encore de Slow Flow. Magnifiques logements et très bon restaurant sain. Le plus : la possibilité de venir faire une retraite de yoga sur plusieurs jours, dans un décor absolument sublime. On adore !

MATCHA SPA

Jl. Raya Kuta
✆ +62 823 3905 0182
Ouvert de 10h à 19h30. Massages : 1h - 190 000 Rp, 1h15 - 235 000 Rp, 2h - 280 000 Rp. Gommages, soins des cheveux.

Après une journée bien remplie de visites, de randonnée ou de surf, quoi de mieux que de prendre soin de soi ? Le Matcha Spa est l'endroit idéal que l'on recommande les yeux fermés. Venez découvrir un massage traditionnel divin dans cet établissement impeccable, une des meilleures adresses en ville pour se détendre. Massages, gommages, soins des cheveux... le choix est vaste. Une véritable thérapie de beauté vous y attend. Et le petit plus : un accueil adorable qui vous fera vous sentir comme chez vous. Une belle expérience de bien-être !

SCUBA FROGGY

Jl. Pariwisata Pantai Kuta
✆ +62 8786 4541 402
www.scubafroggydiving.fr
Ouvert tous les jours. Snorkeling et plongée sous-marine (cours et plongées loisirs).

Véritable paradis pour les amateurs de snorkeling et de plongée, le sud de Lombok, avec ses eaux regorgeant de poissons tropicaux, napoléons et perroquets à bosse... Ce centre de plongée PADI 5 étoiles, vous offre l'opportunité de découvrir cette faune exceptionnelle. Située au centre de Kuta, et proposant une antenne près du Novotel, ce club se distingue par une équipe chaleureuse et sympathique d'instructeurs francophones. Que vous soyez débutant ou plongeur expérimenté, vous serez émerveillé par la beauté sous-marine et n'aurez qu'une envie : y retourner.

JEROWARU

Jerowaru est une région en plein essor, connue pour ses paysages spectaculaires et ses plages vierges, dont la fameuse plage rose. Cette zone pittoresque, encore largement préservée du tourisme de masse, offre une expérience authentique. Avec ses longues étendues de sable blanc, ses eaux cristallines et ses falaises impressionnantes, Jerowaru est un paradis pour les amoureux de la nature et les photographes. Les villages de pêcheurs traditionnels ajoutent une touche culturelle unique, offrant un aperçu de la vie locale. La région est également réputée pour ses fermes perlières et offre l'opportunité de découvrir le processus de culture des perles.

PINK BEACH

Sekaroh, Jerowaru, Lombok Oriental, Nusa Tenggara occidental 83672

La plage de sable rose bien connue du sud Lombok.

La plage la plus célèbre de Lombok, Tangsi Beach, mieux connue sous le nom de Pink Beach, est l'une des 10 plages de sable rose au monde. L'Indonésie en compte 2, l'autre étant à Florès. Les micro-organismes - Foraminifera - produisent un pigment rouge se déposant sur les récifs coralliens. Ce phénomène est le résultat de leur érosion. La plage n'est bien sûr pas rose vif. Il est recommandé de la contempler tôt le matin ou en soirée, alors sublimée par le soleil levant ou couchant, et depuis les hauteurs de la falaise, d'où ce phénomène sera le plus visible.

EKAS SURF RESORT €€

Lendang Terak Akas Buana Keruak Selong, Pemongkong, Jerowaru ✆ +62 812 4664 7522

www.ekassurfresort.com

Chambres doubles à partir de 650 000 Rp. Cours de surf.Surf Camps packages de 6/7 jours sur demande.

Situé près des meilleurs spots de surf de la région, l'Ekas Surf Camp possède une variété de vagues adaptée à tous les niveaux de surfeurs. Idéales pour les débutants comme pour les expérimentés, elles vous attendent du lever au coucher du soleil, et à seulement trois minutes de bateau. Les débutants trouveront ici des instructeurs experts, prêts à les initier ou améliorer leurs compétences. Un large choix de planches et de matériel est disponible. L'hôtel propose des chambres simples mais confortables, dans ce cadre idéal pour les passionnés de surf.

HEAVEN ON THE PLANET €€

Lendang Terak, Ekas Bay, Kec. Jerowaru, Pemongkong, Jerowaru, Kabupaten Lombok Timur, Nusa Tenggara Bar. 83672 ✆ +62 878 6535 6905

www.heavenontheplanet.com

Villas à partir de 2 100 000 Rp. Beaucoup d'activités disponibles.

Situé en haut d'une falaise, dominant la baie d'Ekas, *Heaven On The Planet* porte bien son nom. Cet établissement offre une vue panoramique sur la plage de Surga, célèbre pour son sable blanc et ses vagues prisées des surfeurs depuis les années 90. Que vous souhaitiez un week-end en famille, une lune de miel romantique ou simplement surfer sur les vagues d'Ekas Bay, cet établissement saura répondre à vos attentes. Pour profiter pleinement de la région, envisagez un séjour de plus de 3 nuits. La piscine face à l'océan est ouverte au public le week-end.

INNIT LOMBOK €€€

Jln. Innit No.1, RW.Berore, Desa Ekas Buana ✆ +62 811 3900 8500

www.innithotels.com

Villa les pieds dans le sable à partir de 5 600 000 Rp.

Bienvenue dans ces villas étonnantes et insolites, construites dans un style rappelant les châteaux de sable. Les matériaux se rendent ingénieusement transparents pour une constante harmonie avec la mer et la nature environnantes. Vous trouverez une chambre spacieuse à l'étage avec une vue magnifique sur l'océan, et au rez-de-chaussée une salle à manger, littéralement les pieds dans le sable. Le restaurant vous proposera une délicieuse cuisine. L'architecture est remarquable, créant une atmosphère particulière dans ce cadre reculé unique. Le luxe à l'état pur.

JEEVA BELOAM CAMP €€€

Jalan Pantai Beloam, Sekaroh, East Lombok, ✆ +62370693035

https://jeevaresorts.com/beloam

Huttes sur la plage à partir de 2 500 000 Rp.

Véritable havre de paix. Les huttes de bois et de bambou, aménagées confortablement, sont de plain-pied sur une plage isolée. Le spectacle du lever de soleil directement depuis votre lit est imprenable. Profitez du calme et de l'intimité d'une plage privée, d'un endroit idéal pour se déconnecter du quotidien, se détendre et se ressourcer. Le personnel est amical et très serviable, le restaurant à la carte simple est tout à fait correct, même si les portions sont plutôt modestes pour le prix. Le dépaysement est garanti. Attention, le réseau 4G est très limité.

GILI TRAWANGAN ★★★

Gili Trawangan, souvent appelée Gili T ou Gili Tralala, est la plus grande des 3 îles et s'est forgé une réputation de destination festive. Connue pour sa scène nocturne, l'île vibre au rythme de la musique électro, rock et reggae. Avec une large gamme d'hébergements, des clubs de plongée et des boutiques, Gili Trawangan a quelque chose pour chacun. En haute saison, l'île bourdonne d'énergie. Certains la comparent à une petite Ibiza, mais avec son propre charme. Pour ceux en quête de tranquillité, le nord-ouest de l'île offre des plages plus calmes et moins fréquentées, mais ses sœurs Gili Air et Gili Meno sont plus adaptées.

Il est important de se rappeler que Gili Trawangan est une île musulmane et le respect des coutumes locales est essentiel. Comme sur toutes les îles Gili, les voitures y sont absentes. Les déplacements se font à vélo ou en cidomo, des charrettes traditionnelles tirées par des chevaux. Malgré sa taille, l'île reste relativement petite – on peut en faire le tour à vélo en une heure.

Balade

Ne manquez pas le coucher de soleil romantique, du haut de la colline de 72 mètres, point le plus haut de l'île. Il faut prendre vers le sud et rejoindre le sommet par des marches de ciment. Si le temps est clément, le spectacle est grandiose : on assiste au coucher de soleil sur la baie, et la lumière s'étale sur la mer. N'oubliez pas de redescendre très vite après, pas évident de retrouver son chemin une fois la nuit tombée !

Pratique

- **Coût de la vie**. Les produits de base sont disponibles dans les boutiques des trois îles, mais si l'on y envisage un séjour un peu long, vous pouvez vous approvisionner avant à Lombok. Les prix sur les îles sont en effet plus élevés. Toutefois, on y trouve tout le nécessaire (produits anti-moustiques, savons, dentifrices... donc ne croyez pas ceux qui vous diront le contraire à Bangsal notamment).

- **Santé - urgences.** Blue Island Medical Clinic se trouve au sud de l'île (ouverte 24h/24). Toutefois, en cas de pépin plus grave, il faut impérativement être transféré vers Lombok ou Bali. Un hôpital international se trouve à Mataram, avec caisson de recompression.

Se loger

L'effervescence de la vie à Gili Trawangan se trouve principalement sur la côte est de l'île. Pour ceux en quête de tranquillité, le nord de l'île offre un cadre plus paisible. Bien que de nouvelles constructions apparaissent, cette partie reste plus calme, avec de magnifiques plages propices à la baignade, loin des courants forts et du corail.

En matière de logement, Gili T propose des options abordables, avec des chambres confortables disponibles à partir de 200 000 Rp. En vous promenant le long du littoral, vous découvrirez de charmants cottages, souvent dotés d'une vue imprenable sur la plage. Toutefois, il est bon de noter que les coupures d'électricité peuvent être fréquentes. De même, l'approvisionnement en eau peut être affecté. N'oubliez pas qu'à l'instar du reste du pays, l'eau du robinet n'est pas potable.

Se restaurer

La plupart des restaurants se situent le long de la rue principale qui longe la côte est, offrant une expérience culinaire avec vue sur la mer. Pour un moment de détente ou un dîner romantique à prix raisonnable, le nord de l'île et son côté opposé sont des choix parfaits.

Les clubs de plongée locaux proposent souvent d'excellentes options de restauration, avec des spécialités de poissons frais, habituellement grillés, pour le plaisir des amateurs de fruits de mer. Le soir, plusieurs restaurants du sud-est de l'île offrent des buffets de fruits de mer, incluant calamars et langoustes, accompagnés d'un bar à salades. Tandis que les fruits de mer sont vendus au poids (comptez environ 70 000 Rp pour 100 g de langouste), les plats de poisson ont un prix fixe, autour de 90 000 Rp, taxes incluses. C'est une occasion idéale pour déguster des délices marins frais dans un cadre enchanteur au bord de l'eau.

Sortir

Les sorties à Gili Trawangan sont orchestrées de main de maître. Seuls quelques bars ont l'autorisation d'organiser les soirées... à tour de rôle une fois par semaine. Les bars de Gili Trawangan ferment tous à minuit, sauf autorisation spéciale.

- **Lundi :** Le *Blue marlin*, l'un des premiers centres de plongée, organise une soirée deep électro.

- **Mardi :** Le *Tequila Sunrise* bar met le feu à la rue principale de Gili Trawangan.

- **Mercredi :** Ouvert depuis l'an 2000, *Tir Na Nog*, est le seul Irish Bar de l'île et garantit une ambiance endiablée avec un concert live avant que les DJ vous fassent danser toute la nuit ! Depuis 2018, le bar organise également un « pub crawl » (ou "tournée des bars") tous les mardis, jeudis et dimanches.

- **Jeudi :** Repos...

- **Vendredi :** Rendez-vous au *Sand bar*, probablement le plus grand bar de l'île.

▶ **Samedi** :*Sama-Sama Reggae Bar* propose un live band toute la soirée, belle ambiance entre locaux et touristes.

▶ **Dimanche** : *L'Evolution* est une salle possédant un bel espace pour une ambiance électrique et animée. Les bars se trouvent dans un mouchoir de poche, dans la partie sud du village, ce qui explique la limitation des fêtes.

Le *Sama-Sama*, situé davantage vers la jetée, propose un concert live de reggae tous les soirs, avec en début de soirée (pendant une heure seulement) un *happy hour* avec deux boissons pour le prix d'une.

Tous les jours, le *Tir Na Nog* propose une nouvelle promotion. Bref, les lieux de vie nocturne ne chôment pas pour appâter le chaland et, généralement, ça marche. À ce jour, le *Tir Na Nog* attire toujours du monde, mais la plus grosse soirée est celle du vendredi au *Sand Bar* : en saison, c'est archi-bondé et il est préférable de venir tôt !

Ne passez pas à côté des « *pre-party* » bars tels que *Lava Bar* (et son Rock Bingo légendaire du vendredi et sa soirée Latino Fest le mardi) ainsi que le *Jungle Bar* qui offre un espace bar climatisé et non-fumeur en intérieur, et un second bar en extérieur.

Sports / Loisirs

La plongée est l'une des principales activités des îles Gili, avec de très nombreux sites, tous à moins de 20 minutes de bateau des clubs. Cependant, la zone a elle aussi souffert d'El Niño à la fin des années 1990, mais les sites sont toujours en assez bon état et le corail reprend doucement ses droits grâce notamment aux actions de conservation et de ré-implantation. On peut toujours y observer une grande diversité de poissons tropicaux, avec une quasi-certitude d'apercevoir des requins (inoffensifs), des raies ou des tortues à chaque plongée.

Tous les clubs ont aligné leurs tarifs : il faut compter 490 000 Rp pour une plongée loisirs.

À partir de la plage, on peut également s'en donner à cœur joie avec un masque et un tuba, à louer un peu partout pour 30 000 Rp.

Il est aussi possible d'organiser des excursions snorkeling en bateau, toutes les agences et petits kiosques de la rue principale en proposent. En général, on part vers 9h et on revient à 15h, en visitant les plus beaux spots autour des trois îles. Compter entre 80 000 Rp et 150 000 Rp par personne selon l'agence et la qualité des prestations. Pour une sortie de snorkeling privée, il faut compter 1 000 000 Rp pour un bateau.

Transports

▶ **De Lombok aux Gili.**

▶ Avion : il n'y a pas d'aéroport sur les Gili. Le plus proche est maintenant assez loin : l'aéroport international, est situé au sud de Lombok, près de Praya. Il faut ensuite compter au moins 1 heure 30 à 2 heures de route pour Teluk Nare ou Bangsal, où l'on embarque pour les Gili. Le bateau s'avère donc aujourd'hui l'alternative la plus rapide. Voir le site www.gili-islandtransfers.com pour les transferts en *fast boat* depuis l'aéroport de Lombok jusqu'aux îles.

▶ Bateau, le plus pratique : on s'adresse à une agence de voyage locale qui s'occupe de tout. Certains hôtels de standing moyen à élevé sur les Gili, ainsi que des centres de plongée, peuvent s'occuper des transferts depuis Senggigi (à partir de 150 000 Rp par personne, le plus souvent via Bangsal), voire venir chercher les clients à l'aéroport de Lombok moyennant finance.

Gili Trawangan.

Depuis Bangsal, on peut prendre les ferries publics (voir ci-dessous, départs quand il y a assez de monde entre 8h00 et 16h00) ou unc navette rapide. Allez faire un tour au bureau du port la veille pour vous assurer des horaires qui peuvent varier. Vous pouvez aussi y réserver un bateau privé « charter » pour environ 350 000 Rp.
Les transferts de Teluk Nare se font par bateau rapide privé, compter 25 minutes de traversée pour 500 000 Rp environ.
Le moins cher : on organise son trajet seul. Soit on demande un transfert à son hôtel vers le port de Bangsal, ou un taxi (demandez que le compteur soit en marche). À Bangsal, se procurer un ticket de bateau « public » au bureau officiel. Le principe : le bateau part quand il est plein (environ 40 passagers)... Selon votre chance, l'attente peut être plus ou moins rapide... Mais l'expérience est authentique... C'est comme cela que les habitants se déplacent et/ou vont travailler entre les îles.
Attention, le nombre de solliciteurs à Bangsal est prodigieux, et vous donnera le tournis. N'écoutez pas les rabatteurs insistants qui inventent n'importe quelle histoire possible et imaginable dans le seul but de vous soutirer quelques milliers de roupies. L'expérience peut être très pénible. Après avoir gentiment répondu que vous n'aviez pas besoin de leurs services... Ignorez seulement les sollicitations suivantes, ils finiront par se lasser et chercher un autre touriste...

De Bali aux Gili.
Les conditions climatiques peuvent être parfois assez rudes, surtout en juillet/août. On vous recommande de prendre les gros bateaux comme Eka Jaya, avec la climatisation et plus stables que les petits.

Bateaux rapides : vous trouverez plusieurs compagnies privées qui vous emmèneront en speed boat aux Gili à des prix à peu près équivalents. En saison haute, les prix s'envolent. Les liaisons sont très nombreuses aujourd'hui, des ports de Benoa et Serangan au sud de Bali ou de Padang Bai et Amed dans l'est, directement jusqu'à Gili Trawangan. Blue Water Express et plusieurs dizaines d'autres entreprises comme Amed Sea Express (depuis Amed), Scoot, Gili Gateway ou Perama effectuent la traversée. Il faut compter, selon le bateau et l'état de la mer, entre 2 heures 30 et 3 heures 30 de navigation depuis Serangan, pas plus d'1 heure depuis Amed, 2 heures depuis Padang Bay. Les liaisons s'effectuent tous les jours, généralement un départ le matin tôt et un autre en fin de matinée depuis Bali. Le retour s'effectue depuis les îles pour Bali en fin de matinée. Compter entre 450 000 Rp et 600 000 Rp l'aller simple selon la compagnie, la taille du bateau, son confort et la saison. Demandez à votre hôtel de vous aider à réserver votre trajet, ils pourront également organiser le transfert jusqu'au port (depuis Bali).

Entre les îles Gili. Il est possible de relier les îles entre elles en *fast boat* à des horaires fixes (à vérifier au port la veille) ou en bateau « public », toujours le même concept, le bateau part quand il est plein.

Sur place. Pas de voiture, pas de moto, aucun bruit de moteur (sauf celui du grand générateur) : on respire ! Sur place, on utilise soit les *cidomo* ou petite charrette tirée par un cheval. Compter environ 150 000 Rp selon votre destination.
On loue des vélos à partir de 50 000 Rp la journée.

CAVE JAPONAISE ★

Entrée libre.
Elle daterait apparemment de la Seconde Guerre mondiale. A cette époque, les Japonais se servaient des îles Gili - et notamment Gili Trawangan - à la fois comme poste de guet et comme camp de prisonniers. D'ailleurs pour l'anecdote, le nom de l'île vient de *Terowongan* qui signifie tunnel. Ces tunnels ont été construits par les Japonais. La cave japonaise était alors un entrepôt d'armes selon les habitants. Cachée en haut de la colline, il suffit de prendre à gauche une fois en haut. Vous devriez rapidement tomber sur des indications fléchées.

OBSERVATION DES TORTUES

Turtle Shore
Observation des tortues marines.
Les Gilis sont réputées pour leurs superbes fonds sous-marins et leur faune d'une grande diversité. Ce sont également des zones de ponte pour les tortues. Grises ou vertes, ces tortues marines peuvent y être facilement observées. N'oubliez pas de respecter les règles essentielles au respect et au bien-être de ces animaux sauvages. Sur terre comme en mer (snorkeling ou plongée sous marine), il ne faut pas les approcher à moins de 3 mètres, ne surtout pas les toucher, ni les poursuivre. Les déranger modifierait à plus ou moins long terme ce fragile éco-système.

BLUE WATER EXPRESS

✆ +62 361 8951111 - www.bluewater-express.com

Compter 600 000 à 870 000 Rp l'aller simple par personne depuis Bali, 1 350 000 Rp l'aller-retour selon la saison.

Une des compagnies de transport les plus fiables, propres et utilisées pour les transferts sur les îles Gili, Bali et Lombok. Service sérieux et professionnel. Consultez le site Internet pour plus d'information sur les horaires et liaisons.

▸ **Entre janvier et mai et en novembre/décembre**, départs de Serangan à 8h (arrivée à 10h30 à Gili T), retour à 15h de Gili T et 14h45 de Teluk Kode (arrivée 17h15 à Bali)...

▸ **Entre juin et octobre**, départs à 8h de Serangan, retours à 11h45 (arrivées à 14h30). Départ de Padang Bai à 8h et 13h, retour à 15h30 (arrivée à 17h).

EKA JAYA

✆ +62 361 8496222

ekajayafastboat.com

Plusieurs départs journaliers. Aller Bali - Gili à partir de 400 000 Rp par personne.

Eka Jaya est une compagnie fiable que vous pouvez prendre les yeux fermés. La flotte est globalement bonne et la sécurité à bord respectée. Les bateaux peuvent transporter jusqu'à 210 personnes. Pendant la traversée, un film est diffusé sur les nombreuses télévisions un peu partout à bord. Des boissons et des snacks sont proposés régulièrement aux voyageurs. Suivant votre destination, vous aurez un autocollant sur le tee-shirt qui devra être bien visible. Possibilité de faire la traversée sur le pont extérieur. Attention tout de même au coup de soleil.

SCOOT FAST CRUISES

✆ +62361280762

www.scootcruise.com

Quatre bureaux : à Sanur, Lembongan, Gili Trawangan et Gili Air.

▸ **Tarifs**. Depuis les Gilis vers Lombok et inter-îles : 200 000 Rp. Depuis les Gilis vers Sanur : 750 000 Rp. Depuis les Gilis vers Lembongan : entre 675 000 Rp et 750 000 Rp. Gratuit pour les enfants en dessous de 3 ans.

Le prix inclus la navette avec l'hôtel depuis et jusqu'a Ubud, Sanur, Kuta, Kerobokan, Seminyak, Nusa Dua, Jimbaran et Lembongan. Supplément de 200 000 Rp / voiture pour Canggu et Uluwatu.

▸ **De/vers Bali**. Départs de Sanur à 9h30 vers Lombok, Lembongan et Gili Trawangan. Retours vers Sanur et Lembongan de Gili Trawangan à 12h55 et de Gili Air à 13h15.

GILI BEACH BUM HOSTEL €

Jl. Pantai ✆ +62 877 6526 7037

www.gilibeachbum.com

Lit dans un dortoir à partir de 280 000 Rp. Petit déjeuner. Piscine.

Aussi appelé, et connu, comme le Gili Hostel de l'île. On trouve une ambiance décontractée et un esprit *backpackers* dans cet établissement qui propose des dortoirs pour petits budgets. Autre avantage des lieux, vous êtes en bord de mer et cela n'a pas de prix ! C'est également un très bon endroit pour prendre un verre et danser au rythme de la musique... On adore le bar dans la piscine, les animations et l'esprit festif et convivial du lieu. Si vous êtes en voyage seul ou entre amis, c'est l'endroit idéal où dormir à Gili Trawangan.

LA COCOTERAIE ECOLODGE €€

West Nusa Tengarra ✆ +62 819 07 976 985

www.lacocoteraiegili.com

Tente à partir de 1 100 000 Rp/nuit. Petit déjeuner, piscine, climatisation. Équipement de snorkeling.

Un décor unique planté dans le sable, offrant un hébergement original et confortable. Chaque tente climatisée, dispose d'un lit double à baldaquin, d'une moustiquaire et d'une spacieuse terrasse avec des fauteuils et une table. Détendez-vous autour de la piscine, idéale pour se rafraîchir. Le bar et l'excellent restaurant vous proposent une délicieuse sélection de produits frais et locaux.

Optez pour un séjour glamping/safari au milieu des cocotiers pour une expérience exotique inoubliable. Une expérience atypique, véritable coup de cœur de la rédaction.

GILI TEAK BEACH RESORT €€

Sunset beach ✆ +62 859 5514 0196

https://giliteak.com

Chambres doubles les pieds dans le sable à partir de 1 000 000 Rp.

Les chambres avec vue sur le jardin ou la mer sont élégamment décorées et climatisées. Elles sont équipées d'une télévision à écran plat, d'un coffre-fort, et d'une salle de bains privative. Détendez-vous au Beach club de la plage privée où vous trouverez une variété de plats occidentaux, indonésiens et asiatiques. La douche extérieure ajoute une touche d'originalité et de charme. Le calme, le personnel, les petits déjeuners et les couchers de soleil sur la plage contribuent à vous rendre ce séjour fabuleux. L'établissement prête gracieusement des vélos, sympa !

JAWA HOUSE €€

Jl. Gili Meno, Gili Indah, Gili trawangan, Kabupaten Lombok Utara, Nusa Tenggara Bar. 83352, Indonésie ✆ +64 211 560038

Charmantes villas avec piscine privée à partir de 1 200 000 Rp.

Ces villas avec piscine privée sont tout simplement superbes... L'accueil des propriétaires est chaleureux. Toute l'équipe est à votre disposition pour vous prodiguer une multitude de conseils et rendre votre séjour agréable. Les chambres sont propres et joliment décorées. Les petits déjeuners sont copieux. Bien que légèrement excentré, l'emplacement est idéal pour ceux qui recherchent le calme et facilement accessible en vélo, proche des plages aux tortues et du soleil couchant. Recommandons sans réserve ce petit bijou et son ambiance authentique.

MANTA DIVE GILI TRAWANGAN €€

Manta Dive ✆ +62 812 3788 9378

https://manta-dive.com

Chambre double à partir de 850 000 Rp, Bungalow Lumbung de 1 000 000 Rp. Prix incluant -20% en booking direct.

Impossible de le rater ! Regardez à 50 m sur votre gauche une fois arrivé sur l'île et vous trouverez le Manta Point. L'adresse ne manque pas d'atouts. Le petit déjeuner est agréable et les chambres sont très bien entretenus. La salle de bains semi-ouverte et la terrasse sont de vrais plus ! Le traditionnel, on aime ça avec les habitats en Lumbung (en forme de grange à riz traditionnelle Sasak - la plus grande tribu Sasak étant installée à Lombok). Un bon rapport qualité-prix !

NATYA HOTEL GILI TRAWANGAN €€

Jl. Pantai Gili Trawangan

✆ +62 370 6573513

www.natyahotel.com

Chambre double à partir de 1 675 000 Rp. Petit déjeuner 100 000 Rp. Piscine.

Un emplacement idéal, au calme et à deux pas du port, ce qui permet de tout faire sans utiliser les calèches à cheval de l'île ou de vélos. Les chambres sont propres, confortables et bien agencées. Le personnel est chaleureux, serviable et toujours disponible pour répondre à vos questions. Le petit déjeuner face à la mer est un vrai plaisir, pour un moment agréable, relaxant et inoubliable. Vous pourrez louer des vélos sur place, en bon état et au même prix que partout ailleurs.

PESONA BEACH RESORT AND SPA €€

Jl. Raya Trawangan,

✆ +62 813 3808 8963

www.pesonaresort.com

Chambres à partir de 1 150 000 Rp. Restaurant indien, spa et centre de plongée dans l'enceinte de l'établissement.

L'hôtel Pesona dispose de 18 chambres situées à l'arrière de leur fabuleux restaurant indien. Cet hôtel propose un service complet et de qualité en plein centre de l'île et au calme. Vous trouverez une piscine en lagon à l'arrière, une piscine à l'avant pour les entraînements de plongée dispensés par le centre Dive Central Gili. Eco responsable, il organise régulièrement des événements ou activités pour sensibiliser les touristes à la préservation des plages et du corail.

LE PIRATE €€

Gili Trawangan, ✆ +62 361 845 2780

www.lepirate.com

Bungalow avec 4 lits superposés dès 1 100 000 Rp ; bungalow lit double dès 1 200 000 Rp ; familial dès 1 800 000 Rp.

Une adresse qui se démarque de toutes les autres. Conçu par un architecte français, c'est ambiance cabine de plage épurée style Deauville ou Le Touquet avec terrasse en bois et hamac suspendu. Piscine et jardin tropical au milieu des bungalows qui donnent sur une superbe plage... Bar et restaurant avec vue sur la mer. Des activités sont régulièrement organisées comme cinéma plein air trois fois par semaine, happy hour pour le coucher du soleil... Impeccable sur tous les plans. On n'a pas réussi à trouver de défaut ! Très bon rapport qualité / prix !

WILSON'S RETREAT €€

North Beach

✆ +62 878 6177 2111

https://wilsons-retreat.com

Suite pour 2 personnes à partir de 1 500 000 Rp.

Cette oasis tropicale située dans la partie paisible de l'île, dispose d'une piscine et d'un restaurant français avec vue imprenable sur l'océan. L'hôtel dispose de chambres spacieuses, propres, avec salles de bains extérieures. La literie y est très confortable. Au saut du lit, vous pourrez nager avec les tortues, les murènes et les sympathiques poissons-clowns, juste en face de l'hôtel. Le personnel, attentionné et serviable, se fera un plaisir de vous conseiller pour planifier vos activités. Endroit parfait pour ceux qui sont en quête de calme et d'exception.

DESA DUNIA BEDA BEACH RESORT €€€

Gili Indah

✆ +62 811 390 676

www.desaduniabeda.com

Villas à partir de 2 200 000 Rp. Piscine. Offres sur le site web.

Sur la côte nord de l'île s'étend le Desa Dunia Beda. Une surface imposante recouvrant une longueur de 164 mètres de plage pour seulement 12 villas. Des villas traditionnelles de l'aristocratie javanaise appelées « Joglo » pour la forme en pointe de leur toit reflétant leur statut dans la hiérarchie sociale. Vous serez au calme, bercé par les vagues. L'intérieur de bois et l'ouverture des villas à la mer font de ce lieu un point idéal pour aller se ressourcer sur l'île. Restaurant BBQ.

GILI TREEHOUSES €€€

Gili Indah

✆ +64 284 082789

Maison dans les arbres à partir de 2 500 000 Rp pour une chambre et 4 500 000 Rp pour deux chambres. Piscine.

De magnifiques maisons dans les arbres vous accueillent au milieu de la cocoteraie de l'île. Il fait bon venir tenter l'expérience dans cette adresse où rien ne manque à votre bonheur. Toutes les villas disposent d'un coin salon, d'une terrasse ou d'un balcon, de la climatisation et surtout... d'une petite piscine privée. Côté couchage, il y a des villas d'une chambre double, d'autres accueillant jusqu'à 4 adultes. A seulement 5 minutes de la plage, l'établissement dispose d'une piscine et vous prête des vélos. Coup de cœur.

KALEYDO VILLAS €€€

Jl. Ikan Duyung

✆ +62 370 6195452

www.kaleydovillas.com

Chambre à partir de 2 300 000 Rp. Piscine.

Qui n'a jamais rêvé - de sa terrasse - pouvoir sauter dans la piscine pour se rafraichir, se tremper les pieds tout en bouquinant ou siroter un verre les pieds dans l'eau en faisant connaissance avec les autres voyageurs ? Excellentes prestations pour ce complexe de villas. On aime la quiétude des lieux, mais également le bon goût des espaces aménagés pour nous recevoir. Les villas sont dotées de bains bouillonnants et très bien équipées. Le gros plus : l'établissement met à disposition du matériel pour le snorkeling, des vélos...

KUNO VILLAS €€€

Jl. Kima

✆ +62 859 0313 9955

www.kunovillas.com

Chambres à partir de 2 000 000 Rp, Villas 3 000 000 Rp jusqu'à 6 pers. Promos sur le site. Piscine et services complets.

Les meilleures villas en locations sur l'île ! Chambres et villas type Joglo haut de gamme, quiétude absolue et mise à disposition de matériel de snorkeling, accès à une salle de sport, vélos, etc. Ici, on ne lésine pas avec le confort des clients ! Les villas possèdent un jardin et une piscine qui ressemble à un lagon naturel. Intimistes, les Kuno villas sont aussi écoresponsables. Tout l'intérieur des unités est construit en bois de teck massif (une merveille). Le staff est aux petits soins, le petit déjeuner y est complet. On adore ! Un vrai coup de cœur !

PEARL OF TRAWANGAN €€€

Gili Indah

✆ +62 813 37156999

www.pearloftrawangan.com

A partir de 1 500 000 Rp. Prix variable selon la saison et les promotions.

« Il était une fois une île embrasée par le soleil, avec une étendue de sable blanc, entourée par des eaux turquoises où y prospérait une vie marine stupéfiante et abondante. » C'est ainsi que commence l'histoire du Pearl, mais ses allures de conte de fée ne s'arrêtent pas là. L'ensemble a été construit en bambou offrant un style unique, exotique et idyllique sur l'île. Situé juste en face de la plage, le Pearl y possède son espace privé. La piscine jouxte le jardin javanais. Pour le plaisir, ajoutez les cours de yoga, et un excellent restaurant. Belle adresse !

PONDOK SANTI ESTATE €€€

Desa Gili Indah

✆ +62 819 0705 7504

www.pondoksanti.com

Bungalow à partir de 3 000 000 Rp. Prix préférentiel sur leur site web.

Situé au sud de l'île, il s'agit sans conteste du plus bel hôtel. Superbe complexe constitué de 18 bungalows luxueux du style de Lombok ou les maisons traditionnelles de Kalimantan. Rien ne manque pour votre confort : piscine, kayak, vélos, excursions en bateau, massage, yoga, un immense espace de plage Beach club avec un restaurant et un autre restaurant « fine dining » dans l'enceinte de l'établissement. Il est très prisé pour les voyages de noces et grâce à ses 8 hectares il profite d'une grande tranquillité à deux pas du côté animé de l'île.

© KARDIA RESORT GILI A PRAMANA EXPERIENCE

© KARDIA RESORT GILI A PRAMANA EXPERIENCE

© KARDIA RESORT GILI A PRAMANA EXPERIENCE

KARDIA RESORT GILI A PRAMANA EXPERIENCE €€

Gili Indah, Pemenang, North Lombok Regency

✆ +62 877 9827 8740 - www.kardiaresortgili.com

Chambre double à partir de 2 100 000 Rp.
Restaurant, Spa, spectacles, balade à cheval, excursions en bateau.

Un joli havre de paix niché au bord de l'océan, offrant un cadre idéal pour une escapade tropicale. Ce luxueux resort propose des bungalows élégants et modernes, dotés d'une terrasse privée avec vue sur la piscine ou sur la mer turquoise. Le Kardia se distingue par son ambiance détendue, avec une piscine à débordement, un restaurant de bord de mer servant une cuisine délicieuse, et un bar de plage où vous pourrez siroter des cocktails au coucher du soleil.

© KARDIA RESORT GILI A PRAMANA EXPERIENCE

© KARDIA RESORT GILI A PRAMANA EXPERIENCE

CRUST DELI €

jl ikan hiù
✆ +62 812 3931 4989
Ouvert tous les jours de 11h00 à 19h00. Sandwicherie. Sur place, à emporter, en livraison.

L'adresse parfaite pour d'incroyables sandwichs baguettes, fourrés avec des ingrédients frais et savoureux. Vous trouverez également des bols garnis, pour un repas à la fois nourrissants et délicieux, idéaux pour un déjeuner sain et satisfaisant ou encore des feuilletés à la saucisse ou au fromage pour une bouchée croustillante et pleine de saveurs.

On vous propose aussi une sélection de fromages et de charcuterie fine disponibles à la vente, que vous cherchiez à composer votre plateau de fromages ou à composer votre sandwich vous-même à la maison. On adore !

WARUNG SASAK €

Jl. Pantai
✆ +62 818 0570 5004
Ouvert tous les jours de 8h à 18h. Plats à partir de 15 000 Rp.

Warung Sasak est une petite adresse 100 % locale bien située en plein centre. Ici on aime le *nasi campur* - un plat de riz blanc accompagné d'un assortiment de petits plats : de la viande, des arachides, des œufs, des légumes, des chips de crevette... On craque aussi sur les différentes propositions végétariennes. Les tarifs défiant toute concurrence et surtout l'adorable accueil de la cuisinière en font un endroit des plus charmant dans lequel on revient volontiers. Une pépite que l'on aimerait garder pour nous... A bon entendeur !

KIKI NOVI €

Jl. bintang laut
Ouvert tous les jours de 8h à 22h. Plats entre 20 000 Rp et 50 000 Rp.

Idéalement situé, dans une des rues les plus dynamiques et animées et à proximité du port. Si le lieu ne paye pas de mine et parait tout simple, les assiettes sont pourtant pleines de saveurs. Pour les petits budgets, c'est une cantine pour vous. Le rapport qualité / prix est plus qu'excellent, et vu la quantité servie dans les assiettes, même les plus gros mangeurs seront vite rassasiés ! Plats locaux et prix doux sont les ingrédients de cette recette gagnante. On recommande le poisson grillé et les plats en sauce comme ce délicieux poulet au curry.

CASA VINTAGE BEACH €€

✆ +62 877 2272 1195
Ouvert tous les jours de 9h à 22h. Plats à partir de 60 000 Rp.

Ce discret petit restaurant, propose une cuisine jamaïcaine goûteuse et copieuse, avec une carte de bonne qualité. Tout est fait maison et les assiettes en terre cuite ajoutent une touche d'authenticité à l'atmosphère bucolique du lieu. Le personnel est adorable, le rapport qualité-prix excellent. On vous conseille les poissons et le délicieux poulet au curry. Un feu de joie chaque soir, entretient une ambiance chaleureuse. C'est un endroit différent des autres par son originalité. Recommandé pour une expérience culinaire savoureuse.

THE BANYAN TREE €

Jl. Pantai Gili Trawangan, Gili Indah, Kec. Pemenang, Kabupaten Lombok Utara
✆ +6287898524709
Délicieux restaurant végétarien, végétalien, paleo...Smoothie bowl à partir de 60 000 Rp.

Régalez-vous avec des délices végétariens. avec des options allant du végétalien au paléo. Le menu est accessible et les portions sont généreuses, le service est impeccable, autant pour le petit-déjeuner que pour le brunch ou le déjeuner. Comme la plupart des établissements, il vaut mieux avoir le temps... Et pour la petite histoire... Vous n'aurez parfois pas ce que vous avez commandé... Les serveurs, bien que grandement sympathiques, ne prenant pas de note pendant la commande... Mais c'est le jeu ! Une expérience culinaire excellente et copieuse !

JALI KITCHEN €€

Jl. Nautilus
✆ +62 817 0005 254
www.jalikitchen.com
Ouvert tous les jours de 7h à 23h. Plats à partir de 65 000 Rp.

Belle découverte pour ce restaurant qui joue la carte des saveurs asiatiques et n'hésite pas à épicer chaque plat pour révéler de délicates odeurs. Le décor est apaisant avec sa terrasse, ses coins ombragés par les arbres, son point d'eau au centre... et ses petites loupiotes allumées la nuit pour une ambiance plus romantique. La cuisine internationale est revisitée avec par exemple ce burger au beurre de cacahuète épicé. On apprécie aussi les classiques comme le Pad Thaï, les salades maison et l'excellent carrot cake. A ne pas manquer.

KAYU CAFÉ €€

Rue principale
✆ +62 878 6573 8182
Ouvert de 7h à 21h. Plats à partir de 60 000 Rp ; jus à partir de 30 000 Rp.

Repas copieux, frais et organique à la carte. Sandwiches, salade de lentilles, houmous, les meilleurs poke bowls des Gili… Longue liste de jus de fruits frais. Kayu Café est une très bonne alternative pour changer des plats indonésiens et manger des plats sains, vitaminés et fruités. Pour l'ambiance, il y a de grandes tables en bois et une décoration épurée qui rendent l'atmosphère paisible. Adresse située sur la route principale, avec une partie de sa terrasse installée les pieds dans le sable, à quelques mètres des premières vagues.

PESONA BEACH €€

Jl. Raya
✆ +62 813 3808 8963
Ouvert tous les jours.

Spécialités indiennes à la carte de ce restaurant. On s'installe sur les banquettes aux coussins colorés posés directement sur le sable, face à la mer... Avant de plonger dans les senteurs de nos assiettes : samosas, cheese naan ou encore des poulets masala nous régalent. Une addition correcte pour cette parenthèse enchantée. On vous conseille d'y aller en fin d'après-midi pour profiter de la golden hour. Pesona Beach propose aussi quelques chambres très spacieuses et superbement décorées à la location avec une superbe piscine extérieure.

SCALLYWAGS €€

South Beach
✆ +62 819 1743 2086
scallywagsresort.com
Ouvert tous les jours. Plats à partir de 70 000 Rp.

Fruits de mer et poissons grillés sont à l'honneur. Les pieds dans le sable, il est possible de se régaler des produits de la pêche matinale. Table nappée et service adorable, on recommande cette adresse qui peut donner lieu à de beaux dîners romantiques à la tombée de la nuit. Mais n'hésitez pas également à y venir tôt le matin pour prendre un délicieux petit-déjeuner avec d'excellents œufs bénédictes. Une belle carte des vins accompagne les plats. L'établissement propose aussi quelques chambres à la location pour une ou plusieurs nuits.

EVOLUTION BAR

Jl. Pantai Gili Trawangan
✆ +62 819 1711 2209
Ouvert de 7h à 1h.

Une ambiance décontractée et chill pour ce bar-restaurant. Les pieds dans le sable, face à la plage, c'est l'endroit idéal pour l'apéro après une journée de visites ou de baignade. On s'installe, on se détend, et on peut grignoter tout en savourant un verre. L'ambiance festive en soirée, avec des chanteurs et de la musique live certains soirs, est particulièrement appréciée. On s'amuse à jouer au beer pong avec d'autres touristes et locaux, dans une atmosphère très sympa. Pour faire la fête, mieux vaut ne pas arriver trop tôt.

GILI YO

Jalan Raya Trawangan
✆ +62 811 3977339
Magasin de Yaourt glacé, self-service. Facturation au poids.

Établissement spécialisé dans les yaourts glacés. Situé non loin du centre et du port de Trawangan, et au nord-est de l'île, ce glacier propose à ses clients une large gamme de yaourts glacés en self-service. Tout d'abord, vous choisissez le goût de votre base yaourt en vous servant vous-même depuis une machine « *à l'italienne* ». Ensuite, vous pouvez personnaliser votre dessert en y ajoutant toute une gamme de garnitures diverses et variées de votre choix. C'est l'endroit parfait pour une petite pause sucrée et fraîche pendant votre exploration de l'île.

IRISH BAR TIR NA NOG

Rue principale
✆ +62 623 70639463
Ouvert tous les jours de 7h à minuit.

« Tir Na Nog » pourrait se traduire par « Pays de l'éternelle jeunesse », ce qui donne une bonne indication sur l'ambiance festive et chaleureuse du lieu ! C'est un bar irlandais - et comme tout bon bar irlandais, la bière coule à flots et les retransmissions d'événements sportifs attirent une clientèle de locaux et de touristes nombreux et bruyants. Ici, bonne humeur et décontraction sont de mise. Il y a aussi de nombreux concerts qui y sont organisés tout au long de la semaine et plus particulièrement en haute saison touristique.

SAMA-SAMA REGGAE BAR

Kundun Road

Ouvert tous les jours de 7h à 1h.

L'un des meilleurs spots pour sortir dans une ambiance incroyable. Sama-Sama porte bien son nom puisque le reggae est le leitmotiv de la maison qui propose des concerts live. Ces soirées sont réputées et on comprend vite pourquoi ! Quant aux cocktails, ils sont excellents - mais à consommer avec modération ! Si vous ne savez pas où danser le samedi soir, le Sama-Sama est un très bon choix. Seul bémol, comme dans les endroits les plus prisés de l'île pour sortir et faire la fête, les consos sont un peu chères et l'alcool n'est pas toujours de bonne qualité.

TRAWANGAN NIGHT MARKET

en face du port

Ouvert tous les jours de 18h30 à 1h du matin.

Ne manquez surtout pas ce marché nocturne, insolite, rempli de parfums et saveurs. Ouvert dès 18h30, on peut y dîner sur place sur une des tables communes où prendre les plats à emporter. On le recommande pour son ambiance conviviale et ses plats délicieux, notamment les fruits de mer et la viande au barbecue. Les prix sont abordables. L'atmosphère bon-enfant vous invitera à partager, pourquoi pas, un moment avec les inconnus de la table d'à côté de façon toute naturelle. Attention tout de même, assurez-vous de la fraîcheur des étalages...

BLUE MARLIN DIVE

✆ +62 370 613 2424

www.bluemarlindive.com

Nombreux forfaits disponibles.

Ouvert depuis 1989, c'est l'un des premiers club de plongée sur Trawangan. Également présent à Senggigi (Lombok), Gili Meno et Gili Air, ce club propose tous types de plongées pour tous niveaux. Cours PADI, et pour plus de technique le TDI, avec un recycleur permettant d'allonger la durée de la plongée. Pour les plus courageux, il y a trois sorties de nuits par semaine. Équipe expérimentée et bien en place, avec instructeurs francophones. Toutes les formations PADI sont disponibles. Possibilité d'organiser des packages hôtel + plongée sur différents sites.

DSM DIVE GILI T

JL. gili trawangan

✆ +62 878 1084 8384

www.dsmdive.com

Toutes les formations PADI et FESSM sont disponibles.

DSM Dive est l'un des principaux centres de plongée français de Gili Trawangan. C'est un centre PADI 5*, cmAS, et FFESSM qui offre une expérience unique depuis plus de 15 ans. Fondé par Grégory et Madison, respectivement belge et française, ce centre se distingue par l'organisation de petits groupes garantissant une expérience intime et personnalisée. Les instructeurs, principalement francophones, contribuent à une atmosphère familiale et chaleureuse dans ce club à taille humaine. DSM Dive est reconnu pour son sérieux et son ambiance conviviale.

GILI COOKING CLASSES

Jl. raya pantai trawangan ✆ +62 819 7735 7244

https://www.gilicookingclasses.com

Intro : 290 000 Rp (1h30). 4 of a kind : 350 000 Rp (2h), Super six : 395 000 Rp (2h30). Cours à 11h30, 14h00 et 20h00.

Quoi de mieux que de découvrir un pays au travers de sa gastronomie ? Les cours, animés par un chef indonésien, sont une véritable immersion dans la culture culinaire de Lombok. Vous apprendrez à préparer des plats classiques comme la sauce cacahuète, le Mie Goreng, le poulet au curry, le Gado Gado ou le poulet Taliwang, de quoi épater votre entourage.. Les cours sont proposés en anglais. Un voyage gustatif passionnant qui comblera les amateurs de cuisine. Aucune expérience préalable demandée... Lancez-vous pour une aventure familiale à la bonne humeur garantie !

GILI DIVERS

Jl. Pantai

✆ +62 821 47890017

gilidivershotel.com

Possibilité packages hôtel + plongée sur différents sites. Chambre double dès 350 000 Rp jusqu'à 800 000 Rp.

Un des centres les plus amicaux de l'île ! Ici, on a affaire à un staff attentionné et un public jeune, détendu et convivial. Vous y ferez facilement de nouveaux amis ! Possédant une très bonne notoriété, ce club de plongée PADI et SSI, propose tout type de circuit sur les 3 îles Gili. On vient y faire son baptême, une plongée classique ou passer ses différents niveaux. Dispose également de plusieurs chambres privées ou en dortoir et possède un petit bar de plage. Instructeurs francophones, package Hotel + plongée sont proposés.

GILI GOLF & BAR

Gili Trawangan, Gili Indah, West Nusa Tenggara, Indonesia, Gili Indah, Kec. Pemenang, Kabupaten Lombok Utara, Nusa Tenggara Bar. 83352, Indonésie ✆ +6282145016419

Complexe multi-jeux avec mini-golf, ping-pong, billard...Bar.

Envie de changer un peu de la plage et du farniente ? N'hésitez plus et venez passer un moment à Gili Golf. Parcours 18 trous simple, mais fun à 50 000 Rp par personne, sans limite de temps. Les deux derniers trous ajoutent des poids ajustables, créant des obstacles plus difficiles. L'endroit est super entretenu. Après, profitez gratuitement d'une partir de ping-pong et ou de fléchettes. Le billard est à 20 000 Rp par partie ou 50 000 Rp pour 3 parties. Vous trouverez aussi un terrain de basket ! Le bar propose des boissons abordables. Expérience très amusante !

MANGO DIVE

✆ +62 370 6146096

www.mango-trawangan.com

Plongée loisirs à partir de 590 000 Rp.Bungalows à partir de 790 000 Rp.

Plongez à Mango Dive, l'un des plus anciens et expérimentés clubs de plongée de l'île. Et séjournez dans les bungalows pour une expérience complète ! Le centre de plongée propose différentes expériences, des cours pour débutants ou expérimentés aux plongées loisirs. Matériel de plongée, kayaks et SUP sont disponibles à la location. Les moniteurs sont amicaux, expérimentés et sécurisants pour une aventure en toute confiance. Le bar de plage sera là pour les apéros sympathiques de fin de journée, tout en discutant de la faune et la flore sous-marines environnantes.

MANTA DIVE

✆ +62 878 6555 6914

www.manta-dive.com

Nombreux forfaits disponibles. Tarifs avantageux en logeant sur place, un des principaux centres de plongée des Gili.

C'est le centre de plongée idéal pour toute la famille avec prise en charge des enfants dès 8 ans ! Toutes sortes de plongées sont proposées (notamment et surtout de la plongée récréative à partir de 8 ans) et les transferts sont assurés vers Bali et Lombok. Instructeurs francophones, une affaire qui roule, peut-être l'un des plus gros centres des Gili. Toutes les formations SSI disponibles. Possibilité d'organiser des packages hôtel-plongée sur différents sites. Dispose de nombreux bungalows en tant que Dive center and resort.

STUD HORSE RIDING AND RESCUE

✆ +62 811 3897779

30mn - 300 000 Rp, 1h - 550 000 Rp, le tour de l'île 800 000 Rp. De 6h à 19h. Equipement pour enfants disponible.

Depuis son ouverture en 2004, Stud Horse riding est bien plus qu'un simple centre équestre ; c'est à présent un foyer permanent pour de nombreux chevaux secourus au fil des ans. L'association propose des balades à cheval, mettant le bien-être des chevaux au cœur de leurs préoccupations. Tous les revenus sont directement consacrés à leur soin. En choisissant de tenter l'aventure avec Stud, vous contribuez à la prise en charge de nombreux chevaux sauvés et retraités.

STYLIST HAIR & BEAUTY SALON

Pasar Seni Gili Trawangan

Ouvert tous les jours de 10h à 22h. Avec et sans rendez vous. Coupe pour les filles à partir de 150 000 Rp.

Entre deux plongées, deux baignades dans l'eau salée de l'océan ou simplement une farniente sur la plage au soleil, pourquoi ne pas en profiter pour se chouchouter un peu ? Ce Stylist Hair & Beauty Salon est tout bonnement une adresse sensationnelle pour les cheveux, les massages et tous les soins du corps. N'hésitez pas à y faire un tour pour découvrir la variété des soins proposés et les divins massages traditionnels. Mention particulière au personnel adorable.

SUNSET BEACH YOGA

Sunset Beach

✆ +62 878 6212 5860

Deux séances quotidiennes - 8h30 et 17h30. Comptez 150 000 Rp pour une heure de cours.

Découvrez tous les agréments et bienfaits du yoga dans ce studio perché dans une cabane, avec vue imprenable sur l'océan. Accessible aux débutants, nous y avons testé le yoga aérien (Flying yoga) avec un professeur patient, compétent, bienveillant et attentionné. On vous aidera à maintenir la pose et vous aurez même droit à une petite photo souvenir ! Une expérience bienfaisante de mouvements souples et d'étirements. Et profitez du coucher de soleil sur la mer à la fin de la séance du soir ! On recommande vivement l'expérience !

ZONES DE SURF DU SUD DE L'ÎLE

Au Sud de l'île ou au Nord l'ouest côté sunset

Le sud offre de jolies vagues pour les inconditionnels du surf. Ne vous attendez pas à retrouver un endroit similaire aux spots de Kuta Bali, Kuta lombok ou Uluwatu, bien plus réputés pour les amateurs de surf. Ici, c'est plutôt pour ceux qui ne peuvent s'en passer, même le temps d'un séjour sur les Gili. L'endroit n'est pas du tout adapté aux débutants et le Reef n'est jamais bien loin. Mieux vaut trouver des compagnons de jeu parmi les locaux qui seront ravis de vous accompagner.

LAC DE GILI MENO ★

gili meno

Lac naturel d'eau salée.

Principale attraction naturelle de l'île en dehors des jolies plages de sable blanc, ce lac naturel d'eau salée est entouré d'un sentier circulaire d'environ 1,1 km. Il vous faudra environ 15 min pour en faire le tour, idéal pour une petite marche. Un ponton en bois fait le tour de l'étendue d'eau, qui sera bien entendu plus importante après la saison des pluies qu'en fin de saison sèche. Un endroit paisible pour profiter de la nature sans superlatifs. Selon la saison, prenez vos précautions par rapport aux moustiques en vous couvrant correctement.

GILI MENO ★★

Gili Meno, située entre ses sœurs Gili Trawangan et Gili Air, est un petit paradis qui se distingue par sa tranquillité et sa beauté naturelle. Surnommée l'île des lunes de miel ou des retraités, elle est la destination privilégiée pour ceux en quête de romantisme et de sérénité. Sur cette île, le temps semble suspendu et la vie y est plus douce, invitant à la détente et à l'évasion.

Faire le tour de l'île à pied est une promenade agréable qui prend environ une heure, mais vous pouvez également opter pour la location d'un vélo ou une balade en calèche tirée par des chevaux pour une expérience plus pittoresque. En chemin, vous découvrirez de charmants petits restaurants et bars de plage disséminés autour de l'île, parfaits pour savourer un cocktail au coucher du soleil ou déguster des plats locaux avec la mer en toile de fond. Récemment, Gili Meno a vu l'émergence de nouveaux hôtels de différentes tailles et de différentes catégories, élargissant l'éventail d'hébergements disponibles. De l'auberge de jeunesse à l'hôtel de luxe, il y en a pour tous les goûts et tous les budgets. Malgré ce développement, l'île a su conserver son caractère paisible et intime, offrant une atmosphère unique pour une expérience de détente et de déconnexion totale. Gili Meno est donc un choix idéal pour les couples en lune de miel, les familles ou les voyageurs solitaires à la recherche d'un refuge loin du tumulte du quotidien.

EKA JAYA FAST BOAT

✆ +62 361 8496222

http://baliekajaya.com/

Compter 400 000 Rp en basse saison.
750 000 Rp pour un aller-retour en haute saison jusqu'a Bali.

Compagnie fiable avec des départs à heure fixe et réguliers. La flotte est globalement bonne et la sécurité à bord respectée. Les bateaux peuvent transporter jusqu'à 210 personnes. Suivant votre destination, vous serez affublé d'un autocollant qui devra être bien visible. Possibilité de faire la traversée sur le pont extérieur. Musique et ambiance garantie. Attention tout de même au coup de soleil.

Il peut y avoir un supplément de 20 000 Rp pour le changement de bateau qui débarque sur la plage. Il vous sera moins cher d'acheter tous vos billets depuis Bali.

THE RABBIT TREE HOSTEL €

Kabupaten ✆ +62 812 9149 1843

www.therabbittree.com

Un lit dans un dortoir mixte à partir de 150 000 Rp. Chambre double avec climatisation à 600 000 Rp. Petit déjeuner.

Pas une chambre ne se ressemble et cet établissement est assez unique en son genre. La scénographie sort tout droit de l'imagination de son propriétaire à la recherche d'une histoire à raconter à chacun de ses clients. Un univers digne d'Alice au pays des merveilles. Twister et hamac géant, observatoire d'étoile, jeux en tous genres... C'est une véritable expérience ! Vous plongez ainsi dans un bain de boules géant quand vous optez pour le dortoir mixte ou bien encore dans une forêt au détour d'une chambre double. Ambiance inoubliable, bon enfant et chaleureuse.

MENO DREAM RESORT €€

✆ +62 819 1596 1251

Chambre double à partir de 800 000 Rp. Petit déjeuner.

Situé à moins d'une dizaine de minutes à pied de la plage, cet établissement compte plusieurs huttes confortables, certes toutes simples, mais spacieuses. On aime les hamacs suspendus devant les hébergements, sans compter la gentillesse exceptionnelle des hôtes. Dans ce jardin, on prend son temps et on profite, c'est le lieu idéal pour faire une pause avant d'aller diner le soir ou simplement pour prendre son café au réveil. Il y a un restaurant de bonne facture et les petits déjeuners sont excellents pour commencer la journée.

MENO SUITES €€

Jl. Pantai

Suites à partir de 900 000 Rp.

Ouvert depuis 2017, la décoration est récente et dans l'air du temps. A quelques minutes de la plage, de véritables suites - quatre au total - avec une cuisine extérieure et accès à une piscine privée : voici la prestation proposée par cet établissement. Les suites ont une entrée privée pour plus de confort et de tranquillité, la climatisation, l'eau chaude, un petit frigo, une bouilloire... On retient également l'excellent petit-déjeuner. Bref, vous l'aurez compris, Meno Suites a tout pour être un lieu où on reste quelques jours.

UNITED COLORS OF GILI €€

✆ +62 813 3747 2050

www.united-colors-of-gili.com

Compter 800 000 Rp. Piscine.

United Colors of Gili se compose de sept bungalows élégants avec une chambre de pur style indonésien. Chaque bungalow dispose de sa propre salle de bains donnant sur un jardin, d'un bain à remous privé et d'une terrasse confortable dans un environnement tropical. Le *resort* vous propose une superbe piscine, estampillée en bois avec des chaises longues... Parfait pour le petit déjeuner, mais aussi pour siroter des cocktails signature en harmonie avec la nature. L'établissement est dirigé par une équipe française. Nombreuses activités proposées.

AVIA VILLA RESORT €€€

Jl. Sunset

✆ +62 878 6185 4989

Bungalow à partir de 950 000 Rp. Villa avec piscine privée à partir de 1 500 000 Rp.

Il s'agit d'un magnifique complexe en bord de plage. Des villas privées avec piscine se fondent dans le paysage, ainsi que des bungalows. Trois types de prestations, selon votre budget, mais vous ne pouvez pas être déçu. Certains disposent de jolies petites piscines privées... le paradis ! Côté espaces communs, piscine, restaurant, plage avec possibilité de louer des transats, climatisation, blanchisserie sur demande : rien ne manque à votre confort pour profiter des merveilles de l'île. Le tout se complète avec un service aux petits oignons !

SITES DE PLONGÉE ★

gili meno

Sites de plongée adaptés à tous les niveaux.

© ROSTISLAV AGEEV - SHUTTERSTOCK.COM

- **Secret garden.** Au nord de l'île, un joli site allant de 3 à 32 mètres adapté aux débutants et aux plongeurs un peu plus avancé. Comme son nom l'indique, c'est le paradis des tortues.
- **Meno Wall.** Au nord-ouest de l'ile, un joli mur de 7 à 22 mètres. Tortues, poissons-lion et murènes y cohabitent joyeusement.
- **Meno slope.** Site de plongée en continuité de Meno wall... Une jolie pente adaptée aux débutants.
- **Bounty Wreck.** Au sud-ouest de l'île, ce ponton immergé est assez intéressant pour les débutants, en donnant un petit aperçu de la plongée sur épave.

BASK GILI MENO €€€

bask
✆ +62 813 3923 0423
www.baskgilimeno.com
Somptueux resort à partir de 4 000 000 Rp la nuit.

Ce resort d'un luxe incommensurable dispose de 82 somptueux hébergements, du studio de 60 m² à la villa de 300 m², directement en bord de mer. Chaque villa possède une piscine privative et un petit jardin, le tout au sein d'un espace de 3 hectares. Avec ses superbes villas, son beach club, son magnifique spa, sa salle de gym, son centre de yoga « shalla », son bar à cocktails lounge, ses restaurants et sa piscine à débordement... sans oublier son exposition permanente d'art/récifs artificiel sous-marine, BASK est LA destination ultime de la région.

VILLA PALMA GILI MENO €€€

Villa Palma Gili Meno
✆ +62 877 6528 3368
Bungalow lumbung pour deux personnes, petit déjeuner inclus, à partir de 2 500 000 Rp.

Villa Palma est un charmant petit hôtel de 2 bungalows indépendants avec chacun leur piscine privée au sein d'un joli petit d'un jardin tropical. Ces habitations à l'architecture traditionnelle de Lombok, appelées *lumbungs*, sont en bois et matériaux naturels. Entourée de cocotiers, Villa Palma est un parfait mélange d'authenticité et de confort pour une expérience unique et relaxante sur la magnifique île Gili Meno. Un succulent petit déjeuner rendra vos matins éblouissants. Un moment hors du temps qu'on apprécie seul ou en couple. Ici, on oublie tout. On adore !

VILLA PULAU CINTA €€€

Gili Indah
✆ +62 812 3844616
www.villapulaucinta.com
Suites à partir de 2 700 000 Rp. Villas pour 6 personnes à partir de 8 500 000 Rp. Vélos, petit déjeuner, piscine.

Bienvenue au paradis ! Sublime établissement à l'ouest de l'île, parfait pour assister au coucher du soleil. Le personnel fait tout pour que vous vous sentiez privilégiés et que ce moment reste inoubliable. Les chambres sont spacieuses et modernes. Les chambres communicantes sont parfaites pour les familles. A l'extérieur, la verdure, les transats, les loupiotes de la piscine, tout pour parfaire l'atmosphère relaxante. L'hôtel dispose aussi d'une salle de cinéma pour regarder vos films en ligne sur un écran géant et organise vos transport.

DIANA CAFÉ €

Au nord-ouest de l'île, en front de mer.
Ouvert tous les jours de 8h à 22h. Plats à partir de 40 000 Rp.

Ce resto bar a été construit de bric et de broc autour d'un superbe arbre, les pieds dans le sable. On découvre alors un jardin décoré de coquillages, face à Gili Trawangan, au bord de l'eau turquoise le tout dans une ambiance rastafari. On savoure une cuisine traditionnelle *sasak* à la carte, de nombreux poissons frais et une longue liste de cocktails, idéal à l'heure de l'apéro. Il faut aussi, si vous êtes gourmands, tester leurs très bonnes crêpes à la noix de coco. Un régal ! Très bon rapport qualité/prix et emplacement superbe.

JIZZY WARUNG €

Jl. Gili Meno, Gili Indah, Kec. Pemenang, Kabupaten Lombok Utara, Nusa Tenggara Bar. 83352, Indonésie
✆ +62 813 5333 9882
Ouvert tous les jours de 8h à 22h. Plats à partir de 30 000 Rp.

Jolie découverte de ce charmant petit warung local au service un peu long (pas forcément plus qu'ailleurs) mais qui en vaut la peine, loin des restaurants de plage. L'accueil est chaleureux et tout est fait maison. Une mention spéciale pour le *chicke*n ou le boeuf « Rendang », un régal... Les assiettes sont copieuses, le nasi goreng est l'un des meilleurs de la région, le curry de légumes est délicieux... N'hésitez pas non plus à tester le poisson du jour frais et excellent. On ne sait pas où donner de la tête ! On recommande vivement pour un repas authentique.

SASAK CAFÉ €

Sur la côte ouest, en front de mer, face à Gili Trawangan.
Ouvert tous les jours de 8h à 23h. Plats à partir de 30 000 Rp.

Tenu par des fans de Bob Marley, l'ambiance est plus que relax. Affalez-vous sur les poufs pour déguster un curry ou une des délicieuses soupes, vous aurez du mal à redécoller. Des propositions occidentales aussi quelquefois comme des spaghetti, ou simplement un steak/frites. C'est simple mais bon. Le soir, concert de guitare, le reste du temps bonne playlist pour danser un petit peu. A l'heure du coucher du soleil, on se lasse pas de la vue sur l'océan, les pieds dans le sable... Une adresse top avec de nombreux touristes et backpakers.

TIP ON THE TONGUE €

Gili Meno, Pemenang, Nusa Tenggara Barat
Indonesia
✆ +62 878 6533 3467
Ouvert tous les jours de 7h30 à 21h.Excellente nourriture locale, prix raisonnables.

Ce n'est pas seulement l'un des meilleurs restaurants de l'île, mais un endroit juste parfait à l'ambiance authentique ! Acie vous reçoit avec sa gentillesse légendaire… L'atmosphère est chaleureuse, la musique agréable, et les prix sont très raisonnables. Tout ici est délicieux, essayez le fameux *Ayam Lalapan* ou le curry de poulet, juste un régal ! C'est le meilleur endroit pour manger à Gili Meno, vous ne serez pas déçus ! Vous pouvez également vous faire livrer si vous voulez un peu plus d'intimité en dégustant un succulent repas.

MAHAMAYA €€

✆ +62 811 3905 828
Ouvert tous les jours. Compter 60 000 Rp par plat.

Ce joli petit hôtel dispose d'un restaurant spécialisé dans les barbecues de fruits de mer et de poissons. Et c'est même l'un des restaurants les plus réputés de l'île. Dans ce restaurant un peu chic, les tarifs sont plus élevés qu'ailleurs, mais ça vaut vraiment le coup. En cuisine, on essaye de mettre au maximum en valeur des produits bio, locaux et frais et c'est une véritable réussite… On aime particulièrement le cadre et sa très belle vue sur la mer. Une fois par semaine, un écran géant est installé pour une projection de film.

WARUNG PAK MAN €

Gili Meno,
Ouvert tous les jours de 8h à 21h. Plats à partir de 20 000 Rp.

C'est local et c'est délicieux ! Vous êtes ici dans l'un des meilleurs restaurants indonésiens de l'île, aussi appelé *warung* Buati. A petits prix, cette famille vous fait redécouvrir les spécialités que l'on aime tant : Gado-Gado (une salade de légumes croquants à la sauce aux cacahuètes), Olah-Olah (des légumes au lait de coco), Urap-Urap (une salade de légumes cuits à la noix de coco)… Inutile de vous dire que tout est frais et fait maison. Mais aussi, que c'est l'endroit parfait pour les végétariens ! On recommande vivement.

BASK GILI MENO €€€

bask ✆ +62 813 3923 0423
www.baskgilimeno.com
Vin au verre 130 000 Rp, Sashimi 190 000 Rp, viandes premium à partir de 340 000 Rp, pizza italienne 120 000 Rp.

Cet établissement réserve bien des surprises avec son bar jazz à 2 mètres sous le niveau de la mer et donnant sur la piscine (sensation étonnante) ! Profitez de leurs cocktails en mixologie moléculaire et expérimentale, ainsi que de leur impressionnante cave à vin, de plus de 100 références. Happy hour de 15h à 17h ! Côté restaurant, savourez leurs spécialités de viandes australiennes maturées et d'une qualité incroyable (florentines, tomahawk…) ou leurs poissons préparés au fumoir, parfois pendant plus de 2 semaines. Le sashimi est également exceptionnel.

YAYA WARUNG €

A 100 m au nord de l'embarcadère
Ouvert tous les jours de 7h à 22h. Plats à partir de 40 000 Rp, le poisson grillé à 60 000 Rp.

Notre meilleur choix petit budget. Tout au long de la journée, le Yaya Warung vous accueille pour vous faire découvrir une cuisine toute simple, populaire et très bonne. Le must à essayer est leur Gado-Gado, un authentique plat indonésien qui comprend des légumes cuits à la vapeur et du tofu servi avec une sauce aux arachides. C'est excellent et en plus, ça convient aux végétariens et aux végétaliens ! Seul bémol : l'attente peut être longue, mais ce n'est pas grave, la vie est douce et belle à Gili Meno ! Également d'excellents jus de fruits.

SONTENG TATTOO

Nusa Tenggara Barat
✆ +62 878 6493 8999
Ouvert tous les jours de 8h à 22h. Prendre rendez-vous.

Il s'agit de l'un des derniers tatoueurs à pratiquer le tatouage traditionnel au bambou. Sonteng Tattoo - considéré comme l'un des meilleurs avec cette technique au bambou - est très réputé dans la région et mieux vaut prendre rendez-vous à l'avance. De nombreux touristes viennent exprès jusqu'ici, juste pour pouvoir profiter de son talent ! Sur son compte Instagram, vous pouvez découvrir son style, de nombreuses photos de tatouages qu'il a déjà réalisées… Mais aussi le contacter pour toute demande d'info et de réservations. On y va les yeux fermés !

BLUE MARLIN DIVE

✆ +62 370 639 979
www.bluemarlindive.com
Possibilité d'organiser des packages hôtel + plongée sur différents sites.

La plongée sous-marine, ou même le snorkeling, est une activité incontournable sur les îles Gili, avec de nombreux spots offrant des fonds marins variés et une faune unique. Blue Marlin Dive, présent également à Gili Trawangan, Gili Air, et Kuta Lombok propose divers forfaits : baptêmes, plongées loisirs individuelles, cours pour plongeurs avancés ou packages multiples. Toutes les formations PADI sont disponibles pour ceux souhaitant progresser ou plonger plus profondément. Cette agence sérieuse réputée a déjà fait ses preuves.

MAOMENO YOGA

✆ +62 877 6542 2799
Bungalows pour 2 personnes à partir de 590 000 Rp. Cours de yoga.

Dans un cadre inspirant, l'hôtel MaoMeno propose des chambres simples, spacieuses et confortables. Niché en pleine nature, l'accès peut être difficile, mais on y trouve une zénitude incomparable. L'établissement organise des classes de yoga et des retraites ressourçantes. Les brunchs, avec de nombreuses options véganes, sont délicieux. Un lieu calme et serein, harmonieux sans être luxueux. Le petit déjeuner est succulent, des séances de yoga matinales et des massages sont disponibles. Les bungalows en bois sont charmants. Vous vous sentirez chez vous !

MENO DIVE CLUB

✆ +6287864074156
www.menodiveclub.com
Ouvert tous les jours de 7h30 à 18h.Plongée loisirs à partir de 590 000 Rp.

Ce club de plongée sérieux, convivial et détendu, dirigé par une famille néo-zélandaise vous offre une expérience hors du commun pour des souvenirs intarissables. James, Liv et leur équipe vous entraînent dans une fabuleuse aventure, tout en mettant un point d'honneur à la qualité de l'équipement et à la sécurité tout en allant plonger autour des trois îles. L'équipe du Meno Dive Club est professionnelle et expérimentée, elle vous accompagnera dans la découverte des fonds sous-marins des cours débutants aux plongées loisirs pour les plus expérimentés.

GILI AIR ★★

Gili Air, tient son nom charmant de ses nappes phréatiques d'eau douce, « Air » signifiant eau en indonésien. Avec environ 1 800 habitants, elle est la plus peuplée des îles Gili, offrant une ambiance conviviale et accueillante. Cette île combine harmonieusement le calme de Gili Meno et une touche de l'esprit festif de Gili Trawangan, le tout dans une version plus douce, ce qui en fait une destination idéale pour les familles. A l'est, vous pourrez vous réveiller en admirant la vue sur le mont Rinjani. A l'ouest, ne manquez pas les couchers de soleil spectaculaires sur le mont Agung de Bali. Gili Air regorge de choix culinaires, allant des warungs locaux aux restaurants plus sophistiqués, en passant par des brasseries et des restaurants italiens, sans oublier un bar de sport pour les amateurs de matchs dans une ambiance de pub.

Pratique

- **Argent.** Il y a plusieurs distributeurs à Gili Air, tout autour de l'île. Vous pourrez aussi changer de l'argent dans quelques établissements, mais les taux sont vraiment désavantageux.
- **Moyens de communication.** A peu près tous les établissements proposent le wifi gratuit.
- **Santé – Urgences.** Plusieurs cliniques se trouvent au centre de l'île et n'hésitez pas à demander a votre hôtel d'un contacter une en cas de besoin.
- **SITI Shop :** Gili Indah. Ouvert tous les jours de 7h00 à 18h00. Très pratique, il s'agit de la plus grande supérette de l'île. Vous pouvez faire le plein s'il vous manque quoi que ce soit.

Sortir

Gili Air est bien moins animée que Gili Trawangan, mais ses bars ne sont pas tenus de fermer à minuit. S'il y a fête, elle peut donc continuer jusqu'au matin.

Transports

Des *cidomos* (carrioles tirées par des chevaux) attendent les nouveaux venus à l'embarcadère et font le tour de l'île. Compter de 150 000 Rp à 200 000 Rp par calèche pour un trajet. On peut louer des vélos, compter environ 50 000 Rp par jour. Certains hébergements en prêtent gracieusement, même si cela devient de plus en plus rare, la pratique étant devenue interdite par l'organisation gérant les transports. A pied, il faut compter 1h à 1h30 pour faire les 5 km du tour de l'île.

Pirogue dans l'archipel des Gili.

SITES DE PLONGÉE ★

gili air

Sites de plongée adaptés à tous les niveaux.

- **Frog Fish Point / Hans Reef.** Au nord-ouest de l'île, une pente douce suivie d'un pinacle sous-marin couvert de corail. Site adapté aux débutants.
- **Air Slope.** A l'est de l'île, une pente douce aux éponges et coraux mous.
- **Air Wall.** Dans le prolongement de Air Slope, le site va de 5 à 24 mètres.
- **Air Harbor.** Au sud de l'île, comme son nom l'indique autour du port, ce site est le paradis des plongeurs expérimentés passionnés de « macro », vous aurez peut-être la chance de croiser un poisson-crapaud ou des crevettes-arlequin multicolores.

ABDI FANTASTIK €

Gili Air, Gili Indah, Kec. Pemenang, Kabupaten Lombok Utara, Nusa Tenggara Bar. 83352

✆ +62 878 6442 1663

Bungalow avec ventilateur à partir de 350 000 Rp ; bungalow avec air conditionné à partir de 400 000 Rp. Wifi.

A seulement 15 minutes à pied du port, une cabane de Robinson sur la plage, à quelques brasses des tortues, vous attend. Ces petites huttes simples et charmantes ont chacune leur salle de bain à ciel ouvert. Le petit déjeuner face à la mer est assez copieux. La famille qui tient l'endroit est sympathique et accueillante. Possibilité de louer du matériel de snorkeling à des prix raisonnables pour explorer les coraux non loin de là. Chaudement recommandé pour les backpackers et les petits budgets. En résumé : Rustique mais charmant.

BEGADANG €

Sunset Boulevard

✆ +62 813 5396 0730

Hutte à partir de 180 000 Rp. Piscine.

Des petites huttes équipées de manière rudimentaire constituent les logements de cet établissement idéal pour les *backpackers*. Le décor et les huttes sont charmantes - face à la jolie piscine centrale et avec de bons balcons. On aime la simplicité des lieux, l'atmosphère dégagée et malgré tout, le confort nécessaire pour nous donner volontiers envie, de prolonger de quelques nuitées notre séjour. Les prix sont très abordables et l'ambiance est détendue. Sympathique, une belle piscine en forme de champignon trône au milieu des huttes.

BERANDA ECOLODGE €

Desa Gili Indah

Chambre double à partir de 180 000 Rp. Petit déjeuner. Piscine.

Tout est conçu ici dans le respect de l'architecture traditionnelle, pour le Beranda Ecolodge. Les chambres de cette auberge de jeunesse disposent d'une salle de bain commune. Toutes les chambres ont une terrasse ou un balcon, idéal pour prendre un café tranquille ou pour les fumeurs. Certains logements ont vue sur la piscine, l'atout charme. A noter que vous êtes à seulement 10 minutes à pied de l'embarcadère, il n'est pas nécessaire de prendre un *cidomo*. Le plus : le trés bon petit-déjeuner qui vous attend tous les matins !

CAPTAIN COCONUTS €

Jl. Sunset

✆ +62 812 3712 1468

Lit dans un dortoir mixte à partir de 500 000 Rp. Chambre privée à partir de 1 800 000 Rp. Petit-déjeuner. Piscine.

L'un des meilleurs hébergements de Gili Air pour les petits budgets. La décoration est vraiment réussie et la partie dortoir - réalisée en bambou - nous rappelle l'échappée tropicale de nos vacances à Gili Air. On adore flâner autour de la très belle piscine, soit les pieds dans l'eau, soit sur l'un des transats. Pour accompagner au mieux ce moment de détente, pourquoi ne pas découvrir les jus de fruits ou les cocktails du bar du Captain Coconuts ? Également un bon restaurant qu'on recommande. Excellent rapport qualité-prix.

L'ARCHIPEL €€

Jalan Belakang Klinik Gili Air Medika,
✆ +62 878 6554 5461
www.larchipel-gili-air.com/fr-FR
Chambre double à partir de 600 000 Rp.

L'Archipel ne propose qu'un nombre de chambres limité pour conserver une ambiance intime et privilégiée. L'équipe est aux petits soins, et prendra le temps de vous expliquer les incontournables. Les bungalows à l'architecture traditionnelle entourent la piscine, se fondant dans la flore environnante. C'est le cadre parfait pour des moments de détente et de *farniente* dans une ambiance exotique. Et le petit-déjeuner est délicieux ! Plusieurs activités au programme dont une collab avec un centre francophone de plongée, 3W Dive. Belle adresse !

GILI MATIKI €€

Unnamed Road, Nusa Tenggara Bar. 83352, Gili Indah, Pemenang, North Lombok Regency, West Nusa Tenggara 83352
✆ +62 821 4649 5612
Lumbung à partir de 500 000 Rp en basse saison et 1 200 000 Rp en haute saison.

Joli hôtel convivial à l'accueil souriant et sympathique. Les chambres en *lumbungs* (architecture traditionnelle de Lombok) disposées autour d'une grande piscine centrale sont confortables et bien décorées. L'établissement dispose également d'une villa privée deux chambres avec jardin privatif. Les salles de bain sont à ciel ouvert. Le petit déjeuner est délicieux. Un petit coin de paradis au milieu de l'île, arborant une approche écologique exemplaire. Idéal pour profiter de Gili Air, c'est un cadre magnifique pour se détendre pendant votre séjour.

ATOLL HAVEN €€

gili air
✆ +62 813 1545 2407
www.atollhaven.com
Villas de charme avec piscine privée. A partir de 2 700 000 Rp.

Bienvenue à Atoll Haven, un véritable paradis sur terre ! Ce magnifique petit resort intimiste de 6 villas haut de gamme avec piscine privée, situé à quelques pas des plages du nord de l'île, offre un design unique pour une expérience exclusive, une oasis de confort et de style. Les propriétaires et leur équipe sont sympathiques et attentionnés. Ici, tout a été pensé dans les moindres détails. Atoll Haven garantit une expérience inoubliable où luxe et tranquillité se rencontrent. L'endroit est paisible, relaxant et le petit-déjeuner délicieux. On adore !

HAKUNA MATATA RESORT €€

✆ +62 813 3792 0816
www.hakunamatatagiliair.com
Chambre double en bungalow lumbung à partir de 800 000 Rp.

Hakuna Matata Resort, est multi casquettes ! Des chambres, un beach club, un sushi bar et un bar à cocktails - C'est la nouvelle « place to be » incontournable à Gili Air. L'établissement encourage ses clients à une attitude éco-responsable, sans plastique. Ils sont également encouragés à contribuer à la préservation de l'île par le ramassage des déchets et en sont remerciés par une noix de coco offerte. On adore l'initiative ! Hakuna Matata est reconnu pour la qualité de son restaurant, particulièrement de ses sushis et ses cocktails aux recettes incroyables.

CAFÉ DES ARTS HOTEL €€

Jl. Seni, Gili Air
✆ +62 823 4188 2418
Chambre double à partir de 450 000 Rp. Hôtel familial.Café restaurant.

Un accueil chaleureux de la part de Chloé, Tyty, et leur équipe. Un lieu idéal pour se détendre, dans une ambiance paisible. Les chambres au design original sont propres, spacieuses et confortables. Le petit-déjeuner est incroyable et de qualité. Mention spéciale pour les viennoiseries, la baguette et le smoothie bowl... Différentes classes sont proposées par la jolie Chloé 3 fois par semaine : Art Class le mardi à 10h, broderie le jeudi à 9h, et self-healing le vendredi à 11h. N'hésitez pas à jeter un œil sur le tableau à l'entrée du café pour plus !

OCEANS 5 DIVE RESORT €€

Jalan Pantai
✆ +62 813 3877 7144
www.oceans5dive.com
A partir de 600 000 Rp (1 200 000 Rp en haute saison). Petit-déjeuner, piscine, wifi, restaurant, bar.

Grand espace ouvert avec sa magnifique piscine centrale. Face à l'embarcadère, on ne peut louper cet établissement en arrivant sur l'île. Ambiance conviviale et décontractée où la direction propose de nombreuses activités : plongée sous-marine (voir le centre détaillé juste un peu plus bas), découvrir et apprendre la plongée en apnée, mais également de l'aqua-yoga... Un endroit où il fait bon se détendre et s'initier à la plongée. On souligne qu'il s'agit du seul établissement à être complètement accessible aux personnes à mobilité réduite.

THE WATERFRONT GILI AIR RESORT €€

Juste à côté du Manta Dive
✆ +62 370 629 366
www.waterfront-hotel-gili-air.com
Chambre double à partir de 1 500 000 Rp la nuit. Petit déjeuner. Wifi. Piscine. Possibilité de package hôtel + plongée.

The Waterfront Gili Air Resort propose de belles chambres confortables avec tout le nécessaire pour un confort optimal : de l'air conditionné, de l'eau chaude, la télévision et même un lecteur DVD. Affilié au centre de plongée Manta Dive, de très bonne réputation, c'est un point de chute idéal pour les plongeurs mais aussi pour les couples et les familles désireuses de farniente et de vacances au soleil. Le plus : l'équipe qui a toujours le sourire !

AMA-LURRA €€€

Jl. Pantai, Gili Air, Kec. Pemenang, Kabupaten Lombok Utara, Nusa Tenggara Bar. 83352
✆ +62 821 1147 3559
www.ama-lurra.green
Villas éco-responsables pour 2 personnes avec piscine privée à partir de 3 000 000 Rp.

Cet éco-resort qui se fond harmonieusement dans le cadre naturel de l'île. Il propose 12 villas une chambre, toutes axées sur le calme et l'intimité, avec des piscines privées et des jardins luxuriants. Les équipements modernes garantissent un confort inégalé. Le resort s'engage fortement dans la durabilité, fonctionnant entièrement sur de l'électricité verte. Les visiteurs peuvent savourer les repas au restaurant/bar de plage avec une vue imprenable sur la mer. C'est un lieu idyllique, parfait pour ceux qui cherchent un séjour luxueux et éco-responsable.

MANUSIA DUNIA GREEN LODGE €€€

✆ +62 878 6205 4494
www.manusiadunia.com
Chambre double à partir de 1 500 000 Rp. Petit déjeuner. Piscine.

Manusia Dunia offre une gamme de pièces construites avec des matériaux naturels et de haute qualité, en conformité avec les constructions traditionnelles indonésiennes. Les bungalows sont conçus avec une élégance qui magnifie et respecte le paysage naturel. Un nombre restreint de chambres a été construit, afin de garder et respecter l'environnement calme. L'atmosphère chaleureuse vous offre une retraite tranquille. Une vraie parenthèse de vie pleine de sérénité.

VYAANA GILI AIR €€€

Gili Air, Gili Indah, Kec. Pemenang, Lombok, Nusa Tenggara Bar. 83352
✆ +62 877 6538 8515
www.vyaanagiliair.com
Villa à partir de 1 400 000 Rp. Petit déjeuner. Piscine.

Bois exotique, tout confort, excellente literie et merveilleuse salle de bains extérieure nous séduisent à peine les valises déposées par notre hôte. Voici certainement l'une des plus belles adresses de l'île. Les chambres spacieuses sont idéales pour quelques nuits - et certaines offrent une belle vue sur l'océan. Oasis de quiétude pour ces 7 villas traditionnelles (*lumbung*) dispersées face au front de mer et à la piscine. Service aux petits soins et beauté des lieux, surtout à l'heure du coucher de soleil. On ne peut que recommander.

GILI PROPERTIES MANAGEMENT €€

jalan mojo
https://giliproperties.com/
Agence de location immobilière, à la nuitée ou au mois. Vente et de gestion de villas.

À la recherche d'une évasion insulaire ou d'un investissement à Gili ? Gili Properties est votre alliée idéale. Spécialistes de la villa privée, ils offrent un éventail de propriétés charmantes en location sur les îles Gili, à 2 heures de Bali. Avec Gili Properties, attendez-vous à un service personnalisé et attentionné pour un séjour inoubliable. L'agence propose aussi des services immobiliers et de gestion complète, simplifiant tout, de l'administratif à l'accueil des clients.

VILLA TOKAY €€€

gili air ✆ +62 821 8216 1541
https://villatokay.com
5 villas d'exception de 2 à 10 pers. A partir de 2 000 000 Rp pour la plus petite et 8 300 000 Rp pour la plus grande.

Voici « LE » complexe d'exception sur l'île de Gili Air.

Ces villas uniques à seulement 200 mètres de la plage, combinent un design contemporain avec une esthétique art-déco époustouflante, offrant des jardins et piscines privées pour un confort exclusif, idéal pour les couples ou les familles jusqu'à 10 personnes. Tout est pensé ici pour faire de vos vacances un moment inoubliable. L'attention portée aux détails et les services exceptionnels proposés dans ce lieu somptueux en font la meilleure destination pour ceux qui recherchent confort, luxe, style et détente.

ALEGRIA €

Face à l'embarcadère
✆ +62 813 5376 5257

Ouvert tous les jours de 7h à 18h. Smoothies à 40 000 Rp. Pâtisseries à 30 000 Rp.

Alegria met en avant de délicieuses propositions sucrées avec des pâtisseries maison comme le gâteau vanille citron ou encore le brownie. Sélection de tapas, fromages et plats à partager. Et tous les palais comme tous les régimes seront comblées avec des choix vegan. Tout pour en faire le spot idéal pour déjeuner sur le pouce face à l'embarcadère - avec un large choix de sandwichs, wraps ou encore poulet grillé qui sont proposés en non-stop. Les amateurs de café trouveront aussi leur bonheur avec de délicieux cafés locaux et autres boissons chaudes.

MAMIE JOJO €

jalan mojo
✆ +62 813 1545 2407

Crêpes « à la française » à partir de 45 000 Rp.

Plongez dans une délicieuse aventure gourmande à Gili Air avec une visite incontournable « Chez Mamie Jojo » ! Ce stand emblématique, situé dans la rue animée du port, nous ramène à la maison, en célébrant l'authenticité bretonne, à travers - entre autres délicieuses surprises - la crêpe traditionnelle au caramel maison, une recette familiale transmise de génération en génération. Chaque bouchée vous transportera au cœur de la Bretagne, dans une expérience culinaire unique et savoureuse. Une adresse immanquable pour les amateurs de douceurs à déguster à toute heure.

MAMIE JOJO €

jalan mojo
✆ +62 813 1545 2407

Crêpes « à la française » à partir de 45 000 Rp.

Plongez dans une délicieuse aventure gourmande à Gili Air avec une visite incontournable « Chez Mamie Jojo » ! Ce stand emblématique, situé dans la rue animée du port, nous ramène à la maison, en célébrant l'authenticité bretonne, à travers - entre autres délicieuses surprises - la crêpe traditionnelle au caramel maison, une recette familiale transmise de génération en génération. Chaque bouchée vous transportera au cœur de la Bretagne, dans une expérience culinaire unique et savoureuse. Une adresse immanquable pour les amateurs de douceurs à déguster à toute heure.

TIKI JUNGLE PAGI €

gili air
✆ +62 811 898 9930

Bungalows, restaurant et bar de plage.Chambre à partir de 300 000 Rp. Ceviche de thon, mangue avocat : 130 000 Rp.

N'hésitez pas à venir rencontrer Stéphane « *pagi* », un personnage haut en couleur et sa femme Vero pour un accueil chaleureux et une cuisine de qualité. Tout est bon, crêpe au poulet avec crème fraîche (comme à la maison), des bolognaises excellentes et j'en passe... Mais mention spéciale pour le ceviche. L'équipe est adorable, mais attention, difficile d'aller manger ailleurs une fois que vous serez passés par là. Si le paradis des yeux et des papilles existe, c'est ici. Aussi, petite structure de 3 chambres climatisées à quelques mètres de la plage.

FLAVORNESIA €

jalan mojo
✆ +62 813 3757 4017

Ouvert tous les jours de 8h à 21h.Dans la rue de la mosquée.

Un restaurant accueillant avec un vaste menu proposant des plats locaux bien présentés et délicieux, avec des produits frais et préparés à la commande. Il faut absolument essayer le curry de tempeh et le poulet ou le canard à la broche... La grande variété de saveurs superbement accordées fait de cet endroit une expérience culinaire exceptionnelle. Ce warung typique est situé non loin du port, dans la rue de la mosquée. Le personnel est amical et sympathique, l'accueil est agréable. La propreté de l'établissement est remarquable.

WARUNG SUNNY €

warung sunny
✆ +62 853 3858 2121

Ouvert tous les jours de 8h à 23h. Compter 50 000 Rp pour un plat.

Ce super warung, parmi les meilleurs de l'île, vous propose une table copieuse pour un excellent rapport qualité-prix. Vous goûterez une cuisine délicieuse, 100 % locale et authentique, dont entre autres, le soto ayam, le nasi goreng, et les succulents burritos. Uncle Hero - figure locale passionnante - vous emmènera au cœur de la culture locale, lors d'un cours de cuisine mémorable. Pendant 2 heures, découvrez les saveurs des îles en cuisinant et dégustant vos créations. Ne manquez surtout pas le dessert, un délicieux pancake aux cacahuètes, chocolat et mangue.

ZZZ WARUNG €

Sunset Boulevard, Gili Indah, Kec. Pemenang, Kabupaten Lombok Utara, Nusa Tenggara Bar. 83352

Ouvert de 7h à 22h. Boissons de 10 000 Rp et 20 000 Rp. Plats indonésiens et burgers entre 20 000 Rp et 35 000 Rp.

Warung familial typique très populaire au nord-ouest de l'île. Le cadre est simple et les huit tables sont souvent complètes. Une véritable cantine à Gili Air ! Les plats sont excellents pour des prix raisonnables. Les portions sont généreuses, les plats bien présentés et délicieux. Le riz frit est à tester ainsi que le poisson au BBQ (35 000 Rp) et les currys. Si vous vous demandez d'où vient ce nom de restaurant un peu particulier... Et bien tout simplement « ZZZ » car le propriétaire a trois enfants « Zoya », « Zio » et « Zea »...

ALLORA €€

gili air, desa, Gili Indah, Kec. Pemenang, Kabupaten Lombok Utara, Nusa Tenggara Bar. 83352,

✆ +62 817 9743209

Restaurant italien. Pâtes fraiches.Ouvert tous les jours de 17h30 à 22h.

Une agréable découverte avec cet excellent restaurant italien en plein milieu de Gili Air. Chacun des plats est une véritable délectation, une mention spéciale pour les gnocchis au gorgonzola et aux noix qui sont tout simplement divins. Ce restaurant d'exception se démarque vraiment, loin des clichés habituels des pizzas ou des pâtes sans saveur. Ici, ce sont des plats gourmands, raffinés, préparés avec des ingrédients frais et délicieux, les pâtes sont fraiches et faites sur place ! La panna cotta basilic fraise est parfaite pour magnifier l'expérience.

BAREFOOT BLONDIE €€

Desa Gili Indah RT.04, Pemenang,

✆ +62 812 4662 3552

Ouvert tous les jours de 8h à 17h. Petit déjeuner entre 50 000 Rp et 80 000 Rp. Sandwich à partir de 75 000 Rp.

Adresse colorée près de l'embarcadère, ouverte tout au long de la journée, idéale pour le petit déjeuner. Un joli concept store en bas, un restaurant/café à l'étage. On vous y propose d'exquis bowls aux ingrédients de première fraîcheur. En fin d'après-midi, vous pouvez vous installer au bar à cocktails aux recettes détonantes. La carte, très sympa, offre des classiques et des options originales. Parmi elles, le sandwich « You're the Salmon to my Creamy » ou les différents « Healthy Munchies » incluant le succulent BLT au saumon.

THE BEACH SHACK €€€

The Beach Shack

✆ +62 819 9939 6652

Magnifique villa 2 chambres les pieds dans le sable, avec piscine privée, à partir de 4 500 000 Rp. Un logement unique.

Cet exceptionnel petit coin de paradis situé au nord-est de l'île. C'est l'endroit parfait pour ceux qui cherchent un environnement luxueux dans une ambiance authentique. La villa, absolument magnifique, dispose de deux belles chambres et salles de bains spacieuses. La jolie piscine récemment ajoutée vient parfaire l'ambiance. Ici, on se sent ici privilégié, et on oublie tout ! Coup de cœur pour le salon en terrasse et la cuisine ouverte, qui donnent sur la plage et d'où les vagues berceront vos soirées... Merveilleux en tout point, on ne peut que recommander.

© THE BEACH SHACK

© THE BEACH SHACK - GILI AIR

GILI BLISS GILI AIR €€

Sunset Boulevard, Gili Indah, Kec. Pemenang, Kabupaten Lombok Utara, Nusa Tenggara Bar. 83352

✆ +62 812 3605 1428

Ouvert tous les jours de 8h à 17h.Savoureux Bliss Bowls à partir de 60 000 Rp.

Une expérience culinaire véritablement enchantée dans ce café tout coloré imaginé et créé par la jolie Suki à la gentillesse inégalée. Tout est parfait, un cadre élégant, un personnel attentionné et un menu varié élaboré avec soin et produits frais. L'établissement est réputé pour ses smoothie bowls incroyables ! L'ambiance chaleureuse, la nourriture délicieuse aux portions généreuses et la convivialité du lieu vous séduiront sans aucun doute ! Un lieu à recommander sans hésitation tant l'endroit, climatisé de surcroit est particulièrement charmant.

POUTINE PARADISE €€

Jl. Senin, Pemenang, West Nusa Tenggara Indonésie

✆ +62 822 3667 5959

Ouvert tous les jours de 11h à 21h. Poutine québécoise originale à partir de 40 000 Rp. Bière à partir de 35 000 Rp.

Etonnant restaurant de poutine à l'authenticité étonnante. Fred, le propriétaire, propose une cuisine qui vous envoie directement au Québec. Les portions généreuses et l'ambiance sympathique ajoutent au plaisir. Le service est accueillant, chaleureux et rapide. Le fromage Curd québécois original est fait sur place ! Différentes poutines à la carte, il y en a pour tous les goûts... La poutine Jumbo à partager est particulièrement appréciée pour son prix raisonnable et son côté convivial. Un arrêt incontournable pour les visiteurs de Gili Air.

ITALY PIZZA €€

Gili Indah, Kec. Pemenang, Kabupaten Lombok Utara, Nusa Tenggara Bar. 83352, Indonésie

✆ +62 812 3793 8504

Ouvert tous les jours de 11h30 à 22h30.Pizza à partir de 75 000 Rp.

Nouveau restaurant italien au « centre-ville » pour les inconditionnels de la pizza. Il tient sa réputation non seulement de ses généreuses pizzas, mais aussi de son délicieux ragoût spaghetti bolognaise. L'accueil y est chaleureux, le service efficace et sympathique. Au dessert, laissez-vous tenter par le cheese-cake ou l'incontournable tiramisu. Vous trouverez ce restaurant au charmant décor dans l'avenue principale, non loin du port. Une adresse à recommander ! Un petit bémol pour les amateurs de vin : L'établissement n'en propose pas en accompagnement.

RUBY'S CAFÉ €€

Jl. Scallywags Mango Retreat

✆ +62 819 9913 7850

Ouvert tous les jours de 12h à 22h. Plats entre 55 000 Rp et 85 000 Rp.

Petit resto souvent bondé le soir (c'est bon signe !). L'équipe est sympathique, la cuisine est savoureuse, l'ambiance est agréable, le service est discret mais un peu long... comme annoncé à l'entrée : 30 min pour les entrées, 1h pour les plats... mais ils se méritent amplement. Un gros coup de cœur pour les plats au curry et le fameux poulet satay. L'odeur d'épices alléchante en fait l'une des meilleures tables pour la cuisine indonésienne sur l'île, attention c'est justement assez épicé ! Un peu plus cher que d'autres, mais les portions sont généreuses.

MAMA PIZZA €€

Jl. Pantai

✆ +62 812 3723 4254

Ouvert tous les jours de 10h30 à 22h30. Pizzas de 80 000 Rp à 140 000 Rp.

Avis aux amateurs de gastronomie italienne, Mama Pizza vous permet sans doute de déguster la meilleure pizza de tout Gili Air. Il est préférable de réserver à cette adresse très prisée, surtout si vous souhaitez assister au coucher du soleil depuis ce spot. Bien évidemment, les spots pour le coucher de soleil sont nombreux à Gili Air et vous avez l'embarras du choix ! Côté fourneaux, la pâte est excellente et la sélection des ingrédients scrupuleuse est certainement le duo qui fait de ces pizzas les reines de cet établissement.

DOLCEMARE €€€

Nusa Tenggara Barat

✆ +62 819 0722 1519

Ouvert tous les soirs à partir de 19h. Compter 150 000 Rp pour un plat. Goûtez les pâtes aux vongole (selon arrivage).

La gastronomie italienne est à l'honneur à cette adresse. Le patron part chaque matin pêcher au large de Gili Air pour que la chef Sandra puisse régaler ses clients le soir. A ce propos, on vous conseille les délicieux carpaccios en entrée, et pour suivre les pâtes sont fameuses. Bien entendu, on se délecte de merveilleux desserts italiens pour finir - mention spéciale pour le tiramisu maison. Un moment agréable et romantique en particulier si vous êtes en couple. L'établissement fait aussi hôtel avec de belles chambres et une jolie piscine. On conseille !

CHEEKY MONKEY

Jl. Pantai

Bar sympa au sud de l'île.

Voilà un excellent spot pour se détendre en fin de journée ! Installés dans des poufs colorés à même le sable, on profite d'être face à l'eau, admirant le va-et-vient des vagues, et celui des touristes et des locaux sur la plage. La bande-son est généralement sympa et l'on peut assister à de superbes couchers du soleil face à Gili Meno. A noter, l'ambiance et les *happy hours* en début de soirée. Ça attire vite du monde le vendredi et samedi soir ! L'établissement met également quelques chambres à la location, d'un bon rapport qualité / prix.

I AM BAGUS SPORT BAR

Jl. Mojo

✆ +62 821 4705 8182

De 12h à 23h30. Burgers à partir de 90 000 Rp, bières pression à 40 000 Rp.

Prononcez « AYAM BAGUS » (bon poulet en Indonésien), cet établissement porte bien son nom ! Attendez-vous à une bonne cuisine de bistrot, poulet rôti et burgers géants au menu ! Les écrans diffusent les événements sportifs en direct et les tireuses à bières contribuent à l'authenticité de cette expérience. Que vous soyez un passionné de sport cherchant un endroit pour suivre votre équipe préférée ou à la recherche d'un bon repas dans une ambiance conviviale, l'équipe vous accueillera au comptoir ou en salle et rendra chacune de vos visites inoubliable.

LEGEND BAR

gili air

Sympathique bar de plage, parfait pour admirer le coucher du soleil.

Ambiance parfaite, pieds directement dans le sable, que ce soit pour siroter un verre au bord de l'eau en admirant le coucher de soleil ou déguster un poisson frais superbement cuisiné, le tout accompagné de super musique, cet endroit a tout pour plaire ! Le personnel est exceptionnellement aimable et serviable, cuisine locale copieuse et délicieuse. Vous aurez peut-être la chance d'être présent lors d'une de leurs célèbres soirées « *Live music* » ou d'assister à une performance de danse des cracheurs de feu. Cette expérience rendra votre soirée magique !

TRADITION & INK TATTOO STUDIO [BABA TATTOO]

Gili Air, Gili Indah, Kec. Pemenang, Kabupaten Lombok Utara, Nusa Tenggara Bar. 83352

✆ +62 853 3738 0595

Fils du célèbre tatoueur Sonteng. Contact et réservation préalable recommandé.

Voici LE salon de tatouage référence sur Gili Air. Il s'agit du fils du célèbre tatoueur Sonteng. On vient ici pour la réalisation de tatouages traditionnels avec du bambou : un art traditionnel qui se fait de plus en plus rare. Ici pas de machines à tatouer, mais un manche en bois de bambou avec - à l'extrémité - une aiguille à tatouer. Ce tatoueur talentueux a le sens du détail et de l'esthétisme. Propreté du matériel impeccable. Un incontournable sur l'île.

3W DIVE

Centre Sud Est de l'île ✆ +62 878 6535 8017

www.3wdivegili.com

Plongée : 540 000 Rp (réduction progressive). Baptème : 950 000 Rp. Plongée de nuit 660 000 Rp.

Le principal club de plongée francophone SSI de l'île tenu par Cyril et Seb. Très impliqué dans la conservation des espaces marins et espèces marines. A créé l'ONG : Indo Coral Conservation (restauration du récif) et travaille avec Trash Hero. Pratique de la plongée durable et pédagogique. Sorties récréatives, baptêmes et formations de l'open water au dive master. Les mots d'ordre sont l'accueil, la convivialité et la sécurité. Un très bon centre pour commencer à apprendre ce magnifique sport. Quatre plongeurs maximum par accompagnateur. On le recommande !

FLOWERS & FIRES YOGA

Jl. Mojo

✆ +62 878 5392 0435

flowersandfire.yoga

Ouvert tous les jours. Cours à partir de 7h15 le matin, à partir de 120 000 Rp.

Le Flowers & Fires Yoga est le centre de référence en matière de yoga sur l'île. Pour les débutants comme pour les initiés, les cours sont dispensés dans la bonne humeur pour vivre un moment privilégié, en accord avec vous-même. Séjours disponibles dans leurs charmants bungalows en bois et bambou. Rendez-vous sur le site internet pour découvrir les packages et les multiples choix de cours de yoga et leur descriptif détaillé. Il y a également un excellent restaurant sur place. On conseille pour une pause détente et bien-être.

GILI AIR DIVERS

✆ +62 819 1746285

www.giliairdivers.com

Plongée loisirs à partir de 590 000 Rp. Propose les formations SSI de débutant à expérimenté.

Gili Air Divers est incontestablement une référence sur l'île ! Experts de la région et des fonds sous-marins depuis 2009, ils vous feront découvrir les divers sites de plongée autour des 3 îles Gili. Ce centre de plongée SSI propose une variété d'activités pour satisfaire tous les goûts, de la plongée sous-marine aux cours d'apnée. Alex et toute l'équipe de Gili Air Divers est sympathique, compétente, professionnelle et expérimentée. Tout le monde ici veillera à rendre votre expérience à la fois amusante et inoubliable, en toute sécurité.

MANTA DIVE

✆ +62 81 337 789 047

www.manta-dive-giliair.com

Toutes les formations SSI disponibles. Possibilité d'organiser des packages hôtel + plongée.

Les instructeurs sont professionnels, l'agence fiable. PADI et Nitrox. Une grosse entreprise qui possède aussi un centre sur Gili T. Beaucoup de monde, car les prestations sont sérieuses. Et bonne nouvelle pour les plus anxieux, les cours débutent par une initiation en piscine, histoire de se familiariser avec votre matériel. On apprend à gérer l'eau dans son masque, à vérifier notre niveau d'oxygène restant, à communiquer sous l'eau avec l'instructeur... L'occasion aussi de gérer votre stress et de faire face à toutes vos appréhensions.

GILI BLISSFUL SPA

Gili Air, Gili Indah, Kec. Pemenang, Kabupaten Lombok Utara, Nusa Tenggara Bar. 83352

✆ +62 812 3605 1428

Un spa tout en couleur.Ouvert tous les jours de 9h à 21h.

Charmant salon d'esthétique pour une expérience tout simplement incroyable ! Les masseuses sont adorables et aux petits soins, vous assurant un agréable moment de détente. Le salon propose aussi des bains de fruits et fleurs, des soins du corps et des manucure et pédicure semi-permanentes, au résultat impeccable. Si vous cherchez une expérience de massage exceptionnelle à Gili Air, ne cherchez pas plus loin, d'autant plus que vous ne pourrez pas le manquer dans la rue... Ce petit spa tout rose et tout en délicatesse est fait pour vous !

OCEANS 5 DIVE RESORT

Jalan Pantai

✆ +62 813 3877 7144

www.oceans5dive.com

Plongée loisirs à partir de 540 000 Rp. Certifié PADI et DDI (Disable Diving International).

L'Oceans 5 Dive Resort est l'un des rares clubs habilités à encadrer les plongeurs handicapés. Un des premiers à s'installer sur l'île, ce club de plongée PADI 5 étoiles propose des formations de tous les niveaux et en plusieurs langues (français, anglais, allemand, espagnol...) : de l'open water à l'instructorat en passant par le Divemaster. Les plongées loisirs sont accessibles sur plusieurs sites et incluent les plongées nocturnes, le tout avec du matériel révisé régulièrement. Accueil chaleureux et accompagnement professionnel. Belle adresse !

GILI COOKING CLASSES

Port de Gili Air,

✆ +62 859 6416 5582

www.gilicookingclasses.com

Tous les jours à 11h30, 16h ou 20h. Sur réservation, à partir de 290 000 Rp, 10 personnes maximum, 3 cours différents.

Envie de parfaire vos connaissances culinaires ? Il est possible de prendre des cours de cuisine sur l'île et de refaire à votre retour de vacances un plat typiquement indonésien qui ravira vos convives. Ici vous cuisinez tout sous la houlette d'un chef indonésien qui vous propose différentes formules pour réaliser un menu local. Ce qu'on aime par dessus tout c'est les nombreux choix : végétariens, vegans, des classes adaptées pour les enfants... Pour finir, vous dégustez vos plats. Une belle idée gourmande ouverte depuis 2015 !

ESCAPE ROOM - UPSIDE DOWN ROOM

jalan mojo ✆ +62 878 8882 2200

www.escaperoomgiliair.com

Prix par pers. Groupe de 2 : 350 000 Rp. Groupe de 3 : 300 000 Rp. Groupe de 4,5 ou 6 : 250 000 Rp. Ouvert de 9h à 23h.

« Votre grand-oncle n'a pas survécu à sa dernière aventure exploratoire auprès des tribus sauvages d'Indonésie. Il a laissé derrière lui un défi, son ultime jeu. Si vous parvenez à le résoudre, vous pourrez garder son héritage. » Une expérience immersive soigneusement élaborée où vous devrez trouver des indices cachés et résoudre des énigmes complexes pour réussir la mission et vous échapper de la pièce. Une expérience à faire en groupe ou en famille pour un super moment !

ORGANISER SON SÉJOUR

Bali est une destination populaire pour des vacances, accueillant un tourisme international qui a pris de plus en plus d'ampleur ces dernières années. Côté pratique, un passeport valable six mois après votre retour sera nécessaire. L'île est bien connue des tours-opérateurs classiques ou spécialisés et de nombreux séjours vous seront proposés si vous ne souhaitez pas partir seul. Et si c'est l'option en solo que vous préférez - ou du moins sans agence -, vous pourrez facilement organiser votre voyage sur place tant l'île est adaptée à tous les types de voyageurs : en famille avec des enfants ou non, en solo, en amoureux, pour une ambiance détente ou sportive... Sur place, vous n'aurez aucun mal à trouver un logement du plus économique au plus luxueux, mais n'hésitez pas à réserver un peu en avance si vous partez en haute saison. Il ne nous reste plus qu'à vous souhaiter un excellent séjour !

ORGANISER SON SÉJOUR

ARGENT

La devise officielle en Indonésie est la rupiah indonésienne (Rp), qui circule dans tout l'archipel. Le dollar américain est parfois utilisé pour référence mais il est désormais nécessaire d'utiliser la monnaie locale pour la majorité des transactions.

Pour retirer de l'argent avec une carte internationale, vous aurez un large choix de distributeurs, qui proposent des retraits maximum allant de 1 500 000 Rp à 3 000 000 Rp par transaction. Selon votre plafond personnel, vous pourrez effectuer plusieurs retraits d'affilée. Vous pourrez aussi faire votre choix entre les appareils dispensant des billets de 50 000 Rp ou de 100 000 Rp.

En octobre 2024, le taux de change moyen est d'environ 1 USD = 15 500 Rp et 1 € = 16 500 Rp, mais il peut fluctuer légèrement en fonction des conditions du marché.

BUDGET / BONS PLANS

Par jour, par personne sur une base de deux (il revient plus cher de voyager seul) :

Petit budget. De 400 000 Rp à 600 000 Rp. Hébergement en *losmen*, repas dans les *warungs* locaux, transports publics, visites de temples, plages...

Budget moyen. De 600 000 à 1 000 000 Rp. Chambre climatisée, location d'une petite voiture ou d'un scooter, petits restaurants touristiques, sorties culturelles et activités sportives occasionnelles.

Gros budget. À partir de 1 000 000 Rp et plus. Location d'une voiture confortable avec chauffeur, hébergement dans un hôtel de charme avec piscine, plongée, trekking ou rafting.

PASSEPORT ET VISAS

Site officiel pour effectuer son eVisa 30 jours : www.evisa.imigrasi.go.id. Prix : 500 000 Rp. Prolongation de 30 jours possible sur le site. Attention, vous devrez seulement être en possession d'un passeport valable encore six mois après votre date d'arrivée sur le territoire indonésien. Procéder à son visa en ligne avant l'arrivée permet d'éviter les foules à la frontière et d'utiliser les portiques automatisés.
Comment procéder :

Choisir Visa B1 de 30 jours, prolongation possible pour 30 jours.

Rentrer les informations de passeport et la photo d'identité. Bien vérifier les informations automatiques pour éviter les mauvaises surprises.

Enregistrer le billet d'avion en PDF.

Suivre la procédure de paiement.

Valider dans l'heure et télécharger son visa.
Vous pourrez également faire votre visa directement à l'arrivée (VOA) pour le même prix, mais les files d'attente peuvent parfois s'avérer interminables selon votre heure d'arrivée.

Randonnée au volcan Batur.

A noter : selon le site France Diplomatie, depuis le 14 février 2024, les voyageurs entrant sur le territoire balinais devraient s'acquitter d'une taxe d'un montant de 150 000 Rp (environ 9,5 €). Cette taxe serait payable soit préalablement à l'arrivée, sur le site internet www.lovebali.baliprov.go.id, soit à l'arrivée, auprès des entités mentionnées sur le site. Dans les faits, cette taxe n'a jamais été appliquée et reste à ce jour (novembre 2024) un projet initié par le gouvernement provincial de Bali afin de supporter l'industrie du tourisme et la protection de l'environnement.

PERMIS DE CONDUIRE

Vous pouvez aisément louer une voiture avec ou sans chauffeur. Si vous préférez conduire, le permis de conduire international est nécessaire en plus du permis de conduire français en cours de validité.

SANTÉ

Chikungunya. Le virus chikungunya est un arbovirus à ARN thermosensible. La transmission du virus se fait d'homme à homme par l'intermédiaire de moustiques du genre Aedes. Après une période d'incubation de quatre à sept jours, une fièvre élevée apparaît brutalement, accompagnée d'arthralgies (douleurs articulaires), qui peuvent être intenses, et touchant particulièrement les extrémités (poignets, chevilles, phalanges). L'évolution de la maladie est le plus souvent favorable et sans séquelles, et dans de rares cas, elle se développe vers une phase chronique marquée par des arthralgies persistantes qui provoquent une incapacité de plusieurs semaines voire plusieurs mois.

Diarrhée du voyageur (tourista). Statistiquement, un voyageur sur deux est touché par la turista au cours des 48 premières heures de son séjour. Ces diarrhées et douleurs intestinales sont dues à une mauvaise hygiène, à la cuisson insuffisante des aliments, à une nourriture trop épicée ou, le plus souvent, à l'eau. 80 % des maladies contractées en voyage sont en effet directement imputables à une eau contaminée. Ces troubles disparaissent en général en un à trois jours. Prenez un antidiarrhéique, un désinfectant intestinal et hydratez-vous bien (pas de jus de fruits). Si la diarrhée persiste ou s'accompagne de pertes de sang ou de glaires, consultez un médecin. Pour éviter ces désagréments, achetez des bouteilles d'eau scellées, faites bouillir l'eau (le café et le thé sont des boissons « sûres »), évitez les crudités ou les fruits non pelés, bannissez les glaçons, ne vous brossez pas les dents avec l'eau du robinet et ayez toujours sur vous des comprimés désinfectants. Avant de partir, vous pouvez acheter du Micropur® Forte DCCNa – seul produit sur le marché qui purifie l'eau rapidement (élimine bactéries, virus, giardia et amibes) et permet à l'eau de rester potable. Il existe aussi Aquatabs® ou Hydroclonazone®. Ce dernier est le moins cher mais le goût en chlore est très prononcé et seules les bactéries sont éliminées. Pour les aventuriers, un filtre est indispensable pour l'eau boueuse. Les filtres Katadyn® répondent aux attentes de ces baroudeurs avec plusieurs modèles, dont le filtre bouteille qui permet d'avoir de l'eau potable instantanément sans pomper (il élimine aussi les virus).

Dengue. Ce virus assez courant dans les pays tropicaux est transmis par les moustiques Aedes aegypti, le même vecteur du virus Zika et de la chikungunya. La dengue se traduit par un syndrome grippal (fièvre, maux de tête, fortes douleurs articulaires et musculaires). Il n'existe pas de traitement préventif. Ne prenez jamais d'aspirine. Cette maladie pouvant être mortelle, il est fortement recommandé de consulter un médecin en cas de fièvre et de boire de l'eau régulièrement.

Encéphalite japonaise. L'encéphalite japonaise est transmise par un moustique à activité nocturne (pics au crépuscule et à l'aube), principalement en milieu rural. Selon les régions, la transmission est pérenne, ou limitée à la saison des pluies ou à la saison chaude. La maladie, initialement limitée à l'Asie de l'Est, du Sud-Est et au sous-continent indien, s'étend maintenant à la Papouasie-Nouvelle-Guinée et à l'extrême nord de l'Australie. La plupart des formes de la maladie sont sans symptômes, mais elle peut aussi entraîner des séquelles neurologiques, et même la mort. Le Haut Conseil de la Santé Publique (HCSP) ne préconise pas de se faire vacciner systématiquement mais, depuis septembre 2013, le recommande vivement pour les personnes âgées de 2 mois et plus en cas d'expatriation ou de séjour avec exposition en milieu extérieur en zones rurales (ex : camping, randonnée, cyclisme, rizières et zones d'irrigation par inondation, travail en extérieur).
Le vaccin est disponible en France, dans les centres de vaccination sous le nom de Ixiaro® (2 injections à 28 jours d'intervalle avec rappel 12 à 24 mois après la première injection). Cette vaccination s'effectue uniquement sur rendez-vous. Contactez le centre médical de l'Institut Pasteur.

Grippe aviaire. La grippe aviaire touche habituellement les volatiles. Toutefois, le virus peut se transmettre occasionnellement à l'homme. Cette transmission ne concerne en principe que des personnes en contact direct avec les animaux atteints, mais certains cas ont pu suggérer une exceptionnelle transmission de personne à personne. Pour prévenir la transmission : évitez les endroits à risque élevé, comme les fermes d'élevage de volailles et les marchés d'animaux vivants. Évitez tout contact direct avec les oiseaux, notamment les poules, les canards et les oiseaux sauvages. Évitez les surfaces contaminées par des excréments ou des sécrétions d'oiseaux. Observez les règles d'hygiène des mains et d'hygiène alimentaire. Il n'y a pas de vaccin disponible.

Paludisme. Le paludisme est également appelé malaria. Si vous passez par un pays qui est une zone de transmission de paludisme (en Afrique surtout mais aussi dans toutes les zones humides et/ou équatoriales), consultez votre médecin pour connaître le traitement préventif adapté : il diffère selon la région, la période du voyage et la personne concernée.

En plus des cachets, réduisez les risques de contraction du paludisme en évitant les piqûres de moustiques (répulsif et vêtements couvrants). Entre le coucher et le lever du soleil, près des points d'eau stagnante et des espaces ombragés, les risques de se faire piquer sont les plus élevés.

Rage. La rage est encore présente dans le pays. Il faut donc éviter tout contact avec les chiens, les chats et autres mammifères pouvant être porteurs du virus. L'apparition des premiers symptômes (phobie de l'air et de l'eau) varie entre 30 et 45 jours après la morsure. Une fois ces symptômes constatés, le décès intervient en quelques jours, dans 100 % des cas. En cas de doute, suite à une morsure, il faut donc absolument consulter un médecin, qui vous administrera un vaccin antirabique associé à un traitement adapté. Le vaccin préventif ne dispense pas du traitement curatif en cas de morsure.

Typhoïde. La fièvre typhoïde est une infection bactérienne qui se traduit par de fortes fièvres, une diarrhée fébrile et des troubles de la conscience. Les formes les plus graves peuvent engendrer des complications digestives, neurologiques ou cardiaques. La période d'incubation de la maladie varie entre dix et quinze jours. La contamination se fait par les selles ou la salive, de manière directe (contact avec une personne malade ou un porteur sain) ou indirecte (ingestion d'aliments contaminés : crudités, fruits de mer, eau et glaçons). Le vaccin, actif au bout de deux à trois semaines, vous protège pour trois ans. En cas de contamination et de non-vaccination préventive, un traitement par les fluoroquinolones sera préconisé.

VACCINS OBLIGATOIRES

Il n'y a aucun vaccin obligatoire pour votre entrée en Indonésie. Pensez cependant aux vaccinations générales avant de partir (diphtérie, tétanos, polio, hépatites A et B, éventuellement rage...). Une vaccination de sûreté contre la fièvre jaune peut aussi être envisagée selon la durée et les modalités du voyage. Prenez rendez-vous avec votre médecin ou auprès d'un médecin d'un institut ou d'un hôpital spécialisé pour obtenir des conseils précis. Des conseils dans un guide de voyage ne remplacent absolument pas les conseils d'un médecin ! Pour toute information complémentaire, n'hésitez pas à demander conseil à votre pharmacien.

Hépatite B. Risque élevé dans le pays. L'hépatite B est plus grave que l'hépatite A. Elle se contracte lors de rapports sexuels ou par le sang. Le vaccin contre l'hépatite B est à faire en deux fois à un mois d'intervalle (mais il existe des vaccinations accélérées en un mois pour les voyageurs pressés), puis un rappel six mois plus tard pour renforcer la durée de la protection.

Hépatite A. Pour l'hépatite A, l'existence d'une immunité antérieure rend la vaccination inutile. Elle est fréquente lorsque vous avez des antécédents de jaunisse, de séjour prolongé à l'étranger ou êtes âgé de plus de 45 ans. L'hépatite A est le plus souvent bénigne mais elle peut se révéler grave, notamment au-delà de 45 ans et en cas de maladie hépatique préexistante. Elle s'attrape par l'eau ou les aliments mal lavés. Si vous êtes porteur d'une maladie du foie, la vaccination contre l'hépatite A est hautement recommandée avant tout type de voyage où l'hygiène est précaire. Elle doit être effectuée en deux fois mais la première injection, un mois avant le départ, suffit à assurer une protection pour un voyage de courte durée. La deuxième (six mois à un an plus tard) renforce la durée de l'immunité pour des dizaines d'années.

SÉCURITÉ

Depuis les attentats de Bali en octobre 2002 et 2005, et ceux de Jakarta en juillet 2009 et en janvier 2016, le pays est très instable dans certaines régions. Ces événements ont dissuadé de nombreux touristes de se rendre en Indonésie. Cependant à Bali, durement touchée par les bombes à deux reprises, vous serez accueilli à bras ouverts par une population avide d'échanges, profondément ouverte et pacifiste.

Pendant votre séjour, il est recommandé d'avoir sous la main votre passeport (ou du moins une copie), le numéro d'appel de votre assurance rapatriement, les numéros d'appel de votre ambassade ou consulat, le numéro de téléphone de votre banque, et votre permis de conduire national et international si vous conduisez. Photocopiez vos documents importants : billet d'avion, passeport. Conservez ces documents dans deux endroits différents.

Il est pratique d'avoir une ceinture ventrale ou une pochette discrète autour du cou que l'on glisse sous sa chemise ou son T-shirt. Dans votre hôtel, méfiez-vous de la fenêtre et de la porte de la salle d'eau : fermez-les bien. Dans les hôtels de catégories moyenne et luxe, préférez utiliser les coffres-forts (*safe*) pour y mettre vos affaires à l'abri.

Méfiez-vous de certains guides malhonnêtes qui vous conduisent dans des boutiques où ils perçoivent un pourcentage. D'autres guides vous demanderont des tarifs exorbitants pour des excursions que vous auriez pu effectuer tout seul. Ils sont en général extrêmement collants et vous aurez bien du mal à vous en « débarrasser ». Pour choisir un guide, prenez votre temps et discutez avec lui ou passez par une agence de voyages. Il existe des guides agréés, renseignez-vous auprès des bureaux de tourisme.

DÉCALAGE HORAIRE

Il y a 7h de plus en hiver à Bali et seulement 6h de plus en été. Quand il est midi en France, il est donc 19h à Bali en hiver et 18h en été.

LANGUES PARLÉES

Le français n'est parlé que par certains guides touristiques ; pensez à rafraîchir votre anglais ou à vous initier rapidement à l'indonésien. À l'origine, le bahasa indonesia n'était la langue que d'une petite minorité sur Java et fut imposé par les pères de l'indépendance comme facteur de construction de l'identité nationale. La langue n'est pas très difficile, et si vous apprenez quelques mots et expressions, cela peut vous être très utile. Dans les régions touristiques, l'anglais est sans conteste la *lingua franca* : dans les hôtels, les restaurants, les agences de voyages, les livres, les cartes... Vous serez même surpris à Bali de voir à quel point les jeunes dans la rue parlent la langue de Shakespeare (avec un très fort accent local). Les Balinais sont donc trilingues puisqu'ils parlent indonésien, anglais et balinais. Cette dernière langue est la moins bien maîtrisée, car elle relève d'un code brahmanique compliqué et très singulier, et il est très aisé d'offenser quelqu'un en se trompant dans la formule à utiliser. C'est pourquoi tout le monde préfère s'en tenir à l'indonésien, plus accessible et moins risqué.

COMMUNIQUER

- **Connexion wifi** : d'une manière générale, à Bali, tout le monde est hyperconnecté, car la majorité des établissements disposent d'une connexion wifi, pour peu que vous ayez avec vous votre smartphone, votre tablette ou votre ordinateur portable.

- **L'indicatif téléphonique national** de l'Indonésie et donc de Bali est le 0062.

Les indicatifs téléphoniques régionaux à Bali vont de 361 à 368 et précèdent le numéro.

- Préfixes des portables : tous les numéros ne comportant pas d'indicatif régional commençant par 36 sont des portables. La plupart des numéros de portables commencent par un 8. Un numéro de téléphone comporte entre 8 et 10 chiffres, les 3 chiffres de l'indicatif régional étant compris.

- Appeler de France vers Bali : 00 62 + indicatif régional + numéro local à 5 à 7 chiffres.

- Appeler de Bali vers une autre région du pays : 0 + 3 chiffres de l'indicatif régional + numéro local.

- Appeler de Bali vers la France : 00 33 + le numéro français à 9 chiffres.

- **Carte SIM** : depuis avril 2018, une nouvelle loi oblige toutes les personnes souhaitant acheter une carte SIM de s'enregistrer avec sa pièce d'identité. Il est conseillé d'acheter cette carte dans une boutique XL ou TELKOMSEL à l'aéroport ou en ville. Des offres entre 150 000 et 300 000 Rp incluant un forfait internet et des minutes d'appel local sont proposées à la vente.

ELECTRICITÉ ET MESURES

L'électricité est en 220 volts et les prises sont identiques à celles de la France. Dans la plupart des cas, les prises de courant sont prévues pour les différents appareils électriques que nous emportons en voyage. Une lampe de poche et des piles peuvent s'avérer utiles dans certains villages où l'électricité se fait rare.
Le poids est calculé en kilogrammes.
La mesure kilométrique est utilisée pour calculer les distances.

BAGAGES

Voyagez léger ! Vous trouverez quasiment tout sur place et pour pas cher, et vous pourrez ainsi ramener beaucoup plus de souvenirs à votre retour.

- **Sont conseillés en plus de vos affaires habituelles** : un petit sac à dos, de bonnes chaussures de marche, un chapeau, des lunettes de soleil, une crème solaire, un pull léger pour les soirées fraîches ou les randonnées en montagne, un briquet ou une boîte d'allumettes, une lampe de poche avec piles de rechange, un couteau suisse, une trousse à pharmacie, une moustiquaire et le nécessaire pour l'accrocher, un sac à viande.
- **Un conseil en passant** : achetez rapidement sur place un sarong (au maximum 100 000 Rp), car il vous sera d'une grande utilité. En effet, son usage est obligatoire dans les temples balinais, accompagné d'une petite ceinture. De plus, il est important de prévoir quelques vêtements amples, car hors des grands centres touristiques, il convient de respecter la pudeur des Balinais : épaules couvertes et pantalon ou jupe en dessous du genou sont de rigueur. Prévoir aussi une tenue un peu plus élégante, car il arrive que l'on soit invité à un mariage ou à une fête.
Sinon vous pourrez acheter une belle tenue indonésienne sur place (*kebaya* pour les femmes, chemise en batik pour les hommes).
- **Enfin,** des sandales en caoutchouc peuvent être utiles à cause du corail présent dans la majorité des zones de baignade. Ce dernier est coupant et les plaies s'infectent vite sous ces latitudes. Une paire de chaussures de marche vous sera très utile si vous souhaitez vous lancer dans un trek. Un blouson ou un vêtement imperméable du type poncho sera le bienvenu en cas de fortes averses.
- **À moto, attention** : le soleil brûle la peau et le vent paraît souvent glacial.

LES PHRASES CLÉS

Bonjour, je voudrais réserver un billet aller/retour pour…
Halo, saya ingin memesan tiket satu tujuan/tiket pulang ke...

J'ai raté mon avion. Je voudrais échanger mon billet s'il vous plaît.
Saya ketinggalan pesawat.Saya ingin mengganti tiket saya.

Mon vol est très en retard. Ma correspondance sera bien assurée ?
Penerbangan saya sangat tertunda. Apakah saya akan sempat menaiki penerbangan saya yang selanjutnya?

Mes bagages ont été égarés, à qui dois-je m'adresser ?
Koper saya hilang, saya harus lapor kepada siapa?

Louez-vous des voitures avec chauffeur ?
Apakah Anda menyewa mobil dengan sopir?

Je n'ai presque plus d'essence. Où se trouve la station-service la plus proche ?
Saya hampir kehabisan bensin. Di mana POM bensin terdekat?

S'Y RENDRE

Il vous faudra compter un peu moins de vingt heures de vol - avec escales - pour vous rendre sur l'île de Bali. De nombreux vols en font qu'une seule. La plupart des escales auront lieu à Singapour. Et c'est la ville de Denpasar qui vous accueillera une fois sur place. Quant aux prix des billets, le coût moyen d'un vol Paris-Bali va de 800 à 1 500 € (basse et haute saison). A noter que la variation de prix dépend de la compagnie empruntée, mais, surtout, du délai de réservation. Pour obtenir des tarifs intéressants, il est indispensable de vous y prendre très en avance. Pensez à acheter vos billets six mois avant le départ ! Certains sites vous aideront à trouver des billets d'avion au meilleur prix. Certains d'entre eux comparent les prix des compagnies régulières et low-cost. Vous trouverez des vols secs (transport aérien vendu seul, sans autres prestations) au meilleur prix.

AIR ASIA

Jalan Legian Kaja, 455
www.airasia.com
Ouvert tous les jours de 8h à 21h.
Depuis Paris-Charles de Gaulle, Air Asia propose des départs réguliers pour Denpasar avec une escale à Taipei, si le vol se fait via Eva Airlines. Depuis Bali, des connexions pour plusieurs villes à travers le pays, mais aussi pour toute l'Asie. C'est la compagnie low-cost référence de la région. Départ possible de Bangkok pour plusieurs destinations en Indonésie. Départ de Singapour pour Jakarta, Denpasar... Toutes les possibilités sont accessibles via le site Internet. Mieux vaut réserver à l'avance pour bénéficier des meilleurs prix.

EMIRATES

✆ +33 1 57 32 49 99
www.emirates.com
Lancée en 1985 sur la ligne de Karachi, la compagnie de l'émirat de Dubaï est aujourd'hui un transporteur d'excellence desservant plus de 157 destinations et opère plus de 270 avions. Si vous voyagez en business, c'est une voiture avec chauffeur qui vous conduira gratuitement jusqu'à votre lieu de séjour et inversement. Une pré-réservation effectuée sur Internet est indispensable pour ce dernier cas. Emirates a gagné 14 années de suite le prix de la meilleure compagnie aérienne pour ses programmes de divertissement en vol décerné par Skytrax World Airline Awards.

AIR FRANCE

✆ +33 09 69 39 36 54
wwws.airfrance.fr
Réservation en ligne, par téléphone ou en agence.
Toute l'année, la compagnie nationale propose de nombreux vols tous les jours au départ des aéroports de Paris : plusieurs destinations en France, en Europe et à l'international. La compagnie, qui existe depuis 1933, est synonyme de qualité, de service et de confort. La compagnie fait partie du groupe privatisé Air France-KLM et est également membre fondateur de l'alliance Skyteam, ce qui lui donne de nombreuses correspondances et beaucoup de partenariats. Sa flotte est majoritairement constituée d'Airbus âgés d'une dizaine d'années.

EVA AIR

8 Place Georges Pompidou
LEVALLOIS-PERRET
✆ 01 41 43 91 11
www.evaair.com
Première compagnie aérienne privée de Taïwan, elle a été élue parmi les dix meilleures compagnies au monde. Bon à savoir, Eva Air est la seule compagnie à proposer un vol direct non-stop entre Paris et Taipei sans oublier qu'elle fait partie du cercle fermé de compagnies distinguées d'une 5e étoile au classement SkyTrax. Eva Air dessert Taipei sans escale en moins de 14 heures au départ de Paris-Charles-de-Gaulle. Pratique, la compagnie vole également vers d'autres destinations asiatiques : l'Indonésie, le Japon, les Philippines, le Vietnam, la Chine...

QATAR AIRWAYS

64, rue la Boétie - **PARIS** (8e)
✆ +33 4 88 91 07 26
www.qatarairways.com

Centre d'appels du lundi au samedi de 09 à 18h et le dimanche de 10h à 18h. Vols réguliers pour Bali et Jakarta.

En 2024 et pour la huitième fois, Qatar Airways fut élue meilleure compagnie aérienne au monde pour la classe économique selon Skytrax (l'organisation internationale de notation du transport aérien). Fiabilité, confort, ponctualité, l'entreprise excelle sous tous rapports : elle a également reçu le prix de meilleure classe affaires au monde et de meilleure restauration à bord au monde. Rien que ça ! Qatar Airways propose des vols réguliers et quotidiens entre Paris Charles de Gaulle et Denpasar, avec une escale à Doha (la capitale du Qatar).

EASY VOLS

✆ 08 99 19 98 79
www.easyvols.fr

Pour voyager malin, il faut faire ses recherches en toute efficacité, sans perdre trop de temps à jongler d'un site à un autre. Pour trouver le bon vol au bon prix, l'idéal est la plateforme comparatrice de vols. Easyvols permet de comparer en temps réel les prix des billets d'avion chez plus de 700 compagnies aériennes et pas seulement des compagnies *low cost*. Vous pouvez économiser jusqu'à 70 % du prix si vous êtes prêts à saisir au vol les meilleures offres. Des avis de clients sont aussi consultables sur le site Internet.

SINGAPORE AIRLINES

✆ 08 21 23 33 80
www.singaporeair.com

La compagnie singapourienne assure des vols quotidiens entre Paris et Denpasar, via Singapour. Généralement, départ de Paris Charles de Gaulle à 12h25 l'été (11h45 l'hiver). Egalement des départs de province. Nommée « Meilleure compagnie aérienne au monde » par quatre fois lors des World Airline Awards, Singapore Airlines. Lors de votre escale à Singapour, vous n'aurez pas besoin de visa et vous pourrez même profiter de vos quelques heures d'escale pour visiter la ville. Vous pouvez y aller les yeux fermés : une compagnie fiable et confortable.

MISTERFLY

www.misterfly.com

Ouvert du lundi au vendredi de 9h à 21h. Le samedi de 10h à 20h.

MisterFly.com est le nouveau-né de la toile pour la réservation de billets d'avion. Son concept innovant repose sur un credo : transparence tarifaire ! Cela se concrétise par un prix affiché dès la première page de la recherche, c'est-à-dire qu'aucun frais de dossier ou frais bancaire ne viendront alourdir la facture finale. Idem pour le prix des bagages ! L'accès à cette information se fait dès l'affichage des vols correspondant à la recherche. La possibilité d'ajouter des bagages en supplément à l'aller, au retour ou aux deux... tout est flexible !

THAI AIRWAYS

Thai Airways International assure des départs réguliers depuis l'aéroport Paris CDG. Tous les vols se dirigent vers la Thaïlande, sa plaque tournante, où vous devrez certainement faire escale à Bangkok avant de reprendre la route, direction l'Indonésie. Au choix, deux destinations : Jakarta, la capitale, ou l'aéroport de Bali à Denpasar. Comptez environ 11h15 pour faire Paris-Bangkok, puis 4h20 à nouveau pour Bangkok-Denpasar. Très bonne compagnie aérienne, de nombreuses promotions sur son site Internet. Mieux vaut réserver en avance.

OPTION WAY

✆ 04 22 46 05 23
www.optionway.com

Option Way est l'agence de voyages en ligne au service des voyageurs. L'objectif est de rendre la réservation de billets d'avion facile en vous faisant économiser. 3 bonnes raisons de choisir Option Way :

- la transparence comme mot d'ordre. Finies les mauvaises surprises, les prix sont tout compris, sans frais cachés ;
- des solutions exclusives qui vous permettent d'acheter vos vols au meilleur prix ;
- le service client, basé en France, joignable gratuitement, composé de véritables experts de l'aérien. N'hésitez pas à les contacter.

INTERVIEW

L'ASSURANCE VOYAGE, LE MEILLEUR MOYEN POUR PROTÉGER SA SANTÉ À L'ÉTRANGER

avec le DR MICHEL NAHON, directeur médical d'Allianz Travel

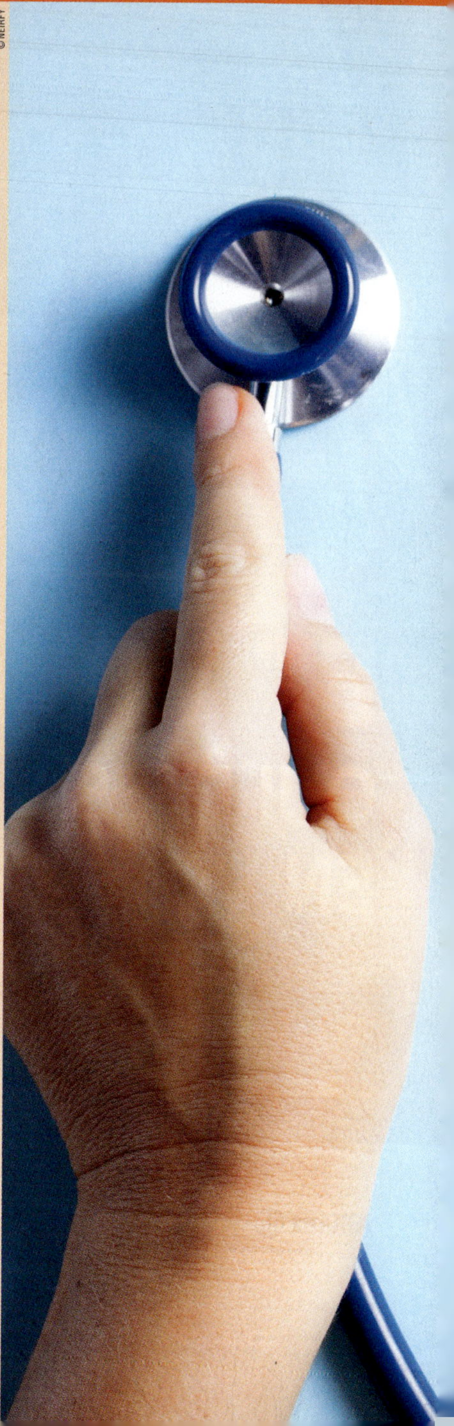
© NEIRFY

En cas de souci de santé sur place, que faut-il faire ?

Si l'on se trouve dans une situation urgente (accident grave, morsure d'animaux...), il est conseillé d'appeler les numéros d'urgence locaux. Une fois à l'hôpital, appeler son assisteur pour déclencher les procédures de prise en charge.

Est-il possible d'entrer en contact avec un professionnel de santé en cas de besoin ?

Allianz Travel dispose d'un service de téléconsultation médicale accessible en visio qui permet de s'entretenir avec un médecin français 24h/24, 7 jours sur 7. La consultation se fait en français et des conseils sont donnés sur les démarches à effectuer. Une ordonnance peut également être délivrée.

S'agissant des frais médicaux, est-on forcément couvert par son assurance maladie et sa mutuelle à l'étranger ?

La sécurité sociale et la mutuelle fonctionnent en France et dans les pays de la Communauté économique européenne, à condition d'avoir fait une demande d'extension de garantie avec la carte européenne d'assurance maladie (CEAM). Il est malgré tout conseillé de souscrire une assurance voyage, car la prise en charge des frais ne sera pas la même qu'en France.

Quel est le meilleur moyen de voir ses frais médicaux pris en charge ?

Dans les pays hors Europe, il est recommandé de souscrire à un contrat d'assistance avec un bon niveau de couverture des frais médicaux. Il est également important de choisir un acteur solide, qui dispose d'un important réseau international dans le domaine médical.

L'assurance voyage prévoit-elle le rapatriement ?

Le rapatriement n'est pas systématique. Il faut un réel intérêt médical. Si le patient peut être traité sur place, l'assisteur oriente vers un médecin ou une structure médicale adaptée localement. De même qu'en cas d'accident dans une zone désertique, le patient sera d'abord orienté vers l'hôpital le plus proche pour stabiliser la situation, avant d'envisager le rapatriement.

SÉJOURS ET CIRCUITS

Pour ceux qui veulent partir en voyage organisé, vous trouverez ici les tours-opérateurs spécialisés dans votre destination. Ils produisent eux-mêmes leurs voyages et sont généralement de très bon conseil car ils connaissent la région sur le bout des doigts. À noter que leurs tarifs se révèlent souvent un peu plus élevés que ceux des généralistes. Pour une version plus économique, on vous liste également quelques tours-opérateurs généralistes qui produisent des offres et revendent le plus souvent des produits packagés par des agences spécialisées sur telle ou telle destination. S'ils délivrent des conseils moins pointus que les spécialistes, ils proposent des tarifs généralement plus attractifs. Dans tous les cas, Bali est une destination tellement convoitée et proposée que le choix ne manquera pas en fonction de votre budget, de vos envies et de la période à laquelle vous souhaitez y aller.

8 IN ASIA

242, Boulevard Voltaire
PARIS (11e)
✆ 06 10 08 62 81
8inasia.com

8 in Asia, c'est une agence de voyages spécialisée dans le voyage durable et immersif. Elle propose un séjour à Bali où la nature environnante et les populations locales ont la plus grande importance. Dès les premiers échanges, vous serez suivis pour un voyage correspondant à vos goûts et vos envies. Après la réservation, l'agence propose une première immersion dans la destination via des échanges de contenus (cartes postales, vidéos, musiques locales) ou via la réalité augmentée. Au retour, une box avec des produits du pays vient continuer le voyage...

AKAOKA

✆ 06 15 47 98 59
www.akaoka.fr

Cette agence construit avec vous vos équipées terrestres, de la randonnée individuelle au trek accompagné, en respectant vos envies. Ce spécialiste des voyages à pied propose un séjour de randonnée découverte à Bali, guidé par un accompagnateur francophone qui vous emmènera aussi bien au contact de la nature que de la population locale. Ce séjour de 9 jours est adapté à tous les niveaux : il est ponctué de visites des incontournables, de temples, de bains chauds et de paresse dans des endroits bucoliques, avec des hébergements en hôtel.

ALTIPLANO VOYAGE

Route de la Bouvarde, Park Nord,
les Pléiades n° 35 - **EPAGNY METZ-TESSY**
✆ +33 4 50 46 90 25
www.altiplano-voyage.com

Ouvert du lundi au vendredi de 8h à 13h et de 14h à 18h.

Altiplano Voyage, spécialiste du sur-mesure depuis plus de 15 ans, conçoit des circuits individuels où l'humain est au cœur du voyage. La spécialiste Indonésie d'Altiplano Voyage met à votre disposition son expertise et partage avec vous ses astuces pour que vous viviez une expérience riche en couleurs, des rizières verdoyantes de Bali aux plages enchanteresses de Lombok... Quelques exemples pour Bali : « Java et Bali : trésors d'Indonésie », « Bali en famille », « Lumières sur Bali »... Demandez dès maintenant votre devis sur mesure gratuit.

ANN - NOSTALASIE

19, rue Damesme - **PARIS** (13e)
✆ +33 1 43 13 29 29
ann.fr

Ouvert du lundi au vendredi de 10h à 13h et de 14h à 18h et le samedi sur rendez-vous.

Cette agence de voyage française, travaillant uniquement en direct, fait du cousu main pour les voyageurs avertis, curieux et passionnés. L'agence propose ainsi entre autres des séjours duo Java-Bali ; mais surtout un grand nombre de circuits sur mesure « hors des sentiers battus ». N'hésitez pas à remplir le questionnaire en ligne et laissez-vous porter... Ils vous trouveront ce qui correspond le mieux à vos envies et vos besoins. Afin de conserver sa taille humaine, l'équipe reste volontairement petite pour bien occuper ses clients, dont beaucoup de fidèles.

EMOTIKA VOYAGES

✆ +33 6 48 36 76 28

www.emotikavoyages.fr

Voyages sur mesure, adaptés au budget de chacun.

Spécialiste des voyages cousus main, le tour-opérateur Emotika Voyages est l'option idéale pour ceux qui souhaitent vivre une expérience inoubliable, hors des sentiers battus, sans passer à côté des incontournables. Sa particularité est de faire découvrir en toute sécurité des destinations, en rencontrant la population, ou en immersion au cœur de la nature. On vous propose des hébergements de charme, aussi bien que chez l'habitant, avec des visites originales et de qualité. À Bali et Lombok, l'agence propose un circuit-type à personnaliser selon vos envies.

MY ASIAN TRIP

Le Breuil

CHAMBRAY-LÈS-TOURS

✆ +33 9 70 93 12 65

www.myasiantrip.fr

Cette agence gérée par des passionnés de l'Asie propose surtout des excursions et activités insolites, mais aussi des circuits de plusieurs jours. Des guides francophones sont disponibles pour la plupart des excursions. L'équipe se charge aussi des transports sur place et notamment des transferts vers les aéroports ou depuis les lieux de résidence. A noter cependant, My Asian Trip ne prend pas en charge les vols internationaux. « Cœur de Bali », « Tanah Lot et Taman Ayun », « Uluwatu et danse kecak » : voici quelques exemples des circuits proposés.

MAKILA VOYAGES

4, place de Valois - **PARIS** (1er)

✆ 01 42 96 80 00

www.makila.fr

Ouvert du lundi au vendredi de 9h à 19h (sur rendez-vous uniquement).

Que signifie « Makila » ? Eh bien, c'est le nom du bâton traditionnel des bergers basques, autrement dit leur compagnon de route. Si Sylvie Pons, la directrice de Makila, a choisi ce nom, c'est bien pour que son agence devienne votre compagnon de route, avançant avec vous, en vous guidant. Spécialiste des itinéraires sur mesure et hors sentiers battus, MakilaVoyages vous propose toute une gamme de voyages… Classiques et farniente ou plus sportifs, voyages avec prestations « Spa » également au programme pour des voyages relax et privatisables.

NATURE PLONGÉE

23, rue d'Ouessant - **PARIS** (15e)

✆ 01 45 67 60 60

https://nature-plongee.com/

Ouvert du lundi au vendredi de 9h30 à 19h. Sur rendez-vous en dehors de ces horaires.

Terre et Nature Voyages est une agence spécialisée destinée à tous les amoureux de la mer. Animée par une équipe de passionnés, l'agence met à votre disposition son expertise pour proposer des séjours uniques. Que ce soit le kitesurf, le windsurf, la voile ou encore la plongée, ce tour-opérateur parcourt les océans pour débusquer les meilleurs spots. Terre et Nature Voyages propose aventure, découverte et culture. À destination de Bali, un safari plongée de 13 jours vous fera découvrir les plus beaux joyaux sous-marins de la mer de Bali et de l'océan Indien.

MELTOUR

103, avenue du Bac

LA VARENNE-SAINT-HILAIRE

✆ +62 1 73 43 43 43

www.meltour.com

Ouvert du lundi au vendredi de 9h à 19h.

Ce tour-opérateur, véritable spécialiste du voyage, concocte tous les types de voyages vers une quarantaine de pays. Tous guidés en français, les circuits sur mesure ou groupés proposent de découvrir différentes facettes d'un pays. En famille, découverte de la civilisation, safari, chez l'habitant, etc. « Voyage de Noces à Bali et Lombok » est un exemple des circuits proposés pour découvrir l'île. Meltour propose aussi des séjours plus sportifs comme le petit dernier, « Golf à Bali ». Il est également possible d'élaborer des voyages sur mesure.

LA ROUTE DES VOYAGES

42, rue Maubeuge - **PARIS** (9e)

✆ +33 1 55 31 98 80

www.laroutedesvoyages.com

Ouvert du lundi au vendredi de 10h à 18h, et le samedi sur rendez-vous.

La Route des Voyages, c'est une équipe dynamique et enthousiaste dotée d'une vraie connaissance du terrain avec près de 30 ans de voyage à travers le monde. Tous ces derniers sont composés sur mesure, selon votre inspiration et les connaissances acquises au fur et à mesure des multiples expériences réalisées, mais aussi en fonction du nombre de participants et de leurs centres d'intérêt. Sous la férule d'un coordinateur de projet, l'agence vous fera découvrir de nombreuses destinations insolites ou plus classiques avec de merveilleux « chefs de destination ».

AMANASKA BALI

N° 99, Banjar Dauh Labak, Jl. Raya Tebongkang, Singakerta, Kabupaten Gianyar - **GIANYAR**
✆ +62 821 4758 1305
amanaska-bali.com

Agence de voyage française à Bali. Service sérieux et réactif.

Spécialiste des petits groupes d'amis et des familles, Amanaska est l'agence francophone incontournable à Bali. Efficace, créative et réactive, cette équipe de professionnels est à l'écoute de vos envies, vous accompagne dans l'organisation de votre séjour, vous facilite la vie en préparant, avec vous, votre voyage, et vous permet de créer un programme qui répondra à toutes vos attentes. Entre le voyage liberté, la découverte en famille et le département bien-être, Amanaska respecte votre rythme, et vous permet de ne vivre que le meilleur !

AZIMUTH ADVENTURE TRAVEL

Jl. Pandega Marta VI/4, Catur Tunggal, Yogyakarta
✆ +62 811 2951266
www.voyageindonesie.com

Agence francophone. Circuit Bali à partir de 1 150 euros les 13 jours.

Des séjours d'aventure uniques à Bali, parfaits pour découvrir l'île sous un autre angle. L'agence organise des circuits sur mesure qui combinent immersion culturelle, activités en pleine nature et respect de l'environnement. Explorez les rizières en terrasses de Jatiluwih, faites de la randonnée au sommet du mont Batur au lever du soleil, ou plongez dans les eaux riches en biodiversité de l'île de Menjangan. Grâce à des guides expérimentés, Azimuth vous emmène dans des lieux préservés, pour une expérience authentique et enrichissante.

ARCHIPELAGO ADVENTURE

Jl. Raya Canggu, Tibubeneng, Kec. Kuta Utara, Kabupaten Badung - **CANGGU**
✆ +62 851 0208 1769
www.archipelago-adventure.com

Visite journée à 60 $. Jusque 14 jours en VTT électriques, Kawasaki ou Royal-enfield en Indonésie. La semaine à 1350 $.

Découvrir les rizières de Bali ou sortir des sentiers battus pour se lancer à l'aventure dans la jungle de Bornéo, les collines de Flores ou les volcans de Java à moto ? À pied, en VTT électrique, en Royal-Enfield ou en Kawasaki, un vent de liberté vous porte vers cette aventure (organisée) ! Tours de 1 à 14 jours pour tous les niveaux. Ouverte en 2005, cette agence sérieuse vous offre une expérience de vie clés en main. Le propriétaire est français, il prendra le temps de vous trouver l'excursion parfaite en fonction de votre budget. Un vrai coup de cœur.

AUTHENTIC BALI

KLUNGKUNG
https://www.bagus-discovery.com/

2-3 personnes : 1 090 € chacun, 4-5 : 980 €, 6-7 : 880 €, 8-9 personnes : 830 €. Du 1er juil. au 31 août, ajouter 85 €.

Authentic Bali by Bagus Discovery propose des formules clés en main pour une visite d'une semaine du Nord et l'Est de Bali, dans 4 différents hôtels du groupe Bagus Discovery. Dans cette formule tout confort sont inclus les transports depuis l'aéroport et entre les hôtels, le petit déjeuner et le dîner, une heure d'accès au spa de chaque hôtel, ainsi qu'une visite par jour d'un monument ou d'un site naturel avec un guide, et diverses possibilités d'activités en plus. Un bon moyen de visiter les endroits moins touristiques de Bali en profitant d'un service 4 étoiles !

ASIAN TRAILS

Jl. Bypass Ngurah Rai No.260, Sanur, Denpasar Selatan, Kota Denpasar
DENPASAR
✆ +62 361 285 771
www.asiantrails.info

Présente dans plusieurs pays d'Asie, l'agence Asian Trails vous propose un large choix d'excursions originales sur l'ensemble de la région Asie Pacifique. Une équipe francophone se met à votre service pour vous assister dans l'organisation de votre voyage et vous facilite l'ensemble des démarches, telles que l'établissement de visa, transfert, réservation d'hôtels et visite guidée. L'avantage de cette agence de voyage est de posséder plusieurs antennes en Indonésie et de vous proposer différentes excursions que vous pouvez combiner à votre guise.

BAGUS DISCOVERY GROUP

Jl. Bypass Ngurah Rai No.300B, Tuban, Kec. Kuta, Kabupaten Badung - **KUTA**
✆ +62 361 751223
https://www.bagus-discovery.com

Ouvert du lundi au vendredi de 09h à 17h. Le samedi de 09h à midi.

Ce groupe hôtelier propose des circuits uniques dans des établissements situés au nord et à l'est de Bali. Leur offre « Authentic Bali » inclut un séjour minimum de 7 jours et 6 nuits, avec hébergement, transport et excursions. Le voyage commence sur la côte est de Bali, à Karangasem, avec 2 nuits au Puri Bagus Candidasa, suivi de 2 nuits au Bagus Agro Pelaga, 2 nuits au Puri Bagus Lovina et une dernière nuit au Bagus Jati. Le forfait comprend également les transferts depuis l'aéroport ou le sud de Bali ainsi que les déplacements pour les visites.

BALI AUTREMENT

150 Jl. Pantai Berawa - **CANGGU**
✆ +62 853 3394 0009
www.baliautrement.com
Tarif variable selon destination, type de voyage, durée, croisières. N'hésitez pas à faire un devis rapide sur le site.

Bali autrement est une agence locale francophone issue du tourisme solidaire et éco-responsable. Ils créent et proposent des voyages sur mesure adaptés à vos désirs et envies ! Une agence sérieuse qui promeut la culture locale à la rencontre de sa population et de ses traditions. L'idée étant de sortir des sentiers battus afin de découvrir l'Autre et d'en favoriser les échanges. Une partie des bénéfices sont reversées à des associations d'aide à l'enfance et de défense de l'environnement. Plus qu'un voyage, une expérience de vie où vous en sortirez grandi.

BALI EXOTIQUE FRANCOPHONE

Jl. Sekuta Gg. Jepun No.5, Sanur, Denpasar Selatan, Kota Denpasar - **SANUR**
✆ +62 878 2005 9588
www.baliexotique.com
Tarifs variables selon demande. Service sur mesure.

Dans la famille Nuryadi, on est guide touristique de père en fils ! À votre arrivée, vous les rencontrez et en fonction de vos envies, ils vous proposeront des balades hors des sentiers battus. Passionnés de la culture de leur pays, ils vous feront partager leurs connaissances, vous ferez des rencontres passionnantes au gré de vos chemins. Sérieux, adorables et avec des tarifs très abordables.

À conseiller également pour vos transferts ou simplement si vous cherchez un chauffeur privé.

BALI HAI CRUISES

1 Jl Wahana Tirta
BENOA
✆ +62 361 720331
www.balihaicruises.com
Tour-opérateur spécialisé dans les activités sportives et de loisirs.

Cette agence propose de nombreuses excursions sur les îles Gili, Nusa Penida ou encore Nusa Lembogan. On choisit le lieu, puis son activité en fonction de son budget et ses envies : plutôt aventure, découverte ou ambiance évasion ? Il y en a pour tous les goûts ! Vous pouvez également faire de la plongée avec eux. Pour faire d'une pierre deux coups, les propriétaires sont aussi les gérants de l'hôtel Bali Hai huts, et offrent des transferts à bord d'un catamaran ou d'un voilier, tous deux de luxe. N'hésitez pas à les contacter pour plus d'infos.

BALI RÊVE

Jalan Raya Tanahlot
TABANAN
✆ +6281353237660
www.balireve.com
Agence de voyage locale et francophone.

Spécialiste de la destination, Bali Rêve vous propose de visiter l'île avec des guides francophones locaux. Envie de farniente ? Besoin de dépaysement ? Lombok n'est pas loin. Vous pouvez leur faire confiance pour vous concocter un itinéraire où l'on vous écoute pour passer les meilleures vacances. Autre corde à son arc, ici on développe un tourisme solidaire et on redistribue une partie de ses recettes aux familles démunies de l'île. Si vous avez un peu de place dans votre valise, il vous est possible de faire don de vêtements ou encore de fournitures scolaires.

BALI TOURS & TRAVEL

Jl. Hangtuah No 21 Unit 2 Komplek Sanur Raya Sanur - **DENPASAR**
✆ +62 361 287720
www.balitours-travel.com
Agence de voyage locale. Ouvert du lundi au samedi de 08h à 17h.

Une des plus anciennes agences de l'île, puisqu'elle est née en 1950. Spécialisée dans l'organisation de mariage, de voyages de noces et d'autres business trip, BTT propose également une large gamme de prestations sur Bali et Lombok. Une valeur sûre, maintes fois vécue et appréciée par nos lecteurs. Les guides, à l'écoute, divertissants et bienveillants, sauront sans aucun problème vous proposer de belles visites et s'adapter à vos envies de voyage, qu'elles concernent le Bali touristique ou le Bali « secret », hors des sentiers battus.

GOLDEN KRIS TOURS

Jl. Bypass Ngurah Rai No.7, Sanur Kaja, Denpasar Selatan, Kota Denpasar - **SANUR**
✆ +62 361 289225
www.goldenkristours.com
Du lundi au vendredi de 8h à 19h, le samedi de 8h à 17h.

Golden Kris Tours est une agence de voyage fondée en 1972, qui propose des services de voyage à Bali et dans tout l'archipel indonésien. Cette agence professionnelle met l'accent sur le tourisme responsable et la promotion des expériences culturelles et authentiques. Elle soutient également la promotion des produits locaux. Cette équipe locale est passionnée par la constante découverte des meilleures attractions de Bali. N'hésitez pas à les contacter pour l'organisation d'un programme personnalisé qui correspondra aux besoins de chacun.

INDONESIA IMPRESSIONS TOUR

Legian, Kuta, Badung Regency - **LEGIAN**
✆ +62 819 9993 7788
www.indonesiaimpressiontour.com

Agence présente sur Java et Bali. « Culture & Tour éducatif » ou « Nature et vie sauvage ».

Vivez la magie de l'Indonésie lors des tours organisés par ce spécialiste de la nature et de la culture indonésienne. Les circuits, individuels ou en groupe, permettent de voyager à travers l'archipel indonésien dans des endroits bien souvent méconnus, notamment les jardins du Mont Batur, le lac de Kintamani. Vous passerez ensuite votre nuit dans le village traditionnel de Penglipuran où rien ne semble avoir changé depuis plusieurs années, une capsule hors du temps pour se ressourcer.

SHANTI TRAVEL

88x Jl.Penghubengan Kauh, Badung, Kuta Utara,, Kerobokan Kelod, Kuta Utara - **KEROBOKAN**
✆ +62 361 734595 - www.shantitravel.com

Ouvert du lundi au vendredi de 07h à 18h. Différents circuits disponibles en Indonésie et dans toute l'Asie du Sud-Est.

Implantée en Indonésie depuis 2013, cette agence de voyage locale à visage humain propose des voyages entièrement sur mesure misant sur la qualité de son expertise sur le terrain. Des experts voyages francophones, qui habitent sur place, vous conseillent sur l'Indonésie où chaque circuit propose de sortir des sentiers battus. En allant au contact des populations, on s'imprègne de leur culture. Petits plus : vous disposerez d'une assistance 24h/24 et 7j/7 et d'une carte SIM téléphonique locale à votre arrivée en plus des services compris dans le circuit.

PERAMA TOUR ET TRAVEL

Jln Legian No.39, Kuta, Badung Regency
KUTA
✆ +62 361 751875
www.peramatour.com

Ouvert tous les jours de 06h30 à 22h. Voiture privée à partir de 600 000 Rp pour 6h.

Établie depuis 1969 à Bali par la famille Perama, cette entreprise familiale connait bien sa terre et ses richesses ! Elle a développé un service de transfert et de location entre les différentes villes et îles de Bali et Lombok, et propose des activités variées comme le rafting, trekking, vélo, sports d'eau... Mais c'est surtout dans la mise en place de voyage organisé entre Bali, Lombok et Komodo que l'entreprise excelle ! Voyage de 12 arrêts sur les 3 îles avec visites de villages, cascades, plages et réserves naturelles, activités.

SWARGA ODYSSEY

Jl. Mertanadi No.86E, Kerobokan Kelod, Kec. Kuta Utara, Kabupaten Badung - **KEROBOKAN**
✆ +33 9 77 19 91 98
www.swarga-odyssey.com

Tarif sur demande.

Agence francophone basée à Bali, Swarga Odyssey transcende le voyage en créant des circuits sur mesure hors des sentiers battus, mêlant expériences immersives et authenticité. Adaptée à toutes les bourses, leurs séjours invitent à découvrir l'essence même de l'Indonésie, ses populations et ses cultures. Loin du tourisme de masse, l'agence intègre au mieux une dimension écologique à ses tours. Le succès de cette agence à taille humaine repose sur un accompagnement de qualité et un principe simple : « On ne vous enverra jamais là où on n'aurait pas envie d'aller ».

SEAQUEST ADVENTURE

Jalan Tukad Nyali, Gg SMA 6, nomor 2, Sanur Kaja, Denpasar Sel., Sanur Kaja, Denpasar Selatan, Kota Denpasar - **SANUR** ✆ +62 821 4453 3853
www.seaquest-adventure.com/fr

Ouvert du lundi au vendredi de 9h à 19h.
Agence locale spécialisée dans les croisières en Indonésie.

Cette agence propose des voyages à bord du Cahaya Mandiri, une goélette traditionnelle en bois de 26 mètres de long. Les croisières offrent des expériences uniques, telles que l'observation des fonds marins en palmes, masque et tuba, l'exploration de sites naturels exceptionnels et la découverte de villages locaux. Les croisières sont limitées à 8 personnes. SeaQuest Adventure propose différentes croisières, notamment vers les îles de Raja Ampat, l'archipel de Komodo, les petites îles de la Sonde et d'autres destinations en Indonésie.

YOUR BALI DRIVER

Jl. Kubung Batu Jl. Taman Griya No.1A No.5, Jimbaran, Kec. Kuta Sel., Kabupaten Badung
DENPASAR
✆ +62 818 562867
www.yourbalidriver.com

Chauffeur et guide local expérimenté.

Découvrir l'île des dieux avec un Balinais expérimenté, c'est la formule choisie par Your Bali Driver. Un guide privé vous accompagne à bord de son véhicule et planifie un itinéraire à votre convenance. Avec plus de 15 ans d'expérience et plus de 10 000 clients satisfaits, Your Bali Driver est une valeur sûre à ne pas manquer si vous souhaitez disposer à la fois d'un chauffeur et d'un guide dont la mission est de vous faire passer le meilleur séjour possible. Possibilité de réserver sur le web et le meilleur prix est garanti.

SE LOGER

On trouve à se loger à tous les prix à Bali et le rapport qualité-prix dans les zones touristiques est excellent. En revanche, lorsqu'on sort des zones touristiques, le choix est beaucoup plus restreint. Les petits hôtels ou pensions offrent en général des commodités moins confortables (les salles de bains n'ont souvent que l'eau froide). Bon à savoir : Il n'y a pas de camping à Bali, tant l'île est peuplée et pourvue en *losmen* (logement chez l'habitant). Bon plan : et si vous profitiez de votre séjour à Bali, à Lombok ou sur les îles Gili pour vous offrir une villa de rêve ? Cela peut être très économique si vous êtes en groupe ou si vous souhaitez vivre une expérience assez extraordinaire... Ou alors découvrez les expériences chez l'habitant. Dans tous les cas, sachez également qu'à Bali on peut négocier les prix des chambres à la baisse en cas de longs séjours.

AGODA €€

www.agoda.com

Avec plus de 2 millions d'établissements référencés, Agoda est l'une des références en ligne pour trouver des hébergements à tarifs réduits dans le monde entier. La plateforme est très simple d'utilisation. On tape simplement le nom de la ville où l'on souhaite séjourner dans le moteur de recherche, on entre ses dates de séjour, et Agoda nous déniche tous les établissements avec encore des disponibilités, à des prix parfois très avantageux. Ça vaut toujours le coup de faire un tour sur la plateforme avant de se décider pour tel ou tel établissement !

COUCHSURFING €€

www.couchsurfing.com

Adhésion : 15 € environ (ou 2,75 € par mois).

Couchsurfing est le service d'hébergement gratuit en ligne regroupant le plus d'adhérents. Il suffit de s'inscrire pour accéder aux profils des locaux ou faire sa demande d'hébergement pour quelques jours, voire quelques semaines. En échange, vous pouvez par exemple inviter votre hôte à manger, lui offrir un cadeau ou bien l'accueillir chez vous. Le site Internet met en place des systèmes de contrôle : notation des membres, numéro de passeport exigé à l'inscription, etc. Les participants ont accès à des hébergements volontaires dans plus de 200 pays.

BEWELCOME €€

www.bewelcome.org

Le système est simple : être hébergé chez l'habitant, partout dans le monde. C'est le site Internet qui se charge de contacter les accueillants et les postulants puis de les mettre en contact, que ce soit en ligne ou dans la vraie vie. Avec leur carte interactive, les profils *des « welcomers »* s'affichent, avec leurs disponibilités. Certains font part de leurs projets de voyage afin de pouvoir trouver des affinités, des opportunités d'action avec les membres du site. Idéal pour un voyage solidaire et plein de belles rencontres !

WORKAWAY €€

www.workaway.info

Abonnement annuel à la plateforme : 49 € pour un voyageur seul, 59 € pour deux voyageurs.

Ici, le système est simple : être nourri et logé en échange de services. Sur la page Web, vous entrez en contact avec vos futurs hôtes qui recherchent des volontaires pour les aider dans leur projet. Des fermes, des maisons à retaper, des vendanges, des cueillettes… Ce système de logement alternatif, s'il n'est pas de tout repos, est de plus en plus populaire parmi les voyageurs. Les hôtes proposent la plupart du temps le gîte et la nourriture en échange de cours d'anglais. Un bon deal mais surtout une expérience unique et des rencontres fort enrichissantes.

SE DÉPLACER

Pour se déplacer à Bali, le plus simple est de louer une voiture. Mais aussi le plus dangereux ! La plupart des voitures de location sont japonaises (Toyota et Suzuki). Pour votre réservation, il faut impérativement un permis international (le permis français ne fonctionne pas) et s'habituer à la conduite à gauche ! Vous devez vérifier impérativement l'état des freins, des phares et des pneus, des essuie-glaces et de la suspension. On le répète : la conduite à Bali est cahotique. De fait, n'espérez jamais atteindre une vitesse de plus de 80 km/h ou ce serait de l'inconscience. Généralement, on vous propose des forfaits qui sont souvent flous sur les conditions réelles des conséquences administratives et financières des accidents. Soyez vigilants ! L'essence n'est pas chère. Il vous sera toujours proposé une location avec chauffeur et c'est tant mieux, car vous pourrez vous laisser conduire tranquillement sans souci...

GARUDA INDONESIA

Kuta Paradiso Hotel
KUTA
✆ +62 361 761 414
www.garuda-indonesia.com
Compagnie aérienne nationale.

Il n'existe pas de ligne intérieure à Bali, l'île est trop petite. Pour rejoindre Lombok, vous pourrez néanmoins emprunter l'une des compagnies indonésiennes fiables comme Garuda. Idéale pour rejoindre Lombok, Garuda est un choix sûr. En revanche, vous n'êtes pas à l'abri de retards éventuels.

Comptez une durée de vol entre Bali et Lombok d'environ quinze minutes. Le vol est moins long qu'avec d'autres compagnies, mais un tout petit peu plus cher. Certainement l'une des meilleures compagnies pour se rendre à Lombok depuis Bali.

EKA JAYA

GILI TRAWANGAN
✆ +62 361 8496222
ekajayafastboat.com
Plusieurs départs journaliers. Aller Bali - Gili à partir de 400 000 Rp par personne.

Eka Jaya est une compagnie fiable que vous pouvez prendre les yeux fermés. La flotte est globalement bonne et la sécurité à bord respectée. Les bateaux peuvent transporter jusqu'à 210 personnes. Pendant la traversée, un film est diffusé sur les nombreuses télévisions un peu partout à bord. Des boissons et des snacks sont proposés régulièrement aux voyageurs. Suivant votre destination, vous aurez un autocollant sur le tee-shirt qui devra être bien visible. Possibilité de faire la traversée sur le pont extérieur. Attention tout de même au coup de soleil.

BLUE WATER EXPRESS

GILI TRAWANGAN ✆ +62 361 8951111
www.bluewater-express.com
Compter 600 000 à 870 000 Rp l'aller simple par personne depuis Bali, 1 350 000 Rp l'aller-retour selon la saison.

Une des compagnies de transport les plus fiables, propres et utilisées pour les transferts sur les îles Gili, Bali et Lombok. Service sérieux et professionnel. Consultez le site Internet pour plus d'information sur les horaires et liaisons.

▶ **Entre janvier et mai et en novembre/décembre**, départs de Serangan à 8h (arrivée à 10h30 à Gili T), retour à 15h de Gili T et 14h45 de Teluk Kode (arrivée 17h15 à Bali)...

▶ **Entre juin et octobre**, départs à 8h de Serangan, retours à 11h45 (arrivées à 14h30). Départ de Padang Bai à 8h et 13h, retour à 15h30 (arrivée à 17h).

VIAFERRY

Gili Trawangan - **GILI TRAWANGAN**
✆ +31 552020015
www.gilibookings.com
Tarifs variables selon le trajet. www.gilibookings.com (meilleure qualité) www.gilitickets.com (le plus économique)

Pour se déplacer entre les différentes îles, c'est le bateau le moyen de transport privilégié. Et pour trouver facilement les horaires, les tarifs ou tout autre informations importantes, direction le site internet de Viaferry qui vous aide à trouver toutes les informations nécessaires. Il y a diverses traversées possibles entre les îles Gili (Trawangan, Air, Meno) mais aussi Lombok, Bali, les îles Nusa... Attention, les traversées ne sont pas recommandées aux enfants de moins de deux ans, ou aux femmes enceintes par temps agité.

KURA KURA BUS

100X Jalan Raya Kuta
UBUD
✆ +623613700244
kura2bus.com

Service de bus qui fonctionne tous les jours de 08h30 à 22h (en fonction des lignes).

Voici un excellent moyen de se déplacer à Bali. Kura Kura Bus propose un service de navettes publiques très pratique à un prix imbattable. Les bus vert et jaune sont facilement identifiables et permettent de relier Kuta à Ubud ou bien encore Nusa Dua à Kuta. Avec 8 différentes lignes au compteur, les touristes y trouvent leur compte. Les bus sont tous équipés de climatisation et sont très bien entretenus pour le confort des passagers. Sans compter, l'accueil agréable des chauffeurs qualifiés et expérimentés qui vous permet de passer un trajet sympathique.

PERAMA

Jalan Raya Pengosekan Ubud, Padang Tegal, Ubud, Kecamatan Ubud, Kabupaten Gianyar
UBUD ✆ +62 361 973316
www.peramatour.com

Départs quotidiens pour de nombreuses villes. Tarifs variables.

Le terminal Perama d'Ubud se situe au sud du centre-ville d'Ubud sur Jalan Hanoman, juste après le tournant qui vire sur la forêt aux singes. Perama offre un service de navettes par bus parfois agréables et confortables, parfois plus rustiques, dont l'intérêt principal est l'étendue du réseau. Le service reste beaucoup moins cher qu'un taxi. Si les heures de départ sont fixes, celles d'arrivée sont davantage aléatoires. Des navettes partent plusieurs fois par jour de et pour Candidasa, Kuta, Lovina, Sanur ou encore Padang Bai.

BUDI TAXI

jalan tukad Yeh aya IX no 61B, Denpasar renon
KUTA
✆ +62 813 3802 5036

Chauffeur privé.

Toujours tout sourire, ce chauffeur privé connaît très bien Bali. Il parle anglais et possède un véhicule climatisé avec jusqu'à 7 places assises. Légèrement plus cher que la moyenne, mais tarif dégressif et négociable si vous voyagez en groupe. N'hésitez pas à le contacter dès votre sortie de l'avion et laissez-le vous guider jusqu'à votre hôtel au début de votre séjour, jusqu'à l'aéroport à la fin, et n'importe où durant votre exploration de Bali, d'autant plus que Kuta est aussi grand qu'empli de mystères et d'endroits fabuleux à découvrir.

GOJEK

www.gojek.com

Gojek, souvent comparé à Uber, est incontournable pour tout voyageur se rendant dans les grandes villes du pays. Une fois l'application téléchargée et votre compte créé (juste avec un numéro de téléphone local), il vous suffit de sélectionner le type de transport désiré - que ce soit une moto ou une voiture pour plus de confort. Indiquez ensuite votre destination, et le tour est joué ! Mais Gojek ne s'arrête pas là. Vous pouvez même faire envoyer des affaires, ou envoyer le chauffeur faire vos courses, et la plupart des restaurants livrent via l'application !

GRAB

www.grab.com

Cette application, similaire à Gojek, vous offre la possibilité de réserver un chauffeur, de commander de la nourriture et bien plus. Une fois votre demande validée, on vous donne des informations telles que le délai d'attente prévu, le tarif et les détails du prestataire, comme le nom du conducteur et le modèle du véhicule. Vous pouvez régler en espèces ou y enregistrer votre carte bancaire. Astuce : téléchargez et familiarisez-vous avec l'application dès votre arrivée pour faciliter vos déplacements. L'outil idéal pour vous faciliter la vie.

TAXIS BLUE BIRD

DENPASAR
✆ +62 361 701 111
www.bluebirdgroup.com

Compagnie de taxis fiable.

Fondée en 1965, l'entreprise Taxis Blue Bird est l'une des plus respectées de Bali, et pour de bonnes raisons. Fonctionnant comme les entreprises de taxis que nous pouvons avoir en Europe, Blue Bird dispose de sa propre application (MyBlueBird) disponible sur tous les systèmes mobiles. Tous les taxis sont équipés de compteurs. Sans aucun doute le meilleur moyen de circuler en toute sécurité et confortablement, d'un point à un autre sans se faire arnaquer. Les voitures sont facilement reconnaissables puisqu'elles sont bleues avec le logo de l'entreprise.

S'INFORMER

Côté cartographie, vous trouverez les meilleures cartes de Bali sur place : celles de Nelles Verlag (cartes éditées en Allemagne) et celles de la maison d'édition Periplus. Elle édite d'excellents guides sur l'Indonésie, n'hésitez pas à vous les procurer dans les bonnes librairies des grandes villes. Vous aurez le choix entre une série de guides thématiques sur les oiseaux, la faune, la flore, le surf à Bali, l'histoire de l'Indonésie, le bouddhisme, la méditation, la cuisine, etc. Et l'office de tourisme de l'Indonésie basé à Paris est également un bon plan. Avant de partir, n'hésitez pas à consulter les pages du site web ou à prendre contact avec eux, afin d'avoir des informations complètes sur les attraits de l'Indonésie ou plus particulièrement de Bali. Quoi faire, ce qu'il faut visiter, où dormir et où manger ? Autant de questions auxquelles le personnel de l'office de tourisme se fera un plaisir de répondre.

MINISTRY OF LAW AND HUMAN RIGHTS

www.evisa.imigrasi.go.id

Site officiel pour effectuer son eVisa 30 jours : 500 000 Rp. Prolongation de 30 jours possible sur le site.

Voici un site très pratique pour procéder à son visa en ligne avant l'arrivée. Vous pourrez aussi utiliser les portiques automatisés.

- **Choisir Visa B1** de 30 jours, prolongation possible pour 30 jours.
- **Rentrer les informations** du passeport et la photo d'identité. Bien vérifier les informations automatiques pour éviter les mauvaises surprises.
- **Enregistrer** le billet d'avion en PDF.
- **Suivre** la procédure de paiement.
- **Valider** dans l'heure et télécharger son visa.

FRANCE DIPLOMATIE

37, quai d'Orsay

PARIS (7e)

www.diplomatie.gouv.fr

Ouvert toute l'année. Informations en ligne, interface de contact sur le site.

France Diplomatie, le site du ministère de l'Europe et des Affaires étrangères, donne aux voyageurs tous les renseignements nécessaires au choix d'une destination de voyage. La rubrique « Conseils aux voyageurs » permet une recherche par pays, avec les dernières informations actualisées. En fonction du contexte géopolitique ou sanitaire (risques d'attentats, d'enlèvements, épidémies en cours...), certains séjours sont fortement déconseillés. Les situations pouvant évoluer très rapidement, nous vous recommandons de vous tenir informés.

CARNETS DE VOYAGE

M° Bastille.

vivamedias.com

Publié par la société éditrice Vivamedias, qui compte plusieurs revues à son actif, ce trimestriel est consacré aux voyages avec des focus dédiés à la découverte d'une ville, d'une région, que ce soit en France, en Europe ou dans le monde. *Carnets de Voyage*, un magazine utile pour nous faire découvrir sur papier ou en format numérique la destination et nous faciliter le voyage. Pour de grandes ou petites escapades, des textes vivants, des reportages sur place complétés de conseils pratiques, d'un agenda, de bonnes adresses et de superbes photos.

RMC DÉCOUVERTE

✆ 01 71 19 11 91

www.rmcbfmplay.com

Média d'information thématique, cette chaîne – diffusée en HD – propose un florilège de programmes dédiés à la découverte, et plus particulièrement des documentaires liés aux thématiques suivantes : aventure, animaux, science et technologie, histoire et investigations, automobile et moto, mais également voyages, découverte et art de vivre. C'est une excellente source d'informations pour préparer un séjour, se tenir au courant des événements dans la région et même bien au-delà. Une chaîne dont l'audience, logiquement, augmente régulièrement !

RESTER

Soyons réalistes, en partant quinze jours « faire de l'humanitaire » avec une association, on soulage sa conscience mais on ne fait rien pour les populations locales. Un véritable engagement demande temps et réflexion. Mais à côté de ces missions, existent aussi des chantiers solidaires intéressants pour aller à la rencontre de la population, pour nettoyer une forêt, aider à la préservation d'une espèce...

Excepté à Denpasar et à Jimbaran, où l'on trouve la plus ancienne université de l'île, il y a peu de facultés à Bali. Cependant, les cours d'art et d'artisanat sont très répandus dans l'île, notamment dans la région d'Ubud.

Côté travail, à moins de décider de monter une affaire, il n'existe pas vraiment de possibilités de travailler à Bali.

Une bonne partie des Français installés à Bali font du commerce d'importation d'artisanat ou de mobilier balinais en France.

ACTION CONTRE LA FAIM

102, rue de Paris - **MONTREUIL**
✆ 01 70 84 70 84
www.actioncontrelafaim.org
Par téléphone de 9h à 13h et de 14h à 18h.

ONG internationale spécialisée dans la lutte contre la faim dans le monde, active dans les domaines de la nutrition, santé, sécurité alimentaire, de l'eau, de l'assainissement. L'association intervient dans des situations de crise. Le but étant de rendre les populations autonomes d'un point de vue de la nutrition, en apportant une aide concrète et en formant les intervenants locaux qui prendront le relais. Ses missions de volontariat durent de trois mois à un an en Afrique, Asie, Amérique, Europe centrale, dans le Caucase, au Moyen-Orient et dans les Caraïbes.

BUSINESS FRANCE

77, Boulevard Saint-Jacques
PARIS (14e)
✆ 01 40 73 30 00
www.businessfrance.fr
Ouvert en semaine de 8h30 à 18h30.

L'Agence pour le développement international des entreprises françaises travaille en étroite collaboration avec les missions économiques. Le site Internet recense toutes les actions menées, les ouvrages publiés, les événements programmés et renvoie sur la page du Volontariat International en Entreprise (VIE). Fondée en 2015, cette structure est née de la fusion entre Ubifrance et l'Agence française pour les investissements internationaux. Elle est affiliée au ministère de l'Europe et des Affaires étrangères et au ministère de l'Economie et des Finances.

MINISTÈRE DE L'EUROPE ET DES AFFAIRES ÉTRANGÈRES

www.diplomatie.gouv.fr

Site Internet officiel pour connaître les formalités d'entrée et séjour dans le pays. Dans la rubrique « Services aux Français », vous trouverez un guide de l'expatriation, les modalités de demandes de documents officiels. Sur la page d'accueil en sélectionnant le pays, vous obtenez les contacts des ambassades. Dans l'espace Politique, Économie et Socio-culturel, quantité d'informations et de communications utiles pour qui s'intéresse aux réalités du pays.

MAGNITUDE CONSTRUCTION

Jl. Hanoman No.14, Ubud, Kecamatan Ubud, Kabupaten Gianyar - **UBUD** ✆ +62 813 3836 2610
www.magnitudeconstruction.com
Disponible via WhatsApp ou en agence à Ubud du lundi au vendredi de 08h à 19h.

Leader de la construction de villas privatives luxueuses sur Bali, Magnitude vous offre un investissement serein et sur mesure et vous propose de nombreux modèles de villas de style moderne tropical dans un cadre d'exception, conçues directement par leurs architectes. Construisez la villa de vos rêves avec un accompagnement de A à Z jusqu'à la gestion locative pour un projet « clé en main » et un retour sur investissement de 6 ans en moyenne. Consultez le site internet pour en savoir plus et effectuez votre simulation de rendement gratuitement.

INDEX

« LA BRASSERIE » BY MELTING WOK . 164
07.AM BAKER'S CLUB . 140
1000 DREAM RESTAURANT . 293
3W DIVE . 405
707 BEACHBERM . 142
8 IN ASIA . 417

A

AAHAARAM LEMBONGAN - THE INDIAN RESTAURANT . 194
ABDI FANTASTIK . 399
ABYSS OCEAN WORLD . 280
ACTION CONTRE LA FAIM . 426
ADILA WARUNG AND HOMESTAY . 312
ADIWANA WARNAKALI RESORT . 174
ADVENTURE AND SPIRIT . 296
ADVENTURE DIVERS BALI . 342
ADVENTURE DIVERS LOMBOK . 381
ADVENTURE LOMBOK . 362
AEROXSPACE ADVENTURE . 112
AGODA . 422
AGUNG BEACH CLUB . 194
AGUNG RAI FINE ART GALLERY . 210
AGUNG SILVER SIDEMEN . 329
AIR ASIA . 413
AIR FRANCE . 413
AIR PANAS BANJAR . 288
AIRPORT TAXI . 125
AKAOKA . 417
ALAM INDAH . 240
ALAM JIWAH . 240
ALAM TAMAN VILLA . 273
ALEGRIA . 402
ALILA MANGGIS . 323
ALILA SEMINYAK . 139
ALIYA SALON & DAY SPA . 147
ALLORA . 403
ALMA TAPAS BAR . 143
ALOHA BEACH HOUSE BINGIN . 169
ALOKA PENIDA . 185
ALTIPLANO VOYAGE . 417
AMA-LURRA . 401
AMANASKA BALI . 262, 419
AMANKILA . 323
AMARTERRA VILLA . 158
AMBER LOMBOK BEACH RESORT . 371
AMED HARMONY CAFE AND BUNGALOW . 339
AMED OASIS . 339
AMED ★★★ . 338
AMETIS VILLA . 150
AMLAPURA ★ . 348
AMOK SUNSET BAR AND RESTAURANT . 178
ANANDA UBUD RESORT . 220
ANDRE SEWATAMA RENT A CAR . 113
ANEKA LOVINA VILLAS & SPA . 291
ANEKA LOVINA VILLAS AND SPA . 293
ANEMA VILLA SEMINYAK . 127
ANEMA WELLNESS & RESORT . 366
ANGEL'S BILLABONG . 180
ANN - NOSTALASIE . 417
ANOMALI COFFEE . 229
APÉRITIF RESTAURANT . 248
APNEISTA FREEDIVING AND YOGA SCHOOL . 342
AQUARIA ECO RESORT BALI . 330
ARCHIPELAGO ADVENTURE . 149, 419
ARJUNA HOMESTAY . 277
ARKAMARA DIJIWA UBUD . 239
ARMA - AGUNG RAI MUSEUM OF ART . 210
AROMA . 361
ARSHAKA VILLAGE . 172
ART MARKET . 366
ARTOMORO BALI . 312
ARY'S BOOK CAFE . 230
ASCENSION DU MONT AGUNG . 344
ASCENSION DU RINJANI . 368
ASHYANA CANDIDASA BEACH RESORT & SPA . 330
ASIAN TRAILS . 419
ASMARA . 365
ASTAGINA RESORT VILLA AND SPA BALI . 127
ATALAYA VILLAS NUSA PENIDA . 180
ATELIERTE VILLA - ATELIER TE DESIGNER GUESTHOUSE . 116
ATLAS BEACH CLUB . 153
ATOLL HAVEN . 400
ATUH BEACH . 183
ATUH FOREST COTTAGE . 185
AUTHENTIC BALI . 321, 419
AVIA VILLA RESORT . 395
AYANA RESORT BALI . 162
AYANA SEGARA . 162
AYODYA RESORT BALI . 158
AYUNG RESORT UBUD . 220
AZIMUTH ADVENTURE TRAVEL . 419
AZUL BEACH CLUB . 129

B

BABI GULING CANDRA . 109
BAGUS AGRO PELAGA RESORT . 308
BAGUS DISCOVERY GROUP . 125, 419
BAGUS JATI HEALTH & WELLBEING RETREAT . 250
BAJRA SANDHI MONUMENT . 106
BALANGAN - BALANGAN BEACH ★★ . 166
BALE UDANG MANG ENGKING KUTA . 111
BALE UDANG MANG ENGKING UBUD . 245
BALI ART FAMILY . 230
BALI ARTS FESTIVAL . 7, 99
BALI ASLI LODGE BY EPS . 216
BALI ASLI . 351
BALI AUTREMENT . 151, 420
BALI BEACH HOTEL - SANUR . 115
BALI BIRD PARK . 258
BALI BIRD WALKS . 215
BALI BOHEMIA . 242
BALI BREIZH DIVERS . 123
BALI BUTTERFLY PARK - PARC AUX PAPILLONS . 272
BALI CLIFF GLAMPING . 350
BALI DIVING ACADEMY . 123
BALI ECO DELI . 193
BALI EXOTIQUE FRANCOPHONE . 420
BALI HAI CRUISES . 155, 420
BALI JE T'AIME . 134
BALI KITE SURF FESTIVAL . 6, 99
BALI KOMANG GUEST HOUSE SANUR . 114
BALI MANDIRA RESORT & SPA . 128
BALI NATIONAL GOLF CLUB . 160
BALI NATURE HERBAL WALKS . 215
BALI PALMS RESORT . 325
BALI REEF DIVERS AMED . 342
BALI RÊVE . 420
BALI SAFARI & MARINE PARK . 261
BALI SPIRIT YOGA FESTIVAL . 7, 98
BALI TOURS & TRAVEL . 108, 420
BALIAN BEACH . 266
BALIAN ★ . 265
BALICOSY VILLA - ONE BEDROOM VILLAS . 134
BALINEA HOLIDAY HOMES . 139
BALIQUE RESTAURANT . 164
BALIWOOD SOCIAL CLUB (SPORTS BAR AND ITALIAN) . 195
BALQUISSE HERITAGE HOTEL . 162
BAMBOO BALI . 338
BAMBOO PARADISE GUESTHOUSE AND HOSTEL . 353
BAMBU . 136
BANGLI ★★ . 245
BAR PONDOK AMPENAN . 361
BARBAROSSA SANUR . 121
BAREFOOT BLONDIE . 403
BASK GILI MENO . 396, 397
BATANG GOLDEN HILLS . 184
BATU BOLONG . 144
BATU KARANG LEMBONGAN RESORT . 192
BATUAN . 260
BATUBULAN ★★ . 258
BATUKANDIK . 182
BATUKARU COFFEE ESTATE . 273
BATUMADEG . 182
BATUNUNGGUL . 188
BATUR COTTAGE . 303
BATUR NATURAL HOT SPRING . 303
BATUR ★★ . 305
BAYAN . 368
BEBEK BENGIL « DIRTY DUCK DINER » . 226
BEBEK TEPI SAWAH . 227
BEDUGUL TRADITIONAL MARKET . 307
BEDUGUL . 309
BEDULU ★★ . 243
BEEHOUSE DIJIWA UBUD . 247
BEGADANG . 399
BEGIBUNG CAFE . 360
BELMOND JIMBARAN PURI . 162
BELONGAS . 370
BELVILLA HII INN GARUDA WISNU . 173
BENOA ★ . 155
BENTHOS BALI DIVE RESORT . 332
BERANDA ECOLODGE . 399
BERAWA . 143
BESAKIH GREAT TEMPLE . 345
BESAKIH HOMESTAY & VILLA . 344
BESAKIH ★★ . 344
BEWELCOME . 422
BINGIN - BINGIN BEACH ★ . 168
BLEU MATHIS GILI ASAHAN . 370
BLOO LAGOON VILLAGE . 353
BLUE CORNER DIVE | FREEDIVING | CONSERVATION . 196
BLUE EARTH VILLAGE . 342
BLUE KARMA DIJIWA SEMINYAK . 130
BLUE KARMA DIJIWA UBUD . 217
BLUE KARMA VILLAGE . 147
BLUE LAGOON . 199, 352
BLUE MARLIN DIVE KUTA LOMBOK . 381
BLUE MARLIN DIVE . 392, 398
BLUE MARLIN . 366
BLUE WATER EXPRESS . 386, 423
BO$$MAN . 134
BO & BUN . 134
BOMBORA BUNGALOWS . 376
BONZER CAFE . 193
BOUGAINVILLEA BUNGALOW . 185
BROKEN BEACH . 180
BUBU HOMESTAY . 336
BUDA BAKERY & RESTO . 294
BUDI TAXI . 125, 424
BUKIT KEMBANG SARI . 333
BUKIT LUAH SIDEMEN . 326
BUMBU BALI . 156
BUMI BALI RESTAURANT . 225
BUNGA MEKAR . 181
BURGER BROTHERS - BATU BOLONG . 145
BUSINESS FRANCE . 426
BVLGARI RESORT . 170

C

CABE BALI VILLA . 348
CACTUS BEACH CLUB & RESTAURANT . 190
CAFE ALBERTO . 365
CAFE BALI . 134
CAFÉ DES ARTISTES . 227
CAFÉ DES ARTS HOTEL . 400
CAFÉ POMEGRANATE . 262
CAFE WAYAN . 227
CAMANI GLAMPING . 350
CAMAYA - BAMBOO HOUSES . 334
CANDI BEACH RESORT . 324
CANDIDASA ★★ . 324
CANDY VILLAS BY PRAMANA . 233
CANGGU ★★★ . 149
CANTINA MEXICANA . 378
CAPTAIN COCONUTS . 399
CARAMEL PATISSERIE & CAFE . 230
CARNAVAL DE KUTA . 7, 100
CARNETS DE VOYAGE . 425
CASA LUNA COOKING SCHOOL . 231
CASA SAVANA . 327, 328
CASA VINTAGE BEACH . 390
CASABLANCA . 122
CASCADES DE SEKUMPUL . 311
CASCADES DE SENARU . 368
CASCADES RESTAURANT . 248
CAVE JAPONAISE . 385
CEGENG LESTARI GUESTHOUSE . 322
CEKIK . 281
CELUKANBAWANG . 287
CELUK ★★ . 259
CEMPAKA BELIMBING VILLAS . 273
CENINGAN CLIFFS . 200
CENINGAN DIVERS . 200
CENTRAL INN . 363
CERIA HOUSE ULUWATU . 172
CHAKRA TAVERN . 308
CHEEKY MONKEY . 405
CHORA MEDITERRANEAN RESTAURANT . 227
CHUTE D'EAU DE GITGIT - GITGIT WATERFALL . 295
CILIKS BEACH GARDEN . 298
CLIFF JUMP TEGAL WANGI BEACH . 161
CLOUDLAND BAR LEMBONGAN . 197
COCO BEACH . 364
COCO BLU VILLA . 299
COCO GARDEN POOL VILLAS . 298
COCOTINOS SEKOTONG LOMBOK . 373
COLORS BATUBOLONG NAIL SPA . 145
COLORS NAIL BAR BALI . 153
CORAL VIEW VILLAS . 339
COUCHSURFING . 422
COURTYARD BALI SEMINYAK RESORT . 130
COURTYARD BY MARRIOTT BALI NUSA DUA . 157
CRUST DELI . 390
CRYSTAL BAY ★★ . 179
CUCA RESTAURANT . 165
CURRY TRADERS RESTAURANT AND BAR . 194
CUTE ECO COTTAGE NEAR 7 WATERFALLS . 296

D

D'CAMEL FAST BOAT OFFICE . 192
D SEBULUH BUNGALOW . 181
DAENG BURGER . 146
DE'ADEMA GESTHOUSE . 339
DE KLUMPU BALI ECO TRADI STAY . 245
DE UMAH BALI ECO TRADI HOME . 246
DEA VILLAS . 150
DEEP ROOTS DIVE & YOGA RESORT . 186
DEKOM BALI SURF SCHOOL . 126
DENPASAR ★ . 105
DESA DUNIA BEDA BEACH RESORT . 388
DESA EKO . 313
DESA KITSUME . 152
DESA SENI . 150
DESERT POINT . 373
DEUS EX MACHINA - TEMPLE OF ENTHUSIASM . 145
DEVIL'S TEARS . 197
DEWA WARUNG . 225
DEWI GANGGA SPA AT PURI GANGGA RESORT . 255
DIAMOND BEACH . 184
DIANA CAFÉ . 396

DIMPIL HOMESTAY - OMA INN GUESTHOUSE PEMUTERAN 277
DINARA UBUD HOTEL 217
DIVE CONCEPTS AMED 343
DIVE CONCEPTS LEMBONGAN 195
DIVE CONCEPTS PEMUTERAN 279
DIVE CONCEPTS TULAMBEN 337
DOLCEMARE 404
DOME LOMBOK & RESTAURANT 377
DOUBLE SIX LUXURY HOTEL 133
DREAMBEACH ★ 197
DREAMLAND BEACH ★★ 167
DSM DIVE GILI T 392
DSM LOMBOK DIVE CENTER 366
DUA EM 361
DUNE ATLANTIS DIVING INTERNATIONAL 123
DUNE MAWAR VILLAS 147
DUNE PENIDA DIVE RESORT 178

E

EAST BALI VOLCANO VIEW RESORT & SPA - ADULTS ONLY 351
EASY VOLS 414
ECO BAMBOO ISLAND BALI 334
ECODIVE BALI 343
EDEN NATURE VILLAS WITH PRIVATE POOL 186
EKA JAYA FAST BOAT 394
EKA JAYA 386, 423
EKAS SURF RESORT 382
EL BAZAR 380
EL HOMESTAY BALI 172
EL KABRON 168
ELEVATE BALI 312
EMBANG HOMESTAY 326
EMIRATES 413
EMOTIKA VOYAGES 418
ESA DI KUBU HOMESTAY 296
ESCAPE ROOM - UPSIDE DOWN ROOM 406
EVA AIR 413
EVOLUTION BAR 391
EVOLUTION DIVER 343
EYE SEA BALI / IRIS PHOTOGRAPHY 153

F

FAMILY HOSTEL 291
FELICITY ESPRESSO 128
FESTIVAL DE CERF-VOLANT 6, 99
FESTIVAL DE LITTÉRATURE D'UBUD 7, 100
FÊTE DE L'INDÉPENDANCE 6, 99
FINNS BEACH CLUB 143
FISH BONES WARUNG 379
FLAVORNESIA 402
FLOWERS & FIRES YOGA 405
FORÊT SACRÉE DES SINGES (SACRED MONKEY FOREST) 211
FOUR SEASONS RESORT BALI AT JIMBARAN BAY 161
FRANCE DIPLOMATIE 425
FRANGIPANI HOMESTAY NUSADUA 155
FRANGIPANI INN & RESTAURANT 350
FURAMAXCLUSIVE RESORT & VILLAS 220

G

GAIA-OASIS BEACH RESORT 300
GAJAH MINA BEACH RESORT 266
GALUNGAN 7, 99
GANESH LODGE 330
GANESHA BOOKSHOP 230
GANGGA COFFEE UBUD 247
GARA GARA SEA VIEW 188
GARUDA AIRLINES 360
GARUDA INDONESIA 423
GARUDA WISNU KENCANA CULTURAL PARK 161
GDAS BALI HEALTH AND WELLNESS RESORT 238
GEDE HOMESTAY 291
GEDONG KIRTYA MUSEUM 295
GEGER BEACH 156
GEKO DIVE 354
GERIA GIRI SHANTI BUNGALOWS 338
GIANYAR ★ 261
GILI AIR DIVERS 406
GILI AIR ★★ 390
GILI ASAHAN ECO LODGE 370
GILI BEACH BUM HOSTEL 386
GILI BLISS GILI AIR 404
GILI BLISSFUL SPA 406
GILI COOKING CLASSES 392, 406
GILI DIVERS 392
GILI GOLF & BAR 393
GILI MATIKI 400
GILI MENO ★★ 394
GILI PROPERTIES MANAGEMENT 401
GILI TEAK BEACH RESORT 386
GILI TRAWANGAN ★★★ 383
GILI TREEHOUSES 388
GILI YO 391
GILIMANUK ★ 282
GINGER & JAMU 193
GIRIWOOD HOTEL & VILLA 310
GOA GAJAH 244
GOA GEDE PREHISTORIC SITE 184
GOJEK 424
GOLDEN KRIS TOURS 113, 420
GRAB 424
GRAHA ADVENTURE RAFTING 231
GRAND MERCURE BALI SEMINYAK 130
GRAND MIRAGE RESORT & THALASSO BALI 155
GREAT MOUNTAIN VIEWS 334
GREEN D'MEL BALI 156
GREEN GARDEN HOTEL 125
GROTTE DE GOA LAWAH 322
GUA SUMUR LOMBOK 375
GUILDWOOD VILLA BALI 116
GULA BALI THE JOGLO 109
GUNUNG KAWI 256
GUNUNG PENGSONG 359
GURU RATNA 312
GUSTO RESTO 341
GUYANGAN WATERFALL 182

H

HAI TIDE BEACH RESORT 198
HAKUNA MATATA RESORT 400
HANDARA GOLF & RESORT 309
HANGING GARDENS OF BALI 222
HARRIS HOTEL SEMINYAK 131
HEAVEN ON THE PLANET 382
HIDDEN BEACH 167
HIDEAWAY RESIDENCE BALI UNGASAN 172
HIDEAWAY VILLAGE BALI UBUD 222
HIDEOUT BALI 327
HIDEWAY VILLAS BALI ULUWATU 170
HILLSIDE BALI KINTAMANI 303
HILTON BALI RESORT 157
HOLIDAY INN BALI SANUR 116
HOT SUGAR JUNGLE BREAKS 309
HÔTEL GENGGONG BALI 331
HOTEL INDIGO BALI SEMINYAK BEACH 132
HOTEL KOMUNE & BEACH CLUB 262
HOTEL PURI BAMBU 162
HOTEL TJAMPUHAN SPA 217
HOTEL TUGU BALI 144
HOTEL TUGU LOMBOK 367
HPPGB - GUIDES 305
HUT BALI (SHELTER BALI) 136
HYATT REGENCY BALI 118

I

I AM BAGUS SPORT BAR 405
IDA'S HOMESTAY 330
IKAN BAKAR CIANJUR RENON 111
INDIANA KENANGA BOUTIQUE HOTEL 193
INDIANA KENANGA RESTAURANT 194
INDONESIA IMPRESSIONS TOUR 127, 421
INDUS RESTAURANT 227
INGKA 140
INKA SPA BALI 142
INNIT LOMBOK 382
INTERCONTINENTAL BALI RESORT 164
INTERCONTINENTAL BALI SANUR RESORT 114
INTERNATIONAL RESTAURANT HONGKONG 111
IRISH BAR TIR NA NOG 391
ISEH 333
ISLAND BAGELS 143
ISLAND SPA LEMBONGAN 199
ISLAND WOK 143
ISTANA BALIAN RESTAURANT & ACCOMMODATION 266
ITALY PIZZA 404

J

JALAPENO CANGGU 144
JALAPENO 121
JALI KITCHEN 390
JARI MENARI 138
JATILUWIH 257
JAWA HOUSE 387
JEEVA BELOAM CAMP 382
JEMBRANA BALI HOMESTAY 276
JEMBRANA ★ 276
JEPUN DIDULU COTTAGES 351
JEROWARU 382
JI RESTAURANT BALI 145
JIANG NAN 379
JIMBARAN BEACH 161
JIMBARAN WITHA BAKERY 164
JIMBARAN ★★ 160
JIVANA 377
JIZZY WARUNG 396
JOHN'S ADVENTURES 368
JUGGAN SKY 242
JUKUNG DIVE BALI 343
JUKUNG DIVE NUSA PENIDA 187
JUKUNG DIVE RESORT PENIDA 187
JUMEIRAH BALI 167
JUNGLE BAKERY FRENCH BAKERY 195
JUNGLE RETREAT BY KUPU KUPU BARONG 217
JUNGUTBATU ★ 191

K

KABANA JUNGLE CLUB 254
KAFE BATAN WARU 227
KAILASHA RESTAURANT 255
KAJANE YANGLONI 244
KALAMANTHANA BALI 334
KALANDARA RESORT LOMBOK 364
KALEYDO VILLAS 388
KALMA BAMBOO ECO LODGE 378
KAMANDAKA SPA 254
KAMANDALU UBUD 248
KAMKAN HOSTEL 188
KAMPOENG SENGGIGI 363
KANHARA VILLAS BY PRAMANA VILLAS 236
KARDIA RESORT GILI A PRAMANA EXPERIENCE 389
KARMA BEACH BALI 171
KARMA DIVING AND YOGA 179
KARMA JIMBARAN 162
KARMA KANDARA 173
KAYU CAFÉ 391
KAYUMANIS RESTO JIMBARAN 165
KAYUMANIS UBUD PRIVATE VILLA & SPA 234
KEBUN RAYA BALI - JARDINS BOTANIQUES 307
KECAK DANSE 171
KEDISAN ★ 301
KELAPA COTTAGE 339
KELAPA RETREAT & SPA 275
KELIKI PAINTING SCHOOL 249
KELINGKING BEACH 181
KEMANGI 379
KEMBAR INN 354
KENZA CAFE & RESTAURANT 379
KEPAON GARI INN 184
KERAMBITAN ★ 265
KEROBOKAN ★ 138
KERTHA GOSA PARK 321
KETUT WARUNG 193
KIKI NOVI 390
KILO KITCHEN BALI - SEMINYAK 135
KIMA SURF CAMP CANGGU 150
KIMA SURF CAMP 130
KINTAMANI ★ 306
KINTON GUEST HOUSE 188
KIRIKAN VILLAS 372
KLUB KEMBALI 372
KLUMPU BALI RESORT 116
KLUNGKUNG PALACE 320
KLUNGKUNG ★★ 319
KNALPOT RESTAURANT & BAR 376
KOKOMO GILI GEDE 369
KOMANEKA AT TANGGAYUDA 222
KORI RESTAURANT & BAR KUTA 126
KRISNA FUNTASTIC LAND 290
KRISNA OLEH-OLEH KHAS BALI 165
KRNK BAR & RESTAURANT 380
KU DE TA 138
KUBU AT MANDAPA 229
KUBU DIMEL SUITES AND VILLAS RESORT 158
KUBUHILL SUNSET BUNGALOW 174
KUBUTAMBAHAN ★ 297
KUBU 335
KULA KARA PRIVATE VILLAS 167
KUNO VILLAS 388
KURA KURA BUS 424
KURA KURA DIVERS LODGE 340
KURNIA GUEST HOUSE & SPA 174
KUSAMBA ★ 322
KUSUMA RESORT 130
KUTA LOMBOK ★★★ 373
KUTA ★★ 124
KUWARASAN A PRAMANA EXPERIENCE 251

L

L'ARCHIPEL 400
L.O.L BAR & RESTAURANT 230
LA BAMBA BALI PIZZA 170
LA BARACCA BALI - ULUWATU 171
LA BRISA 153
LA CABANE 166
LA CANTINE 240
LA CASA 362
LA COCOTERAIE ECOLODGE 386
LA FAVELA 135, 138
LA JOYA BALANGAN RESORT 166
LA LUCCIOLA 142
LA PLAGE APARTMENTS - LA PLAGE ONIRIQUE 186
LA PLANCHA 137
LA ROJA BUNGALOWS 190
LA ROUTE DES VOYAGES 418
LA TERRASSE 279
LAC BATUR 303
LAC BRATAN ★★ 307
LAC BUYAN 310
LAC DE GILI MENO 394
LAC TAMBLINGAN ★ 311
LAKA LEKE 242
LAKEVIEW HOTEL & RESTAURANT 301
LAUGHING BUDDHA BAR 230
LE BAJO BALI POOL CLUB 148
LE CHIEN ROUGE 291
LE GALANGA 341
LE JARDIN VILLAS SEMINYAK 131
LE PIRATE BEACH CLUB NUSA CENINGAN 199
LE PIRATE 387
LEGEND BAR 405
LEGIAN ★ 127
LEMBO LAGOON BUNGALOWS 192
LEMBONGAN MADE INN 192
LEMBONGAN WATERSPORT 196

LEMONGRASS....................195
LEMPAD OF BALI HOUSE............210
LEMPUYANG BOUTIQUE HOTEL.......351
LES GARDEN VILLA................300
LES GILIS DU SUD LOMBOK......369
LES RIZIERES LOMBOK.............369
LESONG HOTEL AND RESTAURANT...312
LET'S BAKE - BREAKFAST, LUNCH & DINNER.................196
LIBERTA HOME SERIRIT BALI.........287
LIBERTY DIVE RESORT.............336
LIHAT SAWAH RESTAURANT..........329
LILLA PANTAI.........................122
LIMESTONES BALI RESTAURANT.....111
LITTLE MUNDUK, PRIVATE HOUSE....314
LIVING ASIA RESORT & SPA..........363
LOAF CANDIDASA CAFE.............325
LOIDS VILLA ECO LODGE LEMPUYANG.......................348
LOKA GYM, RECOVERY CENTRE, HEALTH CAFE, SURF LODGE.........381
LOMBOK ASTORIA..................360
LOMBOK WILDLIFE PARK...........366
LOTUS BAYVIEW....................365
LOTUS BUNGALOWS..................325
LOTUS SEAVIEW....................325
LOVINA LIFE ROOM & CAFE..........292
LOVINA ★★..................289
LUCKY HOSTEL.....................188
LUHTU'S COFFEE SHOP............120
LULU BISTROT BALI.................152

M

M BOUTIQUE HOSTEL..............138
MADE'S WARUNG...................135
MAGIC HILLS BALI - MAGICAL ECO-LUXURY LODGE.......334
MAGNITUDE CONSTRUCTION....224, 426
MAHA HILLS RESORT BY MAHAPRANA EXPERIENCE.......................291
MAHAMAYA.........................397
MAI GUESTHOUSE SANUR...........114
MAISON AURELIA...................113
MAKILA VOYAGES....................418
MALIBU SURF SCHOOL BALI.........167
MAMA PIZZA.................380, 404
MAMASAN BALI......................140
MAMIE JOJO.................402, 402
MAMIK TIRTA CABIN'S..............303
MANA RETREAT YOGA................381
MANA ULUWATU RESTAURANT & BAR. 171
MANARAI BEACH HOUSE............160
MANDALA MATHIKA SUBAK MUSEUM.272
MANDAPA RITZ-CARLTON RESERVE.. 224
MANGGIS......................323
MANGO DIVE........................393
MANGROVE DE LA BAIE DE GILIMANUK....................281
MANGROVE POINT - HUTAN MANGROVE.................191
MANIK SEGARA LUXURY VILLAS AND RESTAURANT......................287
MANTA DIVE GILI TRAWANGAN.......387
MANTA DIVE..................393, 406
MANTA POINT.......................182
MANUSIA DUNIA GREEN LODGE......401
MAOMENO YOGA....................398
MARCHÉ AMLAPURA.................351
MARKISA.............................380
MASON ADVENTURES.................232
MASSIMO.............................121
MAS ★★........................236
MATAHARI TULAMBEN RESORT......337
MATARAM ★...................359
MATCHA SPA.........................381
MATHIS LODGE AMED...............340
MAUA NUSA PENIDA BALI............176
MAURI RESTAURANT.................136
MAWUN........................372
MAYA UBUD RESORT & SPA..........247
MAYO RESORT NORTH BALI..........287
MD WARUNG.........................120
MEDEWI BEACH ★★..........274
MEDEWI SECRET SURFCAMP........274
MEETING POINT....................340
MEKEPUNG.....................6, 99
MELALI UBUD........................228
MELASTI.......................6, 98
MELTOUR............................418
MENEGA CAFE......................165
MENGWI ★★..................154
MENJANGAN DINASTY..............278
MENJANGAN....................281
MENO DIVE CLUB....................398
MENO DREAM RESORT.............395
MENO SUITES........................395
MEST TURKISH CUISINE & AUTHENTIC BBQ.................170
MILD LAB BALI.......................148
MINABI GUEST HOUSE.............360
MINISTÈRE DE L'EUROPE ET DES AFFAIRES ÉTRANGÈRES.....426
MINISTRY OF LAW AND HUMAN RIGHTS...............425
MINT COTTAGE SANUR.............118
MISTERFLY...........................414
MOJITO BEACH VILLAS.............298
MOKSA UBUD........................234
MOLA MOLA DIVE CENTER..........160
MONA LISA RESTAURANT...........122
MONKEY SURFING....................196
MONSIEUR SPOON PETITENGET......140
MONSIEUR SPOON........144, 225, 226
MONT BATUR........................304
MONT GUNUNG AGUNG ★★....343
MONT GUNUNG RINJANI ★★★.367
MOOKILAND PARK BALI.............139
MOTEL MEXICOLA............136, 145
MOUNTAIN VIEW HOUSE............306
MÖVENPICK RESORT & SPA JIMBARAN BALI..............164
MOZAIC...........................225
MOZZARELLA RESTAURANT & BAR...135
MR FROSTY - FROZEN YOGURT.......142
MRS SIPPY...........................137
MUNCHIES...........................380
MUNDUK COOKING CLASS CHEZ RICO & ELY...............................314
MUNDUK MODING PLANTATION NATURE RESORT.............................314
MUNDUK MONTAIN ESTATE..........314
MUNDUK ★★★..............311
MURNI'S HOUSES & SPA............218
MURNI'S WARUNG...................226
MUSE CAFE & ART..................228
MUSÉE GEOLOGIQUE (MUSEUM GEOPARK BATUR).........301
MUSÉE LE MAYEUR.................114
MUSÉE PENDET......................239
MUSÉE RENAISSANCE ANTONIO BLANCO.............................211
MUSEUM ARKEOLOGI - MUSÉE ARCHÉOLOGIQUE...................243
MUSEUM BALI.......................106
MUSEUM MANUSIA PURBA GILIMANUK - ARCHÉOLOGIE........282
MUSEUM NYOMAN GUNARSA........319
MUSHROOM BAY ★.............197
MUSHROOM EXPRESSO.............198
MY ASIAN TRIP......................418

N

NACIVET ART PHOTOGRAPHY GALLERY UBUD.....................229
NAKULA FAMILIAR INN.............109
NALIKA BEACH RESORT & RESTAURANT...................287
NANDINI JUNGLE BY HANGING GARDENS...........................224
NANO NANO RESTAURANT...........193
NATURAL HOT SPRING - TOYA DEVASYA.......................305
NATURE PLONGÉE...................418
NATYA HOTEL GILI TRAWANGAN......387
NATYA HOTEL TANAH LOT...........263
NATYA RESORT UBUD...............250
NAU NUSA VILLA....................190
NEANO ESCAPE.......................324
NEGARA ★★..................275
NEKA ART GALLERY.................211
NEKA ART MUSEUM.................212
NEON PALMS........................135
NEW KUTA GOLF.....................167
NG SWEET HOME....................176
NICK'S HIDDEN COTTAGES...........216
NIRVANA PENSION..................216
NISI TAVERNA.......................195
NIVRITI BALI.........................327
NOOK................................146
NOVOTEL BALI BENOA...............156
NOVOTEL NUSA DUA................158
NÜDE CAFE BERAWA.................143
NUSA CENINGAN ★★★.......199
NUSA DUA BEACH..................157
NUSA DUA DIVE CENTER............157
NUSA DUA ★★..............156
NUSA PENIDA DIVE CENTER.........187
NUSA TENGGARA BARAT MUSEUM....359
NUSABAY MENJANGAN BY WHM.....281
NUSANTARA BY LOCAVORE.........229
NUSAVA RESTAURANT - BY LA CANTINE......................179
NYALE..........................6, 98
NYANG NYANG BEACH...............169
NYEPI...........................6, 98
NYUH KUNING ★..............239

O

OBSERVATION DES TORTUES........385
OCEAN DREAMS.....................280
OCEAN PARADISE BALI.............297
OCEAN WAY..........................370
OCEANS 5 DIVE RESORT.......400, 406
OFFICE DU TOURISME...............214
OISHII BAR & GRILL.................198
OK DIVERS RESORT & SPA..........354
OKA KARTINI SHADOW PUPPET PERFORMANCE....................233
OLD MAN'S...........................145
OM HAM RETREAT & RESORT........213
OMANG OMANG CAFE...............354
OMBAK CAFE & HUTS...............194
ONLYOU VILLAS.....................339
OPTION WAY........................414
ORIGEN MEXICAN RESTAURANT......148
OWA LODGE ET RESTAURANT........377
OZONE CAFE.........................354

P

PACHA REGGAE BAR & RESTAURANT 342
PADANG-PADANG BEACH............168
PADANG BAY ET GRANDE BAIE D'AMUK.............................353
PADANGBAI ★................352
PALAIS FLOTTANT DE MAYURA - MAYURA WATER PALACE............359
PALMTERRACE......................348
PALUANG CLIFF.....................181
PANDAWA VILLAS...................224
PANTAI BIAS TUGEL (PLAGE DE BIAS TUGEL)............353
PANTAI PASIR PUTIH - WHITE SAND BEACH.................191
PANTAI RESTAURANT................279
PAON BALI COOKING CLASS.........249
PARC NATIONAL BALI BARAT ★★★..............280
PARILIANA...........................250
PARKLIFE BALI......................149
PASAR BADUNG - MARCHÉ DE BADUNG...............107
PASAR MANDALIKA..................361
PASAR SENGGOL GIANYAR - GIANYAR NIGHT MARKET......................261
PASAR SENI KUMBASARI............111
PASIFIKA MUSEUM...................157
PASIR RESTAURANT..................228
PATAL KIKIAN VILLA................326
PATUNG CATUR MUKA...............107
PEARL BEACH RESORT..............370
PEARL OF TRAWANGAN............388
PED.............................185
PEGERINGSINGAN VILLAGE..........333
PEJATEN ★....................265
PEJENG ★★..................242
PEJUKUTAN......................183
PELIATAN ★★..................246
PEMUTERAN ★★..............277
PENELOKAN ★................301
PENGOSEKAN ★...............242
PENIDA BAMBU GREEN SUITES......186
PENIDA COLADA BEACH BAR.........187
PENIDA SUNSET OCEAN VIEW BUNGALOWS.........................180
PERAMA TOUR ET TRAVEL......125, 421
PERAMA..............................424
PERANCAK.....................276
PERANG TOPAT..................7, 100
PERERENAN...................147
PERIPLUS............................231
PESCADO BALI SANUR...............122
PESONA BEACH RESORT AND SPA....387
PESONA BEACH.....................391
PETULU.........................248
PIER26 BALI HOMESTAY............172
PINK BEACH.........................382
PIPES HOSTEL........................376
PIZZA FABBRICA CANGGU............153
PLAGE DE KUTA......................124
PLAGE DE SELONG BELANAK.........371
PLAGE PANTAI TOROK...............371
PLAGES..............................375
PLATARAN MENJANGAN RESORT.....278
POINT DE VUE (MONT BATUR POINT OF VIEW).......301
POKE POKE...........................152
POLING SEA VIEW....................188
PONDOK AGUNG BED & BREAKFAST........................156
PONDOK BATUR INDAH...............346
PONDOK KEBUN GUNUNG...........309
PONDOK LEMBAH DUKUH...........347
PONDOK MIMPI.......................337
PONDOK NYOMAN BEDUGUL........309
PONDOK PECAK LIBRARY & LEARNING CENTER..........215, 232
PONDOK PLANTATION LUXURY MOUNTAIN ESCAPE BEDUGUL.......310
PONDOK SANTI ESTATE.............388
PONDOK SAPTA SALLACA............333
POPPIES HOTEL......................126
POPPIES RESTAURANT...............126
POTATO HEAD BEACH CLUB..........137
POUTINE PARADISE..................404
POWER OF NOW OASIS..............123
PRAMANA GIRI KUSUMA.............250
PRAMANA NATURA NUSA PENIDA.....177
PRAMANA VILLAS....................220
PRAMANA WATU KURUNG...........219
PRAMANA ZAHILL KINTAMANI.......306
PUJUNG.........................254
PULAKI..........................280
PULLMAN BALI LEGIAN BEACH................................128
PULLMAN LOMBOK MERUJANI MANDALIKA BEACH RESORT.........378
PUPUTAN SQUARE..................107
PURA AGUNG JAGAT NATHA.........296
PURA GOA GIRI PUTRI..............189
PURA GUMANG.......................330
PURA GUNUNG KAWI SEBATU........255
PURA GUNUNG LEBAH...............211
PURA GUNUNG RAUNG..............256
PURA JAGATNATHA..................107
PURA KEBO EDAN....................243
PURA KEHEN.........................246
PURA LEMPUYANG...................347
PURA LUHUR ULUWATU.............170
PURA MADUWE KARANG - TEMPLE..............................297
PURA MAOSPAHIT....................107
PURA MENGENING...................256
PURA PALUANG - LE TEMPLE DES VOITURES.....................181
PURA PENATARAN AGUNG...........259
PURA PENATARAN SASIH...........242
PURA PONJOK BATU.................299

PURA SAMUAN TIGA 244
PURA SARASWATI 213
PURA TAMAN AYUN 154
PURA TAMAN PULE MAS UBUD 236
PURA TAMAN SARI 321
PURA TAMBANG BADUNG 108
PURA TANAH LOT 263
PURA TIRTA EMPUL 257
PURA ULUN DANU BRATAN 307
PURI ABIANBASE 261
PURI AGUNG KARANGASEM 349
PURI BAGUS CANDIDASA RESORT 325
PURI BAGUS LOVINA 292, 292
PURI BAGUS MANGGIS RESORT 323
PURI DAJUMA BEACH ECO RESORT & SPA 275
PURI DAJUMA TERRACE ECO LODGE & SPA 273
PURI GANESHA HOMES BY THE BEACH 279
PURI GANGGA RESORT AND SPA 253
PURI LANGON 262
PURI LUKISAN MUSEUM 213
PURI MELATI 173
PURI RINJANI BUNGALOWS 377
PURI SANTRIAN BEACH RESORT & SPA 118
PURI SARASWATI DIJIWA UBUD 214
PURI SAREN AGUNG UBUD – PALAIS ROYAL D'UBUD 213
PURI SEBALI RESORT 221
PURI TAMAN SARI RESORT 154
PURI WIRATA DIVE RESORT 341
PURPLE DIVE PENIDA 187

Q

QATAR AIRWAYS 414
QERANG : EXQUISITE SEAFOOD 365
QUNCI POOL VILLAS HOTEL 363
QUNCI VILLAS HOTEL 364

R

RADISSON BLU RESORT 168
RAJA'S BUNGALOW 363
RAJA GARDENS HOTEL 131
RAMA SHINTA HOTEL & RESTAURANT 331
RAMBUT SIWI TEMPLE 274
RAMBUTAN HOTEL 292
RASCALS KUTA LOMBOK 377
RÉCOLTE DE LA FLEUR DE SEL 322
RED CARPET CHAMPAGNE BAR 138
RENAISSANCE BALI NUSA DUA RESORT 159
RESTAURANT RUMAH MAKAN GANDI 296
RESTORAN ATOOM BARU 109
RETREAT VILA TORAJA BATURINGGIT 335
REVA JEWELLERY 137
REVOLVER SEMINYAK 137
RIMBA REPTILE PARK 259
RINJANI MOUNTAIN GARDEN 369
RINJANI TREKKING CENTER 368
RINJANI TREKKING LODGE 368
RITA GIFT SHOP 122
RMC DÉCOUVERTE 425
ROCK BAR 165
RODA RESTAURANT 226
ROLLPIN 361
ROOM4DESSERT 229
ROSETTA COFFEE SHOP 120
ROTI CANAI STREET KITCHEN 152
ROYAL KIRANA SPA 232
RUBY'S CAFÉ 404
RUMAH MAKAN TAMAN SARI 310
RUMAH POHON - TREE HOUSE 184
RUMAH RODA FAMILY HOMESTAY 217

S

SACRED VALLEY UBUD 249
SADE VILLAGE 376
SAIGON CAFE SANUR 120
SAMA-SAMA REGGAE BAR 392
SAMANVAYA - ADULTS ONLY 328
SAME SAME BUNGALOWS 376
SAMSARA LIVING MUSEUM BALI 350
SAND BAR 146
SANDAG HILL 328
SANDY BAY BEACH CLUB 197
SANGLUNG VILLAS & SUITES 298
SANNA UBUD A PRAMANA EXPERIENCE 252
SANUR NIGHT MARKET 120
SANUR ★★ 112
SARDINE RESTAURANT 142
SAREN INDAH HOTEL & RESTAURANT 240
SARINBUANA ECO LODGE 273
SASAK CAFÉ 396
SATRIA LUWAK COFFEE 262
SAVANA TIANYAR 335
SAVAYA BALI 173
SAWAH INDAH VILLA 327
SAWIT GARDEN COTTAGES 176
SAYAN TERRACE RESORT 233
SAYAN ★★ 233
SAYULITA TACOS & TEQUILA BAR ULUWATU 169
SCALLYWAGS 391
SCOOT FAST CRUISES 386
SCUBA FROGGY 381
SEA CIRCUS 135
SEA SALT 378
SEABREEZE CENINGAN 200
SEAQUEST ADVENTURE 113, 421
SEASIDE COTTAGES (TEMPLE CAFE) 324
SEBATU ★★ 254
SECRET BEACH LEMBONGAN 197
SECRET GARDEN BUNGALOWS 192
SECRET GARDEN RESTAURANT 293
SECRET ISLAND RESORT 370
SEGANING WATERFALL 181
SEGARA LOMBOK BEACH RESORT 372
SEGARA VILLAGE HOTEL 118
SEKOTONG BAY ★★ 372
SELONG BELANAK 371
SEMABU HILLS HOTEL & VILLA 176
SEMAYA BEACH RESORT 185
SEMBALUN 369
SEMBIRAN ★★ 299
SEMINA RESTAURANT 293
SEMINYAK ★★ 129
SENGGIGI ★★ 362
SENGKIDU 330
SEPEDA HOSTEL 149
SERENITY ECO GUESTHOUSE AND YOGA 150
SERIRIT 287
SETIA DARMA - HOUSE OF MASK AND PUPPETS 236
SEVEN DREAMS A PRAMANA EXPERIENCE 176
SHANTI NATURAL PANORAMA NORTH BALI 296
SHANTI TRAVEL 141, 421
SHIGAR LIVIN BALI 334
SHIMA TEPPANYAKI & SHABU SHABU 140
SHUNYATA VILLAS BALI 351
SIDDHARTHA OCEANFRONT RESORT & SPA BALI 335
SIDEMEN ★★★ 326
SINGAPADU ★ 260
SINGAPORE AIRLINES 414
SINGARAJA ★★ 295
SINGLE FIN BALI 171
SITES DE PLONGÉE 395, 399
SLVM - VILLAS MANAGEMENT 378
SNOW JAM CAFÉ 225
SOBEK ADVENTURE RAFTING 232
SOL ROOFTOP BALI 148
SONTENG TATTOO 397
SONYA WARUNG 378
SOURCES CHAUDES DE BANJAR 288
SOURCES DE YEH SANIH 298
SOYOKASE JAPANESE RESTAURANT 309
SPA VILLAGE RESORT TEMBOK 335
SPICE TRADER 178
SRI RATIH COTTAGES 218
SRI RATIH SPA 232
SRINADI GUEST HOUSE 292
ST-JACQUES 146
ST REGIS BALI RESORT 159
STRAWBERRY HILL HOTEL AND RESTAURANT 308
STRAWBERRY STOP 308
STUD HORSE RIDING AND RESCUE 393
STYLIST HAIR & BEAUTY SALON 393
SUBAK TABOLA VILLA 327
SUKA HOMESTAY 116
SUKAWATI ★★ 259
SUKU BEACH CLUB 200
SUMBERKIMA HILL RETREAT 278
SUMITRA LUXURY VILLAS A PRAMANA EXPERIENCE 117
SUNDARA 165
SUNDARI WELLNESS 142
SUNIA LOKA BUNGALOWS AND DIVE CENTER 278
SUNSET BEACH YOGA 393
SUNSET HOUSE 363
SUPERFOOD CANGGU 152
SURIWATHI HOTEL 127
SURYA SHANTI VILLA 328
SUWEHAN BEACH CLIFF HOUSE 183
SUWEHAN BEACH 183
SVARGA BEBEK VILLA 218
SVARGAN LAKESIDE GLAMPING AND RESTAURANT 308
SWAN BEACH INN 190
SWAN PARADISE A PRAMANA EXPERIENCE 259
SWARGA ODYSSEY 139, 421
SWASTI ECO COTTAGES 240
SWISS-BELCOURT LOMBOK 377
SWISS-BELHOTEL INTERNATIONAL 125
SWISS-BELRESORT PECATU 168

T

TABANAN ★★ 272
TALIWANG IRAMA 361
TAMAN AYU HOMESTAY 312
TAMAN DEDARI 228
TAMAN HARUM COTTAGES 238
TAMAN SARI BALI RESORT & SPA 278
TAMAN UJUNG 350
TAMAN WERDHI BUDAYA ART CENTRE 108
TAMPAKSIRING ★★ 256
TANAH GAJAH, A RESORT BY HADIPRANA 244
TANAH LOT ★ 263
TANDA PIZZA RESTAURANT 294
TANDJUNG SARI 118
TANGLAD 183
TANJUNG 366
TAPA AGUNG VIEW 346
TARO ★★ 255
TARUNA BOUTIQUE HOMESTAY & SPA 278
TAXIS BLUE BIRD 424
TEGAL SARI CABIN KINTAMANI 306
TEGALLALANG ★★★ 249
TEJAKULA ★ 299
TELETUBBIES HILL 183
TEMBELING BEACH AND FOREST 182
TEMELING JUNGLE INN 182
TEMPLE CAFE (SEASIDE COTTAGES) 331
TEMPLES HINDOUISTES 360
TEMPTATIONS BAKERY, CAFE & RESTAURANT 364
TENGANAN ★ 332
TERAS BALI RESTAURANT 329
TERAS LEMPUNA 308
TERRASSE DU LAC 311
TETEBATU 369
THAI AIRWAYS 414
THE 10TH TABLE 294
THE ALENA RESORT A PRAMANA EXPERIENCE 237
THE AMBENGAN UBUD BY PRAMANA VILLAS 234
THE AMRITA - SALT FARM VILLAS 300
THE APURVA KEMPINSKI BALI 159
THE ARTINI DIJIWA UBUD 240
THE BABY DRAGON 341
THE BANYAN TREE 390
THE BEACH FRONT VILLAS 297
THE BEACH SHACK 194, 403
THE BREAKERY 380
THE CALMTREE BUNGALOWS 144
THE CLUB VILLAS LOMBOK 373
THE DAFISH CENINGAN 200
THE DAMAI 292
THE DUNGKI BENDEGA RESTO 200
THE EDGE 171
THE ELEMENTUM 168
THE ELYSIAN BOUTIQUE VILLA HOTEL 131
THE FRENCH WARUNG 337
THE GLOBAL VILLAGE KAFÉ 294
THE GREEN PONCI BEDUGUL 310
THE HAVA UBUD A PRAMANA EXPERIENCE 235
THE JING 300
THE JUNCTION HOUSE 136
THE KAMA 190
THE KAYANA BEACH LOMBOK 367
THE KAYANA SEMINYAK 132
THE KAYON RESORT 250
THE KLIFF 365
THE LAGUNA 159
THE LAVA BALI AND HOT SPRING 303
THE LAVANA BELONGAS BAY LODGE 371
THE LEGIAN SEMINYAK BALI 132
THE LOKHA UBUD RESORT, VILLAS & SPA 234
THE LOMBOK LODGE 367
THE LOVINA BALI RESORT 293
THE LUMBUNG TEJAKULA 300
THE MELAYA VILLAS 282
THE MENJANGAN BY LIFESTYLERETREATS 279
THE MERU SANUR 119
THE NESTS VILLAS 234
THE NYAMO SURF AND STAY 274
THE OBEROI BEACH RESORT BALI 132
THE OBEROI BEACH RESORT 367
THE PALM GROVE VILLAS 198
THE PALMS PENIDA 186
THE PENIDA PROJECT 186
THE PLANTATION GRILL SEMINYAK 136
THE POINT SURFCAMP BALI 275
THE PONTOON AT LAGO 196
THE PUNCAK 364
THE RABBIT TREE HOSTEL 394
THE ROYAL PITA MAHA 224
THE ROYAL PURNAMA 260
THE SAMAYA SEMINYAK 132
THE SANKARA RESORT AND SPA BY PRAMANA 215
THE SANKARA SUITES & VILLAS BY PRAMANA 222
THE SANTAI CANGGU BY LIFESTYLERETREATS 139
THE SEBALI NUSA PENIDA 175
THE SEBALI RESORT 223
THE SECRET SPOT VILLAS 322
THE SHADY PIG 144
THE SHADY SHACK 153
THE TIING TEJAKULA VILLAS 300
THE TINSI 180
THE TOYA BALI 305
THE UBUD VILLAGE RESORT & SPA 241
THE UNGASAN CLIFFTOP RESORT 173
THEWAKANDA A PRAMANA EXPERIENCE 239
THE WATERFRONT GILI AIR RESORT 401

EDITION

Directeurs de collection et auteurs : Dominique AUZIAS et Jean-Paul LABOURDETTE
Auteurs : Mai TRAN MANH SUNG, Sarah DEHAUT, Marie-Charlotte AMBLARD, Romain RISSO, Juliette COURTOIS, Amandine GLEVAREC, Sylvie DEL COTTO, Baptiste THARREAU, Priscilla PARARD, Mathias DESHOURS, Corentin LAPLANCHE-TSUTSUI, Laetitia GRANGE, Jeanne LEFEVRE, Antoine RICHARD, Aurélie LOUCHART,Maïssa BENMILOUD, Fanny MAITROT, Jean-Paul LABOURDETTE, Dominique AUZIAS et alter
Directeur Editorial : Stéphan SZEREMETA
Rédaction Monde : Laure CHATAIGNON, Morgane VESLIN, Pierre-Yves SOUCHET, Henri FRUNEAU
Rédaction France : Briséis TEMPLE-BOYER, Désirée DEBANT, Emilie SAINT-PASTOU, Nicolas WODARCZAK

FABRICATION

Maquette et Montage : Romain AUDREN, Julie BORDES, Delphine PAGANO
Iconographie et Cartographie : Anne DIOT, Julien DOUCET

WEB ET NUMERIQUE

Directeur Web : Louis GENEAU de LAMARLIERE
Technical Project Manager : Hervé MARION
Développeurs : Adeline CAUX, Bastien MOINET
Intégrateur Web : Mickael LATTES, Antoine DION
Webdesigner : Caroline LAFFAITEUR
Responsable Communication Digital WEB : Alice BARBIER
Community Traffic Manager : Shirley NDEMA-KINGUE, Liman DIEW et Maëlys ANDRADE
Content Manager : Aliénor de PERIER assistée de Maureen EVRARD

DIRECTION COMMERCIALE

Directeur commercial : Guillaume VORBURGER
Responsable Régies locales : Michel GRANSEIGNE
Responsable commercial Régies et Formateur : Kévin FLAVIGNY
Coordinatrice des Régies locale et nationale : Manon GUERIN
Responsables Développement régie inter : Jean-Marc FARAGUET, Guillaume LABOUREUR et Camille ESMIEU
Coordinatrice de la Régie internationale : Leila ANTRI-BOUZAR
Chefs de Publicité Régie nationale : François BRIANCON-MARJOLLET, Perrine DE CARNE MARCEIN, Jonathan TOUTOUX, Elodie DELATOUR
Régie BALI : Pierre VIVIEN

DIFFUSION ET PROMOTION

Directrice des Ventes : Bénédicte MOULET assistée d'Aissatou DIOP
Responsable des ventes : Jean-Pierre GHEZ assisté de Nelly BRION
Relations Presse-Partenariats : Noémie BOIDANA

ADMINISTRATION

Président : Jean-Paul LABOURDETTE
Directeur général : Louis AUZIAS
Directrice des Ressources Humaines : Dina BOURDEAU assistée de Sandra DOS REIS et Eva BAELEN
Directrice Administrative et Financière : Valérie DECOTTIGNIES
Comptabilité : Guillaume PETIT, Aminata BAGAYOKO, Franck LAHADY et Touria ZENASNI
Recouvrement : Fabien BONNAN assisté de Sandra BRIJLALL

PETIT FUTÉ BALI

LES NOUVELLES EDITIONS DE L'UNIVERSITE
18, rue des Volontaires - 75015 Paris.
✆ 01 53 69 70 00 - Fax 01 42 73 15 24
Internet : www.petitfute.com
SAS au capital de 1 293 680 € - RC PARIS B 309 769 966
Couverture : Danse Ramayana traditionnelle dans un Temple de Bali © joakimbkk - iStockPhoto.com
Impression : CORLET IMPRIMEUR - 14110 Condé-en-Normandie
Achevé d'imprimer : décembre 2024
Dépôt légal : 20/01/2025
ISBN : 9782305116396

Pour nous contacter par email, indiquez le nom de famille en minuscule suivi de @petitfute.com
Pour le courrier des lecteurs : info@petitfute.com

FABRIQUÉ EN FRANCE

THE WESTIN RESORT NUSA DUA BALI 159
THE YELLOW BRIDGE 192
THOUSAND ISLANDS VIEWPOINT 184
THREADS OF LIFE 214
THREE BROTHERS BUNGALOWS & VILLAS 127
THREE MONKEYS CAFE 228
TIANYAR 335
TIKI JUNGLE PAGI 402
TIP ON THE TONGUE 397
TIRA VILAGNA SUITES & SPA 306
TIRTAGANGGA ★★ 346
TOMMY'S CAFÉ 128
TONYS VILLAS AND RESORT, SEMINYAK - BALI 134
TOPI INN 354
TOURS DU KULKUL 299
TOYA BUNGKAH ★ 302
TOYABALI RESORT 337
TOYAPAKEH ★★ 174
TRADITION & INK TATTOO STUDIO (BABA TATTOO) 405
TRAWANGAN NIGHT MARKET 392
TREE HOUSE KUTA LOMBOK 379
TROPICAL GLAMPING BALI 185
TRUNYAN ★★ 302
TULAMBEN ★★ 336
TWINY'S 376

U

UBUD BODYWORKS CENTRE 231
UBUD TRADITIONAL SPA 232
UBUD VILLAGE HOTEL 218
UBUD ★★★★ 209
ULIAN SPA LEMBONGAN 196
ULUWATU ★★ 169
UMADEWI SURF & RETREAT 275
UMALAS 146
UMANA BALI, LXR HOTELS & RESORTS 173
UNAME UBUD BY PRAMANA 238
UNCLE NORM'S 129
UNGASAN 172
UNITED COLORS OF GILI 395
US LIBERTY - ÉPAVE 336

V

VIAFERRY 423
VICEROY BALI 248
VILLA & HOME STAY KUBU ALIT BESAKIH 346
VILLA BANTES MPS 298
VILLA BOREH RETREAT CENTER 299
VILLA BUKIT SEGARA & RESTAURANT 340, 341
VILLA CANGGU BY PLATARAN 150
VILLA COCOA MAYA 331
VILLA DUNIA 199
VILLA KALISAT 257
VILLA KAMPUNG KECIL BOUTIQUE HOTEL 118
VILLA KUBU SEMINYAK 132
VILLA MATHIS 146
VILLA PALMA GILI MENO 396
VILLA PAU HANA 169
VILLA PULAU CINTA 396
VILLA SABANDARI 247
VILLA SERENITY 331
VILLA SHEEBA 288
VILLA TAMAN DI BLAYU 273
VILLA TOKAY 401
VILLA UMA DEWI SRI - ROMANTIC BARN 328
VILLA VICTORIA 190
VILLA WHITE NEST 152
VILLAGE DE BANYUMULEK 360
VILLAGE DE TIHINGAN 322
VINCENT'S 332
VYAANA GILI AIR 401

W

WAKAGANGGA 265
WALTER SPIES HOUSE 214
WANA BUCU VILLAS 218
WANAGIRI HIDDEN HILL BALI 310
WAPA DI UME RESORT UBUD 216
WAPA DI UME SIDEMEN 329
WAROENG SULAWESI 379
WARUNG ASTAWA 332
WARUNG BABI GULING IBU OKA 1 226
WARUNG BAMBU PEMARON 294
WARUNG BLANJONG 120
WARUNG BONI CANDIDASA 331
WARUNG BUANA 364
WARUNG CLASSIC 314
WARUNG ENAK 340
WARUNG IBU WINA 293
WARUNG IJO 365
WARUNG INDONESIA 126
WARUNG JANGGAR ULAM 247
WARUNG LEGONG 262
WARUNG MURAH DOUBLE SIX 128
WARUNG NASI AYAM BU OKI 164
WARUNG NASI BALI 109
WARUNG PADMASARI 128
WARUNG PAK MAN 397
WARUNG PANORAMA 314
WARUNG PULAU KELAPA 226
WARUNG SANUR SEGAR 121
WARUNG SASAK 390
WARUNG SATRIA 109
WARUNG SUNNY 402
WARUNG TAMAN BALI 294
WARUNG WARDANI - YUDISTIRA 111
WATER PALACE 347
WATERBLOW 157
WATERBOM BALI 126
WATERGARDEN KAFE 325
WEST BREAK BALI MEDEWI 274
WHITE ORCHID SANUR 122
WHITE PALM HOTEL BALI 166
WILD ART BALI 148
WILD EXPERIENCES - SELFIE MUSEUM 149
WILSON'S RETREAT 387
WOODEN HOUSE CANDIDASA 323
WOODS PERERENAN 148
WORKAWAY 422

X

XICH LO KEROBOKAN 140

Y

Y SPORTS BAR 129
YAMMA YAA LEGIAN 129
YAYA WARUNG 397
YEH GANGGA ★ 265
YEH PULU 245
YEH SANIH ★ 297
YIN JEWELRY FOR THE SOUL 231
YOUR BALI DRIVER 108, 421
YUKIMARU 121

Z

ZALI 147
ZEST UBUD 228
ZONES DE SURF DU SUD DE L'ÎLE 394
ZZZ WARUNG 403